KEN FOLLETT

Der Modigliani-Skandal

Ins Deutsche übertragen
von Günter Panske

Auf den Schwingen des Adlers

Ins Deutsche übertragen
von Christel Rost und Gabriele Conrad

BASTEI-LÜBBE-TASCHENBUCH
Band 25 360

Der Modigliani-Skandal
Titel der englischen Originalausgabe:
THE MODIGLIANI SCANDAL
© 1976 by Zachary Stone
© 1976 für die Einleitung by Holland Copyright Corporation
© der Originalausgabe 1976 by Collins & Sons & Co. Ltd.
© 1988 für die deutsche Ausgabe
by Gustav Lübbe Verlag GmbH, Bergisch Gladbach
Auf den Schwingen des Adlers
Titel der englischen Originalausgabe:
ON THE WINGS OF EAGLES
© 1983 by Ken Follett
© 1983 für die deutsche Ausgabe
by Gustav Lübbe Verlag GmbH, Bergisch Gladbach
Herausgeber des Sammelbandes:
Bastei Verlag Gustav H. Lübbe GmbH & Co., Bergisch Gladbach
Printed in Germany September 1998
Einbandgestaltung: CCG, Köln
Autorenfoto: © FVLGONI
Satz: hanseatenSatz-bremen, Bremen
Druck und Bindung: Elsnerdruck, Berlin
ISBN 3-404-25360-4

Der Preis dieses Bandes versteht sich einschließlich
der gesetzlichen Mehrwertsteuer.

KEN FOLLETT

Der Modigliani-Skandal

INHALT

VORWORT
9

TEIL EINS
Grundieren der Leinwand
11

TEIL ZWEI
Die Landschaft
87

TEIL DREI
Figuren im Vordergrund
159

TEIL VIER
Der Firnis
217

VORWORT

IN EINEM MODERNEN Thriller rettet der Held gewöhnlich die Welt. Traditionelle Abenteuergeschichten sind da bescheidener: Der Protagonist rettet sein eigenes Leben und vielleicht noch das eines treuen Freundes oder einer betörenden Schönen. In weniger sensationellen Romanen – in jenen normalen, gut erzählten Geschichten, die über ein Jahrhundert lang die gängige Kost der Leser waren – steht zwar weniger auf dem Spiel, aber auch dort sind es die Anstrengungen, Kämpfe und Entschlüsse der handelnden Person, die auf dramatische Weise über ihr – oder sein – Schicksal entscheiden.

Ich glaube nicht, daß das im wirklichen Leben so ist. Hier entscheiden im allgemeinen Umstände, über die wir keinerlei Kontrolle haben, ob wir leben oder sterben, glücklich oder unglücklich werden, Reichtümer besitzen oder alles verlieren. Die meisten reichen Menschen erben ihr Geld. Die meisten wohlgenährten Menschen hatten einfach das Glück, in wohlhabenden Ländern zur Welt zu kommen. Die meisten glücklichen Menschen wachsen in liebevollen Familien auf, und die meisten unglücklichen Menschen hatten verrückte Eltern.

Ich bin kein Fatalist, und ich glaube auch nicht, daß alles im Leben blinder Zufall ist. Auch wenn wir unser Leben nicht so kontrollieren, wie ein Schachspieler seine Figuren kontrolliert, so ist das Leben doch kein Roulette. Wie meist ist die Wahrheit kompliziert. Zwar sind es Mechanismen, die wir nicht beherrschen – und manchmal nicht einmal verstehen –, welche das Schicksal eines Menschen bestimmen, doch können die Entscheidungen, die er trifft, Folgen haben, wenn auch vielleicht nicht die von ihm erwarteten.

In *Der Modigliani Skandal* versuchte ich, eine neue Art von Roman zu schreiben: einen Roman, in welchem die individuelle Freiheit einem stärkeren Gesamtmechanismus auf vielfältigste Weise untergeordnet bleibt. Dieses unbescheidene Projekt zu realisieren ist mir nicht gelungen. Möglicherweise kann ein solcher Roman überhaupt nicht geschrieben werden: Mag's im Leben auch nicht um individuelle Entscheidungen gehen, so vielleicht doch in der Literatur.

Was ich schließlich zu Papier brachte, war ein Krimi eher heiteren Charakters, in dem eine Anzahl von – meist jungen – Menschen allerlei Wagnisse unternimmt, von denen keins so ganz den erwarteten Ausgang nimmt. Die Kritiker priesen den Roman als munter, sprudelnd, beschwingt, leicht, überschäumend und – abermals – leicht. Ich war darüber enttäuscht, daß sie meine ernsten Intentionen nicht bemerkt hatten.

Inzwischen betrachte ich das Buch nicht länger als Fehlschlag. Es *hat* etwas Überschäumend-Durcheinandersprudelndes, und das nicht zu seinem Nachteil. Die Tatsache, daß es so ganz anders ist als das Buch, das ich eigentlich schreiben wollte, hätte mich nicht verwundern sollen – ist doch gerade dies ein Beweis für meine Behauptung.

Ken Follett, 1985

TEIL EINS

Grundieren der Leinwand

»Man heiratet die Kunst nicht. Man nimmt sie.«
Edgar Degas, Impressionist, Maler

1

DER BÄCKER KRATZTE sich mit mehlbestäubtem Zeigefinger am Schnurrbart, so daß sich seine schwarzen Haare grau färbten und er plötzlich zehn Jahre älter aussah. In den Regalen rings um ihn stapelten sich frische, krustige Brote, und der vertraute Geruch füllte seine Nasenlöcher und ließ seine Brust anschwellen in ruhig-zufriedenem Stolz. Es war ein neuer Schub Brot, der zweite an diesem Morgen: Das Geschäft ging gut, weil das Wetter schön war. Wenn die Sonne schien, zog es die Pariser Hausfrauen unwiderstehlich zu seinem Laden, zu seinem ausgezeichneten Brot.

Er blickte durch das Ladenfenster hinaus, seine Augen blinzelten im blendend hellen Licht. Ein hübsches Mädchen überquerte die Straße. Der Bäcker lauschte: Von hinten erklang die schrille Stimme seiner Frau, die einen Lehrling herunterputzte. Das würde noch minutenlang so gehen, wie stets – also war er vor ihr sicher, und so gönnte er sich ein paar lüsterne Blicke auf das hübsche Mädchen.

Es trug ein dünnes ärmelloses Sommerkleid, das nicht gerade billig zu sein schien; allerdings kannte sich der Bäcker in solchen Dingen wenig aus. Anmutig bauschte sich der Rock in halber Höhe ihrer Oberschenkel, was ihre schlanken, nackten Beine besonders zur Geltung brachte und lohnende Blicke auf weibliche Unterwäsche verhieß – eine unerfüllte Hoffnung.

Für meinen Geschmack ist sie allzu schlank, befand er, während sie näher kam. Ihr Brüste waren sehr klein –

trotz ihrer langen, selbstsicheren Schritte hüpften sie kein bißchen. Selbst nach seiner zwanzigjährigen Ehe mit Jeanne-Marie zog der Bäcker ihre großen, wenn auch etwas schlaffen Brüste entschieden vor.

Das Mädchen betrat den Laden, und der Bäcker sah, daß sie keine Schönheit war. Ihr Gesicht war lang und dünn, ihr Mund wirkte klein und eher spröde, und ihre Schneidezähne standen ein wenig vor. Sie hatte braunes Haar, doch war die oberste Schicht von der Sonne ausgeblichen.

Sie wählte eine der Baguettes auf dem Ladentisch aus, prüfte die Kruste mit ihren langen Händen und nickte zufrieden. Nein, keine Schönheit, dachte der Bäcker, jedoch unbedingt begehrenswert.

Sie hatte einen Teint wie Milch und Blut, und ihre Haut wirkte weich und glatt. Was indes die Blicke auf sie lenkte, war ihre Haltung: selbstsicher, selbstbewußt. Diese verriet der Welt, daß die junge Frau genau das tat, was sie tun wollte, und nichts sonst. Der Bäcker verbot sich solche Spitzfindigkeiten: Sie war sexy, und das war alles.

Er bewegte die Schultern, um das Hemd zu lockern, das ihm am schweißnassen Rücken klebte. *»Chaud, hein?«* sagte er.

Das Mädchen entnahm ihrer Börse ein paar Münzen, um das Brot zu bezahlen. Sie lächelte über seine Bemerkung, und plötzlich war sie schön. *»Le soleil? Je l'aime«*, sagte sie und ging zur Ladentür. *»Merci!«* fügte sie hinzu.

Der Bäcker glaubte, einen Akzent herauszuhören – einen englischen Akzent. Aber vielleicht bildete er sich das nur ein, weil das irgendwie zu ihrem Teint paßte. Während sie die Straße überquerte, starrte er auf ihr Hinterteil, fasziniert von der Muskelbewegung unter dem Baumwollstoff. Wahrscheinlich kehrte sie jetzt zurück in die Wohnung irgendeines jungen, wildmähnigen Musikers, der nach einer Nacht voller Ausschweifungen noch immer im Bett lag.

Die schrille Stimme von Jeanne-Marie näherte sich und

ließ die Phantasien des Bäckers in tausend Stücke springen. Er seufzte tief und warf die Münzen in die Ladenkasse.

Dee Sleign mußte unwillkürlich lächeln, als sie die Bäckerei verließ. Die Legende entsprach der Wahrheit: Franzosen waren sinnlicher als Engländer. Der Bäcker hatte sie mit unverhohlen lüsternen Blicken betrachtet, die Augen präzise auf ihr Becken gerichtet. Ein englischer Bäcker würde äußerstenfalls verstohlen nach ihren Brüsten gespäht haben.

Sie kippte ihren Kopf ein wenig in den Nacken und strich sich das Haar hinter die Ohren zurück, um die warme Sonne auf ihrem Gesicht zu fühlen. Einfach wunderbar, dieses Leben, dieser Sommer in Paris. Keine Arbeit, kein Examen, keine Vorlesungen. Statt dessen: mit Mike schlafen, spät aufstehen; guter Kaffee und frisches Brot zum Frühstück; ausgiebig Zeit, um Bücher zu lesen und Gemälde zu betrachten; Abende mit interessanten, exzentrischen Menschen.

Bald würde es damit vorbei sein. Bald schon würde sie sich entscheiden müssen, welchen Weg sie für ihr künftiges Leben einschlagen wollte. Momentan jedoch befand sie sich in einer Art von privatem Zwischenreich: Sie konnte die Dinge, die sie mochte, genießen, ohne in das Joch eines strikten Tagesablaufs eingespannt zu sein.

Sie bog um eine Straßenecke und betrat ein kleines, unauffälliges Wohnhaus. Als sie an der Loge mit dem winzigen Fenster vorbeiging, ertönte die schrille Stimme der Concierge.

»*Mademoiselle!*«

Die grauhaarige Frau sprach jede Silbe deutlich aus und verstand es, dem Wort einen anklagenden Klang zu geben: Sie verkündete der Welt die skandalöse Tatsache, daß Dee mit dem Mann, dem die Wohnung gehörte, nicht verheiratet war. Dee mußte wieder lächeln. Eine Liebesaffäre in Paris *ohne* eine moralinsaure Concierge – da hätte irgendwas gefehlt.

»*Télégramme*«, sagte die Frau. Sie legte einen Umschlag auf das Fensterbrett und zog sich wieder in ihre düstere, nach Katzen riechende Loge zurück: schob gleichsam eine Trennwand zwischen sich und dieses junge Mädchen mit der lockeren Moral und dem dubiosen Telegramm.

Dee nahm den Umschlag und lief die Treppe hinauf. Das Telegramm war an sie gerichtet, und sie wußte, was es enthielt.

Sie betrat die Wohnung und legte in der kleinen Küche das Brot und das Telegramm auf den Tisch. Dann schüttete sie Kaffeebohnen in eine elektrische Kaffeemühle und drückte auf den Knopf; die Maschine setzte sich in Bewegung und begann knirschend, die braunschwarzen Bohnen zu mahlen.

Wie zur Antwort surrte plötzlich Mikes elektrischer Rasierapparat. Mitunter war die Aussicht auf eine Tasse Kaffee das einzige, was ihn aus dem Bett locken konnte. Dee brühte eine ganze Kanne auf und schnitt die frischen Baguetten in Scheiben.

Mikes Wohnung war klein und recht altmodisch und unattraktiv möbliert. Er hatte sich etwas Besseres gewünscht und hätte sich das zweifellos auch leisten können. Dee jedoch hatte darauf bestanden, daß sie sich von Hotels und vornehmen Wohnvierteln fernhielten. Sie wollte den Sommer mit Franzosen verbringen, nicht mit dem internationalen Jetset; und sie hatte ihren Kopf durchgesetzt.

Das Surren des Rasierers verstummte, und Dee füllte zwei Kaffeetassen.

Während sie die Tassen auf den runden Holztisch stellte, kam Mike herein. Er trug seine ausgeblichenen, geflickten Jeans und ein blaues, am Halse offenes Baumwollhemd, das den Blick freigab auf ein Büschel schwarzer Haare und ein Medaillon an einer kurzen Silberkette.

»Guten Morgen, Liebling«, sagte er. Er kam um den Tisch herum und küßte sie. Sie schlang die Arme um seine Taille, zog ihn dicht an sich und küßte ihn leidenschaftlich.

»*Wow!* Ganz schön wild für den frühen Morgen«, sagte er und bedachte sie mit einem breiten kalifornischen Lächeln, während er Platz nahm.

Dee betrachtete den Mann, der jetzt behaglich seinen Kaffee schlürfte; und unwillkürlich fragte sie sich, ob sie sich wünschte, ihr ganzes Leben mit ihm zu verbringen. Seit einem Jahr hatte sie ein Verhältnis mit ihm, und sie begann, sich daran zu gewöhnen. Sie mochte seinen Zynismus, seinen Sinn für Humor, seine irgendwie »freibeuterische« Art.

Beide interessierten sie sich bis zur Besessenheit für Kunst; allerdings richtete sich sein Interesse auf das Geld, das mit Hilfe der Kunst zu machen war, während Dee sich gefesselt fühlte vom Warum und Wofür des schöpferischen Prozesses. Beide stimulierten einander, im Bett ebenso wie außerhalb: Sie bildeten ein gutes Team.

Mike stand auf, goß Kaffee nach und steckte für beide Zigaretten an. »Du bist so still«, sagte er in seinem breiten Amerikanisch. »Denkst du an die Prüfungsergebnisse? Die müßten doch langsam fällig sein.«

»Sie sind heute gekommen«, erwiderte sie. »Aber ich habe das Telegramm noch nicht geöffnet.«

»Was? He, nun mach schon, ich will wissen, wie du abgeschnitten hast.«

»Meinetwegen.« Sie holte den Umschlag und setzte sich wieder, bevor sie ihn mit dem Daumen aufriß. Sie entfaltete das Papier, das der Umschlag enthielt, warf einen Blick darauf und sah dann Mike mit strahlendem Lächeln an.

»Mein Gott, ich habe eine Eins gekriegt«, sagte sie.

Aufgeregt sprang er hoch und schrie: »*Yippee!* Ich hab's gewußt! Du bist ein Genie!« Ausgelassen führte er eine Art Solo-Squaredance auf, wobei er unablässig »*Yee-hah*« rief und die Klänge einer Stahlgitarre zu imitieren versuchte. Mit einer imaginären Partnerin hüpfte er in der Küche umher.

Dee schüttelte sich vor Gelächter. »Du bist doch der kindischste Fast-Vierziger, der mir je über den Weg gelaufen ist«, sagte sie atemlos. Mike verbeugte sich vor einem imaginären, wild applaudierenden Publikum und nahm wieder Platz.

Er sagte: »So. Was bedeutet dies für deine Zukunft?«

Dee wurde wieder ernst. »Es bedeutet, daß ich meinen Ph. D. machen kann, meinen Doktor.«

»Was, noch mehr akademische Grade? Du hast jetzt deinen Bachelor of Arts in Kunstgeschichte – außer deinem Diplom in Zeichnen, Malen und Bildhauerei. Wär's nicht langsam an der Zeit, daß du aufhörst, so eine Art Berufsstudent zu sein?«

»Weshalb sollte ich? Studieren ist mein Hobby – und wenn man bereit ist, mich für den Rest meines Lebens fürs Studium zu bezahlen, warum sollte ich das nicht tun?«

»Die werden dir nicht viel zahlen«

»Das stimmt.« Dee sah nachdenklich aus. »Und ich würde gern ein Vermögen machen, irgendwie. Aber ich hab ja noch viel Zeit. Ich bin doch erst fünfundzwanzig.«

Mike streckte seinen Arm über den Tisch und griff nach ihrer Hand. »Wie wär's, wenn du für mich arbeiten würdest? Ich zahle dir ein Vermögen – du wärst es wert.«

Sie schüttelte den Kopf. »Ich möchte nicht auf deinem Rücken reiten. Ich möchte es allein schaffen.«

»Aber vorn reitest du sehr gern auf mir«, sagte er mit einem Grinsen.

Sie lächelte entzückt. »Kannst drauf wetten«, sagte sie, seinen amerikanischen Akzent imitierend. Dann zog sie ihre Hand zurück. »Nein, ich werde meine Dissertation schreiben. Falls sie veröffentlicht wird, könnte ich dadurch sogar etwas Geld verdienen.«

»Wie lautet das Thema?«

»Nun, ich habe mit mehreren geliebäugelt. Das lohnendste scheint mir die Beziehung zwischen Kunst und Drogen zu sein.«

»Trendgemäß.«

»Und originell. Ich glaube, ich könnte zeigen, daß Drogenmißbrauch meist gut für die Kunst und schlecht für den Künstler ist.«

»Ein hübsches Paradox. Wo willst du anfangen?«

»Hier. In Paris. In den ersten Jahrzehnten des Jahrhunderts hat man in der Künstlergemeinde Pot geraucht. Nur nannten die das damals Haschisch.«

Mike nickte. »Würdest du ein wenig Hilfe von mir annehmen, gleich am Anfang?«

Dee griff nach den Zigaretten und nahm eine. »Sicher«, sagte sie.

Quer über den Tisch hielt er ihr sein Feuerzeug hin. »Ich kenne einen alten Mann, mit dem du sprechen solltest. War hier vor dem Ersten Weltkrieg mit einem halben Dutzend der Meister befreundet. Ein paarmal hat er mich auf die Spur von Bildern gebracht. Er war so eine Art Gelegenheitskrimineller, hat aber auch jungen Malern Prostituierte als Modelle verschafft – und noch so manches andere. Ist schon ziemlich alt. Aber er erinnert sich.«

*

In der winzigen Wohnstube roch es übel. Der Fischgeruch vom Laden darunter schien alles zu durchdringen; er fraß sich gleichsam durch die kahlen Fußbodenbretter und ätzte sich ein in das zerstoßene Mobiliar, in die Wäsche auf dem Bett in der Ecke, in die verblichenen Vorhänge an dem einzigen kleinen Fenster. Der Rauch aus der Pfeife des alten Mannes konnte den Fischgeruch nicht überdekken; und geprägt war das Ganze von der Atmosphäre eines Zimmers, das nur selten gesäubert wird.

An den Wänden jedoch hing ein Vermögen in Form postimpressionistischer Gemälde.

»Sämtlich Geschenke der Künstler an mich«, erklärte der alte Mann mit unverkennbarem Stolz. Dee mußte sich konzentrieren, um sein Pariser Französisch zu verstehen. »Die konnten ja nie ihre Schulden bezahlen. Ich nahm die Gemälde, weil ich wußte, daß sie niemals das Geld haben würden. Damals haben mir die Bilder nie gefallen. Jetzt verstehe ich, warum die so gemalt haben, und es gefällt mir. Außerdem bringen die Bilder Erinnerungen zurück.«

Der Alte war kahlköpfig, seine Gesichtshaut schlaff und bleich. Er war kleinwüchsig und konnte nur mit Mühe gehen; doch in seinen kleinen schwarzen Augen blitzte mitunter so etwas wie Enthusiasmus auf. Unverkennbar fühlte er sich verjüngt durch die Gegenwart dieser hübschen Engländerin, die so ausgezeichnet Französisch sprach und ihn anlächelte, als sei er wieder ein junger Mann.

»Werden Sie nicht von Leuten belästigt, die Ihnen die Bilder abkaufen wollen?« fragte Dee.

»Jetzt nicht mehr. Ich bin immer bereit, sie auszuleihen, gegen Gebühr.« Er zwinkerte. »Dafür kann ich mir dann Tabak kaufen«, fügte er hinzu und hob seine Pfeife, als wolle er einen Toast ausbringen.

Plötzlich wurde Dee bewußt, daß da noch ein Geruch war außer dem des Tabaks: dem Gemisch in der Pfeife des Alten war Cannabis beigemengt. Sie nickte kundig.

»Möchten Sie was davon? Ich habe Zigarettenpapier«, bot er ihr an.

»Gerne.«

Er reichte ihr eine Tabaksdose, etwas Zigarettenpapier und einen kleinen harzartigen Klumpen, und sie begann, sich einen Joint zu rollen.

»Ach, ihr jungen Mädchen«, sagte der Alte grübelnd. »Drogen sind für euch wirklich schlecht. Ich sollte die Jugend nicht verderben. Da, ich hab's mein ganzes Leben getan, und jetzt bin ich zu alt, um's zu ändern.«

»Sie haben's damit zu einem langen Leben gebracht«, sagte Dee.

»Wahr, sehr wahr. Ich werde dieses Jahr neunundachtzig, wenn ich mich nicht irre. Siebzig Jahre lang habe ich tagtäglich meinen Spezialtabak geraucht, außer im Gefängnis natürlich.«

Dee fuhr mit der Zunge über das gummierte Papier, und der Joint war fertig. Sie zündete ihn mit einem winzigen goldenen Feuerzeug an und inhalierte. »Haben die Maler viel Haschisch konsumiert?« fragte sie.

»O ja. Ich habe an dem Zeug ein Vermögen verdient. Manche gaben ihr ganzes Geld dafür aus.« Er blickte zu einer Bleistiftskizze an der Wand, einem flüchtig hingeworfenen Frauenkopf: ein ovales Gesicht und eine lange, dünne Nase. »Dedo war der Schlimmste«, fügte er mit einem verträumten Lächeln hinzu.

Dee entzifferte die Signatur auf der Zeichnung. »Modigliani?«

»Ja.« Die Augen des alten Mannes sahen jetzt nur die Vergangenheit, und er sprach wie zu sich selbst. »Er trug immer eine braune Kordjacke und einen großen Schlapphut aus Filz. Und er pflegte zu sagen, daß Kunst wie Haschisch sein sollte: Sie sollte Menschen die Schönheit in Dingen zeigen, die Schönheit, die sie normalerweise nicht sehen könnten. Er trank auch, und zwar um die Häßlichkeit in Dingen zu sehen. Aber Haschisch liebte er. Es war traurig, daß er sich deshalb solche Gewissensbisse machte. Er muß wohl sehr streng erzogen worden sein. Auch war seine Gesundheit nicht allzu stabil, so daß er sich wegen der Drogen Sorgen machte. Er machte sich Sorgen und gebrauchte sie trotzdem.«

Der alte Mann lächelte und nickte; er schien seinen Erinnerungen gleichsam zuzustimmen.

»Er wohnte im Impasse Falguière. Bettelarm war er, und mit der Zeit war er richtig ausgemergelt. Ich erinnere mich, wie er die Ägyptische Abteilung im Louvre besuchte – als er zurückkam, erklärte er, das sei die einzige wirklich sehenswerte Abteilung!«

Der Alte lachte zufrieden. »Ein melancholischer Mensch, o ja«, fuhr er fort, und seine Stimme klang jetzt ernster. »Immer trug er *Les Chants de Maldoror* in einer Tasche mit sich: Er konnte viele französische Gedichte rezitieren. Gegen Ende seines Lebens kam der Kubismus in Mode. Doch so was war und blieb ihm fremd. Hat ihn möglicherweise sogar umgebracht.«

Dee sprach sehr sachte; sie wollte die Erinnerungen des alten Mannes in die gewünschte Richtung lenken, ohne daß sein Gedankengang plötzlich abbrach. »Hat Dedo jemals gemalt, während er high war?«

Der Alte lachte unbeschwert. »O ja«, sagte er. »Wenn er sich im Rausch befand, malte er sehr schnell, während er unentwegt rief, daß dies sein Meisterstück werden würde, sein *chef-d'œuvre;* daß ganz Paris endlich begreifen würde, was malen eigentlich bedeutete. Er wählte die leuchtendsten Farben aus und warf sie auf die Leinwand. Wenn seine Freunde ihm sagten, es sei ein schlechtes Bild, einfach abscheulich, so erwiderte er, sie sollten verschwinden, sie seien zu dumm, um zu begreifen, daß dies die Malerei des 20. Jahrhunderts sei. Aber wenn er dann wieder bei sich war, gab er ihnen recht und schleuderte das Bild in eine Ecke.« Der Alte zog an seiner Pfeife, bemerkte, daß sie ausgegangen war, und suchte nach Streichhölzern.

Dee beugte sich auf ihrem Stuhl vor; den Joint zwischen ihren Fingern hatte sie vergessen. Ihre Stimme klang drängend, fast beschwörend.

Sie fragte: »Was ist aus jenen Bildern geworden?«

Heftig sog er, bis die Pfeife wieder zu qualmen begann, allmählich glitt er wieder in seinen traumähnlichen Zustand zurück. »Armer Dedo«, sagte er. »Konnte die Miete nicht bezahlen. Wußte nicht, wohin er sich wenden sollte. Der Wirt gab ihm zur Räumung eine Frist von vierundzwanzig Stunden. Dedo versuchte, ein paar Bilder zu verkaufen, aber die wenigen Leute, die sehen konnten, wie gut sie waren, hatten nicht mehr Geld als er selbst.

Er mußte zu einem der anderen ziehen – zu wem, weiß ich nicht mehr. Da war kaum Platz für Dedo, von seinen Gemälden ganz zu schweigen. Jene, die er mochte, lieh er nahen Freunden. Den Rest«, der alte Mann ächzte, als sei die Erinnerung plötzlich zu schmerzhaft. »Ich kann jetzt noch sehen, wie er sie in eine Schubkarre lud und dann mit ihnen die Straße entlangfuhr. Er fuhr in einen Hof, stapelte sie in der Mitte auf einen Haufen und zündete sie an. ›Was kann ich sonst tun?‹ sagte er immer wieder. Ich hätte ihm Geld leihen können, aber er schuldete mir schon zu viel. Trotzdem – als er da so stand und zusah, wie seine Bilder verbrannten, da wünschte ich, ich hätt's getan. Aber ich war nun mal nie ein Heiliger, in meiner Jugend so wenig wie in meinem Alter.«

»Sämtliche Haschisch-Bilder sind in dem Feuer verbrannt?« fragte Dee fast flüsternd.

»Ja«, sagte der Alte. »Praktisch alle.«

»Praktisch? Hat er ein paar zurückbehalten?«

»Nein, er hat keins behalten. Aber er hatte irgendwem einige gegeben – ich hatte es vergessen, doch unser Gespräch bringt's wieder zurück. Da war ein Priester, in seiner Heimatstadt, der sich für orientalische Drogen interessierte. Warum weiß ich nicht mehr – war's ihr medizinischer Wert, ihre spirituelle Wirkung? Irgendwas in der Art. Dedo beichtete dem Geistlichen seine Sucht und erhielt die Absolution. Dann erklärte der Priester, er würde gern die Bilder sehen, die unter dem Einfluß von Haschisch entstanden seien. Dedo schickte ihm ein Gemälde – nur ein einziges, jetzt weiß ich's wieder.«

Der Joint verbrannte Dee die Finger, und sie ließ ihn in einen Aschenbecher fallen. Der Alte war wieder mit dem Entzünden seiner Pfeife beschäftigt, und Dee erhob sich.

»Vielen Dank, daß Sie so nett waren, mit mir zu sprechen«, sagte sie.

»Mmm.« Der alte Mann war mit seinen Gedanken noch

halb in der Vergangenheit. »Hoffentlich hilft Ihnen das bei Ihrer Dissertation«, sagte er.

»Das tut es ganz bestimmt«, versicherte sie. Einem Impuls folgend, beugte sie sich über den Alten auf seinem Stuhl und küßte ihn auf den kahlen Schädel. »Sie sind sehr liebenswürdig gewesen.«

Seine Augen glitzerten. »Es ist lange her, daß mich ein hübsches Mädchen geküßt hat«, sagte er.

»Von alldem, was Sie mir gesagt haben, ist das das einzige, was ich Ihnen nicht glaube«, erwiderte Dee. Sie lächelte ihn wieder an und ging dann durch die Tür hinaus.

Während sie die Straße entlangschritt, mußte sie sich zusammennehmen, um nicht laut zu jubeln. Was für ein Glücksfall! Und das, bevor sie mit der Arbeit überhaupt richtig angefangen hatte! Sie brannte darauf, jemandem davon zu erzählen. Dann fiel ihr plötzlich ein – Mike war fort: für ein paar Tage nach London geflogen. Wem konnte sie sich nur mitteilen?

Spontan kaufte sie in einem Café eine Postkarte. Dann setzte sie sich mit einem Glas Wein an einen Tisch und begann zu schreiben. Das Bild auf der Karte zeigte das Café und eine Ansicht der Straße, in der es sich befand.

Sie nippte an ihrem *vin ordinaire,* noch nicht ganz sicher, an wen sie ihre Zeilen richten sollte. Eigentlich hätte sie ihre Familie über das Prüfungsergebnis ins Bild setzen müssen. Ihre Mutter würde sich auf ihre ein wenig zerstreute Art erfreut zeigen; in Wirklichkeit wünschte sie sich ihre Tochter als Mitglied jener sterbenden Gesellschaft von Ballbesuchern und Dressurreitern. Den Triumph einer Einser-Benotung würde sie nicht wirklich zu schätzen wissen. Wer aber sonst?

Plötzlich begriff sie, wer sich am meisten für sie freuen würde.

Sie schrieb:

Lieber Onkel Charles, glaub's oder glaub's nicht, ich habe eine Eins bekommen!! Noch unglaublicher ist, daß ich jetzt einem verlorenen Modigliani auf der Spur bin!!!
              Liebe Grüße
              D.

Sie kaufte eine Briefmarke für die Postkarte und warf sie auf dem Rückweg zu Mikes Appartement in einen Briefkasten.

2

ALLER GLANZ SCHEINT aus dem Leben entschwunden, dachte Charles Lampeth, während er es sich auf dem Queen-Anne-Stuhl bequem machte. In diesem Haus, dem Haus seines Freundes, hatten einmal Partys und Bälle stattgefunden, wie man sie heutzutage nur noch in teuren historischen Filmen sah. Wenigstens zwei Premierminister hatten in diesem Raum mit der langen Eichentafel und den stilgemäß getäfelten Wänden diniert. Aber der Raum, das Haus wie auch Lord Cardwell, der Besitzer, gehörten praktisch gleichermaßen einer vergangenen Zeit an.

 Lampeth entnahm dem Kistchen, das ihm der Butler darbot, eine Zigarre und ließ sich von dem Bediensteten Feuer geben. Ein Schluck Brandy – von einem bemerkenswert alten Jahrgang – komplettierte sein Wohlbefinden. Das Essen war hervorragend gewesen, die Ehefrauen der beiden Herren hatten sich alter Tradition gemäß zurückgezogen, nunmehr konnte man sich einem Gespräch überlassen.

 Der Butler entzündete Lord Cardwells Zigarre und entfernte sich. Eine Weile schmauchten die beiden Männer zufrieden vor sich hin. Sie waren schon so lange miteinander befreundet, daß einem Schweigen zwischen ihnen nichts Peinliches anhaftete. Schließlich war es Cardwell, der sprach.

»Was macht der Kunstmarkt?« fragte er.

Lampeth lächelte zufrieden. »Da herrscht Hochkonjunktur wie seit Jahr und Tag.«

»Ich habe die wirtschaftliche Seite des Kunstmarktes nie begriffen«, sagte Cardwell. »Wie erklärt sich der Boom?«

»Das ist eine komplexe Angelegenheit, wie sich denken läßt«, erwiderte Lampeth. »Angefangen hat's wohl damit, daß die Amerikaner unmittelbar vor dem Zweiten Weltkrieg kunstbewußt wurden. Es war der Mechanismus von Angebot und Nachfrage: Die Preise für die alten Meister gingen raketengleich in die Höhe. Und da es nicht genügend alte Meister gab, um den Bedarf zu decken, richteten die Leute ihr Interesse auf die Modernen.«

Cardwell unterbrach ihn: »Und genau zu diesem Zeitpunkt bist du eingestiegen.«

Lampeth nickte und nippte genießerisch an seinem Brandy. »Als ich unmittelbar nach dem Krieg meine erste Galerie eröffnete, hatte man die größte Mühe, irgendein Bild zu verkaufen, das nach 1900 gemalt worden war. Aber wir waren hartnäckig. Ein paar Leute mochten die Bilder, allmählich stiegen die Preise, und dann traten die Investoren in Aktion. Prompt kletterten die Impressionisten himmelhoch.«

»Ein Haufen Leute hat dabei eine Menge Geld gemacht«, warf Cardwell ein.

»Weniger als man glaubt«, sagte Lampeth. Er schob eine Hand unter sein Doppelkinn, um seine Fliege zu lockern. »Es ist ähnlich wie bei Pferdewetten. Setzt man auf einen fast sicheren Sieger, so stellt sich heraus, daß das auch fast alle anderen getan haben, also springt kaum etwas dabei heraus. Und will man an einem zukunftsträchtigen Vollblüter einen hochkarätigen Anteil erwerben, so muß man dafür so viel auf den Tisch blättern, daß man bei einem Verkauf nur einen geringen Profit macht.

Ähnlich verhält es sich mit Gemälden: Kaufe einen Velasquez, und du wirst garantiert einen Gewinn erzielen. Allerdings ist die Kaufsumme so hoch, daß du mehrere Jahre warten mußt, um einen fünfzigprozentigen Profit zu machen. Die einzigen Leute, die dabei ein Vermögen gewonnen haben, sind jene, die sich die Bilder aus reiner Liebhaberei gekauft hatten und ihren guten Geschmack bestätigt sahen, als der Wert ihrer Sammlungen raketenhaft in die Höhe schnellte. Leute wie du selbst.«

Cardwell nickte, und die wenigen weißen Haarsträhnen auf seinem Kopf bewegten sich leicht. Er zog sich am Ende seiner langen Nase. »Wie hoch schätzt du den derzeitigen Wert meiner Sammlung?«

»Tja, mein Gott.« Lampeth krauste die Stirn und zog seine schwarzen Augenbrauen zusammen. »Das käme nicht zuletzt auf den Verkaufsmodus an. Für eine genaue Wertbestimmung würden Experten eine Woche brauchen.«

»Ein ungefährer Schätzwert würde mir für den Augenblick genügen. Du kennst die Bilder – hast die meisten ja selbst für mich erworben.«

»Gewiß.« Lampeth ließ die zwanzig oder dreißig Gemälde, die sich im Haus befanden, vor seinem inneren Auge Revue passieren – taxierte sie grob, kalkulierte den ungefähren Gesamtbetrag.

»Müßte sich etwa auf eine Million Pfund belaufen«, sagte er schließlich.

Cardwell nickte wieder. »Das entspricht der Summe, die ich selbst veranschlagt habe«, sagte er. »Charlie, ich brauche eine Million Pfund.«

»Guter Gott!« Lampeth setzte sich kerzengerade auf. »Du denkst doch nicht im Ernst daran, deine Sammlung zu verkaufen.«

»Ich fürchte, daß mir keine andere Wahl bleibt«, sagte

Cardwell traurig. »Ich hatte gehofft, die Kollektion der Öffentlichkeit hinterlassen zu können, doch die Realitäten des Geschäftslebens haben nun mal Vorrang. Die Firma befindet sich in einer sehr angespannten Lage und benötigt innerhalb der nächsten zwölf Monate eine sehr kräftige Kapitalspritze, wenn sie nicht in Konkurs gehen soll. Du weißt ja, daß ich seit Jahren Teile unseres Grundbesitzes verkauft habe, um flüssig zu bleiben.« Er hob sein Brandyglas und trank einen Schluck.

»Die jungen Haudegen sitzen mir jetzt unmittelbar im Nacken«, fuhr er fort. »Neue Besen fegen durch die Finanzwelt. Unsere Methoden sind überholt. Ich werde ausscheiden, sobald das Unternehmen wieder so erstarkt ist, daß die Führung in andere Hände gelegt werden kann. Soll sich doch einer der jungen Recken seine Sporen verdienen.«

Der Unterton tiefer Resignation, den er aus diesen Worten heraushörte, erzürnte Lampeth. »Junge Recken«, sagte er verächtlich, »deren Zeit wird schon noch kommen.«

Cardwell lachte. »Aber, aber, Charlie. Weißt du, mein Vater war seinerzeit entsetzt, als ich ihm meine Ansicht verkündete, ›in die City zu gehen‹. Ich erinnere mich, wie er zu mir sagte: ›Aber du wirst doch den Titel erben!‹ – als sei das für mich eine Art Tabu, persönlich Geldgeschäfte zu machen. Und du – was hat dein Vater gesagt, als du eine Kunstgalerie eröffnet hast?«

Lampeth ließ ein zögerndes Lächeln sehen. »Er fand, für den Sohn eines Soldaten sei das eine abgeschmackte Beschäftigung.«

»Du siehst also, daß die Welt den jungen Recken gehört. Verkaufe meine Bilder für mich, Charlie.«

»Um Höchstpreise zu erzielen, müßte man die Gemälde als Einzelstücke verkaufen.«

»Du bist der Experte. Irgendwelche Sentimentalitäten meinerseits waren verfehlt.«

»Einige sollte man jedoch unbedingt für eine Ausstellung beisammenhalten. Mal sehen: ein Renoir, zwei Degas, ein paar Pisarros, drei Modiglianis ... muß mir das mal durch den Kopf gehen lassen. Der Cézanne gehört natürlich auf eine Auktion.«

Cardwell erhob sich, ein großer Mann von fast einsneunzig. »Nun, halten wir uns nicht länger mit der Leiche auf. Stoßen wir lieber zu den Ladys, wie?«

Die *Belgrave Art Gallery* machte den Eindruck eines gehobenen Provinzmuseums. Die kirchenähnliche Stille schien mit Händen greifbar, als Lampeth eintrat und mit seinen schwarzen Schuhen lautlos über den einfachen olivgrünen Teppich schritt. Um zehn Uhr hatte die Galerie gerade erst geöffnet, und Kunden waren noch nicht zu sehen. Dennoch hielten sich drei Assistenten in schwarzer, gestreifter Kleidung im Empfangsbereich auf.

Lampeth nickte ihnen zu und schritt durch die zu ebener Erde gelegene Galerie, wobei er sein kundiges Auge über die Bilder an den Wänden gleiten ließ. Unpassenderweise hatte man einen modernen Abstrakten neben einen Primitiven gehängt, und Lampeth machte sich eine Gedankennotiz: Das mußte schleunigst geändert werden. Preise fanden sich an den Bildern nicht – eine wohlüberlegte Taktik. Auf diese Weise wurde möglichen Käufern das Gefühl vermittelt, bei der bloßen Erwähnung von Geld würden die elegant gekleideten Assistenten mißbilligend die Stirn runzeln. Wer hierher kam – diese Suggestion drängte sich der Kundschaft automatisch auf –, für den war Geld ein ebenso untergeordnetes Detail wie das Datum auf dem Scheck. Folglich gaben die Leute mehr aus, als sie eigentlich wollten. Charles Lampeth war in erster Linie Geschäftsmann – und erst in zweiter Kunstliebhaber.

Er stieg die breite Treppe zur ersten Etage empor und erblickte in der Glasscheibe eines Bilderrahmens sein Spiegelbild. Der Knoten seiner Krawatte war klein, sein Hemdkragen frisch gestärkt, sein Savile-Row-Anzug saß tadellos. Schade, daß er übergewichtig war; trotzdem machte er für sein Alter eine ausgezeichnete Figur. Unwillkürlich straffte er die Schultern.

Er machte sich eine weitere Gedankennotiz: In jenen Bilderrahmen gehörte nichtreflektierendes Glas. Unter der Scheibe befand sich eine Federzeichnung – wer immer das arrangiert haben mochte, hatte einen Fehler gemacht.

Er betrat sein Büro, wo er seinen Regenschirm an den Kleiderständer hängte. Dann ging er zum Fenster und blickte hinaus auf die Regent Street und steckte sich eine Zigarre an, die erste an diesem Tag. Er beobachtete den Verkehr und stellte eine Liste all dessen zusammen, was es für ihn bis zum ersten Gin Tonic um fünf Uhr nachmittags zu erledigen galt.

Er drehte sich um, als Stephen Willow, sein Juniorpartner, eintrat. »Morgen, Willow«, sagte er und setzte sich an seinen Schreibtisch.

Willow erwiderte: »Morgen, Lampeth.« Trotz ihrer nunmehr sechs- oder siebenjährigen Zusammenarbeit sprachen sie einander noch immer mit dem Nachnamen an. Lampeth war an einer Zusammenarbeit sehr interessiert gewesen, um geschäftlich zu expandieren: Willow hatte eine eigene kleine Galerie aufbauen können, denn er pflegte intensive Beziehungen zu einem halben Dutzend junger Künstler, die sich sämtlich als »Treffer« erwiesen. Lampeth hatte seinerseits damals das Gefühl gehabt, daß seine *Belgrave Art Gallery* ein wenig hinter dem Markt her hinkte, und die Verbindung mit Willow bot ihm die Chance, rasch mit der zeitgenössischen Szene gleichzuziehen. Die Partnerschaft klappte ausgezeichnet. Obwohl zwischen den beiden Männern ein Altersunterschied von zehn oder fünfzehn Jahren bestand, besaßen beide ganz ähnliche Qualitäten: in ihrem Kunstgeschmack ebenso wie in ihrem Geschäftssinn.

Der jüngere Mann legte einen Hefter auf den Tisch und lehnte die angebotene Zigarre ab. »Wir müssen über Peter Usher sprechen«, sagte er.

»Ah, ja. Irgendwas stimmt da nicht.«

»Wir übernahmen ihn, als die *Sixty-Nine Gallery* pleite ging«, begann Willow. »Er hatte sich dort ein Jahr lang gut verkauft – pro Bild eintausend. Die meisten anderen erzielten mit ihren Bildern höchstens fünfhundert. Seit er zu uns kam, hat er nur ein paar verkauft.«

»In welche Preiskategorie haben wir ihn getan?«

»In die gleiche, in der er bei der *Sixty-Nine* war.«

»Die haben vielleicht mit Tricks gearbeitet«, sagte Lampeth.

»Das fürchte ich auch. Eine verdächtig hohe Anzahl von Bildern erschien, kurz nachdem man sie verkauft hatte, wieder auf dem Markt.«

Lampeth nickte. Es war in der Kunstwelt ein offenes Geheimnis, daß Händler mitunter ihre eigenen Bilder kauften, um die Nachfrage nach einem jungen Künstler zu stimulieren.

Lampeth sagte: »Im übrigen glaube ich, daß wir sowieso nicht die richtige Galerie für Usher sind.« Er sah, wie sein Partner die Augenbrauen hob, und fügte hinzu: »Soll keine Kritik sein, Willow – damals sah's aus, als könnte man ihn groß rausbringen. Aber er ist nun mal ziemlich avantgardistisch, und wahrscheinlich hat ihm die Verbindung mit einer Galerie wie der unseren eher geschadet. Doch ist das jetzt alles Vergangenheit. Ich halte ihn nach wie vor für einen bemerkenswert guten jungen Maler, und wir sind es ihm schuldig, uns für ihn einzusetzen.«

Willow entschied sich im nachhinein doch noch für eine Zigarre, die er dem Kästchen auf Lampeths Schreibtisch entnahm. »Ja, das entspricht meinen eigenen Überlegungen. Ich habe ihn ein bißchen wegen einer möglichen Ausstellung ausgehorcht: Er sagte, er verfüge über genügend neue Arbeiten, um eine zu veranstalten.«

»Gut. Im New Room vielleicht?«

Die Galerie war zu groß, um sie ausschließlich dem

Werk eines einzelnen lebenden Künstlers verfügbar zu machen; deshalb wurden Ein-Mann-Ausstellungen in kleineren Galerien oder nur in einem Teil der großen Galerie in der Regent Street veranstaltet.

»Ideal.«

Lampeth grübelte: »Ich frage mich allerdings nach wie vor, ob wir ihm nicht einen Gefallen erweisen würden, wenn wir ihn woanders hingehen ließen.«

»Vielleicht, nur würde das die Öffentlichkeit falsch verstehen.«

»Das stimmt allerdings.«

»Soll ich ihm dann mitteilen, daß die Sache läuft?«

»Nein, noch nicht. Es ist sehr gut möglich, daß etwas wesentlich Größeres auf uns zukommt. Lord Cardwell hat mich gestern abend zum Dinner eingeladen. Er möchte seine Sammlung veräußern.«

»Ihr Götter – der arme Kerl. Das ist eine enorme Aufgabe für uns.«

»Ja, und wir werden sehr behutsam vorgehen müssen. Ich denke noch immer darüber nach. Halten wir uns vorerst alles für diese Möglichkeit offen.«

Willow blickte aus dem Augenwinkel zum Fenster – ein Zeichen, daß er sein Gedächtnis anstrengte, wie Lampeth wußte. »Besitzt Cardwell nicht zwei oder drei Modiglianis?« fragte er schließlich.

»Das ist richtig.« Willows Kenntnisse waren für Lampeth nicht weiter überraschend: Es gehörte ganz einfach zum Beruf eines Kunsthändlers, daß er von Hunderten von Gemälden wußte, wo sie sich befanden, wem sie gehörten und was sie wert waren.

»Interessant«, fuhr Willow fort. »Als ich gestern nachmittag allein hier war, kam noch eine Meldung aus Bonn, derzufolge eine Sammlung von Modiglianis Skizzen auf dem Markt ist.«

»Was für Skizzen?«

»Bleistiftskizzen für Skulpturen. Natürlich sind sie noch

nicht auf dem offenen Markt. Wir können sie haben, wenn wir wollen.«

»Gut. Wir werden sie auf jeden Fall kaufen – bei Modigliani scheint mir eine Wertsteigerung fällig. Er ist eine Zeitlang unterbewertet worden, weil er sich nicht so leicht in eine Kategorie einordnen läßt.«

Willow erhob sich. »Ich werde mich mit meinem Kontaktmann in Verbindung setzen und ihm Auftrag zum Kauf erteilen. Und falls Usher anfragen sollte, werde ich ihn hinhalten.«

»Ja. So schonend wie möglich.«

Willow ging hinaus, und Lampeth zog einen Drahtbehälter mit der morgendlichen Post näher zu sich heran. Er nahm ein – für ihn bereits aufgetrenntes – Kuvert in die Hand, als sein Blick plötzlich auf eine darunterliegende Postkarte fiel. Er legte das Kuvert beiseite, griff nach der Postkarte. Die Vorderseite zeigte das Bild einer Straße – in Paris vermutlich. Er drehte die Karte um, las die Zeilen und mußte unwillkürlich lächeln über diese atemlose Prosa und den Wald von Ausrufungszeichen.

Dann lehnte er sich zurück und überlegte. Seine Nichte verstand es, sich weiblich-überdreht zu geben; doch besaß sie in Wirklichkeit einen kühlen Verstand und eine erstaunliche Entschlußkraft. Gewöhnlich meinte sie, was sie sagte, mochte sie auch wie ein Backfisch aus den zwanziger Jahren klingen.

Lampeth kümmerte sich nicht um den Rest seiner Post, sondern steckte die Karte in die Innentasche seines Jakketts, nahm seinen Regenschirm und ging hinaus.

*

Alles an der Agentur wirkte diskret – selbst der Eingang. Er war so klug angelegt, daß ein im Taxi vorfahrender Besucher nicht von der Straße aus gesehen werden konnte, wenn er aus dem Fahrzeug stieg, um durch die Tür an der Seite des Portico einzutreten.

Das Personal ähnelte mit seinen höflichen Manieren und der fast schon devoten Diskretion dem der Galerie – wenngleich die Gründe dafür anders gelagert waren. Erkundigte man sich ohne Umschweife, welche Art Service die Agentur denn leiste, so erhielt man die gemurmelte Antwort, sie betreibe Nachforschungen im Auftrag ihrer Klienten. Und genauso wie die Assistenten der *Belgrave Art Gallery* niemals das Wort Geld erwähnten, erwähnten die Angestellten der Agentur niemals das Wort Detektiv.

Lampeth konnte sich auch nicht erinnern, hier jemals einen gesehen zu haben. Mr. Lipseys Detektive kannten ihre Auftraggeber in der Regel gar nicht, so daß die Diskretion mit großer Sicherheit gewahrt blieb – und auf Diskretion wurde noch größerer Wert gelegt als auf den erfolgreichen Abschluß einer Operation.

Lampeth wurde, obwohl er erst zwei- oder dreimal hier gewesen war, sofort wiedererkannt. Irgend jemand nahm seinen Regenschirm entgegen, und man führte ihn ins Büro von Mr. Lipsey, einem kleinen, sorgfältig gekleideten Mann mit glattem schwarzem Haar, der in seinem Verhalten etwas von der ernsten, traurig-diskreten Art eines amtlichen Leichenbeschauers hatte.

Er wechselte mit Lampeth einen Händedruck und wies auf einen Stuhl. Sein Büro glich eher dem eines Notars mit seinem dunklen Mobiliar, zahllosen Fächern anstelle von Aktenschränken und einem Wandtresor. Sein Schreibtisch wirkte überladen, jedoch wohlgeordnet, mit Reihen präzise ausgerichteter Bleistifte, säuberlich aufgeschichteten Papierstapeln und einem elektronischen Taschenrechner.

Der Taschenrechner erinnerte Lampeth daran, daß sich die Agentur hauptsächlich mit Nachforschungen bei vermuteten Betrugsfällen befaßte. Doch übernahm sie auch das Aufspüren von Personen und – für Lampeth – Bildern. Die Agentur ließ sich ihre Dienste teuer bezahlen, worin Lampeth eine Art Gütesiegel sah.

»Ein Glas Sherry?« frage Lipsey.

»Gerne.« Während Lipsey ihm aus einer Karaffe ein Glas vollschenkte, zog Lampeth die Postkarte hervor. Dann nahm er das dargebotene Glas und reichte Lipsey gleichzeitig die Karte. Lipsey setzte sich, stellte seinen Sherry auf den Schreibtisch, ohne davon zu trinken, und studierte die Karte.

Eine Minute später sagte er: »Ich nehme an, daß wir das Bild für Sie finden sollen.«

»Ja.«

»Hmm. Haben Sie die Adresse Ihrer Nichte in Paris?«

»Nein, aber meine Schwester – ihre Mutter – wird die Adresse wissen. Ich werde sie Ihnen besorgen. Allerdings wird Delia, wenn ich sie richtig kenne, Paris inzwischen verlassen haben – auf der Suche nach dem Modigliani. Es sei denn, das Bild befindet sich in Paris.«

»Nun – dann bleiben uns wohl nur ihre dortigen Freunde. Und dieses Bild. Wäre es möglich, daß sie, um es mal so zu nennen, die Spur dieses großen Fundes irgendwo in der Nähe des Cafes aufgenommen hat.«

»Das ist sehr wahrscheinlich«, sagte Lampeth. »Gut getippt. Sie ist ein impulsives Mädchen.«

»Diesen Eindruck gewinnt man aufgrund ihres – äh – Stils. Aber wie veranschlagen Sie die Chancen? Was, wenn es nur blinder Alarm ist?«

Lampeth hob die Schultern. »Eine solche Möglichkeit ist bei der Suche nach Bildern immer gegeben. Lassen Sie sich durch Delias Stil bloß nicht zu falschen Schlußfolgerungen führen – sie hat sich gerade eine Eins in Kunstgeschichte erworben, und sie ist eine sehr gescheite fünfundzwanzigjährige Dame. Wäre sie bereit, für mich zu arbeiten, so würde ich ihr auf der Stelle einen Job geben – schon damit keiner meiner Konkurrenten sie angeln kann.«

»Und die Chancen?«

»Fifty-fifty. Nein, besser – siebzig-dreißig. Zu Ihren Gunsten.«

»Gut. Glücklicherweise habe ich den richtigen Mann für diese Aufgabe gerade verfügbar. Wir können die Sache sofort in Angriff nehmen.«

Lampeth stand auf, zögerte, zog die Stirn kraus: Er schien nicht recht zu wissen, wie er ausdrücken sollte, was er Lipsey sagen wollte. Dieser wartete geduldig.

»Also – es ist wichtig, daß das Mädchen nicht erfährt, daß ich die Nachforschungen in Gang gesetzt habe, verstehen Sie?«

»Natürlich«, erwiderte Lipsey verbindlich. »Das ist doch selbstverständlich.«

*

Die Galerie war voller Menschen, die sich eifrig unterhielten und einander zutranken. Sinn und Zweck des Empfangs war »PR-Arbeit« für eine kleine Sammlung deutscher Impressionisten, die Lampeth in Dänemark erworben hatte: Die Bilder mißfielen ihm zwar, doch war es ein guter Kauf. Bei den Gästen handelte es sich um Kunden, Künstler, Kritiker und Kunsthistoriker. Manche waren nur gekommen, um in der *Belgrave* gesehen zu werden: um die Welt wissen zu lassen, daß dies die Kreise waren, in denen sie sich bewegten; am Ende würden sie allerdings doch kaufen, um zu beweisen, daß sie nicht nur gekommen waren, um hier gesehen zu werden. Die meisten Kritiker schrieben über die Ausstellung, weil sie es sich einfach nicht leisten konnten, irgend etwas zu ignorieren, was die *Belgrave* tat. Die Künstler kamen wegen Appetithäppchen und Wein – kostenlose Stärkungen, die manche von ihnen sehr nötig hatten. Die womöglich einzigen, die sich ehrlich für die Gemälde interessierten, waren die Kunsthistoriker und ein paar ernsthafte Sammler.

Lampeth seufzte und warf einen verstohlenen Blick auf

seine Armbanduhr. Anstandshalber würde er noch eine Stunde warten müssen, bevor er von der Bildfläche verschwinden konnte. Seine Frau weigerte sich schon seit langem, Galerie-Empfängen beizuwohnen. Sie seien grauenvoll langweilig, behauptete sie, und sie hatte recht. Nur zu gern wäre Lampeth jetzt daheim gewesen, in der einen Hand ein Glas Port, in der anderen ein Buch, bequem in seinen Lieblingssessel zurückgelehnt – einen alten Ledersessel mit harter Roßhaarpolsterung und einer verbrannten Stelle auf der Armlehne, wo er immer seine Pfeife hinzutun pflegte, seine Frau in einem Sessel ihm gegenüber, und Siddons käme ab und zu herein, um das Feuer aufzuschüren.

»Wärst jetzt wohl lieber zu Hause, Charlie, wie?« Die Stimme erklang unmittelbar neben ihm und riß ihn aus seinen Gedanken. »Würdest lieber vor dem Fernseher sitzen und Barlow zuschauen?« Lampeth zwang sich zu einem Lächeln. Er sah nur selten fern, und es war ihm zuwider, Charlie genannt zu werden, außer von seinen ältesten Freunden. Der Mann, den er anlächelte, war nicht einmal ein Freund: Er war der Kunstkritiker einer Wochenzeitschrift, ein Mann mit sehr viel Sinn für Kunst, zumal Bildhauerei, jedoch ein schrecklicher Langweiler. »Hallo, Jack, freut mich, daß Sie kommen konnten«, sagte Lampeth. »Mir wird's hier tatsächlich ein bißchen zuviel, muß ich sagen.«

»Na, ist doch verständlich«, sagte der Kritiker. »Schweren Tag gehabt, wie? Unheimlich anstrengend, den Preis eines armen Malers um ein paar Hunderter zu drücken, was?«

Lampeth zwang sich wieder zu einem Lächeln, bequemte sich jedoch zu einer Antwort auf die im scherzhaften Ton vorgebrachte Beleidigung. Bei der Zeitschrift handelte es sich um ein sogenanntes linkes Blatt, das sich verpflichtet fühlte, jeden herunterzumachen, der an der Kultur Geld verdiente.

Er sah, daß sich Willow durch die Menge in seine Richtung drängte, und er empfand ein Gefühl der Dankbarkeit gegenüber seinem Juniorpartner. Der Journalist schien das zu spüren und entschuldigte sich.

»Danke für die Errettung«, sagte Lampeth leise zu Willow.

»Weiter kein Problem, Lampeth. Weshalb ich eigentlich hergekommen bin – Peter Usher ist hier, und ich dachte mir, daß Sie vielleicht selbst mit ihm sprechen wollen ...«

»Ja. Hören Sie, ich habe mich entschlossen, eine Modigliani-Ausstellung zu machen. Wir haben die drei Bilder von Lord Cardwell, die Skizzen, und heute morgen eröffnete sich noch eine weitere Möglichkeit. Das ist als Kern zunächst einmal genug. Würden Sie es bitte übernehmen, weitere Fühler auszustrecken?«

»Selbstverständlich. Aber der Gedanke an eine Usher-Ausstellung ist damit wohl vorerst gestorben.«

»Ich fürchte, ja. Dergleichen ist auf Monate hinaus nicht durchführbar, und das werde ich ihm sagen. Natürlich wird ihm das nicht gefallen. Andererseits wird's ihm auch nicht weiter schaden. Auf lange Sicht wird sich sein Talent durchsetzen, unabhängig von dem, was wir unsererseits tun.«

Willow nickte und entfernte sich, und Lampeth machte sich auf die Suche nach Usher. Er fand ihn am entfernteren Ende der Galerie, wo er vor einigen der neuen Gemälde saß. Bei ihm befand sich eine Frau, und beide teilten sich ein Tablett voller Leckerbissen vom Büfett.

»Darf ich mich zu Ihnen gesellen?« fragte Lampeth.

»Natürlich. Bedienen Sie sich nur. Die Sandwiches sind köstlich«, sagte Usher. »Ich habe schon seit Tagen keinen Kaviar mehr gegessen.«

Lampeth lächelte und nahm ein würfelförmiges Stückchen Weißbrot. Die Frau sagte: »Peter versucht sich in der Rolle des zornigen jungen Mannes, aber dafür ist er zu alt.«

»Mit meinem vorlauten Weib hatten Sie wohl noch nicht das Vergnügen, wie?« fragte Usher.

Lampeth nickte. »Sehr erfreut«, sagte er. »Wir sind an Peter gewöhnt, Mrs. Usher. Wir tolerieren seinen Sinn für Humor, weil wir seine Arbeit so sehr schätzen.«

Usher nahm die Zurechtweisung gelassen hin, und Lampeth wußte, daß er genau die richtigen Worte gefunden hatte: gemessene Schelte, versüßt mit großem Lob.

Usher verdrückte ein weiteres Sandwich, nahm dann einen kräftigen Schluck Wein und sagte: »Wann ist es denn nun soweit mit meiner Ein-Mann-Ausstellung?«

»Nun, genau darüber wollte ich mit Ihnen reden«, begann Lampeth. »Ich fürchte allerdings, wir werden das noch ein wenig hinausschieben müssen, denn sehen Sie –«

Usher fiel ihm abrupt ins Wort. Sein Gesicht mit dem Jesus-Bart und dem langen Haar begann rot anzulaufen. »Sparen Sie sich lange Erklärungen – Sie haben etwas gefunden, das Ihnen besser in den Kram paßt. Um wen handelt es sich?«

Lampeth seufzte. Genau dies hatte er vermeiden wollen. »Wir werden eine Modigliani-Ausstellung machen. Aber das ist nicht der einzige –«

»Wie lange?« frage Usher scharf und laut. »Wie lange muß ich warten, bis Sie meine Ausstellung machen?«

Lampeth spürte Blicke auf seinem Rücken: Zweifellos beobachtete eine Anzahl der Besucher die Szene. Er lächelte und beugte sich vor wie zu einem vertraulichen Gespräch; vielleicht konnte er Usher auf diese Weise dazu bringen, sich nicht so sehr zu echauffieren. »Schwer zu sagen«, murmelte er. »Wir haben ein sehr volles Programm. Hoffentlich Anfang nächsten Jahres –«

»Nächstes Jahr!« rief Usher. »Ja, Himmelherrgott, Modigliani braucht keine Ausstellung, aber ich muß leben! Meine Familie muß essen!«

»Bitte, Peter –«

»Nein! Ich werde nicht den Mund halten!« In der Galerie

herrschte jetzt Totenstille, und mit Schrecken wurde Lampeth bewußt, daß alle im Raum die Auseinandersetzung verfolgten. Usher schrie: »Zweifellos werden Sie am Modigliani mehr verdienen, weil er tot ist. Die kulturelle Menschheit bringt das zwar nicht weiter, aber Sie haben einen profitträchtigen Knüller. Es gibt ganz einfach zu viele Profitgeier wie Sie im Kunstgeschäft, Lampeth. Wissen Sie, wieviel ich für meine Bilder bekam, bevor ich an diese verdammte, stinkkonservative Galerie geriet? Genug, um eine Hypothek aufnehmen zu können. Die *Belgrave* hat's fertiggebracht, meine Preise zu drücken und meine Bilder so gut zu verstecken, daß es für sie naturgemäß keine Käufer gibt. Ich hab die Schnauze von Ihnen voll, Lampeth! Ich werde meine Arbeiten jemand anders anvertrauen, pflanzen Sie sich Ihre Galerie auf den Arsch!«

Lampeth zuckte unwillkürlich zusammen und wurde über und über rot. Er fühlte sich hilflos wie ein Schuljunge.

Usher machte dramatisch auf dem Absatz kehrt und stürmte hinaus. Die Menge machte ihm Platz, und er bewegte sich hocherhobenen Hauptes vorwärts, seine Frau folgte ihm.

Automatisch richteten sich die Blicke der Gäste von dem Paar auf Lampeth.

»Ich bitte um Entschuldigung ... hierfür«, sagte er. »Lassen Sie sich in Ihrem Vergnügen bitte weiter nicht stören, und betrachten Sie die Angelegenheit als ungeschehen.« Er zwang sich wieder zu einem Lächeln. »Ich gedenke, mir noch ein Glas Wein zu gönnen, und hoffe, daß Sie es mir gleichtun.«

Hier und dort flackerten wieder Gespräche auf, bis sich der ganze Raum nach und nach mit Stimmengewirr füllte. Die Krise war vorüber. Es war ein großer Fehler gewesen, Usher während eines Empfanges ins Bild zu setzen: daran gab es keinen Zweifel. Lampeth hatte die Entscheidung am Ende eines langen, strapaziösen Tages getroffen. Künftig würde er früher Feierabend machen oder später mit der Arbeit anfangen; er war zu alt, um sich so zu übernehmen.

Er nahm ein Glas Wein und trank hastig. Das Zittern in seinen Knien legte sich, auch das Schwitzen hörte auf. Lieber Gott, wie peinlich. Diese verfluchten Künstler.

3

PETER USHER LEHNTE sein Fahrrad gegen das Tafelglasfenster der *Dixon & Dixon Gallery* in der Bond Street. Er nahm seine Hosenklammern ab und schüttelte das eine, dann das andere Bein, um die Druckfalten zu glätten. Dann betrachtete er sich in der Glasscheibe: Sein billiger Nadelstreifenanzug wirkte zwar ein wenig gedrückt, doch das weiße Hemd mit der breiten Krawatte und die Weste verliehen ihm eine gewisse Eleganz. Er schwitzte unter der Kleidung. Es war eine lange und anstrengende Fahrt gewesen von Clapham bis hierher, aber er konnte sich nun mal keine Fahrt mit der U-Bahn leisten.

Noch einmal nahm er sich ganz fest vor, höflich und liebenswürdig zu sein; dann betrat er die Galerie.

Im Empfangsraum kam ihm ein hübsches Mädchen mit Brille und Minirock entgegen. Die verdient pro Woche wahrscheinlich mehr als ich, dachte Peter grimmig, rief sich aber seine guten Vorsätze ins Gedächtnis zurück und unterdrückte den Gedanken.

Das Mädchen lächelte freundlich. »Kann ich Ihnen helfen, Sir?«

»Ich möchte gern Mr. Dixon sprechen. Mein Name ist Peter Usher.«

»Mal sehen, ob er überhaupt da ist. Nehmen Sie doch bitte inzwischen Platz.«

»Danke.«

Peter setzte sich in einen grünen Ledersessel und betrachtete das Mädchen, das jetzt hinter einem Schreibtisch saß und nach einem Telefonhörer griff. Unterhalb der Schreibtischplatte konnte er ihre Knie sehen. Sie rückte auf ihrem Sitz, ihre Beine öffneten sich, und Peter sah die glatte, strumpfbedeckte Innenseite ihres Schenkels. Unwillkürlich fragte er sich, ob ... Sei kein Idiot, rief er sich zur Ordnung. Sie würde teure Cocktails erwarten, die besten Sitze im Theater, Steak Diane und Bordeaux. Was er ihr bieten konnte, war ein Underground-Film im Roundhouse – und dann ab zu ihrer Wohnung mit einer Zwei-Liter-Flasche von *Sainsburys* jugoslawischem Riesling. Damit konnte er garantiert nicht bei ihr landen.

»Möchten Sie zum Büro gehen?« fragte das Mädchen.

»Ich kenne den Weg«, erwiderte Usher und erhob sich. Er ging durch eine Tür und gelangte durch einen Gang zu einer weiteren Tür. Im Raum dahinter saß wieder eine Sekretärin. All diese verdammten Sekretärinnen, dachte er: Keine von ihnen könnte ohne Künstler existieren. Diese Sekretärin war älter, genauso begehrenswert und noch distanzierter. Sie sagte: »Mr. Dixon hat heute vormittag schrecklich viel zu tun. Wenn Sie vielleicht für einen Augenblick Platz nehmen wollen ... ich werde Sie wissen lassen, wann er frei ist.«

Peter Usher nahm erneut Platz und gab sich alle Mühe, die Frau nicht anzustarren. Er blickte zu den Bildern an den Wänden: Aquarell-Landschaften, Dutzendware, genau von jener Art, die ihn langweilte. Die Sekretärin trug unter einem losen, dünnen Pulli einen spitzgeformten BH. Wenn die jetzt aufstehen und sich den Pulli ganz langsam über den Kopf ziehen würde, dann ... Himmelherrgott, hör mit diesen Hirngespinsten auf! befahl er sich. Eines Tages würde er einige dieser Phantasien auf die Leinwand werfen, um sie endlich loszuwerden. Natürlich würde niemand die Bilder kaufen. Nicht einmal er selbst würde sie behalten wollen. Doch sie mochten ihren Zweck für ihn erfüllen.

Er blickte auf seine Armbanduhr: Dixon ließ sich Zeit. Ich könnte pornographische Zeichnungen für Sex-Magazine machen – und dabei sogar ganz gut verdienen, dachte er. Aber was für eine Prostitution wäre das.

Ein Telefon surrte leise, und die Sekretärin hob den Hörer ab. »Danke, Sir«, sagte sie und legte wieder auf. Sie erhob sich und kam um den Schreibtisch herum. »Wenn Sie bitte eintreten möchten«, sagte sie zu Usher und öffnete die Tür für ihn.

Peter trat ein, und Dixon, ein hochgewachsener, hagerer Mann mit Halbbrille und dem Gebaren eines langjährigen Arztes, erhob sich, schüttelte Peter geschäftsmäßig die Hand und bat ihn, Platz zu nehmen.

Er stützte seine Ellbogen auf den antiken Schreibtisch und fragte: »Nun, was kann ich für Sie tun?«

Peter hatte sich seine Worte sorgfältig zurechtgelegt. Davon, daß Dixon ihn akzeptieren würde, war er fest überzeugt; doch würde er sich Mühe geben müssen, den Kerl nicht irgendwie zu verprellen. Er sagte: »Mit der Art und Weise, wie die *Belgrave* meine Interessen vertritt, bin ich schon seit einiger Zeit nicht mehr zufrieden. Ich wüßte gern, ob Sie bereit wären, meine Arbeiten auszustellen.«

Dixon hob die Augenbrauen. »Das kommt ein bißchen plötzlich, nicht?«

»Das mag so aussehen, aber ich habe, wie gesagt, schon eine Weile mit dem Gedanken gespielt.«

»Nun gut. Dann lassen Sie mich mal hören, was Sie in letzter Zeit getan haben?«

Ob Dixon bereits von seinem gestrigen Krach mit Lampeth gehört hatte? überlegte Peter kurz. Vom Gesicht abzulesen war es ihm nicht. Peter sagte: »*Braune Linie* ist vor einer Weile für 600 Pfund verkauft worden, und *Zwei Schachteln* hat 550 erzielt.« Das klang gut, allerdings waren es die einzigen Bilder, die er in den vergangenen anderthalb Jahren verkauft hatte.

»Schön«, sagte Dixon. »Und welcher Art waren die Probleme im *Belgrave*?«

»Das weiß ich eigentlich nicht«, erwiderte Peter wahrheitsgemäß. »Ich bin Maler und nicht Händler. Aber ich habe den Eindruck, daß die überhaupt nichts für mich und meine Arbeit getan haben.«

»Hmm.« Dixon schien zu überlegen, wollte die Sache wohl ein wenig spannend machen, dachte Peter. Schließlich sagte er: »Nun, Mr. Usher, ich fürchte, daß auf unserer Liste für Sie kein Platz mehr ist. Bedauerlicherweise.«

Peter starrte ihn entgeistert an. »Was soll das heißen, daß für mich kein Platz mehr ist? Vor zwei Jahren war in London jede Galerie hinter mir her!« Ruckartig strich er sich das lange Haar aus dem Gesicht. »Herrgott! Sie können mich doch nicht abweisen!«

Dixon wirkte plötzlich nervös, als fürchte er einen Wutausbruch des jungen Malers. »Nach meiner Ansicht waren die Preise für Ihre Sachen eine Zeitlang ganz einfach zu hoch«, sagte er. »Mit uns, fürchte ich, wären Sie genausowenig zufrieden wie mit der *Belgrave*, doch ursächlich liegt das Problem nicht bei der Galerie, sondern bei Ihren Arbeiten. Mit der Zeit wird deren Wert wieder steigen, aber momentan verdient es kaum eines Ihrer Bilder, höher angesetzt zu werden als etwa 325 Pfund. Tut mir leid, aber das ist nun mal meine Entscheidung.«

Peter Usher schlug einen fast flehenden Tonfall an. »Hören Sie, wenn Sie mich abweisen, werde ich vielleicht Anstreicher werden müssen. Verstehen Sie denn nicht – ich muß eine Galerie haben!«

»Sie werden überleben, Mr. Usher. Und Sie werden ganz gewiß Ihren Weg machen. In zehn Jahren werden Sie Englands Maler Nummer eins sein.«

»Warum lehnen Sie mich dann jetzt ab?«

Dixon seufzte ungeduldig. Er fand das Gespräch äußerst

widerwartig. »Wir sind derzeit nicht die passende Galerie für Ihre Arbeiten, Mr. Usher. Wie Sie wissen, sind wir spezialisiert auf Malerei und Bildhauerei des späten 19. Jahrhunderts. In unseren Galerien haben wir nun zwei lebende Künstler unter Vertrag, und die sind beide wohletabliert. Überdies entspricht Ihr Stil nicht dem unseren.«

»Was, zum Teufel, soll das heißen?«

Dixon erhob sich. »Mr. Usher, ich habe mich bemüht, meiner Abweisung mit höflichen Worten Ausdruck zu verleihen, und außerdem versucht, Ihnen meine Position auf plausible Weise zu erläutern, ohne verbale Schroffheiten oder gar Grobheiten – eine Rücksichtnahme, wie Sie sie mir wohl kaum zuteil werden lassen würden. Doch zwingen Sie mich zu ungeschminkter Offenheit. Gestern abend in der *Belgrave* haben Sie eine Szene von einzigartiger Peinlichkeit aufgeführt. Sie haben den Besitzer beleidigt und seine Gäste schockiert. Ich will keine derartige Szene bei Dixon. Guten Tag!«

Peter stand auf, schob kampfbereit seinen Kopf vor. Er wollte etwas sagen, zögerte jedoch; machte dann auf dem Absatz kehrt und ging hinaus.

Er eilte durch den Gang, durchs Foyer, hinaus auf die Straße. Er schwang sich auf sein Fahrrad, setzte sich auf den Sattel, blickte hinauf zu den Fenstern.

Er schrie: »Scheiß auch auf euch!« Und strampelte los. Er ließ seine Wut an den Pedalen aus, wild tretend und das Tempo immer mehr beschleunigend. Er ignorierte Verkehrsampeln und Verkehrsschilder, und an Kreuzungen fuhr er quer über Gehsteige hinweg, so daß die Passanten auseinanderstoben und hinter ihm herstarrten: diesem Verrückten mit den fliegenden Haaren und dem langen Bart, der im Anzug eines Büromenschen steckte, jedoch für die Radweltmeisterschaft zu trainieren schien.

Nach einer Weile radelte er, nicht weit von der Victoria Station, am Themseufer entlang, und sein Zorn war verraucht. Es war von Anfang an ein Fehler gewesen, sich mit dem Kunstestablishment einzulassen, überlegte er. Dixon hatte durchaus recht gehabt: Sein Stil war nicht deren Stil. Allerdings hatten die Aussichten seinerzeit etwas Verlockendes gehabt: Ein Vertrag mit einer der ultra-konservativen, aber auch ultra-respektablen Galerien schien dauerhafte Sicherheit zu bieten. Doch für einen jungen Maler war es eine schlechte Sache. Vielleicht hatte es sich auf seine Arbeit ausgewirkt.

Er hätte bei den sogenannten Fringe-Galerien bleiben sollen, den kleinen, die von jungen Rebellen betrieben wurden: solche wie die *Sixty-Nine*, die mehrere Jahre lang eine revolutionäre Kraft gewesen war, ehe sie pleite ging.

Irgend etwas zog ihn in Richtung King's Road, und plötzlich wurde ihm bewußt, was es war. Er hatte gehört, daß Julian Black, ein flüchtiger Bekannter aus der Zeit an der Kunstakademie, eine neue Galerie aufmachte, die *Black Gallery* heißen sollte. Julian war ein heller Kopf: unorthodox, ein Verächter herkömmlicher Kunsttraditionen, ein leidenschaftlicher Liebhaber der Malerei, wenngleich selbst als Maler ein hoffnungsloser Fall.

Peter bremste vor einer Ladenfront. Die Fenster waren weiß übertüncht, und auf dem Gehsteig draußen lag ein Haufen Bretter. Auf einer Leiter stand ein Schildermaler, der damit beschäftigt war, den Namen zu pinseln. Zu lesen war: »*The Black Gal ...*«

Peter stellte sein Fahrrad ab. Julian war für ihn genau der richtige Mann. Zweifellos hielt er nach Malern Ausschau, und er würde sich freuen, einen so wohlbekannten Künstler wie Peter Usher an Land ziehen zu können.

Die Tür war nicht verschlossen, und Peter trat über eine farbenbekleckste Plane hinweg ein. Die Wände des großen Raums waren weiß gestrichen, und ein Elektriker brachte an der Decke gerade Spotlights an. Ein weiterer Handwerker war dabei, Auslegware zurechtzuschneiden.

Peter sah Julian sofort. Er stand nur ein kurzes Stück entfernt und sprach mit einer Frau, an deren Gesicht er sich vage erinnerte. Julian trug einen schwarzen Samtanzug und eine Fliege. Sein säuberlich geschnittenes Haar reichte ihm bis zu den Ohrläppchen, und sein Erscheinungsbild war irgendwie das eines adretten Schulabgängers.

Als Peter eintrat, drehte er sich herum, einen Ausdruck höflichen Willkommens auf dem Gesicht, als wollte er sagen: »Kann ich Ihnen helfen?« Doch sein Gesichtsausdruck änderte sich sofort, als er den Ankömmling erkannte. »Herrgott, Peter Usher!« sagte er. »Das ist wirklich eine Überraschung. Willkommen in der *Black Gallery!*«

Sie schüttelten sich die Hände. Peter sagte: »Du siehst aus, als ob's dir gutginge.«

»Eine notwendige Illusion. Aber dir geht's gut – mein Gott, ein eigenes Haus, eine Frau und ein Baby – von Rechts wegen müßtest du ja wohl in einer Mansarde schmachten, wie?« Er lachte bei diesen Worten.

Peter blickte neugierig zu der Frau.

»Oh, sorry«, sagte Julian. »Darf ich dich mit Samantha bekannt machen? Ihr Gesicht dürfte dir bereits bekannt sein.«

»*Hi*«, sagte die Frau.

»Natürlich!« rief Peter. »Die Schauspielerin! Sehr erfreut.« Er schüttelte ihr die Hand. Zu Julian sagte er: »Hör mal, könnten wir beide uns vielleicht einen Augenblick geschäftlich unterhalten.«

Julian musterte Peter mit einem überraschenden Blick. »Sicher«, sagte er.

»Ich muß sowieso gehen«, versicherte Samantha. »Bis bald.«

Julian öffnete die Tür, kam dann zurück und setzte sich auf eine Packkiste. »Okay, alter Freund, schieß los.«

»Ich bin von der *Belgrave* weg«, sagte Peter. »Und suche jetzt nach was Neuem, wo ich meine Klecksereien aufhängen kann. Dies hier, meine ich, müßte genau der richtige Ort sein. Weißt du noch, wie gut wir beim Organisieren des Lumpenballs zusammengearbeitet haben? Ich glaube, wir könnten wieder ein prächtiges Team bilden.«

Julian runzelte die Stirn und blickte zum Fenster. »Du hast in letzter Zeit nicht gerade blendend verkauft, Peter.«

Peter schleuderte seine Hände in die Luft. »Also hör mal, Julian, du kannst mir doch keinen Korb geben! Ich wär' für dich ein Knüller.«

Julian legte seine Hände auf Peters Schulter. »Ich möchte dir etwas erklären, alter Kumpel. Für den Start dieser Galerie hatte ich zwanzigtausend Pfund. Weißt du, wieviel ich davon bereits ausgegeben habe? Neunzehntausend. Und weißt du, wie viele Bilder ich davon gekauft habe? Nicht ein einziges.«

»Wofür ist das alles weggegangen?«

»Mietvorauszahlung, Einrichtung, Dekoration, Personal, Anzahlungen hierfür, Anzahlungen dafür, Werbung. Dies ist ein Geschäft, in dem man nur schwer Fuß faßt, Peter. Würde ich mich bereit erklären, deine Interessen zu vertreten, so müßte ich dir einen angemessenen Raum zugestehen – nicht bloß, weil wir Freunde sind, sondern auch, weil man sich sonst erzählen würde, daß ich dich ausbeute, und das würde meiner Reputation schaden – du weißt doch, was für ein hämevoller kleiner Kreis dies ist.«

»Ja, ich weiß.«

»Aber deine Sachen verkaufen sich nicht. Peter, ich kann es mir nicht leisten, den knappen und kostbaren Platz an den Wänden mit Arbeiten vollzuhängen, die ich nicht verkaufen kann. In den ersten sechs Monaten dieses Jahres sind vier Londoner Galerien bankrott gegangen. Und es könnte nur allzu leicht auch mir so gehen.«

Peter nickte langsam. Er empfand keinen Zorn. Julian gehörte nicht zu den fetten Parasiten der Kunstwelt – er befand sich auf dem Boden der Pyramide, gemeinsam mit den Künstlern.

Es gab nichts weiter zu sagen. Langsam ging Peter zur Tür. Während er sie öffnete, rief Julian: »Tut mir leid.« Peter nickte wieder und ging hinaus.

*

Um halb acht saß Peter Usher im Unterrichtsraum auf einem Stuhl, seine Schüler kamen herein. Als er seinerzeit diesen Job übernommen hatte – als Lehrer für Malerei im hiesigen Polytechnikum –, hatte er sich nicht träumen lassen, daß er für die zwanzig Pfund pro Woche, die ihm das einbrachte, einmal sehr, sehr dankbar sein würde. Die Unterrichterei selbst war todlangweilig, und unter den jungen Leuten gab es in jeder Gruppe bestenfalls einen, der einen Schimmer von Talent besaß; aber das Geld reichte so eben, um die Tilgungsraten für die Hypothek und die Rechnung beim Lebensmittelhändler zu bezahlen.

Schweigend beobachtete er, wie die Schüler hinter ihren Staffeleien Platz nahmen und darauf warteten, daß er ihnen das Zeichen gab, mit der Arbeit anzufangen. Auf dem Weg hierher hatte er sich ein paar Drinks genehmigt: Die wenigen Schillinge dafür waren ein lächerlicher Klacks im Vergleich zu der Katastrophe, die ihn in seiner Karriere so unversehens getroffen hatte.

Er war ein guter Lehrer, das wußte er: Den Schülern gefiel sein unverkennbarer Enthusiasmus und auch seine sehr direkte und nicht selten schmerzhafte Beurteilung ihrer Arbeiten. Und er hatte die Fähigkeit, ihr Können zu verbessern, sogar bei jenen, die überhaupt kein Talent besaßen; er konnte ihnen Tricks zeigen und sie auf technische Mängel hinweisen, und er verstand es, ihnen das einzuprägen.

Wenigstens die Hälfte von ihnen war darauf erpicht, sich in Sachen Schöne Künste zu qualifizieren – Narren, die sie waren. Irgend jemand müßte ihnen sagen, daß sie ihre Zeit verschwendeten – sie sollten lieber die Malerei zu ihrem Hobby machen und sich ihr Leben lang daran erfreuen, während sie als Bankbeamte oder Computerprogrammierer ihr Brot verdienten.

Teufel noch mal, irgendwer *mußte* es ihnen sagen.

Sie waren alle hier versammelt. Er stand auf.

»Heute abend werden wir über die Kunstwelt sprechen«, sagte er. »Ich nehme an, daß einige von Ihnen darauf hoffen, schon ziemlich bald zu jener Welt zu gehören.« Hier und dort nickte jemand.

»Nun, für jene, die solche Hoffnungen hegen, habe ich den besten Rat, den man ihnen geben kann. Vergessen Sie's!

Lassen Sie mich Klartext reden. Vor ein paar Monaten wurden in London acht Gemälde für eine Gesamtsumme von 400 000 Pfund verkauft. Zwei der betreffenden Maler waren in Armut gestorben. Wissen Sie, wie so etwas abläuft? Solange ein Künstler lebt, verschreibt er sich völlig der Kunst, vergießt sein Blut auf die Leinwand.« Peter lächelte gequält. »Klingt melodramatisch, nicht? Aber es ist wahr. Sehen Sie, das einzige, woran ihm wirklich liegt, ist das Malen. Doch die fetten Kerle, die reichen Kerle, die Society-Weiber, die Händler und die Sammler, denen geht's um Objekte für Investitionen und steuerliche Abschreibungen – nicht um das Werk des Malers. Sie wollen auf Nummer Sicher gehen, denn von Kunst haben sie nicht den leisesten Dunst. Also kaufen sie von dem Maler keine Bilder, und der stirbt dann schon in jungen Jahren. Ein paar Jahre später beginnen ein oder zwei sensible Leutchen zu kapieren, was der Maler mit seiner Malerei eigentlich wollte, und sie fangen an, seine Bilder zu kaufen – von Freunden, denen er sie geschenkt hat, in Trödlerläden, in heruntergekommenen Kunstgalerien in Bournemouth und Watford. Die Preise steigen, und Händler beginnen, die Bilder zu kaufen. Auf einmal ist der Maler a) ›in‹ und b) eine gute Investition. Seine Gemälde erzielen bald astronomische Preise – fünfzigtausend, zweihunderttausend und immer mehr. Wer verdient dabei? Die Händler, die cleveren Investoren, die Leute, die genügend Geschmack besaßen, die Bilder zu kaufen, bevor sie *fashionable* wurden. Und natürlich die Versteigerungshäuser und die Verkaufsräume mit all dem Personal dort, bis hin zur letzten Sekretärin oder Putzfrau. Alle verdienen – außer dem Künstler, der ist ja inzwischen tot. Derweil müht sich eine neue Generation lebender junger Maler damit ab, Leib und Seele zusammenzuhalten. Später einmal wird man für ihre Bilder riesige Summen zahlen – nur haben sie *jetzt* nichts davon.

Man sollte annehmen, daß die Regierung dafür sorgt, daß bei diesen enormen Kunst-Transaktionen ein gewisser Prozentsatz der Kaufsummen für einen sinnvollen Zweck abgeführt werden muß: um Ateliers einzurichten, die man billig an junge Maler vermieten könnte. Aber so etwas gibt es natürlich nicht. Der Künstler ist der Verlierer – immer.

Lassen Sie mich von mir selbst erzählen. Ich war so ein bißchen was wie eine Ausnahme – meine Bilder fingen an, sich recht gut zu verkaufen, obwohl ich noch lebte. Auf dieser ›ökonomischen Basis‹ nahm ich eine Hypothek auf, zeugte sogar ein Kind. Ich war Englands kommender Maler. Aber dann ging's auf einmal schief. Die Preise für meine Bilder seien ›überhöht‹, hieß es. Ich war nicht mehr gefragt. Kann auch nicht mit den Manieren aufwarten, wie sie in der feinen Gesellschaft üblich sind. Urplötzlich bin ich verzweifelt arm. Bin auf dem Abfallhaufen gelandet. Oh, mir wird bescheinigt, ich hätte nach wie vor enormes Talent. In zehn Jahren würde ich ganz oben sein. Aber bis dahin kann ich krepieren oder beim Straßenbau arbeiten oder Banken ausrauben. Das ist denen nämlich völlig egal – verstehen Sie ...« Er brach ab. Erst jetzt wurde ihm bewußt, wie lange er gesprochen hatte, völlig seinen eigenen Worten hingegeben. Seine Zuhörer saßen schweigend, wie gebannt von seinem leidenschaftlichen Ausbruch und dem ungeschminkten Bekenntnis.

»Sehen Sie«, sagte er schließlich, »das letzte, was jene Leute interessiert, ist der Mann, der seine gottgegebene Gabe in der Tat dazu verwendet, ein Wunderwerk der Malerei zu erschaffen – der Künstler.«

Er setzte sich auf den Stuhl hinter seinem Schreibtisch: ein altes Schulpult mit ins Holz gekerbten Initialen und uralten Tintenflecken. Die Maserung fiel ihm ins Auge; mit ihren fließenden Linien ähnelte sie einem Op-art-Gemälde.

Die Studenten begriffen, daß der Kunstunterricht für diesen Abend beendet war. Sie packten ihre Sachen zusammen, verschwanden einer nach dem anderen. Nach fünf Minuten befand sich niemand mehr im Raum außer Peter, der seinen Kopf auf das Pult legte und die Augen schloß.

*

Es war bereits dunkel, als er zu dem kleinen Haus in Clapham zurückkehrte. Obwohl der Preis ziemlich niedrig gewesen war, hatte es doch eine Menge Mühe gekostet, das Kapital für das Häuschen aufzubringen; aber irgendwie hatten sie's geschafft.

Peter hatte handwerkliche Talente entwickelt und die obere Etage in ein Atelier verwandelt, indem er die Zwischenwände beseitigt und ein großes Decken- bzw. Dachfenster angebracht hatte. Im Parterre lag das Schlafzimmer, in dem das Ehepaar und das Kind schliefen; das Wohnzimmer, die Küche, Bad und Toilette befanden sich in dem Anbau hinten.

Peter ging in die Küche und küßte seine Frau. »Ich habe meinen Gefühlen ziemlich lautstark vor den jungen Leuten Luft gemacht, fürchte ich«, sagte er.

»Nimm's nicht weiter tragisch.« Anne lächelte. »Mad

Mitch ist gekommen, um dich aufzumuntern. Er ist im Atelier. Ich mache uns gerade ein paar Sandwiches.«

Peter ging hinauf. Mad Mitch – der »verrückte Mitch« – hieß eigentlich Arthur Mitchell und hatte zusammen mit Peter am Slade studiert. Er war Lehrer geworden, weil ihm das existentielle Risiko eines Künstlerdaseins zu groß war. Er teilte Peters Verachtung für die Kunstwelt mit ihren Ansprüchen und Launen.

Als Peter ins Atelier trat, betrachtete Mitch gerade eines von Peters jüngst fertiggestellten Bildern.

»Wie findest du's?« fragte Peter.

»Schlechte Frage«, erwiderte Mitch. »Fordert mich dazu heraus, eine Menge hochgestochenes Zeug über Bewegung, Pinselführung, Komposition und Emotion von mir zu geben. Frag mich lieber, ob ich's bei mir an die Wand hängen würde.«

»Nun, würdest du's tun?«

»Nein. Würde mir zu sehr reinknallen in mein nobles Domizil.«

Peter lachte. »Was ist mit der Flasche Scotch, die du mitgebracht hast? Wollen wir sie köpfen?«

»Aber sicher. Machen wir einen drauf.«

»Hat Anne dir schon erzählt?«

»Ja. Du erlebst jetzt das, wovor ich dich schon vor Jahren gewarnt habe. Aber es geht nun mal nichts über die eigene Erfahrung.«

»Das kann man wohl sagen.« Peter nahm zwei angestaubte Gläser von einem Bord, und Mitch schenkte den Scotch ein. Sie legten eine Hendrix-Platte auf und lauschten eine Weile schweigend dem Feuerwerk der Gitarre. Anne brachte Käse-Sandwiches, und zu dritt machten sie sich daran, sich zu betrinken.

»Das Schlimmste dabei«, sagte Mitch, »der Kern, sozusagen, der Scheiße, gewissermaßen ...«

Peter und Anne lachten über die verkorkste Metapher. »Sprich weiter«, sagte Peter.

»Das wirklich Wesentliche bei dem ganzen Affentheater, das, worauf es ausschließlich ankommt, ist die Einzigartigkeit eines Werkes. Und in einem wirklich bedeutungsvollen Sinn sind nur sehr wenige Gemälde einzigartig. Falls nicht was ganz Besonderes daran ist – wie das Lächeln der Mona Lisa, um das herausragendste Beispiel zu nennen –, ist es wiederholbar.«

»Nicht wirklich«, wandte Peter ein.

»Genau genug in allem Wesentlichen. Ein paar Millimeter weiter links oder rechts, ein kaum merklicher Unterschied in der Farbgebung – dergleichen Dinge fallen nicht ins Gewicht bei so einem Durchschnittsbild von fünfzigtausend Pfund oder so. Guter Gott, Manet hat doch das Bild in seinem Kopf nicht mit hundertprozentiger Präzision auf der Leinwand wiedergegeben – er hat vielmehr ein ungefähres Abbild davon geschaffen. Und er mischte die Farben, bis er den gewünschten Ton einigermaßen getroffen hatte.«

»Nehmt nur die *Jungfrau auf den Felsen*. Ein Exemplar davon befindet sich im Louvre, eins in der Nationalgalerie. Alle sind sich darin einig, daß eines von beiden ein Falsifikat ist – aber welches? Das im Louvre, sagen die Londoner Experten. Das in der National-Gallery, sagen die Franzosen. Wir werden es niemals wissen – aber wen interessiert das? Ein Blick genügt, um zu sehen, daß es großartige Bilder sind. Aber wenn irgendwer unwiderlegbar nachweisen könnte, welches von beiden das gefälschte ist, so würde es niemand mehr sehen wollen. Absoluter Schrott.«

Er trank, schenkte sich einen Whisky nach. Anne sagte: »Das kauf ich dir nicht ab. Es würde fast genausoviel Genie dazu gehören, ein großes Gemälde zu kopieren und das richtig hinzukriegen, wie für das Malen des Originals.«

»Quatsch!« explodierte Mitch. »Ich werd's beweisen. Gebt mir eine Leinwand, und ich male euch in zwanzig Minuten einen Van Gogh.«

»Er hat recht«, sagte Peter. »Ich könnte das auch.«
»Aber nicht so schnell wie ich«, sagte Mitch.
»Schneller.«
»Okay«, sagte Mitch. Er stand auf. »Angetreten zum Meisterwerk-Rennen.«
Peter sprang auf die Füße. »Topp, die Wette gilt. Und jetzt – zwei Blatt Papier – wir können keine Leinwand verschwenden.«
Anne lachte. »Ihr seid beide verrückt.«
Mitch pinnte zwei Blatt Papier an die Wand, während Peter zwei Paletten hervorholte.
Mitch sagte: »Nenn einen Maler, Anne.«
»Na, gut – Van Gogh.«
»Gib uns einen Namen für das Bild.«
»Hmm – *Der Totengräber.*«
»Jetzt sage: Auf die Plätze, fertig, los.«
»Auf die Plätze, fertig, los.«
Wild begannen die beiden Männer zu malen. Peter entwarf die Umrisse eines Mannes, der sich auf eine Schaufel stützte, tupfte zu seinen Füßen etwas Gras hin und fing dann an, den Mann mit einer Art Overall zu bekleiden. Mitch begann mit dem Gesicht: Es war das Gesicht eines alten Bauern mit müden, gefurchten Zügen. Verblüfft sah Anne zu, wie die beiden Bilder immer mehr Gestalt annahmen.
Sie brauchten beide mehr als zwanzig Minuten. Sie schienen völlig in ihre Arbeit vertieft, und einmal ging Peter sogar zum Bücherregal und öffnete ein Buch mit einer Farbskala.
Mitchs Totengräber arbeitete sehr angestrengt; er drückte die Schaufel mit dem Fuß in den harten Erdboden, beugte dabei seinen massigen, ungelenken Körper vor. Mitch betrachtete sein Bild sehr aufmerksam, änderte hier, ergänzte dort, prüfte abermals mit kritischen Blicken.
Peter pinselte am unteren Rand seines Blattes etwas Kleines, Schwarzes. Plötzlich rief Mitch: »Fertig!«

Peter warf einen Blick auf Mitchs Blatt. »Schuft«, sagte er. Dann blickte er noch einmal hin. »Nein, du bist noch nicht fertig – die Signatur fehlt. Ha-hah!«

»Mist, verdammter.« Mitch beugte sich vor und begann hastig mit der Signatur. Peter beendete seine Signatur. Anne lachte laut über das Paar.

Beide traten im selben Augenblick einen Schritt zurück. »Ich habe gewonnen!« riefen sie wie aus einem Mund und schüttelten sich vor Gelächter.

Anne klatschte in die Hände. »Also«, sagte sie, »falls wir mal gar nichts mehr zu beißen haben sollten, so könntet ihr vielleicht damit ein paar Krümel verdienen.«

Peter lachte noch immer. »Das ist eine Idee«, brüllte er. Dann sahen er und Mitch einander an. Der Ausdruck ihrer Gesichter veränderte sich auf grotesk-komische Weise. Das breite Grinsen schrumpfte zusammen, und ihre Augen schienen leicht hervorzuquellen, während sie sich auf die beiden Bilder an der Wand richteten.

Peters Stimme klang ruhig, kühl und sehr ernst, als er sagte: »Herr Jesus Christ, das ist wirklich eine Idee!«

4

JULIAN BLACK WAR ein wenig nervös, als er das Zeitungsgebäude betrat. Er war in der letzten Zeit oft nervös: wegen der Galerie, wegen des Geldes, wegen Sarah, wegen Sarahs Familie. Was im Grunde alles zu ein und demselben Problemkreis gehörte.

Er befand sich in einer imposanten marmornen Eingangshalle mit hoher Decke, von Fresken bedeckten Wänden und viel auf Hochglanz poliertem Messing. Irgendwie hatte Julian Black sich das ganz anders vorgestellt, emsiger, geschäftiger, von wimmelndem Leben erfüllt.

Dies hier wirkte auf ihn eher wie das Foyer eines Edelbordells von anno dazumal.

Neben dem altmodischen Fahrstuhl in dem mit schmiedeeisernen Dekorationen verzierten Schacht befand sich eine Schautafel, auf der in goldenen Lettern stand, was in welcher Etage zu finden war. Das Gebäude beherbergte die Redaktionen einer Morgen- und einer Abendzeitung sowie diverser Zeitschriften und Magazine.

»Kann ich Ihnen behilflich sein, Sir?« Neben Julian tauchte ein Uniformierter auf, eine Art Pförtner oder was immer.

»Schon möglich«, erwiderte Julian. »Ich möchte zu Mr. Jack Best.«

»Wenn Sie bitte eines unserer Formulare ausfüllen würden.«

Verwirrt folgte Julian dem Mann zu einem Schreibtisch auf der einen Seite des Foyers. Er erhielt einen kleinen grünen Zettel, auf dem er zu vermerken hatte: a) seinen Namen; b) den Namen der Person, zu der er wollte; c) den Zweck seines Besuches. Wahrscheinlich, dachte er verständnisvoll, während er mit seinem goldenen Parker das Formular ausfüllte, war eine solche »Sichtung« ganz einfach unerläßlich. Vermutlich würden sonst Haufen von Spinnern die Redaktionen heimsuchen.

War irgendwie ein befriedigendes Gefühl: das Privileg zu haben, mit Journalisten sprechen zu dürfen. Während er wartete, fragte er sich unwillkürlich, ob es klug war, hier persönlich zu erscheinen. Vielleicht wäre es besser gewesen, das Informationsmaterial für die Presse per Post herzuschicken. Nervös strich er sich übers Haar, straffte sein Jackett.

Es hatte mal eine Zeit gegeben, in der ihn überhaupt nichts nervös machen konnte. Das war inzwischen viele Jahre her. Auf der Schule war er ein As im Langlauf gewesen, außerdem Vertrauensschüler und Leiter des Debattier-Teams. Es schien ihm einfach unmöglich, *nicht* zu gewinnen. Dann hatte er sich der Kunst zugewandt. Eine unverständliche Entscheidung – völlig verrückt und irrational. Seither hatte er nur noch verloren. Der einzige »Preis«, den er gewonnen hatte, war Sarah; und als Triumph hatte sich das im nachhinein kaum erwiesen. Sie und ihre goldenen Parkers (auch der Parker, mit dem er den Zettel ausgefüllt hatte und der jetzt wieder in seiner Tasche steckte, war ja eigentlich ihrer), mit ihrem Gold, ihrem Mercedes, ihren Kleidern und ihrem gottverdammten Vater.

Oben auf der Marmortreppe erschien ein Paar ausgelatschte Hush Puppies, die schlurfend von Stufe zu Stufe stiegen; ihnen folgte, wenn man so wollte, eine ungebügelte Hose aus grobem braunem Stoff; und gleichzeitig glitt eine nikotinverfleckte Hand das Messinggeländer herunter. Der Mann, den Julian Black jetzt ganz sehen konnte, war dünn und wirkte ziemlich ungeduldig. Er warf einen Blick auf den grünen Zettel in seiner Hand und näherte sich Julian.

»Mr. Black?« fragte er.

Julian streckte seine Hand vor. »Guten Tag, Mr. Best.«

Best hob seine Hand zu seinem Gesicht und strich sich eine lange schwarze Haarsträhne aus der Stirn. »Was kann ich für Sie tun?« fragte er.

Julian drehte den Kopf. Best dachte offenbar nicht daran, Julian in sein Büro zu bitten oder auch nur, hier in der Halle, zum Platznehmen aufzufordern.

»Ich werde in Kürze in der King's Road eine neue Galerie eröffnen«, sagte er und nahm dabei seine ganze Energie zusammen. »Als Kunstkritiker des *London Magazin* werden Sie natürlich zum Empfang eingeladen werden, aber ich habe mich gefragt, ob ich nicht schon vorher mit Ihnen über die Ziele der Galerie plaudern könnte.«

Best nickte unverbindlich. Julian schwieg, um dem Mann Gelegenheit zu geben, ihn zu sich ins Büro zu bitten. Doch Best blieb stumm.

»Nun«, fuhr Julian fort, »unsere Grundkonzeption besteht darin, uns nicht an eine bestimmte Schule oder Künstlergruppe zu binden, sondern die Wände freizuhalten für das, was man Randentwicklungen nennen könnte, Tendenzen von jener Art, die für die etablierten Galerien zu unorthodox sind: junge Künstler mit radikalen neuen Ideen.«

Es entging Julian nicht, daß Best sich bereits zu langweilen begann.

»Darf ich Sie zu einem Drink einladen – was sagen Sie dazu?«

Best warf einen Blick auf seine Armbanduhr. »Die Pubs sind um diese Zeit geschlossen«, sagte er.

»Ach so – hm, wie wär's mit einer Tasse Kaffee?«

Best blickte wieder auf seine Uhr. »Wissen Sie, es wär' wohl das vernünftigste, mit einem Gespräch zu warten, bis Sie wirklich eröffnen. Lassen Sie mir doch die Einladung zugehen samt Ihren Informationen für die Presse; und dann werden wir sehen, ob sich nicht was vereinbaren läßt.«

»Oh. Nun ja, also gut«, sagte Julian. Er war wie vor den Kopf geschlagen.

Best schüttelte ihm die Hand. »Vielen Dank, daß Sie hergekommen sind«, sagte er.

»Keine Ursache.« Julian drehte sich um und ging hinaus.

Während er der schmalen Seitenstraße in Richtung Fleet Street folgte, überlegte er, was er verkehrt gemacht hatte. Den Gedanken, sämtliche Londoner Kunstkritiker persönlich aufzusuchen, würde er sich noch einmal sehr sorgfältig durch den Kopf gehen lassen müssen. Vielleicht war es vernünftiger, sie anzuschreiben und eine kurze Abhandlung beizufügen: über das, was an Gedankengut hinter der *Black Gallery* steckte. Zum Empfang würden sie alle kommen – zum einen gab's ja Gratis-Drinks in Mengen, und außerdem würde ja auch die Konkurrenz dort sein.

Gütiger Gott, hoffentlich würden sie zum Empfang kommen. Was für eine Katastrophe, falls sie nicht erschienen!

Warum Best sich so blasiert gegeben hatte, begriff er nicht. Schließlich wurde nicht jede Woche, nicht einmal jeden Monat in London eine neue Kunstgalerie eröffnet. Gewiß, die Kritiker mußten eine Menge Ausstellungen besuchen, und die meisten von ihnen bekamen pro Woche kaum mehr als den Bruchteil einer Spalte für ihre Kritiken. Trotzdem hätte man annehmen sollen, daß sich so ein Kritiker für die Neueröffnung einer Galerie ein wenig mehr interessierte. Dieser Mr. Best war offensichtlich nicht gerade das Beste vom Besten.

Er lächelte flüchtig über das Wortspiel, reihte sich an der nächsten Bushaltestelle in die Schlange der Wartenden ein, stand dann mit gekreuzten Armen da und grübelte. Wie hatte das damals nur alles angefangen? An welchem Punkt war ihm das Gefühl für den mit Sicherheit zu erwartenden Erfolg abhanden gekommen? Er kannte die Antwort nur zu genau.

An der Kunstakademie hatte er entdecken müssen, daß dort jeder genausogut auf cool und lässig, auf echt »hip« machen konnte wie er selbst: Während der letzten Schuljahre hatte er den anderen Pennälern damit gewaltig imponiert, das war jetzt vorbei. Sämtliche Kunststudenten wußten Bescheid über Muddy Waters und Allen Ginsberg, Kierkegaard und Amphetamine, Vietnam und den Vorsitzenden Mao. Schlimmer war, daß sie alle malen konnten – Julian jedoch nicht.

Letztlich besaß er weder Stil noch Talent. Trotzdem machte er weiter und bestand sogar einige Examina. Was ihm allerdings wenig nützte. Denn er mußte mit ansehen, wie die wirklich Talentierten wie Peter Usher ihre Studien dann am Slade oder anderswo fortsetzten, während er sich nach irgendwelchen Jobs umtun mußte.

Die Schlange der Wartenden geriet in Bewegung, Julian hob den Kopf und sah, daß sein Bus an der Bordschwelle hielt. Er stieg ein, ging nach oben.

Als er Sarah kennenlernte, hatten es die Umstände gewollt, daß er gerade einen Job hatte, von einem Freund in einem Verlag vermittelt: als Illustrator für ein Kinderbuch. Mit einem hübschen Vorschuß in der Tasche war es ihm nicht schwergefallen, sich vor Sarah als erfolgreicher Künstler aufzuspielen. Als sie den wahren Sachverhalt erkannte, war es bereits zu spät für sie – und für ihren Vater.

Da es ihm gelungen war, Sarah zu bekommen, glaubte er für kurze Zeit, daß er seinen früheren Glücksinstinkt zurückgewonnen hätte. Aber dann war alles viel schwieriger geworden, als er je gedacht hätte.

Der Bus hielt, und Julian stieg aus, inbrünstig hoffend, daß Sarah nicht daheim war.

Ihr Haus lag in Fulham, obwohl Sarah immer von Chelsea sprach. Ihr Vater hatte es gekauft, und Julian mußte zugeben, daß der alte Knabe ausgezeichnet gewählt hatte. Es war klein – drei Schlafzimmer, zwei Empfangsräume und ein Arbeitszimmer –, jedoch ultra-modern, ganz aus Beton und Aluminium. Julian schloß die Vordertür auf, trat ein und ging die halbe Treppe zum Hauptwohnzimmer hinauf.

Drei der Wände waren aus Glas. Bedauerlicherweise ging das eine Riesenfenster auf die Straße vor dem Haus hinaus, und ein anderes blickte zu der Stelle, wo eine terrassierte Reihe von Häusern endet: lauter Kiefern und Ziegel. Doch das hintere Fenster bot Ausblick auf den kleinen Garten, bestens in Ordnung gehalten von einem Teilzeit-Gärtner, der seine zwanzig Wochenstunden hauptsächlich damit verbrachte, selbstgedrehte Zigaretten zu rauchen und die unverwechselbar britische Makellosigkeit des Rasens zu gewährleisten. Jetzt strömte freundlich-fröhlich die Nachmittagssonne herein und verlieh den goldbraunen Polstern einen wohnlichen Touch.

In einem der tiefen und breiten Sessel lagerte Sarahs

langer Körper. Julian beugte sich vor und küßte sie flüchtig auf die Wange.

»Guten Morgen«, sagte sie.

Er verkniff es sich, auf seine Uhr zu schauen. Es mußte inzwischen fast schon fünf sein, aber Sarah war erst um die Mittagszeit aufgestanden.

Er nahm ihr gegenüber Platz. »Was hast du denn so gemacht?« fragte er.

Sie zuckte die Achseln. In der rechten Hand hielt sie eine lange Zigarette, in der linken ein Glas. Was sie getan hatte? Natürlich nichts. So wie fast immer. Ihre Fähigkeit, nichts zu tun, und das Stunde für Stunde, war für Julian Anlaß zu immer wieder neuer Verblüffung.

Sie bemerkte, daß sich sein Blick auf ihr Glas heftete. »Möchtest du einen Drink?« fragte sie.

»Nein.« Er überlegte es sich anders. »Also gut, ich schließ mich an.«

»Ich hol ihn.« Sie stand auf und ging zur Bar. Als sie Julian einen Wodka eingoß, verschüttete sie mehr als nur einen Spritzer davon.

»Wie lange trinkst du heute schon?« fragte er.

»Himmelherrgottnochmal!« sagte sie. Irgendwie klang das aus ihrem Mund wie ein wüster Fluch. Sie war eine Frau, die es verstand, solchen Worten Gewicht zu geben. »Fang bloß nicht damit an.«

Julian unterdrückte ein Seufzen. »Tut mir leid«, sagte er. Er nahm das Glas mit dem Wodka, trank einen Schluck.

Sarah schlug ein Bein über das andere. Ihr langer Morgenmantel glitt zur Seite und gab den Blick frei auf eine lange, schöngeformte Wade. Er erinnerte sich: Ihre schönen Beine waren das erste gewesen, was ihm an ihr aufgefallen war. »Reichen ihr bis zu den Schultern«, hatte er bei der Party, auf der sie sich kennenlernten, zu einem Freund gesagt. Und seither war er bis zur Obsession fasziniert von ihrer Körpergröße. Sie überragte ihn um rund fünf Zentimeter, selbst wenn sie nicht ihre schauderhaften Blockabsatz-Schuhe trug.

»Wie ist es gelaufen?« fragte sie.

»Schlecht. Ich fühle mich ziemlich von oben herab behandelt.«

»Oje, oje. Der arme Julian, der immer so von oben herab behandelt wird.«

»Waren wir uns nicht einig, alle Feindseligkeiten ruhen zu lassen?«

»Richtig.«

Julian fuhr fort: »Ich werde Presseinformationen rausschicken und muß dann hoffen, daß die Herren Kritikaster zur Eröffnung erscheinen. Sonst sind wir aufgeschmissen.«

»Wieso?«

»Weil soviel Geld hineingesteckt worden ist. Weißt du, was ich tun sollte?«

»Die ganze Sache aufgeben.«

Julian ignorierte die Bemerkung. »Die Gäste mit Käsesandwiches und Faßbier abspeisen und das Geld dann für Gemälde ausgeben.«

»Hast du denn noch nicht genügend gekauft?«

»Ich habe noch gar keine gekauft«, sagte Julian. »Drei Künstler haben sich bereit erklärt, mich ihre Sachen auf Kommissionsbasis ausstellen zu lassen – bei etwaigen Verkäufen erhalte ich zehn Prozent. Besser wär's, die Arbeiten gleich zu kaufen. Falls dann ein Künstler groß rauskommt, kann ich ein Vermögen verdienen. So laufen solche Sachen.«

Er schwieg, sah Sarah erwartungsvoll an. Doch sie blieb stumm, und schließlich sagte er: »Was ich brauche, sind – noch ein paar Tausender.«

»Willst du Daddy darum bitten?« Aus ihrer Stimme klang leise Verachtung.

»Das möchte ich unbedingt vermeiden.« Julian ließ sich in seinem Sessel tiefer gleiten und nahm einen großen

Schluck Wodka mit Tonic. »Und zwar nicht nur, weil's mir peinlich wäre – vor allem, weil er ja doch todsicher nein sagt.«

»Aus gutem Grund. Möcht bloß mal wissen, weshalb, um Gottes willen, er dir für dein kleines Abenteuer überhaupt so viele Scheine hingeblättert hat.«

Julian ignorierte die Provokation. »Weiß ich nicht«, murmelte er nur und nahm dann seinen ganzen Mut zusammen, um zu fragen: »Könntest du nicht vielleicht ein paar Hunderter zusammenkratzen?«

Ihre Augen blitzten. »Du unverschämter, blöder Kerl«, sagte sie. »Du haust meinen Vater um Zwanzigtausend an, du wohnst in dem Haus, das er gekauft hat, du frißt dich auf meine Kosten durch, und dann wagst du es, auch noch mich anzubetteln!? Ich habe gerade genug Geld, um davon zu leben, und das willst du mir wegnehmen. Einfach nicht zu fassen.« Angewidert blickte sie an ihm vorbei.

Doch er war jetzt in Fahrt – und er hatte nichts zu verlieren. »Schau mal, du könntest doch etwas verkaufen«, bat er. »Wenn du dein Auto verkaufst, hätte ich genügend Kapital, um die Galerie richtig aufzuziehen. Du benutzt es doch kaum. Und wenn nicht das Auto, dann vielleicht was von dem Schmuck, den du niemals trägst.«

»Du machst mich krank.« Sie sah ihn an und verzog höhnisch die Lippen. »Du kannst kein Geld verdienen, du kannst nicht malen, du kannst nicht mal so eine lächerliche Bildergalerie in Gang bringen, du ...«

»Sei still!« Julian war aufgesprungen, sein Gesicht war weiß vor Wut. »Hör auf!« rief er.

»Du weißt ja, was du außerdem nicht kannst, stimmt's?« sagte sie und genoß es offenbar, das Messer in der alten Wunde zu drehen, damit diese wieder zu bluten begann. »Du kannst nicht vögeln!« Das letzte Wort traf ihn wie eine klatschende Ohrfeige. Sie erhob sich, stand vor ihm, löste den Gürtel ihres Morgenrocks und ließ das Kleidungsstück zu Boden gleiten. Dann nahm sie ihre schweren Brüste in die Hände, streichelte sie mit auseinandergespreizten Fingern. Sie blickte Julian in die Augen.

»Könntest du es mir jetzt machen?« fragte sie leise. »Könntest du das?«

Vor Wut und Frustration fühlte er sich wie gelähmt. Seine Lippen bildeten einen dünnen, blutleeren Strich.

Sie schob eine Hand zum Winkel ihrer Oberschenkel und bog ihren Unterleib vor. »Versuch's doch, Julian«, sagte sie im gleichen verführerischen Tonfall. »Versuch's doch, ihn für mich hochzukriegen.«

Seine Stimme war ein halbes Flüstern, halbes Schluchzen. »Du Luder«, sagte er. »Du hundsgemeines Weibsstück.«

*

Er lief die hintere Treppe hinunter zur Garage, noch voller Zorn und tief verletzt. Mit einem Knopfdruck betätigte er die automatische Öffnung und stieg dann in Sarahs Auto. Sie gehörte zu jenen, die immer den Schlüssel in der Zündung steckenließen.

Er hatte sich nie das Auto von ihr ausgeliehen; hatte sich stets geniert, sie darum zu bitten. Jetzt jedoch zögerte er nicht einen einzigen Augenblick.

»Du Kuh«, sagte er laut, während er den kurzen, steilen Fahrweg hinauffuhr und in die Straße einbog. Er hielt sich in südlicher Richtung: die Gegend von Wimbledon. Noch immer klang die häßliche Konfrontation mit Sarah in ihm nach: Längst schon hätte er völlig immun sein sollen dagegen; leider jedoch schmerzten ihn ihre Gemeinheiten mit jedem Jahr noch tiefer.

Seine Impotenz, grauenvoll. Doch war Sarah dafür letztlich genauso verantwortlich wie er selbst: Seine Impotenz schien ihr ein perverses Vergnügen zu bereiten. Er hatte vor Sarah mit ein paar anderen Mädchen Erfahrungen gehabt. Aber mochte er als Liebhaber auch nicht gerade eine Offenbarung gewesen sein, so hatte er jedoch keineswegs versagt. Daß es mit ihr nicht klappte, hatte seinen Grund genau in jenen besonderen Qualitäten, die ihn so stark zu ihr hingezogen hatten: ihr vollkommener, hochgewachsener Körper, ihre makellosen aristokratischen Manieren, ihre Herkunft aus einer reichen Familie.

Dabei hätte sie ihm helfen können, seine Impotenz loszuwerden. Sie wußte, was getan werden mußte, und es stand in ihrer Macht, das zu tun. Geduld, Verständnis und eine natürliche Einstellung zum Sex hätten ihn schon vor Jahren heilen können. Aber Sarah hatte für ihn nur Gleichgültigkeit und Verachtung gehabt.

Vielleicht entsprach es ihrem Wunsch, daß er impotent war. Vielleicht war das für sie ein Schutz vor Sex, um eigene Mängel zu vertuschen. Aber solche Gedanken führten zu nichts, sie waren fruchtlos.

Er bog in den Fahrweg zum großen Haus seines Schwiegervaters ein und hielt auf dem geharkten Kies vor dem Eingang. Auf sein Klingeln öffnete eine Hausangestellte.

»Ist Lord Cardwell zu Hause?« fragte er.

»Nein, Mr. Black. Er ist im Golf-Club.«

»Danke.« Julian stieg wieder ein und fuhr davon. Er hätte sich denken können, daß der alte Knabe an einem schönen Abend wie diesem eine Partie Golf spielen würde.

Er chauffierte den Mercedes mit äußerster Behutsamkeit: fuhr ihn wie ein Dutzendauto, weil er die Möglichkeiten gar nicht zu nutzen wagte. Die legendären Fahreigenschaften dieses Autos erinnerten ihn nur an seine eigene Untüchtigkeit.

Der Parkplatz des Golf-Clubs war ziemlich voll. Julian parkte den Mercedes und betrat das Clubhaus. Sarahs Vater war nicht in der Bar.

»Haben Sie heute abend Lord Cardwell gesehen?« fragte er den Bartender.

»Ja. Er spielt eine Runde für sich allein. Müßte jetzt so beim siebten oder achten Loch sein.«

Julian machte sich auf und folgte dem Golfkurs. Er fand Lord Cardwell am neunten, beim Putten.

Julians Schwiegervater war ein hochgewachsener Mann mit schütterem weißem Haar, das jetzt durch eine Mütze fast vollständig verdeckt wurde. Außerdem trug er eine Windjacke und braune Slacks.

»Ein schöner Abend«, sagte Julian.

»Kann man wohl sagen. Wo du schon hier bist, kannst du für mich den Caddy machen.« Cardwell lochte mit einem langen Putt ein, holte seinen Ball und ging weiter.

»Wie läuft's mit der Galerie?« fragte er, während er sich beim zehnten Loch zum Abschlag bereitmachte.

»An sich recht gut«, sagte Julian. »Die Renovierung ist so gut wie abgeschlossen, und im Augenblick konzentriere ich mich auf die Publicity.«

Cardwell beugte die Beine, visierte den Ball an, schwang den Schläger. An seiner Seite schritt Julian den Fairway entlang. »Allerdings«, fuhr er fort, »kostet das alles sehr viel mehr, als ich erwartet hatte.«

»Verstehe«, sagte Cardwell uninteressiert.

»Um mir gleich von Anfang an einen guten Profit zu sichern, muß ich ein paar Tausender für den Ankauf von Bildern ausgeben. Aber das Geld geht so schnell weg, daß dafür gar nichts übrigbleibt.«

»Dann wirst du am Anfang jeden Penny dreimal umdrehen müssen«, sagte Cardwell. »Kann ja nicht schaden.«

Julian fluchte innerlich. Das Gespräch verlief genauso, wie er es befürchtet hatte. Er sagte: »Nun ja – ich habe überlegt, ob du vielleicht noch ein bißchen was Bares drauflegen würdest. Auf die Weise würdest du deine Investitionen absichern.«

Cardwell fand seinen Ball und stand wie in Betrachtung versunken. »Du mußt noch viel übers Geschäftsleben lernen, Julian«, sagte er. »Man mag mich ja für einen reichen Mann halten, aber ich kann nicht so mir nichts, dir nichts zweitausend Pfund aus dem Hut zaubern. Im übrigen enthält diese – typische – Situation eine wertvolle Lehre für dich. Man geht nicht einfach zu jemandem und sagt zu ihm: ›Ich bin ein bißchen knapp bei Kasse, können Sie mir wohl mit ein paar Pfund aushelfen?‹ Man erklärt ihm, daß man einer ausnehmend gewinnträchtigen Sache auf der Spur ist und ihn daran teilhaben lassen will. Tut mir leid, dir nicht mit einer weiteren Summe dienen zu können. Daß ich dir überhaupt mit einem so beträchtlichen Betrag unter die Arme gegriffen habe, lief all meinen geschäftlichen Instinkten zuwider – aber das ist inzwischen Vergangenheit. Und jetzt laß mich dir sagen, was ich tun werde. Du willst ein paar Bilder kaufen. Ich bin nun zwar ein Sammler und kein Händler, aber natürlich weiß ich, daß das wichtigste Talent eines Galeriebesitzers darin besteht, einen untrüglichen Instinkt für gute Bildkäufe zu haben. Findest du lohnenswerte Objekte, so werde ich dafür auch Geld lockermachen.«

Er nahm bei seinem Ball Aufstellung, bereitete sich vor zum Schlag.

Julian nickte mit ernster Miene und versuchte angestrengt, sich seine Enttäuschung nicht anmerken zu lassen.

Cardwell schwang wuchtig und beobachtete, wie der Ball durch die Luft sauste und auf dem Rand des Grüns landete. Er drehte sich zu Julian um.

»Den werde ich jetzt nehmen«, sagte er und hängte sich den Köcher über die Schulter. »Ich weiß, daß du nicht hierhergekommen bist, um für mich den Caddy zu spielen.« Seine Stimme klang unerträglich herablassend. »Hebe dich also von hinnen, und denk an das, was ich zu dir gesagt habe.«

»Natürlich«, erwiderte Julian. »Cheerio.« Er drehte sich um und ging zurück zum Parkplatz.

An der Wandsworth Bridge steckte er erst einmal im Verkehrsstau fest – und überlegte währenddessen, wie er es anstellen konnte, Sarah für den Rest des Abends aus dem Weg zu gehen.

Er fühlte sich eigentümlich frei. Die unangenehmen, unvermeidlichen Sachen hatte er hinter sich gebracht, und jetzt empfand er das Gefühl der Erleichterung, obwohl er nicht das geringste erreicht hatte. Weder von Sarah noch von ihrem Vater hatte er erwartet, daß sie ein Sümmchen »ausspucken« würden – doch hatte er zumindest den Versuch machen müssen. Was sein Verhalten gegenüber Sarah betraf, so empfand er allerdings leise Gewissensbisse. Erst hatten sie sich beide gezankt, und dann hatte er sich einfach ihren Wagen genommen. Sie würde wütend auf ihn sein, aber daran war nun nichts mehr zu ändern.

Er tastete in seiner Jackettasche nach dem Terminkalender, um nachzusehen, ob es irgendeine Veranstaltung oder eine Person gab, zu der er hätte fahren können. Seine Finger fanden einen Zettel, zogen ihn hervor.

Der Verkehrsstau löste sich auf, und er fuhr weiter. Während des Fahrens versuchte er zu lesen, was auf dem Zettel stand. Er entzifferte den Namen Samantha Winacre und eine Adresse in Islington.

Samantha war Schauspielerin und eine Bekannte von Sarah. Julian war mehrmals mit ihr zusammengetroffen. Neulich hatte sie der Galerie einen kurzen Besuch abgestattet und ihn ein bißchen über seine Vorstellungen als Galerist befragt. Er erinnerte sich wieder deutlich daran: Das war zu dem Zeitpunkt gewesen, als der arme, alte Peter Usher so unversehens hereingeschneit war.

Er fuhr in nördlicher Richtung, vorbei an jener Abzweigung, die nach Hause führte. Ein Besuch bei Samantha versprach eine interessante Abwechslung. Sie war sehr schön und überdies eine ebenso talentierte wie intelligente Schauspielerin.

Halt, nein. Es war eine idiotische Idee. Entweder würde sie von einem Schwarm von Verehrern umlagert sein; oder sie war irgendwo auf einer dieser *show-bizz*-Partys.

Allerdings schien sie für ein solches Leben nicht der rechte Typ zu sein. Er brauchte eine leidlich plausible

Ausrede für seinen Besuch. Er versuchte, sich etwas auszudenken. Er fuhr die Park Lane entlang, manövrierte um Marble Arch herum, folgte dann der Edgeware Road, bog schließlich in die Marylebone Road ein. Jetzt beschleunigte er das Tempo des Mercedes ein wenig und blickte starr geradeaus, weil er sich auf irgendeine verrückte Weise plötzlich in der Rolle eines Filmstars fühlte. Die Marylebone Road wurde zur Euston Road, und dann bog er beim Angel links ab.

Wenige Minuten später befand er sich vor dem Haus. Es wirkte erstaunlich normal: keine dröhnende Musik, kein rauhkehliges Gelächter, kein Lichtermeer. Er beschloß, sein Glück zu versuchen.

Er stieg aus und klopfte an die Tür. Samantha Winacre öffnete selbst, um den Kopf ein Handtuch geschlungen.

»Hallo!« sagte sie freundlich.

»Unser Gespräch ist neulich ziemlich abrupt unterbrochen worden«, sagte Julian. »Ich kam hierher und fragte mich, ob ich Sie wohl zu einem Drink einladen könnte.«

Sie lächelte breit. »Wie entzückend spontan von Ihnen.« Sie lachte. »Ich überlegte gerade, was ich unternehmen könnte, um den Abend nicht vor der Glotze zu vergeuden. Kommen Sie doch herein.«

5

IM FRÖHLICHEN RHYTHMUS klapperten Anitas Schuhe über das Trottoir, während sie auf Samantha Winacres Haus zueilte. Die Sonne schien warm; es war bereits 9 Uhr 30. Wenn sie Glück hatte, lag Sammy noch im Bett. An sich hätte Anita um 9 Uhr mit der Arbeit beginnen sollen, doch sie verspätete sich oft, was Sammy nur selten auffiel.

Beim Gehen rauchte sie eine kleine Zigarette, inhalierte tief und genoß den Geschmack des Tabaks und die frische Morgenluft. An diesem Morgen hatte sie sich ihr langes blondes Haar gewaschen, ihrer Mutter eine Tasse Tee gebracht, ihrem jüngsten Brüderchen die Flasche gegeben und die übrigen Kinder zur Schule geschickt. Sie war nicht müde, denn sie war erst achtzehn; in zehn Jahren allerdings würde sie aussehen wie vierzig.

Das neue Baby war das sechste ihrer Mutter, das eine, das gestorben war, sowie etliche Fehlgeburten nicht mitgerechnet. Was dachte sich bloß der Alte dabei, ging es ihr durch den Kopf: Wußte er denn nichts von Geburtenkontrolle? Wenn er mein Mann wäre, würde ich ihn aber gehörig »aufklären«.

Gary wußte sehr genau, was für Vorkehrungen zu treffen waren, nur nützte ihm das bei Anita wenig: Sie ließ ihn nicht, noch nicht. Sammy fand das altmodisch an ihr: einen Mann so auf die Folter zu spannen. Vielleicht hatte Sammy ja recht, doch Anita meinte, es sei nicht halb so schön, falls man einander nicht richtig liebhätte. Aber Sammy redete überhaupt eine Menge Unsinn.

Sammys Haus befand sich auf einem terrassierten Grundstück und war unterkellert: alt, aber recht hübsch gemacht. In diesem Teil von Islington hatten viele reiche Leute alte Häuser renovieren lassen, und so nach und nach entstand eine recht luxuriöse Wohngegend. Anita betrat das Haus durch die Vordertür und schloß sie leise hinter sich.

Sie betrachtete sich im Spiegel in der Eingangsdiele. Für ein Make-up war ihr heute keine Zeit geblieben, doch ihr rundes, frisch durchblutetes Gesicht brauchte dergleichen eigentlich auch nicht. Sie legte nie viel auf, außer vielleicht am Samstag, wenn sie im West End ausging.

In das Glas des Spiegels war eine Bier-Reklame eingelassen, so ähnlich, wie man's etwa in einer Pentonville-

Road fand. Die Folge war, daß man nie sein Gesicht richtig vollständig sehen konnte; doch Sammy behauptete, es handle sich um Art deco. Noch mehr Unsinn.

Sie zog ihre Straßenschuhe aus, holte ein Paar Mokassins aus ihrer Schultertasche und schlüpfte hinein. Dann ging sie hinunter in den Keller.

Der Raum wirkte trotz der tiefen Decke erstaunlich groß, doch das war kein Wunder, denn er nahm die gesamte Breite des Hauses ein. Anita zog ihn allen anderen Räumen vor. Kleine Fester am vorderen und hinteren Ende ließen ein wenig Helle ein, doch in der Hauptsache kam die Beleuchtung von einer Batterie von Spotlights, die auf Poster gerichtet waren und auf kleine abstrakte Skulpturen und Blumenvasen. Der Boden war größtenteils mit kostbaren Brücken bedeckt.

Anita öffnete ein Fenster und räumte rasch auf. Sie leerte die Aschenbecher in einen Abfalleimer, schüttelte und klopfte die Kissen zurecht, entfernte ein paar halbverwelkte Blumen. Von einem niedrigen Chromtisch nahm sie zwei Gläser; das eine roch nach Whisky. Samantha trank Wodka. Vielleicht war der Mann inzwischen schon wieder fort, vielleicht auch nicht.

Sie ging in die Küche und überlegte, ob ihr wohl noch Zeit für den Abwasch blieb, bevor sie Sammy aufwecken mußte. Nein, beschloß sie: Sammy hatte erst am späten Vormittag einen Termin. Aber wahrscheinlich konnte sie die Küche aufräumen, während Sammy ihren Tee trank. Sie setzte den Kessel auf.

*

Das Mädchen betrat das Schlafzimmer und zog die Vorhänge auf: Wie eine zurückgestaute Flut strömte die Lichtfülle herein, und die Helle weckte Samantha sofort auf. Für einen kurzen Augenblick lag sie noch still, bis der strahlend neue Tag die letzten Spinnweben des Schlafes

verscheucht hatte; dann setzte sie sich auf und lächelte das Mädchen an.
»Guten Morgen, Anita.«
»Morgen, Sammy.« Das Mädchen reichte Samantha eine Tasse Tee und setzte sich, während Samantha an der Tasse zu nippen begann, auf den Bettrand: eine eigentümliche Mischung aus Teenager und Hausmutter, reif über die Jahre hinaus.
»Ich habe unten saubergemacht und auch Staub gewischt«, sagte sie. »Der Abwasch, hab ich mir gedacht, kann bis später warten. Gehen Sie aus dem Haus?«
»Mmm.« Samantha leerte ihre Teetasse und stellte sie neben das Bett. »Ich habe eine Skript-Konferenz.« Sie schleuderte die Bettdecke beiseite, erhob sich und ging ins Badezimmer. Dort duschte sie sich kurz.
Als sie zurückkam, war Anita dabei, das Bett zu machen. »Ich habe das Skript für Sie rausgelegt. Das, was Sie neulich abend gelesen haben.«
»Oh, danke«, sagte Samantha. »Ich fragte mich schon, wo ich's wohl gelassen haben könnte.« In das große Badetuch gehüllt, trat sie zum Schreibtisch am Fenster und warf einen Blick auf das Buch. »Ja, das ist es. Was um alles auf der Welt sollte ich bloß ohne dich anfangen, Mädchen?«
Anita machte sich im Zimmer zu schaffen, und Samantha trocknete sich das kurzgeschnittene Haar. Dann zog sie sich Höschen und BH an und setzte sich vor den Spiegel, um sich auf ihr Make-up zu konzentrieren. Anita war an diesem Morgen nicht so redselig wie sonst, und Samantha fragte sich, was der Grund dafür sein mochte.
Plötzlich fiel ihr etwas ein. »Was ist mit deinem Schulzeugnis, hast du das inzwischen bekommen?«
»Ja. Heute morgen.«
Samantha drehte sich herum. »Und wie hast du abgeschnitten?«
»Hab bestanden«, sagte das Mädchen ausdruckslos.

»Gute Noten?«

»Eine Eins in Englisch.«

»Ist ja phantastisch!« begeisterte sich Samantha.

»Meinen Sie?«

Samantha erhob sich und nahm Anitas Hand in die ihre. »Was hast du denn, Anita? Warum bist du nicht zufrieden?«

»Weil's überhaupt keinen Unterschied macht, wirklich nicht. Ich kann in einer Bank für zwanzig Pfund pro Woche arbeiten oder in der Brassey-Fabrik für fünfundzwanzig Pfund. Das kann ich aber auch ohne solche Noten.«

»Aber ich dachte, du wolltest aufs College.«

Anita blickte zur Seite. »Das war bloß so eine Albernheit – ein Traum. Ich kann genausowenig aufs College gehen wie zum Mond fliegen. Was wollen Sie anziehen – das weiße Gatsby-Kleid?« Sie öffnete die Schranktür.

Samantha ging zu ihrem Spiegel zurück. »Ja«, sagte sie geistesabwesend. »Heutzutage besuchen viele Mädchen das College, weißt du.«

Anita legte das Kleid auf das Bett und holte auch eine weiße Strumpfhose und passende Schuhe hervor. »Sie wissen doch, wie's bei uns zu Hause ist, Sammy. Mal hat Vater 'n Job, mal hat er keinen, nicht seine Schuld. Meine Mam kann nicht viel verdienen, und ich bin die älteste, verstehen Sie. Ich muß noch ein paar Jahre zu Hause bleiben und arbeiten, bis die Kleinen selbst was verdienen. Eigentlich ...«

Samantha ließ ihren Lippenstift sinken und betrachtete im Spiegel das junge Mädchen, das hinter ihr stand. »Was – eigentlich?«

»Ich hatte gehofft, daß Sie mich bei sich behalten.«

Samantha schwieg einen Augenblick. Sie hatte Anita während der Sommerferien eingestellt, als eine Art Kombination von Dienstmädchen und Haushälterin. Die beiden kamen gut miteinander aus, und Anita hatte sich als ausnehmend tüchtig erwiesen. Allerdings hatte Samantha nie daran gedacht, daß sich daraus ein dauerhaftes Arbeitsverhältnis entwickeln könnte.

Sie sagte: »Ich finde, du solltest aufs College gehen.«

»Wie Sie meinen«, gab Anita zurück. Sie nahm die Teetasse vom Nachttisch und ging hinaus.

Samantha beendete ihr Make-up und schlüpfte dann in Jeans und Jeanshemd, bevor sie nach unten ging. Als sie die Küche betrat, stellte Anita ein gekochtes Ei und ein Gestell mit Toast auf den kleinen Tisch. Samantha nahm am Frühstückstisch Platz.

Anita goß Kaffee in zwei Tassen und setzte sich dann auf den Stuhl gegenüber. Samantha aß schweigend, schob schließlich ihren Teller zurück und ließ eine Saccharin-Tablette in die Kaffeetasse fallen. Anita steckte sich eine kurze Zigarette mit Filtermundstück an.

»Hör zu«, sagte Samantha. »Wenn du unbedingt einen Job brauchst, wird es mir eine Freude sein, dich für mich arbeiten zu lassen. Du bist eine großartige Hilfe. Doch keinesfalls darfst du die Hoffnung auf ein College-Studium aufgeben.«

»Eine solche Hoffnung ist sinnlos. Das ist einfach nicht drin.«

»Ich will dir sagen, was ich tun werde. Du wirst bei mir richtig angestellt und bekommst genausoviel Geld wie jetzt. Während der normalen Zeiten studierst du am College, und während der Ferien arbeitest du für mich – und beziehst das Jahr über den gleichen Lohn. Auf diese Weise verliere ich dich nicht, du kannst deiner Mutter helfen, und du kannst studieren.«

Anita sah sie aus großen Augen an. »Sie sind so ungeheuer gütig«, sagte sie.

»Nein. Ich habe viel mehr Geld, als ich eigentlich verdient hätte, und ich gebe ja nicht viel davon aus. Bitte, sag ja, Anita. Ich könnte das Gefühl haben, jemandem etwas Gutes zu tun.«

»Mam würde sagen, das sei Mildtätigkeit.«

»Du bist ja inzwischen achtzehn – und brauchst ja nicht mehr auf sie zu hören.«

»Nein.« Das Mädchen lächelte. »Vielen Dank.« Sie stand auf und küßte Samantha impulsiv. In ihren Augen waren Tränen. »Haut mich glatt um«, sagte sie.

Samantha erhob sich mit einem verlegenen Lächeln. »Ich werde dafür sorgen, daß mein Anwalt etwas Entsprechendes aufsetzt, damit die Sache für dich abgesichert ist. Aber jetzt muß ich mich beeilen.«

»Ich werde nach einem Taxi telefonieren«, sagte Anita.

Samantha ging nach oben, um sich umzuziehen. Während sie in das hauchdünne weiße Kleid schlüpfte, das mehr gekostet hatte, als Anita in zwei Monaten verdiente, fühle sie sich eigentümlich bedrückt. Es war einfach nicht richtig, daß sie die Möglichkeit besaß, mit Hilfe einer so kleinen Geste den Lebensweg eines jungen Mädchens zu verändern. Die Kosten dafür waren unerheblich – und zu allem wohl auch noch steuerlich absetzbar, wie ihr plötzlich einfiel. Es machte praktisch überhaupt keinen Unterschied; sie hatte Anita die Wahrheit gesagt.

Samantha hätte es sich mühelos leisten können, in einem feudalen Herrensitz in Surrey zu wohnen oder in einer Villa in Südfrankreich; doch gab sie von ihren enormen Einkünften verschwindend wenig aus. Anita war die einzige Vollzeitbedienstete, die sie je engagiert hatte. Sie wohnte in diesem bescheidenen Haus in Islington, hatte keine Jacht, nicht einmal ein Auto. Sie besaß kein Land, keine Ölgemälde, keine Antiquitäten.

Sie dachte an den Mann, der sie gestern abend besucht hatte – wie hieß er doch noch? Julian Black. Ein eher enttäuschender Typ. Normalerweise waren die Leute, die sich ein Herz faßten, sie spontan zu besuchen, interessant. Jeder rechnete damit, daß er einen ganzen Trupp von Leibwächtern passieren mußte, um zu ihr zu gelangen, die langweiligeren Typen versuchten's gar nicht erst.

Julian war ein recht angenehmer Gast gewesen – und

nicht einmal ohne eine gewisse Faszination, solange er von seinem Thema, der Kunst, sprach. Doch nur zu bald stellte sich heraus, daß er eine unglückliche Ehe führte und Geldsorgen hatte: Diese beiden Dinge schienen seine Persönlichkeit hinreichend zu kennzeichnen. Sie hatte keinen Zweifel daran gelassen, daß sie nicht daran dachte, sich von ihm verführen zu lassen; und er hatte auch keinen Versuch dazu unternommen. Nach ein paar Drinks war er wieder gegangen.

Sie hätte seine Probleme genauso mühelos lösen können wie die von Anita. Vielleicht hätte sie ihm Geld anbieten sollen. Er schien zwar nicht darum zu bitten, doch zweifellos brauchte er es dringend.

Gar kein so übler Gedanke: Künstlern finanziell unter die Arme zu greifen. Allerdings war die sogenannte Kunstwelt so eine widerwärtig prätentiöse Oberklassen-Szene. Da warf man mit Geld um sich, ohne etwas von seinem wirklichen Wert für wirkliche Menschen zu ahnen: für Menschen wie Anita und ihre Familie.

Es läutete an der Tür. Sie blickte durch das Fenster. Draußen wartete das Taxi. Sie nahm das Drehbuch und ging die Treppe hinunter.

Im schwarzen Taxi lehnte sie sich auf dem bequemen Sitz zurück und überflog noch einmal seitenweise das Drehbuch, über das sie mit ihrem Agenten und einem Filmproduzenten sprechen wollte. Betitelt war es: *Die Dreizehnte Nacht* – nicht gerade ein Titel, um Zuschauermassen in die Kinos zu locken; doch das war im Augenblick nebensächlich. Es handelte sich um eine Verfilmung von Shakespeares *Zwölfte Nacht* oder *Was ihr wollt,* jedoch ohne den Originaldialog. Im Drehbuch wurden die homosexuellen Anspielungen in der Shakespeare-Komödie gleichsam auf die Spitze getrieben. Orsino verliebte sich in Cesario, bevor sich herausstellte, daß Cesario in Wirklichkeit eine Frau in Männerkleidung war; und Olivia entpuppte sich als latente Lesbierin. Samantha sollte die Viola spielen.

Das Taxi hielt vor dem Büro in der Wardour Street, und Samantha stieg aus und überließ es dem Pförtner, den Taxifahrer zu bezahlen. Eifrig wurden für sie Türen geöffnet, während sie in das Gebäude rauschte, jeder Zoll ein Filmstar: Pflichtrolle. Joe Davis, ihr Agent, kam ihr entgengen und führte sie in sein Büro. Sie setzte sich, die maskenhafte Starre ihres Gesichtes wich.

Joe schloß die Tür. »Sammy, ich möchte dich mit Willy Ruskin bekannt machen.«

Bei Samanthas Eintritt hatte sich ein hochgewachsener Mann erhoben. Jetzt reichte er ihr die Hand. »Es ist mir wirklich ein Vergnügen, Miß Winacre«, sagte er.

Die beiden Männer waren gegensätzliche Typen, so sehr, daß es fast komisch wirkte. Joe war klein, übergewichtig, kahlköpfig; Ruskin war groß mit dichtem, dunklem Haar bis über die Ohren, er trug eine Brille und sprach mit sympathischem amerikanischem Akzent.

Die Männer nahmen Platz, und Joe setzte eine Zigarre in Brand. Ruskin bot Samantha eine Zigarette an; sie lehnte ab. Joe begann: »Sammy, ich habe Willy gesagt, daß wir in punkto Drehbuch noch zu keiner Entscheidung gekommen sind; daß es da noch eine Menge zu bedenken gibt.«

Ruskin nickte. »Ich dachte, es wäre nett, einander persönlich kennenzulernen. Wir können ja auch über Mängel sprechen, die das Skript nach Ihrer Meinung hat. Und natürlich würde ich nur zu gern Ihre eigenen Vorstellungen und Ideen kennenlernen.«

Samantha nickte, sammelte ihre Gedanken. »Ich bin interessiert«, sagte sie. »Die Grundidee ist in Ordnung, das Drehbuch gut geschrieben. Weshalb haben Sie die Songs weggelassen?«

»Weil die Sprache sich nicht eignen würde für die Art von Film, die uns vorschwebt«, erwiderte Ruskin.

»Sicher. Aber Sie könnten ja ein paar neue Texte schreiben und bestimmt einen guten Rock-Komponisten finden, dem dazu was einfällt.«

»Das ist eine Idee«, sagte Ruskin und musterte Samantha überrascht und voller Respekt.

Sie fuhr fort: »Und aus dem Narren könnte man doch so einen meschuggen Popsänger machen – so eine Art Keith-Moon-Typ.«

Joe warf ein: »Willy, da ist ein Drummer bei einer britischen Popgruppe ...«

»Ja, ich weiß«, sagte Ruskin. »Die Idee gefällt mir. Damit werde ich mich gleich mal befassen.«

»Nicht so eilig«, sagte Samantha. »Das ist ein Detail. Für mich gibt's bei dem Film ein viel ernsteres Problem. Es ist eine gute Komödie. Nicht weniger, aber auch nicht mehr.«

»Verzeihung – wo liegt da das Problem?« fragte Ruskin. »Ich komme da nicht ganz mit.«

»Ich auch nicht, Sammy«, fügte Joe hinzu.

Samantha zog die Stirn kraus. »Ich fürchte, daß der Gedanke auch in meinem Kopf nicht allzu klar ist. Es ist ganz einfach so, daß der Film nichts aussagt. Er hat kein Anliegen, er enthält keine Lehre, bietet keinen neuen, erfrischenden Blick auf die Welt – nichts in der Art.«

»Nun, immerhin ist da der Gedanke, daß eine Frau als Mann auftreten und erfolgreich einen Männerjob tun kann«, warf Ruskin ein.

»Im 16. Jahrhundert mag so was ja revolutionär gewesen sein, aber das ist ja schon ein Weilchen her.«

»Außerdem ist da die unverklemmte Einstellung gegenüber der Homosexualität, was sogar etwas Erzieherisches haben könnte.«

»Hat es aber nicht«, erwiderte Samantha mit Nachdruck. »Heutzutage werden sogar im Fernsehen über Homos Witze erzählt.«

Ruskin machte ein leicht mürrische Miene. »Offen gestanden – ich wüßte wirklich nicht, wie das, was Sie haben wollen, in eine einfache kommerzielle Filmkomödie wie diese hineingeschrieben werden könnte.« Er steckte sich eine frische Zigarette an.

Joe machte ein gequältes Gesicht. »Sammy-Baby, dies ist eine Komödie. Eine Komödie soll die Leute zum Lachen bringen. Und du möchtest doch eine Rolle in einer Komödie haben, richtig?«

»Ja.« Samantha blickte zu Ruskin. »Tut mir leid, daß ich an Ihrem Manuskript so herumkrittele. Lassen Sie mich noch ein bißchen länger darüber nachdenken, ja?«

Joe sagte: »Ja, geben Sie uns noch ein paar Tage, okay, Willy? Sie wollen doch Sammy in Ihrem Film haben.«

»Sicher«, sagte Ruskin. »Für die Rolle der Viola ist Miß Winacre die ideale Besetzung. Aber, wissen Sie, ich habe ein gutes Drehbuch und möchte den Film von der Startrampe kriegen. Ich werde mich schon bald nach Alternativen umtun müssen.«

»Wissen Sie was? – Sprechen wir doch noch mal in einer Woche darüber, einverstanden?« fragte Joe.

»Gut.«

Samantha sagte: »Joe, da sind noch ein paar Dinge, über die ich mit dir sprechen möchte.«

Ruskin erhob sich. »Vielen Dank, daß Sie sich die Zeit genommen haben, Miß Winacre.«

Er ging hinaus, und Joe setze seine erloschene Zigarre wieder in Brand. »Kannst du verstehen, daß ich mich wegen dieser Geschichte frustriert fühle, Sammy?«

»Ja, das kann ich.«

»Ich meine, gute Skripte sind selten, sehr selten sogar. Zu allem hattest du mich auch noch gebeten, für dich eine Komödie zu finden. Nicht etwa irgendeine Komödie, o nein. Sondern eine moderne Komödie, die für die Kids attraktiv ist. Ich finde eine, mit einer wunderschönen Rolle für dich – und du beklagst dich darüber, daß sie keine Botschaft hat.«

Sie stand auf, trat zum Fenster und blickte hinaus auf die schmale Straße in Soho. An der Bordschwelle parkte ein Lieferwagen, der den Fahrdamm versperrte und den Verkehr blockierte. Ein Autofahrer war ausgestiegen. Er schrie auf den Fahrer des Lieferwagens ein, der ihn jedoch ignorierte und ungerührt Kisten voll Papier in ein Büro trug.

»Sprich nicht so, als ob nur in avantgardistischen Off-Broadway-Stücken so etwas wie eine Botschaft zu erwarten ist«, sagte er. »Ein Film kann etwas aussagen und trotzdem ein kommerzieller Erfolg sein.«

»Nicht sehr oft«, sagte Joe.

»*Wer hat Angst vor Virginia Woolf?, In der Hitze der Nacht, Der Detektiv, Der Letzte Tango in Paris.*«

»Keiner von ihnen hat so viel eingespielt wie *The Sting*.«

Samantha drehte dem Fenster den Rücken zu, machte eine unwillige Kopfbewegung. »Wen, zum Teufel, interessiert das? Es waren gute Filme, und sie waren es wert, gedreht zu werden.«

»Ich will dir sagen, wen das interessiert, Sammy. Die Produzenten, die Drehbuchautoren, die Kameraleute, die Kinobesitzer, die Platzanweiserinnen und nicht zuletzt den Verleih.«

»Ja«, sagte sie resignierend. Sie nahm wieder Platz, saß eigentümlich schlaff. »Kümmerst du dich bitte darum, daß der Anwalt etwas für mich tut, Joe? Er soll so eine Art Vereinbarung schriftlich fixieren. Da ist ein Mädchen, das für mich als Dienstmädchen arbeitet. Ich will, daß sie das College besucht. In dem Vertrag soll stehen, daß ich ihr drei Jahre lang pro Woche dreißig Pfund zahle unter der Bedingung, daß sie ihrem Studium nachgeht und während der Ferien für mich arbeitet.«

»Verstehe.« Er notierte sich die Einzelheiten auf einem Schreibblock. »Das ist eine überaus großzügige Handlungsweise, Sammy.«

»Ach was.« Joe warf ihr einen verblüfften Blick zu, zog die Augenbrauen hoch. Samantha fuhr fort: »Sie hatte die Absicht, zu Hause zu bleiben und in einer Fabrik zu arbeiten, um was für den Lebensunterhalt der Familie zu verdienen. Sie hat die Qualifikation fürs Universitätsstudium in der Tasche, aber die Familie ist darauf angewiesen, daß sie was verdient. Es ist ein Skandal, daß sich jemand in einer derartigen Lage befindet, während es Menschen gibt, die soviel verdienen wie beispielsweise du und ich. Schön, ihr wird nun geholfen werden, aber was ist mit den vielen Tausenden anderen Kids in einer vergleichbaren Situation?«

»Du kannst nicht sämtliche Probleme der Welt allein lösen, Honey«, sagte Joe mit einem unüberhörbaren Hauch von Überheblichkeit.

»Red bloß nicht so blöd von oben daher«, fuhr sie ihn an. »Ich bin ein Star – ich sollte das Zeug dazu haben, Menschen von diesen Dingen zu erzählen. Ich sollte es von den Dächern schreien – es ist nicht fair, dies ist keine gerechte Gesellschaft. Warum kann ich keine Filme machen, die genau diese Botschaft haben?«

»Aus allen möglichen Gründen – von denen einer der wäre, daß du keinen Verleih finden würdest. Wir müssen Filme produzieren, die aufregend sind – oder das Publikum happy machen. Unsere Aufgabe besteht darin, die Menschen für ein paar Stunden ihre Sorgen vergessen zu lassen. Keiner geht ins Kino, um sich einen Film anzusehen, in dem gewöhnliche Menschen schwere Zeiten durchmachen.«

»Vielleicht sollte ich keine Schauspielerin sein.«

»Und was würdest du dann tun? Vielleicht Sozialarbeiterin werden – bloß um zu entdecken, daß du den Menschen nicht wirklich helfen kannst, weil du mit zu vielen Fällen fertig werden müßtest und im Grunde doch alle nur das eine brauchen: Geld. Oder dich als Journalistin verdingen und sehr bald erkennen, daß du schreiben mußt, was der Herausgeber denkt, und nicht, was du denkst. Oder Lyrik verfassen und am Hungertuch nagen. Oder in die Politik einsteigen und faule Kompromisse schließen.«

»Der Grund dafür, daß nie etwas geschieht, liegt darin, daß alle genauso zynisch sind wie du.«

Joe legte seine Hände auf Samanthas Schultern und

drückte sie sacht. »Sammy, du bist eine Idealistin. Du hast dir deine utopischen Gedanken viel länger bewahrt als die meisten von uns. Und deshalb achte ich dich – und liebe ich dich.«

»Ach, hör schon auf, du alter Süßholzraspler«, sagte sie, lächelte ihn jedoch liebevoll an. »Also gut, Joe, ich, werde mir das Drehbuch noch mal ansehen. Aber jetzt muß ich gehen.«

»Ich rufe dir ein Taxi.«

*

Es war eines jener kühlen, geräumigen Apartments in Knightsbridge. Die Tapeten: gedämpfte, gleichsam anonyme Muster; die Sitzpolster: aus Brokat; das ziemlich spärliche Mobiliar: natürlich antik. Durch die offenen Balkontüren strömte die milde Nachtluft herein, klangen ferne Verkehrsgeräusche herbei. Das Apartment war ebenso elegant wie langweilig.

Genau wie die Party. Samantha war gekommen, weil die Gastgeberin eine alte Freundin war. Man ging miteinander einkaufen und besuchte sich dann und wann gegenseitig zum Tee. Aber diese gelegentlichen Zusammenkünfte hatten nicht ahnen lassen, wie sehr Mary und Samantha sich seit der gemeinsamen Zeit als Theaternovizinnen innerlich voneinander entfernt hatten.

Mary hatte einen Geschäftsmann geheiratet, und die meisten Partygäste schienen seine Freunde zu sein. Einige der Herren trugen Dinnerjacketts, obwohl nur Appetithäppchen gereicht wurden. Einfach entsetzlich war die Art, wie sie Small talk zelebrierten. Die kleine Gruppe um Samantha herum übte sich in hochgestochenen Klischees über eine Reihe völlig bedeutungsloser Drucke an einer Wand.

Samantha lächelte, um zu verhindern, daß sich der Ausdruck der Langeweile auf ihrem Gesicht endgültig einnistete, und schlürfte Champagner. Nicht mal der taugte viel. Sie nickte dem Mann zu, der gerade sprach. Wandelnde Leichname, allesamt. Mit einer Ausnahme. Tom Cooper wirkte wie ein wahrer Gentleman zwischen lauter Provinzlern.

Er war hochgewachsen, schien etwa in Samanthas Alter zu sein, hatte allerdings schon graue Strähnen im schwarzen Haar. Er trug ein kariertes Hemd und Jeans mit einem Ledergürtel und hatte breite Hände und Füße.

Ihre Blicke begegneten einander, sozusagen über den ganzen Raum hinweg, und der schwere Schnurrbart auf seiner Oberlippe zog sich breit auseinander, als er lächelte. Er sagte irgend etwas zu dem Paar, bei dem er stand, und entfernte sich – in Richtung Samantha.

Sie ihrerseits kehrte der Gruppe, die über die Drucke diskutierte, halb den Rücken zu. Tom beugte sich zu ihrem Ohr und sagte: »Ich bin gekommen, um Sie aus dem Kunstbetrachtungskurs zu befreien.«

»Danke. Hab die Rettung nötig.«

»Ich hab das Gefühl, daß Sie hier der Stargast sind.« Er bot ihr eine lange Zigarette an.

»Yeah.« Sie beugte den Kopf zu seinem Feuerzeug. »Und als was hätte man Sie einzustufen?«

»Als Alibi-Repräsentanten der Arbeiterklasse.«

»Sieht mir nicht gerade nach Arbeiterklasse aus, Ihr Feuerzeug.« Es war schmal, trug ein Monogramm und schien aus Gold zu sein.

Plötzlich sprach er mit starkem Londoner Akzent: »Bin eben so'n Typ, der's schnell zu was bringt, aber echt.«

Samantha lachte, und er schaltete auf einen anderen Akzent um, stocksteif und würdevoll: »Noch ein wenig Champagner, Madame?«

Sie gingen zu einem Büfett-Tisch, wo er ihr Glas füllte und dann zwei Teller mit Appetithäppchen nahm, jeder mit einem Klacks Kaviar in der Mitte. Er bot ihr davon an, doch sie schüttelte den Kopf.

»Na, dann eben nicht.« Er schob sich zwei Häppchen auf einmal in den Mund.

»Wie haben Sie Mary kennengelernt?« fragte Samantha.

Er grinste wieder. »Sie meinen, wie es zwischen einer Frau wie Mary und einem Rauhbein wie mir überhaupt zu einem Kontakt kommen kann? Nun, wir haben beide Madame Clair's Charm School in Romford besucht. Es hat meine Mutter Blut, Schweiß und Tränen gekostet, mich einmal pro Woche hinzuschicken – bloß, daß es bei mir nicht viel genützt hat. Ich könnte niemals Schauspieler sein.«

»Was machen Sie beruflich?«

»Hab's Ihnen doch gesagt. Bin 'n heller Junge, der sich auf Schliche versteht.«

»Ich glaub Ihnen kein Wort. Vermutlich sind Sie Architekt oder Rechtsanwalt oder so was.«

Er zog eine flache Dose aus der Hüfttasche, öffnete sie und schüttete zwei blaue Kapseln in seinen Handteller. »Sie glauben auch nicht, daß dies Drogen sind, wie?«

»Nein.«

»Schon mal Speed probiert?«

Wieder schüttelte sie den Kopf. »Nur Hasch.«

»Dann brauchen Sie nur eine.« Er drückte ihr eine Kapsel in die Hand.

Sie beobachtete, wie er drei schluckte und mit Champagner nachspülte. Dann steckte sie die Kapsel, die er ihr gegeben hatte, in ihren Mund, nahm einen großen Schluck aus dem Glas und schluckte mit Mühe. Als sie die Kapsel nicht mehr in ihrer Kehle spüren konnte, sagte sie: »Bitte! Nichts!«

»Wart mal 'n paar Minuten. Dann bist du soweit, dich splitternackt auszuziehen.«

Sie musterte ihn aus schmalen Augen. »War das deine Absicht?«

Er mimte wieder den Cockney: »Aber wo ich doch echt 'n Alibi habe, Inspektor.«

Samantha hatte plötzlich das Bedürfnis, sich zu bewegen: Mit einem Fuß tappte sie den Takt zu einer nichtexistenten Musik. »Wenn ich's täte«, sagte sie und lachte laut, »würdest du garantiert eine Meile rennen, stimmt's oder hab ich recht?«

Tom lächelte wissend. »Das ist Speed, jetzt merkst du's.«

Sie fühlte sich plötzlich voller Energie. Ihre Augen weiteten sich, und eine leichte Röte stieg in ihre Wangen. »Ich hab diese blöde Party satt«, sagte sie ein wenig zu laut. »Ich möchte tanzen.«

Tom legte seinen Arm um ihre Taille. »Gehen wir.«

TEIL ZWEI

Die Landschaft

»Mickey Mouse sieht nicht gerade wie eine richtige
Maus aus; dennoch schreiben die Leute
keine empörten Briefe wegen der Länge von
Mickeys Schwanz.«
E. H. Gombrich, Kunsthistoriker

6

LANGSAM ROLLTE DER Zug durch Norditalien. Die strahlende Sonne war hinter einer dichten Wolkendecke verschwunden, und die Szenerie wirkte jetzt dunstig, trüb und feucht. In raschem Wechsel folgten einander Weinberge und Fabriken, sie schienen ineinander zu verschwimmen.

Dees ursprüngliche Begeisterung hatte sich während der Reise in nichts aufgelöst. Noch hatte sie keinen Fund gemacht, das einzige, was sie besaß, war eine vage Fährte. Und stieß sie am Ende dieser Spur nicht auf das Bild, so war praktisch alles für die Katz – taugte höchstens noch für eine Fußnote in einer gelehrten Abhandlung.

Um ihre Finanzen stand es ziemlich miserabel. Sie hatte Mike nie um Geld gebeten; bei ihm auch nie den Eindruck erweckt, daß sie welches brauchte. Sie hatte vielmehr immer so getan, als verfüge sie über mehr Geld, als sie in Wirklichkeit hatte. Jetzt bedauerte sie, daß sie in diesem Punkt nicht offener gewesen war.

Sie hatte gerade noch genug für ein paar Tage Aufenthalt in Livorno und für die Rückreise. Rasch verdrängte sie den Gedanken an Geld und zündete sich eine Zigarette an. Die Rauchwolken halfen ihr bei dem Tagtraum, in dem sie sich ausmalte, was sie tun würde, wenn sie den verlorenen Modigliani fand. Genau das richtige für einen explosiven Anfang bei ihrer Doktorarbeit über die Beziehungen zwischen Drogen und Kunst.

Wenn man's recht bedachte, so steckte womöglich noch

mehr drin; es konnte zum Kernstück eines Artikels über die Verkennung des größten italienischen Malers im 20. Jahrhundert werden. Zweifellos würde das Bild genügend Interesse wecken, um ein halbes Dutzend akademische Dispute auszulösen.

Vielleicht würde es sogar bekannt werden als der *Sleign*-Modigliani – wodurch sie selbst eine gewisse Berühmtheit erlangen würde – ihre Karriere wäre für alle Zeit gesichert.

Vermutlich handelte es sich um ein höchst unorthodoxes Bild, seiner Zeit weit voraus, vielleicht sogar revolutionär. Ob es sich gar um ein abstraktes Werk handeln mochte – um eine Art Jackson Pollock der Jahrhundertwende?

Die Kunstwelt würde dafür sorgen, daß bei Miß Delia Sleign das Telefon nicht mehr stillstand, und man würde sie mit Fragen überschütten: Livorno – wo lag das, wie kam man am besten dorthin? Sie würde einen Artikel veröffentlichen müssen mit präzisen Angaben darüber, wo sich das Werk befand. Sie konnte es natürlich auch, in einer Art Triumphzug, ins Stadtmuseum bringen. Oder nach Rom. Oder sie konnte es kaufen und die Welt verblüffen, indem sie ...

Ja, sie konnte es kaufen. Was für ein Gedanke.

Dann konnte sie es nach London bringen und ...

»Mein Gott«, sagte sie laut. »Ich könnte es verkaufen –«

Livorno war ein Schock. Dee hatte erwartet, eine Kleinstadt vorzufinden, ein Marktzentrum mit einem halben Dutzend Kirchen, einer Hauptstraße und einem der üblichen »Originale«, die sich im üblichen Klatsch und Tratsch auskannten und alles über alle wußten, die während der vergangenen hundert Jahre hier gelebt hatten. Doch Livorno entpuppte sich als eine Stadt vom Schlage Cardiffs: mit Hafenanlagen, Fabriken, einem Stahlwerk und Touristenattraktionen.

Mit einiger Verspätung fiel ihr der englische Name für

Livorno ein: Leghorn – ein wichtiger Mittelmeerhafen und ein Urlaubsort. Vage erinnerte sie sich an ein paar Fakten aus dem Geschichtsbuch. Mussolini hatte für die Modernisierung des Hafens Millionen ausgegeben, doch schließlich war alles von alliierten Bombern zerstört worden; irgendwie hatte die Stadt etwas mit den Medici zu tun; im 18. Jahrhundert hatte es ein Erdbeben gegeben.

Dee fand ein billiges Hotel; ein hohes, weißgetünchtes Gebäude mit einer Terrasse, mit hohen, gewölbten Fenstern und ohne Vorgarten. Ihr Zimmer war einfach, sauber und kühl. Sie packte ihren Koffer aus, hängte ihre beiden Sommerkleider in eine Art Schrank. Dann wusch sie sich, schlüpfte in Jeans und Turnschuhe und ging hinaus in die Stadt.

Der frühe Abend war mild und klar. Oben am Himmel trieben Wolkenmassen, doch konnte man weit draußen, über der See, die sinkende Sonne sehen. In den Hauseingängen standen oder saßen alte Frauen in Schürzen mit glattem, hinten zu einem Knoten geschürztem grauem Haar und betrachteten das Schauspiel, das ihre kleine Welt ihnen bot.

In der Nähe des Stadtzentrums flanierten bildhübsche italienische Jungmänner in knapp sitzenden Jeans und enganliegenden Hemden; und mit sorgfältig frisiertem, dichtem, dunklem Haar. Ein oder zwei warfen Dee einen kurzen, forschenden Blick zu, doch anzubändeln versuchte keiner. Diese Jungs, wurde ihr klar, waren gleichsam Ausstellungsstücke: ansehen gestattet, berühren unerwünscht.

Dee schlenderte durch die Straßen; bis zum Abendessen blieb noch Zeit, und sie überlegte, wie sie es anstellen sollte, in dieser alles andere als kleinen Stadt nach dem Modigliani zu suchen. Die Dinge lagen folgendermaßen: Wer von der Existenz dieses Bildes wußte, würde nicht wissen, daß es sich um einen Modigliani handelte; wer hingegen wußte, daß ein solcher Modigliani existierte, würde nicht wissen, wo er sich befand oder wie er zu finden war.

Sie schlenderte über eine Reihe schöner, offener Plätze, auf denen die Marmorstatuen früherer Fürsten standen. Sie gelangte zur Piazza Vittorio, einer breiten Avenue mit zentralen Inseln von Bäumen und Gras. Sie setzte sich auf eine niedrige Mauer und bewunderte die Renaissance-Arkaden.

Wie also sollte sie's anpacken? Ein Herumstöbern in Trödlerläden und auf alten Dachböden würde Jahre in Anspruch nehmen. Irgendwie mußte sie alles eliminieren, was wenig Erfolg versprach, selbst auf die Gefahr hin, daß sie ihr Ziel verfehlte.

Endlich kam ihr eine Idee. Dee erhob sich und ging rasch zu dem kleinen Hotel zurück. Allmählich spürte sie ein Hungergefühl.

Der Besitzer und seine Familie wohnten im Parterre. Als Dee das Haus betrat, war niemand in der Eingangsdiele, und so klopfte sie an die Tür der Familienwohnung. Sie hörte Musik und Kinderstimmen, doch niemand kam, um zu öffnen.

Sie stieß die Tür auf und trat ein. Es war ein Wohnzimmer, ebenso »modern« wie geschmacklos möbliert. In einer Ecke stand eine Musiktruhe aus den 60er Jahren: eine Kombination von Radio und Plattenspieler. Aus dem Lautsprecher plärrte Musik, während auf dem Bildschirm des Fernsehers ein Mann lautlos die Lippen bewegte, ein Nachrichtensprecher offenbar. Auf einem orangefarbenen Nylonteppich in der Mitte des Zimmers befand sich ein niedriger Tisch, eine Imitation des sogenannten skandinavischen Stils, mit Aschenbechern, Zeitungsstapeln und einem Taschenbuch.

Auf dem Fußboden unmittelbar vor Dee spielte ein kleiner Junge mit einem Spielzeugauto, der sie gar nicht bemerkte. Sie trat über ihn hinweg. In der Tür auf der anderen Seite erschien der Besitzer, dessen Bauch üppig über den Plastikgürtel seiner blauen Hose hinwegquoll. Von einem Mundwinkel baumelte eine Zigarette, fast schon zur Hälfte verglüht. Der Wirt sah Dee fragend an.

Sie sprach ein schnelles, flüssiges Italienisch: »Ich hatte geklopft, aber niemand kam.«

Mit fast unbewegten Lippen fragte der Mann: »Was möchten Sie denn?«

»Nach Paris telefonieren.«

Er trat zu einem krummbeinigen Nierentisch bei der Tür und nahm den Telefonhörer ab. »Geben Sie mir die Nummer. Ich mach das dann.«

Dee tastete in ihrer Handtasche nach dem Fetzen Papier, auf dem sie die Nummer des Telefons in Mikes Wohnung notiert hatte.

»Möchten Sie mit einer bestimmten Person sprechen?« fragte der Wirt. Dee schüttelte den Kopf. Mike würde wohl noch nicht zurück sein, aber vielleicht war die Putzfrau in seiner Wohnung – wenn sie beide fort waren, richtete sie sich's ein, wie's ihr paßte.

Der Mann nahm die Zigarette aus seinem Mund, sprach ein paar Sätze ins Telefon und legte auf. Er sagte: »Wird ein paar Minuten dauern. Wollen Sie nicht Platz nehmen?«

Nach dem Spaziergang taten Dee die Waden ein wenig weh. Dankbar sackte sie in einen Sessel.

Der Wirt schien das Gefühl zu haben, sie nicht allein lassen zu dürfen. Aus Höflichkeit? Oder weil er fürchtete, sie könnte eine seiner zahllosen Nippesfiguren stibitzen? Er fragte: »Was führt Sie nach Livorno – die Schwefelquellen?«

Sie hatte keine Lust, ihm die ganze Geschichte zu erzählen. »Ich möchte mir Gemälde anschauen«, sagte sie.

»Ah.« Er ließ seinen Blick über die Zimmerwände wandern. »Wir haben hier ein paar schöne Werke.«

»Gewiß.« Dee unterdrückte ein Schaudern. Bei den gerahmten Drucken handelte es sich hauptsächlich um ebenso düstere wie fromme Darstellungen von Männern mit

Heiligenschein. »Gibt es in der Kathedrale irgendwelche Kunstschätze?« fragte sie.

Er schüttelte den Kopf. »Die Kathedrale wurde im Krieg bombardiert.« Irgendwie schien es ihm peinlich zu sein, die Tatsache zu erwähnen, daß Italien sich mit Dees Heimatland im Krieg befunden hatte.

Sie wechselte das Thema. »Ich würde gern Modiglianis Geburtshaus besuchen. Wissen Sie, wo es sich befindet?«

Die Frau des Besitzers tauchte in der Tür auf und schleuderte ihm einen langen, zornigen Satz entgegen. Dee verstand kein Wort: Die Dialektfärbung war allzu stark. Der Wirt antwortete scharf, und die Frau verschwand.

»Modiglianis Geburtshaus?« beharrte Dee.

»Keine Ahnung«, sagte er und nahm die Zigarette aus dem Mund, um sie in den bereits übervollen Aschenbecher zu tun. »Aber wir haben natürlich Fremdenführer, die Sie engagieren können – vielleicht wäre das für Sie eine Hilfe.«

»Ja. Ich hätt' gern einen.«

Der Mann verließ das Zimmer, und Dee beobachtete das Kind, das noch immer voller Hingabe sein rätselhaftes Spiel spielte. Die Frau durchquerte das Zimmer, ohne auch nur einen einzigen Blick auf Dee zu werfen. Gleich darauf kam sie wieder zurück. Eine besonders liebenswürdige Wirtin war sie nicht gerade – trotz oder wegen der Freundlichkeit ihres Mannes.

Das Telefon läutete, und Dee hob ab. »Ihr Anruf aus Paris«, erklärte eine Stimme.

Unmittelbar darauf meldete sich eine Frau: »*Allô?*«

»Oh, Claire«, sagte Dee auf französisch. »Ist Mike noch nicht zurück?«

»Nein.«

»Würden Sie sich bitte meine Nummer notieren und ihm sagen, daß er mich anrufen soll?« Sie las die Nummer vom Telefonapparat ab und legte auf.

Inzwischen war der Besitzer zurückgekehrt. Er reichte ihr eine kleine Glanzbroschüre in schon leicht zerfleddertem Zustand. Während Dee ein paar Münzen hervorkramte und ihn für die Broschüre bezahlte, fragte sie sich, wie oft dieses Büchelchen wohl schon an Gäste verkauft worden war, die es dann bei der Abreise in ihrem Zimmer zurückgelassen hatten.

»Ich muß meiner Frau beim Servieren des Abendessens helfen«, sagte der Mann.

»Ich werde hineingehen. Danke.«

Dee ging durch die Diele ins Speisezimmer und setzte sich an einen kleinen, runden Tisch mit kariertem Tischtuch. Sie warf einen Blick auf die Broschüre. »Das Lazaretto von San Leopoldo ist eines der schönsten seiner Art in Europa«, las sie und blätterte weiter. »Kein Besucher sollte versäumen, sich die berühmte Quattro Mori Bronze anzusehen.« Wieder blätterte sie. »Modigliani wohnte zuerst in der via Roma und später in der via Leonardo Cambini 10.«

Der Wirt kam mit einem Teller Engelshaarsuppe, und Dee lächelte ihn freundlich und zufrieden an.

*

Der erste Geistliche, mit dem sie sprach, war jung und sah mit seinem strengen kurzen Haarschnitt fast wie ein Teenager aus. Auf seiner dünnen, spitzen Nase balancierte eine Stahlbrille, und fortwährend scheuerte er seine Hände über den Stoff seines Gewandes, als wolle er die schweißfeuchten Innenflächen trocknen. Dees Nähe schien ihn in einen Zustand äußerster Nervosität zu versetzen, was nur zu verständlich schien bei einem Mann, der Keuschheit gelobt hatte bis in seine innersten Gedanken hinein. Immerhin schien er ehrlich bemüht, Dee zu helfen.

»Wir haben hier viele Gemälde«, sagte er. »In der Krypta ist ein ganzer Raum damit gefüllt. Seit Jahren hat sie sich niemand mehr angesehen.«

»Dürfte ich wohl hinuntergehen?« fragte sie.

»Selbstverständlich. Allerdings bezweifle ich, daß Sie irgend etwas von Interesse finden werden.« Nervös warf der Geistliche einen Blick über Dees Schulter, als fürchte er, hier in seiner Kirche mit einem jungen Mädchen ertappt zu werden. »Kommen Sie mit«, sagte er.

Sie kamen zu einer Tür in der alten Mauer und stiegen, der Priester vor Dee, eine Wendeltreppe hinunter.

»Der Geistliche, der um 1910 hier war – interessierte der sich für Malerei?«

Der Mann drehte den Kopf, sah Dee an, blickte rasch wieder fort. »Das weiß ich nicht«, erwiderte er. »Ich bin der dritte oder vierte seit jener Zeit.«

Dee wartete am Fuß der Treppe, während er eine Kerze in einem Halter an der Wand entzündete. Ihre Clogs klapperten über den Steinfußboden, während sie, sich unwillkürlich duckend, dem jungen Priester durch den niedrigen Eingang in das Gewölbe folgte.

»Hier wären wir nun«, sagte er und entzündete eine weitere Kerze. Auf dem Fußboden des kleinen Raums, gegen die Wände gelehnt, befanden sich etwa hundert Bilder. »Nun, den Rest werde ich Ihnen überlassen müssen«, sagte er.

»Ich danke Ihnen vielmals.« Dee sah ihm nach, während er schlurfend verschwand; dann blickte sie zu den Bildern und unterdrückte ein Seufzen. Diese Idee war ihr gestern gekommen: einfach zu den Kirchen in der unmittelbaren Nähe von Modiglianis beiden einstigen Wohnsitzen zu gehen und zu fragen, ob's dort irgendwelche alten Gemälde gab.

Für alle Fälle hatte sie sich unter dem ärmellosen Kleid ein Hemd angezogen – strenge Katholiken duldeten nicht, daß man sich mit unbedeckten Armen in einer Kirche aufhielt –, und draußen auf der Straße war ihr sehr heiß gewesen. Doch in der Krypta war es angenehm kühl.

Sie hob das erste Gemälde von einem Stapel und hielt es so, daß das Licht der Kerze darauf fiel. Eine dicke Staubschicht auf dem Glas ließ das Bild darunter nur undeutlich erkennen. Sie brauchte ein Staubtuch.

Unwillkürlich sah sie sich nach etwas Geeignetem um. Aber natürlich würde sie hier nichts finden. Und sie hatte nicht mal ein Taschentuch bei sich. Mit einem Seufzer raffte sie ihr Kleid hoch und zog ihr Höschen aus. Es würde ihren Zweck erfüllen müssen, diesen Zweck. Sie kicherte leise und begann, den Staub vom Gemälde abzuwischen.

Es handelte sich um eine Nichtigkeit in Öl mit St. Stefan als Märtyrer. Sie schätzte sein Alter auf hundertzwanzig Jahre, doch war es in einem wesentlich älteren Stil gemalt. Der reichverzierte Rahmen würde wohl mehr wert sein als das Werk selbst. Die Signatur war unleserlich.

Sie legte das Bild auf den Boden und nahm das nächste. Es war nicht so stark verstaubt, jedoch genauso wertlos.

Tapfer arbeitete sie sich hindurch durch Jünger, Apostel, Heilige, Märtyrer, Heilige Familien, Letzte Abendmahle, Kreuzigungen sowie Dutzende dunkelhaariger, schwarzäugiger Christusse. Ihr buntes Bikini-Höschen verwandelte sich in ein Gebilde aus antikem Staub. Sie ging methodisch vor, stapelte ordentlich die gesäuberten Bilder und arbeitete sich durch einen weiteren Haufen Gemälde hindurch, bevor sie sich an den nächsten machte.

Darüber verging der ganze Morgen, doch von irgendwelchen Modiglianis fand sich keine Spur.

Nachdem sie das letzte Bild gesäubert und weggestellt hatte, nieste sie heftig, was die stauberfüllte Luft wie verrückt durcheinanderwirbeln ließ. Dee löschte die Kerze und ging hinauf in die Kirche.

Der Geistliche war nirgends zu sehen, und so tat sie eine

Gabe in den Opferstock und trat hinaus in die Sonnenhelle. Ihr Höschen warf sie in den nächsten Abfallbehälter.

Sie studierte ihren Stadtplan und machte sich dann auf den Weg zum zweiten Haus. Doch irgend etwas störte sie an ihren Überlegungen: Es gab da etwas Wichtiges, das sie über Modigliani wußte – seine Jugend, seine Eltern, irgendwas sonst; aber sie kam nicht drauf, sosehr sie sich auch anstrengte.

Sie kam an einem Café vorbei, und ihr wurde bewußt, daß es Zeit zum Mittagessen war. Sie trat ein und bestellte eine Pizza und ein Glas Wein. Während sie aß, fragte sie sich, ob Mike wohl noch heute anrufen würde.

Sie genoß einen Kaffee und eine Zigarette und dachte voll Widerstreben an ihr Pflichtpensum: der nächste Priester, die nächste Kirche, der nächste Haufen verstaubter Bilder. Sie tappte nach wie vor völlig im dunkeln, und ihre Chance, den verlorenen Modigliani zu finden, war äußerst mager.

Mit plötzlicher wilder Entschlossenheit drückte sie ihre Zigarette aus und stand auf.

*

Der zweite Geistliche war älter und weniger hilfsbereit. Während sich seine Augen zu Schlitzen verengten, hoben sich seine Brauen rund zwei Zentimeter, als er fragte: »Warum wollen Sie sich die Bilder ansehen?«

»Das gehört zu meinem Beruf«, erklärte Dee. »Ich bin Kunsthistorikerin.« Sie versuchte ein Lächeln, doch das schien den Mann noch mehr gegen sie einzunehmen.

»Eine Kirche ist für die Gläubigen da, nicht für Touristen, verstehen Sie«, sagte er, und seine Höflichkeit war nur ein dünner Firnis.

»Ich werde sehr still sein.«

»Auch haben wir nur sehr wenige Kunstwerke hier. Nur das, was Sie bei einem Rundgang sehen.«

»Dann werde ich einen Rundgang machen, wenn ich darf.«

Der Geistliche nickte. »Nun gut.« Er blieb im Mittelschiff stehen und beobachtete, wie Dee rasch die Runde machte. Es gab sehr wenig zu sehen: ein oder zwei Bilder in den kleinen Kapellen. Sie kehrte zum westlichen Ende der Kirche zurück, nickte dem Geistlichen zu und ging hinaus. Möglich, daß er sie für eine Kirchendiebin gehalten hatte.

Enttäuscht und deprimiert ging sie zu ihrem Hotel zurück. Die Sonne, jetzt hoch am Himmel, brannte herunter, und die von heißer Luft erfüllten Straßen waren fast völlig verödet. Verrückte Hunde und Kunsthistoriker, dachte Dee: eine müde Witzelei, nicht gerade dazu angetan, sie aufzumuntern. Sie hatte ihre letzte Karte ausgespielt, ohne Erfolg. Wenn sie weitermachen wollte, blieb ihr nur noch die Ochsentour: systematisches Durchkämmen der Stadt, das Abklappern jeder einzelnen Kirche.

Sie ging auf ihr Zimmer, wusch sich Hände und Gesicht, versuchte den Staub aus der Krypta loszuwerden. Die einzig vernünftige Weise, diesen Teil des Tages zu verbringen, war eine Siesta. Sie zog sich aus und legte sich auf das schmale Bett.

Als sie die Augen schloß, war plötzlich wieder das bohrende Gefühl da, etwas Wichtiges vergessen zu haben. Angestrengt versuchte sie, sich alles ins Gedächtnis zurückzurufen, was sie über Modigliani erfahren hatte; aber viel war das nicht. Sie döste ein.

Während sie schlief, überschritt die Sonne ihren Zenit und strömte mit solcher Kraft durch das offene Fenster herein, daß der nackte Körper zu schwitzen begann. Dee bewegte sich unruhig, und ab und zu zogen sich die Muskeln ihres länglichen Gesichts zusammen. Ihr blondes Haar war inzwischen zerzaust, Strähnen klebten an den Wangen.

Sie erwachte mit einem Ruck und setze sich auf. In ihrem Kopf war ein Pochen, Folge der Sonnenhitze, doch sie ignorierte es. Sie blickte starr geradeaus, wie jemand, dem gerade eine Offenbarung zuteil geworden ist.

»Was bin ich doch für ein Idiot!« rief sie. »Er war doch Jude.«

*

Dee fand den Rabbi sympathisch. Im Vergleich zu den beiden heiligen Männern, die auf sie reagiert hatten wie auf eine verbotene Frucht, wirkte er geradezu erfrischend. Er hatte freundliche braune Augen, und sein schwarzer Bart war von grauen Strähnen durchsetzt. Er zeigte sich an ihrer Suche ehrlich interessiert, und so erzählte sie ihm die ganze Geschichte.

»Der alte Mann in Paris sprach von einem Geistlichen, und ich nahm unwillkürlich an, er meine einen katholischen Priester«, erklärte sie. »Ich hatte vergessen, daß die Modiglianis sephardische Juden waren, und zwar recht orthodoxe.«

Der Rabbi lächelte. »Nun, ich weiß, wem das Gemälde gegeben wurde! Mein Vorgänger war sehr exzentrisch, für einen Rabbi. Er interessierte sich für alles mögliche – wissenschaftliche Experimente, Psychoanalyse, Kommunismus. Er ist natürlich inzwischen verstorben.«

»In seinem Nachlaß haben sich wohl keine Gemälde befunden, wie?«

»Das weiß ich nicht. Er wurde schließlich krank und verließ die Stadt. Er lebte dann in einem Dorf mit dem Namen Poglio, an der adriatischen Küste. Natürlich war ich damals sehr jung – ich erinnere mich nicht sehr deutlich an ihn. Aber er lebte ein paar Jahre lang bei seiner Schwester, bevor er starb. Falls das Gemälde noch existiert, könnte sie es haben.«

»Sie wird nicht mehr am Leben sein.«

Er lachte. »Natürlich. Oh, meine Liebe – da haben Sie

sich wirklich was aufgehalst, junge Dame. Aber es könnte ja noch Angehörige geben.«

Dee schüttelte dem Mann die Hand. »Sie sind sehr freundlich gewesen«, sagte sie.

»War mir ein Vergnügen«, versicherte er und schien es auch so zu meinen.

Ihre Füße schmerzten, als sie wieder zum Hotel ging, doch sie achtete nicht weiter darauf. Sie war dabei, Pläne zu machen: Sie mußte ein Auto mieten und zu jenem Dorf fahren. Gleich morgen in aller Frühe wollte sie aufbrechen.

Wie gern hätte sie sich jemandem mitgeteilt, ihm die gute Neuigkeit anvertraut. Dann fiel ihr ein, was sie das letzte Mal getan hatte, als ihr so zumute gewesen war. Sie betrat ein Geschäft und kaufte eine Postkarte.

Sie schrieb:

Liebe Sammy,
dies ist genau die Art Urlaub wie ich's mir immer gewünscht habe! Eine echte Schatzjagd! Ich bin auf dem Weg nach Poglio, um einen verlorenen Modigliani zu finden.
Liebe Grüße,
D.

Sie fand in ihrer Tasche ein wenig Kleingeld, kaufte eine Briefmarke, frankierte die Karte, steckte sie in einen Briefkasten. Dann begann sie, ihre Reise zu planen, und plötzlich wurde ihr bewußt, daß sie nicht genügend Geld besaß, um sich ein Auto zu mieten.

Einfach verrückt: Hier hatte sie nun endlich eine konkrete Spur, die zu einem Bild führen konnte von einem Wert zwischen fünfzig- und hunderttausend Pfund und konnte sich's nicht leisten, ein Auto zu mieten. Eine verdammt frustrierende Sache.

Ob sie wohl Mike um Geld bitten konnte? Teufel, nein, so tief durfte sie einfach nicht sinken. Aber nun ja – vielleicht genügte ihm gegenüber, falls er anrief, ja schon eine

Andeutung. Falls er anrief, ja ... Bei seinen Auslandsreisen gab es selten Gelegenheit dazu.

Eigentlich müßte es doch möglich sein, auf andere Weise Geld aufzutreiben. Bei ihrer Mutter? Der ging es wahrhaftig nicht schlecht, nur hatte sich Dee in den letzten Jahren sehr wenig um sie gekümmert. Sie hatte einfach nicht das Recht, die alte Dame um Geld anzuhauen. Also vielleicht Onkel Charles?

Aber das würde alles viel Zeit kosten. Und Dee brannte darauf, die Fährte weiterzuverfolgen.

Während sie die enge Straße zum Hotel hinaufging, sah sie an der Bordschwelle ein stahlblaues Mercedes-Coupé stehen. Der Mann, der darin saß, hatte einen vertrauten schwarzen Krauskopf.

Dee rannte auf ihn zu. »Mike!« kreischte sie glücklich.

7

JAMES WHITEWOOD PARKTE seinen Volvo in der engen Straße in Islington und stellte den Motor ab. In eine Jackettasche steckte er ein volles Päckchen Player-Zigaretten und eine Schachtel Streichhölzer und in die andere ein neues Notizbuch und zwei Kugelschreiber. Unvermeidlich war die übliche innere Anspannung wieder da: Würde Samantha in guter Stimmung sein? Würde sie etwas sagen, das sich zitieren ließ? Sein Magengeschwür schmerzte, und er fluchte. Er hatte buchstäblich Hunderte von Star-Interviews gemacht; dies hier würde nicht anders sein als die anderen.

Er schloß sein Auto ab und klopfte an Samantha Winacres Tür. Ein etwas rundliches blondes Mädchen öffnete.

»James Whitewood, *Evening Star*.«

»Bitte, treten Sie ein.«

Er folgte ihr in die Diele. »Wie heißen Sie?«

»Anita. Ich arbeite hier nur.«

»Nett, Sie kennenzulernen, Anita.« Er lächelte freundlich. Es war stets nützlich, zu jemandem aus dem Gefolge des Stars gute Beziehungen zu haben.

Sie führte ihn nach unten ins Souterrain. »Mr. Whitewood vom *Star*.«

»Hallo, Jimmy!« Samantha, in Jeans und Shirt, hatte sich auf dem Habitat-Sofa zusammengekuschelt. Aus den Bang & Olufsen-Stereoboxen, die gegenüber dem Sofa auf dem Fußboden standen, tönte der Gesang von Cleo Laine.

»Sammy.« Er trat zu Samantha, schüttelte ihr die Hand.

»Nehmen Sie doch Platz, und machen Sie's sich bequem. Was tut sich denn so in Fleet Street?«

Er legte eine Zeitung auf ihren Schoß, setzte sich dann in einen Sessel. »Die große Story des Tages ist, daß Lord Cardwell seine Kunstsammlung verkauft. Wie Sie sehen, ist ›Saure-Gurken-Zeit‹ schon gar kein Ausdruck mehr.« Der Akzent, mit dem er sprach, verriet den Süd-Londoner.

»Möchten Sie einen Drink haben, Mr. Whitewood?« fragte Anita.

Er sah sie an. »Hätte nichts gegen ein Glas Milch.« Er klopfte sich sacht mit der flachen Hand auf die Magengegend.

Anita verschwand, und Samantha fragte: »Macht Ihnen das Magengeschwür noch immer so zu schaffen?«

»Ist wie mit der Inflation. Heutzutage kann man nur hoffen, daß es nicht allzu schlimm wird.« Er lachte, doch sein Lachen klang schrill. »Darf ich rauchen?«

Während er sein Zigarettenpäckchen öffnete, beobachtete er sie. Dünn war sie schon immer gewesen, aber jetzt hatte ihr Gesicht ein fast ausgemergeltes Aussehen. Ihre Augen erschienen übergroß, was keinesfalls ein Effekt des Make-ups war. Sie schmiegte einen Arm dicht um ihren

Leib, hielt in der anderen Hand eine brennende Zigarette. Während er sie beobachtete, drückte sie die Zigarette in einem überquellenden Aschenbecher aus und steckte sich dann sofort eine neue an.

Anita brachte ihm ein Glas Milch. »Einen Drink, Sammy?«

»Bitte.«

Jimmy blickte auf seine Uhr – es war jetzt 12.30 h. Er warf einen kritischen Blick auf die Menge Wodka und Tonic, die Anita einschenkte.

Er sagte: »Erzählen Sie doch, wie ist das Leben in der Filmwelt?«

»Ich habe die Absicht, sie zu verlassen.« Sie nahm das Glas von Anita entgegen, und das Mädchen verließ den Raum.

»Allmächtiger Himmel.« Jimmy zog sein Notizbuch hervor und zückte seinen Kugelschreiber. »Weshalb denn?«

»Da gibt es nicht viel zu erklären. Ich habe das Gefühl, daß mir der Film alles gegeben hat, was er mir geben kann. Die Arbeit langweilt mich, und was am Ende bei allem herauskommt, wirkt so trivial.«

»Gab es etwas Besonderes, das dies ausgelöst hat?«

Sie lächelte. »Sie verstehen es, gute Fragen zu stellen, Jimmy.«

Er hob neugierig seinen Blick und sah, daß ihr Lächeln nicht ihm galt, sondern ... Er drehte den Kopf: Ein großer Mann in Jeans und kariertem Hemd trat herein; er nickte Jimmy zu und setzte sich neben Samantha.

Sie sagte: »Jimmy, ich möchte Sie mit Tom Cooper bekannt machen, dem Mann, der mein Leben verändert hat.«

*

Joe Davis warf einen Blick auf seine Quantum-Armbanduhr: 0955 zeigten die rötlichen Ziffern auf schwarzem

Untergrund. Eine gute Zeit, um bei einer Londoner Abendzeitung einen Anruf zu machen.

Er hob den Telefonhörer ab und wählte. Endlich meldete sich jemand von der Telefonzentrale im Zeitungsgebäude, und er bat um eine Verbindung mit James Whitewood.

»Morgen, Jim – Joe Davies.«

»Ein scheußlicher Morgen, Joe. Was für olle Kamellen wollen Sie denn heute an den Mann bringen?«

Es kostete Joe wenig Mühe, sich Whitewoods breites Grinsen und sein fehlerhaftes Gebiß vorzustellen: Der etwas grobschlächtige Umgangston zwischen beiden war eine Art Ritual-Tarnung der Tatsache, daß jeder den anderen kräftig für seine Zwecke benutzte. »Nichts besonders Interessantes«, sagte Joe. »Ein Starlet, das eine kleine Rolle bekommen hat. Bloß daß Leila D'Abo im Londoner *Palladium* Top-Star sein wird.«

»Diese abgewrackte alte Kuh? Wann ist das fällig, Joe?«

Joe grinste: Diesmal, das wußte er, hatte er das Spielchen gewonnen. »Am 21. Oktober, für einen Abend.«

»Kapiere. Bis dahin wird sie gerade den zweitklassigen Film abgedreht haben, der – wo gemacht wird? Ealing Studios?«

»Hollywood.«

»Ja. Wer steht denn noch auf dem Programm?«

»Keine Ahnung. Da müssen Sie das *Palladium* fragen. Sie werden auch fragen müssen, ob es stimmt, daß sie für den Auftritt fünfzigtausend Pfund bekommt, denn ich sage nichts.«

»O nein, Sie sagen nichts.«

»Gibt die Story was für Sie her?«

»Ich werde mein Bestes für Sie tun, alter Schwede.«

Joe grinste wieder. Falls die Story interessant genug war, um in der Zeitung gedruckt zu werden, so würde Whitewood so tun, als hätte er dem Agenten einen persönlichen Gefallen erwiesen. War die Story indes nicht interessant genug, so würde Whitewood sie unter den Tisch fallen lassen.

Whitewood fragte: »Haben Sie die Konkurrenz darüber informiert?«

»Noch nicht.«

»Können Sie's so arrangieren, daß wir als erste damit rauskommen?«

»Aus persönlicher Gefälligkeit Ihnen gegenüber, Jim.« Unwillkürlich beugte sich Joe auf seinem Ledersessel vor. Er triumphierte – jetzt war es ihm gelungen, die Sache so zu drehen, daß der Zeitungsschreiber ihm einen Gefallen schuldete.

»Was ist übrigens mit Ihrem blauäugigen Mädchen los?«

Joe horchte auf. Offenbar hatte Whitewood doch noch eine Karte im Ärmel. Joe versuchte, seiner Stimme eine nonchalanten Klang zu geben. »Welche meinen Sie?«

»Joe, wie viele von ihnen habe ich in dieser Woche interviewt? Die unterernährte Miß Winacre natürlich.«

Joe starrte finster auf das Telefon. Verdammte Sammy. Jetzt befand er sich in der Defensive. »Wollte Sie sowieso fragen: Wie ist's gelaufen?«

»Ich habe eine tolle Story – ›Samantha Winacre zieht sich zurück‹. Hat sie Ihnen das nicht gesagt?«

Allmächtiger, was hatte Sammy dem Reporter erzählt? »Ganz unter uns, Jim, sie macht da gerade so eine Phase durch.«

»Eine unglückliche Phase, wie es scheint. Wenn sie so gute Drehbücher wie *Dreizehnte Nacht* ablehnt, dann muß es ihr wohl ziemlich ernst sein mit dem Rückzug ins Privatleben.«

»Tun Sie sich einen Gefallen – nehmen Sie das nicht in Ihren Artikel auf. Sie wird sich's anders überlegen.«

»Höre ich gern. Hab's sowieso rausgelassen.«

»Und was für einen Aufhänger haben Sie genommen?«

»Samantha Winacre sagt: ›Ich bin verliebt.‹ Okay?«

»Danke, Jim. Bis bald. Halt, Augenblick noch – hat sie gesagt, in wen sie sich verliebt hat?«

»Er heißt Tom Cooper. Hab ihn kennengelernt. Scheint ein ausgeschlafener Bursche zu sein. An Ihrer Stelle würde ich auf der Hut sein, wegen des Jobs.«

»Nochmals vielen Dank.«

»Wiedersehen.«

Joe legte auf, der Hörer fiel ihm klappernd aus der Hand. In puncto persönliche Gefälligkeit waren er und Whitewood wieder miteinander quitt; aber das spielte jetzt weiter keine Rolle. Irgendwie stimmte was nicht mit Sammy: Wie konnte sie dem Reporter sagen, daß sie ein Drehbuch ablehnte, ohne zuvor ihren Agenten darüber informiert zu haben?

Er erhob sich von seinem Schreibtisch und trat ans Fenster. Unten gab's das übliche Verkehrschaos. Massenhaft Autos waren falsch geparkt. Jeder nimmt für sich ein Sonderrecht in Anspruch, dachte Joe. Ein Polizist ging vorbei, ignorierte die Ordnungswidrigkeiten jedoch.

Auf dem gegenüberliegenden Trottoir verhandelte eine frühwache Prostituierte mit einem Mann mittleren Alters, einem eher seriösen Typ. In einem Striptease-Club wurden Kisten mit billigem Champagner geliefert. Bei einem geschlossenen Kinoeingang stand ein Orientale mit kurzgeschnittenem schwarzem Haar, der einen grellfarbenen Anzug trug. Er verkaufte einem ungewaschenen, ausgemergeltem Mädchen ein Päckchen mit unschwer zu erratendem Inhalt. Als sie dem Mann einen Geldschein gab, zitterte ihre Hand.

Herrgott noch mal, Sammy: Was ließ sich da bloß tun?

Der Schlüssel zu des Rätsels Lösung war natürlich dieser Kerl. Joe trat an seinen Schreibtisch und las den Namen, den er auf seinen Block gekritzelt hatte: Tom Cooper. Wenn sie sich in den verliebt hat, steht sie auch unter seinem Einfluß. Folglich ist er es, der will, daß sie sich ins Privatleben zurückzieht.

Schauspieler engagierten Joe, damit er ihnen half, Geld zu machen. Es waren Leute mit Talent. Joe selbst besaß keines und wußte es. Er hatte von der Schauspielerei so wenig Ahnung wie seine Klienten von geschäftlichen Dingen. Seine Aufgabe war es, Verträge zu prüfen, Gagen auszuhandeln, PR-Beratung zu machen, gute Drehbücher und Regisseure zu finden, in einem Wort: talentierte, aber eben auch naive Menschen sicher durch den Dschungel der Showbusiness-Welt zu führen.

Seine Pflicht Sammy gegenüber bestand darin, ihr zu möglichst viel Geld zu verhelfen.

Natürlich ist ein Agent viel mehr als nur Geschäftsmann. Für viele seiner Schützlinge war Joe Mutter und Vater gewesen, Liebhaber und Psychiater; sie hatten sich an seiner Schulter ausweinen können, so manchen Klienten hatte er, gegen Kaution natürlich, aus dem Gefängnis geholt; er hatte seine Beziehungen spielen lassen, damit Anklagen wegen Drogenmißbrauchs in der Versenkung verschwanden, und er hatte als Eheberater fungiert.

Wahrhaftig: Mit dem »Geldmachen« allein war es bei weitem nicht getan.

Eine seiner wichtigsten Aufgaben bestand darin, unerfahrene Menschen vor den Haien zu beschützen. In Joes Welt wimmelte es nur so von Haien: Filmproduzenten, die einem Schauspieler eine Rolle gaben, an dem Film ein Vermögen verdienten und sich den Teufel darum scherten, woher der Schauspieler das Geld für die nächste Monatsmiete nahm; lügenhafte Gurus mit irgendwelchen Patentreligionen samt Meditation, Vegetariertum, Mystizismus oder Astrologie, die es verstanden, einen Star um sein halbes Vermögen zu bringen; Spinner-Organisationen und »halb-seriöse« Geschäftsleute, welche die Stars beschwatzten, ihnen Unterstützung angedeihen zu lassen – und die dann den Namen des Stars für ihre Publicity-Zwecke mißbrauchten, ohne sich darum zu scheren, wie groß der Schaden für das Image des Künstlers sein mochte.

Joe fürchtete, daß Tom Cooper einer dieser Haie war. Das ging alles allzu schnell: Der Kerl war aus dem Nichts aufgetaucht, und auf einmal regelte er sozusagen Sammys Leben. Einen Ehemann konnte sie gebrauchen, einen neuen Agenten nicht.

Inzwischen war er zu einer Entscheidung gelangt. Er beugte sich vor und drückte auf einen Summer. Aus der Zwischensprechanlage erklang eine Stimme: »Ja, Mr. Davies?«

»Kommen Sie bitte sofort zu mir, Andy.«

Während er wartete, trank er einen Schluck Kaffee, der jedoch kalt war. Andrew Fairholm – er sprach den Namen wie Fareham aus – war ein gescheiter Bursche. In vielem erinnerte er Joe an sich selbst. Er war Sohn eines Nebenrollen-Schauspielers und selbst erfolgloser Konzertpianist, und schon frühzeitig war ihm klargeworden, daß er kein Talent besaß. Aber da er von Showbusiness einfach nicht lassen konnte, hatte er sich aufs Management verlegt und ein paar zweitklassige Rockgruppen zu Großverdienern gemacht. Schließlich war er Joes persönlicher Assistent geworden.

Andy trat ein, ohne anzuklopfen, und nahm vor dem Schreibtisch Platz. Er war ein gutaussehender Youngster mit langem, braunem Haar, einem Anzug mit breiten Revers und einem Mickymaus-T-Shirt. Er hatte die Universität besucht und sich eine Art Snob-Akzent zugelegt. Für Joes Agentur war er genau der richtige Typ: Er verlieh ihr ein etwas moderneres Image. Sein heller Kopf und seine jugendliche Offenheit für Trends bildeten die ideale Ergänzung zu Joes Erfahrung und seiner vielgerühmten Schlitzohrigkeit.

»Sammy Winacre macht uns wirklich Kummer, Andy«, sagte Joe. »Sie hat einem Zeitungsreporter erzählt, sie sei verliebt und wolle die Schauspielerei aufgeben.«

Andy rollte die Augen gen Himmel. »Ich hab doch immer gesagt, daß sie ein sonderbares Huhn ist. Wer ist der Kerl?«

»Er heißt Tom Cooper.«

»Aber wer zum Teufel ist er?«

»Genau das sollen Sie herausfinden.« Joe riß das oberste Blatt von seinem Schreibblock und reichte es Andy. »So schnell es irgend geht.«

Andy nickte und verschwand. Joe fühlte sich ein wenig erleichtert. Tat gut, zu wissen, daß sich jetzt Andy hinter die Sache klemmte. Denn trotz all seines Charmes und seiner feinen Manieren hatte der Bursche ganz verteufelt scharfe Zähne.

*

Es war ein warmer Abend, und in der Luft lag noch der Geruch des Sommers. Von der tief über den Hausdächern stehenden Sonne schien Blut auf die wenigen Wolken zu tropfen. Samantha löste sich vom Fenster im Souterrain und trat zur Hausbar.

Tom legte eine Jazz-Platte auf und streckte sich lang aufs Sofa. Samantha reichte ihm einen Drink und kuschelte sich an ihn. Er legte seinen kräftigen Arm um ihre schmalen Schultern und beugte den Kopf vor, um sie zu küssen.

Die Türglocke läutete.

»Einfach ignorieren«, sagte er und küßte sie auf den Mund.

Sie schloß die Augen, preßte ihre Lippen gegen die seinen. Dann stand sie auf. »Möchte dich noch ein bißchen in Spannung halten«, sagte sie mit einem Lächeln.

Es dauerte einen Augenblick, bis sie den kleinwüchsigen Mann in der Tür wiedererkannte: »Julian!«

»Hallo, Samantha. Störe ich?«

»Überhaupt nicht. Möchten Sie hereinkommen?«

Er folgte ihr die Treppe hinunter. »Ich werde Sie nicht lange aufhalten«, sagte er entschuldigend und wirkte ein wenig verlegen, als er Tom auf dem Sofa sah.

Samantha sagte: »Tom Cooper, Julian Black.« Die Männer schüttelten einander die Hände. Tom überragte Julian um ein beträchtliches Stück.

Samantha ging zur Bar. »Whisky, nicht wahr?« sagte sie.
»Ja, danke.«

»Julian betreibt eine Kunstgalerie«, sagte Samantha.

»Nun, ganz so weit ist es noch nicht. Aber ich werde eine eröffnen. Und was treiben Sie, Tom?«

»Sie könnten mich einen Finanzier nennen.«

Julian lächelte. »Würden Sie unter Umständen auch Geld in eine Kunstgalerie stecken?«

»Ist nicht meine Spezialität.«

»Und was ist Ihre Spezialität?«

»Nun, man könnte sagen: von A Geld nehmen und es B geben.«

Samantha hustete, und Julian hatte das Gefühl, ausgelacht zu werden. Er sagte: »Eigentlich ist es die Galerie-Geschichte, die mich hergeführt hat.« Er nahm den Drink, den Samantha ihm reichte, und sah, wie sie sich behaglich in Toms Armbeuge schmiegte. »Ich suche jemanden, der attraktiv ist und daran interessiert wäre, die Galerie zu eröffnen. Sarah meinte, ich sollte Sie fragen. Würden Sie es tun, aus Gefälligkeit für uns?«

»Sehr gern. Allerdings müßte ich mich erst vergewissern, ob ich am Eröffnungstag nicht irgendwoanders sein muß. Kann ich Sie später anrufen?«

»Natürlich.« Julian zog eine Art Geschäftskarte hervor. »Darauf finden Sie sämtliche Details.«

Sie nahm die Karte. »Danke.«

Julian leerte sein Glas. »Ich will Sie nicht länger stören«, sagte er mit einem leisen Hauch von Neid. »Schön gemütlich haben Sie's. War nett, Sie kennenzulernen, Tom.«

Bei der Tür blieb er stehen und betrachtete eine Ansichtskarte, die oben am Thermostaten an der Wand steckte. »Wer ist denn in Livorno gewesen?« fragte er.

»Eine alte Freundin von mir.« Samantha erhob sich. »Ich muß Sie eines Tages mit ihr bekannt machen. Sie ist Kunsthistorikerin und hat irgendein Diplom. Da, schauen Sie.« Sie nahm die Postkarte von der Wand, drehte sie herum und zeigte sie ihm. Julian las.

»Wie faszinierend«, sagte er und gab die Karte zurück. »Ja, ich würde die Dame gerne kennenlernen. Sie brauchen mich nicht hinaufzubegleiten. Goodbye.«

Nachdem er verschwunden war, fragte Tom: »Warum bist du bereit, seine blöde Bildergalerie für ihn zu eröffnen?«

»Seine Frau ist eine Freundin von mir. Die Ehrenwerte Sarah Luxter.«

»Dann ist sie ja wohl die Tochter von ...«

»Lord Cardwell.«

»Demselben, der seine Kunstsammlung verkauft?«

Samantha nickte. »Da fließt Ölfarbe in den Adern, weißt du.«

Tom sagte ohne eine Spur des Lächelns: »Wenn das eine astreine Sache ist ...«

*

Die Party befand sich in jener leblosen Phase, wie sie in den späten – oder frühen – Stunden für jede Party typisch ist, bevor dann »der zweite Wind« kommt. Die Gäste, teils mehr, teils weniger angeheitert, standen in losen Gruppen zusammen und versuchten, sich auf Gespräche zu konzentrieren, die manchmal hochintellektuell klangen, häufig jedoch ganz einfach komisch.

Gastgeber war ein Filmregisseur, der gerade aus dem Exil der Fernsehwerbung zurückgekehrt war. Seine Frau, ebenso groß wie dünn, trug ein Kleid, welches fast völlig das entblößt ließ, was sie ihren Busen nennen mochte. Sie nahm Samantha und Tom in Empfang und führte sie zur Bar. Ein Barmann von den Philippinen mit leicht glänzenden Augen schenkte Samantha ein wenig Whisky ein und füllte für Tom ein Glas mit dem Inhalt von zwei Flaschen Lager-Beer. Samantha musterte Tom scharf: Er trank nur selten Bier, zumal zu später Stunde. Hoffentlich zog er nicht stundenlang seine aggressive »Arbeiterklassen«-Show ab.

Die Gastgeberin machte Small talk. Aus einer Gruppe am anderen Ende des Raums löste sich Joe Davies und kam herüber. Die Gastgeberin, über sein Erscheinen unverkennbar erleichtert, kehrte zu ihrem Mann zurück.

Joe sagte: »Sammy, ich muß dich mit Mr. Ishi bekannt machen. Er ist heute abend der Stargast und der Grund dafür, daß wir uns alle durch diese lausige Party quälen.«

»Wer ist er?«

»Ein japanischer Bankier, von dem man weiß, daß er in die britische Filmindustrie investieren will. Er muß verrückt sein, und eben deshalb versucht jeder an ihn ranzukommen. Bringen wir's also hinter uns.« Er nahm ihren Arm, nickte Tom zu und führte sie zu einer Stelle, an der ein kahlköpfiger, bebrillter Mann im nüchternsten Tonfall zu einem halben Dutzend aufmerksamer Zuhörer sprach.

Tom beobachtete das Vorstellungsritual von der Bar aus, blies dann den Schaum von seinem Bier und leerte das Glas fast zur Hälfte. Der Filipino wischte mechanisch mit einem Tuch über den Tresen. Aufmerksam beobachtete er Tom.

Tom sagte: »Na los schon, genehmige dir einen Drink – ich verpetz' dich nicht.«

Der Barmann lächelte dankbar, holte unter dem Tresen ein halbvolles Glas hervor und nahm einen langen Schluck.

Eine Frauenstimme sagte: »Ich wünschte, ich hätte den Mut, Jeans zu tragen – sie sind viel bequemer.«

Tom drehte sich um und sah eine ziemlich klein geratene junge Frau, Anfang bis Mitte zwanzig. Ihre zweifellos teure Kleidung war unverkennbar den 50er Jahren nachempfunden: hochhackige Schuhe mit Pfennigabsätzen, superenger Rock, doppelreihiges Jackett. Das Haar trug sie nach hinten gekämmt im Pferdeschwanzstil, doch fiel ihr eine wohldrapierte Locke in die Stirn.

Er sagte: »Sie sind auch billiger. Und wir haben noch viele Cocktailpartys in Islington.«

Sie riß ihre maskaraschweren Augen auf. »Dort wohnen Sie? Ich habe gehört, daß die Männer aus der Arbeiterklasse ihre Frauen prügeln.«

»Gütiger Himmel«, murmelte Tom.

Das Mädchen fuhr fort: »Ich finde es entsetzlich – ich meine, ich könnte es nicht ertragen, von einem Mann geschlagen zu werden. Jedenfalls nicht, wenn er nicht sehr, sehr nett wäre. Dann könnt's mir sogar gefallen. Glauben Sie, daß es Ihnen Spaß machen würde, eine Frau zu schlagen? Mich, zum Beispiel?«

»Da gibt's was Besseres, worüber ich mir Sorgen machen kann«, sagte Tom, doch schien sein verächtlicher Tonfall für das Mädchen verloren zu sein. »Wenn Sie sich über irgendwelche wirklichen Probleme den Kopf zerbrechen müßten, dann würden Sie sich nicht vor mir zum Narren machen. Privilegien erzeugen Langeweile, und Langeweile erzeugt Leute mit leeren Köpfen – wie Sie.«

Endlich konnte er bei dem Mädchen einen Volltreffer verbuchen. »Falls das wirklich Ihre Meinung ist, sollten Sie am besten an Ihrem privilegierten Bier ersticken. Was suchen Sie überhaupt hier?«

»Das frage ich mich auch.« Er leerte sein Glas und stand auf. »Auf idiotische Gespräche wie dieses kann ich verzichten.«

Er sah sich nach Sammy um, aber noch bevor er sie entdecken konnte, hörte er ihre Stimme. Sie schrie auf Joe Davies ein, und die Szene zog sofort alle Blicke auf sich.

Ihr Gesicht war rot; Tom hatte sie noch nie so wütend gesehen. »Wie kannst du es wagen, über meine Freunde Nachforschungen anzustellen«, schrie sie. »Du bist nicht mein Schutzengel, sondern nur mein dämlicher, verfluchter Agent. Das heißt, du warst es, denn du bist hiermit gefeuert, Joe Davies.« Sie versetzte ihm eine Ohrfeige, wandte sich um und ging.

Der Agent war purpurrot. Wut und Scham sprachen aus seiner Miene. Mit erhobener Faust ging er hinter Samantha her. Mit zwei Schritten war Tom bei ihm. Er gab ihm einen sachten, doch energischen Stoß, so daß der Agent nach hinten umzukippen drohte. Dann drehte Tom sich um und folgte Samantha nach draußen.

Auf dem Trottoir begann Samantha plötzlich zu rennen. »Sammy!« rief Tom. Er rannte hinter ihr her, holte sie ein und packte sie beim Arm, so daß sie stehenbleiben mußte.

»Was hat das alles zu bedeuten?« fragte er.

Sie blickte zu ihm empor, Verwirrung und Wut in den Augen. »Joe hat Nachforschungen über dich angestellt«, sagte sie. »Er behauptet, du hättest eine Frau, vier Kinder und so was wie ein Vorstrafenregister.«

»Oh.« Er blickte ihr scharf in die Augen. »Und was denkst du nun?«

»Wie zum Teufel soll ich wissen, was ich denken soll?«

»Meine Ehe ist kaputt, und die Scheidung ist noch nicht über die Bühne. Vor zehn Jahren habe ich einen Scheck gefälscht. Macht das irgendeinen Unterschied?«

Einen Augenblick lang sah sie ihn starr an. Dann vergrub sie ihr Gesicht an seiner Schulter. »Nein, Tom, nein.«

Er hielt sie sekundenlang ganz ruhig in seinen Armen. Dann sagte er: »War sowieso eine lausige Party. Sehen wir zu, daß wir ein Taxi kriegen.« Sie gingen die Park Lane hinauf und fanden vor einem der Hotels ein Taxi. Der Fahrer wählte die Route Piccadilly, dann Strand, dann Fleet Street. Tom ließ ihn an einem Zeitungsstand halten, wo bereits die Frühausgaben der Morgenblätter zum Verkauf auslagen.

Während sie weiterfuhren, wurde es langsam hell. »Schau mal hier«, sagte Tom. »Es wird erwartet, daß Lord Cardwells Gemälde einen Gesamterlös von einer Million Pfund erzielen werden.« Er faltete die Zeitung zusammen und blickte aus dem Fenster. »Weißt du, wie er zu jenen Gemälden gekommen ist?«

»Sag's mir.«

»Im 17. Jahrhundert krepierten Seeleute, um den Cardwells aus Südamerika Gold zu bringen. Im 18. Jahrhundert hungerten sich Bauern zu Tode, um ihnen die Pacht zu bezahlen. Im 19. Jahrhundert starben Kinder in den Fabriken und den städtischen Slums, auf daß ihre Profite maximiert würden. In diesem Jahrhundert stieg er ins Bankgeschäft ein, um anderen dabei behilflich zu sein, das zu tun, was er dreihundert Jahre lang getan hatte – auf dem Rücken der Armen reich zu werden. Gütiger Himmel, mit einer Million Pfund könnte man in Islington einen hübschen kleinen Wohnkomplex hochziehen.«

»Was ist zu tun?« fragte Sammy niedergeschlagen.

»Wenn ich das nur wüßte.«

»Wenn von den Leuten keiner da ist, um ihm ihr Geld wieder wegzunehmen, dann müssen wir das tun.«

»Oh, wirklich?«

»Tom, ich meine es ernst! Weshalb denn nicht?«

Er legte seinen Arm um sie. »Also gut, weshalb eigentlich nicht. Wir werden seine Gemälde stehlen, sie für eine Million Pfund verkaufen und einen Wohnkomplex bauen. Über die Details sprechen wir morgen beim Frühstück. Küß mich.«

Sie wandte ihm ihre Lippen zu, um ihn zu küssen, löste sich dann aber schnell wieder von ihm. »Es ist mir ernst damit, Tom.«

Einen Augenblick lang betrachtete er ihr Gesicht. »Hol's der Geier«, sagte er. »Ich glaub' dir aufs Wort.«

8

JULIAN LAG WACH. Die späte Augustnacht war unangenehm warm. Die Schlafzimmerfenster standen offen, und er hatte die Bettdecke auf den Fußboden geworfen, schwitzte jedoch noch immer. Sarah, auf der anderen

Seite des breiten Bettes, kehrte ihm den Rücken zu. Das frühe Dämmerlicht tauchte ihren Körper in fahlen Schein. Er erhob sich, während sie bewegungslos liegen blieb.

Aus einer Schublade nahm er eine Unterhose, schlüpfte hinein und verließ das Schlafzimmer, dessen Tür er leise hinter sich schloß. Dann ging er die Treppe hinunter, durchquerte das Wohnzimmer und trat in die Küche, wo er den elektrischen Kessel mit Wasser füllte und einschaltete.

Immer wieder gingen ihm die Worte durch den Kopf, die er am Abend zuvor auf jener Postkarte in Samanthas Wohnzimmer gelesen hatte. »Ich bin auf dem Weg nach Poglio, um einen verlorenen Modigliani zu finden.« Dieser Satz hatte sich gleichsam in sein Gehirn eingebrannt; es war weniger die Hitze als der Inhalt dieser Mitteilung gewesen, was Julian keinen Schlaf hatte finden lassen.

Ein verlorener Modigliani: Gar kein Zweifel, er mußte sich unverzüglich auf die Suche nach dem Kunstwerk machen. Es würde genau das sein, was er brauchte – ein echter Fund. Dadurch wäre seine Reputation als Kunsthändler auf einen Schlag etabliert, und er hätte eine Attraktion, welche massenhaft Besucher zur *Black Gallery* locken würde. Daß das Werk eines Malers wie Modigliani eigentlich nicht ins Konzept der *Black Gallery* paßte, fiel nicht weiter ins Gewicht.

Julian tat einen Teebeutel in seine Tasse und goß heißes Wasser dazu. Bedrückt tunkte er den schwimmenden Teebeutel ins Wasser, sah, wie er wieder auftauchte. Der Modigliani war für Julian an sich zwar die große Chance, nur sah er keine Möglichkeit, sie auch wahrzunehmen.

Gewiß, falls es ihm gelang, das Bild zu finden, so würde Lord Cardwell bereit sein, das Geld für den Ankauf aufzubringen. Das hatte Sarahs Vater versprochen, und man konnte darauf bauen, daß der alte Narr sein Wort hielt. Allerdings würde er nicht einen einzigen Penny herausrücken, bloß weil ein etwas irrer Typ von Mädchen etwas von einer Suche nach einem verlorenen Modigliani auf eine Postkarte gekritzelt hatte. Und Julian fehlte das Geld, um nach Italien zu reisen.

Der Tee hatte jetzt eine tiefbraune Tönung. Julian trug die Tasse zur Frühstücksbar und setzte sich auf einen hohen Hocker. Unwillkürlich blickte er sich in der Küche um. Da war die Geschirrspülmaschine, da war die Waschmaschine, da war der Kühlschrank – ganz abgesehen von kleineren Geräten wie Toaster, Eierkocher usw. usw., teils fast so etwas wie überflüssiges Spielzeug. Sachen, die eine Menge Geld gekostet hatten, während er in dieser für ihn so entscheidenden Situation fast völlig blank war – ein Gedanke zum Verrücktwerden.

Wieviel Geld würde er brauchen? Flüge, Hotelübernachtungen, auch eine gewisse Summe, um hier oder dort mal jemanden zu »schmieren« ... Es kam ganz darauf an, wieviel Zeit er benötigen würde, um jene Frau ausfindig zu machen, die auf der Postkarte mit D. unterzeichnet hatte. Mehrere hundert Pfund auf jeden Fall – vielleicht sogar eintausend. Er mußte das Geld unbedingt haben.

Er schlürfte seinen Tee, wälzte in seinem Kopf eine Reihe von Möglichkeiten. Er konnte einen Teil von Sarahs Schmuck stehlen und in einer Pfandleihe versetzen. Das konnte Probleme mit der Polizei bedeuten. Verlangten Pfandleiher den Nachweis, daß er Eigentümer des betreffenden Objekts war? In den besseren Pfandhäusern zweifellos. Diese Möglichkeit schied also aus. Bequemer schien es, auf einem Scheck ihre Unterschrift zu fälschen. Aber das würde sie noch schneller entdecken als den teilweisen Verlust ihres Schmucks. Und in beiden Fällen würde es ebenso riskant wie schwierig sein, einen Geldbetrag von ausreichender Höhe zu bekommen.

Es mußte etwas anderes geben, das leicht zu veräußern war und Geld einbrachte – und dessen Verlust weniger auffällig war oder sich eher vertuschen ließ.

Ihm fiel ein, daß er auch im Auto nach Italien fahren konnte. Inzwischen hatte er sich darüber informiert, wo Poglio lag – in Norditalien an der Adria. Und er konnte Geld sparen, indem er im Auto schlief.

Allerdings lief er dann Gefahr, alles andere als »repräsentativ« zu wirken, wenn es bei irgendwelchen Verhandlungen darauf ankam, eine gute Figur zu machen. Und natürlich würde er trotzdem einiges Geld brauchen, für Benzin, für Mahlzeiten, für so mancherlei.

Ein Gedanke kam ihm: Er konnte Sarah vorlügen, daß er im Auto nach Italien wollte, und den Wagen dann verkaufen. Der Schwindel würde auffliegen, sobald er zurückkehrte – just in dem Augenblick, in dem er Sarahs Vater so dringend als Finanzier für den Ankauf brauchte. Aber er konnte ja behaupten, das Auto sei ihm gestohlen worden.

Das war's, jawohl, das war's. Er konnte behaupten, das Auto sei gestohlen worden – und es verkaufen. Sarah würde die Polizei und die Versicherungsgesellschaft verständigen wollen, aber er konnte ja sagen, das habe er bereits erledigt.

Auf diese Weise würde er die Zeit gewinnen, die er unbedingt brauchte: Die Polizei würde angeblich nach dem gestohlenen Wagen suchen, bei einer Versicherungsgesellschaft dauerte es normalerweise Monate, bevor sie bereit war zu zahlen. Bis Sarah durchschauen konnte, daß alles Schwindel war, würde Julians Reputation auf dem Kunstmarkt etabliert sein.

Er war entschlossen, den Versuch zu wagen. Irgendwo würde sich schon finden, was er suchte: eine Tankstelle oder dergleichen, wo man auch mit Gebrauchtwagen handelte. Er sah auf seine Uhr. 8.30 h. Rasch ging er ins Schlafzimmer, zog sich an, kehrte in die Küche zurück. In einer Schublade fand er das Fahrtenbuch, und die Autoschlüssel waren noch dort, wo er sie in der vergangenen Nacht gelassen hatte.

Fehlte noch irgendeine kleine Geste, um die Sache richtig glaubwürdig zu machen. Er fand einen Zettel und einen ziemlich stumpfen Bleistift und kritzelte für Sarah ein paar Worte auf: »Hab den Wagen genommen. Werde den ganzen Tag fort sein. Geschäftlich. J.«

Er legte den Zettel neben die Kaffeekanne in der Küche und ging dann hinunter zur Garage.

*

Er brauchte über eine Stunde, um durch das West End, die City und über die Mile End Road nach Stratford zu gelangen. Es herrschte starker Verkehr, für den die Straße absolut inadäquat war. Als er die Leytonstone High Road erreichte, fand er eine Menge Plätze voller Gebrauchtwagen.

Er wählte einen besonders großen Platz an einer Ecke. Davor stand ein fast neu wirkender Jaguar, und auf dem Platz selbst sah Julian eine große Anzahl jüngerer Modelle hochwertiger Autos. Julian fuhr durch das offene Tor.

Ein Mann mittleren Alters wusch die Windschutzscheibe eines großen Ford. Er trug einen Lederhut und eine kurze, vorn offenstehende Jacke. Den Putzlappen in der einen und einen Eimer voll Wasser in der anderen Hand, trat er auf Julian zu.

»Sie sind mir ja'n ganz Früher«, sagte er freundlich. Er sprach mit starkem East-End-Akzent.

Julian fragte: »Ist der Boß in der Nähe?«

Das Verhalten des Mannes wurde merklich kühler. »Steht vor Ihnen«, sagte er.

Julian deutete auf den Mercedes. »Was würden Sie mir für diesen Wagen bieten?«

»Tausch?«

»Nein, Bargeld.«

Der Mann betrachtete das Auto, machte eine säuerliche Miene und schüttelte den Kopf. »Unheimlich schwer, diese Dinger an den Mann zu bringen«, sagte er.

»Ist doch ein Prachtauto«, wandte Julian ein.

Der Mann taxierte mit skeptischem Blick. »Wie alt ist er denn – zwei Jahre?«

»Achtzehn Monate.«

Der Autohändler ging langsam um das Auto herum, betrachtete prüfend die Karosserie. Er strich mit der Hand über einen Kratzer an der Tür, beäugte die Kotflügel, befingerte die Reifen.

»Ist ein Prachtauto«, wiederholte Julian.

»Mag schon sein, aber das heißt noch nicht, daß ich's verkaufen kann«, sagte der Mann. Er öffnete die Tür auf der Fahrerseite und setzte sich hinter das Lenkrad.

Julian war wütend. Unglaublich, einfach lächerlich: Natürlich würde der Händler für einen Mercedes mühelos einen Käufer finden. Also würde er ihn auch nehmen. Die Frage war nur: zu welchem Preis.

»Ich möchte Bargeld«, sagte er.

»Bis jetzt hab ich dir nicht mal 'n Hemdknopf dafür geboten, Kumpel«, erwiderte der Händler. Er drehte den Zündschlüssel, und der Motor sprang an. Er schaltete ihn aus, schaltete wieder ein; wiederholte die Prozedur noch etliche Male.

»Sehr niedriger Tachostand«, betonte Julian.

»Stimmt er denn auch?«

»Selbstverständlich.«

Der Mann stieg aus und schloß die Tür. »Also ich weiß nicht recht«, sagte er.

»Wollen Sie ihn denn nicht probefahren?«

»Nee.«

»Wie zum Teufel können Sie wissen, was er wert ist, wenn Sie ihn nicht gefahren haben?« rief Julian aufgebracht.

Der Mann blieb gelassen. »In was für 'ner Branche sind Sie?«

»Ich bin Besitzer einer Kunstgalerie.«

»Na, Schuster, dann bleib mal hübsch bei deinem Leisten – du bei deinen Bildern, ich bei meinen Motoren.«

Julian beherrschte sich mit Mühe: »Nun, machen Sie mir ein Angebot?«

»Na, ich denk, fünfzehnhundert könnt' ich Ihnen geben, weil Sie's sind.«

»Das ist doch lachhaft! Neu muß das Auto so fünf- bis sechstausend gekostet haben!« In den Augen des Händlers blitzte es triumphierend auf, und Julian begriff, daß er sich eine Blöße gegeben hatte: Er kannte den Neupreis des Mercedes nicht, was der Händler natürlich aufmerksam registrierte.

Der Mann fragte: »Ist es denn überhaupt Ihr Wagen? Ich meine, haben Sie das Recht, ihn zu verkaufen?«

»Natürlich.«

»Haben sie das Fahrtenbuch?« Julian zog es hervor und reichte es dem Händler.

Der Händler sagte: »Komischer Name für 'n Mann – Sarah.«

»Das ist meine Frau.« Julian suchte, fand eine Geschäftskarte, zeigte sie dem Mann. »Dies ist mein Name.«

Der Händler nahm die Karte, steckte sie ein. »Wenn ich mal fragen darf – weiß sie, daß Sie das Auto verkaufen?«

Julian fluchte innerlich. Ein Schlitzohr, dieser Kerl – weshalb war er nur so mißtrauisch? Aber nun ja, wenn ein Kunsthändler zum East End kam, um einen fast neuwertigen Mercedes gegen Bargeld zu verkaufen, so lag natürlich die Vermutung nah, daß die Sache nicht ganz astrein war.

Er sagte: »Meine Frau ist vor kurzem gestorben.«

»Na ja, wenn's so ist.« Der Händler glaubte offensichtlich kein Wort. »Nun, ich hab Ihnen ja gesagt, wieviel mir der Wagen wert ist.«

»Für weniger als dreitausend kann ich ihn unmöglich verkaufen«, sagte Julian und gab sich entschlossen.

»Ich sage, sechzehnhundert, das ist mein Höchstgebot.«
Julian begriff, daß die Feilscherei ganz einfach zum Ritual gehörte. »Zwei-fünf«, sagte er.

Der Händler kehrte ihm den Rücken zu und schickte sich an zu gehen.

Julian bekam's mit der Angst. »Also gut«, sagte er. »Zweitausend.«

»Sechzehn-fünfzig, mein allerletztes Wort.«

»In bar?«

»Was sonst?«

Julian seufzte. »Na schön.«

»Kommen Sie ins Büro.«

Julian folgte dem Mann in das alte Ladengebäude an der Hauptstraße. Er setzte sich an einen Schreibtisch und unterschrieb den Vertrag, während der Händler einen alten Stahltresor öffnete und Geld herausnahm. Er zählte eintausendsechshundertfünfzig Pfund auf die Schreibtischplatte, sämtlich in gebrauchten 5-Pfund-Noten.

Als Julian dann ging, übersah er geflissentlich die ihm dargebotene Hand. Der Kerl hatte ihm das Fell über die Ohren gezogen, davon war er fest überzeugt.

Er ging in westlicher Richtung, hielt Ausschau nach einem Taxi. Immerhin hatte er jetzt das Geld. Das war eine Menge für eine Reise. Er hatte das Gefühl, bereits aufgebrochen zu sein.

Er legte sich die Geschichte zurecht, die er Sarah erzählen würde. Er konnte sagen, er sei bei den Dekorateuren gewesen – nein, besser irgend jemand, den sie nicht kannte. Ein Künstler, der in Stepney wohnte. Wie hieß er noch? John Smith oder so ähnlich. Leute mit einem solchen Namen gab es jedenfalls in rauhen Mengen. Er würde Sarah erzählen, er sei bei dem Mann gewesen und währenddessen habe man den Mercedes gestohlen.

Hinter ihm tauchte ein Taxi auf, leer, fuhr vorbei; Julian pfiff und winkte, doch seine Reaktion kam zu spät. Er nahm sich vor, besser aufzupassen.

Ein unangenehmer Gedanke ging ihm durch den Kopf: Vielleicht kam Sarah auf die Idee, während seiner Abwesenheit die Polizei anzurufen. Dann war die Katze aus dem Sack! Er würde ihr eine nicht-existente Polizeistation nennen müssen, bei der er angeblich Anzeige erstattet hatte. Ein Taxi kam ihm entgegen, und er winkte.

Er ließ sich auf den Sitz sacken, streckte die Beine aus und bewegte in seinen Schuhen die von der ungewohnten Lauferei müden Zehen. Also gut, angenommen, Sarah rief Scotland Yard an, wenn sie entdeckte, daß es die von ihm genannte Polizeistation nicht gab. Zweifellos würde sie sehr bald darüber im Bilde sein, daß der Mercedes überhaupt nicht gestohlen worden war.

Die Geschichte kam ihm von Minute zu Minute unsinniger vor. Sarah würde ihn vielleicht beschuldigen, ihr Auto gestohlen zu haben. Konnte ein Mann wegen Diebstahls belangt werden, sofern er die eigene Ehefrau bestohlen hatte? War das nicht juristisch ein Ding der Unmöglichkeit? Allerdings blieb als Delikt dann immer noch die Täuschung der Polizei – oder irgend etwas in der Art.

Das Taxi fuhr Victoria Embankment entlang und dann durch Westminster. Aus Ehestreitigkeiten, überlegte Julian, würde sich die Polizei mit Sicherheit heraushalten. Doch falls Sarah sein Spiel durchschaute, war die Sache auch so schlimm genug. Sie würde ihren Vater sofort ins Bild setzen – was nichts anderes hieß, als daß er bei Lord Cardwell in genau dem Augenblick verspielt haben würde, wo er dessen Geld für den Ankauf des Modiglianis brauchte.

Allmählich begann ihm zu dämmern, auf was für ein waghalsiges Unternehmen er sich da eingelassen hatte. Der Genieblitz vom frühen Morgen entpuppte sich immer mehr als eine Art Schnapsidee.

Das Taxi hielt vor seinem Haus, und Julian bezahlte den Fahrer mit einer der 5-Pfund-Noten von dem Bündel, das er für den Mercedes bekommen hatte. Während er auf die Eingangstür zuging, versuchte er verzweifelt, sich eine bessere Ausrede einfallen zu lassen. Vergeblich.

Leise betrat er das Haus. Es war erst kurz nach elf, Sarah würde noch im Bett liegen. Geräuschlos betrat er das Wohnzimmer und setzte sich, streifte dann die Schuhe von den Füßen und lehnte sich zurück.

Plötzlich krauste er die Stirn. Gleich beim Eintreten hatte er ein leises Geräusch vernommen, jedoch nicht weiter darauf geachtet. Jetzt lauschte er konzentriert, und die Furchen auf seiner Stirn vertieften sich. Was für ein Geräusch war das?

Es war ein Komplex von Geräuschen, und er versuchte sie zu analysieren: das Rascheln von Bettwäsche, das dumpfe Ächzen von Sprungfedern – und Keuchen. All dies kam aus dem Schlafzimmer, und die Erklärung schien auf der Hand zu liegen: Sarah hatte einen Alptraum. Nun gut, er würde sie auf der Stelle wecken, damit sie ... aber dann glaubte er sich zu erinnern, daß er einmal gehört hatte, es sei nicht gut, Träumende plötzlich aus dem Schlaf zu reißen. Nun, für alle Fälle würde er einen kurzen Blick ins Schlafzimmer werfen.

Er stieg die kurze Treppe hinauf. Die Tür zum Schlafzimmer stand offen. Er blickte hinein.

Und blieb wie angewurzelt stehen, starrte mit offenem Mund. Sein Herz hämmerte wild.

Sarah, auf dem Bett, lag auf der Seite, den Kopf weit zurückgebogen, das für gewöhnlich sorgfältig frisierte Haar strähnig klebend im schweißfeuchten Gesicht. Sie lag mit geschlossenen Augen, doch aus ihrem weit geöffneten Mund kam ein dumpfes, tierisches Stöhnen.

Neben ihr lag ein Mann, sein Becken dicht an ihrem, in langsamem, sacht zuckendem Rhythmus; ein stämmiger Mann mit kräftigem, schwarzbehaartem Körper. Sarah hatte ihre Schenkel gleichsam zum offenen Dreieck auseinandergespreizt, und der Mann, der immer tiefer in sie einzudringen schien, murmelte Obszönitäten, die deutlich genug zu verstehen waren.

Auf dem Bett hinter Sarah lag ein zweiter Mann. Er hatte blondes Haar, und sein weißes Gesicht war leicht fleckig. Seine Hüften und Sarahs Hinterteil fügten sich aneinander wie Löffel in einem Besteckkasten. Der Blonde krümmte einen Arm um Sarahs Körper und drückte ihre Brüste, eine nach der anderen.

Nach einer langen Schocksekunde begann es Julian zu dämmern, daß die beiden Männer es gleichzeitig mit Sarah trieben, was nicht zuletzt den sonderbar langsamen wie zuckenden Rhythmus der drei Leiber erklärte. Er starrte entsetzt darauf.

Der Blonde sah ihn und lachte glucksend. »Wir haben Publikum«, sagte er mit hoher Stimme.

Der Mann drehte hastig den Kopf, und beide hörten auf, sich zu bewegen.

Sarah sagte: »Es ist nur mein Mann. Macht weiter, ihr Kerle, bitte.«

Der Dunkelhaarige packte sie bei den Hüften und begann heftiger zu stoßen als zuvor. Alle drei schienen Julians Anwesenheit völlig zu vergessen. »O ja«, sagte Sarah; sagte es wieder und wieder.

Julian wandte sich ab. Er fühlte sich schwach, und ihm war übel; aber da war noch etwas. Seit einer Ewigkeit hatte er nicht mehr jenen Ausdruck der Lust auf Sarahs Gesicht gesehen, und irgendwie erregte ihn das. Allerdings war dies nur ein schwaches und unbehagliches Gefühl.

Er ging ins Wohnzimmer zurück, sackte in einen Sessel. Die drei dort oben machten jetzt mehr Lärm, wie um ihn zu verhöhnen. Er spürte, wie seine Selbstachtung zerbrach.

Das also ist es, was sie braucht, was sie anmacht, dachte er voll Zorn. Daß es zwischen uns nicht mehr klappte, war gar nicht meine Schuld. Luder, verdammtes Luder. Das Gefühl tiefer Demütigung in ihm verwandelte sich in Rachsucht.

Er wollte sie so demütigen, wie sie ihn gedemütigt hatte. Er würde die Welt nicht im unklaren lassen über ihre sexuellen Gelüste. Er würde ...

Gottverdammt noch mal.

Plötzlich waren seine Gedanken wieder klar. Er fühlte sich beschwingt wie nach einem großen Schluck wunderbar kalten Champagners. Sekundenlang saß er bewegungslos, kalkulierte blitzschnell. Die Zeit, die ihm verblieb, war verdammt knapp.

Er öffnete eine verglaste Schranktür, nahm seine Polaroidkamera heraus. Ja, ein Film war drin. Er überprüfte das Blitzlicht, alles in Ordnung. Nun noch Entfernung und Blendenöffnung.

Während er die Treppe hinaufeilte, klangen die Stimmen immer lauter und greller. Einen Augenblick lang wartete er draußen neben der Tür. Sarah gab einen tiefen, kehligen Laut von sich, der nach und nach schriller wurde; fast wie ein langgedehntes kindliches Kreischen. Julian erinnerte sich noch gut an dieses Geräusch: aus jener Zeit, wo er es noch geschafft hatte, in ihr eine solche Erregung zu schüren.

In demselben Augenblick, da Sarahs Kreischen zum gellenden Schrei wurde, trat Julian in das Schlafzimmer und hob die Kamera an sein Auge. Durch den Sucher sah er die drei Leiber in wilder Bewegung, die Gesichter verzerrt. Julian drückte auf den Auslöser, und es blitzte grell; aber die drei auf dem Bett schienen nichts zu bemerken.

Er trat zwei Schritte näher, bewegte dabei den Film weiter. Wieder hob er die Kamera, machte eine zweite Aufnahme. Von der Seite machte er ein drittes Bild.

Eilig verließ er das Schlafzimmer, fand dann unten im Wohnzimmer in einer Schublade einen Umschlag und daneben ein Heftchen mit Briefmarken – genügend, um damit das Kuvert zu frankieren. Dann zog er einen Kugelschreiber aus seiner Tasche.

Wohin sollte er die Fotos schicken? Ein Zettel flatterte zu Boden, den er zusammen mit dem Kugelschreiber aus der Tasche gezogen hatte. Er erkannte ihn wieder. Es war der Fetzen Papier, auf dem er sich Samanthas Adresse notiert hatte. Er hob den Zettel vom Boden auf.

Zunächst schrieb er seinen eigenen Namen auf den Umschlag und ließ dann, nach einem c/o, Samanthas Namen und Anschrift folgen. Den belichteten Film zog er in seiner Papierhülle aus der Kamera, die er sich angeschafft hatte, um Gemälde zu fotografieren. Der Film produzierte »Sofort-Bilder« wie auch Negative; allerdings mußten die Negative bis spätestens acht Minuten nach der Belichtung ins Wasser getaucht werden. Julian ging mit dem Film in die Küche und legte ihn in eine mit Wasser gefüllte Plastikschüssel. Ungeduldig trommelte er mit den Fingern auf den Beckenrand, während sich auf dem Zelluloid schattenhafte Formen abzeichneten.

Während er, noch den nassen Film in der Hand, ins Wohnzimmer zurückging, tauchte oben beim Schlafzimmer plötzlich der Dunkelhaarige auf.

Jetzt blieb Julian keine Zeit mehr, die Bilder in den Umschlag zu stecken. Er rannte zur Haustür und öffnete sie, wurde jedoch im selben Augenblick von dem Dunkelhaarigen eingeholt. Mit aller Wucht schlug er dem Mann die Kamera ins Gesicht und machte einen großen Satz hinaus.

Er jagte die Straße entlang. Der Dunkelhaarige war nackt und konnte ihn nicht verfolgen. Jetzt steckte Julian die Negative in den Umschlag, klebte ihn zu und ließ ihn in einen auf dem Bürgersteig stehenden Briefkasten gleiten.

Er warf einen Blick auf die Abzüge. Sie waren alle sehr klar. Die drei Gesichter waren deutlich zu erkennen, und über das, was das Trio im Bett trieb, konnte niemand im Zweifel sein.

Langsam ging Julian zum Haus zurück. Die Stimmen aus dem Schlafzimmer klangen jetzt zänkisch. Julian knallte laut die Vordertür zu: Sie sollten wissen, daß er wieder da war. Er nahm im Wohnzimmer Platz, betrachtete die Fotos.

Der Dunkelhaarige kam aus dem Schlafzimmer, noch immer nackt. Sarah folgte, in einen Morgenrock gehüllt, und als letzter erschien der Blonde mit dem fleckigen Gesicht, der in einen superknappen Slip geschlüpft war.

Der Dunkelhaarige wischte sich mit dem Handrücken Blut von der Nase. Er blickte auf seine rotverschmierten Fingerknöchel und sagte: »Ich könnte dich umbringen.«

Julian streckte ihm die Fotos entgegen. »Sie sind sehr fotogen«, sagte er spöttisch. In den dunkelbraunen Augen des Mannes blitzte Haß. Er warf einen Blick auf die Bilder.

»Du perverser kleiner Dreckskerl«, sagte er.

Julian lachte laut.

Der Mann fragte: »Was willst du?«

Julian hörte auf zu lachen, sein Gesicht glich jetzt einer harten, höhnischen Maske. Er schrie: »Zieh dir in meinem Haus gefälligst was über, du Knilch!«

Der Mann zögerte. Er stand mit hängenden Armen, die Hände ballend, dann die Finger wieder streckend. Dann drehte er sich um und ging zum Schlafzimmer zurück.

Der andere Mann setzte sich in einen Sessel und hockte dort in einer Art Schneidersitz. Sarah entnahm einem Kästchen eine lange Zigarette und zündete sie mit einem schweren Tischfeuerzeug an. Sie hob die Fotos auf, die der Dunkelhaarige hatte fallen lassen. Die betrachtete sie kurz, riß sie dann in winzige Fetzen, die sie in den Papierkorb warf.

Julian sagte: »Die Negative befinden sich an einem sicheren Ort.«

Schweigen trat ein. Der Blonde schien die Aufregung zu genießen. Schließlich kam der Dunkelhaarige zurück, der jetzt eine Art Safari-Kleidung mit einem Polo-Sweater trug.

Julian sprach zu den beiden Männern. »Ich habe nichts gegen Sie«, sagte er. »Ich weiß nicht, wer Sie sind, und will es auch nicht wissen. Sie haben, was diese Fotos betrifft, nichts zu befürchten. Kommen Sie nie wieder in dieses Haus, das ist alles. Und jetzt verschwinden Sie.«

Der Dunkelhaarige ging sofort. Der andere verschwand im Schlafzimmer. Kaum eine Minute später erschien er wieder – in eleganten Oxford-Hosen und einem kurzen, blousonartigen Jackett.

Nachdem er gegangen war, steckte sich Sarah eine frische Zigarette an. Schließlich sagte sie: »Vermutlich willst du Geld.«

Julian schüttelte den Kopf. »Ich hab's mir bereits genommen«, sagte er. Sarah musterte ihn überrascht.

»Vor all ... diesem?« fragte sie.

»Ich habe dein Auto verkauft«, erklärte er.

Sie zeigte keinen Zorn. In ihren Augen war irgendwie ein sonderbares Licht, das Julian noch nie bei ihr gesehen hatte, und um ihre Mundwinkel spielte ein Lächeln.

»Du hast mein Auto gestohlen«, sagte sie kurz.

»So kann man's nennen. Juristisch gesehen bin ich mir allerdings nicht sicher, ob ein Mann seine Frau bestehlen kann.«

»Und falls ich da was unternehme?«

»Zum Beispiel?«

»Ich könnte meinen Vater fragen.«

»Und ich könnte ihm unsere glücklichen Familien-Schnappschüsse zeigen.«

Sie nickte langsam, mit noch immer undurchdringlicher Miene. »Dacht' ich mir, daß es darauf hinauslaufen würde.« Sie erhob sich. »Ich ziehe mich jetzt an.«

An der Treppe drehte sie sich zu ihm um. »Dein Zettel ... du hattest doch geschrieben, du würdest den ganzen Tag fort sein. Hast du all dies geplant? Wußtest du, was du finden würdest, falls du früher zurückkämst?«

»Nein«, erwiderte er lässig. »Es war, wenn man so will, ein Glücksfall.«

Sie nickte wieder und ging ins Schlafzimmer. Julian folgte ihr nach einem kurzen Augenblick.

»Ich werde für ein paar Tage nach Italien reisen«, sagte er.

»Weshalb denn?« Sie streifte den Morgenrock ab und setzte sich vor ihren Spiegel. Mit einer Bürste strich sie sich übers Haar.

»Geschäftlich.« Julian beobachtete die großen, stolzen Halbkugeln ihrer Brüste. Und unwillkürlich kehrte jenes Erinnerungsbild in sein Gehirn zurück: wie sie mit den beiden Männern auf dem Bett gelegen hatte, den Kopf zurückgebogen, die Augen geschlossen, die Lippen geöffnet in wollüstigem Stöhnen. Sein Blick glitt von ihren breiten Schultern über den Rücken zur schmalen Taille und dann zu jener Einkerbung unterhalb der Wirbelsäule: zwischen den auf dem Schemel ein wenig flachgedrückten Hinterbacken. Er spürte, wie sein Körper auf ihre Nacktheit zu reagieren begann.

Er trat hinter sie, legte seine Hände auf ihre Schultern und betrachtete im Spiegel ihre Brüste. Die Warzenhöfe wirkten noch genauso wie vorhin auf dem Bett, dunkler und größer als sonst. Er ließ seine Hände von ihren Schultern tiefer gleiten, bis die Finger ihre Brüste berührten.

Rauh nahm er sie beim Arm, führte sie zum Bett, wo sie sich setzte. Er drückte gegen ihre Schultern.

Wortlos und ergeben streckte sie sich auf dem Laken aus und schloß die Augen.

9

DUNSFORD LIPSEY WAR bereits wach, als neben seinem Bett das schwarze Telefon läutete. Er hob ab, vernahm das hastige »Guten Morgen« des Nachtportiers und legte wieder auf. Dann erhob er sich und öffnete das Fenster.

Es ging hinaus auf einen Hof mit einer Reihe von Garagen und einer Ziegelmauer. Lipsey drehte den Kopf und sah sich in seinem Hotelzimmer um. Das Mobiliar wirkte eher schäbig, der Teppich war ein wenig abgewetzt, doch der Raum war sauber. Zweifellos hätte Charlie Lampeth, Lipseys Auftraggeber, keinerlei Einwände gehabt, falls Lipsey im besten Hotel von Paris abgestiegen wäre: Aber das entsprach nicht Lipseys Stil.

Er zog seine Pyjamajacke aus, legte sie zusammengefaltet auf das Kissen und ging ins Badezimmer. Während er sich wusch und rasierte, dachte er an Charles Lampeth. Wie alle anderen Klienten nahm auch Lampeth mit Sicherheit an, daß eine kleine Armee von Detektiven für die Agentur arbeitete. In Wirklichkeit war es nur ein halbes Dutzend; und keiner von ihnen hätte diesen Job übernehmen können. Das war zum Teil der Grund dafür, daß Lipsey sich der Sache persönlich angenommen hatte.

Hinzu kam noch Lipseys eigenes Kunstinteresse. Vor allem aber sagte ihm sein Instinkt, daß der Fall sehr interessant werden konnte: Da war ein wild begeistertes Mädchen, da war ein verlorenes Meisterwerk, und da war ein geheimnistuerischer Kunsthändler – zweifellos ließ sich noch viel, viel mehr erwarten. Mit Genuß wollte Lipsey das verworrene Knäuel entwirren. Die Menschen, die in den Fall verwickelt waren; ihre Motive, ihre Gier, ihre kleinen persönlichen Gemeinheiten – über all das würde er schon ziemlich bald im Bilde sein. Benutzen wollte er sein Wissen zwar nur, um das gesuchte Bild zu finden; doch war die Art und Weise, wie er seine Ermittlungen betrieb, für ihn ein Vergnügen ganz eigener Art.

Er wusch sich das Gesicht, spülte seinen Rasierapparat ab und legte ihn ins Etui. Dann rieb er sich etwas Frisiercreme in sein kurzes schwarzes Haar, kämmte es nach hinten, scheitelte es säuberlich.

Er schlüpfte in ein einfaches weißes Hemd, band sich eine marineblaue Krawatte um und zog sich einen prachtvoll gearbeiteten Savile-Row-Anzug an – zweireihig, mit breiten Revers und stark tailliert. Zusammen mit dem Jackett hatte er sich zwei Hosen anfertigen lassen, so daß ihm der Anzug sein Leben lang dienen konnte. Daß er hoffnungslos altmodisch war, wußte er sehr wohl, doch kümmerte ihn das nicht.

Um 7.45 h ging er nach unten, um im Speiseraum zu frühstücken. Der Kellner brachte ihm eine große Tasse mit pechschwarzem Kaffee. Ein wenig Brot, befand er, würde sich mit seiner Diät vertragen; Marmelade schied aus.

»*Vouz avez du fromage, si'l vouz plaît?*« fragte er.

»*Oui, monsieur.*« Der Kellner entfernte sich, um den Käse zu holen. Lipsey sprach Französisch mit starkem Akzent, war jedoch gut zu verstehen.

Er brach ein Brötchen, bestrich es dünn mit Butter. Während er aß, gestattete er seinen Gedanken, sich der Planung für diesen Tag zuzuwenden. Er hatte lediglich drei Dinge: eine Postkarte, eine Adresse und ein Foto von Dee Sleign. Er zog das Foto aus seiner Brieftasche und legte es neben seinen Teller auf das weiße Tischtuch.

Es war ein Amateurfoto, offenbar bei irgendeiner Familienzusammenkunft aufgenommen – Büfett-Tische auf einem Rasenstück im Hintergrund ließen auf eine sommerliche Hochzeit schließen. Das Foto mußte vor vier oder fünf Jahren gemacht worden sein, das verriet der Stil des Kleides, welches das Mädchen trug. Sie lachte, warf gerade ihr Haar über die rechte Schulter zurück. Ihre Zähne waren nicht gut geformt, und ihr geöffneter Mund wirkte eher unattraktiv; dennoch war etwas von einer Persönlichkeit zu spüren, von Fröhlichkeit und – vielleicht – auch Intelligenz. Die Augen wirkten in ihren äußeren Winkeln ein wenig nach unten gezogen – gleichsam im Gegensatz zu asiatischen Augen.

Lipsey holte die Postkarte hervor und legte sie auf das Foto. Das Bild zeigte eine schmale Straße mit hohen Häusern. Im Parterre befanden sich zumeist irgendwelche Läden. Eine Straße ohne besondere Attraktionen, nicht weiter sehenswert – und diese Ansichtskarte konnte man vermutlich nur in der Straße selbst kaufen. Er drehte die Karte um. Die Handschrift des Mädchens entsprach ganz dem Eindruck, den sie auf dem Foto machte. In der linken oberen Ecke sah man den gedruckten Namen der Straße.

Schließlich holte Lipsey sein kleines, orangefarbenes Notizbuch hervor. Die Seiten waren leer – bis auf die erste, auf der er sich in seiner kleinen Handschrift die Pariser Adresse des Mädchens notiert hatte.

Sofort mit ihr Kontakt aufzunehmen erschien ihm überstürzt. Er trank seinen Kaffee aus und zündete sich eine kleine Zigarre an. Im Leben war eine gerade Linie nicht immer die kürzeste Verbindung zwischen zwei Punkten. Zunächst einmal würde er einen anderen Weg einschlagen.

Er gestattete sich einen unhörbaren Seufzer. Jetzt kam der strapaziöse Teil seiner Arbeit. Er würde die Straße auf der Ansichtskarte praktisch Tür für Tür abklappern müssen in der Hoffnung, ein Indiz zu finden, das ihm verriet, aus welchem Grund Dee Sleign an eine Fährte zum verlorenen Modigliani glaubte. Sogar die Nebenstraßen würde er in seine Suche mit einbeziehen müssen. Wenn ihn seine Menschenkenntnis nicht trog, so gehörte das Mädchen zu jenem Typ, der eine so aufregende Entdeckung keine fünf Minuten für sich behalten konnte.

Aber selbst wenn er in diesem Punkt recht haben sollte, so war der Rest doch ein Herumtappen im Dunkeln. Eine Zeitungsmeldung, eine zufällige Bemerkung in einem Gespräch – tausenderlei Dinge konnten für Dee Sleign so etwas wie ein Auslöser gewesen sein. Im Grunde hatte Lipsey nur einen einzigen Anhaltspunkt, der ihn zu der Hoffnung berechtigte, in der bewußten Straße fündig zu werden: Dee Sleign wohnte in einem ganz anderen Teil der Stadt, weshalb also hatte sie eine Ansichtskarte dieser unattraktiven Gegend gekauft, um in ihrer typischen Aufgeregtheit ihre Mitteilung darauf zu kritzeln?

Zweifellos gab es da irgendeinen Zusammenhang. Trotzdem mußte Lipsey damit rechnen, daß er sich die Füße wundlaufen würde, ohne am Ende ein greifbares Ergebnis zu haben.

Aber gekniffen wurde nicht. Er war ein gründlicher Mensch.

*

Als Lipsey den altmodischen Fischladen betrat, hatte er das Gefühl, von dem durchdringenden Geruch überwältigt zu werden.

Der Fischhändler lächelte ihn an. *»M'sieu?«*

Lipsey zeigte dem Mann das Foto von Dee Sleign und fragte ihn in einem überpräzisen Französisch: »Haben Sie dieses Mädchen gesehen?«

Der Mann verengte die Augen, und sein Lächeln gefror zu einer rituellen Grimasse. Seine Miene verriet, daß er Polizei witterte. Er wischte sich seine Hände an seiner Schürze ab, nahm das Bild und kehrte Lipsey den Rücken zu, während er das Bild hochhielt, damit das Licht darauf fiel.

Dann drehte er sich zu Lipsey herum, gab das Foto zurück und zuckte die Achseln. »Tut mir leid, die kenne ich nicht«, sagte er.

Lipsey dankte ihm und verließ den Laden. Sein nächstes Ziel war ein benachbarter, dunkler Hauseingang. Während er die Treppe hinaufstieg, spürte er, daß seine Kreuzschmerzen ärger wurden: Er war seit mehreren Stunden auf den Beinen. Bald würde er irgendwo zu Mittag essen, allerdings auf gar keinen Fall Wein zur Mahlzeit trinken, sonst würden die Nachmittagsstrapazen unerträglich werden.

Der Mann, der auf sein Klopfen die Tür oben öffnete, war sehr alt und kahlköpfig. Auf seinem Gesicht lag ein Lächeln: so, als freue er sich über jeden Besucher, wer immer dieser auch sein mochte.

Hinter dem Mann sah Lipsey an einer Wand eine Anzahl von Gemälden. Und sein Herz machte gleichsam einen Sprung: Allem Anschein nach handelte es sich bei den Bildern um wertvolle Originale. Möglich also, daß er hier an der richtigen Adresse war.

Er sagte: »Bitte entschuldigen Sie die Belästigung, *M'sieu*. Haben Sie schon mal dieses Mädchen gesehen?« Er zeigte das Foto.

Der alte Mann nahm das Bild und trat ein paar Schritte zurück, um das Bild bei günstigem Licht zu betrachten, genau wie der Fischhändler. Über die Schulter sagte er: »Treten Sie nur herein, wenn Sie wollen.«

Lipsey tat es, schloß hinter sich die Tür. Es war ein sehr kleiner Raum, unaufgeräumt und muffig.

»Setzen Sie sich doch bitte«, sagte der Alte. Lipsey folgte der Aufforderung, und der Franzose nahm ihm gegenüber Platz. Er legte das Foto auf den Holztisch, der zwischen beiden stand. »Ich bin mir nicht sicher«, sagte er. »Weshalb wollen Sie's denn wissen?«

Das runzelige, gelbe Gesicht blieb ausdruckslos; trotzdem glaubte Lipsey, sicher sein zu können, daß es dieser Mann gewesen war, der Dee Sleign auf die Fährte des Bildes gesetzt hatte. »Spielt der Grund eine Rolle?« fragte er.

Der alte Mann lachte amüsiert. »Für einen betrogenen Liebhaber sind Sie vermutlich zu alt«, sagte er. »Und Sie unterscheiden sich so sehr von ihr, daß Sie auch kaum Ihr Vater sein dürften. Ich glaube, daß Sie ein Polizist sind.«

Der Alte besaß einen erstaunlich scharfen Verstand. »Wie kommen Sie darauf?« fragte Lipsey. »Hat sie irgend etwas Unrechtes getan?«

»Weiß ich nicht. Und wenn ich's wüßte, würd' ich's bestimmt nicht der Polizei flüstern. Falls sie aber nichts verbrochen hat, braucht sich auch niemand auf ihre Fährte zu setzen.«

»Ich bin Privatdetektiv«, erwiderte Lipsey. »Die Mutter des Mädchens ist gestorben, und das Mädchen ist verschwunden. Ich bin von der Familie engagiert worden, um sie zu finden und ihr die Nachricht zu überbringen.«

Die schwarzen Augen zwinkerten. »Könnte ja sein, daß Sie mir die Wahrheit erzählen«, sagte der Alte.

Lipsey machte sich in seinem inneren Merkbuch eine Notiz. Implizit hatte der Mann zugegeben, daß er mit dem Mädchen nicht in ständiger Verbindung stand: Sonst hätte er ja wissen müssen, daß sie nicht verschwunden war.

Es sei denn, sie ist tatsächlich verschwunden, fuhr es ihm durch den Kopf. Himmelherrgott, die lange Lauferei hatte ihn ermüdet – er konnte nicht klar denken. »Wann haben Sie sie gesehen?«

»Das will und werde ich Ihnen nicht sagen.«

»Es ist äußerst wichtig.«

»Das hab ich mir schon gedacht.«

Lipsey seufzte. Er würde eine rauhere Gangart anschlagen müssen. Es war ihm nicht entgangen, daß es im Zimmer nach Cannabis roch. »Also gut, Alter. Falls Sie mir nichts sagen, werde ich die Polizei darüber informieren müssen, daß in diesem Raum Drogen konsumiert werden.«

Der Alte brach in ein fröhliches Gelächter aus. »Glauben Sie etwa, das wissen die nicht längst?« fragte er. Sein Lachen, wie das Knistern von Papier, klang ab, er begann zu husten. Als er wieder sprach, zwinkerten seine Augen nicht mehr. »Wer sich von einem Bullen durch faule Tricks die Würmer aus der Nase ziehen läßt«, sagte er, »ist ein Idiot. Wer sich von einem Bullen eine Information abpressen läßt, ist ein Lump. Scheren Sie sich raus, Herr Privatdetektiv.«

Lipsey sah, daß er verloren hatte. Er fühlte sich enttäuscht und ein wenig beschämt. Als er hinausging und die Tür hinter sich schloß, hörte er wieder das trockene Husten des Alten.

*

Immerhin ist diese elende Herumtrotterei fürs erste zu Ende, dachte Lipsey. Er saß in einem kleinen Restaurant und genoß, nach einem exzellenten Lunch, die zweite kleine Zigarre des Tages. Das Steak und das Glas Rotwein, das er dazu getrunken hatte, ließen die Welt einen Hauch weniger deprimierend erscheinen. Der Vormittag, er gestand es sich ein, hatte ihn doch ganz schön mitgenommen, und er fragte sich, ob er für den Außendienst inzwischen nicht zu alt war.

Eigentlich hätte er solche Rückschläge seit langem schon stoisch hinnehmen sollen, überlegte er. Schließlich erhielt man immer seine Chance, wenn man nur lange genug wartete. Im Augenblick war er allerdings in einer Sackgasse gelandet. Von zwei erhofften Möglichkeiten blieb ihm nur noch eine – zwangsläufig.

Nicht die Spur des Bildes mußte er aufnehmen, sondern die des Mädchens.

Er tat seine Zigarre in den Aschenbecher, beglich seine Rechnung und verließ das Restaurant.

An der Bordschwelle hielt ein Taxi, und ein junger Mann stieg aus. Während der Mann den Fahrer bezahlte, nahm Lipsey bereits im Taxi Platz. Wieder betrachtete er das junge Gesicht und war sich plötzlich ganz sicher, es schon irgendwo gesehen zu haben.

Er nannte dem Taxifahrer die Adresse, wo Dee Sleign seit Juni wohnen sollte. Während das Taxi sich in Bewegung setzte, grübelte er über das ihm so vertraut erscheinende Gesicht des jungen Mannes nach. Gesichter mit den dazugehörigen Namen zu assoziieren war für Lipsey eine Art Obsession. Gelang es ihm nicht, so überkam ihn fast so etwas wie das Gefühl professionellen Versagens.

Sekundenlang dachte er voller Konzentration nach, dann tauchte aus seiner Erinnerung ein Name empor: Peter Usher. Das war ein erfolgreicher junger Künstler, und zwischen ihm und Charles Lampeth bestand irgendeine Verbindung. Ach, richtig, Lampeths Galerie zeigte seine Bilder. Nun ja, nicht weiter von Belang. Lipsey lächelte zufrieden, der Fall war für ihn erledigt.

Das Taxi setzte ihn vor einem kleinen Wohnblock ab: etwa zehn Jahre alt, nicht gerade imposant. Lipsey ging hinein und beugte seinen Kopf zum Fenster der Concierge.

»Ist in Nummer neun jemand zu Hause?« fragte er mit einem Lächeln.

»Die sind fort«, erwiderte die Frau mürrisch.

»Na, gut«, sagte Lipsey. »Ich bin ein Innenarchitekt aus England, und sie baten mich, mir die Wohnung mit den Augen des Fachmanns anzusehen. Sie sagten mir auch, für den Fall, daß sie nicht anwesend seien, sollte ich Sie um den Schlüssel bitten. Allerdings nahm ich an, sie seien noch da.«

»Ich kann Ihnen den Schlüssel nicht geben. Außerdem dürfen die ohne spezielle Erlaubnis in der Wohnung keinerlei Veränderungen vornehmen.«

»Natürlich!« Lipsey setzte wieder sein Lächeln auf und ließ den Charme des seriösen Herrn mittleren Alters spielen. »Miß Sleign hat mir mit allem Nachdruck eingeschärft, mich an Sie zu wenden und Sie um Ihren Rat und Ihre Meinung zu bitten.« Während er sprach, zog er unauffällig einige Geldscheine aus seiner Börse und tat sie in ein Kuvert. »Sie bat mich, Ihnen dies für Ihre Mühe zu geben.« Er reichte das Kuvert durchs Fenster, wobei er es so zusammenbog, daß die Geldscheine knisterten.

Sie nahm das Schmiergeld. »Sehr lange können Sie sich aber nicht in der Wohnung aufhalten, weil ich die ganze Zeit über bei Ihnen bleiben muß«, sagte sie.

»Natürlich«, lächelte er.

Sie kam aus ihrer Loge hervor und führte ihn die Treppe empor, schnaufend und keuchend, zwischendurch pausierend, die Hände in den schmerzenden Rücken gestützt.

Die Wohnung war nicht sehr groß, und das Mobiliar schien zum Teil vom Trödler zu stammen. Lipsey sah sich im Wohnzimmer um. »Sie sprachen von Emulsionsfarbe für die Wände«, sagte er.

Die Concierge schüttelte sich.

»Ja, ich glaube, Sie haben recht«, sagte Lipsey. »Aber vielleicht eine hübsch geblümte Tapete und einen einfachen dunkelgrünen Teppich.« Er blieb vor einem abscheulichen Sideboard stehen, klopfte mit den Knöcheln dagegen. »Gute Qualität«, sagte er. »Nicht so wie dieser moderne Plunder.« Er zückte sein Notizbuch und kritzelte ein paar sinnlose Zeilen hinein.

»Die haben mir gar nicht erzählt, wo sie hinwollten«, sagte er gesprächsweise. »In den Süden vermutlich.«

»Nach Italien.« Das Gesicht der Frau glich nach wie vor einer strengen Maske, doch genoß sie es offensichtlich, mit ihrem Wissen zu protzen.

»Ah. Rom, vermute ich.«

Die Frau reagierte nicht auf den Köder, und Lipsey nahm an, daß sie es nicht wußte. Er sah sich in den übrigen Räumen um und nahm jede Einzelheit in sich auf, während er mit der Concierge belanglose Floskeln wechselte.

Im Schlafzimmer stand, auf einem niedrigen Nachttisch, ein Telefon. Daneben lag ein Notizblock, auf dem obersten – leeren – Blatt des Notizblocks ein Kugelschreiber. Lipsey sah sich den Block genau an. In das obere leere Blatt waren, deutlich sichtbar, Vertiefungen eingegraben: Druckspuren jener Worte, die auf das Blatt darüber geschrieben worden waren und das irgend jemand abgerissen hatte. Lipsey manövrierte seinen Körper geschickt zwischen den Tisch und die Concierge und ließ den Schreibblock blitzschnell verschwinden.

Nach ein paar Floskeln sagte er zur Concierge: »Madame, Sie waren äußerst liebenswürdig. Ich möchte Sie nicht länger von Ihrer Arbeit abhalten.«

Sie gingen nach unten, wo sie ihn bis zum Ausgang führte. In aller Hast suchte und fand er ein Papiergeschäft, wo er einen weichen Bleistift kaufte. Dann setzte er sich in ein Straßencafé, bestellte Kaffee und holte den gestohlenen Schreibblock hervor.

Sacht strichelte er mit dem Bleistift über die Druckstellen im Papier. Als er fertig war, ließen sich die Worte mühelos lesen. Es handelte sich um die Adresse eines Hotels in Livorno, Italien.

Am Abend des folgenden Tages traf Lipsey in diesem Hotel ein. Es war klein, hatte etwa ein Dutzend Zimmer. Vermutlich war es einmal das Domizil einer großen Mittelklasse-Familie gewesen; jetzt, da die Gegend deutliche Verfallstendenzen zeigte, war es in ein Gasthaus umgemodelt worden – für Leute, die hauptsächlich geschäftlich unterwegs waren.

Lipsey wartete im Wohnzimmer des Familienquartiers, während die Frau ihren Mann aus dem oberen Teil des Hauses holte. Lipsey war reisemüde: von leichten Kopfschmerzen geplagt, sehnte er sich nach einem Abendessen und einem weichen Bett. Am liebsten hätte er sich eine Zigarre angezündet, worauf er jedoch aus Gründen der Höflichkeit verzichtete. Ab und zu warf er einen Blick auf den Fernseher. Man zeigte einen uralten englischen Film, den er an einem Abend in Chippenham gesehen hatte. Der Ton war allerdings abgeschaltet.

Die Frau kehrte mit dem Besitzer zurück, in dessen Mundwinkel eine Zigarette baumelte. Aus einer seiner Taschen ragte der Stiel eines Hammers hervor, und in der Hand hielt er einen Beutel mit Nägeln.

Offenbar war er darüber verärgert, bei der Arbeit gestört worden zu sein. Lipsey half ihm mit einer fetten Trostsumme über seinen Kummer hinweg und begann dann, in unbeholfenem, gebrochenem Italienisch zu sprechen.

»Ich versuche eine junge Dame zu finden, die vor kurzem hier gewohnt hat«, sagte er und zeigte dem Besitzer

Dee Sleigns Foto. »Dies ist die Frau. Erinnern Sie sich an sie?«

Der Mann warf einen kurzen Blick auf das Bild und nickte dann. »Sie war allein«, sagte er, und seine Stimme hatte den mißbilligenden Klang eines gutkatholischen Vaters, der es unerhört findet, wenn junge Mädchen allein in Hotels übernachten.

»Allein?« fragte Lipsey überrascht. Nach den Worten der Concierge in Paris hatte er den Eindruck gehabt, das Pärchen sei zusammen fortgefahren. Er setzte hinzu: »Ich bin ein englischer Detektiv, und ihr Vater hat mich engagiert, damit ich sie finde und zur Heimkehr bewege. Sie ist jünger, als sie aussieht«, fügte er erläuternd hinzu.

Der Besitzer nickte. »Der Mann hat nicht hier gewohnt«, sagte er im Ton biederster Rechtschaffenheit. »Er tauchte auf einmal auf, bezahlte ihre Rechnung und nahm sie mit.«

»Hat sie Ihnen gesagt, was sie hier wollte?«

»Sie wollte sich Gemälde ansehen. Ich sagte ihr, daß ein Großteil unserer Kunstschätze durch die Bombardierungen verlorengegangen ist.« Er schwieg einen Augenblick, grübelte mit gefurchter Stirn. »Sie kaufte einen Reiseführer, denn sie wollte genau wissen, wo Modigliani geboren worden ist.«

»Ah!« Ein leiser Ausruf der Genugtuung von Lipseys Lippen.

»Während sie hier war, meldete sie einen Telefonanruf nach Paris an. Ich glaube, das ist alles, was ich Ihnen sagen kann.«

»Sie wissen nicht, wohin sie gegangen ist?«

»Nein.«

»Wie viele Tage war sie hier?«

»Nur einen einzigen.«

»Hat sie gesagt, wo sie als nächstes hinwollte?«

»Ah! Natürlich«, sagte der Mann. Er sog kräftig, um seine fast erloschene Zigarette wieder zum Glühen zu bringen; schnitt dann eine Grimasse wegen des Tabakgeschmacks. »Sie kamen herein und fragten nach einer Straßenkarte.«

Lipsey beugte sich unwillkürlich vor. Auf einen weiteren Glücksfall zu hoffen, so rasch nach dem ersten, erschien ihm fast tollkühn. »Weiter!« drängte er.

»Lassen Sie mich überlegen. Sie wollten auf der Autostraße nach Florenz, dann über allerlei Landstraßen zur adriatischen Küste – irgendwo in die Nähe von Rimini. Sie erwähnten den Namen eines Dorfes – oh! Jetzt erinnere ich mich. Es war Poglio.«

Lipsey zückte sein Notizbuch. »Buchstabieren Sie bitte.«

Der Besitzer tat es.

Lipsey erhob sich. »Ich bin Ihnen überaus dankbar«, sagte er.

Draußen blieb er auf dem Trottoir stehen, um die warme Abendluft einzuatmen. So bald! dachte er. Und steckte sich vor Freude über so viel Glück eine kleine Zigarre an.

10

DAS RAUCHEN WAR eine ähnliche Sucht wie das Malen: Peter Usher erinnerte sich sehr genau, wie er seinerzeit versucht hatte, das Rauchen aufzugeben. Er empfand eine Gereiztheit, die zwar physischer Natur zu sein schien, jedoch keinen bestimmten Teil seines Körpers betraf. Den Grund dafür kannte er aus Erfahrung: Er hatte mehrere Tage nicht gearbeitet, und ihm fehlte der Geruch eines Ateliers, das Gefühl eines Pinsels zwischen seinen Fingern und der Anblick einer Leinwand, auf der er ein neues Bild begonnen hatte. Er fühlte sich miserabel, weil er mehrere Tage lang nicht gemalt hatte.

Außerdem hatte er Angst.

Jene Idee, die ihm und Mitch gleichzeitig gekommen war an jenem »angeheiterten« Abend in Clapham, hatte inzwischen gleichsam üppig-tropische Formen angenommen. Die Sache schien ja auch einfach genug zu sein: Die beiden Männer wollten ein paar Fälschungen anfertigen, diese für astronomische Summen verkaufen – und den Schwindel dann vor der Welt enthüllen.

Es würde eine gewaltige Ohrfeige sein für das, was sich Kunstwelt nannte, und für ihre verlogenen Repräsentanten; ein Publicity-Stunt sondergleichen; ein radikaler Coup von historischer Bedeutung.

Als sie dann in den darauffolgenden Tagen die Details des Unternehmens auszuarbeiten begannen, folgte der Euphorie die Ernüchterung. Einfach würde es wahrhaftig nicht sein. Andererseits sagten ihnen ihre Überlegungen, daß der Schwindel sehr wohl durchführbar war.

Jetzt allerdings, wo Peter Usher im Begriff stand, hier in Paris den ersten Schritt in Richtung des größten Kunstschwindels dieses Jahrhunderts zu tun, war ihm äußerst mulmig zumute: Er würde die Grenzen zwischen Protest und Verbrechen überqueren. Und so hockte er in einem Büro von Meunier, der berühmten Agentur, und qualmte eine Zigarette nach der anderen, was seine Stimmung jedoch nicht im mindesten hob.

Vielmehr trug seine augenblickliche Umgebung dazu bei, daß sein Unbehagen sich vertiefte. Das schöne alte Gebäude mit seinen Marmorsäulen und seinen Stuckverzierungen war allzu unverkennbar Teil und Symbol jener Sphäre der etablierten Kunstwelt, in die man Leute wie Charles Lampeth mit offenen Armen aufnahm, während man die Peter Ushers zurückstieß. Was Meunier betraf, so hatten die dortigen Agenten rund die Hälfte aller französischen Künstler der letzten hundertfünfzig Jahre unter ihre Fittiche genommen. Kein einziger ihrer Klienten war ein Unbekannter.

Ein kleiner Mann in einem ziemlich abgetragenen dunklen Anzug kam zielstrebig durch den Gang herbeigeeilt und betrat den Raum, in dem Peter saß. Er trug eine angestrengte Miene zur Schau, wollte der Welt offenbar zeigen, wie ungeheuer überarbeitet er war.

»Mein Name ist Durand«, sagte er.

Peter erhob sich. »Peter Usher. Ich bin ein Maler aus London und suche einen Teilzeitjob. Können Sie mir helfen?«

Ein Ausdruck des Unbehagens erschien auf Durands Gesicht. »Es dürfte Ihnen klar sein, Monsieur Usher, daß Bitten dieser Art von vielen jungen Kunststudenten in Paris an uns herangetragen werden.«

»Ich bin kein Student. Ich habe das Salde absolviert ...«

»Wie immer dem sein mag«, unterbrach ihn Durand mit einer ungeduldigen Handbewegung. »Die Firma hat es sich zum Prinzip gemacht, zu helfen, wann immer uns das möglich ist.« Ihm persönlich behagte dieses Prinzip offenbar überhaupt nicht. »Und das hängt völlig davon ab, ob gerade eine Stelle frei ist. Da sich fast unser gesamtes Personal sehr strengen Sicherheitsprüfungen unterziehen muß, kommen für – nun ja – Gelegenheitsarbeiter nur wenige Jobs in Frage. Trotzdem werde ich prüfen, ob wir irgendeine Verwendung für Sie haben. Wenn Sie bitte mitkommen wollen.«

Peter folgte Durand, der mit eiligen Schritten durch den Gang zu einem alten Fahrstuhl ging. Ächzend kam der wacklige Kasten heruntergeglitten und hielt. Sie stiegen ein und fuhren drei Etagen höher.

Dort betraten sie ein kleines Büro, in dem hinter einem Schreibtisch ein rundlicher Mann mit rötlichem Gesicht saß. Durand sprach unheimlich schnell auf ihn ein, und Peter, der mit seinem Schulfranzösisch gewöhnlich ganz gut zurechtkam, verstand kaum ein Wort. Der Beleibte machte einen Vorschlag, Durand schien ihn jedoch zurückzuweisen.

Schließlich blickte er zu Peter: »Ich fürchte, ich muß Sie enttäuschen«, sagte er. »Wir hätten zwar eine freie Stelle, doch zu dem Job gehört auch der Umgang mit Gemälden, und in solchen Fällen verlangen wir Referenzen.«

»Ich kann Ihnen jemanden nennen, bei dem Sie telefonisch eine Referenz einholen können, sofern es Ihnen nichts ausmacht, in London anzurufen.«

Durand lächelte und schüttelte den Kopf. »Es müßte schon jemand sein, den wir kennen, Monsieur Usher.«

»Charles Lampeth? Er ist ein wohlbekannter Kunsthändler und ...«

»Natürlich kennen wir Monsieur Lampeth. Würde er für Sie bürgen?« warf der Beleibte ein.

»Er würde zweifellos bestätigen, daß ich ein Maler und ein ehrlicher Mensch bin. Seine Galerie hat eine Zeitlang meine Bilder betreut.«

Der Mann hinter dem Schreibtisch lächelte. »Wenn das so ist, können wir Ihnen sicher einen Job geben. Kommen Sie doch morgen früh wieder, bis dahin haben wir bestimmt mit London gesprochen ...«

Durand sagte: »Die Kosten für den Anruf werden wir Ihnen vom Lohn abziehen müssen.«

»Ist mir recht«, erwiderte Peter.

Der Dicke nickte. Die Angelegenheit war für ihn erledigt. Durand sagte: »Ich werde Sie hinausbegleiten.« Er gab sich keine Mühe, seine Mißbilligung zu verbergen.

Peters nächster Weg führte ihn in eine Bar, wo er sich einen doppelten – irrsinnig teuren – Whisky bestellte. Lampeths Namen zu nennen war schiere Idiotie gewesen. Nicht daß der Kunsthändler sich weigern würde, für ihn gutzusagen, dafür würde schon sein schlechtes Gewissen sorgen. Doch lief die Sache leider darauf hinaus, daß Lampeth wissen würde, daß Peter um diese Zeit in Paris von Meunier beschäftigt worden war – und dieses Wissen konnte für den Plan tödlich sein. Das war zwar nicht wahrscheinlich, bedeutete aber auf jeden Fall ein zusätzliches Risiko.

Peter kippte seinen Whisky herunter, fluchte leise und bestellte einen zweiten.

*

Am nächsten Morgen trat Peter seinen Job in der Packabteilung an. Er arbeitete unter einem ältlichen Pariser mit einem krummen Rücken, für den der pflegliche Umgang mit Bildern so etwas wie eine Lebensaufgabe war. Den Vormittag verbrachten sie damit, frisch eingetroffene Ware auszupacken, und am Nachmittag verpackten sie Bilder zum Versand, wobei sie als Material Baumwolle, Polystrol, Pappe und Stroh verwendeten. Peter erledigte die schwere Arbeit. Er zog Nägel aus Kistenholz und hob schwere Bilderrahmen; der Alte bereitete für die Bilder das Bett, dabei ging er so sorgfältig vor, als polstere er für ein Neugeborenes eine Wiege aus.

Sie hatten einen vierrädrigen Karren mit aufpumpbaren Reifen. Natürlich wurden auf dem Wagen Bilder transportiert. Die beiden Männer hoben die Gemälde gemeinsam auf den Karren, dann begann Peter zu schieben, während der Alte vorausging, um Türen zu öffnen.

In einer Ecke des Packraums stand ein kleiner Schreibtisch. Als der Alte am Nachmittag für eine Weile auf der Toilette verschwand, durchsuchte Peter sämtliche Schubfächer. Sie enthielten herzlich wenig: die leeren Formulare, die der Alte für jedes Bild ausfüllen mußte, einen Haufen Kugelschreiber, ein paar Büroklammern sowie mehrere leere Zigarettenpäckchen.

Sie arbeiteten sehr langsam, und der Mann erzählte Peter von seinem Leben und von den Bildern. Er sagte, daß ihm die meisten modernen Gemälde mißfielen, ausgenommen ein paar Primitive sowie – überraschenderweise, wie Peter fand – die Super-Realisten. Er besaß einen unakademischen, jedoch keineswegs naiven Kunstverstand: Peter fand seine Art erfrischend. Der Mann war ihm auf Anhieb sympathisch, und der Gedanke daran, daß ja auch er zu den Getäuschten gehören würde, war Peter unangenehm.

Während ihrer Bildertransporte durch das Gebäude sah Peter auf den Schreibtischen massenweise Briefpapier mit dem Briefkopf der Firma. Leider waren immer irgendwelche Leute in der Nähe, und der Alte begleitete ihn ständig. Außerdem genügte Papier mit dem Firmen-Briefkopf nicht.

Erst gegen Ende des zweiten Tages sah Peter dann das, was er hier eigentlich stehlen wollte.

Am späten Nachmittag traf ein Bild von Jan Rep ein, einem ältlichen holländischen Maler, der ihn Paris lebte und wie so viele andere Künstler Klient der alten Agentur war. Reps Werke erzielten riesige Summen, und er malte sehr langsam. Der Alte wurde durch einen Telefonanruf von der Ankunft des Bildes verständigt, und kurz darauf erhielt er die Anweisung, es sofort zum Büro von M. Alain Meunier zu bringen, dem ältesten der drei Brüder, die das Unternehmen leiteten.

Als sie das Bild aus seinem Behältnis hoben, betrachtete es der Alte mit einem Lächeln. »Wunderschön«, sagte er schließlich. »Finden Sie nicht?«

»Mir sagt's nicht zu«, erklärte Peter bedauernd.

Der Alte nickte. »Rep ist ein Maler für alte Männer, glaube ich.«

Sie luden das Bild auf ihren Wagen, fuhren damit durchs Gebäude, dann im Aufzug ein paar Etagen höher und schoben den Wagen schließlich in M. Alain Meuniers Büro. Dort stellten sie das Bild auf einen metallenen Ständer und traten dann zurück.

Alain Meunier war ein grauhaariger, vollwangiger Mann, in seinen kleinen blauen Augen glaubte Peter ein gieriges Glitzern zu entdecken. Er betrachtete das neue

Bild aus einiger Entfernung und trat dann näher heran, um die Pinselführung genauer zu studieren; sodann betrachtete er es von links, danach von rechts.

Peter stand in der Nähe von Meuniers riesigem, hochfeudalem Schreibtisch, auf dem sich drei Telefone befanden, ein kristallener Aschenbecher, ein Zigarrenkästchen, ein Füllfederhalter aus rotem Plastik (vielleicht ein Geschenk der Kinder?), die Fotografie einer Frau – und ein kleiner Gummistempel.

Peters Augen hefteten sich auf den Stempel. Die Gummischicht unten war rot verfleckt, und der Griff oder Stiel war aus feinstem Holz. Peter versuchte, die spiegelschriftartigen Buchstaben zu lesen, konnte mit Sicherheit jedoch nur den Firmennamen entziffern.

Es konnte kaum einen Zweifel geben: Dies war das Objekt, das er haben wollte.

Es juckte ihm in den Fingern. Am liebsten hätte er zugegriffen und sich das Ding in die Tasche gesteckt. Doch er lief Gefahr, dabei gesehen zu werden, und selbst falls ihm die anderen währenddessen gerade den Rücken zukehrten – das Verschwinden des Stempels würde vermutlich gleich darauf entdeckt werden. Es mußte eine bessere Möglichkeit geben.

Als Meunier sprach, zuckte Peter unwillkürlich zusammen. »Sie können's hier lassen«, sagte Meunier, und Peter schob den Karren hinaus und kehrte mit dem Alten zum Packraum zurück.

Während der folgenden beiden Tage grübelte er darüber nach, wie er den Stempel auf Meuniers Schreibtisch unauffällig und risikolos in seinen Besitz bringen könnte. Die Idee fiel ihm sozusagen in den Schoß.

Der Alte saß im Packraum an seinem kleinen Schreibtisch und füllte ein Formular aus, während Peter eine Tasse Kaffee trank. Plötzlich hob der Alte den Kopf und fragte: »Weißt du, wo die Vorräte für Bürobedarf aufbewahrt werden?«

Peter überlegte blitzschnell. »Ja«, log er.

Der Alte reichte ihm einen kleinen Schlüssel. »Hol mir einen Stapel Formulare – sie sind mir fast ausgegangen.«

Peter nahm den Schlüssel und ging hinaus. Auf dem Gang traf er einen Botenjungen, den er nach dem Vorratsraum fragte. Der Junge wies ihn zum tiefer gelegenen Stockwerk.

Er mußte ein Büro voll Stenotypistinnen durchqueren. Hier war er nie zuvor gewesen. Eine der Damen deutete auf eine Art Kammer. Peter öffnete die Tür, knipste das Licht an und trat ein.

Einen Stapel der gewünschten Formulare fand er sofort. Er ließ seinen Blick über die Fächer der Regale gleiten, sah einen Packen voll Schreibpapier, riß ihn auf. Ja, es hatte den bewußten »Firmenkopf«. Er zog dreißig oder vierzig Blatt heraus.

Gummistempel konnte er jedoch nirgends entdecken.

Am anderen Ende des kleinen Raums stand ein grüner Aktenschrank. Die Tür war abgeschlossen. Er öffnete eine Schachtel mit Büroklammern, nahm eine heraus, bog sie zurecht, schob sie ins Türschloß, drehte hin und her. Er begann zu schwitzen. Bald würden sich die Stenotypistinnen fragen, warum er sich so lange in der Kammer aufhielt.

Plötzlich öffnete sich die Schranktür mit einem Klikken, das in seinen Ohren wie ein Kanonenschuß knallte. Das erste, was Peter sah, war eine offene Pappschachtel mit sechs Gummistempeln. Er drehte einen um und entzifferte die Buchstaben.

Und übersetzte für sich: »Geprüft bei Meunier, Paris.«

Er mußte an sich halten, um nicht laut zu jubeln. Wie konnte er das Zeug aus dem Gebäude herausschaffen?

Der Stempel und das »offizielle« Papier würden zusammen ein Päckchen ergeben, das groß genug war, um aufzufallen, wenn er später, an den Sicherheitsleuten vorbei, das Gebäude verlassen wollte. Außerdem würde er es bis Feierabend auch vor dem Alten versteckt halten müssen.

Plötzlich hatte er so etwas wie einen Genieblitz. Er zog sein Taschenmesser hervor, klappte es auf und schob die Klinge unter die untere Gummischicht des Stempels; bewegte das Messer hin und her, damit sich der Gummi von dem Holz löste, auf dem er klebte. Seine Hände waren vor lauter Schweiß so glitschig, daß ihm das Holz immer wieder wegzurutschen drohte.

»Können Sie finden, was Sie suchen?« fragte hinter ihm eine weibliche Stimme.

Er erstarrte. »Danke, hab jetzt alles«, sagte er, ohne sich umzudrehen. Die Schritte entfernten sich.

Endlich löste sich der Gummi mit den Buchstaben vom Holzteil des Stempels. In einem Regalfach fand Peter ein großes Kuvert. Er steckte das Schreibpapier und die dünne Gummischeibe hinein. Dann schrieb er mit einem Kugelschreiber Mitchs Namen und Adresse auf den Umschlag. Er schloß die Tür des Aktenschranks, nahm seine Formulare und war dabei, die Kammer zu verlassen, als ihm die verbogene Büroklammer einfiel. Er ging zurück, fand sie auf dem Fußboden und steckte sie in die Tasche.

Mit einem freundlichen Lächeln verließ er das Büro. Statt jedoch sofort zu dem Alten zurückzugehen, wanderte er in den Gängen umher, bis er einen weiteren Botenjungen traf.

»Kannst du mir sagen, zu welcher Stelle ich dies bringen muß?« fragte er. »Es ist Luftpost.«

»Das werde ich für dich erledigen«, sagte der Bote hilfsbereit. Er warf einen Blick auf den Umschlag.

»Da müßte Luftpost draufstehen«, sagte er.

»Ach, du meine Güte.«

»Keine Sorge – ich kümmere mich schon drum«, sagte der Junge.

»Vielen Dank.« Peter ging zum Packraum zurück.

Der Alte sagte: »Hast aber lange gebraucht.«
»Hab mich verirrt«, erklärte Peter.

*

Drei Tage später erhielt Peter am Abend in seiner billigen Unterkunft einen Anruf aus London.
»Es ist angekommen«, sagte Mitchs Stimme.
»Na, Gott sei Dank«, erwiderte Peter. »Morgen bin ich wieder zu Hause.«
Als Peter ankam, saß Mad Mitch auf dem Fußboden des Ateliers, den Kopf mit dem wirren rötlichen Haar gegen die Wand gelehnt. An der gegenüberliegenden Wand standen, wie nebeneinander aufgereiht, drei von Peters Bildern. Mitch studierte sie aufmerksam, die Stirn in tiefen Falten, in der Hand eine Dose Bier.
Peter ließ seine Reisetasche auf den Boden fallen und stellte sich neben Mitch.
»Weißt du«, sagte Mitch, »wenn es einen gibt, der es verdient, vom Malen leben zu können, dann bist du das.«
»Danke. Wo ist Anne?«
»Einkaufen.« Mitch raffte sich hoch und trat an einen farbenverschmierten Tisch. Er nahm einen Umschlag in die Hand, den Peter sofort wiedererkannte. »Clevere Idee, den Gummi vom Rest des Stempels abzutrennen«, sagte er. »Aber wieso mußtest du's per Post schicken?«
»Weil's keine andere sichere Möglichkeit gab, das Zeug aus dem Haus herauszuschmuggeln.«
»Soll das heißen, daß die Firma selbst das Zeug zur Post gebracht hat?«
Peter nickte.
»Guter Gott, hoffentlich hat niemand den Namen auf dem Umschlag bemerkt. Hast du womöglich noch weitere Anhaltspunkte hinterlassen?«
»Ja.« Peter nahm Mitch die Bierdose aus der Hand und trank ausgiebig. Dann wischte er sich mit dem Unterarm

über die Lippen und gab Mitch die Dose zurück. »Ich mußte Charles Lampeths Namen nennen, als Referenz.«

»Haben die nachgeprüft?«

»Glaub' schon. Jedenfalls wollten sie den Namen von jemandem haben, den sie kannten und anrufen konnten.«

Mitch setzte sich auf den Rand des Tisches und kratzte sich den Bauch. »Ist dir doch wohl klar, daß du eine Spur hinterlassen hast wie eine Dampfwalze?«

»So schlimm ist es nun auch wieder nicht. Es bedeutet, daß man unserer Spur folgen kann, falls genügend Zeit bleibt. Doch selbst dann könnten sie uns noch lange nichts beweisen. Der entscheidende Punkt ist: Man darf uns nicht auf den Trichter kommen, bevor wir fertig sind. Schließlich brauchen wir ja nur noch ein paar Tage.«

»Falls alles nach Plan geht.«

Peter drehte sich zur Seite und setzte sich auf einen niedrigen Schemel. »Wie ist es bei dir gelaufen?«

»Großartig.« Mitchs Miene hellte sich plötzlich auf. »Ich hab Arnaz herumgekriegt – er wird uns finanzieren.«

»Was ist für ihn drin?« fragte Peter neugierig.

»Der Riesenjux – er hat Sinn für Humor.«

»Erzähl mir von ihm.«

Mitch trank die Bierdose aus und warf sie zielsicher in einen Abfallkorb. »Er ist so Mitte dreißig, halb Ire und halb Mexikaner, in den USA aufgewachsen. Fing mit neunzehn Jahren an, im Mittelwesten Originalgemälde zu verkaufen, wobei ein Laster gleichzeitig sein Laden war. Verdiente einen Haufen Geld, machte eine Galerie auf, brachte sich als Autodidakt selbst eine Menge über Kunst bei. Kam nach Europa, um hier Käufe zu machen. Es gefiel ihm, und so blieb er. Jetzt hat er seine Galerien verkauft. Er ist nur noch so eine Art interkontinentaler Kunstunternehmer – kauft und verkauft, macht viel Kohle und lacht sich ins Fäustchen. Ist ein Schlitzohr, wenn auch nicht von der schlimmsten Sorte, und was die Kunstszene betrifft, so sind seine Gefühle die gleichen wie unsere.«

»Wieviel Geld hat er denn rausgerückt?«

»Eintausend Pfund. Aber wir können mehr haben, falls wir was brauchen.«

Peter stieß einen Pfiff aus. »Netter Kerl. Was hast du sonst noch organisiert?«

»Ich habe für uns ein Bankkonto eingerichtet – unter falschen Namen.«

»Unter was für Namen?«

»George Hollows und Philip Cox. Kollegen von mir vom College. Wegen der Referenzen habe ich den Principal und den College-Secretary angegeben.«

»Ist das nicht gefährlich?«

»Nein. Am College gibt's über fünfzig Dozenten, und die Verbindung mit mir ist ziemlich dünn. Die Bank wird sich schriftlich an die Bürgen gewandt haben, um anzufragen, ob Hollows und Cox tatsächlich Dozenten sind und unter den angegebenen Adressen wohnen. Die Antwort wird natürlich ›ja‹ lauten.«

»Und falls die Bürgen dies Hollows oder Cox gegenüber erwähnen?«

»Sie werden sie gar nicht zu Gesicht bekommen. Der normale Betrieb geht erst in vier Wochen wieder los, und ich weiß zufällig, daß die Gentlemen miteinander keinen gesellschaftlichen Umgang pflegen.«

Peter lächelte. »Gute Arbeit.« Er hörte, wie die Haustür aufging und Anne rief. »Hier oben!« rief er zurück.

Sie kam herein und küßte ihn. »Wenn mich mein Eindruck nicht täuscht, scheint der Start ja gut geklappt zu haben«, sagte sie, ein erregtes Glänzen in den Augen.

»Gut genug«, erwiderte Peter. Er blickte zu Mitch. »Der nächste Schritt wäre nun wohl die Grand Tour, oder?«

»Ja. Und dafür bist du zuständig, glaube ich.«

Anne sagte: »Falls ihr zwei mich nicht braucht, das Baby braucht mich.« Sie verschwand.

»Wieso ich?« fragte Peter.

»Anne und ich dürfen vor dem Liefertag nicht in den Galerien gesehen werden.«

Peter nickte. »Das stimmt.«

»Ich habe hier die zehn Spitzengalerien aufgelistet. Die kannst du alle an einem einzigen Tag besuchen. Du siehst dir genau an, was sie haben. Wenn wir ihnen ein Bild anbieten, sollten wir vorher sicher sein, daß es eins ist, wonach sie sich sämtliche zehn Finger lecken.«

»So weit, so gut. Außerdem muß es sich um einen Maler handeln, den man leicht fälschen kann. Selbstverständlich muß er tot sein, so viele Bilder gemalt haben, daß sie kaum zu zählen sind und es nirgends ein vollständiges Verzeichnis davon gibt. Wir werden keine Meisterstücke kopieren – wir werden unsere eigenen malen. Finde für jede Galerie einen solchen Maler heraus, mach dir eine Notiz und suche dann die nächste auf.«

»Ja – und wir müssen auch jeden Maler ausschließen, der eine besondere Art von Material benutzt hat. Weißt du, es wäre alles viel leichter, wenn wir uns auf Aquarelle und Zeichnungen beschränken würden.«

»Damit können wir aber niemals jene Summen erzielen, die wir brauchen, um den Coup zu landen.«

»Mit was für einer Summe rechnest du insgesamt?«

»Wenn's weniger werden sollte als eine halbe Million, wäre ich enttäuscht.«

Durch die geöffneten Fenster des Ateliers trug die warme Augustluft ferne Verkehrsgeräusche herein. Lange arbeiteten die drei Erwachsenen in völliger Stille, und nur das zufriedene Glucksen des Babys im Laufställchen in der Mitte des Ateliers war ab und zu zu hören.

Das Baby hieß Vibeke und war ein Jahr alt. Normalerweise tat es alles, um die Aufmerksamkeit der anwesenden Erwachsenen auf sich zu lenken; doch spielte es an diesem Tag mit einem neuen Spielzeug, einer Plastikschachtel. Es hatte entdeckt, daß der Deckel manchmal paßte – und manchmal nicht; jetzt versuchte es, den Grund dafür herauszufinden.

Seine Mutter saß in der Nähe an einem Tisch und schrieb mit einem Füllfederhalter in gestochener Schrift auf ein Blatt mit dem Meunier-Firmenkopf. Die Tischplatte war mit aufgeschlagenen Büchern bedeckt: teuren Kunstbildbänden, voluminösen Nachschlagewerken, Paperbacks voll gelehrter Essays. Dann und wann schob Anne beim angestrengten Nachdenken ihre Zungenspitze ein Stück zwischen den Lippen hervor.

Mitch trat jetzt zwei Schritte von seiner Staffelei zurück und gab einen langen Seufzer von sich. Er arbeitete an einem ziemlich großen kubistischen Picasso mit Stierkampfmotiv; eines aus jener Serie von Bildern, die zu dem gewaltigen Gemälde *Guernica* geführt hatten. Auf dem Fußboden neben seiner Staffelei lag eine Skizze, die er jetzt genau betrachtete. Er hob die rechte Hand und wiederholte mehrmals eine bestimmte Bewegung: Er »malte« eine Linie in die Luft, bis er glaubte, sie richtig erfaßt zu haben; dann führte er sie mit raschem, entschlossenem Strich auf der Leinwand aus.

Anne hatte den Seufzer gehört. Sie hob den Kopf, blickte zuerst zu Mitch, dann zur Leinwand. »Mitch, es ist brillant«, sagte sie.

Er lächelte dankbar.

»Im Ernst, könnte das jeder machen?« fragte sie.

»Nein«, erwiderte er langsam. »Dazu gehört ein spezielles Talent. Fälschen, das ist für einen bildenden Künstler so etwas Ähnliches wie die Fähigkeit zur Mimikry bei einem Schauspieler. Einige der größten Schauspieler sind schlechte Mimen, soll heißen, Darsteller. Ist halt so eine Gabe, die nicht jeder hat.«

Peter sagte: »Wie kommst du mit den Expertisen voran?«

»Mit dem Braque und dem Munch bin ich fertig, und den Picasso schließe ich gerade ab«, erwiderte Anne. »Was für eine Entstehungsgeschichte soll Van Gogh kriegen?«

Peter arbeitete an einer Neufassung des Bildes, das er während der »Wett-Malerei« mit Mitch entworfen hatte. In seiner Nähe lag ein aufgeschlagenes Buch mit Farbtafeln, in dem er häufig blätterte. Die Farben auf seiner Leinwand hatten dunkle Tonwerte, und die Linien wirkten schwer. Der Körper des Totengräbers hatte etwas Kraftvolles, dennoch sah man ihm seine Erschöpfung an.

»Seiner ganzen Art nach müßte dieses Bild zwischen 1880 und 1886 gemalt worden sein«, erklärte Peter. »Während seiner holländischen Periode. Damals hätte es wohl kaum jemand gekauft. Schreibe, es hätte sich jahrelang in seinem Besitz befunden – oder nein: im Besitz des Bruders Theo. Dann wäre es von einem Sammler in Brüssel erworben worden – und in den 60er Jahren bei einem Händler aufgetaucht. Den Rest kannst du dazudichten.«

»Soll ich den Namen eines Kunsthändlers verwenden?«

»Warum eigentlich nicht? Aber nimm irgendeinen obskuren – einen deutschen vielleicht.«

»Hm.« Wieder wurde es im Atelier still, die drei Erwachsenen konzentrierten sich auf ihre Arbeit. Nach einer Weile nahm Mitch seine Leinwand von der Staffelei und begann ein neues Bild, einen Munch diesmal. Er grundierte die gesamte Fläche mit einem fahlen Grauton, um jenes norwegische Licht zu erzeugen, welches so viele von Munchs Bildern gleichsam durchdrang. Ab und zu schloß er die Augen und versuchte, sich innerlich zu lösen von dem warmen englischen Sonnenschein hier im Atelier. Er suggerierte sich das Gefühl von Kälte, was ihm so gut gelang, daß er zu frösteln begann.

Ein dreimaliges lautes Klopfen an der Haustür erfolgte.

Peter, Mitch und Anne tauschten überraschte Blicke. Anne stand von ihrem Tisch auf und trat ans Fenster. Als sie sich zu den Männern umdrehte, war ihr Gesicht weiß.

»Es ist ein Polizist«, sagte sie.

Die Männer starrten sich ungläubig an.

»Geh zur Tür, Peter«, sagte Mitch schließlich. »Und du, Anne, verstecke die Expertisen, das Briefpapier und den Stempel. Ich werde unsere Bilder mit der Vorderseite zur Wand drehen. Also los!«

Langsam stieg Peter die Treppe hinunter, und sein Herz klopfte ihm bis zum Halse. Die Sache erschien im plötzlich paradox – unmöglich konnte die Polizei schon hinter ihnen her sein. Er öffnete die Eingangstür.

Der Polizist war ein hochgewachsener junger Constable mit kurzgestutztem Haar und spärlichem Schnurrbart. Er fragte: »Ist das Ihr Auto dort draußen, Sir?«

»Ja – ich meine, nein«, stotterte Peter. »Welches denn?«

»Der blaue Mini, dessen Seitenwände bemalt sind.«

»Ach, der – der gehört einem Freund, der gerade bei uns zu Besuch ist.«

»Vielleicht würden Sie ihm freundlicherweise sagen, daß er die Scheinwerfer angelassen hat«, sagte der Bobby. »Guten Tag, Sir.« Er wandte sich zum Gehen.

»Oh! Vielen Dank!« sagte Peter.

Er kehrte ins Atelier zurück. Anne und Mitch blickten ihm angstvoll entgegen.

Peter erklärte: »Er hat mich gebeten, dir zu sagen, daß du deine Scheinwerfer angelassen hast, Mitch.«

Für einen Augenblick herrschte perplexes Schweigen. Dann brachen alle drei in lautes, befreites Gelächter aus.

Vibeke, in ihrem Laufställchen, hob bei dem plötzlichen Lärm den Kopf. Doch ihr verblüffter Gesichtsausdruck löste sich in einem Lächeln, und dann stimmte sie enthusiastisch in das Gelächter ein, als verstünde sie den Witz ganz genau.

TEIL DREI

Figuren im Vordergrund

11

DAS HOTEL IN Rimini war ein himmelwärts ragender Betonklotz, bot seinen Gästen jedoch immerhin ein englisches Frühstück: Eier, Speck und ein Kännchen Tee. Zum Glück sah Lipsey dieses sogenannte *english breakfast* auf dem Tisch eines anderen Gastes, während er durch den Speisesaal ging. Das Ei hatte das Aussehen von angemaltem Gips, und auf dem Speck entdeckte Lipsey einen verdächtigen grünlichen Schimmer. Er nahm Platz und bestellte Brötchen und Kaffee.

Er war gestern erst sehr spät angekommen und hatte mit dem Hotel eine schlechte Wahl getroffen. Noch immer fühlte er sich ziemlich müde. Im Foyer hatte er die *Sun* gekauft – die einzige verfügbare englische Zeitung. Er blätterte darin, während er auf sein Frühstück wartete, und seufzte verärgert: Die *Sun* war alles andere als ein Blatt nach seinem Geschmack.

Der Kaffee machte ihn ein wenig munterer; allerdings wäre ein richtiges Frühstück – so wie er es sich zu Hause zubereitete – natürlich besser gewesen. Während er sein Brötchen mit Butter bestrich, lauschte er auf die Stimmen ringsum und unterschied verschiedene englische Dialekte: Liverpool, London, Yorkshire. Auch ein oder zwei deutsche Stimmen hörte er, jedoch keine französischen oder italienischen. Die Italiener waren gescheit genug, um den Hotels fernzubleiben, die sie für Touristen gebaut hatten; und kein Franzose, der bei Verstand war, reiste im Urlaub nach Italien.

Er beendete sein Frühstück und reservierte sich seine geliebte Zigarre für später. Bei einem englischsprechenden Hotelbediensteten erkundigte er sich nach dem nächstgelegenen Autoverleih.

Die Italiener waren fieberhaft dabei, Rimini in eine Kopie von Southend zu verwandeln. Es gab Fish-and-Chips-Restaurants, imitierte Pubs, Hamburger-Bars und Souvenirgeschäfte, wohin man auch blickte. Außer bereits stehenden Häusern schien es nur Bauplätze zu geben. In den Straßen drängten sich bereits Urlauber; die älteren Herren in Bermudahemden, ihre Frauen in geblümten Kleidern, während die jüngeren unverheirateten Pärchen weitgeschnittene Jeans trugen und lange Embassy-Zigaretten qualmten, vermutlich zollfrei eingekauft.

Im Büro des Autoverleihs gönnte er sich dann seine Zigarre, während ein paar Angestellte lange Formulare ausfüllten und seinen Paß sowie seinen internationalen Führerschein prüften. Sie bedauerten, ihm so kurzfristig nur einen großen Fiat in Hellgrün metallic zur Verfügung stellen zu können. Die Miete für das Auto stellte sich als ziemlich teuer heraus, aber als Lipsey den Fiat dann fuhr, waren ihm der leistungsstarke Motor und der Komfort gerade recht.

Er kehrte zu seinem Hotel zurück und fuhr im Lift hinauf zu seinem Zimmer. Aufmerksam betrachtete er sich im Spiegel. In seinem englischen Anzug und den Schnürstiefeln ähnlichen Schuhen sah man ihm, so fürchtete er jedenfalls, schon auf den ersten Blick den Detektiv an. Er holte seine Kleinbildkamera aus seinem Gepäck und hängte sie sich um den Hals. Dann schob er den getönten Sonnenschutz über die Gläser seiner Brille und betrachtete sich erneut im Spiegel. Er sah jetzt aus wie ein deutscher Tourist.

Bevor er losfuhr, studierte er die Straßenkarten, welche die Leute vom Autoverleih vorsorglich in das Handschuhfach getan hatten. Poglio lag gut 30 Kilometer entfernt, und zwar nicht direkt an der Küste, sondern etliche Kilometer landeinwärts.

Er ließ Rimini hinter sich und folgte einer schmalen, zweispurigen Landstraße. Bei dem ruhigen Tempo von rund achtzig Stundenkilometern genoß er die Fahrt, während durch das geöffnete Fenster die frische Luft hereinströmte und draußen die flache, nicht gerade üppige Landschaft vorüberglitt.

Je mehr er sich Poglio näherte, desto schmaler wurde die Straße. Schließlich mußte er sogar ganz dicht an den Rand fahren, um einen entgegenkommenden Traktor vorbeizulassen. Kurz darauf hielt er an einer Gabelung und winkte einem Feldarbeiter in einem T-Shirt, der statt eines Gürtels ein Stück Schnur um seine Hose trug. In stockendem Italienisch fragte Lipsey den Mann nach dem richtigen Weg. Die Antwort des Arbeiters verstand er zwar nicht, doch prägte er sich genau die Gesten des Mannes ein: eine durchaus nützliche Pantomime.

Als er das Dorf erreichte, verriet ihm nichts, daß dies Poglio war. Die kleinen weißgetünchten Häuser waren unregelmäßig verstreut; einige standen zwanzig Meter von der Straße entfernt, andere drängten ganz dicht heran: Vermutlich waren sie bereits gebaut worden, bevor es hier überhaupt so etwas wie eine deutlich abgegrenzte Straße gab. Dort, wo sich das Zentrum des Ortes zu befinden schien, bog die Straße um eine Ansammlung von Häusern herum, die sich wechselseitig stützten. Ein Coca-Cola-Schild an einem der Häuser kennzeichnete es als die Dorf-Bar.

Er fuhr durch das Dorf hindurch und befand sich im Handumdrehen wieder mitten im freien Land. Auf der schmalen Straße gelang ihm ein schwieriges Wendemanöver, und während der Rückfahrt bemerkte er noch eine weitere Straße in westlicher Richtung. Drei Straßen führen zu diesem Nest, dachte er, wirklich erstaunlich.

Wieder hielt er, diesmal neben einer alten Frau, die einen Korb trug. Sie war ganz in Schwarz gekleidet, und ihr runzliges Gesicht war bleich, so als hätte sie es ihr Leben lang sorgfältig vor der Sonne geschützt.

»Ist dies Poglio?« fragte Lipsey.

Sie zog eine Art Haube oder Kapuze ein Stück aus dem Gesicht und musterte ihn mißtrauisch. »Ja«, sagte sie. Und ging weiter.

Lipsey parkte bei der Bar. Es war jetzt kurz nach zehn, und der Morgen fing an heiß zu werden. Auf den Stufen vor der Bar saß ein alter Mann, einen Strohhut auf dem Kopf, einen Spazierstock quer über den Knien; offensichtlich fühlte er sich im Schatten recht wohl.

Lipsey lächelte, sagte ihm guten Morgen und ging dann an ihm vorbei in die Bar. Sie war ziemlich dunkel und roch nach Pfeifentabak. Es gab zwei Tische, einige Stühle und eine kleine Theke mit einem Hocker davor. Der kleine Raum war leer.

Lipsey setzte sich auf den Hocker und rief: »Irgend jemand da?« Aus dem hinteren Teil des Hauses, dem Familienbereich wahrscheinlich, kamen Geräusche. Er zündete sich eine Zigarre an und wartete.

Schließlich trat durch einen Vorhang bei der Theke ein junger Mann mit am Hals offenem Hemd herein. Mit einem kurzen, klugen Blick taxierte er das Erscheinungsbild, das Lipsey bot: Kleidung, Kamera, getönte Brille. Er lächelte: »Guten Morgen, Sir«, sagte er.

»Ich möchte ein kaltes Bier, bitte.«

Der junge Mann öffnete einen kleinen Kühlschrank und nahm eine Flasche heraus. Dann füllte er ein Glas.

Lipsey nahm sein Portemonnaie heraus, um zu bezahlen. Als er es öffnete, fiel das Foto von Dee Sleign heraus; landete zuerst auf dem Tresen, flatterte dann auf den Fußboden. Der junge Mann hob das Bild auf. »Ein hübsches Mädchen«, bemerkte er.

Lipsey lächelte und reichte ihm einen Geldschein. Der junge Mann gab heraus und verschwand dann wieder im hinteren Teil des Hauses. Lipsey schlürfte sein Bier.

Allem Anschein nach war Miß Sleign, ob nun mit oder ohne ihren Boyfriend, noch nicht in Poglio eingetroffen.

Das schien nur natürlich. Lipsey hatte sich beeilt, die beiden höchstwahrscheinlich nicht. Schließlich ahnten sie ja nicht, daß noch jemand hinter dem Modigliani her war.

Wieder gestand er sich ein, daß er es vorgezogen haben würde, direkt der Fährte des Bildes zu folgen statt jener des Mädchens. Aber was half's? Er wußte nicht, weshalb sie nach Poglio wollte. Vielleicht hatte man ihr gesagt, das Bild befinde sich hier; oder es gebe hier jemanden, der ihr sagen könne, wo es sei; oder sonst irgend etwas in der Art.

Er trank sein Bier aus und beschloß, sich im Dorf umzusehen. Als er die Bar verließ, saß der alte Mann noch immer auf den Stufen. Sonst war niemand zu sehen.

Was den Ort selbst betraf, so gab es auch dort herzlich wenig zu sehen. Eine Art Krämerladen, eine winzige Renaissancekirche, vermutlich aus dem 17. Jahrhundert, als Poglio seine Blütezeit erlebt haben mochte. Es gab keine Polizeiwache, offenbar überhaupt keinerlei Behördensitz, auch keinen Gemeindesaal. Langsam wanderte Lipsey in der Hitze umher und vertrieb sich die Zeit damit, vom Zustand der Gebäude und ähnlichen Faktoren auf die wirtschaftliche Lage des Dorfes zu schließen.

Eine Stunde später hatte er das Spiel in allen Varianten durchgespielt, über seinen nächsten Schritt war er sich jedoch noch immer nicht im klaren. Als er zur Bar zurückkehrte, entdeckte er, daß ihm die Ereignisse wieder einmal die Entscheidung abgenommen hatten.

Vor der Bar, ganz in der Nähe der Stufen, wo noch immer der alte Mann im Schatten saß, stand ein hellblaues Mercedes-Coupé mit offenem Sonnendach.

Lipsey betrachtete das Auto und überlegte. Zweifellos gehörte es Miß Sleign oder ihrem Freund oder beiden. Hier im Dorf besaß garantiert niemand ein solches Auto – und was wohl hätte andere Besucher hierherführen sollen? Andererseits hatte er, Lipsey, bisher den Eindruck gehabt, daß weder Miß Sleign noch ihr Freund in Geld schwammen. Soviel hatte ihm die Wohnung in Paris auf jeden

Fall verraten. Allerdings konnte es auch sein, daß die beiden sozusagen »auf Boheme machten«.

Nun, wenn er ein genaueres Bild gewinnen wollte, mußte er noch einmal in die Bar. Und das tat er denn auch. Er stieg die Stufen hoch und stieß die Tür auf.

Das Paar saß an einem der beiden Tische, vor sich zwei Gläser mit eisgekühlten Drinks. Beide waren identisch gekleidet: ausgebeulte, gebleichte Jeans und knallrote Westen. Das Mädchen wirkte attraktiv, und der Mann sah außergewöhnlich gut aus. Im übrigen war er wesentlich älter, als Lipsey vermutet hatte – etwa Ende Dreißig.

Beide musterten Lipsey so eindringlich, als hätten sie ihn erwartet. Er nickte ihnen beiläufig zu und trat dann zur Bar.

»Noch ein Bier, Sir?« fragte der junge Barmann.

»Bitte.«

Der Barmann sprach zu Miß Sleign: »Dies ist der Gentleman, von dem ich Ihnen erzählt habe«, sagte er.

Lipsey drehte den Kopf und hob die Augenbrauen, wie in amüsierter Neugier.

Das Mädchen fragte: »Haben Sie ein Bild von mir in Ihrer Brieftasche?«

Lipsey lachte vergnügt. Auf englisch sagte er: »Dieser Mann glaubt, daß alle englischen Mädchen gleich aussehen. Allerdings ähneln Sie in der Tat ein wenig meiner Tochter. Es ist jedoch nur eine oberflächliche Ähnlichkeit.«

Ihr Begleiter fragte: »Dürften wir das Bild sehen?« Er hatte eine tiefe Stimme und sprach mit nordamerikanischem Akzent.

»Natürlich.« Lipsey zog seine Brieftasche hervor, suchte darin. »Ach, es muß wohl im Auto sein.« Er bezahlte sein Bier und sagte dann: »Ich darf Sie beide doch zu einem Drink einladen?«

»Danke«, sagte Miß Sleign. »Campari, für uns beide.«

Lipsey wartete, bis der Barmann die Drinks gebracht und auf den Tisch gestellt hatte. Dann sagte er: »Ist irgendwie sonderbar, hier draußen in der Wildnis englische Touristen zu treffen. Sind Sie aus London?«

»Wir leben in Paris«, sagte das Mädchen, das mitteilsamer schien als der Mann.

Ihr Begleiter sagte: »Ist wirklich sonderbar. Was führt Sie hierher?«

Lipsey lächelte. »Ich bin so eine Art Einzelgänger«, sagte er in einem beinahe schuldbewußten Ton. »Wenn ich Urlaub mache, dann weiche ich gern von ausgefahrenen Routen ab. Ich setze mich einfach ins Auto und folge meiner Nase, bis ich irgendwo Lust bekomme zu halten.«

»Wo ist denn Ihr Hotel?«

»In Rimini. Und was ist mit Ihnen – streifen Sie auch so gern herum?«

Das Mädchen wollte etwas sagen, aber der Mann kam ihr zuvor. »Wir befinden uns auf einer Art Schatzsuche«, sagte er.

Lipsey dankte seinen Sternen für die Naivität dieses Menschen. »Wie faszinierend«, sagte er. »Und was für einen Schatz glauben Sie finden zu können?«

»Ein wertvolles Gemälde, hoffen wir.«

»Ist es hier, in Poglio?«

»Beinahe. Knapp zehn Kilometer weiter, jene Straße entlang«, er deutete in südliche Richtung, »befindet sich ein Château. Wir glauben, daß es dort ist. Nach einer kleinen Pause werden wir uns dorthin aufmachen.«

Lipsey lächelte ein wenig herablassend. »So etwas macht einen Urlaub jedenfalls aufregend – ein bißchen ungewöhnlich –, selbst wenn die Suche erfolglos bleiben sollte.«

»Da ist was Wahres dran.«

Lipsey leerte sein Bierglas. »Was mich betrifft, so habe ich von Poglio genug gesehen. Ich fahre weiter.«

»Ich würde Ihnen gern ein Bier spendieren.«

»Nein, danke. Ich bin ja mit dem Auto hier und habe noch einen langen, heißen Tag vor mir.« Er stand auf. »War mir ein Vergnügen, Sie kennenzulernen. Goodbye.«

Im Fiat war es schauderhaft heiß, und Lipsey bedauerte es, den Wagen nicht im Schatten geparkt zu haben. Er kurbelte das Fenster nach unten und fuhr los; ließ sich vom Fahrtwind kühlen. Er war zufrieden: Das Paar hatte ihm nicht nur einen Anhaltspunkt gegeben, sondern auch noch die Chance, einen Vorsprung zu gewinnen. Zum erstenmal seit Beginn der Arbeit an dem Fall hatte er das Gefühl, die Sache im Griff zu haben.

Er nahm die südliche Straße, in deren Richtung der Amerikaner gedeutet hatte. Bald war er in eine Staubwolke gehüllt. Er schloß das Fenster und stellte die Klimaanlage auf volle Stärke. Als es im Wagen wieder kühl war, hielt er an, um seine Karten zu studieren.

Eine dieser Karten, in sehr großem Maßstab, verriet ihm, daß es weiter südwärts tatsächlich ein Château gab. Allerdings schien es nicht nur zehn Kilometer, sondern gut doppelt so weit entfernt zu sein. Trotzdem war es durchaus vorstellbar, daß es postalisch zu Poglio gehörte. Es lag ein wenig abseits der Hauptstraße – falls man diese überhaupt so nennen konnte.

Er brauchte für die Fahrt eine halbe Stunde, wegen des schlechten Zustandes der Straßen sowie der fehlenden Wegweiser; aber als er das Gebäude dann sah, war er sich seiner Sache sicher. Es handelte sich um ein großes Haus, das offenbar aus der gleichen Zeit stammte wie die Kirche in Poglio. Es besaß drei Etagen, und an den Flanken der Fassade gab es Türme wie im Märchen. An manchen Stellen sah man bröckliges Mauerwerk, und die Fenster wirkten ungeputzt. Ganz in der Nähe war ein ehemaliger Stall in eine Garage umgebaut worden, und durch das offene Tor erblickte Lipsey einen Rasenmäher mit Benzinmotor und einen uralten Citroën-Kombi.

Er hielt vor der Einfahrt zum Grundstück, stieg aus und ging zu Fuß zum Haus. Auf dem Weg wucherte Unkraut, und je näher er kam, desto verfallener sah das Gebäude aus.

Während er die Fassade betrachtete, schwang eine Tür auf, und eine ältliche Frau kam auf ihn zu.

»Guten Morgen«, sagte er auf italienisch.

Ihr graues Haar wirkte gepflegt, sie war elegant gekleidet, und ihr Gesicht zeigte Spuren einstiger Schönheit. Lipsey machte eine leichte Verbeugung.

»Ich bitte um Nachsicht für mein Eindringen«, sagte er.

»Sie brauchen sich nicht zu entschuldigen.« Sie sprach jetzt englisch. »Wie kann ich Ihnen helfen?«

Angesichts ihrer vornehmen Erscheinung war er sich über die einzuschlagende Taktik im klaren. »Ich wüßte gern, ob es wohl erlaubt ist, dieses schöne Haus in Ruhe von außen zu betrachten.«

»Aber natürlich.« Die Frau lächelte. »Wie angenehm, jemanden zu treffen, der sich dafür interessiert. Ich bin die Contessa di Lanza.« Sie reichte ihm die Hand, die er beflissen schüttelte, während er gleichzeitig die Erfolgschancen seines Besuchs taxierte: zirka 90 Prozent.

»Dunsford Lipsey, Contessa.«

Sie führte ihn zur Seite des Hauses. »Erbaut wurde es im ersten Viertel des 17. Jahrhunderts, als die Familie die Ländereien rundum erhielt als Lohn für irgendwelche Kriegsdienste. Das war jene Zeit, in der sich die Architektur der Renaissance schließlich auch auf dem Land verbreitete.«

»Ah. Dann ist es etwa um die gleiche Zeit erbaut worden wie die Kirche in Poglio.«

Sie nickte. »Interessieren Sie sich für Architektur, Mr. Lipsey?«

»Ich interessiere mich für Schönheit, Contessa.«

Er sah, daß sie ein Lächeln unterdrückte. Vermutlich fand sie, daß dieser so steif und formell wirkende Engländer einen exzentrischen Charme besaß – und diesen Eindruck wollte er auf sie machen.

Sie erzählte ihm von dem Haus, als wiederhole sie eine altvertraute Geschichte; deutete hier auf eine Stelle, wo die Maurer eine andere Sorte Steine hatten verwenden müssen, zeigte da und dort, wo im 18. Jahrhundert sowie im 19. – im kleineren Westflügel – neue Fenster hinzugefügt worden waren.

»Natürlich gehört uns der Bezirk heute nicht mehr, und das Land, das wir noch besitzen, ist ziemlich karg. Wie Sie selbst sehen können, ist hier allzuviel reparaturbedürftig.« Sie sah ihn an und lächelte selbstironisch. »Contessas gibt's in Italien wie Sand am Meer, Mr. Lipsey.«

»Aber nicht alle sind aus so alter Familie wie Sie.«

»Das stimmt allerdings. Die neueren Aristokraten sind Geschäftsleute und Industrielle. Ihre Familien haben keine Zeit gehabt, sich mit ererbtem Geld an ein angenehmes Leben zu gewöhnen.«

Sie hatten ihren Rundgang um das Haus beendet und standen jetzt am Fuß eines der Türme mit Schatten. Lipsey sagte: »Man kann auch mit verdientem Geld ein angenehmes Leben führen, Contessa. Ich beispielsweise kann, fürchte ich, von mir kaum behaupten, daß ich für meinen Lebensunterhalt sehr hart arbeite.«

»Darf ich Sie fragen, was Sie tun?«

»Ich habe ein Antiquitätengeschäft in London. Es befindet sich in der Cromwell Road – Sie müssen es bei Ihrem nächsten England-Aufenthalt besuchen. Ich selbst bin nur selten dort.«

»Hätten Sie nicht Lust, sich das Haus auch von innen anzusehen?«

»Nun, falls es nicht zuviel Mühe macht ...«

»Nicht im geringsten.« Die Contessa führte ihn durch die Eingangstür. Lipsey fühlte ein Kribbeln im Nacken, wie stets gegen Ende eines Falles. Er hatte Präzisionsarbeit geleistet: hatte bei der Contessa den Eindruck erweckt, er sei womöglich daran interessiert, etwas von ihr zu kaufen. Sie ihrerseits brauchte zweifellos sehr dringend bares Geld.

Während sie ihn durch die Räume führte, glitten seine scharfen Augen blitzschnell über die Wände. Gemälde gab es in großer Zahl, hauptsächlich Ölgemälde einstiger Grafen sowie Landschaftsaquarelle. Die Möbel waren alt, aber nicht antik. Manche Zimmer rochen buchstäblich unbenutzt: ein sonderbares Aroma – eine Mischung aus Mottenkugeln und Verfall.

Sie führte ihn die Treppe hinauf, und er begriff, daß sich dort oben auf dem Podest das Kern- und Prunkstück des Hauses befand. Das Zentrum bildete die Marmorstatue eines Zentauren und eines Mädchens in sinnlicher Umarmung. Die Teppiche auf dem auf Hochglanz polierten Fußboden waren weder schäbig noch abgewetzt, und an den Wänden rundum hingen Gemälde.

»Dies ist unsere bescheidene Kunstsammlung«, sagte die Contessa. »Wir hätten sie schon vor langer Zeit verkaufen sollen, doch mochte sich mein inzwischen verstorbener Mann nicht von ihr trennen. Und ich meinerseits hab's dann immer wieder hinausgeschoben.«

Dies war, mehr oder minder unverhohlen, das Verkaufsangebot der alten Dame, direkter würde sie sich dazu kaum äußern. Und so ließ Lipsey die Maske seines rein beiläufigen Interesses fallen und begann, die Bilder sehr sorgfältig zu betrachten.

Er sah sich jedes einzelne aus einiger Entfernung an, wobei er die Augen verengte und nach Anzeichen des Modigliani-Stils Ausschau hielt: die länglichen Gesichter, jene so charakteristische Nase, die er Frauen fast ausnahmslos gab, der Einfluß afrikanischer Skulptur, die eigentümliche Asymmetrie. Dann trat er näher und studierte die Signatur. Außerdem prüfte er, ob die Rahmen der Bilder erneuert worden waren. Aus seiner Innentasche zog er eine Stabtaschenlampe, deren starkes Licht ihm dabei half, nach verräterischen Spuren von Übermalung zu suchen.

Bei manchen Bildern genügte ein kurzer Blick; andere erforderten eine eingehende Untersuchung. Geduldig sah die Contessa zu, während er von einer Wand zur anderen ging. Schließlich wandte er sich zu ihr herum.

»Sie besitzen einige schöne Bilder, Contessa«, sagte er.

Rasch zeigte sie ihm den Rest des Hauses, als wüßten beide, daß es sich nur um eine Formalität handelte.

Als sie wieder zum Podest gelangten, blieb sie stehen. »Darf ich Ihnen eine Tasse Kaffee anbieten?«

»Danke, ja.«

Sie gingen nach unten in einen Salon, und die Contessa entschuldigte sich, um in die Küche zu gehen und für Kaffee zu sorgen. Lipsey biß sich auf die Lippen, während er wartete. Es führte kein Weg drumherum: Nicht ein einziges der Gemälde war mehr als ein paar hundert Pfund wert, und ganz gewiß gab's keine Modiglianis im Haus.

Die Contessa kehrte zurück. »Rauchen Sie nur, falls Sie mögen«, sagte sie.

»Danke. Das werde ich tun.« Lipsey zündete sich eine Zigarre an. Dann zog er eine Karte hervor: Sie trug nur seinen Namen, seine Geschäftsadresse und Telefonnummer – jedoch keinen Hinweis auf sein Gewerbe. »Darf ich Ihnen meine Adresse geben?« fragte er. »Falls Sie sich entschließen sollten, Ihre Kunstsammlung zu verkaufen – ich habe in London ein paar Bekannte, die das sicher gern wüßten.«

Ein Ausdruck von Enttäuschung huschte über das noch immer hübsche Gesicht der Contessa, als sie begriff, daß Lipsey nicht kaufen wollte.

»Das ist Ihre vollständige Sammlung, wie ich annehme?« fragte er.

»Ja.«

»Keine Bilder, die im Keller oder auf dem Dachboden lagern könnten?«

»Ich fürchte, nein.«

Der Bedienstete kam mit Kaffee auf einem Tablett, und die Contessa schenkte ein. Sie stellte Lipsey Fragen über London und die neue Mode und die neuen Geschäfte und Restaurants. Er antwortete, so gut er es vermochte.

Nach genau zehn Minuten müßiger Konversation leerte er seine Kaffeetasse und erhob sich. »Sie waren überaus liebenswürdig, Contessa. Bitte lassen Sie doch von sich hören, wenn Sie das nächste Mal in London sind.«

»Ich habe Ihre Gesellschaft sehr genossen, Mr. Lipsey.« Sie begleitete ihn zum Ausgang.

Er ging rasch zum geparkten Fiat, stieg ein und wendete; im Rückspiegel sah er die Contessa, die noch in der Eingangstür stand und ihm nachsah, während er davonfuhr.

Er war sehr enttäuscht. Die ganze Sache schien umsonst gewesen zu sein. Falls es im Château jemals einen Modigliani gegeben haben sollte, so befand er sich jetzt jedenfalls nicht mehr dort.

Allerdings gab es noch eine Möglichkeit, und zwar jene, die er schon längst hätte in Betracht ziehen sollen. Miß Sleigns Freund, dieser Amerikaner, hatte ihn vielleicht absichtlich auf eine falsche Fährte gesetzt.

Konnte der Mann ihn, Lipsey, verdächtigt haben? Nun, die Möglichkeit bestand, und Lipsey war immer dafür, sämtliche Möglichkeiten systematisch durchzugehen. Mit einem leisen Seufzer faßte er den Entschluß, dem Paar auf der Spur zu bleiben, bis er sicher sein konnte, daß auch die beiden aufgegeben hatten. Allerdings wußte er nicht recht, wie er das bewerkstelligen sollte. Schließlich konnte er sich nicht einfach auf ihre Spur setzen, wie er das in einer Stadt getan haben würde. Gab es eine andere Möglichkeit, als – einen unverdächtigen Abstand wahrend – die Leute nach diesen beiden Fremdlingen zu fragen?

Für die Rückfahrt nach Poglio wählte er eine etwas andere Route; er wollte zu der dritten Straße, die zum Dorf führte, vom Westen her. Ein, zwei Kilometer vor Poglio bemerkte er am Straßenrand ein Haus mit einer Bierreklame im Fenster. Draußen stand ein kleiner, eiserner Rundtisch. Sah aus wie eine Bar.

Lipsey war hungrig, und Durst hatte er auch. Er bog von der Straße in den Parkplatz bei der Kneipe ein und hielt.

12

M IKE, DU UNVERSCHÄMTER Lügner!« rief Dee. Ihre Augen weiteten sich in gespieltem Entsetzen.

Seine vollen Lippen verzogen sich zu einem Grinsen, doch seine Augen lächelten nicht. »Skrupel kann man sich nicht leisten, wenn man's mit so einem Typ zu tun hat.«

»Wieso Typ? War doch ein ziemlich netter Kerl, fand ich. Wenn auch ein bißchen fad.«

Mike nippte an seinem fünften Campari und steckte sich eine frische Zigarette an. Er rauchte lange Pall Malls ohne Filter, und vermutlich war das die Ursache für seine Reibeisen-Stimme. Er blies den Rauch von sich und sagte: »Daß der zur gleichen Zeit hier war wie wir, war ein gigantischer Zufall. Ich meine, hierher kommt niemand, nicht mal ein umherstreunender Einzelgänger. Aber das mit dem Bild, das paßte genau. All das Gequatsche über seine Tochter war blitzschnell improvisiert. Er war auf der Suche nach dir.«

»Dacht' ich mir doch, daß du das sagen würdest.« Dee nahm seine Zigarette, sog daran, gab sie zurück.

»Bist du sicher, daß du ihn noch nie gesehen hast?«

»Bin ich.«

»Na schön. Jetzt überleg mal: Wer könnte von dem Modigliani gewußt haben?«

»Du glaubst, das steckt dahinter? Daß noch jemand hinter dem Bild her ist? Klingt ziemlich melodramatisch.«

»Melodramatisch? – Von wegen. Hör zu, Schätzchen, in der Kunstwelt verbreitet sich so was wie eine Lustseuche in New York City. Also, wem hast du davon erzählt?«

»Nun, Claire vermutlich.«

»Hast du nach Hause geschrieben?«

»O Gott, ja. Ich habe Sammy geschrieben.«

»Wer ist das?«

»Die Schauspielerin – Samantha Winacre.«

»Von der habe ich gehört. Ich wußte nicht, daß du sie kennst.«

»Ich seh' sie nicht oft, aber wenn wir zusammen sind, kommen wir gut miteinander aus. Wir waren zusammen auf der Schule. Sie ist zwar älter als ich, war aber auf der Schule so was wie ein Nachzügler. Hatte wohl was damit zu tun, daß ihr Vater um die Welt reist oder so.«

»Ist sie ein Kunstfreak?«

»Nicht daß ich wüßte. Aber in ihrem Freundeskreis gibt's sicher Kunstliebhaber.«

»Sonst noch jemand?«

»Ja.« Dee zögerte.

»Raus mit der Sprache.«

»Onkel Charlie.«

»Der Händler?«

Dee nickte wortlos.

»Heiliger Strohsack.« Mike seufzte. »Dann liegt die Sache ja klar auf der Hand.«

Dee war schockiert. »Und du glaubst wirklich, Onkel Charles würde versuchen, mein Bild zu finden, bevor ich es finden kann?«

»Er ist doch Händler, oder? Und für einen solchen Fund würde er alles tun, sogar seine eigene Mutter verkaufen.«

»So ein Mistkerl. Jedenfalls hast du diesen Typ ganz schön in die Irre geschickt.«

»Da wird er für eine Weile beschäftigt sein.«

Dee grinste. »Gibt es zehn Kilometer südlich von hier ein Château?«

»Teufel, keine Ahnung. Aber früher oder später wird er garantiert eins finden. Und eine Menge Zeit damit vergeuden, hineinzukommen und nach Modiglianis zu suchen.« Mike erhob sich. »Was uns die Chance gibt, ihn ein gehöriges Ende abzuhängen.«

Er bezahlte, und beide traten hinaus in die Sonnenhelle. Dee sagte: »Am besten fangen wir mit der Kirche an. Vikare wissen immer alles über alle.«

»In Italien gibt's keine Vikare, sondern Priester, Pfarrer«, korrigierte Mike. Er war katholisch erzogen worden.

Hand in Hand gingen sie die Hauptstraße entlang. In der drückenden Hitze bewegten sie sich nur langsam und sprachen wenig.

Sie erreichten die hübsche kleine Kirche und standen dort etliche Minuten im Schatten, wo sie die Kühle genossen. Mike fragte: »Hast du schon darüber nachgedacht, was du mit dem Bild tun wirst, falls du es findest?«

»Ja, ich habe viel darüber nachgedacht«, erwiderte sie und zog die Brauen so stark zusammen, daß sich an der Nasenwurzel eine tiefe Falte eingrub, ein für sie typischer Gesichtsausdruck. »Zunächst einmal möchte ich's ausgiebig studieren. Auf die Weise krieg' ich bestimmt genügend Ideen für die halbe Doktorarbeit – den Rest stopf' ich dann mit hübschen Füllseln aus. Aber ...«

»Aber was?«

»Sag du mir: aber was?«

»Das Geld.«

»Verdammt richtig. Hoppla!« bremste sie sich, als ihr bewußt wurde, daß sie hier auf dem Kirchhof fluchte.

»Davon steckt eine Menge drin.«

»Geld? Ich weiß.« Sie warf ihr Haar zurück. »Ich versuch' mir auch gar nicht vorzumachen, ich wär an Geld nicht interessiert. Aber vielleicht könnten wir es jemandem verkaufen, bei dem ich es jederzeit sehen könnte – einem Museum vielleicht.«

Mike sagte ruhig: »Mir ist aufgefallen, daß du ›wir‹ gesagt hast.«

»Natürlich! Du bist doch mit mir in dieser Sache drin!«

Er legte seine Hände auf ihre Schultern. »Du hast mich eben erst dazu eingeladen.« Er küßte sie rasch auf die Lippen. »Du hast dir gerade einen Agenten zugelegt. Ich glaube, du hast eine sehr gute Wahl getroffen.«

Sie lachte. »Wie, meinst du, sollte ich vorgehen, um's auf den Markt zu bringen?«

»Da bin ich mir nicht sicher. Ich hab' zwar schon ein paar Ideen, aber noch nichts Endgültiges. Laß uns erst mal das Gemälde finden.«

Sie betraten die Kirche und schauten sich um. Dee schlüpfte aus ihren Sandalen und genoß unter ihren erhitzten Füßen die Kühle des Steinfußbodens. Am anderen Ende des Kirchenschiffs vollzog ein einzelner Priester irgendeine Zeremonie. Dee und Mike warteten schweigend, bis er damit fertig war.

Schließlich näherte der Priester sich ihnen, ein Willkommenslächeln auf seinem breiten Bauerngesicht.

Dee murmelte: »Ich frage mich, ob Sie uns vielleicht helfen können, Hochwürden.«

Als er vor ihnen stand, sahen sie, daß er keineswegs so jung war, wie ihn sein bubenhaft-kurzer Haarschnitt von fern hatte aussehen lassen. »Hoffentlich«, sagte er. Er sprach mit normaler Lautstärke, doch in der leeren Kirche dröhnte seine Stimme. »Vermutlich geht es um weltliche Dinge, obschon mir das Gegenteil lieber wäre. Habe ich recht?«

Dee nickte.

»Dann lassen Sie uns nach draußen gehen.« Er nahm Dee und Mike bei den Ellbogen und schob sie sacht zur Tür. Draußen blickte er zum Himmel empor. »Dem Herrn sei gedankt für den wunderschönen Sonnenschein«, sagte er. »Allerdings würde ich mich mit einem Teint wie dem Ihren vorsehen, meine Liebe. Was kann ich für Sie tun?«

»Wir versuchen der Spur eines Mannes zu folgen«, begann Dee. »Sein Name war Danielli. Er war ein Rabbi aus Livorno, und wir glauben, daß er um 1920 nach Poglio gezogen ist. Er war krank und nicht mehr jung, und so ist er wohl bald darauf gestorben.«

Der Priester dachte kurz nach und schüttelte den Kopf. »Ich habe den Namen noch nie gehört. Auf jeden Fall war das vor meiner Zeit – ich war 1920 noch nicht geboren. Und wenn er Jude war, dürfte er kaum ein kirchliches

Begräbnis erhalten haben, so daß wir auch keinerlei Urkunden besitzen.«

»Sie haben auch nie jemanden von ihm sprechen hören?«

»Nein. Und mit Sicherheit gibt es in Poglio keine Danielli-Familie. Allerdings gibt es im Dorf andere mit weiter zurückreichenden Erinnerungen. Und in einem solch kleinen Ort kann sich auch niemand vor anderen verbergen.« Er musterte beide, schien einen Augenblick zu zögern, fragte dann: »Wer hat Ihnen gesagt, er sei hierhergekommen?«

»Ein anderer Rabbi – in Livorno.« Plötzlich begriff Dee, daß den Priester brennende Neugier erfüllte: Er wollte unbedingt wissen, warum sie an dem Mann interessiert waren.

Er zögerte wieder, fragte dann: »Sind Sie mit ihm verwandt?«

»Nein.« Dee sah zu Mike, der sofort nickte. »An sich versuchen wir ein Bild aufzuspüren, von dem wir glauben, daß es sich in seinem Besitz befand.«

»Ach so.« Der Priester war zufrieden. »Nun, Poglio ist kaum der Ort, wo man damit rechnen kann, ein Meisterwerk zu finden; doch wünsche ich Ihnen Glück.« Er schüttelte ihnen die Hände, ging dann in seine Kirche zurück.

Das Paar schlenderte wieder in Richtung Dorf. »Ein netter Mann«, sagte Dee träge.

»Und eine nette Kirche, Dee, werden wir in einer Kirche heiraten?«

Sie blieb abrupt stehen und sah ihn an. »Heiraten?«

»Willst du mich denn nicht heiraten?«

»Du hast mich eben erst aufgefordert – aber ich glaube, du hast eine sehr gute Wahl getroffen.«

Er lachte und zuckte verlegen die Achseln. »Ist mir halt irgendwie rausgerutscht«, sagte er.

Dee küßte ihn zärtlich. »Das hatte so einen gewissen jungenhaften Charme«, sagte sie.

»Nun, da ich dich schon mal gefragt habe ...«

»Mike, wenn irgendeiner in Frage kommt – bist du's.

Aber ich weiß noch nicht, ob ich überhaupt heiraten möchte.«

»Das hat so einen gewissen mädchenhaften Charme«, sagte er. »Eins beide.«

Sie nahm seine Hand, und sie gingen weiter. »Wie wär's mit etwas weniger hochgespannten Zielen?«

»Zum Beispiel?«

»Du könntest mich doch fragen, ob ich bereit wäre, mit dir ein paar Jahre lang zusammenzuleben, um zu sehen, wie's läuft.«

»Damit du deine Lust an mir stillen kannst, um mich dann praktisch mittellos sitzenzulassen.«

»Ja.«

Diesmal war er es, der stehenblieb. »Dee, wir machen immer über alles unsere Witze. Damit unser emotionales Verhältnis auch ja schön auf Sparflamme bleibt. Aus eben diesem Grund reden wir über eine gemeinsame Zukunft zu einem verrückten Zeitpunkt wie diesem. Aber ich liebe dich, und ich möchte, daß du mit mir zusammenlebst.«

»Ist ja bloß alles wegen meinem Bild, nicht?«

»Fängst du schon wieder an?«

Ihr Gesicht wurde sehr ernst. Sie sagte ruhig: »Ja, Mike, ich möchte mit dir zusammenleben.«

Er schlang seine langen Arme um sie und küßte sie, diesmal ganz langsam, auf den Mund. Eine Dörflerin kam vorbei und kehrte ihr Gesicht ab von der skandalösen Szene. Dee flüsterte: »Dafür könnte man uns hier verhaften.«

Sie setzten ihren Weg mit noch langsameren Schritten fort, eng umschlungen, und Dee fragte: »Wo werden wir wohnen?«

Mike musterte sie verblüfft. »Was gibt's an der South Street auszusetzen?«

»Das ist eine miese Junggesellenhöhle.«

»Quatsch. Es ist groß und liegt direkt im Zentrum von Mayfair.«

Sie lächelte. »Ich wußte, daß du nicht viel darüber nachgedacht hattest, Mike. Aber ich will mit dir zusammen sozusagen ein eigenes Heim gründen und nicht bloß zu dir in deine Wohnung ziehen.«

»Hm.« Er sah nachdenklich aus.

»Die Wohnung ist voller Schmutz, müßte total renoviert werden, und die Küche ist der reinste Graus. Was die Einrichtung betrifft – also Sammelsurium ist noch geschmeichelt –«

»Und was hättest du gern? Ein Luxusapartment mit drei Schlafzimmern? Oder ein Stadthaus in Ealing? Oder ein Herrenhaus in Surrey?«

»Etwas Helles und Geräumiges mit Blick auf einen Park, aber in der Nähe des Zentrums.«

»So ein dunkles Gefühl sagt mir, daß du da ganz bestimmte Vorstellungen hast.«

»Ja – Regent's Park.«

Mike lachte. »Teufel noch mal, seit wann planst du das alles schon?«

»Wußtest du etwa nicht, daß ich ein ganz berechnendes Biest bin?« Sie hob den Kopf und lächelte ihm in die Augen, und er küßte sie wieder.

»Sollst du haben«, sagte er. »Ein neues Heim – kannst es dir ganz nach deinem Geschmack einrichten, wenn wir wieder in der Stadt sind –«

»Langsam mit den jungen Pferden! Wir wissen ja nicht mal, ob dort überhaupt ein Apartment frei ist.«

»Wir werden uns eins besorgen.«

Sie blieben im Auto sitzen und lehnten sich gegen die Seitenwand. Dee kehrte ihr Gesicht der Sonne zu. »Wie lange ist es her, daß du dich entschlossen hast – in diesem Punkt?«

»Ich glaube, ich habe mich in diesem Sinn gar nicht entschlossen. Es hat sich ganz einfach in mir entwickelt – ich meine, der Gedanke, mein Leben mit dir zu verbringen. Als es mir bewußt wurde, war es längst zu spät, daran noch was zu ändern.«

»Komisch.«

»Wieso?«

»Bei mir war's genau andersrum.«

»Wann hast du dich entschlossen?«

»Als ich dein Auto vor dem Hotel in Livorno sah. Sonderbar, daß du mich so kurze Zeit danach dann fragst.« Sie öffnete die Augen und senkte den Kopf. »Ich bin froh, daß du's getan hast.«

Eine Minute lang sahen sie einander stumm an. Mike sagte: »Einfach verrückt. Wir sind hergekommen, um eine heiße Spur zu einem Gemälde zu verfolgen, und hier stehen wir nun und glotzen einander wie aus Kuhaugen an.«

Dee kicherte. »Also gut. Laß uns den alten Mann fragen.«

Der Alte mit dem Strohhut und dem Spazierstock bewegte sich offenbar mit den langsam wandernden Schatten, denn er saß jetzt nicht mehr auf den Eingangsstufen der Bar, sondern in einem Hauseingang um die Ecke. Aber er wirkte so völlig reglos, daß Dee sich unwillkürlich vorstellte, er sei irgendwie vom einen Platz zum anderen geschwebt, ohne auch nur einen Muskel zu bewegen. Aus der Nähe zeigte sich allerdings, daß seine Augen seine scheinbare Leblosigkeit Lügen straften: kleine, hin und her huschende Augen von eigentümlicher grüner Tönung.

Dee sagte: »Guten Morgen, mein Herr. Können Sie mir sagen, ob es in Poglio eine Familie namens Danielli gibt?«

Der Alte schüttelte den Kopf, doch war Dee sich nicht sicher, wie er das meinte: daß es eine solche Familie hier nicht gab; oder daß er es einfach nicht wußte. Mike berührte ihren Ellbogen und ging dann rasch um die Ecke in Richtung Bar.

Dee kauerte neben dem Alten im Türeingang nieder und ließ ein strahlendes Lächeln sehen. »Sie müssen sich doch weit zurückerinnern können«, sagte sie.

Er wurde ein wenig zugänglicher und nickte.

»Waren Sie schon 1920 hier?«

Er lachte kurz auf. »Schon davor – lange davor.«

Mike kam zurückgeeilt, er hielt ein Glas in der Hand. »Der Barmann sagt, er trinkt Absinth«, erklärte er auf englisch. Er reichte das Glas dem Alten, der es nahm und auf einen Zug leerte.

Auch Dee sprach jetzt englisch. »Ich finde es ziemlich gemein, jemanden auf solche Weise zum Reden zu bringen«, sagte sie mißbilligend.

»Unsinn. Der Barmann sagt, der Alte wartet schon den ganzen Morgen darauf, daß ein Tourist ihm einen Drink kauft. Das ist der einzige Grund, daß er hier sitzt.«

Dee fragte den Mann mit dem Strohhut auf italienisch: »Erinnern Sie sich noch an die Zeit um 1920?«

»Ja«, erwiderte der Alte langsam.

»Hat damals eine Familie Danielli hier gelebt?« drängte Mike ungeduldig.

»Nein.«

»Erinnern Sie sich noch an irgendwelche Fremden, die sich seinerzeit im Dorf herumtrieben?«

»Eine ganze Menge sogar. So um die Zeit war ja schließlich ein Krieg im Gange, wie Sie vielleicht wissen.«

Mike warf Dee einen ärgerlichen Blick zu. Er fragte: »Lebten im Dorf irgendwelche Juden?« Es machte ihm Mühe, sich italienisch auszudrücken.

»Ja. Sie betrieben die Schenke an der Straße, die von Poglio nach Westen führt. Dort wohnte Danielli, als er noch am Leben war.«

Sie musterten den Alten verblüfft. Dann blickte Mike zu Dee und sagte auf englisch: »Warum, zum Teufel, hat er uns das nicht gleich gesagt?«

»Weil du mich das nicht gefragt hast, du junger Dummkopf«, sagte der Alte auf englisch und ließ ein meckerndes Lachen hören. Er rappelte sich hoch und hinkte, noch immer lachend, über die Straße davon – und blieb ab und zu stehen, schlug mit dem Stock auf den Boden und lachte immer lauter.

Mike machte ein so komisches Gesicht, daß auch Dee lachen mußte – und schließlich stimmte sogar Mike mit ein und lachte über sich selber. »Na ja, wer den Schaden hat ...«, sagte er.

»Sollten wir uns nicht am besten gleich zu der Schenke an der westlichen Landstraße aufmachen?« meinte Dee.

»Es ist so heiß. Laß uns erst in der Bar etwas trinken.«

»Soll mir recht sein.«

Sie betraten den kühlen Innenraum. Hinter dem Tresen stand der junge Barmann, der über das ganze Gesicht grinste, als er die beiden sah.

»Sie haben's gewußt!« sagte Dee ihm auf den Kopf zu.

»Ja, ich geb's zu«, gestand er. »In Wahrheit hat er gar nicht darauf gewartet, daß ihm jemand einen Drink spendiert. Er hat darauf gelauert, seine Schau abziehen zu können. Nach Poglio kommen höchstens einmal jährlich Touristen, und das ist für ihn der Höhepunkt des ganzen Jahres. Heute abend wird er hier in der Bar sein und die Geschichte jedem erzählen, der ihm zuhört.«

»Zwei Camparis bitte«, sagte Mike.

13

DER PRIESTER STAND auf dem gepflasterten Weg des Kirchhofs und bückte sich, um etwas aufzuheben, das sein Gefühl für Sauberkeit und Ordnung beleidigte: die leere Hülle einer Schokoladentafel. Er drückte das Papier in seiner Hand zusammen und richtete sich dann langsam wieder auf: Die Rheumaschmerzen in seinen Gelenken machten ihm oft arg zu schaffen. Woher sein Rheumatismus rührte, war ihm klar: von den vielen Nächten während des oft so feuchten italienischen Winters, wenn er allein in dem alten Haus schlief. Doch ein Priester mußte nun einmal arm sein. Denn wie konnte ein Mann wirklich Geistlicher sein, solange es im Dorf einen einzigen Menschen gab, der ärmer war als er selbst? Diese Überzeugung war so etwas wie sein ganz persönliches Glaubensbekenntnis, und während er wieder einmal darüber nachdachte, milderten sich die Schmerzen in seinen Knien.

Er verließ den Kirchhof, um über die Straße zu seinem Haus zu gehen. Aber plötzlich durchzuckten ihn wieder die Schmerzen so heftig, daß er zu straucheln begann. Er erreichte schließlich das Haus und lehnte sich gegen die Mauer.

Als er über die Straße hinweg in Richtung Dorfmitte blickte, sah er das junge Paar, mit dem er vorhin gesprochen hatte. Die beiden gingen sehr langsam und eng umschlungen; lächelnd sahen sie einander an. Sie schienen sehr verliebt zu sein – mehr als vor einer halben Stunde. Seine in langen Jahren erworbene Menschenkenntnis sagte dem Priester, daß sich im Verhältnis zwischen diesen beiden Menschen während der letzten Minuten etwas verändert haben mußte. Vielleicht hatte es etwas mit ihrem Besuch im Gotteshaus zu tun. Vielleicht war es ihm irgendwie gelungen, ihnen spirituell zu helfen.

Daß er sie, was Danielli betraf, allerdings belogen hatte, mußte man ja wohl eine Sünde nennen. Er hatte in diesem Punkt ganz automatisch die Unwahrheit gesagt: die Macht der Gewohnheit, die vom Krieg herrührte. Wenn damals Spürhunde aufgetaucht waren, vor deren gefährlichen Fragen man die jüdischen Familien schützen mußte, so hatte nicht nur er selbst gelogen, sondern – mit seinem Segen – das ganze Dorf. Die Wahrheit zu sagen wäre Sünde gewesen.

Als heute unversehens diese beiden Fremden aufgetaucht waren und ihn nach Danielli gefragt hatten, da fühlte er sich instinktiv wieder in jene Situation zurückversetzt, in der es seine Aufgabe war, die Juden zu beschützen – was er dann auch getan hatte, nur daß es da heutzutage gar nichts mehr zu schützen gab. Der Faschismus lag fünfunddreißig Jahre zurück, und daß die beiden sich nach Danielli erkundigt hatten, konnte nur harmlose Gründe haben. Doch war ihm keine Zeit zum Überlegen geblieben – die Hauptursache für die meisten Sünden und eine erbärmliche Ausrede dazu.

Einen Augenblick überlegte er, ob er vielleicht dem jungen Paar folgen sollte, um sich zu entschuldigen und mit einer entsprechenden Erklärung die Wahrheit zu sagen. Zweifellos würde er sich danach ein wenig erleichtert fühlen. Andererseits erschien es ihm überflüssig: Irgendwer im Dorf würde sie schon zu jener an der Weststraße gelegenen Schenke, der Heimstätte der Juden, weisen.

Die Schmerzen waren verschwunden. Er ging in das kleine Haus, wobei er, auf die lockeren Fliesen am Fuß der Treppe tretend, ein ähnliches Gefühl inniger Vertrautheit empfand wie bei anderen altgewohnten Ärgernissen: wie bei seinem Rheumatismus und bei den sattsam bekannten Sündenregistern, die er sich Woche für Woche in der Beichte von den unbelehrbaren schwarzen Schafen seiner Herde anhören mußte. Mit resignierendem Nicken gewährte er Absolution.

In der Küche holte er einen Laib Brot und schnitt mit einem ziemlich stumpfen Messer ein Stück davon ab. Er fand den Käse und kratzte die Schimmelschicht ab; dann verzehrte er sein Mittagsmahl. Der Käse schmeckte gut – was natürlich eben dem Schimmel zuzuschreiben war. Es gab so manches, das er niemals entdeckt haben würde, wäre er reich gewesen.

Nach der Mahlzeit wischte er den Teller mit einem Küchentuch ab und stellte ihn wieder in den hölzernen Schrank. Zu seiner Überraschung klopfte es plötzlich an die Tür.

Normalerweise klopften die Leute nicht an seine Tür; sie öffneten sie einfach und riefen ihm einen Gruß zu. Ein Klopfen verriet, daß es sich um einen formellen Besuch handelte – allerdings war man in Poglio über derartige Besuche stets im voraus im Bilde. Während er zur Tür ging, empfand er ein angenehmes Gefühl von Neugier.

Er öffnete und sah einen kleinwüchsigen Mann vor sich, der in den Zwanzigern sein mußte. Er hatte glattes, blondes Haar, das ihm bis über die Ohren wuchs, und war, wie er fand, merkwürdig gekleidet: Er trug einen Straßenanzug und dazu eine sogenannte Fliege. In schlechtem Italienisch sagte er: »Guten Morgen, Hochwürden.«

Ein Fremder, dachte der Priester. Das erklärt das Klopfen. Es war höchst ungewöhnlich, so viele Fremde im Dorf zu haben.

Der Mann fragte: »Kann ich Sie sprechen?«

»Aber natürlich.« Der Priester führte den Fremden in die kahl wirkende Küche und bat ihn, Platz zu nehmen auf einem harten, hölzernen Stuhl.

»Sprechen Sie englisch?«

Der Priester schüttelte bedauernd den Kopf.

»Aha. Nun, ich bin ein Kunsthändler aus London«, fuhr der Mann stockend fort. »Ich suche alte Gemälde.«

Der Priester nickte verwundert. Gar kein Zweifel: Diesem Mann und dem Paar aus der Kirche ging es um ein und dieselbe Sache. Daß sich an diesem Tag gleich mehrere Fremde hier nach Gemälden umsahen, konnte beim besten Willen kein Zufall sein.

Er sagte: »Nun, ich habe keine.« Mit der Hand wies er auf die kahlen Wände.

»Vielleicht in der Kirche?«

»Nein, die Kirche hat keine Gemälde.«

Der Mann überlegte einen Augenblick, suchte offenbar nach Worten. »Gibt es im Dorf ein Museum? Oder hat irgend jemand ein paar Gemälde in seinem Haus?«

Der Priester lachte. »Mein Sohn, dies ist ein armes Dorf. Niemand kauft Gemälde. Wenn die Leute in guten Zeiten mal ein bißchen mehr Geld haben, dann essen sie Fleisch

– oder trinken vielleicht Wein. Hier gibt es keine Kunstsammler.«

Der Fremde machte ein enttäuschtes Gesicht. Einen Augenblick lang überlegte der Priester, ob er ihm von seinen Rivalen erzählen sollte. Aber dann kam er auch nicht umhin, Danielli zu erwähnen, womit er diesem Mann eine Information geben würde, die er dem Paar vorenthalten hatte.

Das erschien ihm unfair. Andererseits wollte er aber auch nicht wieder lügen. Er beschloß, dem Mann von Danielli zu erzählen, falls dieser ihn fragte; von sich aus würde er nicht mit der Information herausrücken.

Die nächste Frage überraschte ihn.

»Gibt es hier eine Familie namens Modigliani?«

Der Priester hob die Augenbrauen. Rasch fügte der Fremde hinzu: »Die Frage scheint Sie zu schockieren, wieso?«

»Junger Mann, glauben Sie im Ernst, daß es hier in Poglio einen Modigliani gibt? Ich bin wahrhaftig kein Experte in solchen Dingen, und doch weiß ich, daß Modigliani der größte italienische Maler dieses Jahrhunderts war. Es ist doch wohl höchst unwahrscheinlich, daß es irgendwo auf der Welt ein bisher unbekanntes Bild von ihm gibt – am allerwenigsten in Poglio.«

»Und es gibt hier keine Familie Modigliani?« beharrte der Mann.

»Nein.«

Der Mann seufzte. Einen Augenblick blieb er noch sitzen und starrte mit gefurchter Stirn auf seine Schuhspitzen. Dann erhob er sich.

»Vielen Dank für Ihre Hilfe«, sagte er.

Der Priester führte ihn zur Tür. »Tut mir leid, daß ich Ihnen nicht die Antworten geben konnte, die Sie hören wollten«, sagte er. »Der Herr segne Sie.«

*

Als sich die Tür hinter ihm schloß, stand Julian sekundenlang still vor dem Pfarrhaus, die Augen gegen die grelle Sonne verkniffen und tief die frische Luft einatmend. Allmächtiger, was für ein Mief in dem Haus! Der alte Kerl hatte wahrscheinlich niemals gelernt, für sich selbst zu sorgen. Hieß es nicht, daß sich italienische Männer von ihren Müttern oder Frauen von vorne und hinten bedienen ließen?

Wirklich erstaunlich, daß sich in Italien genügend Männer bereit fanden, Priester zu werden – aus eben diesem Grund; und wegen des Zölibats ... Er grinste unwillkürlich, weil ihn dieser Gedanke an das kürzliche abrupte Ende seines eigenen Zölibats erinnerte. Noch immer empfand er jenes Hochgefühl, das ihn erfüllt hatte bei der Entdeckung, daß er sich nach wie vor im Vollbesitz seiner Potenz befand. Ihm war der Beweis gelungen, daß es nur an Sarah gelegen hatte. Nun denn! Das hatte geklappt, mit dem Verkauf des Mercedes war alles glattgegangen, und wenn er jetzt noch den Modigliani – nun, so nach und nach lief er wieder zu alter Form auf.

Aber noch hatte er das Bild nicht. Dieses Tüpfelchen auf dem i, eine Art Geniestreich gleichsam, war unbedingt notwendig, als krönender Abschluß seiner, wenn man so wollte, persönlichen Renaissance. Die Postkarte eines Mädchens, das mit D. unterzeichnet hatte, bildete für seine Hoffnungen ein höchst wackliges Fundament, das war ihm bewußt; andererseits waren schon die großartigsten Funde gemacht worden, indem irgend jemand selbst äußerst dubiose Anhaltspunkte aufgegriffen hatte.

Während des Gesprächs mit dem Priester war Julians Zuversicht, den Modigliani ohne große Mühe aufzuspüren, ein gehöriges Stück geschrumpft. Falls sich das Bild hier in Poglio befand, würde es schwer zu finden sein. Ein Trost blieb ihm allerdings: Es sah ganz so aus, als ob er hier als erster eingetroffen war. Denn wäre in einem kleinen Ort wie diesem ein Gemälde gekauft worden, so hätte innerhalb weniger Stunden jeder Einwohner davon gewußt.

Er stand neben dem kleinen Fiat, den er gemietet hatte, und grübelte über seine nächsten Schritte nach. Er war aus südlicher Richtung gekommen, so daß die Kirche zu den ersten Gebäuden gehörte, auf die er hier stieß. Er konnte jetzt ja nach anderen öffentlichen Gebäuden suchen, dem Rathaus etwa oder einer Polizeiwache. Ein Museum gebe es nicht, hatte der Priester ja gesagt.

Er entschloß sich zu einer schnellen Orientierungsfahrt und hüpfte geradezu in seinen kleinen Fiat. Als er den Motor anließ, gab dieser eine Art blechernes Brummen von sich. In langsamem Tempo fuhr Julian in das Dorf. In weniger als fünf Minuten hatte er jedes Gebäude gesehen. Und jedes wirkte gleichermaßen trostlos. Das blaue Mercedes-Coupé, das vor der Bar geparkt war, mußte irgendeinem reichen Mann gehören – ganz gewiß niemandem aus dem Dorf.

Er fuhr zu seinem ersten Parkplatz zurück und stieg aus. Es blieb ihm nichts anderes übrig: Er würde an Haustüren klopfen müssen. Aber selbst wenn er jedes einzelne Haus abklapperte, würde er nicht den ganzen Nachmittag dafür brauchen.

Er sah sich die kleinen, weißgetünchten Häuser genauer an: Manche von ihnen standen ein Stück abseits hinter Küchengärten, andere hingegen Schulter an Schulter am Straßenrand. Wo, überlegte er, fange ich am besten an? Da die Suche nach einem Modigliani in allen gleichermaßen erfolglos zu werden versprach, wählte er das nächstgelegene und ging zur Haustür.

Einen Türklopfer gab es nicht, und so pochte er mit den Fingerknöcheln gegen das braungestrichene Holz und wartete.

Eine Frau öffnete. Sie hielt ein Baby im Arm, das seine Fäustchen in ihr ungewaschenes braunes Haar gekrallt hatte. Ihre Augen, über einer hohen, schmalen Nase, lagen dicht beieinander, was ihrem Blick etwas Unstetes gab.

Julian sagte: »Ich bin ein Kunsthändler aus England

und suche alte Gemälde. Haben Sie irgendwelche Bilder, die ich mir ansehen könnte, bitte?«

Ungefähr eine Minute lang starrte sie ihn stumm an, mit einem Gesichtsausdruck, aus dem Ungläubigkeit ebenso sprach wie Mißtrauen. Dann schüttelte sie wortlos den Kopf und schloß die Tür.

Entmutigt machte Julian kehrt. Am liebsten hätte er die Von-Tür-zu-Tür-Strategie auf der Stelle aufgegeben – er kam sich dabei vor wie ein Hausierer.

Das nächste Haus schien sich von vornherein gegen ihn zu sperren. Kleine Fenster zu beiden Seiten einer schmalen Tür erinnerten ihn an das Gesicht der Frau mit dem Kind.

Er zwang sich, zu dem Haus zu gehen. Diese Tür hatte einen Klopfer, sogar einen recht dekorativen in der Form eines Löwenkopfes. Der Farbanstrich war neu, und die Fenster wirkten sauber.

Diesmal öffnete ein Mann in Hemdsärmeln und mit offener Weste. Er rauchte eine Pfeife mit ziemlich zernagtem Stiel. Mußte ungefähr fünfzig sein. Julian stellte dieselbe Frage wie beim ersten Haus.

Der Mann krauste die Stirn; aber als er dann den Sinn dessen verstand, was Julian in miserablem Italienisch sagte, hellte sich seine Miene auf. »Kommen Sie herein«, sagte er lächelnd.

Das Innere des Hauses war sauber und hübsch eingerichtet; die Fußböden wirkten fleckenlos, und alles schien zu glänzen von frischer Farbe. Der Mann bat Julian, Platz zu nehmen.

»Sie wollen ein paar Bilder sehen?« Der Mann sprach langsam und ein wenig überlaut: wie zu einem Schwerhörigen und Senilen. Vermutlich, ging es Julian durch den Kopf, tat er dies wegen des ausländischen Akzents seines Gastes.

Julian beantwortete die Frage mit einem stummen Nikken.

Der Mann hob einen Finger – eine Geste, die sagen sollte: »Warten Sie!« Er verließ das Zimmer und kam gleich darauf mit einem Stapel gerahmter Fotografien zurück, sämtlich stark vergilbt und angestaubt.

Julian schüttelte den Kopf. »Ich meine Gemälde«, sagte er und führte dazu eine Art Pantomime auf: malte mit unsichtbarem Pinsel auf eine unsichtbare Leinwand.

Auf dem Gesicht des Mannes spiegelten sich Verwirrung und eine Spur von Empörung. Er hob einen kleinen, billigen Druck von Jesus Christus von einem Nagel an der Wand und hielt ihn Julian hin.

Julian nahm das Bild, schien es eingehend zu studieren, schüttelte dann den Kopf und reichte es zurück. »Sonst noch irgendwas?«

»Nein.«

Julian stand auf. Er versuchte, seinem Lächeln einen Ausdruck von Dankbarkeit zu geben. »Tut mir leid«, sagte er. »Sie waren sehr freundlich.«

Der Mann zuckte die Achseln und öffnete die Tür.

Julians inneres Widerstreben gegen die »Hausierer-Tour« war inzwischen natürlich noch gewachsen. Enttäuscht und unentschlossen stand er auf der Straße und fühlte auf seinem Nacken die Glut der Sonne. Ein Sonnenbrand, das fehlte mir zu allem noch, dachte er niedergeschlagen.

Er überlegte, ob jetzt nicht ein Drink angebracht war. Die Bar schien kaum mehr als zwanzig, dreißig Meter entfernt zu sein; dort, wo der blaue Mercedes stand. Allerdings würde ihn ein Drink auch nicht weiterbringen.

Ein Mädchen kam aus der Bar und öffnete die Autotür. Julian betrachtete sie. Ob sie ebenso ein Luder war wie Sarah? Nun, ein Mädchen, das reich genug war, sich einen solchen Schlitten zu leisten, hatte vermutlich ein Recht darauf, ein Luder zu sein. Sie stieg ein und warf dabei ihr Haar nach hinten. Die verhätschelte Tochter eines reichen Vaters, dachte Julian.

Ein Mann kam aus der Bar und stieg von der anderen Seite ins Auto ein. Das Mädchen sagte irgend etwas zu ihm, und ihre Stimme klang über die nicht sehr große Entfernung hinweg an Julians Ohr.

Plötzlich rastete in Julians Gehirn gleichsam etwas ein.

Er hatte angenommen, daß das Mädchen den Mercedes fahren würde; aber als er jetzt genauer hinblickte, konnte er sehen, daß sich das Lenkrad auf der rechten Seite des Autos befand.

Was das Mädchen zu dem Mann gesagt hatte, hatte wie Englisch geklungen.

Das Auto hatte ein britisches Nummernschild.

Mit einem kehligen Glucksen erwachte der Mercedes zum Leben. Julian machte auf den Hacken kehrt und ging mit raschen Schritten zu der Stelle, wo sein Fiat geparkt war. Während er den Zündschlüssel drehte, fuhr das andere Auto bereits an ihm vorbei. Es gelang ihm, rasch und geschickt zu wenden.

Ein reiches englisches Mädchen in einem britischen Auto in Poglio: Das mußte das Mädchen sein, das die Postkarte geschrieben hatte.

Auf gar keinen Fall durfte Julian sich diese Chance entgehen lassen.

Er jagte hinter dem Mercedes her, wobei der winzige Motor seines kleinen Fiat wahre Schreikrämpfe zu bekommen schien. Das blaue Auto bog rechts ab, folgte der Straße, die westwärts aus dem Dorf hinausführte. Julian nahm dieselbe Abzweigung.

Der Mann am Steuer des Mercedes fuhr schnell; offenbar war er ebenso geschickt wie erfahren im Umgang mit einem so kraftvollen Auto. Mühelos zog der Mercedes davon, und Julian verlor ihn nach einigen Kurven schließlich ganz aus den Augen, obwohl er das Letzte aus seinem Fiat herausholte.

Plötzlich jedoch schoß er an dem Mercedes vorbei und hatte Glück, daß er das große Auto überhaupt noch bemerkte. Er brachte seinen Klein-Fiat an einer Kreuzung zum Stehen und stieß dann zurück.

Der Mercedes war von der Straße abgebogen. Das Gebäude, vor dem das Auto stand, sah auf den ersten Blick aus wie ein Bauernhaus. Aber dann entdeckte Julian die Bierreklame im Fenster.

Das junge Paar war ausgestiegen und trat gerade durch die Tür in die Schenke. Julian manövrierte seinen Fiat neben den Mercedes.

Auf der anderen Seite des Mercedes stand ein drittes Auto, ein Fiat wie sein eigener, nur daß dieser ein großes, protziges Modell war mit einer Metallic-Lasur von einer abscheulich grünen Tönung. Julian fragte sich, wem das Ding wohl gehören mochte.

Er stieg aus und folgte den anderen in die Schenke.

14

PETER USHER LEGTE den Rasierapparat aus der Hand, tunkte einen Waschlappen ins heiße Wasser und wischte sich die Reste der Rasiercreme vom Gesicht. Aufmerksam betrachtete er sich im Spiegel.

Er kämmte sich sein langes Haar aus der Stirn und straff nach hinten, so daß es sich oberhalb der Ohren glatt an seinen Kopf schmiegte. Die allzulangen Enden versteckte er im Nacken unter seinem Hemdkragen.

Ohne Bart und Schnurrbart wirkte sein Gesicht stark verändert. Seine Hakennase, sein spitzes, fliehendes Kinn und das jetzt so glatt anliegende Haar gaben ihm das Aussehen eines irgendwie »windigen« Typs.

Er legte den Kamm zur Seite und griff nach seinem Jackett. Die Sache würde ihren Zweck erfüllen. War ohnehin nur eine Sicherheitsvorkehrung, so für alle Fälle.

Er ging vom Badezimmer in die Küche des kleinen Hauses. Dort standen, an die Wand gelehnt, zehn »Leinwände«, in Zeitungspapier gehüllt und verschnürt. Peter ging daran vorbei und trat durch die Küchentür ins Freie.

Mitchs Lieferwagen stand in unmittelbarer Nähe. Peter öffnete die hinteren Türen und begann dann damit, die Gemälde aufzuladen.

Es war ein kühler Morgen, doch strahlte die Sonne hell herab, und es versprach, ein warmer Tag zu werden. Manche der getroffenen Vorkehrungen, dachte Peter, während er ein schweres Gemälde über den Gartenweg schleppte, waren ein wenig übertrieben. Allerdings konnte man gar nicht umsichtig genug sein. Fallstricke gab es bei einer solchen Sache wahrhaftig genug; doch hatten sie gemeinsam alles darangesetzt, etwaigen Gefahren von vornherein aus dem Weg zu gehen. Jeder von ihnen hatte sein Aussehen ein wenig verändert. Im Ernstfall, das hieß im Falle einer sogenannten polizeilichen Gegenüberstellung, würde das nicht genügen – aber dazu würde es ja auch niemals kommen.

Er lud das letzte Bild in den Lieferwagen, machte die hinteren Türen zu, schloß das Haus ab und fuhr los. Geduldig reihte er sich in den dichten Verkehr ein; die Fahrt in Richtung West End würde mühselig werden.

Doch alles lief nach Plan. Er folgte der Route zu einem großen College-Campus in Bloomsbury. Ein paar Tage zuvor hatten Mitch und er selbst die genaue Stelle ausgesucht. Das College-Gelände war etwa zweihundert Meter breit und etwa achthundert Meter lang. Es gab dort viele modernisierte Häuser viktorianischen Ursprungs und natürlich haufenweise Eingänge.

Peter parkte den Lieferwagen am Rande eines schmalen Fahrwegs, der zu einem der College-Tore führte. Der Pförtner würde annehmen, daß Peter irgend etwas im unmittelbar benachbarten College-Gebäude abzuliefern hatte – doch befand er sich mit seinem Lieferwagen hier draußen auf einer öffentlichen Straße, so daß ihn kein College-Angestellter nach dem Zweck seines Tuns fragen konnte. Zufällige Beobachter würden nichts anderes sehen als einen jungen Mann, vermutlich Student, der aus einem Lieferwagen irgendwelches Zeug auslud.

Er öffnete die hinteren Türen, nahm die Gemälde heraus und lehnte sie gegen das Geländer.

Unmittelbar neben dem College-Tor befand sich eine Telefonzelle – einer der Gründe dafür, daß sie diese Stelle gewählt hatten. Peter betrat die Zelle und wählte die Nummer einer Taxi-Firma. Er erklärte präzise, wo er sich befand, und man versicherte ihm, in fünf Minuten werde ein Taxi zur Stelle sein.

Es dauerte keine fünf Minuten. Der Taxifahrer half Peter beim Einladen der Bilder, die fast den gesamten Passagierraum einnahmen. Peter sagte zum Fahrer: »*Hilton* Hotel, für einen Mr. Eric Clapton.« Der falsche Name war ein Scherz, den Mitch amüsant gefunden hatte. Peter gab dem Taxifahrer fünfzig Pence für die Hilfe beim Einladen, und das Taxi fuhr los, während Peter zurückblieb.

Als das Taxi verschwunden war, stieg er in den Lieferwagen, wendete und trat die Heimfahrt an. Jetzt gab es keine Möglichkeit mehr, die gefälschten Bilder mit dem kleinen Haus in Clapham in Verbindung zu bringen.

Anne fühlte sich wie im siebten Himmel, als sie sich in der Suite des *Hilton* umsah. Ihr Haar war bei Sassoon gestylt worden, und ihr Kleid, ihr Mantel und ihre Schuhe stammten aus einer irrsinnig teuren Boutique in der Sloan Street. Ein Hauch von französischem Parfüm umgab sie.

Sie hob die Arme und wirbelte herum wie ein kleines Mädchen, das ein Partykleid vorführen möchte. »Selbst wenn mir ein Richter lebenslänglich aufbrummen würde, dies wäre die Sache wert«, sagte sie.

»Hab nur deinen Spaß daran, solange du kannst – denn morgen müssen all diese Kleidungsstücke verbrannt werden«, sagte Mitch, der in einem üppig gepolsterten Sessel saß. Auf seinem Gesicht lag ein unbeschwertes Lächeln, das jedoch Lügen gestraft wurde durch das nervöse, wennschon kaum merkliche Zucken in seinen Händen. Er trug bauschige Jeans, einen Sweater und eine Art Wollkappe – um, wie er gesagt hatte, den reichen Nichtstuer zu markieren, der sich darin gefällt, Arbeiter zu spielen. Unter der Kappe war sein Haar aufgetürmt, damit dessen Länge verborgen blieb. Außerdem trug er eine billige »Krankenkassen-Brille« mit einfachen Gläsern.

Es klopfte leise an die Tür. Ein Roomservice-Kellner trat ein. Auf einem Tablett brachte er Kaffee und Cremetorte.

»Ihr Kaffee, Madame«, sagte er, während er das Tablett auf einen niedrigen Tisch stellte. »Für Sie, Mr. Clapton«, fügte er hinzu und blickte zu Mitch, »ist draußen ein Taxi mit einer Anzahl von Paketen.«

»Oh, Eric, das werden die Gemälde sein. Geh doch bitte und kümmere dich darum, ja?« Anne imitierte das französisch akzentuierte Oberklassen-Englisch so perfekt, daß Mitch Mühe hatte, sein Erstaunen zu verbergen.

Er fuhr im Lift zum Parterre hinunter, durchquerte das Foyer und ging hinaus zum wartenden Taxi. »Lassen Sie den Taxameter ruhig weiterlaufen, Meister-Madame kann sich's leisten«, sagte er.

Er drehte sich zum Portier um, dem er zwei Pfundnoten in die Hand drückte. »Versuchen Sie mal, mir 'n Gepäckkarren oder so was zu besorgen – und 'n Mann dazu«, sagte er.

Der Portier verschwand im Hotel und kehrte ein paar Minuten später mit einem uniformierten Pagen zurück, der einen Gepäckkarren schob. Die beiden Männer luden fünf der Gemälde auf den Karren, den der Page sodann durch den Hoteleingang manövrierte. Mitch lud den Rest der Gemälde aus und bezahlte den Taxifahrer. Bald war der Page wieder mit dem leeren Karren zur Stelle, und sie brachten die restlichen Bilder nach oben in die Suite.

Mitch gab dem Pagen ein Pfund als Trinkgeld. Hab heut meinen großzügigen Tag, dachte er.

Er schloß die Tür zu und setzte sich zu einer Tasse Kaffee. Die erste Phase des Plans war erfolgreich abgeschlossen, und das plötzliche Bewußtsein dieser Tatsache löste eine starke innere Anspannung in ihm aus: Jetzt gab es kein Zurück mehr. Er steckte sich eine kurze Zigarette aus dem Päckchen in seiner Hemdtasche an, weil er hoffte, das würde seine Anspannung mildern. Aber das war nicht der Fall – es war niemals der Fall; dennoch hörte er nie auf, darauf zu hoffen. Er trank einen Schluck Kaffee. Noch immer viel zu heiß, das Zeug; und er brachte es einfach nicht fertig, geduldig zu warten, bis der Kaffee etwas abkühlte.

Er fragte Anne: »Was ist das?«

Sie blickte von dem Blatt Papier auf, worauf sie schrieb. »Unsere Liste. Name des Bildes, des Künstlers, der Galerie oder des Händlers, für die es gedacht ist, ihre Telefonnummer: die Namen des jeweiligen Leiters und seines Assistenten.« Sie schrieb weiter, blätterte dann in dem Telefonbuch auf ihrem Schoß.

»Tüchtig!« Mitch nahm einen Schluck Kaffee, verbrannte sich den Mund. Eine Zigarette zwischen den Lippen, begann er, die Bilder auszupacken.

Er warf das nunmehr überflüssige Zeitungspapier und die Schnur in eine Ecke. Sie verfügten über zwei flache, kofferartige Lederhüllen, eine große und eine kleine, in denen sie die Gemälde zu den Galerien bringen konnten. Mehr – etwa gar zehn – hatte Mitch nicht kaufen wollen, um keinesfalls Aufsehen zu erregen.

Als er mit dem Auspacken fertig war, setzte er sich zusammen mit Anne an den großen Tisch in der Mitte des Zimmers. Auf der Tischplatte standen zwei Telefone – sie hatten das Personal um einen zusätzlichen Apparat gebeten. Anne legte ihre Liste so auf den Tisch, daß auch Mitch Namen und Nummern lesen konnte, und sie begannen zu telefonieren.

Anne wählte eine Nummer und wartete. Eine Frauenstimme sagte: »*Claypole and Company*, guten Morgen« – alles in einem Atemzug.

»Guten Morgen«, sagte Anne. »Mr. Claypole, bitte.« Ihr französischer Akzent war verschwunden.

»Einen Augenblick.« Ein Surren, ein Klicken, dann eine zweite weibliche Stimme.

»Büro Mr. Claypole.«

»Guten Morgen. Mr. Claypole, bitte«, wiederholte Anne.

»Er ist leider gerade in einer Besprechung. Wer möchte denn mit ihm verbunden werden?«

»Ich habe Monsieur Renalle von der *Agence Art Nancy*. Vielleicht ist Mr. de Lincourt verfügbar?«

»Wenn Sie bitte warten wollen. Ich will mal sehen.«

Eine Pause trat ein, dann erklang vom anderen Ende her eine männliche Stimme. »De Lincourt am Apparat.«

»Guten Morgen, Mr. de Lincourt. Ich habe Monsieur Renalle von der *Agence Art Nancy* für Sie.«

Anne nickte Mitch zu. Sie legte den Hörer ihres Apparates auf, Mitch hob im selben Moment ab.

»Mr. de Lincourt?«

»Guten Morgen, Monsieur Renalle.«

»Guten Morgen meinerseits. Es tut mir leid, daß ich Ihnen nicht im voraus schreiben konnte, Mr. de Lincourt, aber meine Firma betreut den Nachlaß eines Sammlers, und die Sache hat eine gewisse Dringlichkeit.« Mitch gab sich große Mühe, mit ähnlichem Geschick wie Anne einen französischen Akzent zu imitieren.

»Was kann ich tun, um Ihnen zu helfen?« fragte der Händler höflich.

»Ich habe ein Bild, das Sie interessieren müßte. Es handelt sich um einen ziemlich frühen Van Gogh mit dem Titel: *Der Totengräber*, 75 mal 96 Zentimeter.«

»Ausgezeichnet. Wann können wir es uns ansehen?«

»Ich bin jetzt in London, im *Hilton*. Vielleicht könnte

meine Assistentin Sie heute nachmittag oder morgen vormittag aufsuchen?«

»Heute nachmittag. Sagen wir – zwei Uhr dreißig?«

»*Bien* – sehr gut. Ihre Adresse habe ich.«

»Und haben Sie hinsichtlich des Preises eine bestimmte Vorstellung, Monsieur Renalle?«

»Unsere diesbezügliche Vorstellung bewegt sich in einer Größenordnung von ungefähr neunzigtausend Pfund.«

»Nun, darüber können wir ja dann später sprechen.«

»Gewiß. Meine Assistentin ist zum Abschluß eines Vertrages bevollmächtigt.«

»Dann freue ich mich schon jetzt auf zwei Uhr dreißig.«

»Goodbye, Mr. de Lincourt.«

Mitch legte auf und seufzte schwer.

Anne sagte: »Mein Gott, du schwitzt ja.«

Er wischte sich mit dem Hemdsärmel über die Stirn. »Ich hatte das Gefühl, es würde überhaupt kein Ende nehmen. Dieser verfluchte Akzent – ich hätte mehr üben sollen.«

»Du warst großartig. Ich würde gern wissen, was dieser schleimige Mr. de Lincourt in diesem Moment denkt.«

Mitch steckte sich eine Zigarette an. »Das kann ich dir sagen. Er ist hochentzückt, es mit einem provinziellen französischen Agenten zu tun zu haben, der nicht im entferntesten weiß, was ein Van Gogh wirklich wert ist.«

»Den Trick mit dem Nachlaß eines verstorbenen Sammlers finde ich großartig. Das machte es plausibel, daß ein kleiner Händler aus Nancy mit dem Verkauf betraut ist.«

»Und er wird es verdammt eilig haben, den Handel abzuschließen, bevor einer seiner Konkurrenten von dem französischen Gimpel hört und ihm zuvorzukommen versucht.« Mitch lächelte bissig. »Okay, nehmen wir uns also den nächsten auf der Liste vor.«

Anne hob den Telefonhörer ab und begann eine Nummer zu wählen.

*

Das Taxi hielt vor den Schaufenstern der *Crowforth's-Gallery* in Piccadilly. Anne bezahlte den Fahrer, während Mitch das Gemälde in seinem schweren ledernen Behältnis in das vornehme Gebäude des Kunsthändlers schleppte.

Vom Ausstellungsraum im Parterre führte eine breite, offene Treppe aus skandinavischem Kiefernholz hinauf zu den Büros. Anne ging voraus und klopfte an eine Tür.

Ramsey Crowforth war ein drahtiger, weißhaariger Schotte von etwa sechzig Jahren. Während er Anne und Mitch die Hand schüttelte, musterte er beide über den Rand seiner Brille hinweg. Er bat Anne, Platz zu nehmen. Mitch blieb stehen und hielt das lederumhüllte Gemälde in seinen Armen.

Die Täfelung des Zimmers war aus dem gleichen Material wie die Treppe draußen, und die Tönung des Teppichs war eine Mischung aus Orange und Braun. Ramsey Crowforth stand vor seinem Schreibtisch, den einen Arm gegen die Hüfte gestützt, so daß die Hand sein Jackett zurückschob und man seine Lurex-Hosenträger sehen konnte. Er war zwar eine Autorität in Sachen deutscher Expressionisten, hatte jedoch, wie Anne befand, einen schauderhaften Geschmack.

»Sie sind also Mademoiselle Renalle«, sagte er mit unverkennbarer schottischer Dialektfärbung. »Und der Monsieur Renalle, mit dem ich heute morgen sprach, war ...«

»... mein Vater«, ergänzte Anne und vermied es, Mitch in die Augen zu sehen.

»Richtig. Dann lassen Sie uns mal sehen, was Sie haben.«

Anne gab Mitch einen Wink. Er nahm das Bild aus seiner Hülle und stellte es auf einen Stuhl. Crowforth kreuzte die Arme vor der Brust und betrachtete es.

»Eine frühe Arbeit«, sagte er leise, halb zu sich selbst, halb zu den anderen. »Bevor Munchs Psychosen sich richtig auswirkten. Ziemlich typisch ...« Er löste seinen Blick von dem Bild. »Möchten Sie ein Glas Sherry?« Anne nickte. »Und Ihr – äh – Assistent?« Mitch lehnte mit einem kurzen Kopfschütteln ab.

Während Crowforth einschenkte, fragte er: »Wenn ich richtig verstanden habe, so handeln Sie gleichsam als Nachlaßverwalter eines Sammlers, ja?«

»Ja.« Anne war sich bewußt, daß er ein wenig »in Konversation« machte, um das Bild auf sich wirken zu lassen, bevor er eine Entscheidung traf. »Sein Name war Roger Dubois – ein Geschäftsmann. Seine Firma stellte landwirtschaftliche Maschinen her. Seine Sammlung war zwar klein, jedoch höchst erlesen.«

»Augenscheinlich.« Crowforth reichte ihr ein Glas und lehnte sich dann gegen seinen Schreibtisch, studierte wieder das Bild. »Dies gehört allerdings nicht so ganz zu meiner Periode, wissen Sie. Ich bin eher auf Expressionisten im allgemeinen als auf Munch im besonderen spezialisiert, und seine frühen Arbeiten sind ja offenkundig nicht expressionistisch.« Mit der Hand, die das Sherryglas hielt, deutete er auf das Bild. »Dies gefällt mir, aber ich möchte noch eine weitere Meinung einholen.«

Anne fühlte plötzlich eine Art Krampf zwischen ihren Schultern, und sie versuchte die Röte zu unterdrücken, die vom Hals her in ihre Wangen stieg. »Oh, ich wäre gern bereit, es über Nacht hierzulassen, falls Sie das wünschen«, sagte sie. »Allerdings liegt ein Gutachten vor.« Sie öffnete eine Art Aktentasche und nahm einen Hefter heraus, der das Dokument enthielt, das sie daheim im Atelier gefälscht hatte. Es wies Meuniers Briefkopf und Stempel auf. Sie reichte es Crowforth.

»Oh!« rief er und studierte das Gutachten. »Dies läßt die Sache natürlich in einem ganz anderen Licht erscheinen. Aufgrund dessen kann ich Ihnen sofort ein Angebot machen.« Wieder betrachtete er das Bild eingehend, fragte dann: »Welche Summe haben Sie heute morgen noch genannt?«

Anne jubelte innerlich, ließ sich jedoch nichts anmerken. »Dreißigtausend.«

Crowforth lächelte, und auch er schien seine Freude nur mit Mühe beherrschen zu können. »Ich glaube, das ist eine Summe, auf die wir uns einigen können.«

Zu Annes Verblüffung nahm er ein Scheckbuch aus seiner Schreibtischschublade und begann zu schreiben. Einfach so aus dem Handgelenk! dachte sie. Und sagte laut: »Stellen Sie ihn bitte auf *Hollows und Cox,* unsere Londoner Repräsentanten, aus.« Als er sie ein wenig überrascht musterte, fügte sie hinzu: »Es handelt sich um eine Firma, die uns hier ausschließlich in finanziellen Belangen betreut.« Das war für ihn offenbar eine befriedigende Erklärung. Er riß den Scheck heraus und reichte ihn Anne.

»Werden Sie sich noch längere Zeit in London aufhalten?« erkundigte er sich höflich.

»Nur noch ein paar Tage.« Anne brannte darauf, jetzt so rasch wie möglich von hier fortzukommen; aber da sie keinen Verdacht erregen wollte, mußte sie sich, um den Schein zu wahren, mit ein wenig Small talk abfinden.

»Dann werde ich Sie hoffentlich bei Ihrem nächsten Besuch wiedersehen.« Crowforth hielt ihr seine Hand hin.

Sie verließen das Büro und gingen die Treppe hinunter, Mitch mit der leeren Lederhülle unter dem Arm. Anne flüsterte aufgeregt. »Er hat mich nicht wiedererkannt!«

»Na und? Er hat dich immer nur aus einer gewissen Entfernung gesehen. Außerdem warst du damals die hausbackene Ehefrau eines bohemehaften Malers. Jetzt hingegen bist du eine hinreißende französische Blondine.«

Sie hatten Glück, auf der Straße sofort ein Taxi zu erwischen. Zum *Hilton,* sagten sie zum Fahrer. Anne lehnte sich auf dem Sitz zurück und starrte auf den Scheck, den Crowforth ihr gegeben hatte.

»O mein Gott, wir haben's geschafft«, sagte sie ruhig. Und begann dann zu schluchzen.

*

»Sehen wir zu, daß wir hier so schnell wie möglich rauskommen«, sagte Mitch energisch.

Es war ein Uhr nachmittags, einen Tag nachdem sie sich im *Hilton* einquartiert hatten. Das letzte gefälschte Meisterwerk war gerade bei einer Galerie in Chelsea abgeliefert worden, und in Annes Handtasche aus echtem Krokodilsleder befanden sich jetzt zehn Schecks.

Sie packten ihre kleinen Koffer und räumten alles fort, was noch an kleinen persönlichen Habseligkeiten herumlag: Kugelschreiber, Papier, anderes mehr. Mitch holte aus dem Bad ein Handtuch und wischte damit über die Telefone sowie über die glänzenden Oberflächen des Mobiliars.

»Das übrige spielt weiter keine Rolle. Ein einzelner Fingerabdruck an einer Wand oder an einem Fenster nützt der Polizei überhaupt nichts.« Er warf das Handtuch ins Waschbecken. »Außerdem wird's hier, bis denen ein Licht aufgeht, so viele andere Abdrücke geben, daß sie bis ans Ende ihres Lebens damit zu tun hätten, die alle auseinander zu sortieren.«

Fünf Minuten später verließen sie das Hotel. Mitch bezahlte die Rechnung mit einem Scheck für die Bank, wo er unter dem Namen *Hollows und Cox* ein Konto eröffnet hatte.

Mit einem Taxi fuhren sie zum Kaufhaus *Harrods*. Drinnen trennten sie sich. Anne fand eine Damentoilette und betrat eine der Kabinen. Sie legte ihren Koffer auf das Klosett, öffnete ihn und nahm einen Regenmantel sowie einen Hut im Südwester-Stil heraus. Sie schlüpfte in den Mantel, setzte sich den Hut auf und verließ mit ihrem Köfferchen die Kabine.

Aufmerksam betrachtete sie sich im Spiegel. Der Mantel verdeckte ihre teure Kleidung, und der unelegante Hut verbarg ihr blondgefärbtes Haar. Mit tiefer Erleichterung wurde ihr bewußt, daß es jetzt keine Rolle mehr spielte, ob irgend jemand sie erkannte oder nicht.

Diese Möglichkeit hatte sie während des gesamten

Unternehmens in nervöser Anspannung gehalten. Sie kannte ja keine der Personen aus jener Sphäre der Kunstwelt; Peter kannte all diese Leute natürlich, Anne hingegen hatte sich aus solchen Beziehungen immer herausgehalten. Mitunter war sie zu einer jener sonderbaren Galerie-Partys gegangen, wo sich nie jemand die Mühe gemacht hatte, mit ihr zu sprechen. Trotzdem hätte ihr Gesicht – ihr normales Gesicht – ja irgend jemandem vertraut vorkommen können.

Sie seufzte und begann dann, ihr Make-up mit Tissue zu entfernen. Anderthalb Tage lang war sie eine glamouröse Frau von Welt gewesen. Auf der Straße hatte man sich nach ihr umgedreht. Herren mittleren Alters hatten sich in ihrer Gegenwart plötzlich einen Deut weniger würdevoll aufgeführt; hatten ihr Komplimente gemacht und Türen geöffnet. Und Frauen hatten ihre elegante Kleidung mit neidischen Blicken gestreift.

Jetzt war sie wieder – wie hatte Mitch doch noch gesagt? – »die hausbackene, mausgraue Ehefrau eines bohemehaften Malers«.

Nun, sie würde wohl nie wieder ganz »die Alte« sein. Früher hatte sie sich nie sehr für Kleider, Make-up und Parfüm interessiert. Sie hatte sich für unattraktiv gehalten und war mit ihrer Rolle als Hausfrau und Mutter zufrieden gewesen. Jetzt jedoch hatte sie vom *Highlife* gekostet: hatte als schöne Schurkin Erfolg gehabt – und irgend etwas tief in ihrem Innern, das bislang verborgen gewesen war, hatte darauf reagiert. Irgend etwas – ein Geist, ein Kobold – war aus seinem Gefängnis in ihrem Herzen entkommen und würde niemals wieder dorthin zurückkehren.

Wie, fragte sie sich unwillkürlich, wird wohl Peter darauf reagieren?

Sie ließ das lippenstiftverfleckte Tissue in einen Abfalleimer fallen. Dann ging sie hinaus. Das Gebäude verließ sie durch einen Seitenausgang. An der Bordkante wartete der Lieferwagen mit Peter am Steuer. Mitch befand sich bereits im hinteren Teil.

Anne kletterte auf den Beifahrersitz und küßte Peter.

»Hallo, Liebling«, sagte er. Er ließ den Motor an, und sie fuhren los.

Sein Gesicht war bereits wieder voller dichter Bartstoppeln: In kaum einer Woche würde er, wie sie wußte, wieder einen recht respektablen Bart haben. Sein Haar umrahmte sein Gesicht und fiel hinab bis zu den Schultern, so wie Anne das bei ihm mochte.

Im dichten Verkehr kamen sie nur langsam voran. Anne schloß die Augen, und ihr Körper schien völlig zu erschlaffen. Das Nachlassen der physischen und nervlichen Anspannung war für sie ein bewußt genossenes Vergnügen.

In Balham hielt Peter vor einem großen, ein wenig abgelegenen Haus. Er ging zur Tür und klopfte. Die Frau, die öffnete, hielt ein Baby in den Armen. Peter nahm das Baby und kam zurück. Auf dem Schild vor dem Haus stand: »Greenhill Day Nursery«. Er stieg ein und ließ Vibeke auf Annes Schoß plumpsen.

Sie schloß das Baby fest in ihre Arme. »Liebling, hat dir Mummy gestern abend gefehlt?«

»Allo«, sagte Vibeke.

Peter sagte: »Wir haben's uns gutgehen lassen, Vibeke, stimmt's? Porridge zum Tee und Kuchen zum Frühstück.«

Anne unterdrückte aufsteigende Tränen.

Als sie dann zu Hause waren, holte Peter eine Flasche Champagner aus dem Kühlschrank und erklärte, jetzt werde gefeiert. Sie saßen im Atelier, tranken den perlenden Wein und lachten, während sie sich die kritischen Momente der Eskapade in Erinnerung riefen.

Mitch begann ein Bankformular für die Schecks auszufüllen. Als er die Gesamtsumme errechnet hatte, sagte er: »Fünfhunderttausend und einundvierzig Pfund, meine Freunde.«

Irgendwie schienen diese Worte Annes Freude zu dämpfen. Plötzlich fühlte sie sich müde. Sie stand auf. »Ich werde mir das Haar wieder mausfarben färben«, sagte sie. »Bis später.«

Auch Mitch erhob sich. »Ich möchte noch zur Bank, bevor die schließen. Je eher wir diese Schecks einreichen, desto besser.«

»Was ist mit den Lederhüllen für die Bilder?« fragte Peter. »Sollten wir nicht sehen, daß wir die loswerden?«

»Wirf sie heute nacht in den Kanal«, erwiderte Mitch. Er ging die Treppe hinunter, zog seinen Rollkragenpullover aus, schlüpfte dann in ein Hemd, band sich eine Krawatte um, griff nach seinem Jackett.

Peter kam die Treppe herab. »Nimmst du den Lieferwagen?«

»Nein. Um ganz auf Nummer Sicher zu gehen, fahre ich lieber mit der U-Bahn.« Er öffnete die Vordertür. »Bis später.«

Um die Bank in der City zu erreichen, brauchte er nur vierzig Minuten. Die Gesamtsumme auf dem Bankformular veranlaßte den Kassierer nicht einmal, die Augenbrauen zu heben. Er prüfte die Zahlen, stempelte den Kontrollabschnitt und reichte Mitch den Beleg.

»Ich würde gern den Manager sprechen, falls das möglich ist«, sagte Mitch.

Der Kassierer verschwand für ein paar Minuten. Als er zurückkam, schloß er die Tür auf und ließ Mitch eintreten. So einfach ist das also, hinter die kugelsichere Zwischenwand zu gelangen, dachte Mitch. Und grinste unwillkürlich, als ihm bewußt wurde, daß er anfing, wie ein Krimineller zu denken. Er hatte einmal drei Stunden lang mit einer Gruppe von Marxisten debattiert, die behaupteten, Verbrecher seien der militanteste Teil der Arbeiterklasse.

Der Bankmanager war ein kleiner, pausbäckiger und gemütlicher Mann. In der Hand hielt er ein Blatt Papier mit einem Namen und einer Zahlenkolonne. »Ich freue mich, daß Sie unsere Dienste in Anspruch nehmen, Mr.

Hollows«, sagte er zu Mitch. »Wie ich sehe, beträgt Ihre Einlage bei uns über eine halbe Million.«

»Ein erfolgreich abgeschlossenes Geschäft«, sagte Mitch. »Heutzutage sind auf dem Kunstmarkt große Summen keine Seltenheit.«

»Sie und Mr. Cox sind Universitätslehrer, wenn ich das richtig in Erinnerung habe.«

»Ja, wir haben uns entschlossen, aus unserer Sachkenntnis auf dem Markt Nutzen zu ziehen – was uns nicht zum Nachteil ausgeschlagen ist, wie Sie sehen können.«

»Ausgezeichnet. Nun, gäbe es vielleicht noch etwas, das wir für Sie tun können?«

»Ja. Sobald das Geld für diese Schecks verfügbar ist, möchte ich, daß Sie den Erwerb veräußerlicher Wertpapiere arrangieren.«

»Sehr gern. Allerdings verlangen wir dafür eine Art Gebühr.«

»Natürlich. Legen Sie fünfhunderttausend Pfund in Wertpapieren an, und lassen Sie den Rest auf dem Konto, für Ihre Gebühr sowie für diverse kleinere Schecks von mir und von meinem Partner.«

Der Manager machte sich auf dem Blatt Papier ein paar Notizen.

»Noch etwas«, fuhr Mitch fort. »Ich möchte ein Tresorfach mieten.«

»Sehr gern. Möchten Sie unser Tresorgewölbe persönlich in Augenschein nehmen?«

Donnerwetter, die machen's Räubern aber leicht, dachte Mitch. »Nein, das wird nicht notwendig sein. Aber wenn ich jetzt gleich den Schlüssel mitnehmen könnte ...«

Der Manager hob den Telefonhörer auf seinem Schreibtisch ab und sprach hinein. Mitch schaute aus dem Fenster.

»Ist schon unterwegs«, sagte der Manager.

»Gut. Wenn Sie die Wertpapiere gekauft haben, tun Sie die bitte ins Tresorfach.«

Ein junger Mann kam herein und gab dem Manager einen Schlüssel. Der Manager reichte ihn Mitch. Mitch erhob sich und schüttelte dem Manager die Hand.
»Vielen Dank für Ihre Hilfe.«
»War mir ein Vergnügen, Mr. Hollows.«

*

Eine Woche später rief Mitch die Bank an und erhielt die Auskunft, die Wertpapiere seien gekauft und ins Tresorfach getan worden. Er nahm einen leeren Koffer und fuhr mit der U-Bahn zur Bank.

Er ging in den Tresorraum hinunter, öffnete sein Fach und nahm sämtliche Wertpapiere heraus, um sie in seinen Koffer zu tun. Dann verließ er die Bank.

Er ging um die Ecke zu einer anderen Bank, wo er sich ein weiteres Tresorfach mietete. Er bezahlte dafür mit einem eigenen Scheck und mietete das Tresorfach unter seinem richtigen Namen. Sodann tat er den Koffer mit den Wertpapieren in dieses neugemietete Fach.

Auf dem Heimweg sah er eine Telefonzelle. Er betrat sie und rief eine Sonntagszeitung an.

15

SAMANTHA BETRAT MIT Tom die *Black Gallery* und schaute sich verwundert um. Der Raum erschien völlig verwandelt. Als sie das letzte Mal hier gewesen war, hatten noch überall Chaos und Verwirrung geherrscht: Gerümpel, Plastikplanen, Farbtöpfe, Handwerker. Jetzt sah es hier eher aus wie in einem eleganten Apartment: üppig mit Teppichen ausgelegt, geschmackvoll dekoriert; mit interessantem futuristischem Mobiliar und einem wahren Dschungel aus glänzenden Aluminium-Spotlights, die aus der niedrigen Decke hervorwuchsen.

Julian saß an einem Chrom-und-Glas-Schreibtisch unmittelbar neben der Tür. Als er Samantha sah, stand er auf und schüttelte ihr die Hand, Tom nickte er höflich zu.

Er sagte zu Sammy: »Es freut mich riesig, daß Sie die Eröffnung für mich übernehmen werden. Soll ich Sie herumführen?«

»Falls Sie trotz Ihrer Arbeit die Zeit erübrigen könnten«, sagte Samantha höflich.

Er machte eine wegwerfende Handbewegung. »Ich sehe nur Rechnungen durch und versuche, sie per Telepathie verschwinden zu lassen. Kommen Sie nur.«

Julian hatte sich verändert, wie Samantha fand. Aufmerksam betrachtete sie ihn, während er ihnen die Gemälde zeigte und über die Künstler sprach. Sein mittellanges Haar war sehr gekonnt gestylt, so daß sich sein Etonboy-Aussehen ganz verloren hatte. Sein Äußeres besaß jetzt etwas Modern-Natürliches, und er sprach und bewegte sich mit auffälliger Selbstsicherheit. Vermutlich, dachte Samantha, hat er das Problem mit seiner Frau gelöst; oder aber das Geldproblem; vielleicht sogar beides.

Sein Geschmack in Kunstdingen gefiel ihr. Unter den ausgestellten Objekten gab es zwar nichts atemberaubend Originelles – abgesehen vielleicht von der Fiberglas-Skulptur im Alkoven –, doch waren es moderne und irgendwie gelungene Werke. Sachen von jener Art, wie ich sie bei mir vielleicht an die Wand hängen würde, dachte sie und fand, daß diese Formulierung ihre Gefühle sehr genau ausdrückte.

Sie beendeten den Rundgang bei der Tür. Samantha sagte: »Ich möchte Sie um einen Gefallen bitten, Julian.«

»... Ihr Diener, Madam.«

»Würden Sie uns eine Einladung zum Dinner im Haus Ihres Schwiegervaters verschaffen können?«

Er hob die Augenbrauen. »Wozu wollen Sie den alten Knilch kennenlernen?«

»Er fasziniert mich. Ich meine, was ist das für ein Mann, der sich eine Kunstsammlung im Wert von einer Million Pfund aufbaut und diese dann verkauft? Außerdem habe ich so das Gefühl, er ist mein Typ.«

Julian zuckte mit den Achseln. »Also, wenn Sie's wirklich wollen – das macht weiter keine Mühe. Ich nehme Sie einfach mit – Sarah und ich fahren pro Woche mindestens zweimal zum Dinner hin. Erspart die Kocherei. Ich werd' Sie anrufen.«

»Vielen Dank.«

»Nun denn. Das Eröffnungsdatum wissen Sie. Ich wäre Ihnen dankbar, wenn Sie so um halb sieben hier sein könnten.«

»Julian, ich freue mich, von Nutzen zu sein, aber ich kann natürlich nur als letzte auf der Bildfläche erscheinen. Das verstehen Sie doch.«

Er lachte. »Ja, natürlich. Hatte ganz vergessen, daß Sie ja ein Star sind. Der offizielle Beginn ist um halb acht oder acht, und so wäre acht Uhr vielleicht am besten.«

»Okay. Aber als erstes kommt das Dinner bei Lord Cardwell, richtig?«

»Richtig.«

Sie schüttelten sich wieder die Hand. Samantha und Tom verließen die *Black Gallery,* und Julian kehrte zu seinem Schreibtisch mit den Rechnungen zurück.

*

Tom schob sich seitwärts durch die dichtgedrängte Menge auf dem Straßenmarkt. Irgendwie wirkte der Markt immer nur halbvoll: Drängten sich die Menschen dort nicht dicht an dicht, so schien er geradezu leer zu sein. Solche Märkte mußten ganz einfach übervoll sein – das gefiel den Leuten und den Händlern. Von den Taschendieben ganz zu schweigen.

Seine Vertrautheit mit dem Markt löste in Tom ein Gefühl des Unbehagens aus. Der Stand mit den Töpferwaren, die unabsehbaren Reihen alter Kleidungsstücke, der Lärm, das Stimmengewirr – all das verkörperte für ihn eine Welt, die er Gott sei Dank hinter sich gelassen hatte. In den Kreisen, in denen er sich jetzt bewegte, nutzte er seine proletarische Herkunft weidlich aus: Für jene Leute war dergleichen absolut und total »in« – was ihn selbst betraf, so verbanden ihn keine liebevollen Erinnerungen mit seiner Vergangenheit. Er betrachtete die schönen Asiatinnen in ihren Saris, die fetten westindischen Weiber, die griechischen Youngsters mit ihrer glatten, olivfarbenen Haut, die alten Cockneys mit ihren Stoffmützen, die müden jungen Frauen mit ihren Babys, die arbeitslosen Burschen in ihren frischgestohlenen Sack-Jeans: und er wehrte sich gegen das Gefühl, hierher zu gehören.

Er drängte sich durch die Menge, wollte zum Pub am Ende der Straße. Mit lauter Singsang-Stimme pries ein Mann, der auf einer umgedrehten Orangenkiste stand, »kostbaren Schmuck« an: »Ist nämlich Diebesgut, aber ja nicht weitersagen!« Tom grinste unwillkürlich. Gewiß, bei manchen der Waren hier auf dem Markt handelte es sich um echte Schore, geklaute Sachen; aber in der Regel war es Ausschußware von so schlechter Qualität, daß sie von normalen Geschäften zurückgewiesen wurde. Doch Menschen waren nun einmal Menschen: Redete man ihnen ein, daß es sich um Diebesgut handelte, so glaubten sie, es müsse von guter Qualität sein.

Er löste sich aus der Menschenmenge und betrat den Cock. Es war ein traditionelles Pub: trüb, verräuchert, voller Gerüche, mit einem Zementfußboden sowie harten Sitzen entlang der Wand. Er trat an die Theke.

»Whisky und Soda, bitte. Ist Bill Wright hier?«

»Old Eyes Wright?« fragte der Barmann. Er streckte die Hand aus. »Dort drüben. Trinkt Guinness.«

»Dann also ein Glas für ihn.«

Er bezahlte und trug die Drinks zu einem dreibeinigen Tisch am Ende des Raums. »Morgen, Chef-Sergeant.«

Wright musterte ihn über den Rand des Glases hinweg, das bereits vor ihm stand. »Rotziger junger Rüde. Hoffentlich hast du für mich einen Drink gekauft.«

»Natürlich.« Tom setzte sich. Auf typische Cockney-Weise war »Eyes«, Wrights Spitzname, gleich ein doppelter Witz. Er enthielt eine Anspielung darauf, daß Wright einmal Berufssoldat war – »Augen rechts!« – sowie einen unüberhörbaren Hinweis auf Wrights vorquellende Augen von orangefarbener Tönung.

Tom nippte an seinem Drink und studierte den Mann. Er hatte sehr kurz gestutztes weißes Haar, bis auf eine kleine runde braungetönte Stelle in der Mitte. Seine Haut war tief gebräunt: Jeden Sommer und jeden Winter verbrachte er sechs Wochen in der Karibik. Das Geld für dieses Urlaubsvergnügen verdiente er sich als Safe-Knacker – eine Karriere, die er nach seinem Abschied von der Army eingeschlagen hatte. Er genoß den Ruf eines erfahrenen Spezialisten. Erwischt worden war er nur ein einziges Mal: infolge eines wahrhaft unglaublichen Zufalls – in das Haus, das Wright gerade ausrauben wollte, war ein Einbrecher eingedrungen und hatte die Alarmanlage ausgelöst.

Tom sagte: »Ein wunderschöner Tag für krumme Sachen, Mr. Wright.«

Wright leerte sein Glas und nahm dann das, welches Tom für ihn bezahlt hatte. »Du weißt doch, was die Bibel sagt: ›Der Herr läßt seinen Sonnenschein und seinen Regen herniedergehen auf Ungerechte und Gerechte.‹ Ist mir immer ein großer Trost gewesen, dieser Spruch.« Er nahm wieder einen Schluck. »So ein ganz übler Bursche kannst du ja nicht sein, Sohn, wenn du einem alten Mann einen Drink bezahlst.«

Tom hob sein Glas an die Lippen. »Auf das Glück.« Er streckte eine Hand vor und berührte das Revers von Wrights Jackett. »Gefällt mir, der Anzug. Savile Row?«

»Richtig, Freundchen. Du weißt doch, was die Bibel sagt: ›Meide den Schein des Bösen.‹ Ausgezeichneter Tip. Welcher Polyp würde es übers Herz bringen, einen alten Hauptfeldwebel mit kurzgestutztem Haar und einem Qualitätsanzug zu verhaften?«

»Ganz abgesehen davon, daß Sie ihm die ganze Bibel vorzitieren könnten.«

»Hmm.« Wright machte einen sehr langen Zug. »Also, es ist langsam an der Zeit, daß du aufhörst, um den heißen Brei herumzureden. Was willst du von mir?«

Tom senkte die Stimme. »Ich habe einen Job für Sie.«

Wrights Augen wurden schmal. »Worum geht's?«

»Bilder.«

»Porno? Damit kannst du doch nicht –«

»Nein«, unterbrach ihn Tom. »Kunstwerke, wissen Sie. Seltene Sachen.«

Wright schüttelte den Kopf. »Nicht mein Gebiet. Würde nicht wissen, wo ich sie losschlagen sollte.«

Tom machte eine ungeduldige Handbewegung. »Ich mach' das nicht auf eigene Faust. Und ich brauche sowieso Finanzierung.«

»Wer steckt da mit dir drin?«

»Nun, das ist ein weiterer Grund, weshalb ich zu Ihnen gekommen bin. Wie wär's mit Mandingo?«

Wright nickte nachdenklich. »Das geht dann aber in 'ne Menge Teile. Wieviel schaut denn bei dem Job heraus?«

»Eine Million, alles in allem.«

Wright hob seine sandfarbenen Augenbrauen. »Ich will dir was sagen – wenn dir Mandingo Rückendeckung gibt, bin ich dabei.«

»Prima. Dann machen wir uns am besten gleich zu ihm auf.«

Sie verließen das Pub und überquerten die Straße, wo

an einer doppelten gelben Linie ein neuer, senffarbener Citroën parkte. Als Wright die Tür öffnete, näherte sich ein bärtiger alter Mann in einem schmutzigen Mantel. Wright gab ihm etwas Geld und stieg ein.

»Hält für mich Ausschau nach Parksünder-Jägern«, erklärte Wright, während er losfuhr. »Du weißt ja, was die Bibel sagt: ›Du sollst dem Ochsen, der da drischt, nicht das Maul verbinden.‹«

So ganz wurde Tom aus dem Bibelspruch diesmal nicht schlau. Er gab das Nachgrübeln darüber erst auf, als sie nach einiger Zeit eine schmale Straße nahe Trafalgar Square erreichten: ein Viertel mit vielen Theatern.

»Hier wohnt er?« fragte Tom überrascht.

»Der Junge versteht's eben. Ach, wie den Bösen oft ihr böses Gut gedeiht! Bei den Prozenten, die er nimmt, müßte er eigentlich stinkreich sein.«

Wright stieg aus.

Sie gingen eine schmale Straße hinab und betraten einen Hauseingang. In einem Lift fuhren sie zur obersten Etage. In der Tür, an die Wright klopfte, befand sich ein Guckloch.

Ein junger dunkelhäutiger Mann öffnete. Er trug Matadorenhosen, ein grellfarbenes Hemd und modische Perlenschnüre.

Wright sagte: »Morgen, Mandingo.«

»He, Mann, komm rein«, sagte Mandingo. Er winkte mit seiner schlanken Hand, zwischen deren Fingern er eine lange Zigarette hielt.

Das Apartment war luxuriös in Rot und Schwarz dekoriert und mit einem Haufen superteurer Möbel vollgestopft. Ringsum sah man die kostspieligen elektrischen Spielzeuge eines Mannes, der mehr Geld besitzt, als er vernünftigerweise ausgeben kann: ein »sphärisches« Transistorradio, einen großen Farbfernseher, dazu ein zweites transportables Gerät, eine Digitaluhr, eine Unmasse von Hi-Fi-Equipment und inmitten von allem – ein wahrhaft gekonnter Stilbruch – ein antikes Telefon. In einem tiefen Sessel rekelte sich ein blasses, blondes Mädchen, das eine Sonnenbrille trug, in der einen Hand einen Drink hielt und in der anderen eine Zigarette. Sie nickte Wright und Tom zu und schnippte nachlässig die Asche ihrer Zigarette auf den Teppich.

»He, Mann, was gibt's?« fragte Mandingo, als sie sich setzten.

Wright sagte: »Unser Freund Tom hier möchte, daß du 'n kleinen Fischzug finanzierst.«

Tom überlegte, wie verschieden diese beiden Männer doch waren, und fragte sich, warum sie zusammenarbeiteten.

Mandingo sah ihn an. »Tom Cooper heißt du, stimmt's? Hältst dich wohl für 'n Schriftkünstler oder so. Und hast, wenn ich nicht irre, ein Ende Knast abgerissen.«

»Dies ist ein großes Ding, Mandingo.« Tom gab sich Mühe, seine Verärgerung zu beherrschen. Es mißfiel ihm, an seine Zeit als Scheckfälscher erinnert zu werden.

»Schieß los.«

»Hast du in den Zeitungen von Lord Cardwells Kunstsammlung gelesen?«

Mandingo nickte.

»Ich hab 'ne Möglichkeit, da ranzukommen.«

Mandingo deutete auf ihn. »Ich bin beeindruckt. Bist ja möglicherweise inzwischen 'n mächtiges Stück vorangekommen, Tom. Wo wird die Sammlung aufbewahrt?«

»In seinem Haus in Wimbledon.«

»Weiß nicht, ob sich die Polizei dort draußen von mir schmieren läßt.«

»Nicht nötig«, sagte Tom. »Es sind nur dreißig Gemälde. Ich werde alles schon vorher ausbaldowert haben. Bill hier arbeitet mit mir zusammen. Der Job wird vielleicht 'ne Viertelstunde dauern.«

Mandingo dachte nach. »Eine Million Pfündchen innerhalb einer Viertelstunde. Hört sich nicht schlecht an.«

Mechanisch streichelte er den Schenkel des blonden Mädchens. »Also – worum geht's euch? Ihr wolltet, daß ich 'n Lieferwagen stelle und ein paar Gehilfen dazu; daß ich die heiße Schore lagere; und daß ich einen Markt dafür finde.« Er führte ein lautes Selbstgespräch. »Das Zeug geht rüber nach Amerika. Wenn ich die Sache langsam abwickle, krieg' ich vielleicht 'ne halbe Million dafür. Wird wahrscheinlich seine zwei Jahre dauern, bis ich's los bin.« Er hob den Kopf. »Okay. Ich werde fünfzig Prozent nehmen; die andere Hälfte teilt ihr beide miteinander. Und nicht vergessen: Es wird eine ganze Weile dauern, bis das Geld reinkommt.«

»Fünfzig Prozent?« sagte Tom. Wright legte ihm beschwichtigend die Hand auf den Arm.

»Ruhig, Tom. Das große Risiko nimmt Mandingo auf sich – das Lagern.«

Mandingo sprach, als hätte er nichts gehört. »Da ist noch etwas. Ihr wolltet, daß ich meine Leute dem Risiko aussetze, ich soll Geld vorschießen, Lagerraum finden – schon unser Gespräch hier würde genügen, um mir eine Anklage wegen krimineller Verschwörung einzuhandeln. Laßt also die Finger von dem Job, falls ihr euch eurer Sache nicht absolut sicher seid. Für den Fall, daß ihr Mist baut, haut ja schleunigst aus England ab, bevor ich euch in die Fänge kriege. Fehlschläge sind für meine Reputation Gift.«

Wright stand auf, und Tom folgte seinem Beispiel. Mandingo führte sie zum Ausgang.

Er fragte: »He, Tom, was für einen Trick hast du, um in Cardwells Haus zu kommen?«

»Ich fahre zum Dinner hin. Bis später.«

Mandingo lachte dröhnend, während er die Tür schloß.

TEIL VIER

Der Firnis

»Ich glaube, ich weiß, wie es ist, wie Gott zu sein.«
Pablo Picasso, Maler

16

DER REPORTER SASS an seinem Schreibtisch in der Nachrichtenzentrale und dachte über seine Karriere nach. Er hatte nichts Besseres zu tun, weil es Mittwoch war und sämtliche Entscheidungen, welche seine Vorgesetzten mittwochs trafen, am Donnerstagmorgen widerrufen wurden, weshalb der Reporter es sich zur Regel gemacht hatte, am Mittwoch niemals wirklich zu arbeiten. Im übrigen bot seine Karriere genügend Stoff zum Nachdenken.

Es war bislang eine kurze und spektakuläre Karriere gewesen, allerdings mit wenig Substanz unter der glanzvollen Oberfläche. Nach dem Studium in Oxford war er zu einer kleinen Wochenzeitschrift in Südlondon gegangen, hatte dann für eine Nachrichtenagentur gearbeitet und danach diesen Job bei einer angesehenen Sonntagszeitung bekommen.

Das war das Glanzvolle, dessen Kehrseite sozusagen aus wertloser Schlacke bestand. Der Reporter hatte von Anfang an den Ehrgeiz gehabt, Kunstkritiker zu werden. Deshalb hatte er sich durch die Tretmühle der Wochenzeitschrift gequält: um von der Pike auf zu lernen; und die Nachrichtenagentur hatte er auf sich genommen, um seine Kompetenz zu beweisen. Aber jetzt, nach drei Monaten bei der Sonntagszeitung, wußte er, daß er sich ganz am Ende einer langen Reihe von Bewerbern um den komfortablen Stuhl des Kunstkritikers befand. Irgendwelche Abkürzungen schien es jetzt nicht mehr zu geben.

Die Reportage, die er in dieser Woche machen sollte, betraf die Verschmutzung eines Reservoirs in Südwales. Für den Fall, daß ihn jemand danach fragen sollte, hatte er die Antwort parat: Recherchen noch nicht abgeschlossen. Das Hundsgemeine bei all diesen Sachen war, daß sie mit Kunst nicht das geringste zu tun hatten.

Vor ihm lag ein prall gefüllter Hefter mit Zeitungsausschnitten, beschriftet mit: »Wasser – Verschmutzung – Reservoirs.« Als er den Hefter gerade öffnen wollte, läutete das Telefon. Er hob ab.

»Nachrichtenredaktion.«

»Haben Sie was zum Schreiben zur Hand?«

Louis Broom war überrascht. Fünf Jahre Journalismus hatten ihm so manchen verrückten Anruf beschert, aber mit dieser Frage hatte noch keiner angefangen. Er zog die Schreibtischschublade auf und nahm Notizblock und Kugelschreiber heraus.

»Ja. Was kann ich für Sie tun?«

Statt einer Antwort kam eine weitere Frage: »Haben Sie Ahnung von Kunst?«

Louis runzelte die Stirn. Der Mann klang eigentlich gar nicht wie ein Spinner. Die Stimme war ruhig und ohne Hysterie; und da war auch nichts von jener atemlosen Intensität, wie sie für meschugge Anrufer typisch war.

»Wie es der Zufall will, verstehe ich etwas davon.«

»Gut. Hören Sie sehr aufmerksam zu, weil ich nichts wiederholen werde. Vorige Woche wurde in London der größte Schwindel in der Geschichte der Kunst durchgeführt.«

Lieber Gott, dachte Louis, der Kerl ist also doch ein Spinner. »Wie ist Ihr Name, Sir?« fragte er höflich.

»Halten Sie den Mund und machen Sie sich eine Notiz. *Claypole und Company* hat für neunundachtzigtausend Pfund einen Van Gogh mit dem Titel *Der Totengräber* gekauft. Und *Crowforth* hat für dreißigtausend einen Munch mit dem Titel *Der hohe Stuhl* erstanden.«

Louis kritzelte wild, während die Stimme fortfuhr und insgesamt zehn Gemälde und Galerien nannte.

Schließlich sagte der Fremde: »Die Gesamtsumme beläuft sich auf über eine halbe Million Pfund. Ich erwarte von Ihnen nicht, daß Sie mir glauben. Es ist jedoch Ihre Sache, die Angaben zu überprüfen. Wenn Sie dann Ihre Story gebracht haben, werden wir Ihnen sagen, warum wir es getan haben.«

»Einen Moment noch –« Doch es klickte, und die Stimme war nicht mehr zu hören. Louis legte auf.

Dann lehnte er sich zurück, steckte sich eine Zigarette an und fragte sich, was er wegen des Anrufs unternehmen sollte. Einfach ignorieren konnte er ihn auf gar keinen Fall. Louis war sich zwar zu neunundneunzig Prozent sicher, daß es sich bei dem Anrufer um einen Spinner handelte, doch war es nicht selten das zähe Nachforschen bei dem einen Prozent, was die besten Skandale zutage förderte.

Er überlegte: Sollte er den Nachrichtenredakteur verständigen? Aber der würde ihm wahrscheinlich sagen, er solle den Tip dem Kunstkritiker geben. Es war viel besser, die Sache auf eigene Faust anzugehen, und sei es nur, um eigene Ansprüche auf die Story geltend machen zu können.

Er schlug im Telefonbuch unter *Claypole* nach und wählte dann die Nummer.

»Haben Sie einen Van Gogh mit dem Titel *Der Totengräber* zum Verkauf?«

»Nur einen Augenblick, Sir, ich werde es herausfinden.«

Louis benutzte die Pause, um sich eine Zigarette anzustecken.

»Hallo? Wir haben das betreffende Werk.«

»Könnten Sie mir den Preis nennen?«

»Einhundertundsechzigtausend Pfund.«

»Besten Dank.«

Louis rief bei *Crowforth & Co.* an und erfuhr, daß sie

tatsächlich einen Munch mit dem Titel *Der hohe Stuhl* hatten, Verkaufspreis: 39 000 Pfund.

Er dachte angestrengt nach. Die Sache schien hieb- und stichfest zu sein. Aber noch war der Zeitpunkt nicht gekommen, um über die Story zu reden.

Wieder griff er zum Telefon.

*

Professor Peter Schmidt hinkte an seiner Krücke in die Bar. Er war ein großer, energischer Mann mit blondem Haar und einem roten Gesicht. Trotz einer leichten Sprechbehinderung und seines starken deutschen Akzents war er in Oxford einer der besten Kunstdozenten gewesen. Obwohl Louis eigentlich Englisch studiert hatte, war er bei Schmidt regelmäßig Gasthörer gewesen, des geistigen Genusses wegen: Der Mann verfügte über umfassende Kenntnisse in Kunstgeschichte und verfocht überdies enthusiastische und ikonoklastische Theorien. Die beiden Männer hatten sich auch privat getroffen, um sich einen Drink zu genehmigen und hitzig über alles mögliche zu debattieren.

Schmidt wußte über Van Gogh mehr als irgend jemand sonst.

Er entdeckte Louis, winkte ihm zu, hinkte herbei.

»Die Stahlfeder an deiner verdammten Krücke quietscht noch immer«, sagte Louis.

»Dann kannst du sie ja mit Whisky ölen«, erwiderte Schmidt. »Wie geht's dir, Louis? Und was soll diese ganze Geheimnistuerei?«

Louis bestellte für den Professor einen großen Scotch. »Ich hatte ja Glück, dich noch in London zu erwischen.«

»Kann man wohl sagen. Kommende Woche reise ich nach Berlin. Eine Hetzerei und das reine Chaos.«

»Nett von dir, daß du gekommen bist.«

»Allerdings. Nun, worum geht es?«

»Ich möchte, daß du dir ein Bild ansiehst.«

Schmidt kippte seinen Scotch. »Hoffentlich ist es ein gutes.«

»Ob's das ist, sollst du mir sagen. Komm, gehen wir.«

Sie verließen die Bar und gingen in Richtung *Claypole-Gallery*. Viele Passanten musterten das ungleiche Paar überrascht: den jungen Mann in seinem braunen Nadelstreifenanzug und mit den eleganten Schuhen; und den hochgewachsenen Krüppel an seiner Seite, der ein blaues, am Hals offenes Hemd und eine ausgeblichene Jeansjacke trug. Sie folgten der Straße mit dem berühmten Namen Piccadilly und bogen dann südwärts in die St. James' Street ein. Zwischen einem exklusiven Hutgeschäft und einem französischen Restaurant befanden sich die Bogenfenster von *Claypole's*.

Sie traten ein und gingen durch die kleine Galerie. Am Ende der Räume befand sich *Der Totengräber*. Er war besonders hell beleuchtet.

Für Louis handelte es sich eindeutig um einen Van Gogh. Die schweren Glieder und das müde Gesicht des Bauern, die flache holländische Landschaft, der niedrige Himmel, all das schienen unverwechselbare Kennzeichen zu sein. Auch die Signatur war vorhanden.

»Professor Schmidt! Welch ein unerwartetes Vergnügen.«

Louis drehte sich um und sah einen schlanken, eleganten Mann mit angegrautem Van-Dyke-Bart, der einen schwarzen Anzug trug. Schmidt sagte: »Hallo, Claypole.«

Claypole stellte sich zu ihnen und betrachtete das Bild. »Dies ist wirklich so was wie eine Entdeckung«, sagte er. »Ein wunderbares Stück, allerdings eine Neuheit auf dem Markt.«

»Sagen Sie mir, Claypole, wo haben Sie's her?« fragte Schmidt.

»Ich weiß nicht recht, ob ich's Ihnen verraten soll. Sie verstehen schon: Berufsgeheimnis.«

»Sagen Sie mir, woher Sie's haben, und ich sage Ihnen, was es wert ist.«

»Oh – na gut. Es handelt sich eigentlich um einen Glücksfall. Vorige Woche war ein gewisser Renalle von einer kleinen Agentur in Nancy hier in London. Wohnte im *Hilton* und veräußerte eine ziemlich große Sammlung aus dem Nachlaß eines Industriellen oder so ähnlich. Jedenfalls bot er mir dieses Bild an.«

»Und wieviel verlangen Sie dafür?«

»Einhundertundsechzigtausend Pfund. Ein fairer Preis.«

Schmidt gab eine Art Grunzen von sich und starrte, auf seine Krücke gestützt, auf das Bild.

Claypole fragte: »Und wieviel ist es nach Ihrer Meinung wert?«

Schmidt erwiderte: »Ungefähr einhundert Pfund. Es ist die beste Fälschung, die ich jemals gesehen habe.«

*

Louis' Redakteur war ein kleinwüchsiger, hakennasiger Mann mit einer Vorliebe für bestimmte Redensarten und Wörter. Er zog sich an der Nasenspitze und sagte: »Wir wissen jetzt also, daß sämtliche Gemälde tatsächlich von jenen Leuten gekauft worden sind, die der anonyme Anrufer nannte. Auch die von ihm erwähnten Preise scheinen zu stimmen. Außerdem wissen wir etwas, das er uns nicht gesagt hat: daß sämtliche Bilder von einem Mann verkauft worden sind, der sich Renalle nannte und im *Hilton* wohnte. Und schließlich und endlich wissen wir, daß es sich zumindest bei einem der Gemälde um eine Fälschung handelt.«

Louis nickte. »Der Anrufer sagte außerdem noch so etwas wie: ›Wir werden Ihnen sagen, warum wir es getan haben.‹ Klingt doch ganz so, als wäre der Anrufer dieser sogenannte Renalle gewesen.«

Der Redakteur furchte die Stirn. »Ich halte das Ganze für einen Streich, einen Gag«, sagte er.

»Was allerdings nichts an der Tatsache ändert, daß die Londoner ›Kunst-Brüderschaft‹ einem Riesenschwindel aufgesessen ist.«

Der Redakteur musterte Louis. »Keine Sorge, an Ihrer Story wird nicht gerüttelt«, sagte er und überlegte dann einen Augenblick. »Okay, wir werden folgendermaßen vorgehen.« Er blickte zu Eddie Makintosh, dem Kunstkritiker der Zeitung. »Ich möchte, daß Sie sich an Disley von der *National Gallery* wenden oder an jemanden von gleichermaßen bedeutendem Ruf. Es muß jemand sein, den wir als Britanniens führenden Kunstexperten bezeichnen können. Bringen Sie ihn dazu, zusammen mit Ihnen all diese Galerien aufzusuchen und eindeutig zu erklären, ob es sich bei den Gemälden um Originale oder um Fälschungen handelt. Bieten Sie ihm ein Beratungshonorar an, falls Sie meinen, daß dergleichen erwartet wird.

Merken Sie sich für alle Fälle eines: Auf gar keinen Fall dürfen Sie diesen Typen sagen, daß Sie allen Grund zu der Annahme haben, daß es sich um Fälschungen handelt. Sobald die was von einem konkret begründeten Verdacht hören, verständigen sie die Polizei. Und sobald Scotland Yard Ermittlungen aufnimmt, kriegt garantiert irgendein Kriminalreporter von einer Tageszeitung davon Wind, und wir als Sonntagszeitung sind aufgeschmissen.«

»Louis, ich möchte, daß Sie's vom anderen Ende her angehen. Sie haben eine Story, und was immer Eddie auch entdecken mag – ein so'n Riesending von einer Fälschung ist genug. Versuchen Sie, diesen Renalle aufzuspüren. Finden Sie heraus, in welchem Zimmer im Hotel er gewohnt hat, wie viele Leute dort waren – und so weiter. Okay.«

Die beiden Journalisten verstanden. Ohne weitere Worte verließen sie den Raum.

*

Louis gab dem Rezeptionisten fünf Pfund, damit der ihn im Hotelregister nachschauen ließ. Für keinen Tag der vorangegangenen Woche war ein Renalle aufgeführt. Louis ging noch einmal alles sorgfältig durch. Das einzige irgendwie Auffällige war ein Mr. Eric Clapton. Er wies den Rezeptionisten auf den Namen hin.

»Ja, ich erinnere mich. Er hatte eine schöne französische Dame bei sich. Hieß Renault oder so ähnlich. Ich erinnere mich, weil für ihn ein Taxi mit einer ganzen Ladung Gemälde kam. Gab auch gute Trinkgelder.«

Louis notierte sich die Zimmernummer. »Wenn Gäste per Scheck bezahlen, tragen Sie dann in Ihre Unterlagen einen Vermerk über die betreffende Bank ein?«

»Ja.«

Louis gab ihm noch zwei 5-Pfund-Noten. »Können Sie mir die Adresse dieser Bank von Clapton besorgen?«

»Nicht sofort. Könnten Sie in einer halben Stunde wiederkommen?«

»Ich werde Sie aus meinem Büro anrufen.«

Um die Zeit totzuschlagen, ging er zu Fuß zu seinem Büro zurück. Als er dann im Hotel anrief, hatte der Rezeptionist die Antwort parat.

»Der Scheck war überdruckt mit dem Namen *Hollows und Cox*«, fügte er hinzu, »und unterschrieben von Mr. Hollows.«

Louis fuhr mit einem Taxi zur Bank.

Der Manager sagte zu ihm: »Wir geben niemals die Adressen von Kunden heraus, fürchte ich.«

Louis beschwor ihn: »Diese Kunden sind in eine große Fälschung verwickelt. Wenn Sie die Adressen jetzt nicht mir geben, werden Sie sie bald der Polizei geben müssen.«

»Nun, wenn und falls die Polizei die Adressen haben will, so soll sie sie bekommen – vorausgesetzt, daß das unter den gegebenen Umständen rechtens ist.«

»Wäre es für Sie kompromittierend, diese Kunden anzurufen? Wenigstens einen von ihnen? Und um ihre Erlaubnis zu bitten?«

»Warum sollte ich das tun?«

»Ich bin gern bereit, mich Ihrer Hilfe zu entsinnen, wenn ich meine Story schreibe. Es ist ja absolut nicht notwendig, daß die Bank in ein schiefes Licht gerät.«

Die Miene des Managers wirkte nachdenklich. Schließlich hob er den Telefonhörer ab und wählte. Louis prägte sich die Nummer ein.

»Es meldet sich niemand«, sagte der Manager.

Louis verließ die Bank. Von einer Telefonzelle aus rief er die Auskunft an, und es gelang ihm schließlich, mit der örtlichen Vermittlung verbunden zu werden. Das dortige »Fräulein vom Amt« nannte ihm ohne irgendwelche Umstände die zu der Nummer gehörende Adresse. Wieder nahm er sich ein Taxi.

Auf dem Fahrweg vor dem Haus stand ein mit Gepäckstücken vollbefrachteter Kombi. Mr. Hollows war mit seiner Familie gerade von einem Camping-Urlaub in Schottland zurückgekehrt. Er hantierte an den Stricken, mit denen allerlei Zeug auf dem Autodach festgezurrt war.

Daß irgendwer auf seinen Namen ein Bankkonto eröffnet hatte, versetzte ihm einen Schock. Nein, er hatte nicht die leiseste Ahnung, was das bedeuten mochte. Ja, er könne Louis ein Foto von sich leihen; er hatte zufälligerweise sogar einen Schnappschuß, der ihn mit seinem Freund Mr. Cox zeigte.

Louis nahm die Fotos und fuhr damit zur Bank zurück.

»Keiner dieser beiden Herren ist der Mann, der das Konto eröffnet hat«, sagte der Bankmanager.

Seine Besorgnis war jetzt unverkennbar. Er telefonierte mit Mr. Hollows, und seine Unruhe verstärkte sich noch. Er ließ sogar die Bemerkung entschlüpfen, daß eine Menge »über das Konto« gegangen sei. Es war in verkäufliche Wertpapiere umgewandelt worden, welche man sodann in das gemietete Tresorfach getan hatte.

Er führte Louis hinunter in den Tresorraum und öffnete das betreffende Tresorfach. Es war leer.

Louis und der Manager sahen einander an. Louis sagte: »Hier bricht die Fährte ab.«

*

»Hör dir dies an: ›Britanniens Kunstexperte Nummer eins, Mr. Jonathan Rand, hält die Gemälde für Werke des besten Kunstfälschers, den dieses Jahrhundert gesehen hat.‹ Bist nun du das, Mitch, oder bin ich's?«

Peter und Mitch saßen in dem Atelier des Hauses in Clapham und tranken die zweite Tasse Kaffee nach dem Frühstück. Jeder von ihnen hatte ein Exemplar der Sonntagszeitung, und sie lasen über sich selbst, halb belustigt, halb bewundernd.

Mitch sagte: »Diese Knaben von der Zeitung arbeiten verdammt schnell, weißt du. Sie haben alles rausgefunden über das Bankkonto und das Tresorfach; sogar den armen Hollows haben sie interviewt.«

»Ja, aber wie steh's hiermit? ›Der Fälscher hat seine Fährte so gut verwischt, daß Scotland Yard der Überzeugung ist, ein erfahrener Verbrecher müsse ihm dabei geholfen haben.‹ Der geniale Fälscher, das geht sicher auf mich, und du, du bist der erfahrene Kriminelle.«

Mitch legte die Zeitung aus der Hand und blies in seine Tasse, um den Kaffee abzukühlen. »Beweist ja nur, wie leicht so was zu machen ist – und genau das wollten wir doch zeigen.«

»Hier ist noch ein hübsches Stück: ›Die Krönung des Schwindels bestand darin, daß jedem Gemälde eine Expertise beigegeben war, was normalerweise eine Garantie für die Echtheit eines Werkes ist. Für diese Expertise war das offizielle Schreibpapier der Pariser Künstleragentur Meunier benutzt worden, überdies der Firmenstempel. Beides – Papier und Stempel – müssen gestohlen worden sein.‹ Ist doch hübsch ausgedrückt: ›Die *Krönung* bestand darin‹.« Peter faltete seine Zeitung zusammen.

Mitch nahm Annes Gitarre und begann einen einfachen Blues zu spielen. Peter sagte: »Hoffentlich lacht auch Arnaz – schließlich hat er für den Witz bezahlt.«

»Ich bin sicher, daß er nie und nimmer mit unserem Erfolg gerechnet hat.«

»Ich auch nicht«, meinte Peter lachend.

Abrupt legte Mitch die Gitarre aus der Hand. »Das Allerwichtigste haben wir noch gar nicht getan. Sehen wir zu, daß wir's hinter uns bringen.«

Peter trank seinen Kaffee aus und stand auf. Beide zogen sich ihre Jacketts an, riefen Anne ein kurzes »Bye« zu und verließen das Haus.

Sie gingen die Straße entlang und quetschten sich gemeinsam in die Telefonzelle an der Ecke.

»Eine Sache macht mich nervös«, sagte Peter, als er den Hörer abnahm.

»Das mit Scotland Yard, wie?«

»Genau.«

»Geht mir genauso«, sagte Mitch. »Vielleicht haben die 'ne Fangschaltung, um unseren Anruf bei der Zeitung abzufangen. Dann könnten sie zu dieser Telefonzelle sausen, das Gebiet ringsum absperren und jeden befragen, bis sie jemanden finden, der was mit Kunst zu tun hat.«

»Was tun wir also?«

»Am besten rufen wir bei einer anderen Zeitung an. Die sind inzwischen doch alle über die Story im Bilde.«

»Okay.« Peter holte ein Telefonbuch und sah unter der Spalte für Tageszeitungen nach.

»Welche?« fragte er.

Mitch schloß die Augen und tippte mit dem Zeigefinger auf irgendeine Stelle. Peter wählte die Nummer und ließ sich mit einem Reporter verbinden.

Als der Mann sich meldete, fragte er ihn: »Können Sie Kurzschrift?«

»Sicher«, lautete die pikierte Antwort.

»Dann schreiben Sie. Ich bin Renalle, der Meisterfälscher, und ich möchte Ihnen sagen, warum ich es getan habe. Ich wollte beweisen, daß die Londoner Kunstszene mit ihrer Konzentration auf Meisterwerke und tote Maler nichts als fauler Zauber ist. Die zehn besten Kunsthändler von London können eine Fälschung, wenn sie sie sehen, nicht als solche erkennen. Was sie treibt, sind Geldgier und Snobismus – und nicht etwa die Liebe zur Kunst. Es ist ihre Schuld, daß das Geld, das für die Kunst hereinkommt, niemals zu den Künstlern selbst gelangt, die es so bitter benötigen.«

»Langsamer«, bat der Reporter.

Peter ignorierte es. »Ich erkläre mich hiermit bereit, den Händlern ihr Geld zurückzugeben, allerdings abzüglich der mir entstandenen Kosten, die sich auf etwa eintausend Pfund belaufen. Dabei stelle ich jedoch die Bedingung, daß etwa ein Zehntel der Summe – das wären rund fünfzigtausend Pfund – für den Bau eines Gebäudes im Zentrum Londons verwendet wird, wo junge, unbekannte Künstler für wenig Geld Ateliers mieten können. Die Händler müssen sich zusammentun, um eine entsprechende Stiftung einzurichten. Die zweite Bedingung besteht darin, daß alle polizeilichen Ermittlungen eingestellt werden. Ich werde in den Spalten Ihrer Zeitung nach einer Antwort auf mein Angebot Ausschau halten.«

Der Reporter fragte hastig: »Sind Sie selbst ein junger Künstler?«

Peter hängte auf.

Mitch sagte: »Du hattest deinen französischen Akzent vergessen.«

»Ach, du Scheiße«, fluchte Peter. Sie verließen die Telefonzelle.

Während sie zum Haus zurückgingen, sagte Mitch: »Was, zum Teufel, soll's! Das macht doch kaum einen Unterschied. Inzwischen ist denen sicher klar, daß da keine Franzosen mitgemischt haben. Brauchen sie sich nur noch auf England zu konzentrieren. Na und?«

Peter biß sich auf die Lippen. »Es beweist, daß wir nachlässig werden. Wir glauben schon, alles im Sack zu haben, am Ende sitzen wir noch selbst drin.«

»Bloß nicht gleich schwarzsehen.«

Anne spielte mit Vibeke im hellen Sonnenschein im Vorgarten.

»Bei dem schönen Wetter sollten wir einen Ausflug machen«, sagte sie.

Peter blickte zu Mitch. »Warum eigentlich nicht?«

Vom Bürgersteig draußen kam eine tiefe amerikanische Stimme. »Wie geht's denn den glücklichen Fälschern?«

Peters Gesicht wurde kreideweiß, er drehte sich um. Und atmete auf, als er die stämmige Gestalt und die weißen Zähne sah: Arnaz. Der Mann hatte ein Paket unter dem Arm.

»Sie haben mir einen Schreck eingejagt«, sagte Peter.

Lächelnd öffnete Arnaz die morsche Gartenpforte und trat in den Garten. »Kommen Sie ins Haus«, sagte Peter.

Die drei Männer gingen hinauf ins Atelier. Als sie sich setzten, schwenkte Arnaz ein Exemplar der Zeitung. »Ich gratuliere euch beiden«, sagte er. »Besser hätte auch ich die Sache nicht hingekriegt. Ich hab mir heute morgen im Bett buchstäblich den Arsch abgelacht.«

Mitch stand auf und tat, als wolle er Arnaz' Hinterteil betrachten. »Und wie haben Sie ihn wieder rangekriegt?«

Peter lachte. »Mitch, fang nicht schon wieder an zu spinnen.«

Arnaz fuhr fort: »Es war eine brillante Operation. Hab vorige Woche bei *Claypole* den Van Gogh gesehen. Hätte ihn um ein Haar gekauft.«

»Ist hoffentlich kein Risiko dabei, wenn Sie hierherkommen«, sagte Peter grübelnd.

Mitchs Stimme hatte einen feindseligen Klang. »Ich

dachte, Sie hätten nur so aus Jux bei dieser Sache mitgemacht.«

»Das auch.« Arnaz lächelte wieder. »Aber im Grunde wollte ich mich davon überzeugen, wie gut ihr beiden seid.«

»Worauf, zum Teufel, wollen Sie hinaus?« fragte Peter mit aufsteigender Beklemmung.

»Ich hätt's gern, wenn eine Investition einen Profit abwirft, hab ich doch alles schon mal gesagt. Und deshalb möchte ich, daß jeder von euch noch eine Fälschung anfertigt. Für mich.«

»Daraus wird nichts, Arnaz«, sagte Peter. »Wir haben dies getan, um etwas zu beweisen, nicht um damit Geld zu verdienen. Jetzt setzen wir alles daran, um ungeschoren davonzukommen. Keine weiteren Fälschungen.«

Mitch sagte ruhig: »Ich glaube, da bleibt uns gar keine Wahl.«

Arnaz nickte nachdrücklich. Dann breitete er in einer Art von bittender Geste die Hände aus. »Hört, ihr beiden, es besteht keinerlei Gefahr. Niemand wird von diesen zusätzlichen Fälschungen wissen. Die Leute, die sie kaufen, werden nie ein Wort darüber sagen, daß sie reingelegt worden sind, weil sie damit zugeben würden, daß sie sich in dunkle Geschäfte eingelassen haben. Und außer mir wird niemand wissen, daß ihr die Fälscher seid.«

»Bin nicht interessiert«, sagte Peter.

Arnaz sagte: »Mitch weiß, daß ihr's tun werdet. Stimmt das nicht, Mitch?«

»Ja, du Saukerl.«

»Dann mach das mal deinem Freund Peter hier klar.«

»Arnaz hat uns am Arsch, Peter«, sagte Mitch. »Er ist der einzige auf der ganzen Welt, der uns an die Polizei verpfeifen kann. Dazu braucht's nicht mehr als einen anonymen Telefonanruf. Und dein Handel mit den Kunsthändlern, der ist längst noch nicht spruchreif.«

»Ja, und? Wenn er uns verpfeifen kann, wieso können wir dann nicht ihn verpfeifen?«

Mitch erwiderte: »Weil es keine Beweise gegen ihn gibt. Mit der Operation selbst hatte er nichts zu tun – ihn hat niemand gesehen, mich dagegen eine Masse von Leuten. Die könnten uns gewaltig durch die Mangel drehen: Gegenüberstellungen, Alibis für die fraglichen Tage und weiß Gott was noch. Er seinerseits hat nur eines getan, uns Geld gegeben – und zwar Bargeld, erinnerst du dich? Er kann alles abstreiten.«

Peter blickte zu Arnaz. »Wann wollen Sie die Fälschungen haben?«

»Guter Junge. Ich möchte, daß Sie's sofort erledigen.«

Anne steckte den Kopf durch die Tür. Sie hielt das Baby in den Armen. »He, ihr Burschen, machen wir nun unseren Ausflug oder nicht?«

»Tut mir leid, Liebling«, erwiderte Peter. »Das ist jetzt nicht möglich. Wir müssen etwas anderes tun.«

Annes Gesicht spiegelte Enttäuschung wider. Sie verließ den Raum.

Mitch sagte: »Was für eine Art von Gemälden wollen Sie denn, Arnaz?«

Der Mann griff nach dem Paket, das er mitgebracht hatte. »Ich möchte zwei Kopien hiervon.« Er reichte es Mitch.

Mitch öffnete das Paket und nahm ein gerahmtes Gemälde heraus. Verwundert, ja verwirrt betrachtete er es. Dann las er die Signatur und pfiff.

»Guter Gott«, sagte er verblüfft, »wo haben Sie das her?«

17

SAMANTHA SETZTE IHRE Porzellantasse ab und beobachtete, wie Lord Cardwell ein Stückchen von einem Cracker abbiß, auf dem sich Blue Stilton türmte. Gleichsam gegen ihren Willen fand sie ihn sympathisch:

ein hochgewachsener, weißhaariger Mann mit einer langen Nase und Lachfältchen in den Augenwinkeln. Im Laufe des Dinners hatte er ihr eine Menge intelligenter Fragen gestellt über die Arbeit einer Schauspielerin. Die Geschichten, die sie erzählte, schienen ihn wirklich zu interessieren und – mitunter – auch zu schockieren.

Tom saß ihr gegenüber, und Julian hatte den Platz am Fußende des Tisches. Außer den drei Männern und ihr selbst war nur noch der Butler anwesend, und Samantha fragte sich, wo Sarah wohl sein mochte. Julian hatte sie mit keinem Wort erwähnt. Er sprach gerade enthusiastisch von einem Bild, das er gekauft hatte. Seine Augen glänzten, und er gestikulierte mit einer Hand. Er wirkte wie verwandelt, und es schien, als sei das Bild die Ursache dafür.

»Modigliani verschenkte es!« sagte er. »Er schenkte es einem Rabbi in Livorno, der später ganz zurückgezogen in einem kleinen italienischen Dorf lebte und das Bild dorthin mitnahm. Und da ist es all diese Jahre gewesen – irgendwo an einer Wand in einer Bauernkate!«

»Sind Sie denn sicher, daß es echt ist?« fragte Samantha.

»Absolut. Es besitzt die charakteristischen Kennzeichen, ist von ihm signiert, und wir kennen seine Geschichte. Mehr kann man nicht verlangen. Im übrigen werde ich's bald von einem Spitzenexperten in Augenschein nehmen lassen.«

»Das wollen wir doch hoffen, daß es echt ist«, sagte Lord Cardwell. Er steckte sich den letzten Krümel Käse in den Mund und lehnte sich auf dem hohen Eßzimmerstuhl zurück. Samantha sah, wie der Butler herbeiglitt und den Teller abräumte. »Es hat uns genug Geld gekostet.«

»Uns?« fragte Samantha.

»Mein Schwiegervater hat das Unternehmen finanziert«, sagte Julian hastig.

»Komisch – einen verlorenen Modigliani hat auch eine Freundin von mir erwähnt«, sagte Samantha. Sie sah plötzlich nachdenklich aus. Ihr Gedächtnis ließ sie in letzter Zeit häufig im Stich. »Ich glaube, sie schrieb mir davon. Dee Sleign ist ihr Name.«

»Muß sich um ein anderes Bild gehandelt haben«, sagte Julian.

Lord Cardwell trank einen Schluck Kaffee. »Wissen Sie, ohne einen handfesten Ratschlag von mir hätte Julian diesen großen Coup wohl niemals gemacht. Du hast doch nichts dagegen, daß ich die Story erzähle, Julian.«

Julians Miene war abzulesen, daß er durchaus etwas dagegen hatte, doch Cardwell sprach weiter.

»Er bat um Geld für den Ankauf von Gemälden. Ich sagte ihm, ich sei ein Geschäftsmann, und wenn er von mir Geld haben wolle, müsse er mir zeigen, wie ich bei dem Handel einen Profit machen könne. Und ich gab ihm den Rat, die Nase in den Wind zu halten und einen wirklichen Fund zu machen – dann würde ich auch mein Geld für ihn riskieren. Wie man sieht, hat er sich das zu Herzen genommen.«

Julian lächelte Samantha zu, als wollte er sagen: »Lassen Sie den alten Narren nur schwatzen.«

Tom fragte: »Wie sind Sie Geschäftsmann geworden?«

Cardwell lächelte. »Die Wurzeln, wenn Sie so wollen, reichen zurück bis in meine wilde Jugendzeit. Mit einundzwanzig hatte ich bereits alles erlebt, was sich gemeinhin erleben läßt: Ich war um den Globus gereist, vom College geflogen, hatte an Pferderennen und Flugzeugjagden teilgenommen – vom traditionellen ›Wein, Weib und Gesang‹ ganz zu schweigen.«

Er hielt einen Moment inne, blickte in seine Kaffeetasse und fuhr dann fort: »Mit einundzwanzig konnte ich dann über mein Vermögen verfügen, und ich heiratete. Im Handumdrehen war Nachwuchs unterwegs – nicht Sarah natürlich, sie kam erst viel später. Plötzlich wurde mir bewußt, wie unbefriedigend das sogenannte wilde Leben im Grunde war. Die Verwaltung unserer Ländereien interessierte mich allerdings nicht, ebensowenig kam für mich eine Tätigkeit in einer der Firmen meines Vaters in Frage. Also macht ich mich mit meinem Geld auf zur Londoner City, wo ich entdeckte, daß von Geldgeschäften niemand mehr verstand als ich selbst. Das war so um die Zeit, als die Börse allen sozusagen um die Ohren flog. Die Leute waren vor Angst wie gelähmt. Ich kaufte einige Firmen, die, soweit ich sehen konnte, in ihrer Entwicklung börsenunabhängig waren. Und ich hatte recht. Als die Welt wieder auf die Füße kam, war ich viermal reicher als zu Anfang. Seither ist es allerdings langsamer vorangegangen.«

Samantha nickte. So ungefähr hatte sie sich's vorgestellt. »Sind Sie froh, daß Sie Geschäftsmann geworden sind?«

»Dessen bin ich mir nicht sicher.« Die Stimme des alten Mannes klang plötzlich eigentümlich schwer. »Wissen Sie, es gab mal eine Zeit, in der ich die Welt verändern wollte, genau wie ihr jungen Menschen. Ich glaubte, ich könnte meinen Reichtum verwenden, anderen Gutes zu tun. Aber wenn man dann immer mehr ins Geschäftsleben verwickelt wird, wenn's um den Existenzkampf geht, wenn man Firmen zusammenhalten und Aktienbesitzer zufriedenstellen muß – also irgendwie verliert man dann das Interesse an solch grandiosen Plänen.«

Er schwieg einen Augenblick. »Im übrigen kann die Welt ja nicht gar so schlecht sein, solange es noch solche Zigarren gibt.« Er lächelte müde.

»Und Gemälde wie Ihre«, setzte Samantha hinzu.

Julian fragte: »Wirst du Sammy und Tom die Galerie zeigen?«

»Natürlich.« Cardwell erhob sich. »Gehört sich doch so.«

Als Samantha sich anschickte aufzustehen, war gleich der Butler zur Stelle, um ihren Stuhl beiseite zu rücken. Sie folgte dem alten Herrn, der das Speisezimmer verließ und die breite Treppe zum ersten Stock hinaufstieg. Oben stand eine große chinesische Vase, die Cardwell ein wenig emporhob, um einen darunter versteckten Schlüssel hervorzuziehen. Mit einem Seitenblick registrierte Samantha, daß Tom sich jede Einzelheit genau einprägte; blitzschnell huschten seine Augen hin und her. Irgend etwas unten beim Türpfosten schien seine Aufmerksamkeit auf sich zu ziehen.

Cardwell öffnete die schwere Tür und ließ seine Gäste eintreten. Die Gemäldegalerie befand sich in einem Eckzimmer. Urspünglich ist dies wohl ein Salon gewesen, dachte Samantha. Die Fenster schienen durch Metallgitter geschützt zu sein.

Mit unverkennbarem Vergnügen führte Cardwell seine Gäste von Gemälde zu Gemälde und umriß in kurzen Zügen, wie er zu jedem einzelnen gekommen war.

Samantha fragte ihn: »Haben Sie Gemälde schon immer gemocht?«

Er nickte. »Das ist eines von den Dingen, die man der klassischen Bildung verdankt. Allerdings gibt es eine Menge Sachen, die da einfach ausgelassen werden – wie die Filmkunst zum Beispiel.«

Sie blieben bei einem Modigliani stehen. Das Bild zeigte eine nackte Frau, die auf einem Fußboden kniet – eine lebensechte Frau, dachte Samantha: Das Gesicht ist nicht hübsch, das Haar unordentlich, sie hat spitze Knochen und eine unreine Haut. Das Bild gefiel ihr.

Cardwell war ein so sympathischer und charmanter Mensch, daß sie allmählich Schuldgefühle empfand bei dem Gedanken, ihn zu berauben. Andererseits würden ihm seine Bilder ohnehin verlorengehen, und seine Versicherung würde ja zahlen.

Manchmal fragte sich Samantha, ob sie und Tom nicht ein wenig verrückt waren – ob seine Verrücktheit nicht so etwas wie eine Krankheit war, mit der er sie infiziert hatte – eine gleichsam sexuell übertragbare Krankheit. Sie unterdrückte ein Lächeln. Herrgott, seit Jahren hatte sie sich nicht so lebendig gefühlt.

Als sie dann die Galerie verließen, sagte Samantha: »Ich

bin überrascht, daß Sie die Bilder verkaufen – sie scheinen Ihnen doch sehr ans Herz gewachsen zu sein.«

Cardwell lächelte bedauernd. »Ja. Aber was sein muß, muß sein. Manchmal geht's halt mit dem Teufel zu.«

18

»DIES IST WAHRHAFTIG ganz verflixt abscheulich«, sagte Charles Lampeth. Diese für ihn eher herbe Ausdrucksweise fand er der Situation angemessen. Er war am Montagmorgen in sein Büro gekommen – nach einem Wochenende in einem Landhaus ohne Telefon und ohne Sorgen – und hatte entdecken müssen, daß seine Galerie in einen Skandal verwickelt war.

Willow stand steif vor Lampeths Schreibtisch. Er zog ein Kuvert aus der Innentasche seines Jacketts und ließ es auf den Schreibtisch fallen. »Meine Kündigung.«

»Dazu besteht nicht die geringste Veranlassung«, sagte Lampeth. »Sämtliche bedeutenden Galerien Londons sind von diesen Leuten genarrt worden. Guter Gott, ich habe das Bild ja mit eigenen Augen gesehen und mich täuschen lassen.«

»Es wäre vielleicht besser für die Galerie, wenn ich ginge«, beharrte Willow.

»Unsinn. Also, Sie haben die Geste jetzt gemacht, und ich habe mich geweigert, Ihre Kündigung zu akzeptieren – vergessen wir's also. Nehmen Sie Platz – ja, so gefällt's mir schon besser – und berichten Sie mir genau, was vorgefallen ist.«

»Steht alles dort drin«, erwiderte Willow und deutete auf die Zeitung auf Lampeths Schreibtisch. »Der Bericht von der Fälschung stand gestern drin, und die uns gestellten Bedingungen finden sich in der heutigen Ausgabe.« Nachdem er zögernd Platz genommen hatte, zündete er sich eine dünne Zigarre an.

»Fassen Sie's für mich zusammen«, forderte Lampeth ihn auf.

»Passiert ist es, während Sie in Cornwall waren. Da rief mich dieser Bursche an, der sich Renalle nannte, und sagte, er wohne im *Hilton*. Er habe einen Pisarro, der für uns von Interesse sein könnte. Da wir keinen Pisarro haben, zeigte ich mich naturgemäß durchaus nicht uninteressiert. Am Nachmittag erschien er dann mit dem Bild.«

Lampeth unterbrach ihn: »Ich dachte, es war eine Frau gewesen, welche die Bilder zu den Galerien gebracht hat.«

»Nicht dieses Bild. Das brachte der Kerl persönlich.«

»Ich fragte mich, ob's dafür einen besonderen Grund gegeben haben mag«, grübelte Lampeth. »Nun ja, fahren Sie fort.«

»Nun, das Gemälde sah gut aus. Es sah aus wie ein Pisarro, war signiert, und es gab eine Expertise von Meunier. Ich meinte, es sei seine fünfundachtzigtausend Pfund wert. Er verlangte neunundsechzigtausend, also griff ich zu. Da er angeblich von einer Agentur in Nancy war, hielt ich es für wahrscheinlich, daß er den Wert dieses Bildes für zu gering veranschlagte – Erfahrungen mit teuren Werken konnte er ja kaum haben. Einige Tage später kamen Sie dann zurück und billigten den Ankauf; und wir stellten das Gemälde aus.«

»Gott sei Dank haben wir's nicht verkauft«, sagte Lampeth inbrünstig. »Sie haben es natürlich inzwischen – fortgetan.«

»Sogleich heute morgen.«

»Und was hat's mit dieser jüngsten Entwicklung auf sich?«

»Sie meinen die Rückgabebedingungen? Nun, wir würden den größten Teil unseres Geldes zurückerhalten. Es ist natürlich demütigend, wennschon bei weitem nicht so peinlich wie die Tatsache, überhaupt hereingelegt worden zu sein. Und die Idee dieser Leute – billige Ateliers für Künstler – ist ja an sich recht löblich.«

»Was schlagen Sie also vor?«

»Ich glaube, der erste Schritt müßte darin bestehen, sämtliche Händler zu einer Besprechung zusammenzuholen.«

»Gut.«

»Könnten wir sie hier abhalten?«

»Warum nicht? Hauptsache, wir bringen die Angelegenheit so bald wie möglich hinter uns. Die negative Publicity ist abscheulich.«

»Es wird schlimmer werden, bevor's besser wird. Noch heute vormittag wird die Polizei hier erscheinen.«

»Dann lassen Sie uns versuchen, bis dahin möglichst viel Arbeit zu erledigen.«

Lampeth hob den Telefonhörer ab und sagte: »Ein wenig Kaffee, bitte, Mavis.« Er knöpfte sein Jackett auf und steckte sich eine Zigarre zwischen die Zähne. »Sind wir für die Modigliani-Ausstellung bereit?«

»Ja. Ich glaube, das wird gut über die Bühne gehen.«

»Was haben wir denn?«

»Nun, da sind natürlich die drei von Lord Cardwell.«

»Ja. Werden innerhalb der nächsten Tage abgeholt werden.«

»Dann haben wir die Zeichnungen, die ich gleich zu Anfang gekauft habe. Sie sind inzwischen wohlbehalten eingetroffen.«

»Und was ist mit den Modiglianis aus anderem Besitz?«

»Wir können uns nicht beklagen. Dixon leiht uns zwei Porträts, die Magi haben Skulpturen für uns, und von *Deside's* kommen zwei Bilder in Öl und Farbstift. Da sind noch weitere, die ich zunächst noch bestätigen muß.«

»Was verlangt Dixon als Kommission?«

»Er wollte fünfundzwanzig Prozent haben, aber ich habe ihn auf zwanzig heruntergedrückt.«

Lampeth ließ eine Art Grunzen hören. »Ich möchte nur mal wissen, warum er sich die Mühe macht, das immer wieder zu versuchen. Man könnte meinen, er hält uns für einen Dutzendladen in Chelsea und nicht für eine der führenden Galerien.«

Willow lächelte. »Wir versuchen's bei ihm ja auch immer.«
»Stimmt.«
»Sie sagten, Sie hätten noch etwas in petto?«
»Ach richtig.« Lampeth warf einen Blick auf seinen Angestellten. »Ein neuentdecktes Bild. Muß gleich los, um es mir anzusehen. Allerdings kann es warten, bis ich meinen Kaffee getrunken habe.«

*

Während er im Taxi durch das West End in Richtung City fuhr, dachte Lampeth über den Fälscher nach. Der Mann war natürlich ein Verrückter, aber ein Verrückter mit altruistischen Motiven. Mit anderer Leute Geld den Philanthropen zu spielen war allerdings leicht.

Zweifellos würde es das vernünftigste sein, seine Forderungen zu erfüllen. Doch Lampeth war der Gedanke zuwider, Opfer einer Erpressung zu sein.

Das Taxi hielt bei der Agentur, und Lampeth betrat das Gebäude. Ein Assistent half ihm aus seinem Mantel, in den er wegen der kühlen Winde des frühen Septembers geschlüpft war.

Lipsey wartete auf ihn in seinem Büro, das obligatorische Glas Sherry stand bereits auf dem Tisch. Lampeth nahm Platz, trank einen Schluck und empfand ein angenehmes Gefühl von Wärme.

»Sie haben's also.«
Lipsey nickte. Er drehte sich zur Wand und schwenkte einen Teil des Bücherregals zur Seite. Dahinter befand sich ein Safe. Mit einem Schlüssel, der an einer dünnen Kette an seinem Hosenbund hing, schloß er die Tür auf.

»Nur gut, daß ich einen so großen Safe habe«, sagte er und streckte beide Hände hinein. Vorsichtig holte er eine gerahmte Leinwand von etwa neunzig mal hundertzwanzig Zentimetern heraus. Er stellte das Bild auf seinen Schreibtisch, so daß Lampeth es gut sehen konnte. Er selbst blieb dahinter stehen.

Lampeth starrte, etwa eine Minute lang. Dann stellte er sein Sherryglas auf den Tisch, stand auf und kam näher. Er zog ein Vergrößerungsglas hervor und studierte den »Strich«. Dann trat er ein Stück zurück und versank wieder in Betrachtung.

»Was haben Sie dafür hinblättern müssen?«

»Fünfzigtausend, darunter war nichts zu machen.«

»Es ist das Doppelte wert.«

Lipsey stellte das Bild auf den Fußboden und setzte sich. »Ich find's scheußlich«, sagte er.

»Ich auch. Aber es ist absolut einzigartig. Wirklich erstaunlich. Zweifellos handelt es sich um einen Modigliani – doch hat bis jetzt niemand gewußt, daß er solche Sachen malte.«

»Freut mich, daß Sie zufrieden sind«, sagte Lipsey in einem Ton, der verriet, daß ihm an einer rein geschäftsmäßigen Abwicklung lag.

»Sie müssen einen guten Mann für den Fall abgestellt haben«, meinte Lampeth.

»Den besten.« Lipsey unterdrückte ein Lächeln. »Er reiste nach Paris, Livorno, Rimini ...«

»Und kam meiner Nichte zuvor.«

»Nicht direkt. Was passiert war, daß –«

»Ich möchte keine Einzelheiten wissen«, unterbrach ihn Lampeth. »Haben Sie die Rechnung für mich bereit? Ich möchte sie sofort begleichen.«

»Gewiß.« Lipsey ging zur Bürotür. Er sagte etwas zu seiner Sekretärin, kam dann mit einem Blatt Papier zurück.

Lampeth las die Rechnung. Abzüglich der fünfzigtausend Pfund für das Bild belief sie sich auf eintausendneunhundertvier Pfund. Er zog sein privates Scheckbuch hervor und schrieb einen Scheck aus.

»Sie werden es natürlich in einem gepanzerten Fahrzeug transportieren.«

»Ja«, sagte Lipsey. »Ist in der Rechnung bereits berücksichtigt. Sind Sie ansonsten mit allem zufrieden?«

Lampeth riß einen Scheck heraus und reichte ihn dem Detektiv. »Ich glaube, ich habe ein wirklich gutes Geschäft gemacht.«

*

Der New Room war für die Öffentlichkeit geschlossen. Man hatte einen langen Konferenztisch hereingebracht und in der Mitte aufgestellt. Rundum an den Wänden hingen dunkle, schwere viktorianische Landschaften. Sie schienen der düsteren Stimmung der anwesenden Herren angemessen.

Die Vertreter der übrigen neun Galerien waren zugegen. Sie saßen am Tisch, während ihre Assistenten und Rechtsberater irgendwo in ihrer Nähe Platz genommen hatten. Willow befand sich am Kopfende des Tisches, Lampeth zur Seite. Unermüdlich prasselte Regen gegen die hohen, schmalen Fenster in der Mauer. Schwaden von Zigarrenrauch lagen in der Luft.

»Gentlemen«, begann Willow, »wir haben alle eine Menge Geld verloren und sind überdies ziemlich lächerlich gemacht worden. Da sich letzteres nicht ändern läßt, sind wir hier zusammengekommen, um darüber zu sprechen, wie wir unser Geld zurückerhalten.«

»Es ist immer gefährlich, einem Erpresser nachzugeben.« Die hohe Stimme gehörte unverkennbar Ramsey Crowforth. Er zupfte an seinen Hosenträgern und sah Willow über den Rand seiner Brille hinweg an. »Wenn wir mit diesen Leuten kooperieren, so könnten sie – oder jemand anders – den gleichen üblen Trick erneut versuchen.«

John Dixons Stimme ertönte. »Das glaube ich kaum, Ramsey. Wir werden alle von jetzt an sehr viel vorsichtiger sein – zumal was Expertisen betrifft. Ein derartiges ›Ding‹ kann man nicht zweimal drehen.«

»Ich stimme Dixon zu«, sagte ein dritter Mann. Willow sah, daß es Paul Roberts war, der älteste unter den Anwesenden. Ohne seine Pfeife aus dem Mund zu nehmen, fuhr er fort: »Ich glaube nicht, daß dem Fälscher etwas passieren kann. Den Berichten in der Presse zufolge scheint er seine Spuren so gut verwischt zu haben, daß die Polizei wenig oder sogar überhaupt keine Hoffnung hat, ihn zu finden, ganz gleich, ob wir wollen, daß die Sache abgeblasen wird oder nicht. Weigern wir uns zu kooperieren, so sackt der Schurke eine halbe Million Pfund ein, das ist alles.«

Willow nickte. Roberts war vermutlich der angesehenste Händler in London – so etwas wie ein Grand Old Man der Kunstwelt –, und sein Wort hatte Gewicht.

Willow sagte: »Gentlemen, ich habe einige Entwürfe vorbereitet, damit die Angelegenheit rasch erledigt werden kann, falls wir uns darauf einigen, die Forderungen zu erfüllen.« Er entnahm seiner Aktentasche ein Bündel Papiere. »Ich habe Mr. Jankers, unseren Rechtsberater, hier bei mir, damit die Einrichtung einer Stiftung ordnungsgemäß in die Wege geleitet werden kann.«

Er behielt den obersten Hefter des Stapels für sich und reichte die übrigen Exemplare an die anderen am Tisch sitzenden Herren weiter. »Vielleicht werfen Sie mal einen Blick hinein. Die entscheidende Klausel befindet sich auf Seite drei. Sie besagt, daß die Stiftung nicht aktiv werden wird, bevor ein gewisser Monsieur Renalle nicht eine Summe von rund fünfhunderttausend Pfund zurückerstattet hat. Von diesem Geld erhalten wir zehn neunzig Prozent, und zwar in der entsprechenden Relation zu den Summen, die für die Fälschungen jeweils gezahlt worden sind.«

Crowforth sagte: »Irgend jemand muß die Stiftung doch leiten.«

»Auch in dieser Hinsicht habe ich bereits behutsam

meine Fühler ausgestreckt«, sagte Willow. »Ihre Billigung ist natürlich auch in diesem Punkt unbedingte Voraussetzung. Jedenfalls wäre der Principal des *West London College of Art*, Mr. Richard Pinkman, sehr wohl bereit, Vorsitzender des Komitees zu werden, sofern wir das wünschen. Stellvertretender Vorsitzender, meine ich, sollte einer von uns sein – vielleicht Mr. Roberts.

Jeder von uns müßte eine Vereinbarung unterzeichnen, derzufolge keinerlei andersgearteter Anspruch erhoben wird auf das in die Stiftung eingebrachte Geld. Außerdem müßten wir uns bereit erklären, unsere Anzeigen bei der Polizei gegen Monsieur Renalle und seine – äh – Mitarbeiter zurückzuziehen.«

Crowforth sagte: »Bevor irgend etwas unterzeichnet wird, soll erst mal mein Rechtsberater diese Papiere genau studieren.«

Willow nickte. »Natürlich.«

Roberts sagte: »Ich bin einverstanden – andererseits wollen wir doch diese Sache so schnell wie möglich hinter uns bringen. Könnten wir uns im Prinzip nicht schon heute einigen? Den Rest können dann unsere Rechtsberater in den nächsten Tagen erledigen, sofern da nicht irgendwo ein Haken ist.«

»Eine gute Idee«, befand Willow. »Vielleicht könnte unser Mr. Jankers die Aktivitäten der Rechtsberater koordinieren?« Jankers neigte zum Zeichen seines Einverständnisses den Kopf.

»Dann sind wir uns also einig, Gentlemen?« Willow sah sich in der Runde um. Niemand erhob Widerspruch. »Was dann noch bleibt, ist ein Statement an die Presse. Ist es Ihnen recht, das mir zu überlassen?« Wieder zeigten sich alle einverstanden. »Gut. Dann werde ich das Statement sofort herausgeben. Wenn Sie mich also entschuldigen wollen ... ich darf Sie dann Mr. Lampeth überlassen, der für Sie ein wenig Tee bereitet hat.«

Willow erhob sich und verließ den Raum. Er ging in sein

Büro und nahm dort den Telefonhörer ab – hielt dann einen kurzen Augenblick inne. Er lächelte für sich.

»Ich glaube, Willow«, sagte er im Selbstgespräch, »du hast die Scharte wieder ausgewetzt.«

Willow betrat Lampeths Büro, eine Abendzeitung in der Hand. »Soweit scheint alles erledigt zu sein, Lampeth«, sagte er. »Jankers hat der Presse mitgeteilt, daß sämtliche Vereinbarungen unterzeichnet sind.«

Lampeth warf einen Blick auf seine Uhr. »Zeit für einen Gin«, sagte er. »Möchten Sie einen?«

»Bitte.«

Lampeth goß zwei Gläser voll Gin. »Ich bin mir nicht ganz sicher, ob tatsächlich alles ›erledigt‹ ist. Noch haben wir unser Geld nicht zurück.« Er fügte dem Gin Tonic hinzu.

»Oh, das Geld werden wir bestimmt bekommen. Die Fälscher haben diese Geschichte gewiß nicht bloß eingefädelt, um uns einen Tort anzutun. Und noch etwas: Je eher sie uns das Geld zurückgeben, desto eher haben sie endgültig Ruhe vor der Polizei.«

»Tja, das Geld – wenn's nur das wäre.« Lampeth nahm schwerfällig Platz und leerte mit einem Zug sein halbes Glas. »Es wird Jahre dauern, bevor sich die Kunstwelt von einem solchen Schlag erholt. Die Öffentlichkeit glaubt jetzt, wir seien alle Betrüger, die ein Meisterwerk nicht von einer Ansichtspostkarte unterscheiden können.«

»Ich muß gestehen, äh ...« Willow zögerte.

»Ja?«

»Irgendwie habe ich das Gefühl, es sei diesen Leuten gelungen, tatsächlich etwas zu beweisen. Was es genau ist, weiß ich nicht. Aber jedenfalls etwas sehr Tiefgründiges.«

»Im Gegenteil – es liegt auf der Hand. Sie haben bewiesen, daß die hohen Preise, die für große Kunstwerke bezahlt werden, weniger Ausdruck von Kunstliebe als von Snobismus sind. Und allen war das nicht neu. Sie haben bewiesen, daß ein echter Pisarro nicht mehr wert ist als eine hervorragende Kopie. Aber es ist das Publikum, es sind die Käufer, welche den Preis in die Höhe treiben, nicht die Händler.«

Willow lächelte und blickte durch das Fenster hinaus. »Ich weiß. Allerdings machen wir durch die Inflation einen hübschen Schnitt.«

»Ja, was erwartet man denn? Mit dem Verkauf von 50-Pfund-Bildern könnten wir uns nicht unseren Lebensunterhalt verdienen.«

»Bei Woolworth tut man's.«

»Und was für ein Schund kommt dabei heraus? Nein, Willow. Der Fälscher mag sein Herz ja auf dem rechten Fleck haben, ändern wird er jedoch nichts. Für einige Zeit wird unser Ansehen angekratzt sein. Aber ob nun kurz oder lang, irgendwann wird alles wieder seinen gewohnten Weg gehen, weil's gar nicht anders sein kann.«

»Zweifellos haben Sie recht«, sagte Willow. Er leerte sein Glas. »Nun, unten ist man schon dabei, dichtzumachen. Gedenken Sie aufzubrechen?«

»Ja.« Lampeth erhob sich, und Willow half ihm in seinen Mantel. »Ach ja – steht in der Zeitung, wie sich die Polizei geäußert hat?«

»Die Polizei sagt, da die Anzeigen zurückgezogen worden seien, bleibe gar keine andere Wahl, als die Ermittlungen einzustellen. Allerdings machten die Beamten den Eindruck, als würden sie diesen Renalle trotzdem sehr gern fassen.«

Lampeth verließ sein Büro, und Willow folgte ihm. Lampeth sagte: »Ich glaube nicht, daß wir jemals wieder von diesem Renalle hören werden.«

Schweigend gingen die beiden Männer die Treppe hinunter und durch die leere Galerie. Lampeth blickte durch die Fenster hinaus und sagte: »Mein Auto ist noch nicht da. Herrgott, dieser Regen.«

»Ich darf dann schon gehen.«

»Nein, warten Sie. Ich nehme Sie im Auto mit. Wir müssen über die Modigliani-Ausstellung sprechen. In den letzten Tagen war dafür ja keine Zeit.«

Willow streckte plötzlich die Hand aus. »Dort hat jemand seine Einkaufstüten stehenlassen«, sagte er.

Lampeth blickte in die gewiesene Richtung. In einer Ecke, unter einer eher mittelmäßigen Kohlezeichnung, standen zwei große Papier-Tragetaschen. Aus der einen lugte ein Karton Waschpulver hervor. Willow trat näher heran, um sich alles genauer anzusehen.

Er sagte: »Ich glaube, wir sollten vorsichtig sein, wo doch heutzutage in solchen Taschen oft Bomben versteckt sind. Meinen Sie, die IRA könnte es auf uns abgesehen haben?«

Lampeth lachte. »Ich glaube kaum, daß die in ihren Bomben Waschpulver verwenden.« Er trat zu Willow und hob eine der Tüten hoch.

Das nasse Papier riß auf, und der Inhalt der Tüte fiel auf den Fußboden. Willow beugte sich darüber.

Unter dem Waschpulver-Karton und einem Salatkopf lag ein von Zeitungspapier umhülltes Bündel. Willow wickelte es aus. Es handelte sich um einen Stapel von auffallend festem, fast steifem Papier. Er prüfte hier ein Blatt und dort ein Blatt, machte Stichproben.

Schließlich sagte er: »Es sind Wertpapiere – und zwar von jener Art, die sofort veräußerbar ist, wenn sie eine Unterschrift trägt. Und die Unterschriften fehlen noch. Gütiger Himmel, in meinem ganzen Leben habe ich noch nie soviel Geld auf einem Haufen gesehen.«

Lampeth lächelte. »Der Fälscher hat bezahlt«, sagte er. »Der Handel ist abgeschlossen. Ich glaube, das sollten wir den Zeitungen mitteilen.« Ein oder zwei Sekunden lang betrachtete er die Wertpapiere. »Eine halbe Million Pfund«, sagte er ruhig. »Wissen Sie, Willow – wenn Sie sich jetzt die Tüten schnappen und davonlaufen würden, dann könnten Sie den Rest Ihres Lebens als wohlhabender Mann in Südamerika verbringen.«

Bevor Willow antworten konnte, wurde die Eingangstür der Galerie geöffnet.

»Tut mir leid, aber wir haben geschlossen«, rief Lampeth.

Ein Mann kam herein. »Ist schon in Ordnung, Mr. Lampeth«, sagte er. »Mein Name ist Louis Brown. Wir haben uns neulich kennengelernt. Ich erhielt gerade einen Anruf, in dem man mir mitteilte, die halbe Million sei zurückgezahlt worden. Stimmt das?«

Lampeth blickte zu Willow, und beide lächelten. Lampeth sagte: »Goodbye, Südamerika.«

Willow schüttelte wie fassungslos den Kopf. »Eines muß man unserem Freund Renalle lassen. Er hat an alles gedacht.«

19

LANGSAM UND VORSICHTIG steuerte Julian sein Mietauto, einen Cortina, durch ein stilles Dorf in Doretshire. Er hatte als kümmerliche Anhaltspunkte einen Namen und eine Adresse: Gaston Moore, Dunroamin, Cramford. Dunroamin? Es war rätselhaft, wieso der beste Kunstexperte im ganzen Land sich für seinen Ruhesitz einen so lächerlichen und banalen Namen ausgesucht hatte. Vielleicht handelte es sich um einen versteckten Scherz.

Moore war zweifellos ein Exzentriker. Er weigerte sich, nach London zu kommen, er hatte kein Telefon, und er beantwortete niemals Briefe. Wenn die Großen der Kunstwelt seine Dienste wünschten, so mußten sie zu diesem Dorf pilgern und bei ihm an die Tür klopfen. Und zu bezahlen hatten sie ihn mit knisternden Ein-Pfund-Noten. Moore besaß kein Bankkonto.

Dörfer wirken immer so menschenleer, ging es Julian durch den Kopf. Er bog um eine Kurve und bremste scharf. Eine Viehherde überquerte die Straße. Er stellte den Motor ab und stieg aus, um den Kuhhirten nach dem Weg zu fragen.

Unwillkürlich erwartete er, einen jungen Burschen mit Wuschelkopf zu sehen, der einen Grashalm kaute. Ein junger Bursche war's in der Tat, doch hatte er einen sehr modernen Haarschnitt, trug einen pinkfarbenen Sweater und purpurfarbene Hosen, die unten in Wellington-Stiefeln steckten.

Der Hirte fragte: »Wolln wohl zu dem Malermenschen, wie?« Der Dialekt, den er sprach, hatte einen schönen, vollen Klang.

»Wie haben Sie das erraten?« fragte Julian verwundert zurück.

»Weil die meisten Fremden zu ihm wolln.« Der Hirte streckte die Hand aus. »Zurück, wo Sie hergekommen sind, beim weißen Haus von der Straße abbiegen. Is'n Bungalow.«

»Danke.« Julian stieg wieder in sein Auto und wendete. Dann fuhr er die Straße entlang, bis er das weiße Haus erreichte. Daneben befand sich ein ausgefahrener Feldweg. Diesem Weg folgte er, bis er zu einem breiten Tor kam. *Dunroamin* stand dort in verblichenen gotischen Lettern auf einem Untergrund abblätternder weißer Farbe.

Unwillkürlich klopfte Julian mit der flachen Hand auf seine Jackettasche: wie um sich zu überzeugen, daß das dicke Geldbündel noch darin war. Dann nahm er das sorgfältig verpackte Gemälde vom Rücksitz des Autos, öffnete das Tor und ging über den kurzen Weg zur Tür.

Moores Heim bestand aus zwei uralten strohgedeckten Arbeiterkaten, die man zu einer einzigen zusammengefügt hatte. Das Dach war niedrig, die Fenster klein und grau, und zwischen den Mauersteinen bröckelte der Mörtel. Bungalow? Julian hätte es gewiß nicht so genannt.

Er klopfte und mußte eine halbe Ewigkeit warten, bevor die Tür aufging. Vor sich sah er einen gebeugten Mann, der sich auf einen Stock stützte. Er hatte eine weiße Haarmähne, trug eine Brille mit auffallend dicken Gläsern und hielt den Kopf eigentümlich schief wie ein Vogel.

»Mr. Moore?«

»Und wenn's so wäre?« gab der Mann zurück. Seiner Sprechweise nach schien er aus Yorkshire zu stammen.

»Ich bin Julian Black von der *Black Gallery*. Und ich möchte Sie fragen, ob Sie für mich ein Bild auf seine Echtheit prüfen und diese sodann bestätigen würden.«

»Haben Sie Bargeld mitgebracht?« Moore hielt die Tür mit seiner freien Hand: bereit, sie Julian vor der Nase zuzuschlagen.

»Ja.«

»Dann kommen Sie herein.« Er ging voraus. »Stoßen Sie sich nicht den Kopf«, sagte er – überflüssigerweise, denn Julian war zu kurz geraten, um an das niedrige Gebälk zu stoßen.

Der Wohnraum schien den größten Teil der Doppelkate einzunehmen. Er war mit alten Möbeln vollgestopft, zwischen denen sich ein nagelneuer großer Farbfernseher wie ein Fremdkörper ausnahm. Es roch nach Katzen und nach Firnis.

»Na, dann sehen wir's uns mal an.«

Julian begann das Gemälde auszupacken. Er entfernte die Ledergurte, die Polystryrol-Platten und die Baumwollpolsterung.

»Bestimmt wieder eine Fälschung«, sagte Moore. »Das einzige, was ich heutzutage zu sehen bekomme, sind Fälschungen. Die gibt's massenhaft. In der Glotze hab ich gesehen, wie all die hohen Kunsthäupter auf so einen pfiffigen Roßtäuscher reingefallen sind. Ich habe mir den Bauch gehalten vor Lachen.«

Julian reichte ihm das Bild. »Ich glaube, daß Sie dies hier für echt befinden werden«, sagte er. »Ich möchte nur Ihre Bestätigung.«

Moore nahm das Gemälde, betrachtete es jedoch nicht. »Über eines müssen Sie sich im klaren sein«, sagte er. »Ich kann nicht beweisen, daß ein Gemälde echt ist. Einen solchen Beweis können Sie nur bekommen, wenn

Sie den Künstler beim Malen eines Bildes von Anfang bis Ende beobachten, das Gemälde sodann mitnehmen und in einen Safe einschließen. Nur dann können Sie wirklich sicher sein. Allerdings gibt es eine Menge Methoden, mit deren Hilfe sich eine Fälschung vielleicht als solche entlarven läßt, und ich kenne die meisten davon. Aber auch wenn ich nichts Verräterisches entdecken kann, so könnte es durchaus geschehen, daß der Künstler morgen auftaucht und erklärt, er habe das Bild nie gemalt – und dann sitzen Sie sozusagen mit leeren Händen da. Kapiert?«

»Sicher«, sagte Julian.

Moore blickte ihn unverwandt an, das Bild, mit der bemalten Fläche nach unten, auf seinen Knien.

»Nun, werden Sie's prüfen?«

»Sie haben mich noch nicht bezahlt.«

»Oh, Verzeihung.« Julian griff in seine Tasche, um das Geld herauszuholen.

»Zweihundert Pfund.«

»Richtig.« Julian reichte ihm zwei Geldbündel. Moore begann zu zählen.

Während Julian zusah, überlegte er, wie klug der alte Mann alles für die letzten Jahre seines Lebens arrangiert hatte. Er lebte allein, in Ruhe und Frieden, hinter sich ein langes Berufsleben als ein angesehener Experte. Alle Zwänge und Heucheleien Londons konnten ihm buchstäblich gestohlen bleiben. Ab und zu legte er noch immer Proben seines großen Könnens ab, wobei er die Fürsten der Kunstwelt zwang, die mühselige Pilgerfahrt zu seinem Heim auf sich zu nehmen, bevor er ihnen eine Audienz gewährte. Er lebte in Würde und Unabhängigkeit. Julian beneidete ihn.

Moore war mit dem Geldzählen fertig. Nachlässig warf er die Bündel in eine Schublade. Nun endlich betrachtete er das Bild.

Er sagte spontan: »Also, falls das eine Fälschung ist, ist es eine verdammt gute.«

»Wie können Sie das so schnell erkennen?«

»Die Signatur ist genau richtig – nicht zu perfekt. Das ist ein Fehler, den die meisten Fälscher machen – sie reproduzieren die Signatur so exakt, daß sie schon nachgemacht aussieht. Diese hier hat freien Fluß.« Er ließ seine Augen über die Leinwand gleiten. »Ungewöhnlich. Gefällt mir. Nun, wollen Sie, daß ich einen chemischen Test vornehme?«

»Warum nicht?«

»Weil dadurch das Bild, genaugenommen, lädiert wird. Ich brauche eine Winzigkeit davon. Das kann an einer Stelle vorgenommen werden, die normalerweise unter dem Rahmen verborgen bleibt, aber ich frage immer für den Fall eines Falles.«

»Machen Sie nur.«

Moore stand auf. »Kommen Sie mit.« Er führte Julian durch die Diele in die zweite Kate. Hier roch es stärker nach Firnis. »Dies ist das Labor«, sagte Moore.

Es war ein quadratischer Raum mit einem hölzernen Arbeitstisch an einer Wand. Die Wände waren weiß gestrichen, die Fenster größer als in der anderen Kate. Von der Decke hing eine Leuchtstofflampe herab. Auf dem Arbeitstisch stand eine Anzahl alter Farbdosen, die rätselhafte Flüssigkeiten zu enthalten schienen.

Mit einem raschen Griff nahm Moore sein falsches Gebiß aus dem Mund und ließ es in einen Plastikbecher fallen. »Stört mich bei der Arbeit«, erklärte er.

Er setzte sich an den Tisch, legte das Bild flach auf die Platte und begann, den Rahmen zu entfernen. »Was Sie betrifft, junger Freund, hab ich da so ein Gefühl«, sagte er, während er arbeitete. »Ich glaub', Sie sind wie ich. Die akzeptieren Sie nicht als einen der ihren, stimmt's?«

Julian musterte ihn verblüfft. »Da haben Sie wohl recht.«

»Wissen Sie, ich habe über die Malerei immer mehr gewußt als die Leute, für die ich gearbeitet habe. Sie machten sich zwar meine Fachkenntnisse zunutze, aber wirklich respektiert haben sie mich nie. Deshalb spring' ich jetzt immer so mit denen um. Man ist wie ein Butler, verstehen Sie. Die meisten guten Butler wissen über Speisen und Wein mehr als ihre Herren. Trotzdem werden sie von oben herab angesehen. Das nennt man Klassengrenzen. Ich habe mein Leben lang versucht, einer von ihnen zu werden. Ich bildete mir ein, als Kunstexperte könnte ich das schaffen. Es gibt keine Möglichkeit!«

»Und einheiraten, was ist damit?« fragte Julian.

»Haben Sie das getan? Dann sind Sie schlechter dran als ich. Sie können aus dem Rennen nicht ausscheren. Sie tun mir leid, mein Sohn.«

Die eine Seite des Rahmens war jetzt entfernt. Moore nahm aus einem Halter ein scharfes Messer, das etwas Skalpellartiges an sich hatte. Aus sehr kurzer Entfernung starrte er auf die Leinwand und löste mit der Messerklinge etwa einen Millimeter Farbe.

»Oh«, grunzte er.

»Was?«

»Wann ist Modigliani gestorben?«

»1920.«

»Oh!«

»Wieso?«

»Die Farbe ist ein bißchen weich, das ist alles. Muß aber nichts weiter bedeuten. Nur mit der Ruhe.«

Von einem Bord nahm er eine Flasche mit einer klaren Flüssigkeit, von der er etwas in ein Reagenzglas goß. Dann tauchte er die Messerklinge hinein. Mehrere Minuten vergingen, nichts geschah. Julian hatte das Gefühl, daß die Zeit stehengeblieben war. Dann begann sich die Farbe an der Klinge aufzulösen und mit der Flüssigkeit zu vermischen.

Moore blickte zu Julian. »Damit wäre die Sache entschieden.«

»Was haben Sie bewiesen?«

»Die Farbe ist nicht älter als drei Monate, junger Mann. Sie haben eine Fälschung. Wieviel haben Sie dafür bezahlt?«

Julian starrte auf die sich auflösende Farbe. »Es hat mich so ziemlich alles gekostet«, sagte er ruhig.

*

In einem Zustand halber Benommenheit fuhr er nach London zurück. Wie es geschehen war, wie es hatte geschehen können, er wußte es nicht. Angestrengt grübelte er über seine nächsten Schritte nach.

Seine Fahrt zu Moore hatte einem einfachen Zweck dienen sollen: den Wert dieses echten Modigliani noch zu erhöhen. Denn daran, daß es sich um ein authentisches Werk des Meisters handelte, hatte für ihn nicht der geringste Zweifel bestanden. Jetzt wünschte er, diese im Grunde ohnehin überflüssige Idee wäre ihm nie gekommen. Die Frage, die er jetzt in seinem Gehirn wälzte, ähnlich wie ein Spieler, der in der Höhlung die Würfel rollt, war diese: Konnte er einfach so tun, als sei er überhaupt nicht bei Moore gewesen?

Zweifellos konnte er das Bild noch immer in seiner Galerie aufhängen. Moore würde es niemals sehen, würde niemals erfahren, daß es auf dem Markt war.

Dennoch blieb ein Problem. Moore konnte das Bild bei irgendeiner Gelegenheit rein zufällig erwähnen. Mochte ja sein, daß das erst in ein paar Jahren geschah. Aber dann würde die Wahrheit herauskommen: Julian Black hatte ein Gemälde verkauft, von dem er wußte, daß es eine Fälschung war. Und das würde das Ende seiner Karriere bedeuten.

Aber das war alles so unwahrscheinlich. Lieber Himmel, in ein paar Jahren würde Moore sowieso sterben – er mußte so an die Siebzig sein. Wenn der Alte doch bloß bald sterben würde.

Plötzlich wurde Julian bewußt, daß er, zum erstenmal in seinem Leben, buchstäblich mit dem Gedanken an Mord spielte. Er schüttelte den Kopf, wie um ihn von Gespinsten zu befreien. Die Idee war absurd. Ohne den Modigliani jedoch konnte er kaum auf eine Karriere hoffen. Sein Schwiegervater würde kein Geld mehr herausrücken, und die Galerie würde ein Flop werden.

In diesem Augenblick faßte er einen Entschluß. Er würde Moore ganz einfach vergessen. Und er würde das Bild ausstellen.

Jetzt kam es entscheidend darauf an, sich so zu verhalten, als ob nichts geschehen sei. Er wurde bei Lord Cardwell zum Dinner erwartet. Sarah würde anwesend sein, und sie hatte die Absicht, dort zu übernachten. Julian würde die Nacht mit seiner Frau verbringen: Was konnte normaler sein?

Als er Lord Cardwells Besitz erreichte, sah er, daß neben dem Rolls-Royce seines Schwiegervaters ein ihm wohlbekannter dunkelblauer Daimler geparkt war. Julian verstaute seinen gefälschten Modigliani im Kofferraum des Cortina und ging dann zum Eingang.

»Guten Abend, Sims«, sagte er, als der Butler die Tür öffnete. »Ist das nicht Mr. Lampeths Daimler dort?«

»Ja, Sir. Die Herrschaften befinden sich alle in der Galerie.«

Julian überließ dem Butler seinen kurzen Mantel und stieg die Treppe empor. Aus dem Raum ganz oben hörte er Sarahs Stimme.

Als er die Galerie betrat, blieb er abrupt stehen. Die Wände waren leer.

Cardwell rief: »Komm herein, Julian, und leiste den Trauernden Gesellschaft. Charles hier hat all meine Gemälde fortgenommen, um sie zu verkaufen.«

Julian trat näher, schüttelte Hände, küßte Sarah. »Ist doch irgendwie ein Schock«, sagte er. »Der Raum sieht so kahl aus.«

»Nicht wahr«, stimmte Cardwell mit Nachdruck zu. »Aber wir werden uns gleich herrlich vollfressen und die Geschichte vergessen. Oh, entschuldige, Sarah.«

»Bei mir brauchst du dich wegen deiner Ausdrucksweise nicht zu entschuldigen, das weißt du doch«, sagte Sarah.

»Oh, mein Gott«, keuchte Julian plötzlich. Er starrte auf das einzige Gemälde, das noch an der Wand hing.

»Was ist denn?« fragte Lampeth. »Sie sehen ja aus, als hätten Sie ein Gespenst erblickt. Das dort ist nur eine kleine Erwerbung von mir, die ich mitgebracht habe, um sie Ihnen allen zu zeigen. Eine Galerie ohne auch nur ein einziges Gemälde, das ist doch ein Unding.«

Julian wandte sich ab und trat zum Fenster. Seine Gedanken befanden sich in wildem Aufruhr. Das Bild, das Lampeth mitgebracht hatte, war eine Kopie seines eigenen gefälschten Modigliani.

Oder nein, umgekehrt: Dieser Mistkerl hatte das Original, während er selbst nichts hatte als eine Kopie. Wut und Haß schnürten ihm die Kehle zu, daß er kaum noch Luft bekam.

Plötzlich kam ihm eine wilde, verwegene Idee. Rasch drehte er sich um.

Die anderen betrachteten ihn verwundert, fast ein wenig besorgt.

Cardwell sagte: »Ich habe Charles erzählt, daß auch du einen neuen Modigliani hast, Julian.«

Julian zwang sich zu einem Lächeln. »Deshalb ist dies ja auch ein solcher Schock. Es gleicht meinem nämlich aufs Haar.«

»Allmächtiger!« sagte Lampeth. »Haben Sie es auf seine Echtheit prüfen lassen?«

»Nein«, log Julian. »Und Sie?«

»Ich fürchte, nein. Meine Güte, ich hab geglaubt, daß es bei diesem keinen Zweifel geben könne.«

Cardwell sagte: »Nun, einer von euch beiden hat eine Fälschung. Heutzutage scheint es in der Kunstwelt ja mehr Fälschungen als Originale zu geben. Offen gestanden hoffe ich, daß Julians Modigliani der echte ist – in den habe ich nämlich investiert.« Er lachte herzhaft.

»Sie könnten beide echt sein«, sagte Sarah. »Viele Künstler kopieren sich quasi selbst.«

Julian fragte Lampeth: »Wo haben Sie ihn her?«

»Ich habe ihn von einem Mann gekauft, mein junger Freund.«

Julian begriff, daß er sich in punkto Berufsethos unkorrekt verhalten hatte. »Tut mir leid«, murmelte er.

Der Butler läutete zum Dinner.

*

Samantha war high. Tom hatte ihr das komische flache Blechding gegeben, und sie hatte sechs der blauen Kapseln genommen. Ihr Kopf war berauscht, ihre Nerven vibrierten, und sie fieberte geradezu vor Aufregung.

Sie saß auf dem Vordersitz des Lieferwagens, eingezwängt zwischen Tom und Eyes Wright. Tom lenkte. Im hinteren Teil befanden sich weitere zwei Männer.

Tom sagte: »Nicht vergessen – wenn wir sehr leise arbeiten, so müßten wir das Ding durchziehen können, ohne daß einer von denen wach wird. Falls uns aber wer in die Quere kommt, so haltet ihm ein Schießeisen unter die Nase und fesselt ihn. Keinerlei Gewalttätigkeit. Still jetzt, wir sind da.«

Er schaltete den Motor ab und ließ den Lieferwagen ausrollen. Das Fahrzeug kam unmittelbar vor dem Tor zu Lord Cardwells Haus zum Stehen. Über die Schulter sagte Tom zu den Männern hinten: »Wartet, bis ich euch Bescheid gebe.«

Samantha und die beiden Männer vorn stiegen aus. Alle drei trugen Strumpfmasken, die sie in die Stirn hochgeschoben hatten: Sollte irgendeiner der Hausbewohner wach werden, so konnten sie blitzschnell ihr Gesicht bedecken.

Vorsichtig bewegten sie sich auf dem Fahrweg voran. Tom blieb bei einem Loch im Boden stehen und flüsterte Wright zu: »Einbrecheralarm.«

Wright bückte sich und schob irgendein Werkzeug in eine Öffnung des Deckels, der das Loch bedeckte. Mühelos hob er den Deckel hoch und leuchtete mit einer Taschenlampe hinein. »Kinderspiel«, sagte er.

Fasziniert sah Samantha zu, wie er sich vorbeugte und mit behandschuhten Händen in ein Gewirr von Drähten griff. Er zog zwei weiße Drähte ein Stück hervor. Aus einer kleinen Werkzeugtasche nahm er einen Draht mit einem Spezialclip an jedem Ende. Die weißen Drähte kamen aus der einen Seite des Lochs und verschwanden in der anderen. Wright befestigte sein Stück Spezialdraht an jenen Anschlüssen im Loch, die vom Haus am weitesten entfernt waren. Sodann löste er die weißen Drähte von den gegenüberliegenden beiden Anschlüssen. Er erhob sich. »Direktverbindung zur lokalen Polizeistation«, flüsterte er. »Jetzt kurzgeschlossen.«

Zu dritt näherten sie sich dem Haus. Wright leuchtete mit seiner Taschenlampe sorgfältig den Rahmen eines Fensters ab. »Gerade das richtige«, flüsterte er. Wieder griff er in seine Werkzeugtasche. Diesmal holte er einen Glasschneider hervor.

Dicht beim inneren Fenstergriff ritzte er die Seiten eines kleinen Dreiecks in die Scheibe. Von einer Rolle zog er ein Stück Klebeband, biß es mit den Zähnen ab. Das eine Ende des Streifens wickelte er sich um den Daumen, das andere drückte er gegen das Glas. Dann schnitt er die vierte Seite des Rechtecks in die Scheibe und hob das am Klebeband haftende Glasstück heraus. Behutsam legte er es auf den Boden.

Tom schob seine Hand durch die Öffnung und bewegte den Fenstergriff. Dann ließ er das Fenster weit aufschwingen und kletterte hinein.

Wright nahm Samanthas Arm und führte sie zur Eingangstür, die gleich darauf lautlos geöffnet wurde. Innen stand Tom.

Zu dritt durchquerten sie die Vorhalle und stiegen dann

die Treppe empor. Oben vor der Galerie zupfte Tom Wright am Ärmel und deutete auf den Fuß des Türpfostens.

Wright stellte seine Tasche auf den Boden und öffnete sie. Er nahm eine Infrarotlampe heraus, schaltete sie an und richtete sie auf die winzige fotoelektrische Zelle im Holz. Mit seiner freien Hand holte er eine Art Stativ hervor, das er unter die Lampe schob, um sodann die entsprechende Höhe einzustellen. Er hantierte sehr geschickt. Schließlich richtete er sich auf.

Tom holte den unter der Vase verborgenen Schlüssel und schloß die Tür zur Galerie auf.

*

Julian lag wach und lauschte auf Sarahs Atemzüge. Sie hatten sich entschlossen, die Nacht nach der Dinnerparty in Lord Cardwells Haus zu verbringen. Sarah war inzwischen fest eingeschlafen. Julian blickte auf das Leuchtzifferblatt seiner Armbanduhr. Es war 2.30 h.

Jetzt wurde es Zeit. Er schob die Bettdecke beiseite, setzte sich langsam auf und schwang seine Beine über den Bettrand. Sein Magen fühlte sich an wie ein Knoten.

Es war ein einfacher Plan. Er würde zur Galerie gehen, Lampeths Modigliani nehmen und in den Kofferraum des Cortina tun. Sodann würde er den gefälschten Modigliani in die Galerie bringen und wenig später wieder im Bett liegen. Er schlüpfte in den Hausmantel und die Hausschuhe, die Sims ihm gegeben hatte, und öffnete die Schlafzimmertür.

Mitten in der Nacht in einem Haus umherzuschleichen war kinderleicht – rein theoretisch. Denn natürlich ging man davon aus, daß alle anderen schliefen und niemand etwas merkte. In Wirklichkeit scheinen jedoch überall Gefahren zu lauern. Wie, wenn plötzlich einer der alten Herren aufstehen mußte, um zur Toilette zu gehen? Und was würde wohl geschehen, falls er selbst im Dunkeln über irgend etwas stolperte?

Während er auf Zehenspitzen am Geländer entlangging, überlegte Julian, was er sagen würde, falls man ihn erwischte. Nun, er würde einfach behaupten, er habe Lampeths Modigliani mit seinem eigenen vergleichen wollen. Das würde genügen.

Er erreichte die Tür der Galerie und erstarrte. Sie war geöffnet. Er überlegte. Cardwell schloß die Galerie immer ab. Julian erinnerte sich, daß sein Schwiegervater dies auch am vergangenen Abend so gehalten hatte: Er hatte den Schlüssel im Schloß herumgedreht und dann an der üblichen Stelle versteckt.

Also war da noch jemand, der sich mitten in der Nacht zur Galerie aufgemacht hatte.

Er hörte ein geflüstertes »Verdammt!«

Eine andere Stimme zischte: »Die verfluchten Dinger müssen heute weggebracht worden sein.«

Julian verengte unwillkürlich seine Augen. Jene Stimmen – das konnten nur Einbrecher sein. Aber sie hatten Pech gehabt: Die Bilder waren fort.

Es knarrte leise, und Julian drückte sich hinter einer Großvateruhr gegen die Wand. Drei Gestalten kamen aus der Galerie. Eine davon trug ein Gemälde.

Die Einbrecher stahlen den echten Modigliani.

Julian öffnete den Mund, um Alarm zu schlagen – doch im selben Augenblick glitt eine der Gestalten durch einen Streifen Mondlicht, der durch ein Fenster fiel. Er erkannte das berühmte Gesicht von Samantha Winacre. Und brachte vor Verblüffung keinen Laut hervor.

Konnte das wirklich Sammy sein? Dann – dann war sie also zu dem Dinner gekommen, um alles für dieses »Ding« auszubaldowern! Aber wie, um alles in der Welt, war sie in die Gesellschaft von Ganoven geraten? Julian schüttelte den Kopf. Unglaublich. Und noch unglaublicher, daß nun sein eigener Plan total verpfuscht war.

Blitzschnell überlegte er, wie er mit der veränderten Situation fertig werden konnte. Die Einbrecher dingfest zu machen war jetzt überflüssig – er wußte, welchen Weg der Modigliani machen würde. Doch sein eigener Plan ... halt!

Plötzlich lächelte er. Nein, sein Plan war noch keineswegs gescheitert.

Ein sachter, kühler Luftzug verriet ihm, daß die Einbrecher die Eingangstür geöffnet hatten. Er ließ ihnen eine gute Minute, um zu verschwinden.

Arme Sammy, dachte er.

Leise ging er die Treppe hinunter und durch die offene Vordertür hinaus. Dann öffnete er geräuschlos den Kofferraum des Cortina und nahm den gefälschten Modigliani heraus. Als er sich zum Haus umwandte, sah er das rechteckige Loch in der Scheibe des Speisezimmerfensters. Das Fenster stand offen. Auf diese Weise waren die Einbrecher eingedrungen.

Er schloß den Kofferraum und kehrte ins Haus zurück. Die Eingangstür ließ er unberührt, also offen. Dann stieg er zur Galerie hinauf und hängte den gefälschten Modigliani an die Stelle, wo der echte gehangen hatte.

Anschließend ging er wieder zu Bett.

Er erwachte sehr früh, obwohl er nur wenig geschlafen hatte. Rasch nahm er ein Bad, zog sich an und ging zur Küche. Dort saß Sims bereits beim Frühstück, während die Köchin damit beschäftigt war, die Morgenmahlzeit für den Hausherrn und seine Gäste vorzubereiten.

»Lassen Sie sich nicht weiter stören«, sagte Julian zu Sims, als sich der Butler von seinem Stuhl erhob. »Ich muß schon früh fort – würd' nur gern den Kaffee mit Ihnen teilen, wenn ich darf. Die Köchin kann sich darum kümmern.«

Sims häufte auf seiner Gabel Speck, Ei und Wurst und steckte sich diesen Rest seiner Mahlzeit in den Mund. »Ist erst mal einer aufgestanden, Mr. Black, so folgen nach meiner Erfahrung sehr bald die übrigen«, sagte er. »Ich halte mich besser bereit.«

Julian setzte sich und trank seinen Kaffee, indes der

Butler verschwand. Etwa eine Minute später erklang ein überraschter Ausruf. Genau darauf hatte Julian gewartet.

Sims kam eilends in die Küche zurück. »Ich glaube, bei uns ist eingebrochen worden, Sir«, sagte er.

Julian heuchelte Verblüffung. »Was!?« rief er aus.

»In das Speisezimmerfenster ist ein Loch geschnitten worden, und das Fenster ist geöffnet. Ich bemerkte heute morgen zwar, daß die Eingangstür offenstand, glaubte jedoch, die Köchin habe sie geöffnet. Auch die Tür zur Galerie ist offen – aber Mr. Lampeths Gemälde befindet sich noch dort.«

»Sehen wir uns mal das Fenster an«, sagte Julian. Sims folgte ihm durch die Vorhalle und in das Speisezimmer.

Julian betrachtete für einen Augenblick das Loch. »Die Einbrecher wollten vermutlich die Gemälde rauben und sahen sich enttäuscht. Den Modigliani müssen sie für wertlos gehalten haben. Es ist ein ungewöhnliches Werk. Vielleicht haben sie nicht erkannt, wer es geschaffen hat. Als erstes muß die Polizei telefonisch verständigt werden, Sims. Sodann wecken Sie Lord Cardwell. Anschließend wäre im Haus zu prüfen, ob irgend etwas fehlt.«

»Sehr wohl, Sir.«

Julian blickte auf seine Uhr. »Ich habe das Gefühl, daß ich bleiben sollte, doch wartet auf mich eine wichtige Verabredung. Da nichts gestohlen worden zu sein scheint, werde ich jetzt fahren. Richten Sie Mrs. Black aus, daß ich später anrufen werde.«

Sims nickte, und Julian verließ das Haus.

In schnellem Tempo fuhr er an diesem frühen Morgen quer durch London. Es war windig, doch die Straßen waren trocken. Er ging davon aus, daß sich das Gemälde noch im Besitz von Sammy und ihren Komplizen – also auch ihrem Boy-Friend – befinden würde.

Er hielt vor dem Haus in Islington, sprang aus dem Auto, ließ den Zündschlüssel stecken. Bei dem, was er vorhatte, gab es zu viele Unwägbarkeiten. Er war voller Ungeduld.

Er betätigte den Türklopfer, hart und laut. Als nach ein paar Minuten sich noch immer nichts rührte, klopfte er abermals sehr laut.

Schließlich öffnete Samantha die Tür. In ihren Augen sah er nur schwach verhohlene Furcht.

»Gott sei Dank«, sagte Julian und drängte sich an ihr vorbei.

Tom stand in der Diele, um die Hüften ein Handtuch. »Was zum Teufel fällt Ihnen ein, hier hereinzuplatzen«

»Halt die Klappe«, sagte Julian forsch. »Am besten unterhalten wir uns wohl im Souterrain, wie?«

Tom und Samantha sahen einander an. Samantha nickte kaum merklich, und Tom öffnete die Tür zur Kellertreppe. Julian stieg hinunter.

Er setzte sich auf die Couch und sagte: »Ich will mein Bild zurück haben.«

Samantha sagte erstaunt: »Ich habe nicht die leiseste Idee –«

»Hör schon auf, Sammy«, sagte Julian. »Ich *weiß* es. Ihr habt gestern nacht in Lord Cardwells Haus eingebrochen, um seine Bilder zu stehlen. Sie waren fort, und so habt ihr das einzige gestohlen, das noch da war. Unglücklicherweise war es nicht sein Bild. Es war meins. Wenn ihr's mir zurückgebt, werde ich nicht zur Polizei gehen.«

Samantha erhob sich und ging zu einem Schrank.

Sie öffnete die Tür und nahm das Gemälde heraus. Sie reichte es Julian.

Er betrachtete ihr Gesicht. Es wirkte ausgemergelt: hohle Wangen, ungepflegtes Haar und in den geweiteten Augen irgend etwas, das weder Angst noch Anspannung zu sein schien.

Julian empfand eine ungeheure Erleichterung. Und gleichzeitig fühlte er sich sehr schwach.

Tom wechselte kein Wort mit Samantha. Seit drei oder vier Stunden hockte er im Sessel, rauchte, starrte ins Leere. Sie hatte ihm diese Tasse mit dem Kaffee gebracht, den Anita gemacht hatte, doch die Tasse stand unberührt auf dem niedrigen Tisch, und der Kaffee war inzwischen kalt.

Sie versuchte es erneut: »Tom, was spielt das schon für eine Rolle? Man wird uns nicht fassen – er hat versprochen, nicht zur Polizei zu gehen. Wir haben nichts verloren. Es war doch nur ein Abenteuer, ein Spiel.«

Er gab keine Antwort.

Samantha lehnte ihren Kopf zurück und schloß die Augen. Sie fühlte sich leergepumpt: erschöpft in einer Weise, daß ihre Nervosität sie trotz aller Müdigkeit nicht zur Entspannung kommen ließ. Gern hätte sie ein paar von den Pillen genommen, aber es waren keine mehr da. Tom hätte hinausgehen und ihr neue besorgen können, wäre er nur imstande gewesen, sich aus seinem tranceartigen Zustand zu lösen.

Es klopfte an der Vordertür. Plötzlich kam Bewegung in Tom. Furchtsam, wie ein in die Enge getriebenes Tier, blickte er die Treppe empor. Samantha hörte in der Diele Anitas Schritte. Ein gedämpftes Gespräch folgte.

Plötzlich erschienen oben auf der Treppe mehrere Paar Füße. Kamen die Stufen herab. Tom stand auf.

Samantha beachtete die drei Männer nicht.

Zwei von ihnen waren überaus kräftig gebaut und von athletischer Haltung. Der dritte war eher klein. Er trug einen Mantel mit einem Samtkragen.

Es war der Kleinwüchsige, der sprach: »Du hast den Boß enttäuscht, Tom. Was ihn nicht grad fröhlich stimmt. Er möchte ein paar Worte mit dir wechseln.«

Tom bewegte sich schnell, doch die beiden Muskelmänner bewegten sich noch schneller. Als er zur Tür rennen wollte, stellte ihm der eine ein Bein, und der andere half noch mit einem Stoß nach.

Sie hoben ihn vom Boden hoch, jeder hielt ihn an einem Arm gepackt. Auf dem Gesicht des Kleinwüchsigen lag ein sonderbares Lächeln. Er schlug Tom abwechselnd mit beiden Fäusten in den Bauch, wieder und wieder. Selbst als Tom längst schlaff und mit geschlossenen Augen zwischen den beiden Hünen hing, hörte er nicht auf.

Samantha saß mit weit geöffnetem Mund, aber schreien konnte sie nicht.

Der Kleinwüchsige schlug Tom mit der flachen Hand ins Gesicht, bis dieser die Augen öffnete. Und dann verschwanden alle vier.

Samantha hörte, wie die Haustür zuknallte. Ihr Telefon läutete. Automatisch hob sie ab, hörte auf die Stimme.

»O, Joe«, sagte sie. »Joe, Gott sei Dank, daß es dich gibt.« Dann begann sie zu weinen.

*

Zum zweitenmal innerhalb von zwei Tagen klopfte Julian an die Tür von *Dunroamin*. Moore öffnete und musterte ihn überrascht.

»Diesmal habe ich das Original«, sagte Julian.

Moore lächelte. »Na, hoffentlich«, erwiderte er. »Nur herein, Jungchen.«

Diesmal ging er ohne weitere Umstände zum Labor voraus. »Dann mal her damit.«

Julian reichte ihm das Gemälde. »Ich hatte ein unverschämtes Glück.«

»Ja, ja, so nennt man so was. Die Details will ich lieber gar nicht hören.« Moore nahm sein Gebiß heraus und begann, den Rahmen des Gemäldes zu lösen. »Sieht genauso aus wie gestern.«

»Gestern, das war eine Kopie.«

»Und jetzt möchten Sie Gaston Moores Bestätigung haben.« Moore nahm sein Messer und spachtelte damit am Rand der Leinwand ein winziges Farbpartikelchen ab.

Wie am Tag zuvor goß er eine Flüssigkeit in ein Reagenzglas und tauchte das Messer hinein.

Beide warteten schweigend.

»Scheint alles in Ordnung zu sein«, sagte Julian nach ein paar Minuten.

»Nur nicht so eilig.«

Wieder beobachteten sie.

»Nein!« rief Julian.

Die Farbe löste sich auch diesmal in der Flüssigkeit auf.

»Eine weitere Enttäuschung. Tut mir leid, Jungchen.«

Moore tat sein Gebiß wieder in den Mund. »Hören Sie mal zu. Eine Fälschung ist eine Fälschung. Von einer Fälschung macht niemand eine Kopie. In diesem Fall hat sich aber jemand die Mühe gemacht, zwei von diesen Dingern anzufertigen. Das läßt mit ziemlicher Sicherheit vermuten, daß irgendwo ein Original existiert. Vielleicht könnten Sie's ja finden. Wollen Sie danach suchen?«

Julian erhob sich, stand sehr steif. Sein Gesicht spiegelte keinerlei Gefühlsaufwallung mehr wider. Zwar sah er aus wie jemand, der sich geschlagen bekennt; dennoch sprach aus seiner Haltung mehr als nur ein Hauch von Würde – so als sei die Schlacht nicht länger von Wichtigkeit, nachdem er herausgefunden hatte, wie sie verloren worden war.

»Ich weiß genau, wo sich das Original befindet«, sagte er. »Und es gibt absolut nichts, was ich in diesem Punkt tun könnte.«

20

DEE LAG IN einem Sacksessel, völlig nackt, als Mike in das Apartment am Regent's Park trat und aus seinem Mantel schlüpfte.

»Sieht sexy aus, finde ich«, sagte sie.

»Ist doch bloß ein Mantel«, gab er zurück.

»Mike Arnaz, du bist unerträglich narzißtisch.« Sie lachte. »Ich habe das Bild gemeint.«

Er ließ seinen Mantel auf den Teppich fallen und setze sich in ihrer Nähe auf den Fußboden. Beide betrachteten das Gemälde an der Wand.

Die Frauen darauf waren unverkennbare Modigliani-Frauen: Sie hatten lange, schmale Gesichter, die charakteristischen Nasen, den unergründlichen Ausdruck. Doch damit endete auch schon die Ähnlichkeit mit Modiglianis sonstigem Werk.

Die weiblichen Wesen auf der Leinwand bildeten ein wildes Gewirr von Leibern und Gliedern, worin Teile des Hintergrunds gemischt waren: Handtücher, Blumen, Tische. Bis zu diesem Punkt entsprach es, wenn man so wollte, gewissen Arbeiten Picassos aus jener Zeit, die der Spanier der Öffentlichkeit noch vorenthalten hatte. Ein entscheidender Unterschied hinwiederum bestand in der Farbgebung. Sie war psychedelisch zu nennen: rosa, orange, purpurn und grün, in vielerlei Tönung, jedoch durchweg von großer Klarheit, ja Härte – der Zeitströmung unbedingt zuwider. Die Farbe hatte keinerlei reale Bezüge zu den dargestellten Objekten. Ein Bein konnte grün sein, ein Apfel blau, das Haar einer Frau türkis.

»Reizt mich nicht«, sagte Mike schließlich. »Nicht auf solche Weise jedenfalls.« Er drehte sich um und legte seinen Kopf auf Dees Schenkel. »Dies allerdings tut's.«

Sie streichelte sein Kraushaar. »Mike, denkst du viel darüber nach?«

»Nee.«

»Aber ich. Ich denke so bei mir, was für ein schreckliches, verachtenswertes, brillantes Gaunerpärchen wir doch sind. Sieh sich einer nur mal an, was wir haben: dieses schöne Gemälde, praktisch umsonst; Material für meine Dissertation; und fünfzigtausend Pfund pro Nase.«

Sie kicherte.

Mike schloß die Augen. »Sicher, Honey.«

Auch Dee schloß ihre Augen, und beide erinnerten sie sich in diesem Augenblick an eine Bauernschenke in einem italienischen Dorf.

Dee betrat die Schenke als erste und sah mit Schrecken, daß bereits jener kleinwüchsige, dunkelhaarige Mann dort war, den sie am Morgen auf eine falsche Fährte gesetzt hatten.

Mike reagierte blitzschnell. Er zischte ihr ins Ohr: »Wenn ich nach draußen verschwinde, halt ihn unbedingt am Quatschen.«

Dee gewann ihre Fassung zurück und trat zu dem Dunkelhaarigen an den Tisch. »Ich bin überrascht, daß Sie noch immer hier sind«, sagte sie freundlich.

Der Mann erhob sich. »Darüber bin ich selbst überrascht«, sagte er. »Wollen Sie sich nicht zu mir setzen?«

Die drei nahmen am Tisch Platz. »Was darf's sein?« fragte der Mann.

»Ich glaub', diesmal bin ich dran«, sagte Mike. Er wandte sich zum hinteren Teil der Schenke um und rief: »Zwei Whisky, ein Bier.«

»Mein Name ist übrigens Lipsey.«

»Ich bin Michael Arnaz, und dies ist Dee Sleign.«

»Freut mich.« Bei der Nennung des Namens Arnaz stutzte Lipsey kaum merklich.

Ein weiterer Mann hatte die Schenke betreten. Er blickte zu dem Tisch, an dem die drei saßen.

Nach kurzem Zögern sagte er: »Ich sah die englischen Nummernschilder. Darf ich mich zu Ihnen gesellen?«

Er nannte seinen Namen: »Julian Black«, und auch die anderen stellten sich kurz vor.

»Es ist sonderbar, in einem abgelegenen Nest wie diesem auf so viele Engländer zu stoßen«, sagte Black.

Lipsey lächelte. »Diese beiden suchen nach einem verlorenen Meisterwerk«, sagte er nachsichtig.

Black sagte: »Dann müssen Sie Dee Sleign sein. Ich suche dasselbe Bild.«

Sofort schaltete sich Mike ein. »Und auch Mr. Lipsey ist auf der Suche nach diesem Bild, obwohl er der einzige von uns ist, der das noch nicht zugegeben hat.«

Lipsey wollte etwas sagen, doch Mike kam ihm zuvor. »Sie kommen jedoch beide zu spät. Ich habe das Bild bereits. Es befindet sich im Kofferraum meines Autos. Möchten Sie es gern sehen?«

Ohne eine Antwort abzuwarten, stand er auf und verließ die Schenke. Dee verbarg ihre Verblüffung und erinnerte sich an die Anweisung, die Mike ihr gegeben hatte.

»Sagen Sie mir doch bitte«, sagte Dee, »wie sind Sie darauf gekommen? Mich hat der reine Zufall auf die Existenz dieses Bildes stoßen lassen.«

»Ich will aufrichtig zu Ihnen sein«, sagte Black. »Wir beide, Sie und ich, haben eine gemeinsame Freundin, Sammy Winacre. Ihr schrieben Sie eine Postkarte, die ich zu Gesicht bekam. Ich bin gerade dabei, meine eigene Galerie zu starten, und, nun ja, ich konnte der Versuchung nicht widerstehen.«

Dee blickte zu Lipsey. »Sie sind also von meinem Onkel geschickt worden.«

»Nein«, erwiderte er. »Da sind Sie im Irrtum. Ich lernte in Paris einen alten Mann kennen, der mir davon erzählte. Ich glaube, er hat es auch Ihnen erzählt.«

Vom Haus her erscholl ein Ruf, und der Wirt ging nach hinten, um herauszufinden, was seine Frau wollte.

Dee fragte sich, was um alles in der Welt Mike im Schilde führen mochte. Sie versuchte das Gespräch in Gang zu halten. »Aber der alte Mann hat mich nach Livorno geschickt«, sagte sie.

»Genau wie mich«, bestätigte Lipsey. »Aber zu diesem Zeitpunkt brauchte ich nur noch Ihrer Spur zu folgen in der Hoffnung, Ihnen am Ende zuvorzukommen. Wie ich sehe, ist mir das mißlungen.«

»In der Tat.«

Die Tür ging auf, und Mike trat wieder ein. Verdutzt sah Dee, daß er unter einem Arm ein Gemälde hielt.

Er stellte es auf den Tisch. »Hier ist es, Gentlemen«, sagte er. »Das Gemälde, das der Grund dafür ist, daß Sie die weite Reise hierher gemacht haben.«

Alle starrten auf das Bild.

Schließlich fragte Lipsey: »Und – was haben Sie damit vor, Mr. Arnaz?«

»Ich werde es einem von Ihnen beiden verkaufen«, erwiderte Mike. »Und da Sie mir fast zuvorgekommen wären, werde ich Ihnen ein spezielles Angebot machen.«

»Sprechen Sie weiter«, sagte Black.

»Der springende Punkt ist: Das Bild muß aus dem Land hinausgeschmuggelt werden. Nach italienischem Gesetz ist der Export von Kunstwerken nur mit ausdrücklicher Genehmigung gestattet; würden wir jedoch einen entsprechenden Antrag stellen, so wären wir das Bild höchstwahrscheinlich los. Meine Absicht ist es, das Gemälde nach London zu schaffen. Das heißt allerdings, daß ich gegen die Gesetze zweier Länder verstoßen muß – das Bild muß ja in das Vereinigte Königreich eingeschmuggelt werden. Um mich abzusichern, werde ich von demjenigen von Ihnen beiden, der den höchsten Preis bietet, zusätzlich verlangen, daß er ein Stück Papier unterzeichnet, auf dem steht, daß das Geld an mich gezahlt wurde, um eine Spielschuld zu begleichen.«

»Warum wollen Sie es nicht hier verkaufen?« fragte Black.

»Weil das Bild in London mehr wert ist«, erwiderte Mike mit einem breiten Lächeln. Er hob das Gemälde vom Tisch herab. »Ich stehe im Telefonbuch«, sagte er. »Auf Wiedersehen in London.«

Als das Paar dann im blauen Mercedes saß und in Richtung Rimini fuhr, fragte Dee: »Wie, um alles in der Welt, hast du das gedeichselt?«

»Nun, ich bin zum hinteren Teil der Schenke gegangen

und habe mit der Frau des Wirts gesprochen«, sagte Mike. »Ich habe sie nur gefragt, ob Danielli mal dort gewohnt habe, und sie sagte ja. Dann fragte ich sie, ob er irgendwelche Gemälde zurückgelassen habe, und sie zeigte mir dies. Also fragte ich sie: › Wieviel wollen Sie dafür haben?‹ Daraufhin holte sie ihren Mann. Die Summe, die er verlangte, entsprach rund hundert Pfund.«

»Mein Gott!« rief Dee aus.

»Keine Sorge«, sagte Mike. »Ich habe ihn auf achtzig Pfund gedrückt.«

*

Dee öffnete die Augen. »Danach war es leicht«, sagte sie. »Beim Zoll ging alles glatt. Die Fälscher fertigten schnell zwei Kopien des Bildes für uns an, und Lipsey und Black zahlten je fünfzigtausend Pfund an uns, als ›Spielschulden‹. Es verursacht mir nicht die leisesten Gewissensbisse, diese beiden schleimigen Typen hereingelegt zu haben. Sie hätten es mit uns ganz genauso gemacht. Vor allem Lipsey – ich bin nach wie vor davon überzeugt, daß er von Onkel Charles engagiert worden war.«

»Mhm.« Mike stupste Dee. »Hast du heute an deiner Dissertation gearbeitet?«

»Nein. Und weißt du was – ich werde höchstwahrscheinlich auch nie eine schreiben.«

Er drehte den Kopf und sah sie an. »Warum denn nicht?«

»Nach allem, was geschehen ist, kommt mir das so unwirklich vor.«

»Und was willst du tun?«

»Nun, du hast mir doch mal einen Job angeboten.«

»Und du hast ihn abgelehnt.«

»Die Situation hat sich geändert; ich habe bewiesen, daß ich so gut bin wie du. Wir geben ein erstklassiges Team ab, im Business wie im Bett.«

»Ist dies für mich der Augenblick, um dir einen Heiratsantrag zu machen?«

»Nein. Aber es gibt etwas anderes, das du für mich tun könntest.«

Mike lächelte. »Ich weiß.« Er stütze sich ein Stück hoch, beugte sich über Dee und küßte ihren Bauch.

»He, da ist noch etwas, worauf ich mir keinen Reim machen kann.«

»Gütiger Himmel. Kannst du dich nicht mal für eine Weile auf Sex konzentrieren?«

»Noch nicht. Hör zu. Du hast die Fälscher doch finanziert, stimmt's? Usher und Mitchell?«

»Ja.«

»Wann?«

»Als ich nach London kam.«

»Und der Hintergedanke dabei war, sie in eine Position zu manövrieren, in der sie die Kopien für uns anfertigen mußten.«

»Richtig. Können wir jetzt endlich miteinander schlafen?«

»In einer Minute.« Sie hob den Kopf. »Aber als du nach London kamst, wußtest du ja nicht einmal, daß ich dem Bild auf der Fährte war.«

»Richtig.«

»Warum hast du dann schon die Sache mit den Fälschern eingefädelt?«

»Ich hatte Vertrauen zu dir, Baby.«

Im Zimmer war es eine Zeitlang still, während die Dunkelheit über die Stadt fiel.

KEN FOLLETT

Auf den Schwingen des Adlers

Ich trage euch auf Adlerschwingen
und bringe euch zu mir.
2. Mose 19,4

PERSONEN

Dallas:

Ross Perot, Aufsichtsratsvorsitzender
  der Electronic Data Systems Corporation, Dallas,
  Texas
Merv Stauffer, Perots rechte Hand
T. J. Marquez, einer der Vizepräsidenten von EDS
Tom Walter, Finanzchef von EDS
Mitch Hart, ein ehemaliger Präsident von EDS
  mit guten Verbindungen zur Demokratischen Partei
Tom Luce, Gründer der Rechtsanwaltskanzlei
  Hughes & Hill in Dallas
Bill Gayden, Präsident von EDS World,
  einer EDS-Tochtergesellschaft
Mort Meyerson, einer der Vizepräsidenten von EDS

Teheran:

Paul Chiapparone, Chef der EDS Corporation Iran
Bill Gaylord, Pauls Stellvertreter
Lloyd Briggs, Nummer drei in der Hierarchie
Rich Gallagher, Pauls Verwaltungsassistent;
  Cathy Gallagher, Richs Frau; Buffy, Cathys Pudel
Paul Bucha, ehemals Chef der EDS Corporation Iran,
  neuerdings in Paris stationiert
Bob Young, EDS-Chef in Kuwait
John Howell, Rechtsanwalt bei Hughes & Hill
Keane Taylor, Manager des Bank-Omran-Projekts

Das Team:
Oberstleutnant Arthur D. »Bull« Simons
Jay Coburn
Pat Sculley
Jim Schwebach
Joe Poché
Ralph Boulware
Ron Davis
Glenn Jackson

Die Iraner:
Abolhasan, ranghöchster iranischer Mitarbeiter
  und Verwaltungsassistent von Paul Chiapparone
Madjid, Assistent von Jay Coburn
Farah, Madjids Tochter
Raschid, Seyyed, der »Cycle Man«: Informatiker in der
  Ausbildung
Gholam, zuständig für Personal- und Einkaufsfragen
  unter Coburn
Hussein Dadgar, Untersuchungsrichter

In der US-Botschaft:
William Sullivan, Botschafter
Charles Naas, Botschaftsrat, Sullivans Stellvertreter
Lou Goelz, Generalkonsul
Bob Sorensen, Botschaftsangestellter
Ali Jordan, bei der Botschaft angestellter Iraner
Barry Rosen, Presseattaché

In Istanbul:
Mr. Fish, Besitzer eines Reisebüros mit ausgezeichneten
  Verbindungen
Ilsman, Mitarbeiter des türkischen Geheimdienstes MIT
Charlie Brown, Dolmetscher

In Washington:
Zbigniew Brzezinski, Nationaler Sicherheitsberater
Cyrus Vance, Außenminister
David Newsom, Staatssekretär im Außenministerium
Henry Precht, Leiter der Abteilung Iran im Außenministerium
Mark Ginsberg, Verbindungsmann zwischen Weißem Haus und Außenministerium

VORWORT

DIES IST EINE wahre Geschichte über Menschen, die, da sie krimineller Vergehen beschuldigt wurden, die sie nicht begangen hatten, beschlossen, sich ihr Recht selbst zu verschaffen.

Nachdem ihr Abenteuer vorüber war, gab es ein Gerichtsverfahren, in dem sie von jeglicher Schuld freigesprochen wurden. Dieses Verfahren gehört nicht zu meiner Geschichte, doch da es die Unschuld der Beteiligten bestätigt, gebe ich im Anhang dieses Buches Auszüge aus der Beweisführung und dem Urteil des Gerichts wieder.

Bei der Erzählung der Geschichte habe ich mir die Freiheit genommen, in zwei Details von der Wahrheit abzuweichen.

Einigen Personen habe ich ein Pseudonym gegeben oder einen Spitznamen, vor allem, um sie vor der Vergeltung der iranischen Regierung zu schützen. Die falschen Namen lauten: Madjid, Farah, Abolhasan, Mr. Fish, Deep Throat, Raschid, Cycle Man, Mehdi, Malek, Gholam, Seyyed und Charlie Brown. Alle anderen Namen sind echt.

Zweitens: Bei Gesprächen, die vor drei oder vier Jahren stattgefunden haben, erinnert man sich selten noch an den genauen Wortlaut; darüber hinaus ergeben normale Unterhaltungen – mit ihren Gesten und Unterbrechungen und unvollendeten Sätzen – oftmals keinen Sinn, wenn sie niedergeschrieben werden. Die Dialoge in diesem Buch wurden folglich rekonstruiert und bereinigt. Jede rekonstruierte Unterhaltung wurde jedoch zumindest einem der Beteiligten zur Korrektur oder Zustimmung vorgelegt.

Ich glaube, daß – von diesen beiden Ausnahmen abgesehen – im folgenden jedes einzelne Wort der Wahrheit entspricht. Ich habe nichts erfunden. Alles, was Sie im folgenden lesen werden, ist wirklich geschehen.

1

ES BEGANN AM fünften Dezember 1978.
Jay Coburn, Personalchef der EDS Corporation Iran, saß in seinem Büro im Norden Teherans und zerbrach sich den Kopf.

Das Büro befand sich in einem zweistöckigen Betonbau, der, da er in einem Seitensträßchen der Bucharest Street lag, *Bukarest* genannt wurde. Coburn saß im ersten Stock in einem selbst für amerikanische Verhältnisse großen Raum, der mit Parkettboden und mit einem mächtigen Schreibtisch aus massivem Holz ausgestattet war. An der Wand hing ein Porträt des Schahs. Coburn saß mit dem Rücken zum Fenster. Durch die Glastür konnte er in das Großraumbüro sehen, wo seine Mitarbeiter Schreibmaschinen und Telefone bedienten. Die Vorhänge an der Glastür zog Coburn nie zu. Es war kalt. Es war immer kalt. Tausende von Iranern streikten, die Stromversorgung der Stadt war häufig unterbrochen, und fast jeden Tag fiel die Heizung für mehrere Stunden aus.

Coburn war ein großer, breitschultriger Mann, einsachtzig groß und neunzig Kilo schwer. Sein rotbraunes Haar war seiner Stellung gemäß kurz geschnitten, sorgfältig gekämmt und gescheitelt. Obgleich er erst zweiunddreißig Jahre alt war, sah er eher aus wie vierzig. Bei näherer Betrachtung verrieten jedoch das attraktive, offene Gesicht und das rasche Lächeln sein wahres Alter; er besaß eine gewisse frühe Abgeklärtheit, das Aussehen eines Mannes, der zu schnell erwachsen geworden war.

Sein ganzes Leben lang hatte er sich Verantwortung aufbürden lassen: in seiner Kinderzeit, als er im Blumenladen seines Vaters mitarbeitete; mit zwanzig als Hubschrauberpilot in Vietnam; als junger Ehemann und Vater; und nun als Personalchef, der für die Sicherheit von 131 amerikanischen Angestellten und deren 220 Familienangehörigen zuständig war – und das in einer Stadt, in der der Mob die Straßen regierte.

Wie jeden Tag, so telefonierte er auch heute in ganz Teheran herum und versuchte herauszufinden, wo gerade Kämpfe stattfanden, wo sie wohl demnächst ausbrechen würden und wie die Aussichten für die kommenden Tage waren.

Mindestens einmal täglich rief er die amerikanische Botschaft an, deren Auskunft rund um die Uhr besetzt war. Amerikaner aus ganz Teheran pflegten dort Demonstrationen und Aufstände zu melden, und die Botschaft gab dann weiter, welche Stadtteile tunlichst zu meiden waren. Was jedoch ihre Ratschläge und Prognosen betraf, so fand Coburn sie nahezu nutzlos. Bei den wöchentlich stattfindenden Informationstreffen, an denen er stets getreulich teilnahm, bekam er jedesmal das gleiche zu hören: Amerikaner sollten sich nach Möglichkeit im Hause aufhalten und Menschenansammlungen um jeden Preis fernbleiben, der Schah habe jedoch alles unter Kontrolle, so daß derzeit noch keine Evakuierung angeraten sei. Coburn verstand ihr Dilemma: Verkündeten die Amerikaner, daß der Pfauenthron wackelte, so würde der Schah mit Sicherheit gestürzt. Die Botschaft war bei ihren Äußerungen jedoch dermaßen vorsichtig, daß sie fast überhaupt keine Informationen mehr lieferte.

Mit diesem Zustand unzufrieden, hatten die amerikanischen Geschäftsleute in Teheran ihr eigenes Informationsnetz aufgebaut. Die größte US-Firma in der Stadt war Bell Helicopter, deren hiesige Niederlassung von einem Generalmajor a. D., Robert N. MacKinnon, geleitet wurde.

MacKinnon verfügte über einen erstklassigen Nachrichtendienst und gab alle seine Erkenntnisse weiter. Außerdem kannte Coburn einige Mitarbeiter des US-Militärgeheimdienstes, und auch die rief er an. Heute war es in Teheran relativ ruhig: Größere Demonstrationen fanden nicht statt. Die letzten ernst zu nehmenden Unruhen hatte es vor drei Tagen gegeben, am zweiten Dezember, dem ersten Tag des Generalstreiks, an dem den Meldungen zufolge siebenhundert Menschen getötet worden waren. Soweit Coburn informiert war, konnte man damit rechnen, daß die Ruhe bis zum zehnten Dezember, dem islamischen Feiertag Aschura, anhielt.

Coburn dachte mit Sorge an Aschura. Der islamische Winterfeiertag war überhaupt nicht mit Weihnachten zu vergleichen. An diesem Fasten- und Trauertag zum Gedenken des Todes von Hussein, dem Enkel des Propheten, herrschten Reue und Zerknirschung. Massendemonstrationen würden stattfinden, in deren Verlauf die streng Gläubigen sich selber peitschten. In solch einer Atmosphäre kam es schnell zum Ausbruch von Hysterie und Gewalt.

Coburn befürchtete, dieses Mal könnten sich die Ausschreitungen gegen die Amerikaner richten. Eine Reihe häßlicher Zwischenfälle hatte ihn überzeugt, daß die Ressentiments gegen Amerikaner rasch um sich griffen. Unter seiner Tür hatte jemand eine Karte mit den Worten »Wenn Dir Leib und Leben lieb sind, verschwinde aus dem Iran!« durchgeschoben. Freunde von ihm hatten ähnliche Postkarten erhalten. An die Mauer seines Hauses hatten irgendwelche Sprühdosenkünstler geschrieben: »Hier wohnen Amerikaner.« Der Bus, der seine Kinder in die amerikanische Schule Teherans brachte, war von der demonstrierenden Menge angehalten und fast zum Umkippen gebracht worden. Andere EDS-Mitarbeiter waren auf der Straße angepöbelt, ihre Autos demoliert worden. Eines schrecklichen Nachmittags hatten Iraner im Ministerium für Gesundheit und Soziales – dem größten Kunden von EDS – gewütet, Fenster eingeschlagen und Schahbilder verbrannt. Die EDS-Manager verschanzten sich in einem Büroraum, bis der Mob wieder abzog.

Wie düster die Lage wirklich war, kam jedoch am deutlichsten in der drastisch veränderten Haltung von Coburns Hauswirt zum Ausdruck.

Coburn hatte, wie die meisten Amerikaner in Teheran, die Hälfte eines Zweifamilienhauses gemietet: Er wohnte mit Frau und Kindern im ersten Stock, der Hausbesitzer mit seiner Familie im Erdgeschoß. Als die Coburns im März dieses Jahres eingezogen waren, hatte sie der Vermieter sofort unter seine Fittiche genommen. Die beiden Familien kamen ausgezeichnet miteinander aus. Coburn und der Hausbesitzer diskutierten des öfteren über die Religion: Letzterer gab Coburn eine englische Übersetzung des Korans, und seine Tochter las ihm aus Coburns Bibel vor. Scott, Coburns siebenjähriger Sohn, spielte mit den Söhnen des Vermieters auf der Straße Fußball. An den Wochenenden unternahmen sie gemeinsame Ausflüge aufs Land. An einem Wochenende war den Coburns sogar die seltene Auszeichnung zuteil geworden, Gäste bei einer islamischen Hochzeit zu sein. Es war faszinierend gewesen. Männer und Frauen verbrachten den ganzen Tag getrennt voneinander. Coburn und Scott blieben bei den Männern, seine Frau Liz und ihre drei Töchter bei den Frauen. Coburn hatte die Braut überhaupt nicht zu Gesicht bekommen.

Im späten Sommer hatten sich die Verhältnisse fast unmerklich geändert. Die Wochenendausflüge hörten auf. Die Söhne des Vermieters durften nicht mehr mit Scott auf der Straße spielen. Schließlich brach jeglicher Kontakt zwischen den beiden Familien ab, selbst im Haus und dem dazugehörigen Hof, und den Kindern wurden schon Vorhaltungen gemacht, wenn sie sich nur mit einem der Coburns unterhielten.

Es war keineswegs so, daß der Hauswirt plötzlich seinen Haß auf die Amerikaner entdeckt hätte. Eines Abends bewies er, daß ihm die Coburns nach wie vor am Herzen lagen. Auf der Straße hatte es eine Schießerei gegeben. Einer seiner Söhne war trotz Ausgangssperre noch unterwegs gewesen, und Soldaten hatten auf den Jungen geschossen, als er nach Hause rannte und über die Hofmauer kletterte. Coburn und Liz, die zu Tode erschrocken war, hatten den Vorfall von ihrem Balkon aus beobachtet. Der Hauswirt kam herauf, um ihnen zu erzählen, was passiert war, und um sie zu beruhigen. Aber er wußte nur zu gut, daß er sich um der Sicherheit seiner Familie willen nicht beim Umgang mit Amerikanern *sehen* lassen durfte: Ihm war klar, aus welcher Richtung der Wind wehte. Für Coburn war dies ein weiterer Hinweis darauf, daß die Zeichen auf Sturm standen.

Zur Zeit gab es, wie Coburn aus der Gerüchteküche vernommen hatte, in den Moscheen und Basaren wildes Gerede über einen Heiligen Krieg gegen die Amerikaner, der zu Aschura beginnen sollte. Bis dahin waren es noch fünf Tage. Doch die Amerikaner in Teheran wirkten erstaunlich gelassen.

Coburn erinnerte sich an die Einführung der Ausgangssperre: Sie hatte nicht einmal das monatliche EDS-Pokerspiel beeinträchtigt. Er und seine Mitspieler hatten einfach Frauen und Kinder mitgebracht, das Ganze in eine Pyjama-Party umfunktioniert, und alle waren bis zum Morgen geblieben. An das Knallen von Gewehrschüssen hatten sie sich gewöhnt. Die meisten heftigen Gefechte wurden zwar in der Altstadt im Süden, wo der Basar lag, und im Universitätsviertel ausgetragen, aber im Grunde waren überall immer wieder Schüsse zu hören. Schon bald nahmen sie die Knallerei seltsam gleichmütig hin. Sprach man gerade, so hielt man inne und wartete, bis die Salven verklungen waren – ebenso wie in den Staaten, wenn ein Flugzeug über einen hinwegdonnerte. Gerade so, als sei es undenkbar, daß *sie* zur Zielscheibe der Iraner werden könnten.

Coburn war Schüssen gegenüber *nicht* abgestumpft. Zu oft in seinem Leben war schon auf ihn geschossen worden. In Vietnam hatte er sowohl Kampfhubschrauber zur Unterstützung von Bodenoperationen geflogen als auch zu Truppen- und Versorgungstransporten, bei denen er auf Schlachtfeldern landen und abheben mußte. Er hatte Menschen getötet, und er hatte Männer sterben sehen. Damals hatte die Armee pro 25 Stunden Kampfflugeinsatz eine Medaille verliehen – Coburn war mit insgesamt 39 Stück heimgekehrt. Außerdem hatte er einen Silbernen Stern erhalten – und eine Kugel in die Wade, die Schwachstelle jedes Hubschrauberpiloten. In jenem Jahr hatte er die Erfahrung gemacht, daß er sich im Kampf selbst – wenn es alle Hände voll zu tun und keine Zeit zum Angsthaben gab – ganz gut in der Hand hatte; doch nach jeder Rückkehr von einem Einsatz, wenn alles vorbei war und er darüber nachdenken konnte, was er getan hatte, zitterten ihm die Knie.

In mancher Hinsicht war er dankbar für diese Erfahrung. Er war schnell erwachsen geworden, und das hatte ihm gegenüber seinen Altersgenossen im Berufsleben einen gewissen Vorteil verschafft. Es hatte ihm außerdem einen gesunden Respekt vor Schüssen eingeimpft.

Aber die meisten seiner Kollegen empfanden das anders als er, und ihre Frauen ebenso. Jedesmal wenn eine Evakuierung zur Debatte stand, stemmten sie sich dagegen. Sie hatten Zeit, Arbeit und persönlichen Ehrgeiz in die EDS Corporation Iran investiert, und all das wollten sie nicht so ohne weiteres im Stich lassen. Ihre Frauen hatten die jeweilige Mietwohnung in ein richtiges Zuhause verwandelt, und allenthalben wurden Pläne für Weihnachten geschmiedet. Die Kinder hatten ihre Schulen, ihre Freunde, ihre Fahrräder und Haustiere. Wenn wir uns nur ruhig verhalten und abwarten, so sagten sie sich, dann wird das Gewitter schon wieder abziehen.

Coburn hatte versucht, Liz zu überreden, mit den Kindern in die Staaten zurückzukehren – nicht nur ihrer eigenen Sicherheit wegen, sondern weil die Zeit kommen mochte, da er 350 Personen auf einen Schlag evakuieren mußte, eine Arbeit, der er seine ungeteilte Aufmerksamkeit würde widmen müssen, ohne daß ihn private Ängste um seine Familie ablenkten. Liz hatte abgelehnt.

Beim Gedanken an Liz seufzte er. Sie war lustig und lebhaft, und jedermann schätzte ihre Gesellschaft, aber sie war keine gute Ehefrau für einen Konzernangestellten. EDS verlangte eine Menge von ihren Führungskräften. War es zur Durchführung einer Aufgabe erforderlich, eine ganze Nacht durchzuarbeiten, dann arbeitete man eben die ganze Nacht. Liz lehnte so etwas ab. Daheim in den Staaten war Coburn als Einstellungsleiter häufig von Montag bis Freitag im ganzen Land unterwegs gewesen, und Liz hatte das gehaßt. In Teheran war sie glücklich, weil er jeden Abend nach Hause kam. Wenn er hierbliebe, sagte sie, so bliebe sie ebenfalls. Auch den Kindern gefiel es hier. Sie lebten zum erstenmal außerhalb der Vereinigten Staaten und waren fasziniert von der fremden Sprache und Kultur. Kim, mit elf Jahren die Älteste, verfügte über zuviel Selbstvertrauen, um Angst zu haben. Kristi mit ihren acht Jahren war zwar ein wenig ängstlich, aber sie war ohnehin sehr gefühlsbetont und reagierte von allen am schnellsten und heftigsten. Der siebenjährige Scott und Kelly, mit vier Jahren die Jüngste, waren beide noch zu klein, um die Gefahr zu begreifen.

Also blieben sie, wie alle anderen, und warteten darauf, daß sich die Dinge zum Guten wenden würden – oder zum Schlechten.

Coburn wurde in seinen Gedanken durch ein Klopfen an der Tür unterbrochen, und Madjid kam herein, ein kleiner, stämmiger Mann um die Fünfzig mit einem üppigen Schnauzbart. Er war einmal recht wohlhabend gewesen; sein Stamm hatte große Ländereien besessen, diese jedoch bei der Landreform in den sechziger Jahren verloren. Nun arbeitete Madjid als Coburns Assistent in der Verwaltung und war für die iranische Bürokratie zuständig. Er sprach fließend Englisch und war höchst einfallsreich. Coburn mochte ihn sehr; Madjid hatte sich schier ein Bein ausgerissen, um ihm und seiner Familie bei der Ankunft im Iran behilflich zu sein.

»Herein mit Ihnen«, sagte Coburn. »Setzen Sie sich. Was gibt's?«

»Es ist wegen Farah.«

Coburn nickte. Farah war Madjids Tochter und arbeitete mit ihrem Vater zusammen. Sie hatte dafür zu sorgen, daß alle amerikanischen Mitarbeiter stets über gültige Visa und Arbeitsgenehmigungen verfügten. »Irgendwas nicht in Ordnung?« fragte Coburn.

»Die Polizei hat sie aufgefordert, zwei amerikanische Pässe aus unseren Akten zu nehmen, *ohne irgend jemandem etwas zu sagen.*«

Coburn runzelte die Stirn. »Ganz bestimmte Pässe?«

»Die von Paul Chiapparone und Bill Gaylord.«

Paul war Coburns Chef, der Leiter der EDS Corporation Iran. Bill war sein Vize und Manager ihres größten Projektes, dem Auftrag des Gesundheitsministeriums.

»Was, zum Teufel, geht da vor?« wollte Coburn wissen.

»Farah ist in großer Gefahr«, sagte Madjid. »Ihr wurde ausdrücklich befohlen, niemandem etwas davon zu sagen. Sie kam zu mir, um sich Rat zu holen. Natürlich mußte ich Ihnen Bescheid sagen. Aber ich fürchte, sie wird ernsthaft in Schwierigkeiten geraten.«

»Moment mal«, sagte Coburn. »Sehen wir uns erst mal die Hintergründe an. Wie fing es eigentlich an?«

»Heute vormittag hat sie einen Anruf der Polizei, Abteilung Aufenthaltsgenehmigungen für Amerikaner, erhalten. Sie wurde gebeten, hinzukommen. Sie sagten, es ginge um James Nyfeler. Farah dachte, es sei eine Routineangelegenheit. Um 11.30 Uhr kam sie in das Büro und sprach mit dem Leiter der amerikanischen Abteilung. Erst fragte er nach Mr. Nyfelers Paß und Aufenthaltsgenehmigung. Sie sagte ihm, daß Mr. Nyfeler nicht mehr im Iran sei. Dann fragte er nach Paul Bucha. Sie sagte, Mr. Bucha sei ebenfalls nicht mehr im Lande.«

»Das hat sie gesagt?«

»Ja.«

Bucha war im Iran. Aber vielleicht wußte das Farah gar nicht, dachte Coburn. Bucha war hier ansässig gewesen, hatte das Land verlassen und war für kurze Zeit zurückgekommen. Morgen sollte er wieder nach Paris fliegen.

Madjid berichtete weiter: »Dann sagte der Polizist: ›Ich nehme an, die beiden anderen sind auch fort?‹ Farah sah, daß er vier Akten auf seinem Schreibtisch liegen hatte, und fragte, welche beiden anderen er meine. Er sagte, Mr. Chiapparone und Mr. Gaylord. Sie antwortete, sie hätte erst heute morgen Mr. Gaylords Aufenthaltsgenehmigung abgeholt. Der Polizist befahl ihr, die Pässe und Aufenthaltsgenehmigungen sowohl von Mr. Gaylord als auch von Mr. Chiapparone zu holen und zu ihm zu bringen. Sie solle es heimlich tun und keinen Alarm schlagen.«

»Was hat sie geantwortet?« fragte Coburn.

»Sie sagte ihm, heute könne sie die Papiere nicht mehr bringen. Da befahl er ihr, sie morgen früh zu bringen. Er sagte, er mache sie offiziell dafür verantwortlich, und er sorgte dafür, daß bei seinen Anordnungen Zeugen zugegen waren.«

»Das klingt total unsinnig«, meinte Coburn.

»Wenn sie erfahren, daß Farah ihnen nicht gehorcht hat ...«

»Wir werden uns was ausdenken, um sie zu schützen«, sagte Coburn. Er fragte sich, ob Amerikaner eigentlich dazu verpflichtet waren, ihre Pässe auf Verlangen der Polizei auszuhändigen.

»Warum sie diese Pässe haben wollen, sagten sie nicht?«

»Nein.«

Bucha und Nyfeler waren die Vorgänger von Chiapparone und Gaylord. Hatte das etwas zu bedeuten?

Coburn wußte es nicht.

Er stand auf. »Zuerst einmal müssen wir entscheiden, was Farah der Polizei morgen früh erzählen soll«, sagte er. »Ich rede jetzt mit Paul Chiapparone und melde mich dann wieder bei Ihnen.«

*

Im Erdgeschoß des Gebäudes saß Paul Chiapparone in seinem Büro. Auch hier gab es Parkettboden, einen mächtigen Schreibtisch, ein Schahporträt an der Wand und allerhand zum Nachdenken.

Paul war neununddreißig Jahre alt, von mittlerer Größe und ein wenig übergewichtig, was vor allem auf seine Vorliebe für gutes Essen zurückzuführen war. Mit seiner olivfarbenen Haut und seinem dichten schwarzen Haar sah er aus wie ein Italiener. Seine Aufgabe war es, in einem rückständigen Land ein modernes Sozialversicherungssystem aufzubauen. Das war gar nicht leicht.

Zu Beginn der siebziger Jahre hatte der Iran ein primitives Sozialversicherungssystem besessen. Es war jedoch beim Eintreiben der Beiträge völlig ineffizient und darüber hinaus so leicht zu übervorteilen, daß man mehrmals aus ein und derselben Krankheit Gewinn schlagen konnte. Nachdem der Schah beschlossen hatte, einen Teil seiner zwanzig Milliarden Öldollars jährlich auf die Errichtung eines Sozialstaats zu verwenden, bekam EDS den Zuschlag. EDS organisierte die Kranken- und Sozialversicherungen verschiedener Bundesstaaten in den USA, doch im Iran mußten sie praktisch bei Null anfangen. Es galt für jeden der 32 Millionen Einwohner eine Versicherungskarte auszustellen, Lohnabzüge einzuführen, damit regelmäßig Verdienende ihre Beiträge bezahlten, und die Anträge auf Versicherungsleistungen zu bearbeiten. Das ganze System sollte über Computer laufen – eine Spezialität von EDS.

Im Iran ein EDV-System einzurichten, fand Paul, hatte mit der gleichen Aufgabe in den Staaten ungefähr so viel gemein wie das Kuchenbacken: Hier machte man das auf die althergebrachte Weise und verwendete Originalzutaten, dort nahm man einfach ein Fertigpaket. Oft fühlte er sich frustriert. Die Iraner besaßen nicht die Macher-Mentalität amerikanischer Manager, und häufig schien es, als schüfen sie Probleme, statt sie zu lösen. Am EDS-Stammsitz in Dallas, Texas, wurde von den Mitarbeitern nicht nur erwartet, Unmögliches möglich zu machen – normalerweise sollte es auch schon gestern erledigt worden sein. Hier im Iran hingegen war alles zuerst einmal unmöglich und auf jeden Fall nicht vor *farda* zu bewerkstelligen – wobei *farda* üblicherweise mit »morgen« übersetzt wurde, in der Praxis jedoch »irgendwann in der Zukunft« hieß.

Paul war die Schwierigkeiten auf seine Art angegangen: mit Entschlossenheit und harter Arbeit. Er war kein Intellektueller. Als Kind war ihm die Schule schwergefallen, doch sein italienischer Vater mit seinem für Einwanderer typischen Glauben an die Allmacht einer guten Ausbildung hatte ihn zum Lernen gezwungen, und Paul hatte gute Noten nach Hause gebracht. Und diese simple Hartnäckigkeit war ihm seither stets zustatten gekommen. Er konnte sich noch gut an die Gründungszeit bei EDS Amerika in den sechziger Jahren erinnern, als es bei jedem neuen Auftrag ums Ganze ging. Er hatte mitgeholfen, aus EDS einen der dynamischsten und erfolgreichsten Konzerne der Welt zu machen, und war sich absolut sicher gewesen, daß auch das Iran-Projekt den gleichen Weg nehmen würde, besonders seitdem Jay Coburn in seinen Anwerbungs- und Lehrprogrammen mehr und mehr Iraner ausbildete, die für Management-Positionen geeignet waren.

Er hatte sich geirrt, und erst jetzt ging ihm allmählich auf, warum.

Als er im August 1977 mit seiner Familie in den Iran gekommen war, war der Ölboom bereits vorüber. Der Regierung ging langsam das Geld aus. Im selben Jahr erhöhte das Anti-Inflationsprogramm die Zahl der Arbeitslosen, und eine schlechte Ernte trieb gleichzeitig noch mehr hungernde Bauern in die Städte. Das tyrannische Regime des Schahs wurde durch die Menschenrechtspolitik des amerikanischen Präsidenten Jimmy Carter geschwächt. Die Zeit war reif für politische Unruhen.

Eine Zeitlang hatte Paul von der hiesigen Politik kaum Notiz genommen. Er wußte, daß die Unzufriedenen hier und da Krach schlugen, aber das kam schließlich in jedem Land der Welt vor, und außerdem schien der Schah die Zügel fest in der Hand zu haben. Die Bedeutung der Ereignisse im ersten Halbjahr 1978 entging Paul – wie im übrigen auch dem Rest der Welt.

Am siebten Januar publizierte die Zeitung *Etela'at* einen unflätigen Angriff auf einen im Exil lebenden Geistlichen – den Ayatollah Khomeini –, in dem unter anderem behauptet wurde, er sei homosexuell. Tags darauf inszenierten aufgebrachte Theologie-Studenten in der Stadt Ghom, die etwa 130 km von Teheran entfernt lag und das Haupt und Zentrum religiöser Bildung im Lande war, einen Sitzstreik, der von Militär und Polizei brutal auseinandergeknüppelt wurde. Die Konfrontation eskalierte, und an den beiden folgenden Tagen wurden siebzig Menschen getötet. Nach islamischer Tradition organisierte die Geistlichkeit vierzig Tage später eine Gedenkprozession für die Toten, bei der es wiederum zu gewaltsamen Zusammenstößen kam, und der neuen Toten wurde wiederum vierzig Tage später mit einer neuerlichen Prozession gedacht ...

In den ersten sechs Monaten dieses Jahres stieg die Zahl der Prozessionen, stieg die Zahl der Teilnehmer, stieg auch die Gewalttätigkeit.

Im nachhinein erkannte Paul, daß mit der Bezeichnung »Trauerprozessionen« lediglich das Demonstrationsverbot des Schahs umgangen worden war. Damals jedoch war er gar nicht auf den Gedanken gekommen, es könne sich dabei um das Entstehen einer politischen Massenbewegung handeln. Und auch sonst war niemand auf den Gedanken gekommen. Im August desselben Jahres machte Paul ebenso wie William Sullivan, US-Botschafter im Iran, in den Staaten Urlaub. Paul hatte ein Faible für jegliche Art von Wassersport, und so fuhr er mit seinem Vetter Joe Porreca zu einem Wettangeln nach Ocean City, New Jersey, während seine Frau Ruthie mit den Töchtern Karen und Ann Marie ihre Eltern in Chicago besuchte. Paul war beunruhigt, weil das Gesundheitsministerium die Juni-Rechnung von EDS noch nicht bezahlt hatte; aber da es nicht zum erstenmal geschah, daß es mit einer Zahlung in Verzug geriet, hatte Paul die Angelegenheit seinem Stellvertreter Bill Gaylord überlassen, fest davon überzeugt, daß Bill das Geld schon eintreiben würde.

Während seines USA-Aufenthaltes kamen schlechte Nachrichten aus dem Iran. Am siebten September wurde das Land unter Kriegsrecht gestellt, und tags darauf wurden über hundert Menschen, die an einer Demonstration auf dem Jalehplatz im Herzen Teherans teilnahmen, von Soldaten getötet. Als die Chiapparones in den Iran zurückkamen, schien sich alles verändert zu haben, selbst die Luft. Erstmals hörten auch Paul und Ruthie des Nachts Schüsse auf der Straße. Das beunruhigte sie; plötzlich ging ihnen auf, daß Unruhen unter den Iranern Unruhe für sie selber bedeutete. Es kam zu einer Welle von Streiks. Dauernd wurde der Strom abgeschaltet, so daß sie bei Kerzenlicht zu Abend aßen und Paul im Büro seinen Mantel anbehielt, um sich warm zu halten. Es wurde zunehmend schwieriger, den Banken Bargeld zu entlocken, und Paul richtete einen Scheckeinlösungsdienst für die EDS-Mitarbeiter ein. Als ihnen zu Hause das Heizöl auszugehen drohte, mußte Paul so lange in den Straßen herumlaufen, bis er einen Tankwagen fand, dessen Fahrer sich schmieren ließ und ihnen Öl lieferte.

Schlimmer noch waren die geschäftlichen Probleme. Der Minister für Gesundheit und Soziales, Dr. Scheikholeslamizadeh, war verhaftet worden, und zwar nach Artikel 5 des Kriegsrechts, der es dem Staatsanwalt erlaubte, jedermann ohne Angabe von Gründen ins Gefängnis werfen zu lassen. Auch der stellvertretende Minister Reza Neghabat, mit dem Paul eng zusammengearbeitet hatte, saß im Gefängnis. Das Ministerium hatte die Juni-Rechnung noch immer nicht bezahlt und alle folgenden schon gar nicht; mittlerweile schuldete es EDS über vier Millionen Dollar.

Zwei Monate lang versuchte Paul, das Geld einzutreiben. Die Beamten, mit denen er vormals zu tun gehabt hatte, waren nicht mehr da. Ihre Nachfolger pflegten nicht auf seine Anrufe zu reagieren. Ab und zu versprach ihm jemand, sich mit der Sache zu beschäftigen und ihn dann zurückzurufen. Nach einer Woche Warten auf den Anruf telefonierte Paul selbst wieder, erfuhr aber lediglich, sein Gesprächspartner aus der vorigen Woche habe inzwischen das Ministerium verlassen. Sitzungen wurden anberaumt und wieder abgesagt. Die Schulden beliefen sich auf 1,4 Millionen Dollar monatlich.

Am vierzehnten November schrieb Paul an Dr. Heidargholi Emrani, dem für die Sozialversicherung zuständigen Staatssekretär, und machte formell darauf aufmerksam, daß EDS die Arbeit einstellen werde, wenn das Ministerium nicht innerhalb eines Monats zahle. Am vierten Dezember wurde die Mahnung wiederholt, diesmal durch Pauls Chef, den Präsidenten von EDS World, und zwar bei einer persönlichen Begegnung zwischen ihm und Dr. Emrani.

Das war gestern gewesen.

Wenn EDS sich zurückzog, so würde das gesamte iranische Sozialversicherungssystem zusammenbrechen. Andererseits wurde aber auch immer klarer, daß das Land bankrott war und die Rechnungen schlicht und einfach nicht bezahlen konnte. Was, so fragte sich Paul, würde Dr. Emrani jetzt tun?

Daran rätselte er noch immer herum, als Jay Coburn in sein Büro kam und ihm die Lösung präsentierte.

Im ersten Moment jedoch kam Paul gar nicht auf den Gedanken, daß der Versuch, sich seines Passes zu bemächtigen, darauf abzielte, ihn – und damit EDS – im Iran festzuhalten.

Nachdem ihm Coburn Bericht erstattet hatte, sagte er: »Warum, zum Teufel, haben sie das getan?«

»Ich weiß es nicht, Madjid weiß es nicht, und Farah weiß es auch nicht.«

Paul sah ihn an. Im Laufe des vergangenen Monats waren er und Coburn sich nähergekommen. Allen anderen Mitarbeitern gegenüber machte er gute Miene zum bösen Spiel, zu Coburn konnte er jedoch hinter verschlossenen Türen sagen: »Okay, und was hältst du wirklich davon?«

»Zuerst einmal fragt sich«, sagte Coburn, »was tun wir mit Farah? Sie könnte Schwierigkeiten bekommen.«

»Sie muß ihnen irgendeine Ausrede auftischen.«

»So tun, als spiele sie mit?«

»Sie könnte hingehen und ihnen sagen, daß Nyfeler und Bucha nicht mehr hier ansässig sind ...«

»Das hat sie ihnen schon gesagt.«

»Zum Beweis könnte sie ihre Ausreisevisa mitnehmen ...«

»Hm«, sagte Coburn unschlüssig. »Aber eigentlich sind sie ja an dir und Bill interessiert.«

»Sie könnte sagen, die Pässe würden nicht hier im Büro aufbewahrt.«

»Vielleicht wissen sie, daß das nicht stimmt – womöglich, daß Farah schon einmal Pässe bei ihnen vorgelegt hat.«

»Sagen wir also, leitende Angestellte sind nicht verpflichtet, ihre Pässe im Büro zu hinterlegen.«

»Das könnte klappen.«

»Irgendeine überzeugende Geschichte, damit sie ihr glauben, daß sie einfach nicht imstande war zu tun, was sie von ihr verlangt haben.«

»Gut. Ich werde mit ihr und Madjid darüber reden.« Coburn dachte einen Augenblick lang nach. »Weißt du, Bucha hat für morgen einen Auslandsflug reserviert. Er könnte einfach verschwinden.«

»Er sollte es wahrscheinlich sogar – sie denken ohnehin, er sei nicht hier.«

»Du könntest das auch.«

Paul dachte nach. Sollte er das Land verlassen? Und was würden die Iraner dann tun? Wahrscheinlich versuchen, jemand anders an seiner Stelle festzuhalten. »Nein«, sagte er. »Wenn wir abhauen, sollte ich der letzte sein, der geht.«

»Hauen wir denn ab?« fragte Coburn.

»Ich weiß es nicht.« Diese Frage hatten sie sich nun schon seit Wochen jeden Tag aufs neue gestellt. Coburn hatte einen Evakuierungsplan ausgearbeitet, der von einer Minute auf die andere in die Tat umgesetzt werden konnte. Paul hatte, den Finger am Abzug, immer wieder gezögert, den Startschuß zu geben. Er wußte, daß sein oberster Chef drüben in Dallas für eine Evakuierung war – aber das hieß, das Projekt, für das er sechzehn Monate lang so hart gearbeitet hatte, aufzugeben.

»Ich weiß es nicht«, wiederholte er.

»Ich werde in Dallas anrufen.«

*

In dieser Nacht war Coburn neben Liz längst fest eingeschlafen, als das Telefon klingelte.

Im Dunkeln griff er nach dem Hörer. »Ja-aa?«

»Paul hier.«

»Hallo.« Coburn drehte das Licht an und sah auf seine Armbanduhr. Es war zwei Uhr morgens.

»Wir evakuieren«, sagte Paul.

»Na endlich.«

Coburn legte auf und setzte sich auf die Bettkante. In gewisser Weise war er erleichtert. Er würde zwei oder drei Tage lang alle Hände voll zu tun haben, aber danach wären die Menschen, um deren Sicherheit er sich so lange gesorgt hatte, in die Staaten zurückgekehrt und außer Reichweite dieser verrückten Iraner.

In Gedanken ging er die Pläne durch, die er für diesen entscheidenden Moment gemacht hatte. Zuerst mußte er 130 Familien davon unterrichten, daß sie binnen 48 Stunden das Land verlassen würden. Er hatte die Stadt in Bezirke mit je einem verantwortlichen Kontaktmann eingeteilt: Die würde er nun anrufen, und ihnen oblag es dann, die einzelnen Familien zu benachrichtigen. Er hatte Anweisungen für die Evakuierung zusammengestellt, denen zu entnehmen war, wohin man zu gehen und was man zu tun hatte. Er brauchte lediglich Datum, Uhrzeit und Flugnummern einzutragen und die Blätter vervielfältigen und verteilen zu lassen.

Er hatte einen agilen, einfallsreichen jungen Iraner ausgewählt, einen Informatiker namens Raschid, dem die Aufgabe zufallen sollte, sich um die Häuser, Autos und Haustiere zu kümmern, die die fliehenden Amerikaner zurücklassen mußten, und der ihr Eigentum peu à peu per Schiff in die USA nachsenden sollte. Er hatte einen Stab von Leuten ernannt, der mit der Logistik der Evakuierung betraut war, der also Flugtickets und den Transport zum Flughafen organisieren sollte.

Überdies hatte er mit ein paar Leuten eine kleine Evakuierungsprobe gemacht, und alles hatte geklappt.

Coburn zog sich an und kochte Kaffee. Vor Ablauf von zwei Stunden konnte er zwar nichts unternehmen, doch zum Schlafen war er zu besorgt und ungeduldig.

Um vier Uhr morgens weckte er die sechs Logistiker per Telefon und beorderte sie unmittelbar nach Aufhebung der Ausgangssperre zu sich ins Bukarest.

Die Ausgangssperre begann jeden Abend um neun und endete morgens um fünf. Eine Stunde lang saß Coburn da und wartete, rauchte, trank Unmengen Kaffee und ging seine Notizen durch.

Als die Uhr im Flur fünfmal »kuckuck« rief, stand er schon gestiefelt und gespornt an der Haustür.

Draußen herrschte dichter Nebel. Er stieg in seinen Wagen und schlich mit 25 km Stundengeschwindigkeit Richtung Bukarest.

Drei Straßen weiter sprangen plötzlich sechs Soldaten aus dem Nebel und stellten sich im Halbkreis vor seinen Wagen, ihre Gewehre auf die Windschutzscheibe gerichtet.

»*O shit*«, sagte Coburn.

Einer der Soldaten war noch dabei, sein Gewehr zu laden. Er versuchte, das Magazin rückwärts hineinzuschieben, aber es klappte nicht. Er ließ es fallen, ging auf die Knie und tastete auf dem Boden danach herum. Das war so komisch, daß Coburn laut herausgelacht hätte, wäre er nicht so verschreckt gewesen. Ein Offizier schrie Coburn auf Farsi an. Coburn drehte das Seitenfenster herunter. Er zeigte dem Offizier seine Armbanduhr und sagte: »Es ist schon nach fünf.«

Die Soldaten berieten sich untereinander. Der Offizier kam wieder und fragte Coburn nach seinem Ausweis.

Coburn wartete angstvoll. Wenn sie ihn ausgerechnet heute einsperrten, dann hatten sie sich den denkbar unmöglichsten Tag dazu ausgesucht. Würde man ihm glauben, daß seine Uhr richtig und die des Offiziers nachging?

Endlich räumten die Soldaten die Straße, und der Offizier winkte Coburn durch.

Coburn stieß einen Seufzer der Erleichterung aus und fuhr langsam weiter.

So war es eben im Iran.

*

Coburns Logistiker gingen daran, Flüge zu buchen, Busse zu chartern und fotokopierten die zu verteilenden Anweisungen. Um zehn Uhr rief Coburn die Gruppenleiter im Bukarest zusammen und ließ durch sie die betroffenen Familien benachrichtigen.

Für die meisten bekam er einen PanAm-Flug nach Istanbul am Freitag, den achten Dezember. Der Rest – einschließlich Liz Coburn und ihrer Kinder – würde am selben Tag mit der Lufthansa nach Frankfurt fliegen.

Sobald die Buchungen bestätigt worden waren, verließen die beiden Spitzenmanager Merv Stauffer und T. J. Marquez den EDS-Stammsitz in Dallas und flogen nach Istanbul, um dort die Evakuierten zu empfangen, sie in Hotels unterzubringen und die nächste Etappe der Heimreise zu organisieren.

Im Laufe des Tages wurde der Plan ein wenig geändert. Paul sträubte sich noch immer dagegen, seine Arbeit im Iran aufzugeben. Er schlug vor, einen harten Kern von ungefähr zehn erfahrenen Mitarbeitern zurückzubehalten, die das Büro sozusagen im Leerlauf betreiben sollten – in der Hoffnung, der Iran würde zur Ruhe kommen und EDS könnte schließlich wieder zum geregelten Arbeitsablauf zurückkehren. Dallas war einverstanden. Zu denen, die freiwillig im Land blieben, gehörten Paul selbst, sein Stellvertreter Bill Gaylord, Jay Coburn und die meisten Kollegen aus dessen Logistik-Gruppe.

Die Taschen voller Schmiergeld in Form von 10 000-Rial-Scheinen (etwa 140 Dollar), besetzten Coburns Leute am Freitagmorgen praktisch einen Teil des Flughafens Mehrabad westlich von Teheran. Coburn hatte seine Leute überall: an den PanAm-Schaltern zur Ausstellung der Tickets, an den Paßkontrollen, in der Abflughalle und bei der Gepäckabfertigung. Das Flugzeug war überbelegt, und die Schmiergelder sorgten dafür, daß niemand von den EDS-Leuten das Nachsehen hatte.

Zweimal wurde es brenzlig. Eine der Ehefrauen, die einen australischen Paß besaß, hatte kein Ausreisevisum, weil die iranischen Regierungsbehörden, die die Ausreisegenehmigungen erteilten, streikten. Ihr Mann und ihre Kinder hatten amerikanische Pässe und brauchten daher keine Ausreisegenehmigung. Als der Ehemann an der Paßkontrolle stand, gab er seinen Paß mitsamt denen der Kinder in einem Stapel mit sechs oder sieben weiteren ab. Während der Beamte versuchte, die einzelnen Gesichter zu identifizieren, fingen die EDS-Leute hinten in der Schlange an, sich vorzudrängeln, um Verwirrung zu stiften. Ein paar Leute aus Coburns Team pflanzten sich vor dem Schalter auf, stellten lauthals Fragen und taten, als seien sie wütend über die Verzögerung. In dem allgemeinen Durcheinander ging die Frau mit dem australischen Paß ungehindert zur Abflughalle durch.

Eine andere EDS-Familie hatte ein iranisches Baby adoptiert und noch keinen Paß für das Kind bekommen können. Das nur wenige Monate alte Baby schlief mit dem Gesicht nach unten in der Armbeuge seiner Mutter. Da nahm eine andere EDS-Frau – Kathy Marketos, von der man sich erzählte, daß sie alles zumindest einmal ausprobierte – das schlafende Kind selbst auf den Arm, drapierte ihren Regenmantel darüber und trug es ins Flugzeug.

Dennoch dauerte es Stunden, bis alle in der Maschine saßen. Beide Abflüge hatten Verspätung. Im Flughafen gab es nichts zu essen, und da die Flüchtlinge einen Mordshunger hatten, fuhren ein paar von Coburns Leuten kurz vor Beginn der Ausgangssperre durch die Stadt und kauften alles auf, was sie an Eßbarem finden konnten. Sie erwarben das gesamte Angebot einiger Straßenstände, die Süßigkeiten, Obst und Zigaretten feilboten. Einer Kentucky-Fried-Chicken-Filiale handelten sie ihren gesamten Brötchenvorrat ab. Als sie den EDS-Leuten in der Abflughalle ihre Schätze aushändigten, wurden sie von den anderen hungrigen Passagieren bestürmt, die auf dieselben Flüge warteten. Auf dem Weg zurück in die Stadt wurden zwei von der Gruppe angehalten und verhaftet, weil sie nach Beginn der Ausgangssperre noch unterwegs waren – glücklicherweise aber wurde der Soldat von einem anderen Auto abgelenkt, dessen Fahrer einfach durchfuhr. Während er ihm hinterherballerte, machten sich die EDS-Leute aus dem Staub.

Das Flugzeug nach Istanbul startete kurz nach Mitternacht, die Maschine nach Frankfurt erst am nächsten Tag – mit einunddreißig Stunden Verspätung.

Coburn und die meisten anderen seines Teams verbrachten die Nacht im Bukarest. Zu Hause erwartete sie ohnehin niemand.

*

Während Coburn mit der Abwicklung der Evakuierung beschäftigt war, versuchte Paul herauszufinden, wer seinen Paß konfiszieren wollte und warum.

Sein Assistent Rich Gallagher, ein junger Amerikaner, geschickt im Umgang mit der iranischen Bürokratie, war ebenfalls freiwillig in Teheran geblieben, mitsamt seiner Frau Cathy, die einen guten Posten beim amerikanischen Militär hatte. Die Gallaghers wollten nicht weg. Außerdem hatten sie keine Kinder, um die sie sich hätten sorgen müssen – lediglich einen Pudel namens Buffy.

Noch am selben Tag, an dem Farah aufgefordert worden war, die Pässe abzuliefern – also am fünften Dezember –, ging Gallagher mit einem der Betroffenen zur US-Botschaft, und zwar mit Paul Bucha, der nicht mehr im Iran arbeitete, sondern nur zufällig die Stadt besuchte.

Sie sprachen mit Generalkonsul Lou Goelz, einem erfahrenen Diplomaten in den Fünfzigern. Er war ein behäbiger Mann und hätte mit seinem weißen Haarkranz einen guten Nikolaus abgegeben. Ebenfalls anwesend war Ali Jordan, ein iranischer Mitarbeiter der Botschaft.

Goelz riet Bucha, wie geplant abzufliegen. Farah hatte – in aller Unschuld – der Polizei erzählt, er sei nicht im Lande, und anscheinend hatten sie ihr geglaubt. Bucha würde sich also mit großer Wahrscheinlichkeit unbemerkt davonstehlen können.

Außerdem bot Goelz an, die Pässe und Aufenthaltsgenehmigungen von Paul und Bill in Verwahrung zu nehmen. Auf diese Weise wäre EDS imstande, sollte die Polizei die Papiere offiziell anfordern, sie an die Botschaft zu verweisen. Mittlerweile sollte Ali Jordan zur Polizei gehen und herausfinden, was eigentlich gespielt wurde.

Noch am selben Tag wurden die Pässe und Bescheinigungen bei der Botschaft deponiert.

Am nächsten Morgen bestieg Bucha pünktlich das Flugzeug und verließ das Land. Gallagher rief in der Botschaft an. Ali Jordan hatte mit General Biglari von der Teheraner Polizeibehörde gesprochen. Biglari hatte gesagt, Paul und Bill müßten im Land bleiben und würden verhaftet, falls sie versuchen sollten, auszureisen.

Gallagher fragte nach dem Grund.

Sie seien »für eine Ermittlung unentbehrliche Zeugen«, soviel hatte Jordan verstanden.

»*Was* für eine Ermittlung?«

Das wußte Jordan nicht.

Gallaghers Bericht verwirrte Paul und beunruhigte ihn gleichzeitig. Er war in keinen Verkehrsunfall verwickelt, war nicht Zeuge eines Verbrechens, hatte keinerlei Verbindungen zum CIA ... Gegen wen und in welcher Sache sollte da ermittelt werden? Gegen EDS? Oder war das Ganze nur ein Vorwand, um ihn und Bill im Iran festzuhalten, damit sie die Computer der Sozialversicherung in Gang hielten?

Ein Zugeständnis hatte die Polizei immerhin gemacht. Ali Jordan hatte dargelegt, daß sie zwar berechtigt sei, die Aufenthaltsgenehmigungen einzuziehen, da sie Eigentum der iranischen Regierung waren, nicht jedoch die Pässe, denn die waren Eigentum der US-Regierung. General Biglari hatte zugestimmt.

Am nächsten Tag gingen Gallagher und Ali Jordan zur Polizeiwache, um Biglari die Papiere auszuhändigen. Auf dem Hinweg fragte Gallagher Jordan, ob er glaube, Paul und Bill sollten irgendeines Vergehens beschuldigt werden.

»Das bezweifle ich stark«, sagte Jordan.

In der Polizeibehörde erinnerte der General Jordan daran, daß die Botschaft zur Verantwortung gezogen werde, sollten Paul und Bill auf irgendeine Weise – etwa mit Hilfe eines amerikanischen Militärflugzeugs – den Iran verlassen.

Am darauffolgenden Tag – am achten Dezember, dem Evakuierungstag – rief Lou Goelz bei EDS an. Er hatte »aus informierten Kreisen« beim iranischen Justizministerium erfahren, daß es sich bei der Ermittlung, für die Paul und Bill als unentbehrliche Zeugen galten, um einen Korruptionsvorwurf gegen den verhafteten Gesundheitsminister Dr. Scheikholeslamizadeh handelte.

Paul empfand eine gewisse Erleichterung – nun wußte er wenigstens, um was es bei der ganzen Sache ging. Er war in der glücklichen Lage, den Untersuchungsrichtern die Wahrheit sagen zu können: EDS hatte keine Bestechungsgelder gezahlt. Er bezweifelte sogar, daß der Minister überhaupt bestochen worden war. Iranische Bürokraten waren zwar berüchtigt für ihre Korruption, doch Dr. Scheik, wie Paul den Namen abkürzte, schien aus anderem Holz geschnitzt zu sein. Von Beruf Neurochirurg, besaß er eine rasche Auffassungsgabe und die bewundernswerte Fähigkeit, sich auch kleinster Details anzunehmen. Im Gesundheitsministerium hatte er sich mit einer Gruppe progressiver junger Technokraten umgeben, die sich darauf verstanden, den müden Amtsschimmel anzutreiben und zur Arbeit zu bewegen. Das EDS-Projekt war nur ein Teil seines ehrgeizigen Plans, die iranischen Gesundheits- und Sozialdienste auf amerikanisches Niveau zu heben. Paul konnte sich nicht vorstellen, daß Dr. Scheik nebenbei auch sein eigenes Schäfchen ins trockene gebracht haben sollte.

Paul hatte also nichts zu befürchten – vorausgesetzt, Goelz' »informierte Kreise« sagten die Wahrheit. Dr. Scheik war schon vor drei Monaten verhaftet worden.

War es nur Zufall, daß den Iranern erst jetzt, da Paul ihnen mitgeteilt hatte, EDS werde das Land verlassen, wenn das Ministerium die Rechnungen nicht begliche, aufging, welch unentbehrliche Zeugen er und Bill waren?

Nach Abschluß der Evakuierung zogen die restlichen EDS-Männer in zwei Häuser um, in denen sie den zehnten und elften Dezember, die Aschura-Feiertage, verbrachten und Poker spielten. In einem der Häuser ging es um hohe, im anderen um niedrigere Einsätze; Paul und Coburn waren im ersteren. Zur Sicherheit luden sie Coburns »Schatten« ein – seine beiden Kontaktleute beim militärischen Geheimdienst –, die bewaffnet kamen. Das verstieß jedoch gegen die Regeln der Pokerrunde, daher mußten sie ihre Knarren im Flur deponieren.

Entgegen allen Befürchtungen verlief Aschura verhältnismäßig friedlich: Millionen von Iranern fanden sich im ganzen Lande zu Anti-Schah-Demonstrationen ein, aber es kam nur vereinzelt zu Ausschreitungen.

Nach Aschura erwogen Paul und Bill erneut, das Land zu verlassen, doch sie sollten eine böse Überraschung erleben. Um für alle Fälle gerüstet zu sein, baten sie Lou

Goelz um Rückgabe ihrer Pässe. Goelz antwortete, davon müsse er General Biglari in Kenntnis setzen, und dies bedeutete soviel wie die Polizei direkt zu benachrichtigen, daß Paul und Bill sich aus dem Staub machen wollten.

Goelz behauptete steif und fest, er hätte EDS von seinem Handel mit der Polizei berichtet, als er die Pässe in Verwahrung genommen hätte. Er mußte wohl geflüstert haben, denn keiner von ihnen konnte sich daran erinnern.

Paul schäumte vor Wut. Wieso mußte sich Goelz überhaupt auf einen Handel mit der Polizei einlassen? Er war doch nicht verpflichtet, denen zu sagen, was er mit einem amerikanischen Paß anstellte! Er mußte der Polizei doch nicht auch noch dabei *helfen,* ihn und Bill im Iran festzuhalten, verdammt noch mal! Die Botschaft hatte schließlich *Amerikanern* zu helfen, oder etwa nicht?

Konnte Goelz denn nicht einfach diese dumme Vereinbarung *nicht* einhalten und die Pässe in aller Stille zurückgeben, vielleicht die Polizei erst ein paar Tage später informieren, wenn er und Bill zu Hause in Sicherheit waren? Auf gar keinen Fall, meinte Goelz. Wenn er sich ihretwegen mit der Polizei anlegte, so handelte er sich Schwierigkeiten für alle anderen zwölftausend Amerikaner ein, die sich noch im Iran aufhielten und um deren Sicherheit er sich zu kümmern hätte. Außerdem stünden Pauls und Bills Name bereits auf der »Sperrliste«, die bei der Flughafenpolizei auslag: Auch mit vollständigen Papieren würden sie niemals durch die Paßkontrolle kommen.

Nachdem Dallas die Nachricht erhalten hatte, daß Paul und Bill unwiderruflich im Iran festsaßen, lief EDS mitsamt ihren Anwälten auf Hochtouren. Unter einer republikanischen Regierung wären ihre Verbindungen in Washington besser gewesen; trotzdem hatten sie noch immer zuverlässige Freunde in der Hauptstadt. Sie sprachen mit Bob Strauss, einem überaus mächtigen »Ausputzer« im Weißen Haus, der zufällig Texaner war; mit Admiral Tom Moorer, dem ehemaligen Vorsitzenden des Gemeinsamen Stabs der Oberbefehlshaber, der viele Generäle, die jetzt in der iranischen Militärregierung saßen, persönlich kannte; und sie sprachen mit Richard Helms, vormals Chef des CIA und später US-Botschafter im Iran. Der Druck, den diese Freunde auf das Außenministerium ausübten, bewirkte immerhin, daß US-Botschafter William Sullivan in Teheran Pauls und Bills Fall bei einem Treffen mit dem iranischen Premierminister, General Azhari, zur Sprache brachte.

Aber das alles führte zu nichts.

Die dreißig Tage Zahlungsziel, die Paul den Iranern gewährt hatte, liefen ab, und am sechzehnten Dezember schrieb er an Dr. Emrani und kündigte den Vertrag ordnungsgemäß. Aber noch immer gab er nicht auf. Als Zeichen seines guten Willens, die Probleme mit dem Ministerium zu bereinigen, bat er eine Handvoll ausgeflogener Führungskräfte, wieder nach Teheran zu kommen. Einige der Zurückkehrenden brachten, ermutigt durch den friedlichen Verlauf der Aschura-Feiertage, sogar ihre Familien mit.

Weder die Botschaft noch die EDS-Anwälte in Teheran hatten herausfinden können, wer eigentlich Pauls und Bills Verbleib im Iran angeordnet hatte. Schließlich war es Madjid, Farahs Vater, dem es gelang, General Biglari diese Information zu entlocken. Der Verantwortliche war der Untersuchungsrichter Hussein Dadgar, ein mittlerer Beamter der Generalstaatsanwaltschaft in einer Abteilung, die mit Vergehen von Beamten des öffentlichen Dienstes befaßt und mit großer Macht ausgestattet war. Dadgar leitete die Ermittlungen gegen Dr. Scheik, den inhaftierten ehemaligen Gesundheitsminister.

Wenn die Botschaft die Iraner schon nicht dazu überreden konnte, Paul und Bill ausreisen zu lassen, und ihnen auch ihre Pässe nicht ohne großes Aufheben aushändigen wollte – wäre sie dann nicht wenigstens in der Lage, mit diesem Dadgar so bald wie möglich eine Einvernahme von Paul und Bill anzuberaumen, damit die beiden zu Weihnachten nach Hause fahren konnten?

Weihnachten habe für die Iraner so gut wie keine Bedeutung, sagte Goelz, Neujahr hingegen schon, daher wolle er versuchen, ein Treffen noch vor dem Jahreswechsel zu arrangieren.

In der zweiten Dezemberhälfte kam es wiederum zu Unruhen, und die zurückgekehrten Manager mußten sich auf eine neuerliche Evakuierung gefaßt machen. Der Generalstreik hielt unverändert an, und die wichtigste Einnahmequelle der Regierung, der Ölexport, versiegte gänzlich. Damit sanken die Aussichten auf Begleichung der EDS-Rechnungen praktisch auf Null. Im Ministerium erschienen so wenige Iraner zur Arbeit, daß es für die EDS-Leute nichts zu tun gab, und Paul schickte die Hälfte von ihnen zu Weihnachten nach Hause in die Staaten.

Paul selbst packte seine Koffer, verschloß sein Haus und zog ins Hilton, bereit, bei der ersten sich bietenden Gelegenheit heimzufliegen.

In der Stadt jagte ein Gerücht das andere. Jay Coburn schnappte die meisten auf und präsentierte die glaubhaftesten Paul. Eines der beunruhigendsten kam von Bunny Fleischaker, einer Amerikanerin mit Freunden im Justizministerium. Bunny war in den Staaten bei EDS beschäftigt gewesen und hielt in Teheran, obwohl sie der Firma nicht mehr angehörte, die Verbindung aufrecht. Sie rief Coburn an und teilte ihm mit, im Justizministerium plane man, Paul und Bill zu verhaften. Paul besprach sich mit Coburn. Das Gerücht widersprach allem, was sie von der US-Botschaft zu hören bekamen. Beide waren der Meinung, die Ratschläge der Botschaft seien fundierter als die Bunny Fleischakers, und beschlossen, nichts zu unternehmen.

Paul verbrachte gemeinsam mit anderen Kollegen ein

ruhiges Weihnachtsfest im Haus von Pat Sculley, einem jungen EDS-Manager, der freiwillig nach Teheran zurückgekehrt war. Seine Frau Mary tischte ihnen ein vorzügliches Weihnachtsmahl auf. Dennoch vermißte Paul Ruthie und die Kinder schmerzlich.

Zwei Tage nach Weihnachten kam ein Anruf von der Botschaft. Endlich hatten sie einen Termin mit dem Untersuchungsrichter Hussein Dadgar für Paul und Bill vereinbaren können. Das Treffen sollte am nächsten Morgen im Gesundheitsministerium in der Eisenhower Avenue stattfinden.

Kurz nach neun Uhr kam Bill Gaylord mit einer Tasse Kaffee in Pauls Büro. Er trug seine EDS-Uniform: korrekter Anzug, weißes Hemd, unauffällige Krawatte, feste schwarze Schuhe.

Bill war, wie Paul, neununddreißig Jahre alt, mittelgroß und stämmig, aber da hörte die Ähnlichkeit auch schon auf. Paul hatte einen dunklen Teint, buschige Augenbrauen, tiefliegende Augen und eine große Nase. War er salopp gekleidet, wurde er häufig für einen Iraner gehalten – bis er den Mund aufmachte und sein Englisch mit New Yorker Akzent hören ließ. Bill dagegen besaß ein flaches, rundes Gesicht und eine sehr helle Haut – niemand würde ihn je für etwas anderes als einen Angelsachsen halten.

Ansonsten hatten sie viele Gemeinsamkeiten. Beide waren katholisch, Bill allerdings strenger gläubig als Paul. Beide hatten eine Vorliebe für gutes Essen. Beide waren Informatiker von Beruf und in den sechziger Jahren bei EDS eingetreten, Bill 1965, Paul 1966. Beide hatten rasch Karriere gemacht, doch Paul, obwohl er ein Jahr später zu EDS gestoßen war, bekleidete jetzt einen höheren Posten als Bill. Bill kannte das Krankenversicherungswesen in- und auswendig und konnte hervorragend mit Menschen umgehen, doch war er weder so draufgängerisch noch so dynamisch wie Paul. Bill war ein Grübler und sorgfältiger Organisator. Hatte er eine wichtige Vorlage auszuarbeiten, so brauchte Paul sich keinerlei Sorgen zu machen: Bill pflegte sie Wort für Wort gründlich vorzubereiten.

Bei der Arbeit ergänzten sie sich gegenseitig. War Paul einmal zu hastig, so brachte ihn Bill dazu, eine Denkpause einzulegen. Feilte Bill einmal zu pingelig an Kleinigkeiten herum, bekam er von Paul zu hören, er solle einfach ins kalte Wasser springen.

Sie kannten sich bereits aus den Staaten, waren sich jedoch erst in den vergangenen neun Monaten nähergekommen. Als Bill im März in Teheran eingetroffen war, hatte er im Haus der Chiapparones gewohnt, bis seine Frau mit den Kindern nachkam. Paul fühlte sich fast ein wenig als Bills Beschützer. Es war eine Schande, daß Bill nichts als Probleme im Iran hatte.

Bill machte sich des Aufruhrs und der Schießereien wegen wesentlich mehr Sorgen als die meisten anderen – vielleicht, weil er noch nicht lange hier war, vielleicht, weil er von Natur aus dazu neigte. Auch die Schererien um ihre Pässe nahm er sich mehr zu Herzen als Paul. Er hatte sogar schon vorgeschlagen, mit Paul per Zug in den Nordosten zu fahren und über die Grenze nach Rußland zu gehen – mit der Begründung, niemand käme auf die Idee, amerikanische Geschäftsleute entschieden sich für eine Flucht ausgerechnet durch die Sowjetunion.

Überdies sehnte er sich nach Emily und den Kindern, wofür sich Paul irgendwie verantwortlich fühlte, weil er Bill in den Iran geholt hatte.

Aber nun war ja bald alles vorüber: Heute würden sie zu Dadgar gehen und ihre Pässe wiederbekommen. Bill hatte für morgen einen Auslandsflug gebucht. Emily bereitete für ihn schon eine Begrüßungsparty zu Silvester vor. Dann würde ihm das alles nur noch wie ein böser Traum erscheinen.

Paul lächelte Bill zu. »Können wir gehen?«
»Jederzeit.«
»Dann sag ich jetzt Abolhasan Bescheid.« Paul griff zum Telefon. Abolhasan arbeitete zusammen mit Rich Gallagher als Pauls Assistent in der Verwaltung. Er war der ranghöchste iranische Mitarbeiter und beriet Paul in Fragen iranischen Geschäftsgebarens. Er war der Sohn eines bekannten Rechtsanwalts, mit einer Amerikanerin verheiratet und sprach ausgezeichnet Englisch. Zu seinen Aufgaben gehörte es auch, EDS-Verträge in Farsi zu übersetzen. Heute sollte er für Paul und Bill bei Dadgar dolmetschen.

Er kam umgehend in Pauls Büro, und die drei Männer brachen auf. Sie nahmen keinen Anwalt mit. Der Botschaft zufolge galt das heutige Treffen als reine Routineangelegenheit, als inoffizielle Einvernahme. In Begleitung eines Anwalts zu erscheinen, wäre nicht nur sinnlos, sondern mochte Mr. Dadgar sogar gegen sie einnehmen und auf den Gedanken bringen, Paul und Bill hätten etwas zu verbergen. Paul hätte gerne einen Botschaftsangehörigen dabeigehabt, aber auch diese Idee hatte ihm Goelz ausgeredet: Es war nicht üblich, zu derlei Treffen einen Botschaftsvertreter zu entsenden. Immerhin hatte Goelz ihnen geraten, Unterlagen über ihre Ankunft im Iran, ihre Positionen in der Firma und über ihre Verantwortung und Befugnisse mitzunehmen.

Sie steuerten durch den wie üblich mörderischen Verkehr in Teheran, und Paul fühlte sich niedergeschlagen. Er freute sich zwar auf den Heimflug, aber er haßte es, eine Niederlage eingestehen zu müssen. Er hatte EDS im Iran aufbauen wollen, statt dessen mußte er einen Scherbenhaufen hinterlassen. Von welcher Seite man es auch betrachtete, das erste Überseeunternehmen des Konzerns war fehlgeschlagen. Zwar war es nicht Pauls Schuld, daß die iranische Regierung kein Geld mehr hatte, aber das war ihm nur ein schwacher Trost: Entschuldigungen brachten keinen Profit.

Sie fuhren die von Bäumen gesäumte Eisenhower Avenue hinunter, die breit und schnurgerade war wie eine amerikanische Schnellstraße, und bogen in den Hof eines rechteckigen, neunstöckigen Gebäudes, das ein wenig zurückgesetzt von der Straße lag und von Soldaten mit Maschinengewehren bewacht wurde. Hier war die Sozialversicherungsabteilung des Ministeriums für Gesundheit und Soziales untergebracht. Sie hätte der Motor des neuen iranischen Sozialstaats werden sollen, hier hatten die iranische Regierung und EDS Seite an Seite gearbeitet. EDS belegte den gesamten sechsten Stock, in dem sich auch Bills Büro befand.

Paul, Bill und Abolhasan zeigten ihre Ausweise vor und traten ein. Die Gänge waren schäbig und schmutzig, und es war kalt: Wieder einmal war die Heizung abgestellt. Man wies ihnen den Weg zu dem Büro, das Mr. Dadgar benutzte.

Sie fanden ihn in einem kleinen Zimmer mit schmuddeligen Wänden hinter einem alten grauen Stahlschreibtisch sitzen, vor sich ein Notizbuch und einen Federhalter. Durchs Fenster konnte Paul das Datenzentrum sehen, das EDS nebenan bauen ließ.

Abolhasan übernahm die Vorstellung. Auf einem Stuhl neben Dadgars Schreibtisch saß eine Iranerin, Mrs. Nurbasch. Sie war Dadgars Dolmetscherin.

Sie nahmen auf den wackeligen Metallstühlen Platz. Es wurde Tee serviert. Dann fing Dadgar an, auf Farsi zu sprechen. Seine Stimme war leise, aber ziemlich tief, und sein Gesicht war völlig ausdruckslos. Paul musterte ihn, während er auf die Übersetzung wartete. Dadgar war ein kleiner stämmiger Mann in den Fünfzigern, und aus irgendeinem Grunde fühlte sich Paul an Archie Bunker, das englische Original von Ekel Alfred, erinnert. Dadgars Teint war dunkel und sein Haar in die Stirn gekämmt, als solle es eine beginnende Glatze überdecken. Er hatte einen Schnurrbart und trug eine Brille. Sein Anzug war unauffällig.

Dadgar beendete seine Rede, und Abolhasan sagte: »Er weist darauf hin, daß er bevollmächtigt ist, Sie verhaften zu lassen, falls er Ihre Antworten auf seine Fragen nicht zufriedenstellend findet. Wenn Sie das nicht gewußt haben sollten, sagt er, können Sie das Verhör verschieben, um Ihren Anwälten Zeit zu geben, über eine Kaution zu verhandeln.«

Diese Entwicklung der Dinge überraschte Paul, doch er schaltete schnell und erwog das Für und Wider, wie er es bei jeder anderen geschäftlichen Entscheidung getan hätte. Na gut, dachte er, das Schlimmste, was uns passieren kann, ist, daß er uns nicht glaubt und uns festnehmen läßt – aber wir sind keine Mörder, und wenn wir eine Kaution stellen, sind wir innerhalb von vierundzwanzig Stunden wieder frei. Dann wären wir zwar an dieses Land gebunden und müßten uns mit den Anwälten beraten und eine Lösung suchen ... Aber schlimmer als die jetzige Situation kann das auch nicht sein. Er sah zu Bill hinüber. »Was meinst du dazu?«

Bill zuckte mit der Schulter. »Goelz sagt, diese Unterredung sei eine reine Routineangelegenheit. Dieses Gerede über Kautionen klingt mir eher wie eine Formalität – so wie wenn man dich über deine Rechte belehrt.«

Paul nickte. »Und eine Vertagung ist das letzte, was wir wollen.«

»Bringen wir's also hinter uns.«

Paul wandte sich an Mrs. Nurbasch. »Bitte sagen Sie Mr. Dadgar, keiner von uns hat ein Verbrechen begangen und keiner von uns hat Kenntnis von einem Verbrechen, das ein anderer verübt hat. Wir sind daher überzeugt, daß keine Anklage gegen uns erhoben wird. Wir würden die Angelegenheit gerne heute noch erledigen, damit wir nach Hause reisen können.«

Mrs. Nurbasch übersetzte.

Dadgar sagte, er wolle zuerst Paul alleine verhören. Bill solle eine Stunde später wiederkommen.

*

Bill verließ den Raum und ging in sein Büro im sechsten Stock, von wo aus er das Bukarest anrief. Er erreichte Lloyd Briggs, den dritten in der Hierarchie nach Paul und ihm selbst.

»Dadgar sagt, er habe Vollmacht, uns festzunehmen«, sagte er zu Briggs. »Wir müssen eventuell eine Kaution stellen. Ruf die Anwälte an und finde heraus, was das zu bedeuten hat.«

»Klar«, sagte Briggs. »Wo bist du jetzt?«

»Hier in meinem Büro im Ministerium.«

»Ich ruf' dich dann zurück.«

Bill legte auf und wartete. Der Gedanke, er könne verhaftet werden, kam ihm lächerlich vor. Trotz der im Iran weitverbreiteten Korruption hatte EDS niemals Bestechungsgelder gezahlt, um an Aufträge zu kommen. Doch selbst wenn, so wäre das nicht seine Aufgabe gewesen: Er war für die Auslieferung der Arbeit, nicht für die Beschaffung von Aufträgen zuständig.

Schon nach wenigen Minuten rief Briggs wieder an. »Ihr braucht euch keinerlei Sorgen zu machen«, sagte er. »Erst vorige Woche ist die Kaution für einen Mann, der wegen Mordes angeklagt war, auf eineinhalb Millionen Rial festgesetzt worden.«

Bill rechnete schnell um: Das waren zwanzigtausend Dollar. Die konnte EDS wahrscheinlich bar bezahlen. Schon seit einigen Wochen hatten sie große Summen an Bargeld bereitliegen, sowohl der Streiks in den Banken wegen als auch im Hinblick auf die Evakuierung. »Wieviel haben wir im Bürosafe?«

»Ungefähr sieben Millionen Rial, dazu fünfzigtausend Dollar.«

Also können wir, dachte Bill, sollten wir doch verhaftet werden, die Kaution umgehend entrichten. »Danke«, sagte er. »Jetzt fühl' ich mich schon viel besser.«

*

Unten hatte Dadgar Pauls kompletten Namen notiert, Geburtsort und -datum, die Schulen, die er besucht hatte, seine Berufserfahrung als Computerspezialist, seine Zeugnisse. Außerdem hatte er Pauls Ernennungsurkunde zum Generalmanager der EDS Corporation Iran gründlich studiert. Jetzt bat er Paul zu berichten, wie der Vertragsabschluß zwischen EDS und dem Gesundheitsministerium zustande gekommen war.

Paul holte tief Luft. »Zunächst einmal möchte ich darauf hinweisen, daß ich nicht im Iran gearbeitet habe, als der Vertrag ausgehandelt und unterzeichnet wurde. Meine Kenntnisse darüber stammen also aus zweiter Hand. Dennoch bin ich bereit, Ihnen mitzuteilen, was ich über die Vertragsabwicklung weiß.«

Mrs. Nurbasch übersetzte, und Dadgar nickte zustimmend.

Paul sprach langsam weiter und wählte seine Worte sorgfältig, um der Übersetzerin die Arbeit zu erleichtern. »1975 erfuhr ein Manager von EDS, und zwar Paul Bucha, daß das Ministerium eine EDV-Firma suchte, die über Erfahrung auf dem Gebiet der Kranken- und Sozialversicherung verfügt. Er flog nach Teheran, besprach die Angelegenheit mit Ministerialbeamten und machte sich ein Bild von Art und Umfang der Anforderungen. Man sagte ihm, das Ministerium habe bereits Angebote für das Projekt erhalten, und zwar von Louis Berger & Co., von Marsh & McClennan, ISIRAN und Univac, und ein fünftes Angebot von Cap Gemini Sogeti sei unterwegs. Bucha erklärte, EDS sei die führende EDV-Firma in den Vereinigten Staaten und genau auf diese Art von Arbeit auf dem Sektor der Gesundheitsfürsorge spezialisiert. Er bot dem Ministerium die kostenlose Erstellung einer vorläufigen Projektbeschreibung an. Das Angebot wurde angenommen.«

Als er eine Pause für die Dolmetscherin machte, fiel Paul auf, daß Mrs. Nurbasch weniger zu sagen schien als er – und was Dadgar schließlich niederschrieb, war noch weniger. Nun sprach er noch langsamer und machte häufiger eine Pause. »Dem Ministerium gefielen die Angebote von EDS offenbar, denn es bat uns dann, eine detaillierte Studie für 200 000 Dollar zu erstellen. Diese Studie legten wir im Oktober 1975 vor. Das Ministerium akzeptierte unsere Vorschläge und begann mit den Vertragsverhandlungen. Im August 1976 wurde der Vertrag abgeschlossen.«

»Ist dabei alles mit rechten Dingen zugegangen?« ließ Dadgar durch Mrs. Nurbasch fragen.

»Gewiß doch«, sagte Paul. »Wir brauchten weitere drei Monate für die Abwicklung des Verfahrens, bis wir alle notwendigen Bestätigungen der diversen Regierungsbehörden, einschließlich des Kaiserlichen Hofes, beisammen hatten. Keine Instanz wurde übergangen. Der Vertrag trat Ende des Jahres in Kraft.«

»War der Vertragspreis überhöht?«

»Er setzte eine maximale Gewinnspanne von zwanzig Prozent vor Abzug von Steuern fest, das steht im Einklang mit anderen Verträgen dieses Umfangs, sowohl hier als auch in anderen Ländern.«

»Ist EDS den Vertragsverpflichtungen nachgekommen?«

Das war nun etwas, worüber Paul wirklich aus erster Hand Bescheid wußte. »Ja, das haben wir getan.«

»Könnten Sie dafür Beweise erbringen?«

»Gewiß. Der Vertrag sieht vor, daß ich mich in bestimmten Zeitabständen mit Ministerialbeamten zusammensetze, um über unsere Fortschritte zu berichten. Diese Sitzungen haben stattgefunden, und das Ministerium hat die Protokolle zu den Akten genommen. Für den Beschwerdefall legt der Vertrag ein Verfahren fest, das das Ministerium anwenden kann, falls EDS ihren Verpflichtungen nicht nachkommt. Dieses Verfahren ist niemals zur Anwendung gekommen.«

Mrs. Nurbasch übersetzte, doch Dadgar machte sich keine Notizen. Das wird er ohnehin schon alles wissen, dachte Paul. »Schauen Sie aus dem Fenster«, fügte er hinzu. »Dort steht unser Datenzentrum. Gehen Sie hin und sehen Sie es sich an. Dort stehen unsere Computer. Fassen Sie sie an. Sie funktionieren. Sie liefern Informationen. Lesen Sie die Ausdrucke. Mit denen wird *gearbeitet*.«

Dadgar machte sich eine kurze Notiz. Paul fragte sich, worauf er in Wirklichkeit hinauswollte.

»Und was ist mit der Mahvi-Gruppe?« lautete die nächste Frage.

»Als wir im Iran anfingen, teilte man uns mit, wir müßten einen iranischen Partner haben, um hier Geschäfte abwickeln zu können. Die Mahvi-Gruppe ist unser Partner. Ihre Hauptaufgabe besteht jedoch darin, uns mit iranischem Personal zu versorgen. Wir haben zwar regelmäßige Besprechungen mit der Firma, aber mit unserer Arbeit und mit der Geschäftsleitung hat sie fast nichts zu tun.«

Dadgar fragte, warum Dr. Towliati, ein Ministerialbeamter, auf der EDS-Gehaltsliste stehe. Ergab sich da kein Interessenkonflikt?

Das war endlich einmal eine sinnvolle Frage. Paul sah ein, daß Towliatis Rolle zu Spekulationen Anlaß geben konnte. Doch war sie leicht zu erklären. »In unserem Vertrag verpflichten wir uns, Experten als Berater zur Verfügung zu stellen, um dem Ministerium zu helfen, den besten Nutzen aus unseren Dienstleistungen zu ziehen. Dr. Towliati ist ein solcher Berater. Er hat Erfahrung in der Datenverarbeitung und ist sowohl mit iranischem als auch mit amerikanischem Geschäftsgebaren vertraut. Er wird von EDS statt vom Ministerium bezahlt, weil die Gehälter des Ministeriums für einen Mann seines Kalibers nicht attraktiv genug sind. Allerdings ist das Ministerium verpflichtet, uns sein Gehalt zurückzuerstatten, wie es der Vertrag festlegt; im Endeffekt wird er also *nicht* von uns bezahlt.«

Wiederum notierte Dadgar nur sehr wenig. Er hätte alle diese Informationen den Akten entnehmen können, dachte Paul; vielleicht hat er es längst.

»Aber warum zeichnet Dr. Towliati Rechnungen ab?« fragte Dadgar.

»Das läßt sich leicht erklären«, erwiderte Paul. »Das tut er nicht, hat es auch nie getan. Das einzige, was er tut, ist folgendes: Er erstattet dem Minister Bericht, wenn ein bestimmter Arbeitsabschnitt abgeschlossen ist und die technischen Einzelheiten für einen Laien zu kompliziert sind.« Paul lächelte. »Er nimmt seine Verantwortung dem Ministerium gegenüber sehr ernst – ja, er ist sogar unser schärfster Kritiker, und es ist charakteristisch für ihn, daß er stets eine Menge bohrender Fragen beantwortet haben will, bevor er einen Arbeitsabschnitt für abgeschlossen erklärt. Manchmal wünschte ich, er wäre nicht halb so penibel.«

Mrs. Nurbasch übersetzte. Paul dachte dabei: Hinter was ist Dadgar eigentlich her? Erst fragt er nach den Vertragsverhandlungen, die vor meiner Zeit geführt wurden; dann nach der Mahvi-Gruppe und nach Dr. Towliati, als ob die wahnsinnig wären. Vielleicht weiß er selber nicht, was er eigentlich sucht – vielleicht stochert er nur herum und hofft, auf einen Anhaltspunkt für irgendeine Unregelmäßigkeit zu stoßen.

Wie lange soll diese Farce eigentlich noch weitergehen?

*

Bill stand draußen im Korridor. Zum Schutz gegen die Kälte hatte er seinen Mantel übergezogen. Irgend jemand hatte ihm Tee gebracht, und während er ihn trank, wärmte er sich die Hände am Glas. Das Gebäude war nicht nur ungeheizt, sondern auch schlecht beleuchtet.

Bill war sofort aufgefallen, daß Dadgar sich ganz wesentlich von den Durchschnittsiranern unterschied: Er war kalt, barsch und unfreundlich. Die Botschaft hatte behauptet, Dadgar sei Paul und ihm gegenüber »wohlgesonnen«, aber das entsprach nicht dem Eindruck, den er gewonnen hatte.

Bill fragte sich, welches Spiel Dadgar wohl mit ihnen trieb. Versuchte er nur, sie einzuschüchtern, oder erwog er ernsthaft, sie festnehmen zu lassen? Wie dem auch sei: Das Treffen nahm einen völlig anderen Verlauf, als die Botschaft vorhergesagt hatte. Ihr Rat, hier ohne Anwälte oder Botschaftsvertreter zu erscheinen, wirkte jetzt eher unangebracht. Vielleicht wollte sie sich aus allem heraushalten. Egal – Paul und er waren nun auf sich allein gestellt.

Er sah aus dem Fenster und merkte, daß sich unten auf der Eisenhower Avenue etwas tat. Ein paar Häuser weiter hielten Oppositionelle Autos an und klemmten Khomeini-Bilder hinter die Scheibenwischer. Die Wachsoldaten am Ministerium hielten die Autos erneut an und zerrissen die Bilder. Mit der Zeit wurden die Soldaten immer aggressiver. Erst zertrümmerten sie die Scheinwerfer eines Wagens, dann die Windschutzscheibe eines anderen, als wollten sie den Fahrern eine Lehre erteilen. Schließlich zogen sie gar einen Fahrer aus dem Wagen und traktierten ihn mit Fausthieben.

Das nächste Auto, auf das sie sich stürzten, war ein orangefarbenes Teheraner Taxi. Es fuhr vorbei, ohne anzuhalten, was nicht weiter verwunderlich war; die Soldaten schienen sich jedoch darüber zu ärgern, setzten ihm nach und gaben Gewehrschüsse auf ihn ab. Das Taxi samt seinen Verfolgern verschwand aus Bills Gesichtskreis.

Schließlich gaben die Soldaten ihr grausames Spiel auf und kehrten auf ihre Posten innerhalb des ummauerten Hofes vor dem Ministerium zurück. Die seltsame Mischung aus Brutalität und kindischem Verhalten, von der dieser Zwischenfall geprägt war, schien Bill ein Symbol für die Situation im Iran. Das Land versank langsam, aber sicher im Chaos. Der Schah war nicht mehr Herr der Lage, und die Aufständischen waren entschlossen, ihn zu töten oder außer Landes zu jagen. Bill taten die Leute in den Autos leid; sie waren Opfer der Umstände, und es blieb ihnen nichts anderes übrig, als auf bessere Zeiten zu hoffen. Wenn sich nicht einmal mehr die Iraner sicher fühlen können, dachte er, dann müssen Amerikaner noch in viel größerer Gefahr sein. Wir müssen unbedingt raus aus diesem Land.

Außer Bill lungerten noch zwei Iraner auf dem Korridor herum, die ebenfalls das Spektakel auf der Eisenhower Avenue beobachtet hatten. Sie schienen darüber ebenso entsetzt zu sein wie er. Vormittag und Mittag waren längst vorüber. Bill bekam noch einmal Tee und ein Sandwich als Mittagessen. Zu gern hätte er gewußt, was hinter der verschlossenen Tür vor sich ging. Daß er warten mußte, erstaunte ihn nicht: Im Iran bedeutete »in einer Stunde« nicht viel mehr als »vielleicht später«. Doch der Tag verging, und er wurde immer nervöser. Steckte Paul da drin womöglich in Schwierigkeiten?

Die beiden Iraner standen den ganzen Nachmittag untätig auf dem Flur herum. Es interessierte Bill nicht sonderlich, wer sie waren; nicht ein einziges Mal sprach er mit ihnen.

Er wünschte, die Zeit würde rascher vergehen. Für morgen hatte er einen Flug gebucht. Emily und die Kinder waren in Washington, wo ihre und seine Eltern lebten. Er konnte es kaum erwarten, sie alle wiederzusehen.

Er hätte den Iran schon vor Wochen verlassen sollen, damals, als es mit den Brandbomben anfing. Eins der

Opfer, in deren Häuser Bomben geworfen wurden, war eine frühere Schulkameradin von ihm aus Washington. Sie war mit einem Diplomaten an der US-Botschaft verheiratet. Bill hatte mit ihnen über den Vorfall gesprochen. Glücklicherweise war niemand verletzt worden, aber es hatte sie in Angst und Schrecken versetzt. Ich hätte auf der Hut sein und schon damals abhauen sollen, dachte Bill.

Endlich öffnete Abolhasan die Tür und rief: »Kommen Sie bitte herein, Bill!«

Bill sah auf seine Uhr. Es war fünf. Er trat ein. »Kalt ist es«, sagte er, als er sich setzte.

»Mir ist ganz schön warm geworden«, sagte Paul mit einem gequälten Lächeln. Bill sah ihm ins Gesicht: Paul schien sich nicht gerade wohl in seiner Haut zu fühlen.

Dadgar trank ein Glas Tee und aß ein Sandwich, bevor er mit Bills Einvernahme begann. Bill beobachtete ihn und dachte: Vorsicht – dieser Bursche will uns reinlegen, damit er uns nicht aus dem Land lassen muß.

Das Verhör begann.

Bill beantwortete sämtliche Fragen nach Namen, Geburtsort und -datum, nach Schulen, die er besucht hatte, Abschlußzeugnissen und Berufserfahrungen. Dadgars Gesicht blieb ausdruckslos, während er seine Fragen stellte und die Antworten notierte. Wie ein Roboter, dachte Bill.

Ihm wurde klar, warum die Befragung Pauls so lange gedauert hatte. Jede Frage mußte aus dem Farsi ins Englische übersetzt werden, jede Antwort aus dem Englischen ins Farsi. Mrs. Nurbasch dolmetschte, Abolhasan unterbrach sie mit Klarstellungen und Korrekturen.

Dadgar fragte Bill darüber aus, inwieweit EDS den Vertragsverpflichtungen nachgekommen sei. Obwohl das Thema nicht nur kompliziert, sondern auch hochtechnisch und er sich ziemlich sicher war, daß Mrs. Nurbasch gar nicht richtig verstand, was er sagte, gab Bill detailliert und erschöpfend Auskunft. Aber es stand ohnehin nicht zu erwarten, daß jemand mit Hilfe von ein paar allgemeinen Fragen die Komplexität des gesamten Projekts erfaßte. Was soll der Blödsinn eigentlich? fragte er sich. Warum will dieser Dadgar unbedingt den ganzen Tag in diesem eiskalten Loch hocken und dämliche Fragen stellen? Es muß sich wohl um ein persisches Ritual handeln, schloß er. Dadgar mußte mit einer dicken Akte beweisen, daß er jede Spur verfolgt hatte, um sich im voraus gegen mögliche Kritik zu wappnen, wenn er sie schließlich laufenließ. Im schlimmsten Fall konnte er sie noch eine Weile im Iran festhalten. Wie auch immer: Es war lediglich eine Frage der Zeit.

Sowohl Dadgar als auch Mrs. Nurbasch wirkten feindselig. Die Befragung wurde einem Kreuzverhör vor Gericht immer ähnlicher. Dadgar behauptete, die Tätigkeitsberichte von EDS ans Ministerium seien gefälscht, und EDS hätte das Ministerium für nicht ausgeführte Arbeiten bezahlen lassen. Bill wies darauf hin, daß die Ministerialbeamten, die es eigentlich hätten wissen müssen, niemals auch nur den leisesten Verdacht in dieser Richtung geäußert hatten. Wenn EDS also schlampig gearbeitet hatte, wo waren dann die Beschwerden? Dadgar konnte jederzeit die Akten des Ministeriums einsehen.

Dadgar fragte nach Dr. Towliati, und nachdem Bill dessen Rolle erklärt hatte, antwortete Mrs. Nurbasch – noch bevor Dadgar auch nur ein Wort sagen konnte –, Bills Erklärung entspreche nicht der Wahrheit.

Es folgte eine Reihe zusammenhangloser Fragen; die absurdeste war, ob EDS auch griechische Mitarbeiter beschäftige. Bill verneinte und fragte sich, was um alles in der Welt das eigentlich sollte. Dadgar wirkte ungeduldig. Vielleicht hatte er gehofft, Bills und Pauls Antworten würden sich widersprechen, und spulte nun enttäuscht nur noch sein Programm ab. Er stellte seine Fragen interesselos und hastig. Bei keiner von Bills Antworten hakte er nach oder bat um genauere Erklärung, und eine Stunde später beendete er das Verhör.

Mrs. Nurbasch sagte: »Sie werden jetzt bitte Ihre Unterschriften unter jede Frage und Antwort in Mr. Dadgars Notizbuch setzen.«

»Aber davon verstehen wir doch kein Wort – die sind doch auf Farsi geschrieben!« protestierte Bill. Das ist eine Falle, dachte er; wir sollen ein Geständnis unterzeichnen, mit dem wir einen Mord, Spionage oder irgendein anderes Verbrechen zugeben, das Dadgar sich aus den Fingern gesogen hat.

»Ich sehe mir die Notizen an und prüfe sie nach«, sagte Abolhasan.

Paul und Bill warteten, bis Abolhasan die Aufzeichnungen durchgelesen hatte. Die Prüfung kam ihnen sehr oberflächlich vor. Dann legte er das Buch auf den Schreibtisch.

»Ich empfehle Ihnen zu unterschreiben.«

Bill war sicher, daß es besser wäre, sich zu weigern, aber ihm blieb keine Wahl: Wenn er nach Hause wollte, mußte er unterschreiben.

Er sah Paul an. Der zuckte mit der Schulter. »Ich denke, wir tun's besser.«

Einer nach dem anderen gingen sie das Notizbuch durch und schrieben ihre Namen neben das unverständliche Gekritzel.

Die Atmosphäre war gespannt. Dadgar schichtete seine Unterlagen ordentlich übereinander und sprach währenddessen mehrere Minuten lang auf Abolhasan ein. Dann ging er aus dem Zimmer. Abolhasan wandte sich mit ernster Miene an Paul und Bill.

»Sie sind verhaftet«, sagte er.

Bill sank das Herz in die Hosen. Kein Heimflug, kein Washington, keine Emily, keine Silvesterparty ...

»Die Kaution ist auf neunzig Millionen Toman festgesetzt, sechzig Millionen für Paul, dreißig Millionen für Bill.«

»Jesusmaria!« sagte Paul. »Neunzig Millionen Toman, das sind ...«

Abolhasan rechnete es auf einem Papierfetzen aus. »Knapp dreizehn Millionen Dollar.«

»Sie machen Witze!« sagte Bill. »Dreizehn *Millionen?* Die Kaution für einen Mörder beträgt nur zwanzig*tausend!*«

Abolhasan sagte: »Er will wissen, ob Sie bereit sind, die Kaution zu stellen.«

Paul lachte. »Sagen Sie ihm, ich bin gerade etwas knapp bei Kasse und muß erst zur Bank gehen.«

Abolhasan gab keine Antwort.

»Das kann doch nicht sein Ernst sein!« sagte Paul.

»Es ist sein Ernst«, sagte Abolhasan.

Urplötzlich wurde Bill vom Zorn gepackt – Zorn auf Dadgar, Zorn auf Lou Goelz, Zorn auf die ganze verfluchte Welt. Sie waren von A bis Z angeschmiert worden und auch prompt darauf hereingefallen! Schließlich waren sie aus freien Stücken hierhergekommen, um einen Termin einzuhalten, den die amerikanische Botschaft vereinbart hatte. Sie hatten nichts auf dem Kerbholz, und niemand hatte auch nur den geringsten Beweis gegen sie. Trotzdem mußten sie ins Gefängnis. Schlimmer noch: in ein iranisches Gefängnis!

»Jeder von Ihnen darf ein Telefongespräch führen«, sagte Abolhasan.

Wie in den Krimis im Fernsehen – jeder darf noch mal telefonieren, und dann ab ins Kittchen.

Paul nahm den Hörer ab und wählte. »Lloyd Briggs, bitte ... Paul Chiapparone hier ... Lloyd? Ich kann heute nicht zum Dinner kommen. Ich geh' ins Gefängnis.«

Paul glaubt es immer noch nicht so recht, dachte Bill.

Paul hörte einen Moment lang zu, dann sagte er: »Wie wär's, wenn du erst mal Gayden anrufen würdest?« Bill Gayden, dessen Name dem Bill Gaylords so sehr ähnelte, war Präsident von EDS World und Pauls unmittelbarer

Vorgesetzter. Wenn die in Dallas erst mal Wind von der Sache kriegen, dachte Bill, dann können diese iranischen Hampelmänner ihr blaues Wunder erleben.

Paul legte auf und ließ Bill ans Telefon. Er wählte die Nummer der amerikanischen Botschaft und ließ sich mit dem Generalkonsul verbinden.

»Goelz? Bill Gaylord hier. Wir sind soeben verhaftet worden, und die Kaution wurde auf dreizehn Millionen Dollar festgesetzt.«

»Ach herrje, ich —«

»Zum Teufel mit Ihrem ›Ach herrje!‹« Goelz' ruhiger, gemessener Tonfall machte Bill fuchsteufelswild. »Sie haben dieses Treffen vereinbart, und Sie haben uns gesagt, wir könnten danach heimfliegen!«

»Ich bin sicher, wenn Sie sich nichts haben zuschulden kommen lassen —«

»Was wollen Sie damit sagen: *wenn?*« brüllte Bill.

»Ich schicke sobald wie möglich jemanden zum Gefängnis«, sagte Goelz.

Bill legte auf.

Jetzt kamen die beiden Iraner herein, die den ganzen Tag über im Flur herumgelungert hatten. Bill bemerkte, wie groß und bullig sie waren, und erst jetzt ging ihm auf, daß sie Polizisten in Zivil sein mußten.

»Dadgar sagt, es sei nicht nötig, Ihnen Handschellen anzulegen«, erklärte Abolhasan.

»Wie reizend von ihm«, sagte Paul.

Plötzlich fielen Bill all die Geschichten ein, die er über Folterungen in den Schahgefängnissen gehört hatte. Er versuchte, nicht daran zu denken.

»Wollen Sie Ihre Aktenmappen und Brieftaschen nicht lieber mir geben?« fragte Abolhasan.

Sie nahmen sein Angebot an. Paul behielt hundert Dollar zurück.

»Wissen Sie, wo das Gefängnis liegt?« fragte Paul Abolhasan.

»Sie sollen ins Untersuchungsgefängnis im Justizministerium in der Khayyam-Straße gebracht werden.«
»Kehren Sie sofort ins Bukarest zurück, und geben Sie Lloyd Briggs einen detaillierten Bericht.«
»Mache ich.«
Einer der Polizisten hielt die Tür auf. Bill sah zu Paul hinüber. Paul zuckte mit der Schulter.
Sie verließen den Raum.
Die Polizisten eskortierten sie die Treppe hinunter und verfrachteten sie in ein kleines Auto. »Ein paar Stunden werden wir wohl oder übel im Gefängnis verbringen müssen«, sagte Paul. »So lange werden die Botschaft und unsere Leute schon brauchen, bis sie uns rausholen.«
»Vielleicht sind sie schon dort«, meinte Bill zuversichtlich.
Der größere der beiden Polizisten setzte sich hinters Steuer, sein Kollege stieg vorne neben ihm ein. Sie fuhren aus dem Hof und schnell die Eisenhower Avenue hinunter. Plötzlich bogen sie von der falschen Seite in eine schmale Einbahnstraße, die sie mit Höchstgeschwindigkeit hinunterrasten. Bill klammerte sich an den Sitz vor ihm. Fünf Straßenzüge weit fuhren sie diesen entsetzlichen Slalom und wichen immer wieder entgegenkommenden Bussen und Autos aus, deren Fahrer wild hupten und mit den Fäusten drohten.
Dann ging es nach Südsüdosten. Bill dachte bereits an ihre Ankunft im Gefängnis. Würde tatsächlich schon jemand von EDS oder von der Botschaft dort sein, um die Kautionssumme herunterzuhandeln, damit Paul und er nach Hause gehen konnten und gar nicht erst in eine Zelle gesperrt wurden? Bestimmt war das Botschaftspersonal außer sich über Dadgars Handlungsweise. Botschafter Sullivan würde intervenieren und ihre sofortige Freilassung fordern. Letztendlich war es ungerecht, zwei Amerikaner, die keinerlei Verbrechen begangen hatten, in ein iranisches Gefängnis zu werfen und dann eine Kaution

von dreizehn Millionen Dollar zu verlangen. Die ganze Sache war einfach lächerlich.

Trotzdem saß er hier, auf der Rückbank dieses Autos, sah schweigend aus dem Fenster und fragte sich, was wohl als nächstes geschehen würde.

Und was er durchs Autofenster zu sehen bekam, als sie weiter gen Süden fuhren, versetzte ihn in Angst und Schrecken.

Im Norden der Stadt, wo die Amerikaner wohnten und arbeiteten, kam es nur gelegentlich zu Unruhen und Kämpfen. Hier aber, stellte Bill fest, waren sie an der Tagesordnung. Allenthalben schwelten schwarze Wracks ausgebrannter Busse. Hunderte von Demonstranten machten die Straßen unsicher, kreischten und sangen, legten Feuer und errichteten Barrikaden. Teenager, halbe Kinder noch, bewarfen Autos mit Molotowcocktails – benzingefüllte Flaschen mit flammenden, aus Lumpen zusammengedrehten Lunten. Ihre Ziele schienen vom Zufall bestimmt. Womöglich sind wir die nächsten, dachte Bill. Er hörte Schüsse, doch in der Dunkelheit war nicht auszumachen, wer da auf wen feuerte. Der Fahrer gebärdete sich wie ein Wilder. Jede zweite Straße war durch Menschenmassen, Barrikaden oder brennende Autos blockiert, und jedesmal machte er, ohne auf die Ampeln zu achten, kehrt und raste in halsbrecherischem Tempo durch Nebenstraßen und -gäßchen, um die Hindernisse zu umgehen. Lebend kommen wir dort nicht an, dachte Bill und tastete nach dem Rosenkranz in seiner Tasche.

Die Fahrt schien kein Ende zu nehmen – bis das Auto plötzlich in einen kreisförmigen Hof einfuhr und anhielt. Ohne ein Wort zu verlieren, stieg der bullige Fahrer aus und betrat das Haus.

Das Justizministerium war ein riesiger Gebäudekomplex. In der Dunkelheit – die Straßenlampen waren alle abgeschaltet – konnte Bill einen etwa vier Stockwerke hohen Bau ausmachen. Fast eine Viertelstunde war vergangen, als der Fahrer zurückkam, sich wieder hinters Steuerrad klemmte und um den Block herumfuhr. Bill nahm an, daß er ihn und Paul bei der Aufnahme hatte registrieren lassen.

Hinter dem Gebäude bugsierte der Fahrer den Wagen auf den Gehsteig und hielt neben einem stählernen Doppeltor, das in eine lange, hohe Backsteinmauer eingelassen war. Irgendwo zu ihrer Rechten, dort, wo die Mauer aufhörte, waren schemenhaft die Umrisse eines kleinen Parks oder Gartens zu erkennen. Der Fahrer stieg aus. In einer der Stahltüren ging ein Guckloch auf, und ein kurzer Wortwechsel auf Farsi folgte. Dann wurde das Tor geöffnet. Der Fahrer bedeutete Paul und Bill, aus dem Wagen auszusteigen.

Sie traten durch das Tor.

Bill sah sich um. Sie befanden sich in einem kleinen Hof. Er entdeckte zehn bis fünfzehn mit automatischen Waffen ausgerüstete Wachmänner, die über den ganzen Hof verteilt standen. Direkt vor ihm parkten Personen- und Lastkraftwagen auf einer sichelförmigen Auffahrt. Links von ihm schloß sich ein niedriger Flachbau an der Backsteinmauer an. Rechts befand sich eine weitere Stahltür.

Dorthin wandte sich der Fahrer und klopfte. Ein weiterer Wortwechsel auf Farsi durch ein weiteres Guckloch. Dann ging die Tür auf, und Paul und Bill wurden gebeten, einzutreten.

Nun standen sie in einem kleinen Empfangsraum, der mit Schreibtisch und wenigen Stühlen ausgestattet war. Bill sah sich wieder um – weder Anwälte noch Botschaftsvertreter waren hier, um ihn rauszuholen. Wir sind völlig auf uns allein gestellt, dachte er, und wer weiß, was noch auf uns zukommt.

Hinter dem Schreibtisch stand ein Wachmann mit einem Kugelschreiber und einem Stapel Formulare. Er stellte eine Frage auf Farsi. Paul antwortete aufs Geratewohl: »Paul Chiapparone«, und buchstabierte seinen Namen.

Es verging fast eine Stunde, bis die Formulare ausgefüllt waren. Ein englisch sprechender Häftling wurde herbeigeholt, um beim Übersetzen zu helfen. Paul und Bill gaben ihre Teheraner Adressen, ihre Telefonnummern und Geburtsdaten an und erstellten eine Liste ihrer Habseligkeiten. Ihr Geld wurde ihnen abgenommen, und jeder erhielt zweitausend Rial, ungefähr dreißig Dollar.

Anschließend wurden sie in einen Nebenraum gebracht, wo sie sich entkleiden mußten. Sie zogen sich bis auf die Unterhosen aus. Es folgte eine Durchsuchung ihrer Kleider sowie eine Leibesvisitation. Paul durfte sich wieder anziehen, Bill jedoch nicht. Es war eiskalt – auch hier war die Heizung abgestellt. Offensichtlich waren sie die einzigen Amerikaner in diesem Gefängnis. Alles, was Bill je über Gefängnisaufenthalte gelesen und gehört hatte, war grauenhaft. Was würden die Wachen mit ihm und Paul anstellen? Wie würden sich ihre Mitgefangenen verhalten?

»Kann ich meinen Mantel anziehen?« fragte er den Wachmann.

Der verstand ihn nicht.

»Mantel«, sagte Bill und zog pantomimisch einen Mantel an. Der Wachmann reichte ihm seinen Mantel.

Ein paar Minuten später kam ein anderer Posten und sagte, er könne sich auch seine Kleider wieder anziehen.

Sie wurden in den Empfangsraum zurückgeführt. Wieder sah sich Bill erwartungsvoll nach Rechtsanwälten und Freunden um. Wieder erlebte er eine Enttäuschung.

Man führte sie zu einer Tür am anderen Ende des Empfangsraums. Sie stiegen zwei Treppen hinunter und gelangten ins Kellergeschoß.

Hier war es kalt, düster und dreckig. Es gab mehrere Zellen, alle waren vollgestopft mit Gefangenen, und alle Gefangenen waren Iraner. Der Uringestank war so scharf, daß Bill den Mund geschlossen hielt und flach durch die Nase atmete. Der Wachmann schloß die Tür zu Zelle Nummer 9 auf. Paul und Bill gingen hinein.

Sechzehn unrasierte Gesichter starrten sie neugierig an. Paul und Bill starrten entsetzt zurück.

Mit einem dumpfen Knall fiel die Zellentür hinter ihnen ins Schloß.

2

ROSS PEROT WAR sein Leben lang ein Glückspilz gewesen.

Am Morgen des achtundzwanzigsten Dezember 1978 saß er in seiner Berghütte in Vail, Colorado, und ließ sich von Holly, der Köchin, das Frühstück servieren.

Die »Blockhütte«, hoch am Abhang eines Berges und halb versteckt in einem Espenwald gelegen, verfügte über sechs Schlaf- und fünf Badezimmer, einen Wohnraum von zehn Meter Länge und einem »Après-Ski-Erholungsraum« mit einem Strudelbad vor dem offenen Kamin – eben ein Urlaubsdomizil.

Ross Perot war steinreich.

Mit tausend Dollar Startkapital hatte er EDS gegründet, und inzwischen waren die Aktien der Firma, von denen er selbst noch immer über die Hälfte hielt, mehrere hundert Millionen Dollar wert. Außerdem war er alleiniger Besitzer der Petrus Oil and Gas Company, deren Rohstoffreserven einen Wert von mehreren hundert Millionen Dollar darstellten, und besaß zahlreiche Grundstücke in Dallas. Wieviel Geld genau er sein eigen nannte, war schwer festzustellen – das hing auch davon ab, *wie* es gezählt wurde –, aber es war wohl irgendwas zwischen fünfhundert Millionen und einer Milliarde Dollar.

In Romanen werden die Superreichen immer als habgierig, machtbesessen, neurotisch, verhaßt und unglücklich geschildert – vor allem als unglücklich. Perot las kaum einmal einen Roman. Er war ganz einfach glücklich.

Er glaubte nicht, daß das am Geld lag. Zwar glaubte er ans Geldverdienen, an *business and profits*, denn das war der Motor Amerikas; auch hatte er seine Freude an manchen Spielsachen, die man für Geld kaufen konnte, an seinem Kabinenkreuzer zum Beispiel, den Schnellbooten, dem Hubschrauber –, aber sich in Hundertdollarscheinen wälzen zu können, war nie sein Traum gewesen. Geträumt hatte er allerdings davon, eine Firma zu gründen, die Tausenden Beschäftigung gab, und seinen schönsten Traum hatte er direkt vor Augen: seine Familie, die in diesem Augenblick noch in Thermounterwäsche herumlief und sich zum Skifahren fertigmachte. Da war Ross junior, zwanzig Jahre alt, und Perot war überzeugt, in ganz Texas sei kein prächtigerer Bursche zu finden. Da waren seine 4 – in Worten: vier – Töchter: Nancy, Suzanne, Carolyn und Katherine. Lauter gesunde, intelligente und liebenswerte Kinder. In Interviews hatte Perot verschiedentlich geäußert, er messe seinen Erfolg im Leben an seinen Kindern: Wenn aus ihnen gute Bürger würden, die sich für ihre Mitmenschen engagierten, dann hätte sein Leben einen Sinn gehabt. Die Reporter sagten gewöhnlich: »Zum Kuckuck, wir glauben Ihnen ja, aber wenn wir so'n Schmus bringen, denken die Leser, Sie hätten uns geschmiert!« Und Perot antwortete dann: »Das ist mir egal. Ich sage Ihnen die Wahrheit. Was Sie schreiben, ist Ihre Sache.« Und bis jetzt hatten sich seine Kinder genau seinen Wünschen gemäß entwickelt. Daß sie mit Reichtümern und Privilegien aufgewachsen waren, hatte sie nicht im geringsten verdorben. Es war beinahe ein Wunder.

Und diejenige, die für dieses Wunder verantwortlich war, nämlich Margot Perot, rannte gerade mit Liftkarten, Wollsocken und Sonnenschutzcreme hinter eben diesen Kindern her. Margot war schön, liebevoll, intelligent, eine Klassefrau und perfekte Mutter. Sie hätte ohne weiteres einen John Kennedy, einen Paul Newman, einen Fürsten Rainier, einen Rockefeller heiraten können – statt dessen hatte sie sich verliebt in Ross Perot aus Texarcana, Texas: einssiebzig groß, mit schiefer Nase und nichts als Rosinen im Kopf. Sein Leben lang hatte Perot an sein Glück geglaubt, und wenn er jetzt, inzwischen achtundvierzig Jahre alt, zurückblickte, erkannte er, daß Margot der Haupttreffer gewesen war.

An diesem Weihnachtsfest fiel ein Schatten über sein Glück: Seine Mutter lag im Sterben. Sie hatte Knochenkrebs. Am Abend vor Weihnachten stürzte sie in ihrem Haus, und da der Krebs ihre Knochen geschwächt hatte, brach sie sich die Hüfte und mußte eilends nach Dallas ins Baylor Hospital gebracht werden.

Perots Schwester Bette hatte die Nacht über an der Seite ihrer Mutter gewacht, und am ersten Weihnachtsfeiertag packten Perot, Margot und ihre fünf Kinder den Kombi voller Geschenke und fuhren zum Krankenhaus. Großmutter war so zuversichtlich und gut gelaunt, daß der Tag für alle sehr fröhlich verlief. Am nächsten Tag jedoch wollte sie keinen von ihnen sehen: Sie wußte, sie wollten zum Skilaufen, und bestand darauf, daß sie trotz ihrer Erkrankung fuhren. Margot fuhr am sechsundzwanzigsten Dezember mit den Kindern nach Vail, während Perot in Dallas zurückblieb.

Was folgte, war ein Machtkampf mit seiner Mutter, wie Perot ihn nur zu gut aus seiner Kindheit kannte. Lulu May Perot war nur etwas über einsfünfzig groß und zierlich, doch deswegen nicht weniger hart im Nehmen als ein Feldwebel. Sie erinnerte ihn daran, daß er schwer arbeitete und seine Ferien brauche, worauf er erwiderte, daß er sie nicht allein lassen wolle. Nach einigem Hin und Her griffen schließlich die Ärzte ein und erklärten ihm, er täte seiner Mutter keinen Gefallen, wenn er gegen ihren Willen bliebe. Am nächsten Tag folgte er seiner Familie nach Vail. Wieder einmal hatte sie sich durchgesetzt, ganz so wie früher, als er noch ein kleiner Junge gewesen war.

Sie hatte ihn nie geschlagen. Er konnte sich nicht einmal daran erinnern, daß sie ihn je angeschrien hätte. Ihn zu ängstigen, hatte nicht zu ihren Erziehungsmethoden gehört. Wie eine liebliche Fee, mit blondem Haar und blauen Augen, hatte sie ihn und seine Schwester Bette an die Kette der Liebe gelegt. Wenn sie einen nur ansah, brachte man es nicht über sich, den eigenen Willen durchzusetzen und sie unglücklich zu machen.

Mittlerweile waren ihre Machtkämpfe selten geworden, denn Perot hatte sich ihre Prinzipien längst zu eigen gemacht. Wie eine konstitutionelle Monarchin herrschte Lulu May über ihre Familie, trug die Insignien der Macht und segnete die wahren Entscheidungsträger ab.

Er hatte nicht nur ihre Prinzipien, sondern auch ihren eisernen Willen geerbt. Auch er brauchte den Leuten nur in die Augen zu sehen. Und er hatte eine Frau geheiratet, die seiner Mutter ähnelte, mit einem Unterschied allerdings: Margot beherrschte ihn nicht.

Für seine Mutter konnte Perot im Moment nichts tun. Zwei Jahre zuvor hatte er nach ihrem Schlaganfall an einem Sonntagnachmittag ganz Dallas auf den Kopf gestellt, um den besten Neurochirurgen aufzutreiben und zu ihr ins Krankenhaus zu bringen. Auf Krisen reagierte er eben mit Taten. Aber wenn er nichts tun konnte, war er ebensogut fähig, das Problem auszuklammern, das Unangenehme zu vergessen und sich neuen Aufgaben zuzuwenden. Auch jetzt würde er seiner Familie nicht die Ferien verderben, indem er mit Trauermiene herumlief.

Das Klingeln des Telefons unterbrach seine Gedanken. Er ging in die Küche und nahm den Hörer ab.

»Ross Perot« meldete er sich.

»Ross, hier ist Bill Gayden.«

»Hallo, Bill.« Gayden, ein EDS-Veteran, war der Firma schon 1967 beigetreten. In mancher Hinsicht war er der Inbegriff des erfolgreichen Vertreters: jovial, jedermanns Kumpel, nie einem Witz, einem Drink, einer Zigarettenpause oder einem Pokerspiel abgeneigt. Außerdem war er ein gewiefter Finanzexperte mit einem besonderen Talent für Akquisitionen, Fusionen und Transaktionen, weswegen Perot ihn zum Präsidenten von EDS World ernannt hatte. Gaydens Sinn für Humor war unbezwingbar – selbst in den heikelsten Situationen fiel ihm immer noch etwas Lustiges ein. Jetzt aber klang er ziemlich bedrückt.

»Ross, wir haben Probleme.«

Das war ein geflügeltes Wort bei EDS. *Wir haben Probleme* hieß soviel wie: Wir stecken ganz schön in der Klemme.

»Es geht um Paul und Bill«, fuhr Gayden fort.

Perot wußte sofort, was damit gemeint war. Die Machenschaften, mit denen man seine beiden ranghöchsten Mitarbeiter im Iran am Verlassen des Landes gehindert hatte, waren mehr als undurchsichtig; die Sache hatte ihn sogar am Krankenbett seiner Mutter beschäftigt.

»Aber sie sollen doch heute ausreisen dürfen.«

»Sie sind verhaftet worden.«

Die Wut manifestierte sich zunächst als kleiner, harter Knoten in Perots Magengrube. »Also, Bill, man hat mir doch versichert, sie dürften den Iran sofort nach ihrem Verhör verlassen. Jetzt erklär mir mal, wie das passieren konnte.«

»Die haben sie einfach ins Gefängnis geworfen.«

»Aufgrund welcher Anklage?«

»Darüber haben sie sich nicht ausgelassen.«

»Und auf welches Gesetz haben sie sich dabei berufen?«

»Das haben sie nicht gesagt.«

»Und wie kriegen wir sie wieder raus?«

»Die Kaution ist auf neunzig Millionen Toman festgesetzt worden, Ross. Das sind zwölf Millionen siebenhundertundfünfzigtausend Dollar.«

»Zwölf *Millionen?*«

»Genau.«

»Und wie, zum Teufel, ist es dazu gekommen?«

»Ross, ich habe eine halbe Stunde lang mit Lloyd Briggs telefoniert und versucht, das herauszukriegen, aber Tatsache ist, daß Lloyd es selbst nicht versteht.«

Perot schwieg. Von seinen Managern erwartete er Antworten, keine Fragen. Und Gayden würde sich hüten, ihn anzurufen, ohne sich vorher umfassend informiert zu haben. Im Moment würde er nicht mehr aus Gayden herausbekommen. Gayden hatte alles gesagt, was er wußte.

»Sag Tom Luce Bescheid. Er soll ins Büro kommen«, sagte Perot. »Und ruf das Außenministerium in Washington an. Diese Angelegenheit hat unbedingten Vorrang. Ich will nicht, daß sie auch nur eine Minute länger in diesem Scheißgefängnis bleiben!«

*

Margot spitzte die Ohren, als sie ihn *Scheißgefängnis* sagen hörte: Es war ganz und gar ungewöhnlich, daß Perot fluchte, besonders wenn es die Kinder hören konnten. Als er aus der Küche kam, war sein Gesicht starr, seine Augen blau wie das Polarmeer und ebenso kalt. Sie kannte diesen Blick. Er verhieß mehr als Zorn. Perot war nicht der Typ, der sich in einem Anfall schlechter Laune abreagierte. Sein Blick signalisierte unbeugsame Entschlossenheit. Er würde Himmel und Erde in Bewegung setzen, um sein Vorhaben durchzuführen. »Die Iraner haben Paul und Bill ins Gefängnis gesteckt«, sagte er.

Margots erster Gedanke galt den Ehefrauen der beiden, mit denen sie seit Jahren bekannt war. Ruthie Chiapparone war eine zierliche, sanfte, stets lächelnde Frau mit blonder Mähne. Sie wirkte verletzlich, was unwillkürlich männliche Beschützerinstinkte hervorrief. Sie würde die Nachricht nur schwer verkraften. Emily Gaylord war härter im Nehmen – zumindest oberflächlich betrachtet. Die schlanke, blonde Frau war lebhaft und energisch und würde bestimmt das erstbeste Flugzeug besteigen und ihren Bill eigenhändig aus dem Gefängnis befreien wollen.

»Ich muß zurück nach Dallas«, sagte Ross.

»Da draußen tobt ein Schneesturm«, sagte Margot und sah auf die Schneeflocken, die den Berghang hinuntertrieben. Sie war sich bewußt, daß es vergebliche Liebesmüh war: Weder Schnee noch Eis würden ihn jetzt aufhalten. Und sie dachte noch einen Schritt weiter: Ross würde es kaum lange hinter seinem Schreibtisch in Dallas aushalten, während zwei seiner Männer in einem iranischen Gefängnis hockten. Er will nicht nach Dallas, dachte sie, er will in den Iran.

»Ich nehme den Geländewagen«, sagte er. »Und in Denver steige ich dann ins nächste Flugzeug.«

Margot schluckte ihre Ängste hinunter und schenkte ihm ein strahlendes Lächeln. »Fahr vorsichtig, ja?« sagte sie.

*

Perot saß über das Steuer seines GM Suburban gebeugt, den er vorsichtig über die vereiste Straße lenkte. An der Unterkante der Windschutzscheibe blieb immer mehr Schnee haften und verkürzte den Radius der Scheibenwischer. Er starrte auf die Straße vor ihm. Bis Denver waren es noch einhundertundsiebzig Kilometer. Das gab ihm Zeit zum Nachdenken.

Er war noch immer wütend.

Nicht allein deshalb, weil Paul und Bill im Gefängnis saßen. Sie saßen im Gefängnis, weil sie in den Iran gegangen waren, und sie waren in den Iran gegangen, weil er, Perot, sie dort hingeschickt hatte.

Der Iran machte ihm schon seit einigen Monaten Sorgen. Eines Morgens, nachdem er eine schlaflose Nacht lang darüber nachgedacht hatte, war er ins Büro gekommen und hatte gesagt: »Wir sollten das Feld räumen. Sollten wir uns irren, dann haben wir eben drei- oder vierhundert Flugtickets in den Sand gesetzt. Machen wir's gleich heute.«

Es war eine der seltenen Gelegenheiten gewesen, bei der seine Anordnungen nicht befolgt wurden. Alle hatten sie plötzlich Blei in den Füßen gehabt, sowohl in Dallas als auch in Teheran. Nicht daß er ihnen deswegen böse sein konnte, nein, er selbst war es gewesen, dem die letzte Entschiedenheit gefehlt hatte. Hätte er darauf bestanden, dann wären alle noch am selben Tag abgezogen. Aber er hatte nicht darauf bestanden, und am folgenden Tag waren die Pässe eingezogen worden.

Wie auch immer, er stand in Pauls und Bills Schuld. Er fühlte eine besondere Verpflichtung den Männern gegenüber, die ihre Karrieren aufs Spiel gesetzt hatten, indem sie EDS zu einem Zeitpunkt beigetreten waren, da es sich noch um eine junge, ums Überleben kämpfende Firma handelte. Wie oft hatte er den richtigen Mann gefunden, ihn interviewt, sein Interesse geweckt und ihm eine Stelle angeboten, nur um später zu erfahren, daß dieser, nachdem er die Angelegenheit mit seiner Familie besprochen hatte, zu dem Ergebnis gekommen war, EDS sei zu klein, zu jung und zu risikoreich.

Paul und Bill hatten nicht nur den Sprung ins kalte Wasser gewagt, sondern sich abgerackert, um sicherzugehen, daß sich ihr Risiko bezahlt machte. Perot war es Paul und Bill schuldig, sie dort herauszupauken.

Er war es ihnen schuldig, die Regierung der Vereinigten Staaten dazu zu bewegen, ihren gesamten Einfluß bei den Iranern geltend zu machen.

Einst war Amerika Perot um Hilfe angegangen, und er hatte drei Jahre seines Lebens und einen Haufen Geld für die Kampagne zugunsten der Kriegsgefangenen geopfert. Jetzt war er an der Reihe, Hilfe von Amerika zu erbitten.

Seine Gedanken wanderten ins Jahr 1969 zurück, als der Vietnamkrieg seinen Höhepunkt erreicht hatte. Nicht wenige seiner Freunde waren entweder gefallen oder in Gefangenschaft geraten. Obwohl die Regierung es nicht eingestand, gab es viele, vielleicht Hunderte von Frauen und Kindern, die nicht wußten, ob ihre Männer und Väter getötet oder gefangengenommen worden waren. Und die Nordvietnamesen, die sich nicht an die Genfer Konvention gebunden fühlten, weil die Vereinigten Staaten ihnen niemals offiziell den Krieg erklärt hatten, weigerten sich, die Namen der Kriegsgefangenen bekanntzugeben.

Schlimmer noch: Viele der Gefangenen starben infolge von Vernachlässigung oder Mißhandlung. Präsident Nixon trug sich mit dem Gedanken, den Krieg zu »vietnamisieren« und die amerikanischen Truppen innerhalb von drei Jahren abzuziehen. Doch bis dahin wäre, schenkte man den CIA-Berichten Glauben, die Hälfte der Gefangenen ums Leben gekommen.

Perot drängte es, etwas zu unternehmen.

EDS verfügte während der Amtszeit Präsident Nixons über gute Beziehungen zum Weißen Haus. Perot flog nach Washington und sprach mit Henry Kissinger, dem wichtigsten außenpolitischen Berater des Präsidenten. Und Kissinger hatte eine Idee.

Die Nordvietnamesen stellten sich – zumindest zu Propagandazwecken – auf den Standpunkt, daß sie keineswegs mit dem amerikanischen Volke, sondern lediglich mit der amerikanischen Regierung im Streit lagen. Darüber hinaus präsentierten sie sich der Weltöffentlichkeit als David im Kampf gegen Goliath. Es sah ganz so aus, als legten sie großen Wert auf ihr Image. Es wäre also, so dachte Kissinger, durchaus möglich, die Gegenseite durch eine internationale Kampagne, die die Leiden der Kriegsgefangenen und ihrer Angehörigen enthüllte, in Zugzwang zu bringen mit dem Ergebnis, daß sie die Gefangenen besser behandelte und ihre Namen bekanntgab.

Die Kampagne mußte von Privathand finanziert werden und den Anschein erwecken, als hätte die Regierung nichts damit zu tun, wenngleich sie in Wirklichkeit von Mitarbeitern des Weißen Hauses und des Außenministeriums minuziös überwacht wurde.

Perot nahm die Herausforderung an – einer Herausforderung hatte er sich noch nie entzogen.

Er wandte sich an J. Walter Thompson, der Welt größte Werbeagentur, und unterbreitete ihnen sein Vorhaben. Sie boten ihm an, innerhalb von ein bis zwei Monaten eine Kampagne auf die Beine zu stellen und im Laufe eines Jahres mit den ersten Resultaten aufwarten zu können. Perot lehnte ab: Er wollte noch heute anfangen und morgen schon die ersten Ergebnisse sehen. Er kehrte nach Dallas zurück und berief ein Team von EDS-Managern, das sofort damit begann, die Herausgeber von Tageszeitungen anzurufen und einfache, ja laienhafte Anzeigen, die sie selbst formulierten, aufzugeben.

Die Reaktionen kamen postwendend und waschkörbeweise.

Die Befürworter des Krieges sahen in der Behandlung der Kriegsgefangenen den Beweis dafür, daß die Nordvietnamesen tatsächlich böse waren; für die Kriegsgegner war das Schicksal der Gefangenen ein weiterer Grund für einen Rückzug aus Vietnam. Nur die Verbissensten aus ihren Reihen lehnten die Kampagne ab.

1970 informierte das FBI Perot, der Vietkong habe die Black Panthers damit beauftragt, ihn zu ermorden. Und das klang, gegen Ende der verrückten sechziger Jahre, gar nicht einmal so verrückt. Perot heuerte eine Leibwache an, und einige Wochen später kletterten tatsächlich ein paar Männer über den Zaun um Perots Grundstück in Dallas und wurden von scharfen Wachhunden in die Flucht getrieben. Perots Familie einschließlich seiner resoluten Mutter dachten nicht im Traum daran, die Kampagne zugunsten ihrer eigenen Sicherheit abzublasen.

Seinen größten und werbewirksamsten Coup landete Ross Perot im Dezember 1969, als er zwei Flugzeuge charterte, mit weihnachtlichen Festessen belud und versuchte, in Hanoi zu landen. Natürlich wurde ihm die Landeerlaubnis verweigert, aber während der Sauregurkenzeit erreichte er damit ungeheure Publizität. Es kostete ihn zwar zwei Millionen Dollar, doch er konnte sich ausrechnen, daß ihn ein Werbefeldzug sechzig Millionen gekostet hätte. Und eine Gallup-Umfrage, die er kurz darauf in Auftrag gab, bestätigte, daß die Einstellung der Amerikaner gegenüber den Nordvietnamesen überwältigend negativ war.

1970 bediente Perot sich weniger spektakulärer Methoden. Überall in den Vereinigten Staaten wurden kleinere Gemeinden ermutigt, ihre eigenen Kampagnen zugunsten der Kriegsgefangenen ins Leben zu rufen. Schließlich erreichten Hanoi derart viele Protestbriefe, daß die nordvietnamesische Post der Flut nicht mehr gewachsen war. Perot reiste kreuz und quer durchs Land und hielt überall, wo man ihn dazu einlud, Reden. In Laos traf er mit nordvietnamesischen Diplomaten zusammen, nahm deren Listen von Kriegsgefangenen in Südvietnam entgegen sowie Briefe der Gefangenen und Filme über ihre Lebensbedingungen.

Und es half. Die amerikanischen Kriegsgefangenen wurden besser behandelt, erhielten die ersten Briefe und Pakete, und die Nordvietnamesen rückten mit den ersten Namen heraus. Und was am wichtigsten war: Die Gefangenen hörten durch Neuzugänge von der Kampagne und schöpften wieder Hoffnung.

Acht Jahre später erinnerte sich Perot, als er durch den Schneesturm nach Denver fuhr, an eine andere Folge dieser Kampagne – eine Folge, die damals lediglich irritierend gewesen war, die sich jetzt aber als wichtig und wertvoll erweisen konnte. Publizität für die Kriegsgefangenen hieß unvermeidlich auch Publizität für Ross Perot. Er war eine landesweite Berühmtheit geworden. Im Umfeld der Macht würde man sich an ihn erinnern – und ganz besonders im Pentagon. Dem Washingtoner Koordinationsstab hatten Admiral Tom Moorer, damals Vorsitzender des Vereinigten Generalstabs, Alexander Haig, damals Mitarbeiter Kissingers und inzwischen ranghöchster amerikanischer General bei der NATO, William Sullivan, damals stellvertretender Außenminister und jetzt US-Botschafter im Iran, sowie Kissinger selbst angehört.

Sie alle würden ihm nun helfen, Kontakt zur Regierung aufzunehmen, herauszufinden, was vorging, und rasche Hilfsaktionen in die Wege zu leiten. Er würde Richard Helms anrufen, der sowohl Chef des CIA als auch Botschafter im Iran gewesen war. Und er würde sich mit Kermit Roosevelt, Teddys Sohn, in Verbindung setzen, der an jenem CIA-Coup beteiligt gewesen war, der 1953 den Schah wieder auf den Thron gebracht hatte ...

Und wenn das alles nicht klappt? dachte er.

Er pflegte immer einen Schritt weiter zu denken.

Und wenn die Regierung Carter mir nicht weiterhelfen kann oder nicht weiterhelfen will – was dann?

Dann, dachte er, dann hau' ich Paul und Bill eben selber heraus.

Und wie packt man so etwas an? Das ist Neuland für uns. Wo kann man da den Hebel ansetzen? Und wer könnte uns dabei helfen?

Die beiden EDS-Manager Merv Stauffer und T. J. Marquez fielen ihm ein sowie seine Sekretärin Sally Walther. Sie waren damals mit der Organisation der Kriegsgefangenenkampagne betraut gewesen, hatten um den halben

Globus herum telefoniert und die schwierigsten Vereinbarungen ebenso wie Routineangelegenheiten erledigt. Aber ein Gefängnis stürmen? Wer sollte daran teilnehmen? Seit 1968 waren bei EDS vorrangig Vietnamkriegsteilnehmer eingestellt worden – zunächst aus rein patriotischen Beweggründen und später, weil Perot die Erfahrung gemacht hatte, daß sie ausgezeichnete Geschäftsleute abgaben. Aber diese Männer, ehemals schlanke, durchtrainierte Soldaten, hatten mittlerweile Speck angesetzt, waren Computerleute geworden, nicht mehr sonderlich fit und fühlten sich mit einem Telefon wohler als mit einem Gewehr. Und wer sollte den Angriff ausarbeiten und befehligen?

Zu Perots Spezialitäten gehörte es, den jeweils besten Mann für einen Posten aufzuspüren. War er auch selbst einer der erfolgreichsten Selfmademen in der Geschichte des amerikanischen Kapitalismus, so war er doch weder der größte Computerspezialist der Welt noch der Welt bester Verkäufer, nicht einmal Weltmeister als Firmenchef. Er war nur auf einem Gebiet unschlagbar: den richtigen Mann auszuwählen, ihn mit den nötigen Hilfsmitteln zu versehen, ihn zu motivieren und ihn dann seinem Job zu überlassen.

Während er sich langsam Denver näherte, stellte er sich die Frage: Wer auf der Welt kommt am ehesten für die Leitung einer solchen Rettungsaktion in Frage?

Bull Simons fiel ihm ein.

Schon zu Lebzeiten eine Legende in der amerikanischen Armee, war Oberst Arthur D. »Bull« Simons im November 1970 ins Scheinwerferlicht der Öffentlichkeit gerückt, als er zusammen mit seiner Mannschaft das Lager Son Tay sechsunddreißig Kilometer vor Hanoi angriff, um die dort einsitzenden amerikanischen Kriegsgefangenen zu befreien. Der Überfall war mutig und gut organisiert, aber die geheimdienstlichen Informationen, die dem Plan zugrunde gelegen hatten, erwiesen sich als falsch: Die Gefangenen waren verlegt worden. Der Angriff galt allgemein als Fiasko, was in Perots Augen einer groben Ungerechtigkeit gleichkam. Er war zu einem Treffen der Son Tay Raiders eingeladen worden und hatte dort Bull Simons kennengelernt.

Während des Vietnamkriegs hatte Simons die Operation »White Star« angeführt. Mit einhundertundsieben Mann war er nach Laos gezogen und hatte dort zwölf Bataillone Guerilleros zum Kampf gegen die Nordvietnamesen aufgestellt. Eines der Bataillone lief zum Feind über und nahm ein paar von Simons *Green Berets* als Gefangene mit sich. Simons landete mit einem Hubschrauber innerhalb des mit Palisaden umgebenen Gebiets, auf dem sich das Bataillon aufhielt. Sobald er Simons' ansichtig wurde, trat der laotische Oberst vor, stand stramm und salutierte. Simons befahl ihm, sofort die Gefangenen herauszurücken, andernfalls gäbe er den Befehl zum Luftangriff und riebe das gesamte Bataillon auf. Der Oberst tat, wie ihm befohlen. Simons brachte die Gefangenen in Sicherheit, befahl den Angriff aber dennoch. Drei Jahre später war er aus Laos zurückgekehrt und alle seine einhundertundsieben Mann mit ihm.

Perot hatte diese Legende nie überprüft – er mochte sie so, wie er sie gehört hatte.

Das nächste Mal trafen Simons und Perot nach Kriegsende zusammen. Perot hatte ein komplettes Hotel in San Francisco gemietet und gab ein Riesenfest für die heimkehrenden Kriegsgefangenen, das ein ganzes Wochenende lang währte. Nancy Reagan war gekommen, Clint Eastwood kam – und John Wayne.

Die Party kostete Perot eine Viertelmillion Dollar, aber sie wurde ein Riesenerfolg. Sein Lebtag lang würde Perot die Begegnung zwischen John Wayne und Bull Simons nicht vergessen. Mit Tränen in den Augen schüttelte Wayne Simons' Hand und sagte: »Sie *sind* der Mann, den ich im Film bloß *spiele*.«

An diesem Wochenende und noch bei späteren Gelegenheiten lernte Perot Simons und dessen facettenreiche Persönlichkeit besser kennen. Wenn er wollte, konnte Simons überaus charmant sein. Er bezauberte Perots Frau Margot, und auch die Kinder schlug er in seinen Bann. Seinen Männern gegenüber benutzte er den üblichen Militärjargon, wobei er gerne fluchte; sprach er jedoch auf einem Bankett oder auf einer Pressekonferenz, drückte er sich erstaunlich gewählt aus. Immerhin hatte er auf dem College im Hauptfach Journalismus studiert. Sein Geschmack war schlicht – er las Western am laufenden Band und hörte am liebsten eine Musik, die seine Söhne als »geistloses Gedudel« bezeichneten. Darüber hinaus aber las er eine Menge Sachbücher und war überhaupt vielseitig interessiert.

Perots und Simons, zwei willensstarke, dominierende Persönlichkeiten, kamen miteinander aus, indem sie sich gegenseitig viel Freiraum ließen. Enge Freunde wurden sie nicht. Perot nannte Simons, anders als Margot, nie beim Vornamen. Ihm ging es mit Simons wie den meisten anderen Leuten: Er wußte nie, was Simons dachte, es sei denn, dieser ließ sich herab, es ihm mitzuteilen. Bei seinem ersten Zusammentreffen mit ihm in Fort Bragg hatte Perot, bevor er seine Ansprache hielt, Simons' Frau Lucille gefragt: »Was für ein Mensch ist der Oberst eigentlich?« – »Ach«, hatte sie geantwortet, »er ist einfach ein großer, lieber Brummbär.« Das hatte Perot in seiner Rede zitiert. Die Son Tay Raiders kringelten sich vor Lachen, während Simons keine Miene verzog.

Perot hatte keine Ahnung, ob dieser undurchdringliche Mann auch nur das geringste Interesse daran haben würde, zwei EDS-Manager aus einem persischen Gefängnis zu befreien. Ob Simons wohl das Fest in San Francisco zu schätzen gewußt hatte? Vielleicht. Später hatte Perot Simons einen Flug nach Laos finanziert, um dort nach MIAs zu forschen – amerikanische Soldaten *Missing In Action*, die im Kampf vermißt und nicht mit den Kriegsgefangenen heimgekehrt waren. Nach seiner Rückkehr aus Laos hatte Simons einigen EDS-Managern gegenüber bemerkt: »Perot kann man nicht so leicht etwas abschlagen.«

Als Perot jetzt in die Zufahrtsstraße zum Flughafen von Denver einbog, fragte er sich, ob er heute, nach sechs Jahren, immer noch der Mann war, dem Simons nichts abschlagen konnte.

Doch auf Simons wollte er erst zurückgreifen, wenn ihm kein anderer Ausweg blieb. Zunächst einmal wollte er jede andere sich ihm bietende Möglichkeit ausschöpfen.

Er betrat die Abflughalle, buchte einen Platz für den nächsten Flug nach Dallas und ging zum nächsten Telefon. Von dort aus rief er bei EDS an und sprach mit T. J. Marquez, der, da es schon so viele Toms bei EDS gab, T. J. genannt wurde. »Such mir doch bitte meinen Paß raus«, sagte er zu ihm, »und besorg mir ein Visum für den Iran.«

»Ross, auf eine schlechtere Idee hättest du gar nicht kommen können«, erwiderte T. J.

Ließ man T. J. gewähren, so stritt er von morgens bis abends.

»Ich habe nicht vor, mit dir darüber zu diskutieren«, sagte Perot kurz angebunden. »Ich habe Paul und Bill überredet, dorthin zu gehen, und jetzt werde ich sie da rausholen.«

Er legte auf und begab sich zur Abfertigung. Im großen und ganzen gesehen, war dieses Weihnachtsfest ein Reinfall.

T. J. war ein wenig eingeschnappt. Als alter Freund von Perot und als einer der Vizepräsidenten von EDS war er es nicht gewöhnt, wie ein Laufbursche behandelt zu werden. Das war eine von Perots großen Schwächen: Lief er einmal auf Hochtouren, dann trat er ständig anderen Leuten auf die Zehen, ohne es je zu merken. Er war ein außergewöhnlicher Mensch, aber beileibe kein Heiliger.

*

Auch für Ruthie Chiapparone war das Weihnachtsfest ein Reinfall.

Sie verbrachte die Feiertage im Haus ihrer Eltern im Südwesten Chicagos. Bei der hastigen Evakuierung aus dem Iran hatte sie fast alle Weihnachtsgeschenke, die sie für ihre Töchter, die elfjährige Karen und die fünfjährige Ann Marie, gekauft hatte, zurückgelassen; bald nach ihrer Ankunft in Chicago war sie jedoch mit ihrem Bruder Bill in die Stadt gefahren und hatte neue gekauft. Ihre Familie gab sich alle erdenkliche Mühe, Weihnachten zu einem schönen Fest zu machen. Ihre Schwester und ihre drei Brüder waren zu Besuch, und Karen und Ann Marie bekamen noch viel mehr Spielzeug; aber alle fragten nach Paul.

Ruthie vermißte Paul. Sie war vierunddreißig, fünf Jahre jünger als ihr Mann, eine weiche, unselbständige Frau, und sie liebte Paul zum Teil deswegen, weil sie sich bei ihm anlehnen und Geborgenheit finden konnte. Es hatte sich immer jemand um sie gekümmert. In ihrer Kindheit waren es ihre beiden älteren Brüder oder die große Schwester gewesen, die auf sie aufpaßten, wenn ihre Mutter arbeiten ging, um das Gehalt des Vaters, eines Fernfahrers, aufzubessern.

Ruthie hatte nicht in den Iran gehen wollen. Anders als die meisten Frauen der EDS-Angestellten, die die Aussicht, in einem anderen Land zu leben, aufregend fanden, hatte Ruthie große Angst davor gehabt. Sie war noch nie außerhalb der Vereinigten Staaten gewesen – weiter als bis Hawaii war sie nicht gekommen –, und der Mittlere Osten erschien ihr unheimlich und furchterregend. Im Juni 1977 nahm Paul sie, in der Hoffnung, daß es ihr dort gefallen würde, für eine Woche mit in den Iran, aber sie kam keineswegs beruhigt zurück. Endlich willigte sie in den Umzug ein, aber lediglich, weil der Posten für Paul so wichtig war.

Schließlich fand sie dann doch Gefallen an dem Land. Die Iraner waren nett zu ihr, und in der amerikanischen Kolonie in Teheran ging es herzlich und gesellig zu. Dank ihrer Gelassenheit fiel es Ruthie nicht schwer, mit den täglichen Frustrationen fertig zu werden, die das Leben in einem rückständigen Land mit sich bringt: mit dem Fehlen von Supermärkten etwa und der Schwierigkeit, eine Waschmaschine in weniger als sechs Wochen repariert zu bekommen.

Der Abschied war ihr seltsamerweise schwergefallen. Der Flughafen war total überfüllt gewesen. Viele waren Amerikaner, die sie kannte, aber bei den meisten Menschen handelte es sich um fliehende Iraner. So will ich hier nicht gehen müssen – warum werft ihr uns hinaus? Was macht ihr mit uns? dachte sie. Sie reiste gemeinsam mit Bill Gaylords Frau Emily ab. Der Flug ging über Kopenhagen, wo sie eine eisigkalte Nacht in einem Hotelzimmer verbrachten, dessen Fenster undicht waren, und die Kinder hatten in ihren Kleidern schlafen müssen. Gleich nach der Ankunft in den Staaten hatte sich Ross Perot bei ihr gemeldet und ihr etwas über Probleme mit Pässen erzählt, aber Ruthie hatte nicht richtig verstanden, um was es da eigentlich ging.

An diesem traurigen ersten Weihnachtsfeiertag rief Paul aus Teheran an.

»Ich habe ein Geschenk für dich«, hatte er gesagt.

»Dein Flugticket?« fragte sie hoffnungsvoll.

»Nein, ich habe einen Teppich für dich gekauft.«

»Das ist lieb von dir.«

Zwei Tage später erfuhr sie, Paul und Bill hätten am darauffolgenden Tag eine Verabredung mit dem Mann, der schuld daran war, daß sie im Iran bleiben mußten. Danach würde man sie gehen lassen.

Das Treffen fand heute, am achtundzwanzigsten Dezember, statt. Gegen Mittag war Ruthie allmählich unruhig, weil noch niemand aus Dallas bei ihr angerufen hatte. In Teheran war es achteinhalb Stunden später als in Chicago. Das Treffen hatte doch sicher schon stattgefunden – oder? Jetzt müßte Paul eigentlich gerade seinen Koffer für die Heimreise packen.

Sie rief in Dallas an und sprach mit Jim Nyfeler, der Teheran bereits im Juni verlassen hatte. »Was ist bei dem Treffen herausgekommen?« fragte sie ihn.

»Da ist was schiefgelaufen, Ruthie ...«

»Was soll das heißen?«

»Sie sind verhaftet worden.«

»Verhaftet? Du willst mich wohl auf den Arm nehmen!«

»Bill Gayden möchte noch mit dir sprechen, Ruthie.«

Ruthie wartete. Paul *verhaftet?* Warum? Weshalb? Von wem?

Gayden, Pauls Vorgesetzter, meldete sich.

»Hallo, Ruthie.«

»Bill, was hat das alles zu bedeuten?«

»Wir verstehen es auch nicht«, sagte Gayden. »Die Botschaft dort drüben hat das Treffen arrangiert, angeblich eine reine Routinesache, es lag nichts gegen sie vor ... Und dann, so um halb sieben dortiger Zeit, hat Paul bei Lloyd Briggs angerufen und ihm gesagt, sie müßten ins Gefängnis.«

»Paul ist im *Gefängnis?*«

»Mach dir nicht allzu viele Sorgen, Ruthie. Wir haben einen ganzen Haufen Rechtsanwälte darauf angesetzt, wir sind dabei, das Außenministerium einzuschalten, und Ross ist auf dem Weg zurück aus Colorado. Bestimmt können wir die Sache in ein paar Tagen klären. Es kann sich wirklich nur um ein paar Tage handeln.«

»Na gut«, sagte Ruthie. Sie war wie benommen und

konnte sich keinen Reim auf die Sache machen. Wie kam ihr Mann ins Gefängnis? Sie verabschiedete sich von Gayden und legte auf.

Was war da drüben eigentlich los?

*

Noch kurz vor ihrer Abreise hatte Emily Gaylord einen Teller nach Bill geworfen.

Als sie jetzt im Haus ihrer Schwester Dorothy in Washington saß und mit ihr und ihrem Mann Tim darüber sprach, was sie tun könnten, um Bill aus dem Gefängnis zu befreien, mußte sie immer wieder an diesen fliegenden Teller denken.

Es war in ihrem Haus in Teheran passiert. Anfang Dezember war Bill eines Abends nach Hause gekommen und hatte verkündet, Emily und die Kinder sollten am nächsten Tag in die Staaten zurückkehren.

Bill und Emily hatten vier Kinder: Vicky, fünfzehn, Jackie, zwölf, Jenny, neun, und Chris, sechs Jahre alt. Emily war damit einverstanden, daß die Kinder ausgeflogen würden, wollte selbst aber bleiben. Nicht daß sie ihm hätte helfen können – aber Bill würde doch wenigstens jemanden haben, mit dem er reden konnte.

Das käme überhaupt nicht in Frage, hatte Bill erwidert. Sie müsse am folgenden Tag abreisen. Ruthie Chiapparone würde dasselbe Flugzeug nehmen. Alle anderen Frauen und Kinder der EDS-Mitarbeiter würden ein oder zwei Tage später evakuiert.

Was *andere* Frauen taten, interessierte Emily nicht – *sie* jedenfalls würde bei ihrem Mann bleiben.

Sie stritten sich. Emily wurde immer wütender, bis ihr schließlich kein Argument mehr einfiel und sie diesen Teller nach Bill schmiß.

Das würde er niemals vergessen, sie wußte es genau. Es war das einzige Mal in ihrer achtzehnjährigen Ehe, daß sie explodiert war. Sie war reizbar, nervös und leicht erregbar, aber doch nicht gewalttätig.

Das war wirklich das letzte, was der gutmütige, sanfte Bill verdient hatte ...

Ihre Ehe war gut. Sie beide kamen aus wohlhabenden katholischen Familien in Washington, und Bills einfühlsame, ruhige und vernünftige Art war ein guter Ausgleich für Emilys nervöse Hektik. In achtzehn gemeinsamen Jahren hatten sie schon viel durchgemacht. Eines ihrer Kinder war mit einer Hirnschädigung auf die Welt gekommen und gestorben, und Emily hatte sich drei schweren Operationen unterziehen müssen. Diese Schicksalsschläge schweißten sie zusammen.

Und hier kam schon der nächste: Bill saß im Gefängnis.

Emily hatte ihrer Mutter noch nichts davon erzählt. Ihr Onkel Gus, Mutters Bruder, war am selben Tag gestorben, und sie war ohnehin schon schrecklich niedergeschlagen. Das war nicht der richtige Zeitpunkt, um ihr von Bill zu erzählen. Mit Dorothy und Tim jedoch konnte Emily darüber reden.

Tim Reardon, ihr Schwager, war Staatsanwalt beim Justizministerium und verfügte über ausgezeichnete Beziehungen. Tims Vater war Regierungsrat bei Präsident John F. Kennedy gewesen, und Tim selbst hatte für Ted Kennedy gearbeitet. Außerdem kannte Tim den Sprecher des Repräsentantenhauses, Thomas P. »Tip« O'Neill, persönlich, ebenso wie den Senator von Maryland, Charles Mathias. Und er wußte über das Problem mit den Pässen Bescheid, denn Emily hatte ihm gleich nach ihrer Rückkehr aus Teheran davon erzählt, und er hatte mit Ross Perot darüber gesprochen.

»Ich könnte einen Brief an Präsident Carter schreiben und Ted Kennedy bitten, ihn persönlich zu überbringen«, sagte Tim.

Emily nickte nur. Sie konnte sich nur schwer konzentrieren. Was Bill wohl jetzt gerade tat?

*

Paul und Bill standen in Zelle Nummer neun. Ihnen war kalt, sie fühlten sich benommen und fragten sich verzweifelt, was nun aus ihnen werden sollte.

Paul war unbehaglich zumute: Er, ein weißer Amerikaner im korrekten Anzug, bis auf ein paar Brocken Farsi der Landessprache nicht mächtig, sah sich einer Horde gegenüber, in der jeder einzelne wie ein Mörder oder Dieb aussah. Ihm fiel ein, daß er irgendwo gelesen hatte, daß auch Männer im Gefängnis nicht selten vergewaltigt wurden, und er fragte sich bitter, wie er solch eine Situation verkraften würde.

Paul musterte Bill, dessen Gesicht vor innerer Spannung leichenblaß war.

Einer der Insassen sprach sie auf Farsi an. Paul fragte: »Spricht hier jemand Englisch?«

Aus einer Zelle gegenüber ertönte eine Stimme: »Ich kann Englisch.«

Es folgte eine laute, rasche Unterhaltung auf Farsi, dann rief der Übersetzer: »Was habt ihr verbrochen?«

»Wir haben überhaupt nichts getan«, erwiderte Paul.

»Was wirft man euch vor?«

»Nichts. Wir sind ganz normale amerikanische Geschäftsleute mit Frauen und Kindern, und wir haben keine Ahnung, warum wir hier sind.«

Das wurde übersetzt. Ein neuerlicher Schwall Farsi, dann sagte ihr Dolmetscher: »Derjenige, mit dem ich mich unterhalten habe, ist der Boß in eurer Zelle, weil er am längsten da ist.«

»Klar, verstanden«, sagte Paul.

»Er wird euch sagen, wo ihr schlafen könnt.«

Während des Gesprächs ließ die Spannung nach. Paul

sah sich um. Die Betonmauern waren gestrichen und mochten einmal orangefarben gewesen sein, jetzt waren sie nur noch dreckig. Der größte Teil des Betonfußbodens war mit einem fadenscheinigen Teppich, eigentlich eher einer Matte, bedeckt. Längs der Wände standen sechs dreistöckige Betten, das unterste lediglich eine dünne Matratze auf dem nackten Boden. Der Raum wurde von einer einzigen trüben Birne erhellt und durch einen Rost in der Mauer belüftet, durch den die bitterkalte Nachtluft hereindrang. Die Zelle war überfüllt. Nach einer Weile erschien ein Wachmann, öffnete die Tür zu Zelle neun und bedeutete Paul und Bill, herauszutreten.

Na endlich, dachte Paul, jetzt entlassen sie uns. Gott sei Dank, daß ich die Nacht nicht in dieser gräßlichen Zelle verbringen muß.

Sie folgten dem Wachmann in einen kleinen Raum eine Etage höher. Er deutete auf ihre Schuhe.

Sie verstanden, daß sie ihre Schuhe ausziehen sollten.

Der Wärter reichte jedem von ihnen ein Paar Plastiklatschen. Bitter enttäuscht machte sich Paul klar, daß sie keinesfalls entlassen wurden und er wahrhaftig eine Nacht in dieser Zelle zubringen mußte. Voller Wut dachte er an die Leute von der Botschaft: Die hatten das Treffen mit Dadgar arrangiert, die hatten ihm davon abgeraten, einen Rechtsanwalt mitzunehmen, die hatten behauptet, Dadgar sei ihnen wohlgesonnen ... Ross Perot hatte für so etwas eine treffende Redensart: Manche Leute sind nicht einmal imstande, einen Trauerzug mit zwei Teilnehmern zu organisieren. Und genau das traf auf die Leute von der amerikanischen Botschaft zu. Die waren einfach inkompetent. Nach all den Fehlern, die sie sich geleistet haben, dachte Paul, werden sie doch wenigstens heute abend noch herkommen und uns hier rausholen.

Sie schlüpften in die Plastiklatschen und folgten dem Wachmann nach unten.

Die anderen Gefangenen machten Anstalten, sich schlafen zu legen und wickelten sich auf ihren Kojen in dünne Wolldecken. Der Zellenboß gab Paul und Bill mittels Zeichensprache zu verstehen, wo sie sich hinlegen konnten: Bill bekam eine Mittelkoje und Paul den Platz direkt unter ihm mit nichts als einer dünnen Matratze zwischen seinem Körper und dem Fußboden.

Sie legten sich hin. Das Licht blieb an, aber es war ohnehin so funzelig, daß es kaum eine Rolle spielte. Der Gestank fiel Paul nach einer Weile nicht mehr auf, doch an die Kälte konnte er sich nicht gewöhnen. Ohne Heizung, bei offener Lüftung und auf diesem Betonboden war es fast, als schliefe man unter freiem Himmel. Was für ein schreckliches Leben Verbrecher doch führen müssen, dachte Paul. Bin ich froh, daß ich kein Verbrecher bin. Eine Nacht wie diese wird mir voll und ganz genügen.

Ross Perot nahm ein Taxi vom Flughafen Dallas/Fort Worth zum EDS-Stammsitz in der Forest Lane 7171. Am Eingangstor ließ er das Seitenfenster herunter, damit die Werkschutzleute sein Gesicht sehen konnten, und lehnte sich dann wieder in die Polster zurück, während der Wagen die letzten fünfhundert Meter durch den Park zurücklegte. Das Grundstück hatte einst einem Country Club gehört, und dies war der Golfplatz gewesen. Schließlich tauchte das EDS-Gebäude auf, ein siebenstöckiges Bürohaus mit einem tornadosicher gebauten Blockhaus daneben, in dem die riesigen Computer samt den Zigtausenden von Metern an Magnetbändern untergebracht waren.

Perot bezahlte den Taxifahrer, betrat das Gebäude und nahm den Aufzug zum vierten Stock, wo er sich geradewegs in Gaydens Eckbüro begab.

Gayden saß am Schreibtisch. Trotz der Kleidungsvorschriften bei EDS schaffte Gayden es immer, irgendwie unordentlich auszusehen. Er hatte sein Jackett abgelegt. Die Krawatte hatte er gelockert, der Hemdkragen stand offen, sein Haar war ungekämmt, im Mundwinkel hing eine Zigarette. Als Perot hereinkam, erhob er sich.

»Wie geht es deiner Mutter, Ross?«

»Danke der Nachfrage, sie ist ganz munter.«

»Na fein.«

Perot setzte sich. »Also, wie sieht es mit Paul und Bill aus?«

Gayden griff zum Telefon und sagte: »Woll'n mal T. J. rüberholen.« Er drückte Marquez' Nummer und sagte: »Ross ist da ... Jaa-aa. In mei'm Büro.« Er legte auf und sagte: »Kommt sofort. O Mann ... Ich hab' im Außenministerium angerufen. Der Boß der Abteilung Iran ist ein gewisser Henry Precht. Mein Gott, das ist vielleicht ein Schlappschwanz. Zuerst wollte er mich nicht einmal zurückrufen. Schließlich hab' ich zu seiner Sekretärin gesagt: Wenn er in zwanzig Minuten nicht bei mir angerufen hat, dann rufe ich bei CBS und ABC und NBC an, und spätestens in einer Stunde gibt Ross Perot eine Pressekonferenz und verkündet, daß zwei Amerikaner im Iran im Schlamassel sitzen und unser Land ihnen nicht helfen will. Fünf Minuten später rief er an.«

»Was hat er gesagt?«

Gayden seufzte. »Ross, die da oben gehen davon aus, daß Paul und Bill, wenn sie im Gefängnis sitzen, auch irgendwas angestellt haben müssen.«

»Aber was wollen sie eigentlich *unternehmen*?«

»Die Botschaft anrufen, dies und das nachprüfen, blablabla.«

»Diesem Precht werden wir Feuer unterm Hintern machen müssen«, sagte Perot wütend. »Tom Luce ist genau der Richtige dafür.«

Luce, ein dynamischer junger Rechtsanwalt, hatte in Dallas die Firma Hughes and Hill gegründet, die EDS in fast allen Rechtsangelegenheiten vertrat. Perot nahm ihn seit Jahren als Berater in Anspruch, hauptsächlich, weil er mit diesem jungen Mann gut auskam, der, wie er selbst, eine große Firma verlassen, sein eigenes Geschäft aufgemacht hatte und sich manchmal ganz schön nach der Decke strecken mußte, um die fälligen Rechnungen bezahlen zu können.

»Luce ist schon irgendwo im Haus«, sagte Gayden.

»Und was ist mit Tom Walter?«

»Der ist auch hier.«

Walter, ein hochgewachsener Mann aus Alabama mit einer Stimme wie Kaugummi, war der oberste Finanzchef bei EDS und wahrscheinlich, ging man vom Intelligenzquotienten aus, der gescheiteste Mensch in der ganzen Firma. »Walter soll sich um die Kaution kümmern«, sagte Perot. »Ich will sie zwar nicht bezahlen, aber wenn uns nichts anderes übrigbleibt, dann tu ich's eben. Walter soll herausfinden, wie wir die Zahlung vornehmen können. Ich wette, die akzeptieren keine American-Express-Karte.«

»Okay«, sagte Gayden.

»Hallo, Ross«, sagte eine Stimme von der Tür her.

Perot drehte sich um und erblickte T. J. Marquez.

»Hallo, Tom.« T. J. war groß, schlank, so um die Vierzig, und sah gut aus. Mit seinem hellbraunen Teint, den lockigen, schwarzen Haaren und seinem umwerfenden Lächeln, bei dem er zwei Reihen blendendweißer Zähne entblößte, erinnerte er unwillkürlich an einen Spanier. Als erster Mitarbeiter, den Perot eingestellt hatte, war er der lebende Beweis für Perots untrügliche Nase bei der Wahl des richtigen Mannes. Inzwischen war T. J. einer der Vizepräsidenten von EDS, und seine persönlichen Aktienanteile waren mehrere Millionen Dollar wert.

T. J. nahm Platz und legte sofort los: »Ich habe Claude angerufen.«

Perot nickte. Claude Chappelear war der Syndikus der Firma.

»Claude kennt Matthew Nimetz ganz gut, den Berater von Außenminister Vance, und da dachte ich mir, Claude sollte Nimetz bitten, mit Vance selbst zu sprechen. Kurz darauf rief Nimetz höchstpersönlich an. Er will uns helfen. Er will in Vances Namen ein Telegramm an die amerikanische Botschaft in Teheran schicken, damit die dort endlich den Hintern hochkriegen. Und er will selbst eine Aktennotiz über Paul und Bills Fall für Vance verfassen.«

»Sehr gut.«

»Admiral Moorer haben wir auch angerufen. Der rotiert schon, weil wir ihn bereits wegen der Pässe konsultiert haben. Moorer wird mit Ardeschir Zahedi sprechen. Und Zahedi ist nicht nur iranischer Botschafter in Washington, sondern gleichzeitig der Schwager des Schahs. Zur Zeit ist er im Iran, und es geht das Gerücht, daß eigentlich er das Land regiert. Moorer wird Zahedi ersuchen, sich für Paul und Bill zu verbürgen. Wir sind gerade dabei, für Zahedi ein Telegramm an das Justizministerium aufzusetzen.«

»Und wer macht das?«

»Tom Luce.«

»Fein.« Perot faßte zusammen: »Wir haben also den Außenminister, den Leiter der Abteilung Iran, die Botschaft und den iranischen Botschafter auf die Sache angesetzt. Gut so. Jetzt laßt uns mal überlegen, was wir noch unternehmen können.«

»Tom Luce und Tom Walter haben morgen eine Verabredung mit Admiral Moorer in Washington«, sagte T. J. »Moorer hat des weiteren vorgeschlagen, daß wir uns mit Richard Helms in Verbindung setzen – der war mal Botschafter im Iran.«

»Helms rufe ich an«, sagte Perot. »Außerdem Al Haig und Henry Kissinger. Und ihr beide konzentriert euch am besten darauf, alle unsere Leute aus dem Iran rauszuholen.«

»Ross, ich glaube nicht, daß das nötig ist –«, warf Gayden ein.

»Keine Diskussion darüber, Bill«, sagte Perot. »Fangt

sofort damit an. Lloyd Briggs muß noch dort bleiben und sich um den Fall kümmern – solange Paul und Bill im Gefängnis sind, ist er der Boß. Alle anderen haben heimzukommen.«

»Du kannst sie nicht zwingen«, sagte Gayden.

»Wer wird denn noch bleiben wollen?«

»Rich Gallagher. Seine Frau –«

»Ich weiß schon. Nun gut, dann bleiben also Briggs und Gallagher. Sonst niemand.« Perot erhob sich. »Ich erledige jetzt erst einmal die Telefongespräche.«

Er fuhr mit dem Aufzug in den sechsten Stock und durchquerte das Büro seiner Sekretärin. Sally Walther saß hinter ihrem Schreibtisch. Sie arbeitete seit Jahren für ihn und war nach der Party in San Francisco mit einem Son Tay Raider im Schlepptau zurückgekommen; Hauptmann Udo Walther war inzwischen ihr Ehemann. »Ruf Henry Kissinger, Alexander Haig und Richard Helms an«, sagte Perot zu ihr.

Er ging in sein Büro hinüber und setzte sich an den Schreibtisch. Er hatte keine Ahnung, wo Henry Kissinger die Feiertage verbrachte; gut möglich, daß Sally eine ganze Weile brauchen würde, ihn ausfindig zu machen. Das gab ihm Zeit, sich zu überlegen, was er sagen wollte. Kissinger war schließlich kein Freund von ihm. Wenn er in der kurzen Zeit, die ihm das Telefongespräch ließ, sein Interesse oder gar seine Unterstützung gewinnen wollte, würde er sich etwas einfallen lassen müssen.

*

Der Apparat auf seinem Schreibtisch klingelte, und Sally meldete ihm: »Henry Kissinger.«

Perot nahm ab. »Ross Perot.«

Kissinger war einst als mächtigster Mann der Welt bezeichnet worden. Den Schah kannte er persönlich. Aber wie gut würde er sich an Ross Perot erinnern? Zwar war die Kampagne zugunsten der Kriegsgefangenen ein großes Projekt gewesen, doch Kissingers Projekte waren noch weitaus großartiger: Frieden im Mittleren Osten, Annäherung der USA an China, Beendigung des Vietnamkriegs ...

»Kissinger.« Es war die vertraute, tiefe Stimme und das komische Gemisch aus amerikanischen Vokalen und deutschen Konsonanten.

»Hier spricht Ross Perot, Dr. Kissinger. Ich bin Geschäftsmann aus Dallas, Texas, und ...«

»Teufel auch, Ross, ich weiß doch, wer Sie sind«, sagte Kissinger.

Perots Herz tat einen Sprung. Kissingers Stimme klang warm, freundlich und ganz und gar nicht förmlich. Phantastisch! Perot fing an, ihm von Paul und Bill zu berichten: Wie sie freiwillig zu einem Interview mit Dadgar gegangen waren und wie das Außenministerium sie im Stich gelassen hatte. Er versicherte Kissinger, die beiden seien unschuldig, und wies darauf hin, daß keine Anklage gegen sie erhoben worden sei und die Iraner nicht den geringsten Beweis gegen sie vorgebracht hätten.

»Das sind meine Leute, ich habe sie dorthin geschickt, und jetzt muß ich sie auch wieder zurückholen«, schloß er.

»Ich sehe zu, was ich tun kann«, sagte Kissinger.

Perot war begeistert. »Ich bin Ihnen zu großem Dank verpflichtet.«

»Schicken Sie mir einen Bericht mit allen Einzelheiten.«

»Er geht Ihnen heute noch zu.«

»Ich melde mich wieder bei Ihnen, Ross.«

»Danke, Sir.«

Das Gespräch war beendet.

Perot frohlockte. Kissinger hatte sich an ihn erinnert, war sogar freundlich und hilfsbereit. Und er wollte einen Bericht haben: Den konnte EDS heute noch abschicken.

Plötzlich durchzuckte ihn ein Gedanke. Er hatte nicht

die geringste Ahnung, wo Kissinger sich aufhielt – das Gespräch hätte aus London, Monte Carlo oder Mexiko kommen können ...

»Sally?«

»Yes, Sir?«

»Hast du herausgefunden, *wo* Kissinger ist?«

»Yes, Sir.«

Kissinger befand sich in New York in seiner sich über zwei Stockwerke erstreckenden Wohnung im exklusiven River-House-Wohnblock an der East 52nd Street. Vom Fenster aus konnte man den East River überblicken.

Kissinger erinnerte sich gut an Ross Perot und glaubte ihm, daß Paul und Bill unschuldig waren. Der Iran stand am Rande eines Bürgerkriegs: Gerechtigkeit und faire Prozesse bedeuten dort im Augenblick wenig. Er überlegte, ob und wie er helfen könnte. Er wollte es gerne tun, es ging schließlich um eine gute Sache. Zwar war er nicht mehr im Amt, aber er hatte noch immer gute Freunde. Sobald der Bericht aus Dallas eintraf, entschied er, würde er Ardeschir Zahedi anrufen.

*

Perot war froh über das Gespräch mit Kissinger. *Teufel auch, Ross, ich weiß doch, wer Sie sind.* Das war nicht mit Geld aufzuwiegen. Der einzige Vorteil, den Berühmtheit mit sich brachte, lag darin, Unterstützung zu finden, wenn man sie brauchte.

T. J. trat ein. »Ich habe deinen Paß«, sagte er. »Das Visum für den Iran ist schon drin, aber Ross, ich finde, du solltest nicht fahren. Hier kann sich jeder von uns mit dem Problem befassen, aber du bist schließlich die Schlüsselfigur. Und das Schlimmste, was uns jetzt passieren könnte, ist, daß du für uns nicht erreichbar bist – sei es nun in Teheran oder einfach irgendwo in einem Flugzeug –, und das in einem Moment, wo wir eine wichtige Entscheidung fällen müssen.«

Perot hatte seinen Plan, nach Teheran zu fliegen, vorübergehend völlig vergessen. Nach allem, was er in der vergangenen Stunde erfahren hatte, erschien ihm die Reise nicht mehr unbedingt notwendig.

»Du könntest recht haben«, sagte er nachdenklich zu T. J. »Wir haben jetzt so viele Eisen im Feuer – jetzt muß nur noch eins davon zünden. Ich fliege also nicht nach Teheran. Noch nicht.«

*

Henry Precht war beileibe kein Schlappschwanz, nur war er zur Zeit der wahrscheinlich am meisten bedrängte Mann in ganz Washington.

Als altgedienter Beamter des Außenministeriums mit einem Hang zur Kunst und Philosophie und einem etwas verschrobenen Humor hatte er den größten Teil des Jahres 1978 die amerikanische Iranpolitik mehr oder weniger allein bestimmt, während sich seine Vorgesetzten bis hinauf zu Präsident Carter auf das Abkommen von Camp David zwischen Ägypten und Israel konzentrierten.

Seit Anfang November, als es im Iran langsam brenzlig geworden war, arbeitete Precht sieben Tage die Woche von acht Uhr morgens bis neun Uhr abends. Und diese verdammten Texaner dachten wohl, er habe nichts Besseres zu tun, als mit ihnen zu telefonieren!

Dazu kam, daß die Krise im Iran nicht der einzige Machtkampf war, über den Precht sich den Kopf zerbrechen mußte. Direkt hier in Washington fand ein weiterer statt: der Machtkampf zwischen Außenminister Cyrus Vance, Prechts Chef, und Zbigniew Brzezinski, dem Nationalen Sicherheitsberater des Präsidenten.

Vance war, ebenso wie Präsident Carter, der Ansicht, daß die amerikanische Außenpolitik die moralischen Ansprüche Amerikas widerspiegeln sollte. Die Amerikaner glaubten an Freiheit, Gerechtigkeit und Demokratie und lehnten es ab, Tyrannen zu unterstützen. Und der Schah von Persien war ein Tyrann. Die Art und Weise, wie im Iran mit Menschenrechten umgesprungen wurde, war von Amnesty International als die schlimmste auf der ganzen Welt bezeichnet worden, und Berichte über den systematischen Einsatz von Folterungen unter dem Schahregime waren von der Internationalen Juristenkommission bestätigt worden. Da der CIA den Schah auf den Thron gehievt und die USA ihn dort gehalten hatte, mußte ein Präsident, der die Menschenrechte ständig im Munde führte, unbedingt etwas unternehmen.

Im Januar 1977 hatte Carter angedeutet, daß Amerika Tyrannen seine Hilfe entziehen könnte. Doch Carter war unentschlossen; noch im selben Jahr stattete er dem Iran einen Besuch ab und überschüttete den Schah mit Lob. Vance hingegen wich nach wie vor keinen Deut von seiner Menschenrechtspolitik ab.

Ganz anders Zbigniew Brzezinski. Für den Sicherheitsberater zählte nichts als Macht. Der Schah war ein Verbündeter der Vereinigten Staaten und mußte unterstützt werden. Sicher, man sollte ihn schon dazu anregen, den Folterungen ein Ende zu setzen – aber jetzt noch nicht. Das Schahregime war in Gefahr, und das war nicht der richtige Zeitpunkt für eine Liberalisierung.

Und wann wäre der richtige Zeitpunkt? fragten die Parteigänger von Vance. Der Schah hatte während der fünfundzwanzig Jahre seiner Herrschaft fast durchweg fest im Sattel gesessen, niemals jedoch die geringste Neigung gezeigt, eine gemäßigtere Gangart einzuschlagen. Brzezinskis Antwort darauf lautete: »Nennt mir in jenem Teil der Welt eine einzige gemäßigte Regierung.«

Manch einer in der Regierung Carter vertrat die Meinung, Amerika solle, solange es nicht für Freiheit und Demokratie einträte, überhaupt keine Außenpolitik betreiben. Da dies aber ziemlich extrem klang, griffen sie auf pragmatischere Argumente zurück: Das iranische Volk habe die Nase endgültig voll vom Schah und würde sich so oder so von ihm befreien, ganz egal, was Washington darüber dachte.

Quatsch, meinte Brzezinski. Die Geschichte lehre etwas anderes. Revolutionen führten nur dann zum Erfolg, wenn die Herrschenden Konzessionen machten, und seien zum Scheitern verurteilt, wenn die Machthaber knallhart gegen die Rebellen vorgingen. Die iranische Armee mit ihren vierhunderttausend Mann könne mit Leichtigkeit jede Revolte im Keim ersticken.

Die Vance-Anhänger einschließlich Henry Prechts stimmten der Brzezinskischen Revolutionstheorie nicht zu: In ihrer Macht bedrohte Tyrannen machten Zugeständnisse, weil die Rebellen stark waren, und nicht andersherum, argumentierten sie. Und was noch entscheidender war: Sie glaubten nicht, daß die iranische Armee vierhunderttausend Mann zählte. Genaue Zahlen waren schwer zu bekommen, aber jeden Monat desertierten ungefähr acht Prozent der Soldaten, und sobald der Bürgerkrieg einmal ausgebrochen war, würden ganze Einheiten geschlossen zu den Revolutionären überlaufen.

Die beiden Blöcke in Washington erhielten ihre Informationen aus unterschiedlichen Quellen. Brzezinski hörte auf Ardeschir Zahedi, Schwager des Schahs und einflußreichster Schahprotagonist im Iran. Vance hörte auf Botschafter Sullivan. Dessen Fernschreiben waren in ihren Aussagen nicht so gradlinig, wie man sie sich in Washington gewünscht hätte – das mochte daran liegen, daß die Situation im Iran manchmal sehr verwirrend war – aber seit September war ihr Grundtenor der, daß der Schah verspielt habe.

Brzezinski meinte, Sullivan renne kopflos durch die Gegend und verdiene folglich kein Vertrauen. Der

Vance-Block erwiderte, Brzezinski reagiere auf schlechte Nachrichten mit der Erschießung des Überbringers.

Letzten Endes taten die Vereinigten Staaten überhaupt nichts. Einmal wurde im Außenministerium ein Fernschreiben an Botschafter Sullivan aufgesetzt, das die Anweisung enthielt, den Schah dazu zu bewegen, eine bürgerliche Koalitionsregierung auf breiter Basis zu bilden: Brzezinski kassierte es. Ein andermal rief Brzezinski den Schah an und sicherte ihm die Unterstützung Präsident Carters zu. Der Schah bat um schriftliche Bestätigung: Aus dem Außenministerium kam keine. In ihrer Ohnmacht ließen beide Seiten Informationen an die Presse durchsickern, so daß die ganze Welt erfuhr, daß die Iranpolitik Washingtons durch Reibereien innerhalb der Regierung gelähmt war.

Das letzte, was Precht in dieser Situation brauchen konnte, war eine Horde von Texanern, die ihm an den Rockschößen hingen und glaubten, sie seien die einzigen auf der Welt mit Problemen.

Außerdem glaubte er genau zu wissen, warum EDS in Schwierigkeiten geraten war. Auf die Frage, ob EDS einen Repräsentanten im Iran habe, antwortete man ihm nämlich: Ja – Mr. Abolfath Mahvi. Das erklärte alles. Mahvi war ein bekannter Teheraner Mittelsmann, dessen Handel mit Militärverträgen ihm den Spitznamen »Fünfprozenter« eingetragen hatte. Trotz seiner Verbindungen auf höchster Ebene hatte der Schah ihn auf die schwarze Liste setzen lassen, was bedeutete, daß ihm verboten war, im Iran Geschäfte zu tätigen. Und genau deswegen wurde EDS der Korruption verdächtigt.

Natürlich wollte Precht tun, was er konnte. Er würde die Botschaft in Teheran veranlassen, sich der Sache anzunehmen, und vielleicht konnte Botschafter Sullivan den nötigen Druck auf die Iraner ausüben. Aber es kam überhaupt nicht in Frage, daß die Regierung der Vereinigten Staaten darüber alle anderen Probleme mit dem Iran auf die lange Bank schob. Die offiziellen Bemühungen gingen dahin, die sich im Amt befindliche Regierung zu unterstützen, und dies war beileibe nicht der richtige Zeitpunkt, das Regime durch die Androhung, die diplomatischen Beziehungen wegen zweier verhafteter Geschäftsleute abzubrechen, zu verunsichern – schon gar nicht, wenn noch weitere zwölftausend US-Bürger im Iran lebten, um deren Wohl und Wehe sich das Außenministerium zu kümmern hatte. Chiapparone und Gaylord hatten Pech – sie würden noch eine Weile in ihrem eigenen Saft schmoren müssen.

*

Henry Precht meinte es gut. Nichtsdestoweniger unterlief ihm, wie auch Lou Goelz, in diesem Fall ein Fehler, der zunächst seine Einstellung im falschen Licht erscheinen ließ und ihn später bei all seinen Verhandlungen mit EDS in die Defensive drängte. Precht benahm sich, als ob es sich bei dem Verhör, zu dem Paul und Bill angeblich als Zeugen geladen worden waren, um eine legitime, juristische Anfrage wegen des Verdachts auf Korruption und nicht um unverhohlene Erpressung gehandelt habe. Goelz, der von eben dieser Voraussetzung ausging, entschied sich zur Zusammenarbeit mit General Biglari; Precht, der den gleichen Fehler beging, weigerte sich, Paul und Bill als amerikanische Bürger zu betrachten, die in krimineller Manier gekidnappt worden waren.

Mochte Abolfath Mahvi nun bestechlich sein oder nicht – Tatsache war, daß er aus dem Vertrag zwischen EDS und dem Ministerium keinen roten Heller geschlagen hatte. In Wirklichkeit war EDS zunächst sogar in Schwierigkeiten geraten, weil sich die Firma geweigert hatte, Mahvi ein Stück vom Kuchen abzugeben.

Das war so gekommen: Mahvi verhalf EDS zu ihrem ersten kleinen Auftrag im Iran, der Errichtung eines

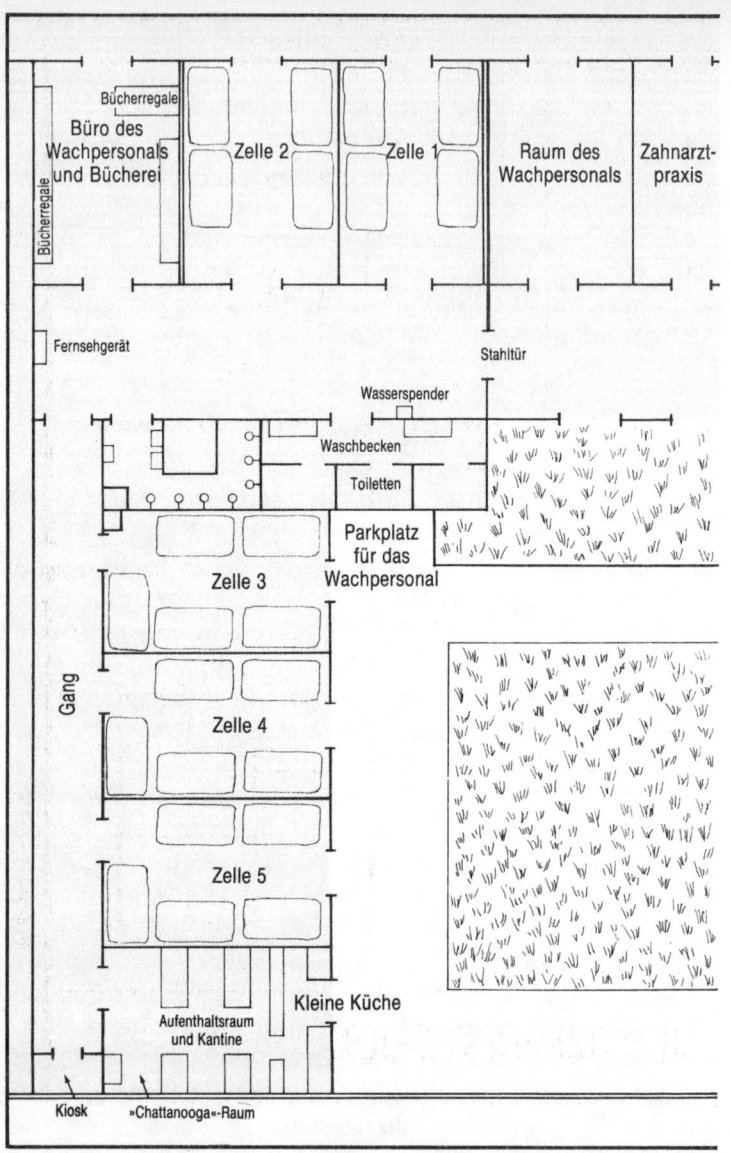

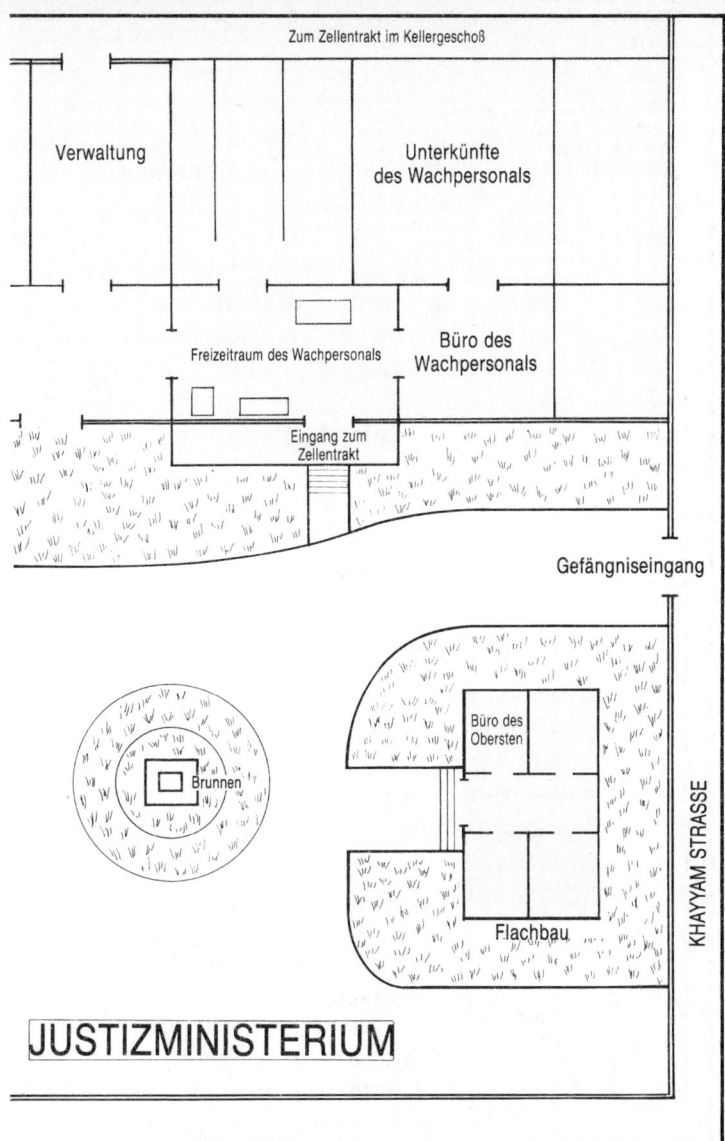

Dokumentenkontrollsystems für die iranische Marine. EDS sagte Mahvi, nachdem man sie darüber aufgeklärt hatte, daß sie gesetzlich verpflichtet waren, mit einem ortsansässigen Partner zusammenzuarbeiten, ein Drittel vom Profit zu. Als der Auftrag zwei Jahre später beendet wurde, zahlte EDS wie verabredet vierhunderttausend Dollar an Mahvi.

Während der Vertrag mit dem Ministerium noch ausgehandelt wurde, stand Mahvi allerdings schon auf der schwarzen Liste. Kurz vor der Vertragsunterzeichnung forderte Mahvi, der inzwischen wieder von der schwarzen Liste gestrichen worden war, daß der Auftrag an eine Firma ginge, die je zur Hälfte ihm und EDS gehöre.

Das lehnte EDS ab. Mahvi hatte zwar seinen Anteil am Vertrag mit dem Ministerium verdient, doch an den Verhandlungen mit dem Ministerium war er nicht beteiligt gewesen. Mahvi wandte ein, daß EDS es der Verbindung mit ihm zu verdanken habe, daß der Vertrag mit dem Ministerium anstandslos sämtliche vierundzwanzig Verwaltungsinstanzen, die ihre Zustimmung geben mußten, passiert habe. Darüber hinaus habe er dazu beigetragen, EDS eine Steuererleichterung zu verschaffen, die Bestandteil des Vertrages war, was wiederum darauf zurückzuführen sei, daß Mahvi mit dem Finanzminister in Monte Carlo gewesen sei.

EDS hatte weder um seine Unterstützung gebeten, noch glaubte man in der Firma daran, daß er tatsächlich eine Hilfe gewesen war. Außerdem hielt Ross Perot ganz und gar nichts von Unterstützungen à la Monte Carlo.

Der iranische Anwalt von EDS beschwerte sich beim Premierminister, und Mahvi wurde wegen seiner Forderung nach Bestechungsgeldern gemaßregelt. Nichtsdestoweniger war sein Einfluß so groß, daß das Gesundheitsministerium den Vertrag nicht unterzeichnen wollte, bevor EDS Mahvi nicht zufriedengestellt hatte.

EDS führte eine Reihe hitziger Debatten mit Mahvi und weigerte sich nach wie vor kategorisch, den Gewinn mit ihm zu teilen. Am Ende einigte man sich auf einen Kompromiß, bei dem keine der beiden Seiten das Gesicht verlor: Ein Gemeinschaftsunternehmen, das als Zulieferer für EDS fungierte, sollte iranisches Personal für EDS anwerben und beschäftigen. Tatsächlich wurde mit diesem Unternehmen niemals Geld erwirtschaftet, doch das spielte zu diesem Zeitpunkt keine Rolle: Mahvi akzeptierte den Kompromiß, und der Vertrag mit dem Ministerium wurde unterzeichnet.

EDS hatte also keine Schmiergelder gezahlt, und das war der iranischen Regierung bekannt – nicht aber Henry Precht und Lou Goelz, und infolgedessen zeigten sie jetzt nach Pauls und Bills Verhaftung auch kein besonderes Engagement. Zwar ließen sie sich die Angelegenheit viel Zeit kosten, räumten ihr jedoch keine vorrangige Stellung ein. Als der streitbare Rechtsanwalt von EDS, Tom Luce, sie dann noch behandelte, als seien sie träge oder dumm oder beides zugleich, ärgerten sie sich und teilten ihm mit, er könne viel mehr erreichen, wenn er sie endlich in Ruhe ließe.

Precht in Washington und Goelz in Teheran spielten die Hauptrollen an der bürokratischen Front. Sie waren weder faul noch inkompetent. Aber beide begingen Fehler und beide waren nicht gut auf EDS zu sprechen, und das bedeutete, daß sie in diesen entscheidenden ersten Tagen versagten und den beiden Verhafteten in keiner Weise helfen konnten.

3

EIN WÄRTER ÖFFNETE die Zellentür, sah sich um, zeigte auf Paul und Bill und winkte ihnen, ihm zu folgen. Sie erhoben sich und folgten dem Wachmann nach oben. Bill war plötzlich zuversichtlich: Jetzt würde man sie freilassen.

Es war die reinste Wohltat, durch die Fenster das Tageslicht zu sehen. Sie traten durch die Tür und überquerten den Hof zu dem niedrigen Gebäude neben dem Eingangstor. Die frische Luft war himmlisch.

Die Nacht war schrecklich gewesen. Bill hatte auf der dünnen Matratze gelegen und unruhig vor sich hin gedöst. Bei der geringsten Bewegung eines Mithäftlings war er aufgeschreckt und hatte sich im trüben Licht der Glühbirne ängstlich umgesehen. Als ein Wärter mit dem Frühstück – Tee in Gläsern und große Brocken Brot – hereinkam, wußte er, daß die Nacht vorüber war. Hunger hatte er keinen. Er betete einen Rosenkranz.

Jetzt schien es, als seien seine Gebete erhört worden.

In dem flachen Gebäude gab es einen Besuchsraum, der mit einfachen Tischen und Stühlen ausgestattet war. Dort wurden sie von zwei Leuten erwartet. Bill erkannte einen von ihnen: Ali Jordan, der Iraner, der bei Lou Goelz in der Botschaft arbeitete. Er schüttelte ihnen die Hände und stellte seinen Kollegen Bob Sorenson vor.

»Wir haben Ihnen ein paar Sachen mitgebracht«, sagte Jordan. »Einen Rasierapparat mit Batterien, den müssen Sie sich teilen, und Arbeitshosen.«

Bill schaute Paul an. Paul starrte die beiden Botschaftsangehörigen an, als würde er jeden Augenblick explodieren. »Wollen Sie uns nicht hier herausholen?« fragte Paul.

»Ich fürchte, das können wir nicht.«

»Verdammt noch mal, Sie haben uns schließlich hier reingebracht!«

Bill ließ sich auf einen Stuhl sinken, viel zu deprimiert, um sich aufzuregen.

»Es tut uns sehr leid, daß alles so gekommen ist«, sagte Jordan. »Es traf uns völlig überraschend. Die Botschaft wird eine scharfe Protestnote einreichen.«

»Aber was tun Sie, um uns hier rauszuholen?«

»Da müssen Sie sich an die iranische Justiz halten. Ihre Anwälte ...«

»Das darf ja wohl nicht wahr sein«, sagte Paul angeekelt.

»Wir haben darum gebeten, daß Sie in einen besseren Teil des Gefängnisses verlegt werden«, sagte Jordan.

»Wie schön, danke.«

»Hm, brauchen Sie sonst noch etwas?« fragte Sorenson.

»Ich brauche nichts weiter«, erwiderte Paul. »Ich habe nicht vor, sehr lange hier zu verweilen.«

»Ich brauche Augentropfen«, sagte Bill.

»Ich kümmere mich darum«, versprach Sorenson.

»Ich denke, das war's für heute ...«, sagte Jordan und blickte auf den Wärter.

Bill stand auf.

Jordan sprach auf Farsi mit dem Wachmann, der Paul und Bill ein Zeichen gab, den Raum zu verlassen.

Sie folgten ihm über den Hof. Jordan und Sorenson gehörten zu den unteren Chargen der Botschaft, überlegte Bill. Warum war Goelz nicht selbst gekommen? Es schien fast so, als sei man bei der Botschaft der Meinung, es wäre die Aufgabe von EDS, sie herauszuholen. Indem sie Jordan und Sorenson schickten, gaben sie den Iranern zu verstehen, daß die Botschaft zwar betroffen war, signalisierten gleichzeitig aber Paul und Bill, daß sie von seiten der US-Regierung wenig Hilfe zu erwarten hätten. Wir sind denen ein Dorn im Auge, den sie liebend gerne ignorieren würden, dachte Bill zornig.

Im Hauptgebäude angekommen, öffnete der Wärter eine Tür, durch die sie vorher nicht gekommen waren. Sie durchquerten die Eingangshalle und gelangten auf einen Korridor. Zu ihrer Rechten lagen drei Büroräume, linker Hand konnte man durch die Fenster auf den Hof hinaussehen. Sie erreichten eine weitere Tür, diesmal aus dikkem Stahl. Der Wärter schloß auf und ließ sie eintreten.

Das erste, was Bill wahrnahm, war ein Fernsehapparat.

Nachdem er sich umgesehen hatte, fühlte er sich ein wenig wohler. Dieser Gefängnistrakt war deutlich kultivierter als der Keller. Er war relativ sauber und hell, mit grauen Wänden und Teppichen. Die Zellentüren standen offen, und die Insassen konnten sich frei bewegen. Durch die Fenster schien Tageslicht.

Sie gingen weiter über einen Flur mit zwei Zellen auf der rechten und einem Raum, der wie ein Badezimmer aussah, auf der linken Seite. Bill freute sich schon darauf, sich nach dieser Nacht ein Stockwerk tiefer endlich waschen zu können. Als der durch die letzte Tür auf der rechten Seite spähte, erblickte er Bücherregale. Schließlich bog der Wachmann nach links und führte sie über einen langen, schmalen Korridor in die letzte Zelle.

Dort trafen sie jemanden, den sie kannten.

Es war Reza Neghabat, der für die Organisation der Sozialversicherung zuständige Staatssekretär beim Gesundheitsministerium. Sowohl Paul als auch Bill kannten ihn gut und hatten, bevor er im September festgenommen worden war, eng mit ihm zusammengearbeitet. Begeistert schüttelten sie sich die Hände. Bill war erleichtert, ein bekanntes Gesicht zu sehen, jemanden zu treffen, der Englisch sprach.

Neghabat war überrascht. »Warum sind Sie denn hier?«

Paul zuckte die Achseln. »Und ich hatte schon gehofft, daß Sie uns darüber etwas sagen könnten.«

»Aber wie lautet die Anklage gegen Sie?«

»Es gibt keine«, sagte Paul. »Gestern wurden wir von Mr. Dadgar verhört, dem Richter, der den Fall Ihres ehemaligen Ministers, Dr. Scheik, untersucht. Er ließ uns verhaften. Keine Beschuldigungen, keine Anklage. Wir gelten als Zeugen, wenn wir es richtig verstanden haben.«

Bill sah sich um. Auf jeder Seite der Zelle standen zwei dreistöckige Betten und neben dem Fenster noch einmal, es gab also insgesamt achtzehn Schlafplätze. Genau wie unten waren auch hier die Kojen mit dünnen Schaumstoffmatratzen und grauen Wolldecken ausgerüstet, wobei die unterste nur aus einer Matratze auf dem nackten Boden bestand. Hier aber schienen einige Gefangene sogar Leintücher zu besitzen. Das Fenster, das sich gegenüber der Tür befand, gab den Blick auf den Hof frei, auf Rasen, Blumen und Bäume. Außerdem waren dort Autos abgestellt, von denen Bill annahm, daß sie den Wachleuten gehörten.

Neghabat stellte Paul und Bill ihren Zellengenossen vor, die freundlich und bei weitem weniger gemeingefährlich als die Gefangenen im Keller zu sein schienen. Es gab etliche unbelegte Kojen, und Paul und Bill entschieden sich für Schlafplätze rechts und links des Eingangs, Bill für eine mittlere Koje und Paul wiederum für den Fußboden.

Neghabat führte sie herum. Gleich neben ihrer Zelle gab es eine kleine Küche mit Tischen und Stühlen, in der die Gefangenen sich Tee oder Kaffee kochen oder ganz einfach nur herumsitzen und miteinander reden konnten. Aus unerfindlichen Gründen hieß es »Chattanooga Room«. Etwas weiter am Ende des Gangs war eine Luke in der Wand: Das war, wie Neghabat ihnen erklärte, ein kleiner Kiosk, an dem man ab und zu Seife, Handtücher und Zigaretten kaufen konnte.

Auf ihrem Rückweg über den langen Flur kamen sie an ihrer eigenen Zelle, der Nummer fünf, sowie an zwei weiteren vorüber, bevor sie eine große Halle erreichten. Der Raum, in den Bill beim Kommen einen kurzen Blick geworfen hatte, stellte sich als eine Mischung zwischen

Aufenthaltsraum für das Wachpersonal und Bibliothek heraus, in dem es Bücher sowohl in Englisch als auch in Farsi gab. Daneben lagen zwei weitere Zellen und gleich gegenüber der Waschraum mit Waschbecken, Duschen und Toiletten. Die Toiletten bestanden, wie in Persien üblich, aus einer Art Duschwanne mit einem Loch in der Mitte. Bill erfuhr, daß er wahrscheinlich nicht so bald in den Genuß der ersehnten Dusche kommen würde: Es gab nur selten heißes Wasser.

Auf der anderen Seite der Stahltür befand sich nach Neghabats Auskunft ein kleineres Büro, das bei Bedarf vom Arzt oder Zahnarzt als Behandlungsraum benutzt wurde. Die Bibliothek war durchgehend geöffnet, und der Fernseher lief den ganzen Abend. Natürlich wurde in Farsi gesendet. Zweimal pro Woche wurden die Insassen dieses Trakts in den Hof geführt, wo sie eine halbe Stunde im Kreis herumgingen, um sich ein bißchen Bewegung zu verschaffen. Rasieren war obligatorisch: Die Wachmänner ließen nur Schnurrbärte ungeschoren, Bärte waren nicht erlaubt.

Auf ihrem Rundgang begegneten sie zwei weiteren bekannten Gesichtern: Dr. Towliati, dem EDV-Berater des Ministeriums, über den Dadgar sie ausgefragt hatte, und Hussein Pascha, der einmal Neghabats Finanzexperte bei der Sozialversicherung gewesen war.

Paul und Bill bearbeiteten ihre Bartstoppeln mit dem Rasierer, den Sorenson und Jordan ihnen mitgebracht hatten. Dann war es Mittag und Zeit fürs Essen. Im Flur war eine kleine, mit einem Vorhang versehene Nische ausgespart. Dort holte sich jeder Gefangene eine Matte aus Linoleum, die auf den Zellenboden gelegt wurde, und ein einfaches Gedeck. Die Mahlzeit bestand aus gedünstetem Reis mit wenig Lammfleisch, aus Brot und Joghurt und dazu Tee oder Pepsi-Cola. Zum Essen setzten sie sich mit gekreuzten Beinen auf den Boden. Für Paul und Bill, die beiden Feinschmecker, war es ein frugales Mahl. Trotzdem stellte Bill fest, daß er Hunger hatte, vielleicht, weil es hier einfach sauberer war.

Nach dem Mittagessen bekamen sie wieder Besuch, diesmal von ihren iranischen Anwälten, die jedoch keine Ahnung hatten, warum Paul und Bill verhaftet worden waren und was als nächstes passieren würde. Auch war ihnen unklar, was sie tun könnten, um den beiden zu helfen. Das Gespräch verlief planlos und war deprimierend. Paul und Bill trauten ihnen sowieso nicht, denn eben diese Rechtsanwälte waren es gewesen, die Lloyd Briggs gegenüber behauptet hatten, die Kaution werde nicht mehr als zwanzigtausend Dollar betragen.

Den Rest des Nachmittags verbrachten sie im Chattanooga Room und unterhielten sich mit Neghabat, Towliati und Pascha. Paul berichtete in allen Einzelheiten von ihrem Verhör durch Dadgar. Die drei Iraner interessierten sich insbesondere dafür, ob ihre Namen gefallen waren. Paul erzählte Dr. Towliati, daß sein Name im Zusammenhang mit einem mutmaßlichen Interessenkonflikt genannt wurde. Towliati beschrieb, wie er selbst ebenfalls von Dadgar ausgefragt worden war, bevor man ihn ins Gefängnis werfen ließ. Paul erinnerte sich, daß Dadgar nach einem von Pascha verfaßten Memorandum gefragt hatte. Dabei war es um eine reine Routinesache für statistische Zwecke gegangen, und keiner hatte auch nur die geringste Ahnung, was daran Besonderes sein sollte.

Neghabat hatte seine eigene Theorie über die Gründe für ihre Verhaftung: »Der Schah braucht uns als Sündenböcke, um dem Volk zu beweisen, daß er die Korruption mit Stumpf und Stiel ausmerzt – aber er hat sich ein Projekt ausgesucht, bei dem es keine Korruption gab. Hier gibt es nichts auszumerzen. Aber wenn er uns frei läßt, gesteht er eine Schwäche ein. Hätte er doch nur die Bauindustrie genommen, da wäre er auf geradezu unglaubliche Korruption gestoßen ...«

Das waren nichts als Vermutungen und Schlußfolgerungen, und Paul und Bill wollten es genau wissen: *Wer* hatte die Säuberungsaktion angeordnet, *warum* hatte es das Gesundheitsministerium getroffen, *welche* Korruption sollte überhaupt vorgefallen sein, und *wo* waren die Denunzianten, die für ihre Inhaftierung verantwortlich waren? Neghabat wich ihren Fragen keinesfalls aus – er wußte die Antworten einfach selber nicht. Seine vagen Erklärungen waren typisch iranisch: Frag einen Perser, was er zum Frühstück gegessen hat, und zehn Sekunden später wird er dir weitschweifig seine Lebensphilosophie erläutern.

Um sechs Uhr kehrten sie zum Abendessen in ihre Zellen zurück. Es war ziemlich schrecklich – die Überreste vom Mittagessen waren lediglich zu einem Brotaufstrich zusammengemanscht worden. Dazu gab es wieder Tee.

Nach dem Essen sahen sie fern und Neghabat übersetzte die Nachrichten. Der Schah hatte einen der Oppositionsführer, Schahpur Bakhtiar, mit der Bildung einer Zivilregierung beauftragt, die die Generäle, welche die Geschicke des Landes seit November lenkten, ablösen sollte. Neghabat erläuterte, daß Schahpur das Oberhaupt des Bakhtiar-Stammes sei und sich stets geweigert habe, irgend etwas mit dem Schahregime zu tun zu haben. Trotzdem hing es vom Ayatollah Khomeini ab, ob Bakhtiars Regierung den Unruhen würde ein Ende setzen können. Außerdem dementierte der Schah Gerüchte, daß er außer Landes gehen wolle.

Bill fand das ermutigend. Mit Bakhtiar als Premierminister würde der Schah an der Macht bleiben und Stabilität garantieren können, während die Rebellen endlich ein Mitspracherecht bei der Regierung ihres eigenen Landes bekämen.

Um zehn Uhr ging der Fernsehapparat aus, und die Gefangenen kehrten in ihre Zellen zurück. Ihre Mitgefangenen verhängten ihre Kojen mit Handtüchern und Kleidungsstücken, um sie vom Licht der Glühbirne, die hier, wie schon im Keller, die ganze Nacht über brannte, abzuschirmen. Neghabat meinte, Paul und Bill sollten ihre Besucher bitten, ihnen Bett- und Handtücher mitzubringen.

Bill wickelte sich in die dünne graue Wolldecke und legte sich hin. Er wollte versuchen zu schlafen. Wir werden höchstwahrscheinlich noch eine Weile bleiben müssen, dachte er resigniert. Wir müssen halt das Beste daraus machen. Unser Schicksal liegt in den Händen anderer.

*

Ihr Schicksal lag in den Händen von Ross Perot, dessen Hoffnungen in den nächsten Tagen auf den Nullpunkt sanken.

Zunächst hatte alles ganz gut ausgesehen. Am Freitag, dem neunundzwanzigsten Dezember, hatte Kissinger zurückgerufen und berichtet, Ardeschir Zahedi werde Pauls und Bills Freilassung veranlassen. Voraussetzung dafür wäre jedoch, daß sich Vertreter der amerikanischen Botschaft sowohl mit Angehörigen des Justizministeriums als auch mit Repräsentanten des Hofes träfen.

In Teheran beraumte der Bevollmächtigte des amerikanischen Botschafters, Botschaftsrat Charles Naas, persönlich diese Begegnungen an.

In Washington besprach sich Henry Precht im Außenministerium ebenfalls mit Ardeschir Zahedi. Tim Reardon, der Schwager Emily Gaylords, hatte sich an Senator Kennedy gewandt. Admiral Moorer bemühte seine Kontakte zur iranischen Militärregierung. Nur Richard Helms war ein Schlag ins Wasser gewesen: Der ehemalige US-Botschafter in Teheran erklärte rundheraus, seine alten Freunde verfügten über keinerlei Einfluß mehr.

EDS konsultierte nacheinander drei Rechtsanwälte im Iran. Einer von ihnen war Amerikaner und auf die Vertretung von US-Konzernen in Teheran spezialisiert; die anderen beiden waren Iraner, einer mit guten Beziehungen zu schahfreundlichen Kreisen, der andere eher den Dissidenten nahestehend. Alle drei stimmten darin überein, daß es bei der Festnahme von Paul und Bill nicht mit rechten Dingen zugegangen und daß die Kautionssumme astronomisch hoch sei. John Westburg, der Amerikaner, gab an, die höchste Kaution, von der er jemals im Iran gehört hatte, habe hunderttausend Dollar betragen. Dies wiederum deute darauf hin, daß sich der Richter, der für Pauls und Bills Verhaftung verantwortlich war, auf unsicherem Boden befand.

In Dallas tüftelte Finanzchef Tom Walter an der Frage herum, wie EDS, falls nötig, die geforderten 12 750 000 Dollar überweisen konnte. Die Rechtsanwälte hatten ihm mitgeteilt, es kämen drei verschiedene Möglichkeiten in Frage: Barzahlung, ein Akkreditiv zugunsten einer iranischen Bank oder ein Pfandrecht auf Eigentum im Iran. Weder verfügte EDS über ausreichenden Besitz in Teheran – die Computer gehörten dem Ministerium –, noch war es angesichts der Bankstreiks und der Unruhen im ganzen Land möglich, dreizehn Millionen Dollar bar anzuweisen. Walter bemühte sich also um ein Akkreditiv.

T. J. Marquez, der die Firma gegenüber ihren Aktionären vertrat, gab Perot zu bedenken, daß es einer Aktiengesellschaft möglicherweise nicht erlaubt sei, eine solche Summe sozusagen für Lösegeld herzugeben. Perot wischte diesen Einwand vom Tisch: Dann würde er das Geld eben aus seiner eigenen Tasche bezahlen.

Perot war zuversichtlich gewesen, daß bei der Befreiung wenigstens eine der drei Möglichkeiten greifen würde: gesetzlicher oder politischer Druck oder die Zahlung der Kaution.

Aber dann traf eine Hiobsbotschaft nach der anderen ein.

Plötzlich tönten die Rechtsanwälte im Iran ganz anders:

Einer nach dem anderen bezeichnete den Fall nun als »politisch«, von »politischer Tragweite« oder als »heiße politische Kartoffel«. John Westburg war sogar von seinen iranischen Kompagnons gebeten worden, sich nicht länger mit dem Fall zu befassen, weil er sie bei den Mächtigen in Mißkredit bringen könnte. Ganz offensichtlich befand sich der Untersuchungsrichter Hussein Dadgar durchaus *nicht* auf unsicherem Boden.

Tom Luce und Tom Walter waren nach Washington gefahren und hatten, begleitet von Admiral Moorer, im Außenministerium vorgesprochen. Sie hatten erwartet, sich mit Henry Precht an den Verhandlungstisch zu setzen und gemeinsam eine scharf formulierte Forderung auf Freilassung von Paul und Bill zu entwerfen. Henry Precht gab sich jedoch zugeknöpft. Er hatte ihnen zwar die Hand geschüttelt – das ließ sich kaum vermeiden, da sie in Begleitung eines ehemaligen Vorsitzenden der Gemeinsamen Generalstäbe erschienen waren –, aber er hatte sich keineswegs mit ihnen an einen Tisch gesetzt. Statt dessen hatte er sie an einen Untergebenen weitergereicht. Der wußte zu berichten, daß keiner der Vorstöße des Außenministeriums irgendeinen Erfolg gezeitigt hatte: Weder Ardeschir Zahedi noch Charlie Naas war es gelungen, Pauls und Bills Freilassung zu erwirken.

Tom Luce, der nicht eben mit Hiobs sprichwörtlicher Geduld gesegnet war, wurde fuchsteufelswild. Es sei schließlich die Aufgabe des Außenministeriums, so argumentierte er, für den Schutz amerikanischer Bürger im Ausland zu sorgen, doch alles, was es bisher erreicht hätte, wäre, daß Paul und Bill im Gefängnis säßen. Keineswegs, bekam er zu hören: Das Ministerium habe bereits mehr als seine Pflicht getan. Ließen sich Amerikaner im Ausland etwas zuschulden kommen, so unterstünden sie den Gesetzen des jeweiligen Landes. Irgendwelche Leute aus Gefängnissen herauszupauken, gehöre nicht zu den

Pflichten des Außenministeriums. Aber, wandte Luce ein, Paul und Bill hätten überhaupt kein Verbrechen begangen, sie seien nichts als Geiseln für dreizehn Millionen Dollar!

Er hätte sich seine Mühe sparen können. Mit leeren Händen kehrten er und Tom Walter nach Dallas zurück.

In der Nacht zuvor hatte Perot die US-Botschaft in Teheran angerufen und bei Charles Naas angefragt, warum er sich noch nicht mit den von Kissinger und Zahedi benannten Beamten getroffen habe. Die Antwort war denkbar einfach: Die Beamten ließen sich Naas gegenüber verleugnen.

Heute rief Perot wieder bei Kissinger an und erstattete ihm Bericht. Kissinger gab seinem Bedauern darüber Ausdruck, glaubte aber nicht, daß er sonst noch etwas tun könne. Trotzdem würde er sich noch einmal bei Zahedi melden.

Eine weitere Hiobsbotschaft vervollständigte das Bild. Tom Walter hatte zusammen mit den iranischen Rechtsanwälten versucht, die Bedingungen festzulegen, unter denen Paul und Bill gegen Kaution freigelassen werden könnten: Würden sie zum Beispiel versprechen müssen, für weitere Verhöre in den Iran zurückzukehren oder könnten sie auch im Ausland befragt werden? Keins von beiden, teilte man ihnen mit: *Sollten Paul und Bill auf freien Fuß gesetzt werden, dürften sie den Iran trotzdem nicht verlassen.*

Heute war Silvester. Seit drei Tagen hatte Perot sein Büro nicht mehr verlassen, hatte auf dem Fußboden genächtigt und sich von Käsebroten ernährt. Zu Hause war niemand – Margot und die Kinder hielten sich noch immer in Vail auf –, und wegen des Zeitunterschieds von neuneinhalb Stunden zwischen Texas und dem Iran mußte er dringende Telefongespräche oft mitten in der Nacht führen. Er verließ das Büro nur, um seine Mutter zu besuchen, die aus dem Krankenhaus entlassen worden war und sich nun in ihrem Haus in Dallas erholte. Sogar mit ihr sprach er über Paul und Bill, war sie doch an der Entwicklung dieses Falls höchst interessiert.

An diesem Abend wollte er unbedingt etwas Warmes essen und beschloß, trotz des Hundewetters – ein eisiger Schneesturm fegte über Dallas – zu einem etwa zwei Kilometer entfernten Fischrestaurant zu fahren.

Er fragte sich, wieviel Einfluß Kissinger wohl noch hatte, im Iran und anderswo. Vielleicht war es Zahedi und den Kontaktleuten von Kissinger ebenso ergangen wie den Freunden von Richard Helms – beiseite geschoben und machtlos. Ein Damoklesschwert schien über dem Schah zu hängen. Andererseits brauchte dessen Clique vielleicht bald Freunde in Amerika und wäre nur allzugern bereit, Kissinger einen Gefallen zu erweisen.

Oberst Simons fiel ihm wieder ein. Von allen Befreiungsplänen für Paul und Bill erforderte ein Ausbruch aus dem Gefängnis die umfangreichsten Vorbereitungen. Simons würde ein paar Männer brauchen, Zeit, sie zu trainieren, Ausrüstung ... und Perot hatte noch keinen Finger gerührt. Der Plan war ihm so unwahrscheinlich vorgekommen, als letzter Ausweg. Solange die Verhandlungen noch erfolgversprechend schienen, hatte er ihn einfach verdrängt. Auch jetzt war er noch nicht bereit, Simons anzurufen; er würde abwarten, bis Kissinger es noch einmal bei Zahedi versucht hatte. Aber vielleicht ließe sich doch das eine oder andere für Simons' Einsatz in die Wege leiten.

Als er vom Essen zurückkam, suchte er Pat Sculley auf, einen West-Point-Absolventen, einunddreißig Jahre alt, dünn, jungenhaft, rastlos. In Teheran war er Projektleiter gewesen und bei der Evakuierung am achten Dezember mit ausgeflogen worden. Nach Aschura war er zurückgekehrt und nach Pauls und Bills Verhaftung erneut evakuiert worden. Im Augenblick kümmerte er sich darum, daß für die verbleibenden EDS-Mitarbeiter in Teheran – Lloyd Briggs, Rich Gallagher und Frau, Paul und Bill – täglich ein Auslandsflug gebucht war.

Bei Sculley befand sich auch Jay Coburn, der am zweiundzwanzigsten Dezember nach Hause geflogen war, um Weihnachten bei seiner Familie zu verbringen. Coburn war auf dem Sprung zurück nach Teheran, als die Nachricht von der Verhaftung eintraf, war dann aber in Dallas geblieben und hatte von dort aus die zweite Evakuierung in die Wege geleitet.

Perot mochte beide Männer und vertraute ihnen. Er verglich sie mit Adlern: Sie flogen hoch, ergriffen die Initiative, erledigten ihre Aufgaben, präsentierten ihm Resultate und keine Ausflüchte. Das Motto der EDS-Personalabteilung lautete: »Adler kommen nicht in Scharen – man muß schon jeden einzeln suchen.«

»Glaubst du, daß wir wirklich alles Menschenmögliche für Paul und Bill getan haben?« fragte Perot.

Und Sculley antwortete, ohne zu zögern: »Nein, das glaube ich nicht.«

Perot nickte. Diese jungen Männer hatten niemals Angst, ihrem Boß die Wahrheit zu sagen, und das war eine der Eigenschaften, die sie zu Adlern machte. »Und was sollten wir deiner Meinung nach tun?«

»Wir müssen sie selber befreien«, erwiderte Sculley. »Ich weiß, das klingt komisch, aber ich bin der Meinung, daß sie womöglich umgebracht werden, wenn wir sie da nicht rausholen.«

Perot fand das gar nicht komisch: Genau diese Befürchtung plagte ihn schon seit drei Tagen. »Das glaube ich auch.«

Er bemerkte die Überraschung auf Sculleys Gesicht. »Stellt mir eine Liste von EDS-Leuten zusammen, die dafür in Frage kommen. Wir brauchen Männer, die sich in Teheran auskennen und Armee-Erfahrung, am besten eine Sonderausbildung, haben, Männer, die hundertprozentig vertrauenswürdig und loyal sind.«

»Wir machen uns sofort an die Arbeit«, sagte Sculley begeistert.

Das Telefon klingelte, und Coburn nahm ab. »Hallo, Keane! Wo bist du? ... Bleib mal dran.«

Coburn hielt die Sprechmuschel mit einer Hand zu und sah Perot an. »Keane Taylor ist in Frankfurt. Wenn wir wirklich eine Befreiung organisieren wollen, sollte er mit von der Partie sein.«

Perot nickte. Taylor, ein ehemaliger Marinehauptmann, war ebenfalls ein Adler. Fast einsneunzig groß und immer elegant gekleidet, dabei aber äußerst leicht reizbar, war er die ideale Zielscheibe für alle möglichen Streiche.

»Sag ihm, er soll nach Teheran zurückfliegen«, sagte Perot. »Aber sag ihm nicht, warum.«

Auf Coburns jungem und doch schon so alt wirkendem Gesicht breitete sich langsam ein Lächeln aus. »Da wird er nicht gerade begeistert sein.«

Sculley beugte sich über den Schreibtisch und schaltete den Lautsprecher ein, so daß sie alle etwas von Taylors Ausbruch hatten.

»Keane, Ross möchte, daß du nach Teheran zurückgehst«, sagte Coburn.

»Wozu denn das, verdammt noch mal?« wollte Taylor wissen.

Coburn sah Perot an. Der schüttelte den Kopf. Und Coburn sagte: »Hm, es gibt da noch eine Menge Arbeit, Aufräumarbeiten, sozusagen, rein verwaltungsmäßig ...«

»Du kannst Perot ausrichten, wegen irgendso 'nem Verwaltungsscheiß gehe ich nicht zurück.«

Sculley fing an zu lachen.

»Keane, hier ist noch jemand, der gerne mit dir sprechen möchte«, sagte Coburn.

»Keane, hier spricht Ross«, sagte Perot.

»Oh. Ähem, hallo, Ross.«

»Ich schicke dich zurück, damit du dort *etwas sehr Wichtiges* erledigst.«

»Oh.«

»Verstehst du, was ich damit sagen will?«

Es entstand eine lange Pause, dann sagte Taylor: »*Yes, Sir.*«

»Gut.«

»Ich mache mich gleich auf den Weg.«

»Wie spät ist es bei euch?«

»Sieben Uhr morgens.«

Perot warf einen Blick auf seine Uhr. Es war Mitternacht.

Das Jahr 1979 hatte begonnen.

*

Taylor saß in seinem Hotelzimmer in Frankfurt auf der Bettkante und dachte an seine Frau.

Mary befand sich mit den Kindern Mike und Dawn in Pittsburgh, wo sie bei seinem Bruder Unterschlupf gefunden hatten. Bevor er Teheran verließ, hatte er sie angerufen und ihr gesagt, er käme nach Hause. Sie hatte sich riesig darüber gefreut. Und sie hatten Pläne für die Zukunft geschmiedet: Sie würden nach Dallas zurückkehren, ihre Kinder dort einschulen ...

Mary würde sich bestimmt Sorgen machen.

Zum Teufel, er machte sich selber Sorgen.

Er dachte an Teheran zurück. Er hatte nicht an dem Projekt für das Gesundheitsministerium gearbeitet, sondern sich mit einem kleineren Auftrag, der Umstellung der altmodischen, handschriftlich geführten Buchhaltung der Bank Omran auf elektronische Datenverarbeitung beschäftigt. Ungefähr vor drei Wochen hatte sich eines Tages eine große Menschenmenge vor der Bank versammelt – Omran war die Bank des Schahs von Persien. Taylor hatte seine Leute nach Hause geschickt. Er selbst und Glenn Jackson verließen das Gebäude als letzte; sie verschlossen die Tür und gingen in Richtung Norden.

Als sie in die Hauptstraße einbogen, sahen sie sich dem Mob gegenüber, und genau in diesem Moment eröffnete das Militär das Feuer und schoß in die Menge.

Taylor und Jackson suchten in einem Hauseingang Deckung. Irgend jemand öffnete die Tür und brüllte ihnen zu, hereinzukommen. Sie folgten ihm – doch bevor ihr Retter die Tür wieder schließen konnte, hatten sich vier Demonstranten, verfolgt von fünf Soldaten, gewaltsam Zutritt zum Haus verschafft.

Taylor und Jackson drückten sich an die Wand und beobachteten, wie die mit Gewehren und Schlagstöcken bewaffneten Soldaten auf die Demonstranten einprügelten. Einer der Aufständischen versuchte zu entkommen. Dabei wurden ihm zwei Finger einer Hand fast abgerissen, und das Blut spritzte über die Glastür. Er gelangte hinaus, brach aber auf der Straße zusammen. Die Soldaten schleiften die anderen drei hinaus, einer von ihnen nur noch ein blutiges Häufchen Elend, aber noch bei Bewußtsein, seine beiden Kameraden besinnungslos oder tot.

Taylor und Jackson blieben, bis es draußen wieder ruhig geworden war. Der Iraner, der sie gerettet hatte, sagte immer wieder: »Verlassen Sie das Land, solange es noch geht.«

Und jetzt, dachte Taylor, muß ich Mary sagen, daß ich eben eingewilligt habe, mich diesem ganzen Schlamassel von neuem auszusetzen.

Um *etwas sehr Wichtiges* zu erledigen.

Ganz offensichtlich ging es um Paul und Bill. Wenn Perot am Telefon nicht darüber sprechen konnte, dann handelte es sich höchstwahrscheinlich um etwas Geheimes, möglicherweise sogar Illegales.

Irgendwie war Taylor, trotz seiner Angst vor dem Mob, sogar froh darüber. Als er noch in Teheran war, hatte er mit Emily Gaylord, Bills Frau, telefoniert und ihr versprochen, das Land nicht ohne ihren Mann zu verlassen. Die Anweisung aus Dallas, alle außer Briggs und Gallagher sollten ausgeflogen werden, hatte ihn gezwungen, sein Wort zu brechen. Jetzt gab es eine neue Order, und vielleicht konnte er Emily gegenüber sein Versprechen doch noch einlösen.

Tja, dachte er, zu Fuß komme ich da nicht hin. Am besten kümmere ich mich um einen Flug. Er griff wieder zum Telefon.

*

Jay Coburn erinnerte sich, wie er Perot das erste Mal in voller Aktion erlebt hatte. Er würde es sein Leben lang nicht mehr vergessen.

Es geschah im Jahre 1971. Coburn arbeitete seit knapp zwei Jahren bei EDS. Er war für die Personalabteilung tätig, mit Standort in New York City. Im selben Jahr wurde in einer kleinen katholischen Klinik auf Staten Island sein Sohn Scott geboren. Die Geburt verlief ohne Komplikationen, und zunächst hatte es ganz den Anschein, als sei Scott ein normales, gesundes Baby.

Als Coburn einen Tag nach der Niederkunft Liz besuchte, erzählte sie ihm, der kleine Scott sei ihr am Morgen nicht zum Stillen gebracht worden, und ein paar Minuten später kam eine Frau ins Zimmer und sagte: »Hier sind die Bilder von ihrem Baby.«

»Ich kann mich nicht erinnern, daß Bilder gemacht wurden«, erwiderte Liz. Die Frau zeigte ihr die Fotografien. »Nein, das ist nicht mein Kind.«

Einen Augenblick lang sah die Frau verwirrt aus, dann sagte sie: »Ach ja, richtig! Ihres ist ja das kleine Problemkind.«

Bis dahin hatten Coburn und Liz noch kein Wort von irgendwelchen Schwierigkeiten gehört.

Coburn machte sich auf, um nach dem einen Tag alten Scott zu sehen – und bekam einen fürchterlichen Schock.

Das Baby lag unter dem Sauerstoffzelt, schnappte nach Luft und war blau angelaufen wie ein Paar Jeans. Die Ärzte berieten noch über den Fall.

Liz war vollkommen außer sich. Coburn rief den Hausarzt an und bat ihn, in die Klinik zu kommen. Dann wartete er.

Irgend etwas stimmte hier nicht. Was für ein Krankenhaus war das eigentlich, in dem einem nicht einmal mitgeteilt wurde, wenn das eigene Baby im Sterben lag? Coburn fühlte sich bestürzt und ratlos.

Er rief in Dallas an und ließ sich mit Gary Griggs, seinem Chef, verbinden. »Gary, ich habe keine Ahnung, warum ich dich eigentlich anrufe, aber ich bin mit meinem Latein am Ende.« Und er erklärte alles.

»Bleib mal dran«, sagte Griggs.

Kurz darauf kam eine unbekannte Stimme aus dem Hörer.

»Jay?«

»Ja.«

»Hier spricht Ross Perot.«

Coburn war bisher zwar zwei- oder dreimal mit Perot zusammengetroffen, hatte aber nie direkt mit ihm zusammengearbeitet. Er bezweifelte, daß sich Perot auch nur erinnern konnte, wie er aussah – EDS beschäftigte damals schon über tausend Mitarbeiter.

»Hallo, Ross.«

»Hör mal zu, Jay, ich brauche ein paar genauere Informationen.« Perot fing an, Fragen zu stellen: Wie lautete die Anschrift der Klinik? Wie hießen die Ärzte? Wie war die Diagnose ausgefallen? Coburn antwortete und fragte sich in Gedanken irritiert: Weiß Perot überhaupt, wer ich bin?

»Bleib mal eine Minute dran, Jay.« Eine kurze Gesprächspause. Dann: »Ich verbinde dich jetzt mit Dr. Urschel, einem guten Freund von mir und einem der führenden Herzchirurgen in Dallas.« Einen Moment später beantwortete Coburn erneut Fragen, diesmal diejenigen des Arztes.

»Sie brauchen nichts zu unternehmen«, beendete Urschel schließlich das Gespräch. »Ich werde mich mit den dortigen Kollegen in Verbindung setzen. Sie brauchen lediglich in der Nähe des Telefons zu bleiben, damit wir Sie erreichen können.«

»*Yes, Sir*«, sagte Coburn verwirrt.

Perot meldete sich wieder. »Alles klar soweit? Wie geht es Liz?«

Woher, zum Teufel, weiß er eigentlich, wie meine Frau heißt? dachte Coburn. »Nicht sonderlich gut«, antwortete er. »Ihr Arzt hat ihr jetzt irgend so ein Sedativum gegeben und ...«

Während Perot Coburn beruhigte, brachte Dr. Urschel das Krankenhauspersonal auf Trab. Er überredete die Ärzte, Scott in die Universitätsklinik von New York zu verlegen. Minuten später befanden sich Coburn und das Baby in einem Krankenwagen auf dem Weg in die Stadt.

Im Midtown-Tunnel blieben sie in einem Verkehrsstau stecken.

Coburn sprang aus dem Krankenwagen, rannte die fast eineinhalb Kilometer bis zum Zahlschalter und überredete den dortigen Bediensteten, alle Fahrbahnen zu sperren – bis auf die, auf der sich der Krankenwagen befand.

Als sie endlich in der New Yorker Universitätsklinik ankamen, wurden sie schon von zehn oder fünfzehn Leuten vor der Tür erwartet. Unter ihnen befand sich auch der führende Herzchirurg der Ostküste, der in derselben Zeit, die sie gebraucht hatten, um mit dem Krankenwagen nach Manhattan zu kommen, aus Boston eingeflogen worden war.

Während der kleine Scott eilends in die Klinik gebracht wurde, gab Coburn einen Umschlag mit Röntgenaufnahmen aus der ersten Klinik ab. Eine Ärztin warf einen flüchtigen Blick darauf. »Und wo sind die anderen?«

»Mehr habe ich nicht«, gab Coburn zurück.

»Mehr haben die dort nicht gemacht?«

Neue Aufnahmen und andere Untersuchungen zeigten, daß Scott nicht nur ein Loch in der Herzscheidewand, sondern auch eine Lungenentzündung hatte. Kaum wurde diese richtig behandelt, besserte sich auch seine Herzschwäche.

Und Scott blieb am Leben. Er entwickelte sich zu einem ganz und gar gesunden kleinen Burschen, der Fußball spielte, auf Bäume kletterte, durch Bäche watete und in der Nase bohrte. Und Coburn verstand allmählich, was andere Leute an Ross Perot fanden.

Perots Einseitigkeit – seine Fähigkeit, sich vollkommen auf eine einzige Sache zu konzentrieren und alles andere beiseite zu schieben, bis diese Angelegenheit abgeschlossen war – hatte auch unangenehme Seiten. Manchmal war er verletzend. Ein oder zwei Tage nach Pauls und Bills Verhaftung war er in das Büro gekommen, in dem Coburn gerade mit Lloyd Briggs in Teheran telefonierte. Perot war es vorgekommen, als kommandiere Coburn Briggs herum, und da es zu seinen Maximen gehörte, daß die Beschäftigten in der Hauptverwaltung denen draußen auf dem Schlachtfeld, die die Situation am besten einschätzen konnten, keine Befehle zu erteilen hatten, handelte sich Coburn vor versammelter Mannschaft einen gnadenlosen Anpfiff ein.

Perot besaß noch andere Schwächen. Als Coburn noch in einer untergeordneten Funktion in der Personalabteilung tätig gewesen war, hatte EDS jedes Jahr einen »Anwerber des Jahres« gekürt. Die Namen der Gewinner wurden auf einer Platte eingraviert. Die Liste reichte weit zurück, und es kam vor, daß einer der Gewinner später die Firma verließ. In solchen Fällen wollte Perot den betreffenden Namen auf der Platte löschen lassen. Coburn fand das merkwürdig. Der Bursche kündigte eben – na und? Er selbst war auch bereits »Anwerber des Jahres«

gewesen und fand es sinnlos, die Geschichte umschreiben zu wollen. Es war beinahe, als fühle sich Perot persönlich beleidigt, wenn jemand zu einer anderen Firma ging.

Perots Fehler waren die Kehrseite ein und derselben Medaille. Seine absonderliche Haltung Leuten gegenüber, die die Firma verließen, ging Hand in Hand mit seiner enormen Loyalität gegenüber seinen Angestellten. Seine gelegentlich gefühllose Schärfe war lediglich ein Bestandteil seiner unglaublichen Energie und Entschlossenheit, ohne die er EDS nie hätte auf die Beine stellen können. Coburn fiel es nicht schwer, Perot seine Fehler zu verzeihen.

Er brauchte nur Scott anzusehen.

*

»Mr. Perot?« rief Sally. »Ich hab' Henry Kissinger am Telefon.«

Perots Herz setzte einen Schlag lang aus. Ob Kissinger und Zahedi es in den letzten vierundzwanzig Stunden geschafft hatten? Oder rief er nur an, um ihm zu sagen, daß alles umsonst gewesen war?

»Ross Perot.«

»Ich verbinde mit Henry Kissinger. Bitte bleiben Sie am Apparat.«

Einen Augenblick später vernahm Perot den vertrauten gutturalen Akzent. »Hallo, Ross?«

»Ja, am Apparat.« Perot hielt den Atem an.

»Man hat mir zugesagt, daß Ihre Männer morgen früh um zehn Uhr Teheraner Zeit freigelassen werden.«

Perot atmete aus, es war ein tiefer Seufzer der Erleichterung. »Dr. Kissinger, das ist das Schönste, was ich seit ich weiß nicht wie lange gehört habe. Ich kann Ihnen gar nicht genug danken.«

»Die Einzelheiten müssen heute noch zwischen den

Botschaftsangehörigen und Mitarbeitern des iranischen Außenministeriums geklärt werden, aber das ist eine reine Formalität. Man hat mir versichert, daß Ihre Männer freigelassen werden.«

»Das ist einfach phantastisch. Wir sind Ihnen ungeheuer dankbar.«

»Keine Ursache.«

*

In Teheran war es halb zehn Uhr morgens, in Dallas Mitternacht. Perot saß in seinem Büro und wartete. Die meisten seiner Mitarbeiter waren nach Hause gefahren, um zur Abwechslung einmal in einem Bett zu schlafen, und freuten sich darüber, daß Paul und Bill schon auf freiem Fuß wären, wenn sie wieder aufwachten. Perot blieb in seinem Büro, um die Angelegenheit bis zum Schluß im Auge zu behalten.

In Teheran hielt sich Lloyd Briggs im Bukarest auf, während einer der iranischen Angestellten vor dem Gefängnis Posten bezogen hatte. Sobald Paul und Bill erschienen, sollte der Iraner im Bukarest, danach Briggs bei Perot anrufen.

Jetzt, da die Krise beinahe abgeklungen war, nahm Perot sich die Zeit zu überlegen, wo der Fehler gelegen hatte. Einer fiel ihm sofort ein. Als er am vierten Dezember entschied, die Evakuierung sämtlicher Angestellten aus Teheran einzuleiten, war er nicht entschlossen genug vorgegangen. Er hatte zugelassen, daß nicht schnell reagiert wurde, und sich durch tausenderlei Einwände aufhalten lassen, bis es schließlich zu spät war.

Aber der größte Fehler überhaupt war von vornherein der Einstieg ins Iran-Geschäft gewesen. Damals war er sich mit seinen Marketing-Experten – und vielen anderen amerikanischen Geschäftsleuten – einig gewesen, daß der durch seine Ölförderung reiche, westlich orientierte, stabile Iran ausgezeichnete Möglichkeiten bot. Auf die Unterströmungen hatte er nie geachtet, nie etwas vom Ayatollah Khomeini gehört und nicht im Traum daran gedacht, daß eines Tages ein Präsident naiv genug sein könne, zu versuchen, einem Land im Mittleren Osten amerikanische Verhältnisse und Normen aufzuzwingen.

Er sah auf seine Uhr. Es war halb eins. Jetzt sollten Bill und Paul eigentlich das Gefängnis verlassen.

Kissingers Nachricht war durch einen Telefonanruf von David Newsom, dem Stellvertreter von Cy Vance im Außenministerium, bestätigt worden. Und es wurde höchste Zeit für Paul und Bill. Heute waren die Nachrichten aus dem Iran wieder schlecht gewesen. Bakhtiar, der neue Premierminister des Schahs, war von der Nationalen Front abgelehnt worden – von der Partei, die jetzt als gemäßigte Opposition galt. Der Schah hatte einen eventuellen Urlaub angekündigt. William Sullivan, der amerikanische Botschafter, hatte den Familienangehörigen aller im Iran arbeitenden Amerikaner geraten, nach Hause zurückzukehren, und die Botschaften von Kanada und Großbritannien hatten nachgezogen. Aber der Streik legte auch den Flughafen lahm, und Hunderte von Frauen und Kindern saßen dort fest. Trotzdem: Paul und Bill würden rauskommen. Seit seiner Kampagne zugunsten der Kriegsgefangenen besaß Perot gute Freunde im Pentagon, und die beiden würden in einem Jet der US-Luftwaffe ausgeflogen werden.

Um ein Uhr rief Perot in Teheran an. Es gab keine Neuigkeiten. Nun ja, dachte er, man sagt, daß die Iraner kein Zeitgefühl haben.

*

Die Ironie des Ganzen war, daß EDS niemals Schmiergelder gezahlt hatte, weder im Iran noch sonstwo. Perot war so etwas verhaßt. Der EDS-Verhaltenskodex war in einer zwölfseitigen Broschüre niedergelegt, die jedem neuen Mitarbeiter bei seiner Einstellung ausgehändigt wurde. Perot hatte sie selbst verfaßt.

»Seien Sie sich stets bewußt«, hieß es dort, »daß die Bundesgesetze und die Gesetze fast aller Staaten es verbieten, einem Regierungsbeamten in der Absicht, eine offizielle Entscheidung zu beeinflussen, einen Wertgegenstand zu schenken ... Da das Fehlen einer solchen Absicht schwer nachzuweisen ist, sollten keinem Bundes- oder Staatsbediensteten und keinem Angehörigen einer ausländischen Regierung Geld oder Wertgegenstände geschenkt werden ... Die Feststellung, daß eine Bezahlung oder eine bestimmte Geschäftspraxis nicht ausdrücklich vom Gesetz untersagt werden, darf nicht zu der Annahme führen, daß ... Es ist immer zweckmäßig, gründliche Nachforschungen über die ethischen Grundlagen ... Können Sie mit jemandem vertrauensvolle Geschäftsbeziehungen anknüpfen, der sich so verhält wie Sie selbst? Die Antwort auf diese Frage muß immer *JA* lauten.« Die letzte Seite des Büchleins enthielt ein Formular, das der Angestellte unterschreiben mußte. Er bestätigte damit, den Kodex erhalten und gelesen zu haben.

Als EDS erstmalig im Iran tätig wurde, waren Perots puristische Prinzipien noch durch den Lockheed-Skandal untermauert worden. Daniel J. Haughton, Aufsichtsratsvorsitzender der Lockheed Aircraft Corporation, hatte vor einem Senatsausschuß gestanden, daß seine Firma regelmäßig Dollarsummen in Millionenhöhe als Bestechungsgelder verteilte, um ihre Flugzeuge ins Ausland verkaufen zu können. Seine Aussage war eine höchst peinliche Darbietung, die Perot mit Abscheu erfüllt hatte: Sich auf seinem Stuhl hin und her windend, hatte Haughton dem Komitee berichtet, daß es sich bei den Zahlungen nicht um Bestechungsgelder, sondern um »Verkaufshilfen« gehandelt habe. In der Folge wurde die Zahlung von Schmiergeldern in anderen Ländern mit Hilfe des *Foreign Corrupt*

Practices Act nach amerikanischem Recht unter Strafe gestellt.

Perot hatte Rechtsanwalt Tom Luce zu sich gerufen und ihn persönlich dafür verantwortlich gemacht, darauf zu achten, daß EDS niemals Bestechungsgelder zahlte. Während der Verhandlungen über den Vertrag mit dem iranischen Gesundheitsministerium hatte Luce dann durch die Gründlichkeit und Hartnäckigkeit, mit der er sie über die Rechtmäßigkeit ihrer Handlungen ins Kreuzverhör genommen hatte, einige EDS-Manager empfindlich gekränkt.

Perot war nicht gierig auf Geschäfte. Er verdiente bereits Millionen. Er hatte es nicht nötig, ins Ausland zu expandieren. Wenn man dort erst Bestechungsgelder zahlen muß, um ins Geschäft zu kommen, hatte er gesagt, dann lassen wir einfach die Finger davon.

Seine Geschäftsprinzipien waren tief in ihm verwurzelt. Seine Vorfahren – Franzosen, die nach New Orleans ausgewandert waren – hatten am Lauf des Red River verschiedene Handelsstationen errichtet. Der Handel in dieser Gegend war ein Saisongeschäft, und Gabriel Ross Perot hatte viel Zeit darauf verwendet, sich mit seinem Sohn über die Geschäfte zu unterhalten. »Es nützt überhaupt nichts«, pflegte er zu sagen, »wenn man einem Farmer *einmal* Baumwolle abkauft. Man muß ihn fair behandeln, sein Vertrauen gewinnen, eine Beziehung zu ihm anknüpfen, so daß er sich darüber freut, dir Jahr für Jahr seine Baumwolle verkaufen zu können. Erst *dann* macht man Geschäfte.« In diesen Rahmen paßte einfach keine Bestechung.

*

Um halb zwei rief Perot noch einmal im EDS-Büro in Teheran an. Immer noch keine Neuigkeiten. »Ruft im Gefängnis an oder schickt jemanden hin«, sagte er. »Versucht zu erfahren, wann sie rauskommen.«

Allmählich wurde er unruhig.

Was tu ich, wenn das auch nicht klappt? dachte er. Stelle ich die Kaution, dann gebe ich dreizehn Millionen Dollar aus, und Paul und Bill dürfen das Land immer noch nicht verlassen. Die uns noch bleibenden legalen Möglichkeiten scheitern an den Einwänden, die die Rechtsanwälte im Iran vorgebracht haben – daß es sich um einen politischen Fall handelt, wobei es letzthin gleichgültig ist, ob Paul und Bill unschuldig sind oder nicht.

Aber politischer Druck hatte bis dato noch keinen Erfolg gezeitigt. Weder der amerikanischen Botschaft in Teheran noch dem Außenministerium in Washington war es gelungen, ihnen zu helfen; und wenn Kissinger ebenfalls versagen sollte, dann bedeutete das das Ende aller Hoffnungen in dieser Richtung.

Was blieb ihnen dann noch?

Gewalt.

Das Telefon klingelte. Perot stürzte sich auf den Apparat.

»Ross Perot.«

»Lloyd Briggs hier.«

»Sind sie draußen?«

»Nein.«

»Was ist los?« fragte Perot schockiert.

»Wir haben mit dem Gefängnis Kontakt aufgenommen. Es liegt dort keinerlei Entlassungsanweisung für Paul und Bill vor.«

Perot schloß die Augen. Das Schlimmste war eingetroffen. Kissinger hatte es nicht geschafft.

Er seufzte. »Dank dir trotzdem, Lloyd.«

»Und was machen wir jetzt?«

»Ich weiß es nicht«, erwiderte Perot.

Aber er wußte es.

Er verabschiedete sich von Briggs und legte auf.

Er würde sich nicht geschlagen geben. Er würde seine Mitarbeiter nicht im Gefängnis schmoren lassen.

Ein weiteres Prinzip seines Vaters hatte gelautet: Kümmere dich um die Menschen, die für dich arbeiten. Perot konnte sich noch gut erinnern, wie die ganze Familie sonntags fast zwanzig Kilometer weit fuhr, nur um einen alten Schwarzen, der bei ihnen den Rasen gemäht hatte, zu besuchen und sich zu vergewissern, daß es ihm gut ging und daß er genug zu essen hatte. Perots Vater stellte Leute ein, die er eigentlich nicht brauchte – nur, weil sie keine Arbeit hatten. Jedes Jahr besuchten die Perots den Jahrmarkt, ihren Wagen voller farbiger Angestellter, von denen jeder ein kleines Taschengeld und eine Visitenkarte der Perots erhielt, die ihn vor Belästigungen schützen sollte. Perot erinnerte sich an einen, der auf einem Güterzug nach Kalifornien gefahren war und, als er dort wegen Landstreicherei verhaftet wurde, die Visitenkarte seines Vaters vorgezeigt hatte. Der Sheriff hatte darauf gemeint: »Ganz egal, wessen Nigger du bist – du wanderst ins Kittchen.« Aber er hatte Perot senior angerufen, und der wies das Fahrgeld für den Mann telegrafisch an. »Ich war in Kalifornien, und jetzt bin ich wieder hier«, sagte der Mann, als er wieder in Texarkana ankam. Und Perot senior gab ihm seinen Job zurück.

Perots Vater hatte nichts von Menschenrechten gewußt – es war ganz einfach seine Art und Weise, seine Mitmenschen zu behandeln. Daß seine Eltern außergewöhnliche Menschen waren, wurde Ross Perot erst klar, als er heranwuchs.

*

Wieder griff er zum Telefon. »Verbinde mich mit T. J. Marquez.«

Es war zwar zwei Uhr morgens, aber das würde T. J. nicht sonderlich überraschen: Es wäre nicht das erste Mal, daß Perot ihn mitten in der Nacht weckte, und es würde auch nicht das letzte Mal sein.

»Hallo«, meldete sich eine verschlafene Stimme.
»Es sieht schlecht aus, Tom.«
»Inwiefern?«
»Sie sind nicht entlassen worden, und im Gefängnis heißt es, sie werden auch nicht entlassen.«
»Scheiße.«
»Die Lage da drüben spitzt sich immer mehr zu. Hast du die Nachrichten gesehen?«
»Klar.«
»Findest du nicht auch, daß es Zeit für Simons ist?«
»Jaa-aa, ich glaub' schon.«
»Hast du seine Nummer?«
»Nein, aber ich kann sie mir besorgen.«
»Ruf ihn an«, sagte Perot.

*

Bull Simons wurde langsam, aber sicher verrückt.

Er spielte mit dem Gedanken, sein Haus niederzubrennen. Es war ein alter Holzbungalow, er würde wie Zunder brennen, und das wäre dann endlich das Ende. Das Haus war die reinste Hölle für ihn, aber eine Hölle, die er nicht verlassen wollte, denn sie barg die bittersüßen Erinnerungen an eine Zeit, da sie der Himmel auf Erden gewesen war. Und eben das machte sie zur Hölle für ihn.

Lucille hatte dieses Plätzchen ausgesucht. Sie hatte es in einer Anzeige gefunden, und gemeinsam waren sie von Fort Bragg/North Carolina hergeflogen, um es sich anzusehen. Das baufällige Haus stand inmitten eines sechzehn Hektar großen, urwüchsigen Waldes an der Red Bay in einer der ärmsten Gegenden Floridas. Allerdings gab es dort auch einen großen See voller Barsche.

Lucille hatte sich auf den ersten Blick in dieses Plätzchen verliebt.

Das war 1971 gewesen, als Simons in Pension gehen

wollte. Zehn Jahre lang war er nun Oberst gewesen, und wenn ihm schon der Sturm auf Son Tay keine Beförderung eingebracht hatte, dann würde er nie mehr General werden. Die Wahrheit war einfach, daß er nicht in Generalskreise paßte: Er war nie mehr als Reserveoffizier gewesen, er hatte nie eine der führenden Militärakademien wie zum Beispiel West Point absolviert, er neigte zu unkonventionellen Methoden, und die Washingtoner Cocktailparties mit der obligatorischen Arschkriecherei waren nicht seine Sache. Er wußte, daß er ein verdammt guter Soldat war, und wem das nicht genügte, nun ja, dem war Art Simons halt nicht gut genug. Also ging er in Pension, und er bereute es nicht.

Die glücklichsten Jahre seines Lebens hatte er hier in Red Bay verbracht. Während ihrer Ehe waren er und Lucille oft getrennt gewesen, manchmal, während seiner Einsätze in Vietnam, Laos und Korea, bis zu einem Jahr lang. Vom ersten Moment seiner Pensionierung an verbrachten sie jede Minute ihres Lebens zusammen und waren unzertrennlich.

Simons züchtete Schweine. Er hatte keine Ahnung von der Landwirtschaft, aber er las sich die notwendigen Kenntnisse an und zimmerte sogar die Ställe selbst. Nachdem die Arbeit einmal lief, merkte er, daß es – sah man einmal vom Schweinefüttern ab nicht viel für ihn zu tun gab, und so verbrachte er viel Zeit mit seiner einhundertundfünfzig Einzelstücke umfassenden Gewehrsammlung. Allmählich richtete er sich sogar eine kleine Waffenschmiede ein, reparierte seine eigenen und die Gewehre der Nachbarn und versorgte sie mit Munition. Fast jeden Tag wanderte er Hand in Hand mit Lucille durch den Wald zum See hinunter, wo sie hin und wieder einen Barsch fingen. Nach dem Abendessen pflegte sich Lucille, als wolle sie sich für ein Rendezvous zurechtmachen, ins Schlafzimmer zurückzuziehen, um später mit einem Hausmantel über dem Nachthemd und einer roten Schleife in ihrem tiefdunklen Haar wieder aufzutauchen und sich auf seinen Schoß zu setzen ...

Solche Erinnerungen brachen ihm schier das Herz.

Sogar seine Söhne schienen in diesen Jahren endlich erwachsen zu werden. Harry, der jüngere der beiden, war eines Tages nach Hause gekommen und hatte zu ihm gesagt: »Dad, ich bin von Heroin und Kokain abhängig. Ich brauche deine Hilfe.« Simons wußte kaum etwas über Drogen. Einmal hatte er in der Praxis eines Arztes in Panama Marihuana geraucht, um seinen Männern, bevor er ihnen einen Vortrag über Drogenmißbrauch hielt, sagen zu können, daß er sich mit dem Zeug auskannte. Doch über Heroin wußte er nur, daß es tödlich wirken konnte. Und trotzdem hatte er Harry helfen können, indem er ihn beschäftigt hielt und draußen an der frischen Luft Schweineställe bauen ließ. Oftmals ging Harry aus dem Haus, fuhr in die Stadt und verschaffte sich Drogen, doch jedesmal kam er zurück, und am Ende brauchte er die Stadt nicht mehr.

Diese Episode hatte Simons Harry wieder nähergebracht. Zu Bruce, seinem Ältesten, würde er niemals ein engeres Verhältnis bekommen, aber wenigstens hatte er aufgehört, sich ständig Sorgen um den Jungen zu machen. Den Jungen? Er war über Dreißig und beinahe ebenso dickköpfig wie ... nun ja, wie sein Vater. Bruce hatte zu Jesus gefunden und war fest entschlossen, die restliche Menschheit – angefangen bei Oberst Simons – zu Gott zurückzuführen. Simons hatte ihn buchstäblich hinausgeworfen. Dennoch war Jesus, anders als frühere Vorlieben wie Drogen, das I Ging oder Zurück-zur-Natur-Kommunen, keine vorübergehende Laune für Bruce, und schließlich hatte er zu einem geregelten Leben als Seelsorger einer winzigen Gemeinde im bitterkalten Nordwesten Kanadas gefunden.

Wie dem auch immer sei, der Gedanke an seine Söhne quälte Simons nicht mehr. Er hatte sie nach bestem Wissen und Gewissen erzogen. Jetzt waren sie erwachsene

Männer und mußten sich um sich selber kümmern. Simons kümmerte sich um Lucille.

Sie war eine hochgewachsene, hübsche Frau mit einem Faible für große Hüte. Hinter dem Steuer ihres schwarzen Cadillacs sah sie verdammt eindrucksvoll aus. In Wirklichkeit aber war sie alles andere als gewaltig. Sie war weich, unkompliziert und liebenswert. Als Tochter eines Lehrerehepaares hatte sie jemanden gebraucht, der ihr die Entscheidungen abnahm, jemanden, dem sie blind vertrauen konnte, und diesen Jemand hatte sie in Art Simons gefunden. Er für seinen Teil war ihr blind ergeben. Als er pensioniert wurde, war er bereits seit dreißig Jahren mit ihr verheiratet und hatte sich nie auch nur für eine einzige andere Frau interessiert. Lediglich sein Beruf mit den vielen Stationierungen in Übersee hatte zwischen ihnen gestanden. Jetzt war das alles vorbei. Er hatte zu ihr gesagt: »Meine Pläne für die Zeit nach der Pensionierung lassen sich in einem einzigen Wort zusammenfassen: Du.«

Sieben wundervolle, gemeinsame Jahre waren ihnen vergönnt.

Am sechzehnten März 1978 starb Lucille an Krebs.

Bull Simons war am Boden zerstört.

Jeder Mensch steht einmal vor dem Nichts, heißt es. Simons hatte immer gedacht, daß das auf ihn nicht zuträfe. Jetzt wußte er es besser: Lucilles Tod hatte ihn zu einem gebrochenen Mann gemacht. Viele Menschen hatte er getötet, und noch mehr hatte er sterben sehen, aber bisher hatte er nie begriffen, was der Tod wirklich bedeutete. Siebenunddreißig Jahre lang waren sie zusammengewesen, und jetzt, plötzlich, *war sie einfach nicht mehr da*.

Ohne sie schien das Leben keinen Sinn mehr zu haben. Nichts hatte für ihn mehr Bedeutung. Er war jetzt sechzig und sah nicht mehr den geringsten Sinn darin, auch nur noch einen einzigen Tag länger zu leben.

Er vernachlässigte sich. Er kochte nicht, aß direkt aus der Konservendose und ließ sein Haar, das immer kurz getrimmt war, einfach wachsen. Er begann, streunenden Hunden Asyl zu geben, und schließlich waren es ihrer dreizehn, die die Möbel zerkratzten und den Boden besudelten.

Er wußte, daß er kurz davor stand, verrückt zu werden, und nur seine eiserne Selbstdisziplin, die Bestandteil seines Charakters geworden war, bewahrte ihn vor dem Schlimmsten. Als er zum erstenmal mit dem Gedanken spielte, das Haus niederzubrennen, wußte er, daß es Irrsinn war, und schloß mit sich selbst ein Abkommen: Er wollte ein Jahr lang warten und dann weitersehen.

Er wußte, daß sein Bruder Stanley sich Sorgen um ihn machte. Stan hatte ihm gesagt, er müsse sich zusammenreißen. Er hatte ihm vorgeschlagen, Vorlesungen zu geben, hatte sogar versucht, ihn dazu zu überreden, in die israelische Armee einzutreten. Simons hatte jüdische Vorfahren, fühlte sich aber als Amerikaner und wollte nicht nach Israel. Er konnte sich einfach nicht zusammenreißen. Alles, was er konnte, war, von einem Tag auf den anderen zu überlegen.

Er brauchte niemanden, der sich um ihn kümmerte – das hatte er noch nie gebraucht. Ganz im Gegenteil, er brauchte jemanden, um den er sich kümmern konnte. Genau das hatte er sein Leben lang getan: Er hatte sich um Lucille gekümmert und um die Männer, die seinem Kommando unterstanden. Niemand konnte ihn retten, denn sein Leben lang hatte er andere gerettet. Bei militärischen Unternehmungen war es stets Simons' Ziel gewesen, alle seine Männer lebend zurückzubringen. Der Sturm auf Son Tay wäre der perfekte Höhepunkt seiner Karriere gewesen – wenn es nur Gefangene im Camp gegeben hätte, die er hätte retten können.

So paradox es war: Die einzige Möglichkeit, Simons zu retten, bestand darin, ihn zu bitten, andere zu retten.

Die Rettung kam am zweiten Januar 1979 um zwei Uhr morgens. Das Klingeln des Telefons weckte ihn.

»Bull Simons?« Die Stimme kam ihm irgendwie bekannt vor.

»Jaa.«

»Hier ist T. J. Marquez von EDS in Dallas.«

Simons erinnerte sich: EDS, Ross Perot, die Kriegsgefangenenkampagne, das Fest in San Francisco ...

»Hallo, Tom.«

»Bull, tut mir leid, daß ich Sie geweckt habe.«

»Schon in Ordnung. Was kann ich für Sie tun?«

»Zwei unserer Leute sitzen im Iran im Gefängnis, und es sieht ganz so aus, als ob wir sie auf legale Weise nicht freikriegten. Wären Sie bereit, uns zu helfen?«

Ob er dazu *bereit* wäre?

»Verdammt noch mal, natürlich«, sagte Simons. »Wann soll es losgehen?«

4

ROSS PEROT FUHR durch das EDS-Tor, bog nach links in die Forest Lane und dann nach rechts auf den Central Expressway. Sein Ziel war das Hilton an der Ecke Central und Mockingbird. Er stand im Begriff, sieben Männer zu bitten, Kopf und Kragen zu riskieren.

Sculley und Coburn hatten inzwischen eine Liste zusammengestellt. Obenan standen ihre eigenen Namen, darunter je fünf weitere.

In der Nacht hatten sie die anderen Kandidaten angerufen, die nach ihrer überstürzten Abreise aus Teheran über die gesamten Vereinigten Staaten verteilt bei Freunden und Verwandten wohnten. Keinem wurde mehr mitgeteilt, als daß Perot ihn heute in Dallas zu sehen wünsche. An mitternächtliche Anrufe und kurzfristig anberaumte Sitzungen gewöhnt – das war eben Perots Arbeitsweise –, hatte jeder sein Erscheinen zugesagt.

In Dallas angekommen, waren sie gar nicht erst zum EDS-Stammsitz, sondern sofort ins Hilton gebracht worden.

Perot vermutete, daß die meisten inzwischen eingetroffen waren, und fragte sich, was sie wohl sagen würden, wenn er sie bat, nach Tehran zurückzukehren und Paul und Bill aus dem Kittchen herauszuhauen.

Alles prächtige und zuverlässige Burschen, doch Loyalität zum Arbeitgeber mußte nicht automatisch heißen, daß man bereit war, sein Leben aufs Spiel zu setzen. Der eine oder andere mochte den Versuch einer gewaltsamen Befreiung für idiotisch halten oder an Frau und Kinder denken und um ihretwillen – ganz verständlich – einen Rückzieher machen. Ich habe kein Recht, sie darum zu bitten, dachte Perot. Ich muß aufpassen, daß ich sie nicht unter Druck setze. Keine Überredungskünste heute, Perot, nur Fakten ansprechen. Ich muß ihnen klarmachen, daß sie das Recht haben zu sagen: Nein, danke, Boß, ohne mich.

*

Jay Coburn ließ seinen Blick durchs Zimmer schweifen. Außer ihm waren noch vier Personen anwesend: Pat Sculley, Glenn Jackson, Ralph Boulware und Joe Poché. Zwei weitere befanden sich auf dem Weg hierher: Jim Schwebach, der aus Eau Claire in Wisconsin anreiste, und Ron Davis aus Columbus/Ohio.

Das »Dreckige Dutzend« waren sie nicht gerade: In ihren korrekten Anzügen mit weißen Oberhemden und unauffälligen Krawatten, das Haar kurz geschnitten, die Gesichter frisch rasiert und wohlgenährt, konnten sie ihre Identität nicht verleugnen: Sie waren ganz normale amerikanische Geschäftsleute. Und so etwas wollte man als Söldnertruppe einsetzen?

Alle fünf hatten sie in Teheran gearbeitet, und die meisten von ihnen hatten bereits zu Coburns Evakuierungsteam gehört. Alle hatten entweder gedient oder verfügten über spezielle Fähigkeiten. Und jeder einzelne genoß Coburns volles Vertrauen.

Während Sculley sie in den frühen Morgenstunden angerufen hatte, war Coburn die Personalakten durchgegangen und hatte von jedem Teilnehmer einen Ordner mit Angaben über Alter, Körpergröße, Gewicht, Familienstand und Ortskenntnissen in Teheran angelegt. Nach ihrer Ankunft in Dallas füllte jeder einen Fragebogen über seine militärischen Erfahrungen, den Besuch von Militärakademien, Waffenpraxis und sonstige Spezialkenntnisse aus. Diese Informationen waren für Oberst Simons bestimmt, der, von Red Bay kommend, hier eintreffen würde. Aber bevor Simons zu ihnen stieß, mußte Perot fragen, ob sie bereit waren, an der geplanten Aktion teilzunehmen.

Für das Gespräch mit Perot hatte Coburn drei nebeneinanderliegende Räume gemietet, von denen nur der mittlere benutzt wurde. Die beiden Zimmer rechts und links davon dienten als Sicherheitsmaßnahme gegen unwillkommene Lauscher.

Die Situation entbehrte nicht einer gewissen Melodramatik.

Coburn musterte die anderen und fragte sich, was sie wohl dachten. Man hatte ihnen noch immer nicht mitgeteilt, um was es hier ging, aber sie mochten es schon erraten haben.

Coburn hätte nicht sagen können, was Joe Poché dachte. Niemand konnte es. Poché, klein, ruhig, zweiunddreißig Jahre alt, zeigte niemals irgendwelche Gefühlsregungen, seine Stimme war stets leise und gleichmäßig, sein Gesicht im allgemeinen ausdruckslos. Sechs Jahre lang war er in der Armee gewesen und hatte den Krieg in Vietnam als Kommandant einer Haubitzenbatterie miterlebt. Mit nahezu allen Waffen, über die die Armee verfügte, hatte er es zu überdurchschnittlichen Leistungen gebracht. Zwei Jahre lang hatte er für EDS in Teheran gearbeitet, dort zunächst ein Computerprogramm entwickelt, das die Namen all derer erfaßte, die für die Krankenversicherung in Frage kamen, und später die Daten, die die Grundlage des Systems bildeten, als verantwortlicher Programmierer eingegeben.

Ralph Boulware war gut zwanzig Zentimeter größer als Poché. Er war einer der beiden Schwarzen auf der Liste, hatte ein pausbäckiges Gesicht mit durchdringenden Augen und redete wie ein Wasserfall. Während seiner neun Jahre als Techniker bei der Luftwaffe hatte er sich mit den komplizierten Bordcomputern und Radarsystemen von Bombern beschäftigt. Er war nur neun Monate in Teheran gewesen, zunächst als Sachbearbeiter für die Dateneingabe und später, nach seiner schnellen Beförderung, als Manager der Datenbank. Coburn kannte ihn gut und mochte ihn sehr. In Teheran hatten sie des öfteren zusammen einen gehoben. Ihre Kinder waren Spielkameraden und ihre Ehefrauen gute Freundinnen. Boulware liebte seine Familie, liebte seine Freunde, liebte seinen Job, liebte das Leben überhaupt. Er genoß sein Leben mehr als irgend jemand sonst, den Coburn kannte – vielleicht mit Ausnahme von Ross Perot. Außerdem war Boulware überaus selbstsicher und nahm nie ein Blatt vor den Mund. Wie viele Schwarze, die es geschafft hatten, war er etwas überempfindlich und pflegte stets von vornherein klarzustellen, daß er nicht mit sich Schlitten fahren ließ. Während der Aschura-Feiertage, als er mit Coburn und Paul um hohe Einsätze gepokert hatte, war er – im Gegensatz zu allen anderen, die aus Sicherheitsgründen im Haus übernachteten – als einziger heimgegangen. Er kündigte es weder an, noch stellte er es zur Diskussion – er verschwand ganz einfach. Ein paar Tage später entschied er, daß die Wichtigkeit seiner Aufgabe im Iran in keinem Verhältnis zum Sicherheitsrisiko stand – also kehrte er in die Staaten zurück. Er war eben kein Mitläufer: War er der Meinung, daß die Herde die falsche Richtung einschlug, so scherte er aus. Er war der Skeptischste von allen, die sich jetzt im Hilton versammelt hatten, und wenn von irgendeinem ätzende Bemerkungen über das Vorhaben zu erwarten waren, dann am ehesten von Boulware.

Glenn Jackson sah womöglich noch weniger als alle anderen wie ein Söldner aus. Er war gutmütig, trug eine Brille, hatte keinerlei militärischen Hintergrund, war aber ein begeisterter Jäger und exzellenter Schütze. Teheran kannte er wie seine Westentasche: Er hatte dort nicht nur für EDS, sondern auch für Bell Helicopter gearbeitet. Er war so geradeheraus, aufrichtig und ehrlich, dachte Coburn, daß es ihm schwerfiel, sich vorzustellen, welche Rolle Jackson bei einer so brutalen und hinterhältigen Aktion wie der Erstürmung eines Gefängnisses spielen sollte. Jackson war der einzige Baptist in der Gruppe, und Baptisten waren eher dafür bekannt, Bibeln statt Schläge auszuteilen.

Ähnliche Bedenken hegte er gegenüber Pat Sculley. Sculley hatte seine fünfjährige Armeelaufbahn als Ranger-Ausbilder im Rang eines Hauptmanns beendet, besaß jedoch keinerlei Kampferfahrung. Die ihm eigene Dynamik machte ihn zu einer der intelligentesten und vielversprechendsten jungen Führungskräfte bei EDS. Er war der gleiche unverbesserliche Optimist wie Coburn, doch während dieser im Krieg hatte Federn lassen müssen, war Sculley noch immer von jugendlicher Naivität geprägt. Wie wird Sculley wohl reagieren, fragte Coburn sich, wenn es hart auf hart geht?

Von den beiden Männern, die noch fehlten, war der eine

wahrscheinlich am besten, der andere hingegen am wenigsten für eine Gefängniserstürmung geeignet.

Jim Schwebach verstand mehr vom Kampf als von Computern. Er war elf Jahre lang Soldat gewesen und hatte in Vietnam in einer Spezialeinheit gedient, die mit Kommandoaktionen betraut war, wie sie auch Bull Simons geleitet hatte, das heißt mit Vorstößen hinter die Linien des Feindes. Er hatte es sogar auf mehr Auszeichnungen gebracht als Coburn. Seiner langjährigen Militärzugehörigkeit wegen bekleidete er bei EDS trotz seiner fünfunddreißig Jahre noch immer einen vergleichsweise niedrigen Rang. Nach Teheran war er als Informatiker-Trainee gegangen, doch aufgrund seiner Reife und Zuverlässigkeit von Coburn während der Evakuierung zum Gruppenleiter ernannt worden. Schwebach, ganze einsfünfundsechzig groß, hielt sich, wie viele kleine Männer, sehr gerade und reckte das Kinn vor. Er war von dem unbändigen Kampfgeist beseelt, der schon in der Schule oft die einzige Verteidigung des Kleinsten in der Klasse ist. Auch beim Stand von drei zu null in der zweiten Halbzeit und fünf Minuten vor Spielende würde Schwebach noch immer unermüdlich über das Spielfeld fegen und dem Ausgleich hinterherrennen. Coburn bewunderte ihn, weil er sich aus Patriotismus freiwillig für Sondereinsätze in Vietnam gemeldet hatte. Seinen Kampfgeist sah man Schwebach nicht auf den ersten Blick an. Er war ein völlig unauffälliger Bursche, den man leicht übersah. In Teheran hatte er weiter im Süden als alle anderen gewohnt, in einem Stadtteil, in dem sonst keine Amerikaner lebten. Er war oft in einem abgewetzten alten Parka, Blue jeans und Strickmütze in den Straßen herumgewandert, doch nie behelligt worden. In einer Menschenmenge von nur zwei Leuten ging er völlig unter – eine Fähigkeit, die bei einer Gefängniserstürmung durchaus von Vorteil sein konnte.

Der zweite noch fehlende Mann war Ron Davis, mit

dreißig Jahren der jüngste auf der Liste. Sohn eines armen schwarzen Versicherungsvertreters, war Davis schnell in der Konzernhierarchie des weißen Amerika aufgestiegen. Nur wenige, die wie er als Programmierer angefangen hatten, schafften den Sprung in die Kundenbetreuung auf Management-Ebene. Perot war besonders stolz auf Davis und pflegte zu sagen: »Rons Karriere ist wie eine Mondrakete abgegangen.« In den anderthalb Jahren in Teheran hatte Davis recht gut Farsi gelernt und unter Keane Taylor an der Umstellung der Bank Omran auf EDV gearbeitet. Davis war fröhlich, respektlos und stets zu Streichen aufgelegt. Coburn hielt ihn für den aufrichtigsten von allen in der Gruppe. Für Davis war es selbstverständlich, offen über seine Gefühle und sein Privatleben zu sprechen. Deshalb hielt Coburn ihn für labil. Vielleicht war diese Fähigkeit aber auch ein Zeichen für Stärke und großes Selbstvertrauen.

Was immer es mit seiner Seelenstärke auf sich haben mochte – körperlich war Davis zäh wie Leder. Er war nie beim Militär gewesen, doch besaß er den schwarzen Gürtel der Karatekämpfer. Als er in Teheran einmal von drei Straßenräubern überfallen worden war, hatte er sie innerhalb weniger Sekunden allesamt fertiggemacht.

Jeder in der Gruppe war in den Dreißigern.

Jeder war verheiratet.

Und jeder hatte Kinder.

Die Tür ging auf und Perot kam herein.

»Schwebach und Davis sind noch nicht da«, teilte Coburn ihm mit.

»Schon gut«, erwiderte Perot und setzte sich. »Dann muß ich mich später mit ihnen unterhalten. Sollen gleich nach ihrer Ankunft zu mir ins Büro kommen.« Er machte eine Pause. »Ich werde ihnen genau das gleiche sagen, was ich euch jetzt erzähle.«

Erneut machte er eine Pause, als wolle er seine Gedanken sammeln. Dann runzelte er die Stirn und sah die Männer der Reihe nach an. »Ich brauche Freiwillige für ein Unternehmen, bei dem es auf Leben und Tod gehen kann. Zu diesem Zeitpunkt kann ich euch noch nichts Genaueres darüber sagen, aber ihr werdet euch schon denken können, worum es geht. Ich gebe euch fünf bis zehn Minuten Bedenkzeit, danach soll jeder von euch einzeln zu mir kommen. Überlegt euch eure Entscheidung gründlich. Wenn ihr aus irgendeinem Grunde nicht mitmachen wollt, dann sagt es frei heraus, und niemand außer den hier Anwesenden wird je davon erfahren. Entscheidet ihr euch dafür, dann erzähl' ich euch mehr darüber. Aber jetzt geht erst mal und denkt nach.«

Sie standen auf und verließen einer nach dem anderen das Zimmer.

*

Es könnte mich ebensogut auf dem Central Expressway erwischen, dachte Joe Poché.

Er wußte nur zu gut, um was es bei diesem gefährlichen Projekt ging: Sie sollten Paul und Bill aus dem Gefängnis holen.

Als er um halb drei in der Nacht im Haus seiner Schwiegermutter in San Antonio durch Pat Sculleys Telefonanruf geweckt worden war, war das bereits seine erste Vermutung gewesen. Sculley, der schlechteste Lügner der Welt, hatte gesagt: »Ross hat mich gebeten, dich anzurufen. Du sollst gleich heute früh nach Dallas kommen. Es geht um einen neuen Job in Europa.«

Und Poché hatte erwidert: »Pat, warum zum Teufel klingelst du mich zu nachtschlafender Zeit aus dem Bett, um mir so was zu sagen?«

»Na ja, es ist eben ganz schön wichtig, und wir müssen wissen, wann du hier sein kannst.«

In Ordnung, dachte Poché und lenkte ein, er kann am

Telefon nicht darüber sprechen. »Der erste Flug geht so um sechs oder sieben Uhr morgens.«

»Okay.«

Poché buchte den Flug und legte sich wieder schlafen. Er stellte den Wecker auf fünf Uhr und sagte zu seiner Frau: »Keine Ahnung, worum es geht, aber ich wünschte mir wirklich, daß ausnahmsweise mal nicht um den heißen Brei herumgeredet wird.«

In Wirklichkeit hatte er bereits eine ziemlich genaue Vorstellung davon, worum es ging, und seine Vermutungen bestärkten sich, als Ralph Boulware ihn später nicht zu EDS, sondern in dieses Hotel gebracht und sich die ganze Fahrt über beharrlich geweigert hatte, ihm irgendwelche näheren Einzelheiten mitzuteilen.

Poché war ein gründlicher Mensch, und jetzt hatte er genügend Zeit, sich mit der Idee, Paul und Bill aus dem Gefängnis herauszuholen, zu befreunden. Und obwohl er sich, wie immer, nichts anmerken ließ, war er froh, verdammt froh. Selbstverständlich würden sie nach Teheran gehen und ihre Freunde aus dem Knast holen. Poché war ganz einfach glücklich, daß man ihm die Chance gab, mit von der Partie zu sein.

*

Entgegen Coburns Erwartungen ließ sich Ralph Boulware nicht zu ätzenden Bemerkungen über den Rettungsplan hinreißen. Der skeptische, unbeeinflußbare Boulware war genauso Feuer und Flamme wie die anderen.

Auch er hatte erraten, um was es ging, wobei ihm, wie Poché, Sculleys Unfähigkeit zu lügen auf die Sprünge geholfen hatte. Boulware hielt sich mit seiner Familie bei Freunden in Dallas auf. Am Neujahrstag hatte er untätig herumgesessen, und seine Frau fragte ihn, warum er nicht ins Büro ginge. Es gäbe dort nichts für ihn zu tun, hatte er erwidert. Aber das nahm sie ihm nicht ab. Mary Boulware war der einzige Mensch auf der Welt, der Ralph einschüchtern konnte, und schließlich fuhr er in die Firma. Dort begegnete er zufällig Sculley.

»Was ist denn los?« hatte Boulware gefragt.

»Ach, nichts Besonderes«, erwiderte Sculley.

»Und was machst du hier?«

»In der Hauptsache Flüge buchen.«

Sculley kam ihm komisch vor. Boulware kannte ihn gut – in Teheran waren sie morgens gemeinsam zur Arbeit gefahren –, und sein siebter Sinn sagte ihm, daß Sculley nicht die Wahrheit sprach.

»Da stimmt doch was nicht«, sagte Boulware. »Was ist hier eigentlich los?«

»Hier ist gar nichts los, Ralph.«

»Und was tut sich wegen Paul und Bill?«

»Sie setzen alle Hebel in Bewegung, um sie rauszukriegen. Die Kaution beträgt dreizehn Millionen Dollar und irgendwie müssen wir das Geld in den Iran schaffen ...«

»Das ist doch Schwachsinn. Das gesamte Regierungssystem und die Justiz da drüben sind am Zusammenbrechen. Da gibt es überhaupt keine Hebel mehr. Also, was habt ihr vor?«

»Hör mal, zerbrich du dir nicht den Kopf darüber.«

»Ihr habt doch wohl nicht vor, sie dort selber rauszuholen, oder?«

Sculley gab keine Antwort.

»Na, auf mich könnt ihr jedenfalls zählen.«

»Was meinst du damit, wir können auf dich zählen?«

»Ist doch sonnenklar, daß ihr was ausbrütet.«

»Was soll das denn heißen?«

»Komm, hör auf mit den Fisimatenten. *Auf mich könnt ihr zählen.*«

»Okay.«

Die Entscheidung fiel ihm nicht schwer. Paul und Bill waren seine Freunde, und schließlich hätte es ebensogut ihn selbst treffen können. Und dann hätte *er* von seinen Freunden Hilfe erwartet.

Aber das war es nicht allein. Boulware mochte Pat Sculley unheimlich gern, ja, man konnte beinahe sagen, er liebte ihn. Außerdem fühlte er sich ein wenig als sein Beschützer. Nach Boulwares Meinung begriff Sculley überhaupt nicht, daß die Welt von Korruption, Verbrechen und Sünde beherrscht wurde – er sah nur, was er sehen wollte: in jedem Topf ein Huhn, in jeder Garage einen Chevrolet, eine Welt voller Friede, Freude, Eierkuchen. Wenn Sculley sich an einem Gefängnisausbruch beteiligen wollte, dann würde er Boulware als Schutzengel brauchen. Schon ein merkwürdiges Gefühl einem ungefähr gleichaltrigen Mann gegenüber – aber es war nun einmal so.

So hatte Boulware am Neujahrstag gedacht, und so dachte er auch heute noch. Also ging er in das Hotelzimmer zu Perot zurück und sagte ihm dasselbe, was er zu Sculley gesagt hatte: »Ihr könnt auf mich zählen.«

*

Glenn Jackson hatte keine Angst vorm Sterben.

Er wußte, was nach dem Tod kam, und fürchtete sich nicht. Wenn der Herr ihn heimrief – nun gut, dann war er bereit. Dennoch sorgte er sich um seine Familie. Sie waren gerade erst aus dem Iran evakuiert worden und lebten jetzt im Haus seiner Mutter in Osttexas. Er hatte noch nicht einmal Zeit gehabt, sich nach einer Bleibe für sie umzusehen. Sich auf dieses Unternehmen einzulassen, hieß gleichzeitig, sich nicht um die Familie kümmern zu können: Alles würde an Carolyn hängenbleiben. Sie war kein sonderlich selbständiger Mensch, und es würde ihr nicht leichtfallen.

Hinzu kam, daß sie ohnehin schon sauer auf ihn war. Sie hatte ihn an diesem Morgen nach Dallas begleitet, doch

Sculley hatte ihn angewiesen, sie wieder nach Hause zu schicken. Sie durfte nicht zusammen mit ihrem Mann im Hilton wohnen, und das hatte sie auf die Palme gebracht.

Doch Paul und Bill hatten ebenfalls Frau und Kinder. »Du sollst deinen Nächsten lieben wie dich selbst«, hieß es in zwei Bibelstellen: im dritten Buch Mose, Kapitel 19, Vers 18, und im Matthäus-Evangelium, 19, 19. Und wenn ich selber in einem Teheraner Gefängnis hockte, dachte Jackson, dann wäre ich auch heilfroh, wenn sich andere für mich einsetzten.

Und er meldete sich freiwillig.

*

Sculley hatte sich schon vor Tagen entschieden.

Noch bevor Perot den Gedanken an eine solche Rettungsaktion aufs Tapet brachte, hatte Sculley bereits mit anderen darüber diskutiert. Der Gedanke war ihm einen Tag nach Pauls und Bills Verhaftung gekommen, dem Tag, an dem er gemeinsam mit Joe Poché und Jim Schwebach aus Teheran ausgeflogen wurde. Sculley war sehr unglücklich darüber gewesen, die beiden zurückzulassen, vor allem deshalb, weil sich gewalttätige Exzesse in Teheran in den letzten Tagen gehäuft hatten. Zu Weihnachten waren zwei Afghanen, die man beim Klauen im Basar erwischt hatte, kurzerhand vom Mob aufgeknüpft worden; einem Taxifahrer, der versucht hatte, sich in der Schlange vor einer Tankstelle nach vorne zu drängeln, war von einem Soldaten eine Kugel in den Kopf gejagt worden. Was würden sie erst, wenn es einmal richtig losging, den Amerikanern antun? Er mochte gar nicht daran denken.

Im Flugzeug hatte Sculley neben Jim Schwebach gesessen. Beide waren überzeugt, daß Paul und Bill in Lebensgefahr schwebten. Und Schwebach mit seinen Erfahrungen bei geheimen Kommandoaktionen stimmte mit

Sculley darin überein, daß es ein paar entschlossenen Amerikanern möglich sein müßte, zwei Männer aus einem iranischen Gefängnis zu befreien.

Deswegen war Sculley freudig überrascht, als Perot ihm drei Tage später sagte: »Daran hab' ich auch schon gedacht.«

Sculley hatte sich selbst auf die Liste gesetzt.

Er brauchte keine Bedenkzeit.

Er war dabei.

*

Sculley hatte Coburn auf die Liste gesetzt, ohne ihm etwas davon zu sagen.

Und er hatte recht behalten: Auch Coburn wollte dabeisein. Liz wird das gar nicht gefallen, dachte Coburn.

Er seufzte. In letzter Zeit gab es so vieles, wovon seine Frau alles andere als angetan war.

Sie klammerte sich zu sehr an ihn, fand er. Sie war unzufrieden mit seinem Job als Berufssoldat gewesen, mochte es nicht, daß er seinen eigenen Hobbys nachging, noch fand sie sich damit ab, daß er für einen Boß arbeitete, der sich die Freiheit nahm, ihn zu jeder Tages- und Nachtzeit wegen irgendwelchen Spezialaufgaben anzurufen.

Sein Leben hatte noch nie ihren Vorstellungen entsprochen, und jetzt war es vermutlich zu spät, einen Neuanfang zu machen. Ging er nach Teheran, um Paul und Bill zu retten, würde Liz ihn deswegen vielleicht hassen; ging er nicht, weil sie ihn daran hinderte, wäre es wahrscheinlich gerade umgekehrt.

Tut mir leid, Liz, dachte er, aber es ist wieder mal soweit.

*

Jim Schwebach traf erst am späten Nachmittag ein und bekam von Perot die gleiche Rede zu hören.

Schwebach hatte ein sehr stark entwickeltes Pflichtbewußtsein. Ursprünglich hatte er Seelsorger werden wollen, doch zwei Jahre an einem katholischen Priesterseminar hatten ihn auf ewig für die institutionalisierte Religion verdorben. In Vietnam war er einer ganzen Menge Leute begegnet, die ihren Job mehr schlecht als recht erledigten; er wußte, daß er es besser konnte. Und er hatte sich gesagt: Wenn ich mich jetzt drücke, springt ein anderer für mich ein, der's nicht halb so gut macht wie ich, und dann wird ein Kamerad einen Arm, ein Bein oder sogar sein Leben verlieren. Ich bin dafür ausgebildet, ich kann das, und ich schulde es den Kameraden, bei der Stange zu bleiben.

Ganz ähnlich dachte er über die Befreiung von Paul und Bill. Im Grunde genommen war er der einzige in diesem provisorischen Team, der wirklich mit solchen Sachen Erfahrung hatte: Er wurde gebraucht, und so zögerte er jetzt keine Sekunde.

Er konnte es gar nicht erwarten.

*

Ron Davis, der zweite Schwarze auf der Liste und der Benjamin des Teams, zögerte.

Er kam am frühen Abend in Dallas an und wurde gleich zum EDS-Hauptgebäude in der Forest Lane gefahren. Er war Perot noch nie persönlich begegnet, hatte aber mit ihm im Laufe der Evakuierung aus Teheran telefoniert. Ein paar Tage lang hatten sie damals eine Telefonverbindung zwischen Dallas und Teheran rund um die Uhr aufrechterhalten. Einer mußte in Teheran sogar mit dem Telefon ins Bett gehen, und dieser eine war oft genug Davis gewesen. Einmal hatte sich Perot selbst gemeldet.

»Ron, mir ist klar, daß es bei euch nicht gut aussieht, und ich weiß es zu schätzen, daß du geblieben bist. Kann ich vielleicht irgend etwas für dich tun?«

Davis war überrascht gewesen. Er tat nichts anderes als seine Freunde und erwartete dafür kein Extralob. Dennoch hatte er etwas auf dem Herzen.

»Meine Frau ist schwanger, und ich habe sie eine ganze Weile lang nicht gesehen«, sagte er zu Perot. »Vielleicht könnte sie jemand anrufen und ihr sagen, daß es mir gutgeht und daß ich so schnell wie möglich nach Hause kommen werde.«

Er mochte es kaum glauben, als er später von Marva erfuhr, daß Perot niemanden damit beauftragt, sondern selbst bei ihr angerufen hatte.

Und als Davis jetzt Perot zum erstenmal gegenüberstand, war er wiederum beeindruckt. Perot schüttelte ihm die Hand und sagte herzlich: »Hallo, Ron, wie geht's?« – ganz so, als seien sie seit Jahren befreundet.

Und trotzdem – Davis hatte seine Zweifel, als Perot von Lebensgefahr sprach. Er wollte mehr darüber erfahren. Paul und Bill würde er gern helfen, aber er wollte sichergehen, daß die ganze Sache gut organisiert und professionell aufgezogen war.

Perot erzählte ihm von Bull Simons, und das gab den Ausschlag.

*

Perot war stolz auf seine Leute. Kein einziger hatte nein gesagt.

Er saß in seinem Büro. Draußen war es dunkel, und er wartete auf Simons.

Es war schon ein ganz besonderer Tag gewesen. Simons hatte spontan sein Kommen und seine Hilfe zugesagt. Und sieben junge Manager hatten, ohne zu zögern, alles stehen- und liegengelassen und sich einverstanden erklärt, in den Iran zurückzukehren und dort eine Gefängniserstürmung zu inszenieren.

Im Augenblick befanden sie sich alle im EDS-Konferenzraum am Ende des Gangs und warteten auf Simons, der im Hilton eingezogen und mit Marquez und Stauffer zum Abendessen gegangen war.

Perot dachte über Stauffer nach. Stauffer war Perots rechte Hand: untersetzt, bebrillt, vierzig Jahre alt, Betriebswirt. Perot konnte sich noch lebhaft an ihr erstes Zusammentreffen erinnern. Merv, Absolvent irgendeiner Hochschule in Kansas, hatte in einem billigen Mantel und schlechtsitzenden Hosen ausgesehen, als käme er direkt von einer Farm. Er hatte damals weiße Socken getragen.

Während des Vorstellungsgesprächs hatte Perot ihm so behutsam wie möglich beigebracht, daß weiße Socken nicht das richtige Kleidungsstück für eine geschäftliche Besprechung waren.

Die Socken waren Stauffers einziger Fehler geblieben. In der Folge vermittelte er Perot den Eindruck eines klugen und zähen Menschen, der organisieren und harte Arbeit leisten konnte.

Im Laufe der Jahre entdeckte Perot weitere gute Eigenschaften an Stauffer. Er hatte ein wunderbares Gespür für Einzelheiten – eine Fähigkeit, die ihm selbst abging. Und er war ein geschickter Diplomat. Oft erforderte ein Vertragsabschluß mit EDS die Übernahme einer schon existierenden EDV-Abteilung mit all ihren Mitarbeitern. Und das war nicht immer einfach, denn diese Leute waren verständlicherweise ein bißchen frustriert, sehr empfindlich und manchmal sogar feindselig. Merv Stauffer gelang es mit seiner Ruhe, seinem Lächeln, seiner Hilfsbereitschaft, seinem ausgeglichenen Wesen und seiner sanften Entschlossenheit wie keinem anderen, die Wogen zu glätten.

Sein Arbeitseifer war enorm. Sogar unter den Arbeitswütigen im sechsten Stock stach er noch hervor. Nicht nur, daß er das bewerkstelligte, was Perot in der vorhergehenden Nacht geträumt hatte – gleichzeitig beaufsichtigte er Perots Maklerfirma und seine Ölgesellschaft, managte seine Investitionen und kümmerte sich um seine Immobilien.

Die beste Hilfe für Simons war es, ihm Merv Stauffer zur Seite zu geben, beschloß Perot.

Er fragte sich, ob Simons sich verändert hatte. Jahre waren seit ihrem letzten Treffen vergangen. Simons war einmal ein großartiger Soldat gewesen. War er immer noch fit? Er war jetzt sechzig und schon vor dem Sturm auf Son Tay hatte er den ersten Schlaganfall gehabt. War er geistig noch voll auf der Höhe? War er noch immer ein so großartiger Offizier?

Aus dem Vorzimmer drangen Stimmen zu ihm herüber. Sie waren da. Er stand auf, und Simons kam mit T. J. Marquez und Merv Stauffer herein.

»Wie geht es Ihnen, Colonel Simons?« fragte Perot. Er nannte ihn nie Bull Simons, das war ihm zu abgedroschen.

»Hallo, Ross«, sagte Simons und schüttelte ihm die Hand.

Sein Händedruck war fest. Er trug legere Khakihosen, sein Hemdkragen stand offen und ließ seinen muskulösen, massigen Nacken sehen. Er war älter geworden: Das unternehmungslustige Gesicht war zerfurchter, das ehedem kurzgeschorene Haar länger und grauer. Aber er wirkte noch immer fit und unerschütterlich. Die Stimme war die gleiche geblieben, tief und kratzig vom Rauchen, mit kaum wahrnehmbarem New Yorker Akzent. In der Hand hielt er die Akten, die Coburn für ihn zusammengestellt hatte.

»Setzt euch«, sagte Perot. »Habt ihr schon gegessen?«
»Wir waren im Dusty«, antwortete Stauffer.
»Wann ist dieser Raum zum letztenmal von Wanzen gesäubert worden?« fragte Simons.

Perot lächelte. Simons war nicht nur körperlich fit –

auch sein Verstand war noch immer messerscharf. Um so besser.

»Noch nie, Colonel«, erwiderte er.

»Von jetzt an wird jeder Raum, den wir benutzen, jeden Tag gründlich gefilzt.«

»Ich kümmere mich darum«, sagte Stauffer.

»Wenn Sie irgend etwas benötigen, Colonel, brauchen Sie nur Merv Bescheid zu sagen«, meinte Perot. »Und jetzt wollen wir erst einmal übers Geschäftliche reden. Wir sind heilfroh, daß Sie gekommen sind, und möchten Ihnen einen Ausgleich dafür anbieten ...«

»Das schlagen Sie sich mal gleich aus dem Kopf«, sagte Simons barsch.

»Aber –«

»Wenn ich Landsleuten aus der Patsche helfe, will ich nicht dafür bezahlt werden«, sagte Simons. »Ich habe noch nie eine Prämie dafür gekriegt, und so soll es auch bleiben.«

Simons war gekränkt, und seine Verstimmung machte sich im ganzen Raum deutlich bemerkbar.

Perot lenkte sofort ein: Simons war einer der wenigen, vor denen er Respekt hatte. Der alte Haudegen hat sich kein bißchen geändert, dachte er.

»Unser Team wartet im Konferenzraum auf Sie. Ich sehe, Sie haben die Unterlagen bei sich, aber ich denke, Sie werden sich persönlich ein Bild machen wollen. Jeder vom Team kennt sich in Teheran aus und jeder war entweder in der Armee oder besitzt andere nützliche Fertigkeiten – letzten Endes bleibt die Auswahl der Männer natürlich Ihnen überlassen. Sollten Sie aus irgendwelchen Gründen mit diesen Leuten nicht einverstanden sein, dann suchen wir uns andere. Sie führen hier das Kommando.« Perot hoffte, Simons würde keinen einzigen ablehnen, aber er mußte ihm zumindest die Möglichkeit dazu offenlassen.

Simons erhob sich. »Machen wir uns an die Arbeit.«

T. J. blieb ein wenig hinter Simons und Stauffer zurück und sagte leise: »Seine Frau ist gestorben.«

»Lucille?« Perot wußte es noch nicht. »Das tut mir aber leid.«

»Krebs.«

»Habt ihr eine Ahnung, wie er es verkraftet?«

T. J. nickte. »Gar nicht gut.«

Als T. J. hinausging, kam Perots zwanzigjähriger Sohn Ross junior herein. Für Perots Kinder war es nichts Ungewöhnliches, ihren Vater in seinem Büro aufzusuchen, doch dieses Mal wünschte er sich, sein Sohn hätte sich einen besseren Zeitpunkt ausgesucht als ausgerechnet diesen, da im Konferenzsaal eine Geheimbesprechung stattfand. Ross junior mußte Simons in der Eingangshalle gesehen haben. Der Junge war Simons schon früher begegnet und wußte genau, um wen es sich handelte. Inzwischen hat er bestimmt eins und eins zusammengezählt, dachte Perot.

Ross nahm Platz und sagte: »Hallo, Dad. Ich habe gerade Großmutter besucht.«

»Fein«, erwiderte Perot und sah seinen Sohn mit liebevollem Stolz an. Ross junior war groß, breitschultrig, schlank und bei weitem attraktiver als sein Vater. Die Mädchen liefen ihm nur so nach, wobei die Tatsache, daß er der Erbe eines großen Vermögens war, nur einen Teil seiner Anziehungskraft ausmachte.

»Wir beide müssen heute einmal Tacheles miteinander reden«, sagte Perot. »Zwar habe ich die Absicht, mindestens hundert Jahre alt zu werden, aber sollte mir doch vorher etwas zustoßen, dann erwarte ich von dir, daß du das College verläßt, nach Hause zurückkehrst und dich um deine Mutter und um deine Schwestern kümmerst.«

»Das würde ich ohnehin machen«, sagte Ross. »Mach dir darüber keine Sorgen.«

»Und sollte deiner Mutter etwas zustoßen, so möchte ich, daß du zu Hause lebst und deine Schwestern aufziehst. Ich weiß, das ist viel von dir verlangt, aber ich sähe es gar nicht gerne, wenn du fremde Leute dafür anstelltest. In solch einem Fall braucht die Familie *dich*, weil du dazugehörst. Ich verlasse mich darauf, daß du zu Hause mit ihnen zusammenlebst und dich darum kümmerst, daß sie ordentlich erzogen werden ...«

»Dad, das hätte ich ohnehin getan, auch wenn du es nie erwähnt hättest.«

»Fein.«

Der Junge erhob sich zum Gehen. Perot begleitete ihn zur Tür. Er war überrascht, Tränen in den Augen seines Sohnes zu sehen.

Perot hatte den Plan, selber nach Teheran zu fliegen, noch nicht genauer ins Auge gefaßt, wußte jedoch, daß er es nicht fertig bringen würde, sich im Hintergrund zu halten, während seine Männer ihr Leben aufs Spiel setzten.

Seine Familie würde geschlossen hinter ihm stehen, so viel war Perot klar. Sie hatten ihn alle stets ermutigt zu tun, was er für seine Pflicht hielt.

Während er noch saß und überlegte, kam seine älteste Tochter Nancy herein.

»Poops!« sagte sie. Das war ihr Kosename für ihren Vater.

»Hallo, kleine Nan! Komm her!«

Sie ging um den Schreibtisch herum und setzte sich auf seinen Schoß.

Er liebte Nancy über alles. Sie war achtzehn Jahre alt, blond, sehr klein, aber kräftig und erinnerte ihn an seine Mutter. Genau wie Perot selbst war sie energisch und eigensinnig und verfügte wahrscheinlich über ebensoviel Begabung fürs Geschäft wie ihr Bruder.

»Ich komme, um dir Lebewohl zu sagen – ich fahre nach Vanderbilt zurück.«

»Hast du Großmutter noch einmal besucht?«

»Klar.«

»Braves Mädchen.«

Sie war bestens aufgelegt und freute sich darauf, wieder zur Schule zu gehen; die gespannte Atmosphäre ignorierte sie.

»Wie wär's mit ein bißchen Extrageld?« fragte sie.

Perot lächelte nachsichtig und zückte seine Brieftasche. Wie stets war es ihm unmöglich, ihr zu widerstehen.

Sie steckte das Geld ein, gab ihm einen Kuß auf die Wange, sprang von seinem Schoß herunter und verließ das Zimmer.

Dieses Mal hatte Ross Perot senior Tränen in den Augen.

*

Das ist ja das reinste Klassentreffen, dachte Jay Coburn. Die alten »Teheraner« hockten zusammen in einem Zimmer, warteten auf Simons und schwatzten über den Iran und die Evakuierung. Da war einmal Ralph Boulware, der wie ein Maschinengewehr redete; dann Joe Poché, der nachdenklich herumsaß und so aufgekratzt wirkte wie ein beleidigter Roboter; Glenn Jackson, der über Schußwaffen sprach; Jim Schwebach, dessen schiefes Lächeln stets den Eindruck erweckte, er wüßte mehr als man selbst; und Pat Sculley, der sich über den Angriff auf Son Tay ausließ. Mittlerweile wußten sie alle, daß sie den legendären Bull Simons kennenlernen sollten. Als er noch Ranger-Ausbilder gewesen war, hatte Sculley Simons' berühmten Sturm auf Son Tay in seinen Lehrplan aufgenommen; er wußte also genauestens Bescheid über die minuziösen Vorbereitungen, die endlosen Probeläufe und die Tatsache, daß Simons all seine Männer lebend zurückgebracht hatte.

Die Tür ging auf und eine Stimme befahl: »Alles aufgestanden!«

Sie stießen ihre Stühle zurück und erhoben sich.

Ron Davis schlenderte herein und grinste von einem Ohr zum anderen.

»Du Rindvieh!« sagte Coburn, und alle mußten lachen, als sie begriffen, daß sie hereingelegt worden waren. Davis ging herum und gab jedem einen lockeren Begrüßungspatsch.

Das war typisch Davis, er mußte immer den Clown spielen. Coburn betrachtete einen nach dem anderen und fragte sich, wie er wohl in einer gefährlichen Situation reagieren würde. Der Kampf war schon eine komische Sache; man konnte nie voraussagen, wie einer damit fertig wurde. Der Mann, den man immer für den tapfersten gehalten hatte, konnte den Schwanz einziehen, während der größte Feigling plötzlich zum Fels in der Brandung wurde und die Stellung behauptete.

*

Alle Gespräche verstummten, als Simons zum Kopfende des Konferenztisches schritt.

Das ist ein Mordskerl, dachte Coburn. Der ist mit allen Wassern gewaschen.

T. J. Marquez und Merv Stauffer kamen nach Simons herein und nahmen in der Nähe der Tür Platz.

Simons pfefferte seinen schwarzen Hartschaumkoffer in eine Ecke, ließ sich auf einen Stuhl fallen und zündete sich ein Zigarillo an.

»Ich bin Colonel Simons«, stellte er sich vor.

Coburn rechnete damit, daß er nun sagen würde »Ich bin hier der Boß, hört mir zu und tut, was ich euch sage«.

Statt dessen begann Simons, ihnen Fragen zu stellen.

Er wollte alles über Teheran wissen: das Wetter, den Verkehr, aus welchem Material die Häuser gebaut waren, die Menschen auf der Straße, die Anzahl der Polizisten und die Art ihrer Bewaffnung.

Auch für die kleinste Kleinigkeit interessierte er sich. Sie erzählten ihm, daß alle Polizisten bewaffnet waren, bis auf die Verkehrspolizisten. Woran konnte man letztere erkennen? An ihren weißen Mützen. Sie erzählten ihm, daß es blaue und orangefarbene Taxis gab. Und was bedeutete die Farbe? Die blauen fuhren vorgegebene Strecken mit festen Fahrpreisen, die orangefarbenen fuhren theoretisch überall hin – aber wenn man eines anhielt, saß normalerweise schon ein Fahrgast drin und der Chauffeur fragte erst einmal, wohin man wollte. Fuhr er in die gleiche Richtung, ließ er einen einsteigen und man mußte sich den Betrag auf dem Taxameter merken. Wenn man dann ausstieg, bezahlte man nur die Differenz – was zu ewigen Reibereien mit den Taxifahrern führte.

Simons wollte den genauen Standort des Gefängnisses wissen. Merv Stauffer machte sich auf die Suche nach Stadtplänen von Teheran. Und wie sah das Gebäude aus? Joe Poché und Ron Davis waren beide einmal daran vorbeigefahren. Poché zeichnete eine Skizze auf die Magnetschreibtafel.

Coburn lehnte sich zurück und beobachtete Simons bei der Arbeit. Sich die Erfahrungen dieser Männer zunutze zu machen, war nur ein Teilaspekt, stellte Coburn fest. Da er selbst jahrelang Einstellungsgespräche für EDS geführt hatte, erkannte er, worauf Simons aus war: Er machte sich von jedem einzelnen ein genaues Bild, beobachtete seine Reaktionen, versuchte, ihn charakterlich einzuschätzen.

Coburn war neugierig, ob Simons einen von der Liste streichen würde.

Einmal fragte Simons: »Wer ist bereit, bei dieser Aktion zu sterben?«

Niemand sagte einen Ton.

»Gut«, meinte Simons. »Ich würde sowieso keinen mitnehmen, der vorhat zu sterben.«

Stundenlang zog sich das Frage-und-Antwort-Spiel hin. Kurz nach Mitternacht hob Simons die Runde auf.

Es war allen Beteiligten inzwischen klargeworden, daß

ihre Kenntnisse über das Gefängnis nicht ausreichten, um einen Rettungsplan auszuarbeiten. Coburn wurde damit beauftragt, über Nacht mehr in Erfahrung zu bringen. Er würde ein paar Telefongespräche mit Teheran führen.

»Können Sie die Leute über das Gefängnis ausfragen, ohne daß sie merken, wozu Sie das wissen wollen?« fragte Simons.

»Ich werde aufpassen«, sagte Coburn.

Simons wandte sich an Merv Stauffer. »Wir brauchen einen sicheren Ort für unsere Treffen. Irgendwas, was nichts mit EDS zu tun hat.«

»Wie wär's mit dem Hotel?«

»Da sind die Wände zu dünn.«

Stauffer überlegte. »Ross besitzt ein kleines Haus am Lake Grapevine Richtung Dallas/Fort Worth Flughafen. Bei dem Wetter gibt's jetzt bestimmt niemanden, der dort schwimmen oder angeln will.«

Simons wirkte nicht sehr überzeugt.

»Wie wär's, wenn ich Sie in der Frühe hinfahre, damit Sie sich selbst ein Bild davon machen können?« fragte Stauffer.

»In Ordnung.« Simons erhob sich. »Im Moment gibt es nichts weiter zu tun.«

Einer nach dem anderen verließ den Raum.

Als Davis sich zum Gehen anschickte, bat Simons ihn um ein Wort unter vier Augen.

»So ein harter Bursche sind Sie nun auch wieder nicht, Davis.«

Ron Davis starrte Simons verblüfft an.

»Wie kommen Sie eigentlich auf die Idee«, fuhr Simons fort, »Sie seien überhaupt einer?«

Davis blieb die Spucke weg. Den ganzen Abend über hatte sich dieser Simons höflich, vernünftig und gelassen gezeigt, und jetzt machte er plötzlich den Eindruck, als suche er Streit. Was wollte der eigentlich von ihm?

Davis fielen seine Leistungen in den Kampfsportarten

ein und die Gangster, mit denen er in Teheran kurzen Prozeß gemacht hatte, aber er sagte lediglich: »Ich habe mich nie für einen Draufgänger gehalten.«

Simons tat, als habe er nichts gehört. »Gegen eine Pistole haben Sie mit Ihrem lächerlichen Karate keine Chance.«

»Wahrscheinlich nicht ...«

»Das Team kann keinen bösen schwarzen Mann gebrauchen, der bloß verrückt aufs Losprügeln ist.«

Davis dämmerte allmählich, worum es Simons ging. Ruhig Blut, redete er sich zu. »Ich habe mich nicht freiwillig gemeldet, weil ich ganz verrückt aufs Losprügeln bin, Colonel, ich —«

»Und warum dann?«

»Weil ich Paul und Bill und ihre Frauen und Kinder kenne, und weil ich ihnen helfen will.«

»Dann bis morgen«, nickte Simons. Das Gespräch war zu Ende.

Davis fragte sich, ob er nun die Prüfung bestanden hatte.

*

Am Nachmittag des dritten Januar 1979 trafen sich alle in Perots Wochenendhaus am Ufer des Lake Grapevine.

Die zwei oder drei anderen Häuser in der Nähe schienen, wie Merv Stauffer richtig vorausgesehen hatte, unbewohnt zu sein. Perots Haus war durch mehrere Hektar dichten Waldes abgeschirmt, und zum See hinunter erstreckte sich eine große Wiese. Es war ein kompaktes, recht kleines Holzhaus – die Garage für Perots Schnellboote war wesentlich größer.

Die Tür war verschlossen, und niemand hatte daran gedacht, die Schlüssel mitzubringen. Schwebach knackte einen Fensterriegel und ließ die anderen herein.

Es gab ein Wohnzimmer, zwei Schlafzimmer, eine Küche und ein Bad. Das Mobiliar war einfach und in fröhlichem Weiß-Blau gehalten.

Die Männer ließen sich mit Landkarten, Schreibblökken, Markierstiften und Zigaretten im Wohnzimmer nieder. Coburn erstattete Bericht. In der Nacht hatte er mit Madjid und ein paar anderen Leuten in Teheran telefoniert. Es war nicht leicht gewesen, detaillierte Informationen über das Gefängnis in Erfahrung zu bringen und dabei immer so zu tun, als sei man daran nur beiläufig interessiert. Aber im großen und ganzen war es ihm geglückt, glaubte er.

Das Gefängnis war Teil des Justizministeriums, das sich über einen ganzen Häuserblock erstreckte, und der Eingang befand sich auf der Rückseite. Gleich neben dem Eingang lag ein Hof, der nur durch ein vier Meter hohes Eisengitter von der Straße getrennt war. In diesem Hof verbrachten die Häftlinge ihre Freistunde. Ganz offensichtlich war er der schwache Punkt des Gefängnisses.

Simons stimmte Coburn zu. Sie mußten also nur warten, bis die Gefangenen sich die Beine vertreten durften, über die Abgrenzung klettern, sich Paul und Bill schnappen, sie auf die andere Seite hieven und sich aus dem Staub machen.

Sie begannen, den Plan auszufeilen.

Wie würden sie über das Gitter kommen? Sollten sie Leitern nehmen oder sollte einer beim anderen auf die Schultern steigen?

Sie würden einen Lieferwagen benutzen, beschlossen sie, und von dessen Dach aus über den Zaun steigen. Ein Lieferwagen brachte noch weitere Vorteile mit sich: Niemand konnte in ihn hineinschauen, wenn sie zum Gefängnis fuhren und, was noch wichtiger war, von dort wieder abfuhren.

Joe Poché, der sich von allen am besten in Teheran auskannte, war als Fahrer vorgesehen.

Und wie sollten sie mit den Gefängniswärtern fertig

werden? Umbringen wollten sie keinen, ihr Kampf galt weder dem Iraner auf der Straße noch den Wärtern, denn es war nicht deren Schuld, daß Paul und Bill im Gefängnis saßen. Außerdem: Wenn es Tote gab, würde der nachfolgende Aufruhr die Flucht aus dem Iran noch mit zusätzlichen Risiken behaften. Andererseits: Die Wachen würden keinen Moment zögern, auf *sie* zu schießen.

Die beste Vorsichtsmaßnahme lag nach Simons' Meinung in einer Kombination aus Überraschung, Schock und Schnelligkeit.

Das Überraschungsmoment würde ihnen zugute kommen. Ein paar Sekunden lang würden die Wachen nicht kapieren, was da passierte.

Danach mußte das Rettungsteam irgend etwas anstellen, was die Wärter Deckung suchen ließ. Am besten wären wohl ein paar Gewehrsalven – mitten auf der Straße abgefeuert, wirkten sie wie ein plötzlich einsetzendes Gewitter. Der Schock würde die Wachen veranlassen, in die Defensive zu gehen, statt die Befreier anzugreifen. Womit wiederum ein paar Sekunden gewonnen wären.

Waren sie schnell genug, konnten diese Sekunden durchaus reichen.

Oder auch nicht.

Während der Plan langsam Gestalt annahm, vernebelte Tabaksqualm das Zimmer zusehends. Simons saß einfach da, steckte sich ein Zigarillo am anderen an, hörte zu, fragte nach, lenkte die Diskussion. Eine ganz schön demokratische Armee ist das hier, dachte Coburn. In dem Maße, in dem sich seine Freunde in den Plan vertieften, vergaßen sie Frauen und Kinder, Hypotheken, Rasenmäher und Kombis, vergaßen ganz und gar, wie unglaublich ihr Vorhaben im Grunde genommen war. Davis hörte mit seinen Clownereien auf; Sculley spielte nicht mehr den großen Jungen, sondern wurde kalt und berechnend; Poché wollte wie immer alles zerreden; Boulware war, wie üblich, skeptisch.

Der Nachmittag verging und es wurde Abend. Sie entschieden, daß der Lieferwagen auf dem Gehsteig vor dem Eisengitter geparkt werden sollte und versicherten Simons, daß dies in Teheran nichts Ungewöhnliches war. Simons würde mit einem Gewehr unter dem Mantel als Beifahrer neben Poché sitzen. Er würde hinausspringen und sich vor dem Auto aufbauen. Ralph Boulware sollte dann, ebenfalls mit einem Gewehr unter dem Mantel, aus der geöffneten rückwärtigen Tür springen. Bis zu diesem Zeitpunkt würde nach außen hin nichts Auffälliges zu sehen sein.

Nun sollte Ron Davis – gegebenenfalls im Feuerschutz von Simons und Boulware – aus dem Lieferwagen steigen, aufs Dach und von dort aus auf das Eisengitter klettern und in den Hof hinunterspringen. Die Wahl fiel auf Davis, weil er der Jüngste und Durchtrainierteste von allen war und der Sprung – immerhin vier Meter tief – ziemlich hart sein würde.

Coburn würde Davis über den Zaun nachkommen. Er war zwar nicht durchtrainiert, aber sein Gesicht war Paul und Bill am vertrautesten, und sobald sie ihn erblickten, würden sie begreifen, daß es hier um ihre Befreiung ging.

Danach würde Boulware eine Leiter in den Hof hinunterlassen. Waren sie schnell genug, so konnte der Überraschungseffekt bis hierher nachwirken. Doch spätestens jetzt war mit einer Reaktion der Wärter zu rechnen: Jetzt mußten Simons und Boulware ihre Gewehrsalven in die Luft jagen. In dem nun entstehenden Tohuwabohu würde das Team weitere kostbare Sekunden gewinnen.

Und was, wenn sich jemand *von außerhalb* einmischte? fragte Simons. Die Polizei etwa oder Soldaten? Revolutionäre Aufrührer oder einfach nur ums öffentliche Wohl besorgte Passanten?

Sie kamen zu dem Schluß, daß sie zwei Flankenposten brauchten, an jedem Straßenende einen. Sie sollten in einem Personenwagen wenige Sekunden vor dem anderen eintreffen und mit Handfeuerwaffen ausgerüstet sein. Ihnen oblag es, jegliche Störung der Befreiungsaktion durch Außenstehende zu verhindern. Jim Schwebach und Pat Sculley sollten diese Aufgabe übernehmen, Glenn Jackson ihren Wagen steuern.

In dem im Hof herrschenden Durcheinander würde sich Ron Davis in der Zwischenzeit um die Wachen kümmern und gleichzeitig Coburn, der sich Paul und Bill schnappte und sie die Leiter hinaufscheuchte, Feuerschutz geben. Vom Eisengitter aus würden sie dann auf das Dach des Lieferwagens und von dort auf den Boden springen und sich schleunigst ins Wageninnere begeben. Coburn sollte folgen, zum Schluß Davis.

»Und den letzten beißen die Hunde, was?« sagte Davis. »Ich trage das größte Risiko. Als erster rein und als letzter raus.«

»Red kein Blech«, entgegnete Boulware. »Weiter im Text.«

Simons sollte wieder vorne einsteigen, Boulware hinten und dabei die Türe schließen; dann konnte Poché Gas geben.

Jackson würde die beiden Flankenposten Schwebach und Sculley aufnehmen und dem Lieferwagen hinterherfahren.

Auf ihrer Flucht konnte Boulware durch das Rückfenster schießen und Simons die Straße vor ihnen aufs Korn nehmen. Um hartnäckige Verfolger würden sich Sculley und Schwebach kümmern.

An einem vorher vereinbarten Ort würden sie den Lieferwagen stehenlassen und sich auf mehrere Personenwagen verteilen, um sich zum Luftwaffenstützpunkt Doschen Toppeh am Rande der Stadt durchzuschlagen. Von dort aus würde sie ein Flugzeug der US-Luftwaffe außer Landes bringen; entsprechende Vereinbarungen mußte Perot noch irgendwie arrangieren.

Am Ende des Tages hatten sie einen Plan auf die Beine gestellt, mit dem sie vorläufig arbeiten konnten.

Bevor sie aufbrachen, wurden sie von Simons instruiert, außerhalb dieser vier Wände kein Wort über den Befreiungsplan zu verlieren – weder ihren Frauen gegenüber, und untereinander schon gar nicht. Jeder solle sich eine plausible Erklärung dafür einfallen lassen, daß er in ungefähr einer Woche auf Auslandsreise ginge. Außerdem, so fügte er mit einem Seitenblick auf die überquellenden Aschenbecher und fülligen Taillen hinzu, solle sich jeder von ihnen einem Trainingsprogramm unterziehen, um schnell wieder in Form zu kommen.

Die Befreiung war nicht mehr nur eine Schnapsidee von Ross Perot – der Plan nahm langsam Gestalt an.

*

Jay Coburn unternahm als einziger den ernsthaften Versuch, seine Frau hinters Licht zu führen.

Er ging ins Hilton zurück und rief Liz an: »Hallo, Liebling.«

»Hallo, Jay. Wo steckst du denn?«

»In Paris ...«

Auch Joe Poché rief seine Frau aus dem Hilton an.

»Wo bist du eigentlich?« fragte sie ihn.

»Ich bin in Dallas.«

»Und was machst du da?«

»Ich arbeite bei EDS natürlich.«

»Joe, EDS in Dallas hat bei *mir* angerufen und gefragt, wo du dich rumtreibst!«

Poché begriff, daß irgend jemand, der nicht in das Geheimnis eingeweiht war, ihn gesucht hatte. »Ich arbeite gerade nicht mit denen zusammen, sondern direkt mit Ross. Da hat wohl irgendwer vergessen, Bescheid zu sagen.«

»Und was für 'ne Arbeit ist das?«
»Es geht da um ein paar Sachen, die wir für Paul und Bill erledigen müssen.«
»Ach so ...«

*

Als Boulware zum Haus seiner Freunde zurückkehrte, bei denen er mit seiner Familie wohnte, schliefen seine Töchter Stacy Elaine und Kecia Nicole bereits. »Na, wie war's heute?« fragte seine Frau.

»Ach, ganz gut«, sagte er.

Sie sah ihn befremdet an. »Nun, raus mit der Sprache, was hast du gemacht?«

»Nichts Besonderes.«

»Für einen, der nichts Besonderes getan hat, warst du aber ganz schön beschäftigt. Ich habe dich zwei- oder dreimal angerufen, und jedesmal warst du nirgends zu finden.«

»Ich war schon da. Ich glaube, ich könnte jetzt ein Bier vertragen.«

Mary Boulware war eine warmherzige, aufrichtige Frau, der jegliche Art von Täuschung fernlag. Und sie war keineswegs dumm. Sie wußte allerdings, daß Ralph ein paar unumstößliche Ansichten über die Rollenverteilung in einer Ehe hatte. Sie mochten zwar altmodisch sein, aber Ralph und Mary kamen ganz gut damit zurecht. Wenn er über irgend etwas aus dem Büro nicht reden wollte, dann war sie die letzte, die darüber einen Streit vom Zaun brach.

»Ein Bier, bitte schön, kommt sofort ...«

*

Jim Schwebach machte nicht einmal den Versuch, seine Frau Rachel an der Nase herumzuführen. Sie hatte ihn ohnehin schon durchschaut. Als Schwebach von Pat Sculley angerufen worden war, hatte sie gefragt: »Wer war das denn?«

»Pat Sculley aus Dallas. Die wollen, daß ich hinkomme und an einem Projekt in Europa mitarbeite.«

Rachel kannte Jim nun seit fast zwanzig Jahren und wußte genau, was in seinem Kopf vorging. »Die wollen bestimmt wieder rüber und die zwei aus dem Gefängnis holen«, sagte sie.

»Rachel, das siehst du nicht richtig, mit so was habe ich nichts mehr am Hut«, antwortete er wenig überzeugend.

»Dann wird sich das jetzt eben ändern ...«

Pat Sculley konnte nicht einmal seine Kollegen überzeugend hinters Licht führen, bei seiner Frau versuchte er es gar nicht erst.

Er erzählte Mary alles.

Und Ross Perot erzählte Margot alles. Ja, selbst Simons verstieß gegen seine eigenen Sicherheitsvorkehrungen und rief seinen Bruder Stanley in New Jersey an ...

Den Befreiungsplan vor anderen EDS-Führungskräften geheimzuhalten, erwies sich gleichfalls als unmöglich. Der erste, der alles herausbekam, war Keane Taylor, den Perot von Frankfurt aus nach Teheran zurückbeordert hatte.

Seit jenem Neujahrstag, als Perot zu ihm gesagt hatte: »Ich schicke dich zurück, damit du dort *etwas sehr Wichtiges* erledigst«, war Taylor der Überzeugung, daß eine geheime Mission geplant wurde, und er brauchte nicht lange, um herauszufinden, wer dahintersteckte.

Eines Tages hatte er aus Teheran in Dallas angerufen und Ralph Boulware verlangt.

»Boulware ist nicht hier«, bekam er zur Antwort.

»Und wann kommt er zurück?«

»Keine Ahnung.«

Taylor, den Dummheit zur Raserei bringen konnte, wurde laut: »Also, wo ist er jetzt eigentlich?«

»Keine Ahnung.«
»Was soll das heißen, keine Ahnung?«
»Er ist in Urlaub.«

Taylor war seit Jahren eng mit Boulware befreundet. Daß Ralph Urlaub machte, solange Paul und Bill im Gefängnis saßen, konnte er kaum glauben.

Am darauffolgenden Tag fragte er nach Pat Sculley und bekam die gleichen Ausreden aufgetischt.

Boulware *und* Sculley in Urlaub, während Paul und Bill im Kittchen hockten?

Quatsch.

Am nächsten Tag fragte er nach Coburn.

Die gleiche Geschichte.

Allmählich begann sich ein Schema abzuzeichnen: Coburn war bei Perot gewesen, als der ihn nach Teheran beordert hatte. Und Coburn, Personalchef und Organisator der Evakuierung, wäre genau der richtige Mann zum Austüfteln einer Geheimoperation.

Gemeinsam mit Rich Gallagher, dem anderen noch in Teheran verbliebenen EDS-Außenposten stellte er eine Liste auf: Boulware, Sculley, Coburn, Davis, Schwebach und Poché waren alle »in Urlaub«.

Und diese sechs hatten einiges gemeinsam.

»Urlaub! Die haben ja wohl den Arsch offen«, sagte Taylor zu Gallagher. »Das ist ein Befreiungskommando ...«

*

Am Morgen des vierten Januar kehrte die Gruppe in das Haus am Lake Grapevine zurück und ging noch einmal den gesamten Plan durch.

Simons kümmerte sich mit unglaublicher Geduld um jede Kleinigkeit, denn er war entschlossen, auf jede nur erdenkliche Schwierigkeit gründlich vorbereitet zu sein. Joe Poché unterstützte ihn dabei durch seine unermüdliche Fragerei, die, obwohl Coburn sie recht ermüdend fand, äußerst kreativ war und zu einer ganzen Reihe Verbesserungen in ihrem Planspiel beitrug.

Zunächst einmal war Simons mit den Plänen für den Flankenschutz unzufrieden. Daß Schwebach und Sculley ruck, 'zuck einfach jeden abknallten, der sich einmischte, war ihm zu brutal. Sinnvoller erschien es ihm, die Polizei oder Armee auf irgendeine Weise abzulenken. Schwebach schlug vor, am einen Ende der Straße vor dem Gefängnis ein Auto in Brand zu stecken. Simons war nicht sicher, ob das ausreichte, er hätte lieber gleich ein ganzes Haus in die Luft gejagt. Für alle Fälle wurde Schwebach erst einmal damit beauftragt, eine Zeitbombe zu basteln.

Um ein oder zwei Sekunden zu gewinnen, würde Simons schon ein ganzes Stück vor dem Gefängnis aussteigen und zu Fuß zum Zaun gehen. War die Luft rein, so sollte er Poché per Handzeichen zu verstehen geben, daß er vorfahren konnte.

Eine weitere Schwachstelle ihres Plans war das ganze Hin und Her um das Aussteigen und Aufs-Dach-Klettern, das wertvolle Sekunden kostete. Und schließlich war unklar, ob Paul und Bill nach wochenlanger Gefangenschaft überhaupt imstande sein würden, die Leiter zu erklimmen und vom Dach des Lieferwagens hinabzuspringen.

Eine ganze Reihe von Verbesserungsvorschlägen wurde vorgebracht: eine zusätzliche Leiter, eine Matratze auf dem Boden, Griffe auf dem Autodach. Dann erst fiel ihnen die einfachste Lösung ein: Sie würden ein Loch ins Dach des Wagens schneiden, durch das sie hinaus- und wieder hereinklettern konnten. Für diejenigen, die durch das Dach springen mußten, dachten sie sich eine zusätzliche Raffinesse aus: eine Matratze auf dem Boden des Lieferwagens, die die Wucht des Aufpralls milderte.

Die Flucht gab ihnen Zeit genug, ihr Aussehen zu verändern. In Teheran wollten sie Jeans und Sportjacketts tragen, und alle hatten bereits damit angefangen, sich Bärte stehen zu lassen, um weniger aufzufallen. Im Lieferwagen sollten jedoch Rasierapparate und korrekte Anzüge deponiert werden, so daß sich alle rasieren und umziehen konnten, bevor sie die Fluchtautos wechselten.

Nur Ralph Boulware, der wie immer seinen eigenen Kopf hatte, wollte weder Jeans noch eine Jacke tragen. Gerade in Teheran, wo gute westliche Kleidung einen Mann als Mitglied der herrschenden Klasse auswies, fühlte er sich in Anzug, weißem Hemd und Krawatte sicherer. Simons erhob keine Einwände: Das Wichtigste war, daß sich während der gesamten Mission jeder wohlfühlte und seine Zuversicht bewahrte. Am Luftwaffenstützpunkt Doschen Toppeh, von dem aus sie das Land in einer Maschine der Air Force verlassen wollten, waren sowohl amerikanische als auch iranische Flugzeuge stationiert und Bedienstete beider Nationalitäten beschäftigt. Von den Amerikanern würden sie natürlich erwartet werden – aber was, wenn ihnen die iranischen Wachen am Tor Schwierigkeiten machten? Sie beschlossen, gefälschte Militärausweise mit sich zu führen. Mehrere Ehefrauen von EDS-Führungskräften hatten in Teheran beim Militär gearbeitet und besaßen ihre Ausweise nach wie vor: Merv Stauffer würde sich einen davon als Vorlage für Fälschungen besorgen. Coburn fiel auf, daß Simons die ganze Zeit über sehr zurückhaltend wirkte und ein Zigarillo nach dem anderen rauchte.

»Sie brauchen keine Angst zu haben, erschossen zu werden«, hatte Boulware zu ihm gesagt. »Sie sterben sowieso vorher noch an Krebs!« Ansonsten stellte Simons nur Fragen. Der Plan wurde gemeinsam am runden Tisch diskutiert, und Entscheidungen wurden durch Abstimmung gefällt. Trotzdem stieg Simons mehr und mehr in Coburns Achtung: Dieser Mann war erfahren, intelligent, gewissenhaft und einfallsreich. Und außerdem hatte er Humor.

Coburn erkannte, daß die anderen Simons allmählich ebenfalls richtig einzuschätzen lernten. Wenn einer eine dumme Frage stellte, bekam er von Simons eine scharfe

Antwort. Infolgedessen zögerten inzwischen alle, bevor sie überhaupt fragten, und machten sich erst einmal Gedanken darüber, wie der Oberst wohl reagieren würde. Auf diese Weise brachte er sie dazu, so zu denken wie er selbst.

Einmal bekamen sie an diesem zweiten Tag im Seehaus die ganze Wucht seines Mißmuts zu spüren. Es war, was niemanden verwunderte, der junge Ron Davis, der Simons' Ärger auf sich zog.

Sie waren ein fröhlicher Haufen, und Davis hatte von allen den meisten Humor. Coburn war das nur recht: Lachen half, die bei einem derartigen Unternehmen unvermeidliche Spannung zu mildern. Er vermutete, daß Simons ebenso dachte. Aber einmal ging Davis zu weit.

Simons hatte eine Packung Zigarillos neben seinem Sessel auf dem Boden und fünf weitere Päckchen draußen in der Küche deponiert. Davis, der Simons zunehmend in sein Herz schloß und auch – typisch für ihn – gar keinen Hehl daraus machte, sagte ehrlich besorgt: »Colonel, Sie rauchen zu viele Zigarillos. Das ist gar nicht gut für Ihre Gesundheit.«

Statt einer Antwort handelte er sich nur den berühmten Simons-Blick ein. Aber er ignorierte die Warnung.

Wenige Minuten später ging Davis in die Küche und versteckte die fünf Päckchen Zigarillos in der Geschirrspülmaschine.

Als Simons sein erstes Päckchen aufgeraucht hatte, erhob er sich, um die anderen zu holen, und fand sie natürlich nicht. Ohne Tabak aber konnte er nicht denken. Er befand sich schon auf dem Weg zum Auto, um zu einem Laden zu fahren, als Davis den Geschirrspülautomaten öffnete und ihm nachrief: »Hier habe ich Ihre Zigarillos!«

»Die können Sie behalten, verflucht noch mal!« knurrte Simons und ging hinaus.

Als er mit fünf neuen Päckchen wiederkam, sagte er zu Davis: »Die hier gehören mir. Lassen Sie gefälligst Ihre Pfoten davon.«

Davis fühlte sich wie ein Kind, das in die Ecke gestellt wird. Dies war der erste und gleichzeitig letzte Streich, den er Oberst Simons spielte.

Jim Schwebach saß während der Diskussion auf dem Boden und versuchte, eine Bombe zu basteln.

Eine Bombe – oder deren Bestandteile – durch den iranischen Zoll zu schmuggeln, wäre zu gefährlich gewesen. »Das ist ein unnötiges Risiko«, sagte Simons. Schwebach mußte sich also eine Konstruktion einfallen lassen, die aus im Lande erhältlichen Einzelteilen zusammenzubauen war.

Der Plan, ein Gebäude hochgehen zu lassen, wurde endgültig verworfen: Das war übertrieben und würde Unschuldige das Leben kosten. Ihren Zwecken genügte ein lichterloh brennendes Auto vollauf. Schwebach wußte, wie man aus Benzin, Seifenflocken und etwas Öl »Napalm zum Anrühren« herstellen konnte. Kopfzerbrechen bereiteten ihm nur der Zeitzünder und die Lunte. In den Staaten hätte er einen elektrischen Zeitmesser mit dem Motor einer Spielzeugrakete verbunden; in Teheran würde er sich mit primitiveren Zutaten begnügen müssen.

Zunächst experimentierte er mit einem altmodischen Küchenwecker, dessen Glocke durch einen Klöppel ausgelöst wurde. Den Klöppel verband er mit einem Phosphorstreichholz, und die Glocke ersetzte er durch ein Stück Sandpapier, an dem sich das Streichholz entzünden und die Lunte in Brand stecken sollte.

Dieser Mechanismus erwies sich als ziemlich unzuverlässig, und jedesmal, wenn das Streichholz versagte, lachten sich die anderen halbtot.

Schließlich entschied sich Schwebach für den ältesten aller Zeitmesser, eine Kerze.

An einer Versuchskerze testete er, wie lange sie brauchte, um zweieinhalb Zentimeter herunterzubrennen. Dann stutzte er eine andere Kerze auf die richtige Länge für eine Viertelstunde Brenndauer zurecht.

Nun schabte er die Köpfe einiger Phosphorstreichhölzer ab und zermahlte das entzündbare Material zu einem Pulver, das er fest in ein Stück Aluminiumfolie einwickelte. Dieses Päckchen brachte er am unteren Ende des Kerzenstummels an: War er heruntergebrannt, so erhitzte sich die Folie, und das Streichholzpulver explodierte. Da die Folie an der Unterseite dünner war, richtete sich die Wucht der Explosionswelle nach unten. Die Kerze wurde samt der primitiven, aber zuverlässigen Zündung in den Hals einer kleinen, mit »Instant-Napalm« gefüllten Flasche montiert.

»Jetzt braucht man nur noch die Kerze anzuzünden und sich aus dem Staub zu machen«, dozierte Schwebach, als sein Modell fertig war, »und eine Viertelstunde später hat man ein feines Feuerchen.«

Und alle Polizisten, Soldaten, Revolutionäre und Passanten – und, wenn es gut ging, auch mehrere Gefängniswärter – würden durch ein brennendes Auto abgelenkt, während Ron Davis und Jay Coburn über das Gitter in den Hof sprangen. Noch am selben Tag zogen sie aus dem Hilton aus. Coburn nistete sich im Seehaus ein, und die anderen wechselten ins Airport Marina über, das näher am Lake Grapevine lag. Nur Ralph Boulware bestand darauf, abends nach Hause gehen zu können.

In den folgenden vier Tagen trainierten sie, beschafften die Ausrüstung, machten Schießübungen, probten den Überfall auf das Gefängnis und feilten ihren Schlachtplan weiter aus. Gewehre konnten sie in Teheran kaufen, doch die einzige vom Schah genehmigte Munition war feiner Schrot, sogenannter Vogeldunst. Da Simons sich jedoch vortrefflich aufs Umrüsten von Munition verstand, beschlossen sie, ihren eigenen Schrot in den Iran zu schmuggeln.

Die Schwierigkeit bestand darin, daß sie beim Austausch von Rehposten gegen Vogeldunst relativ wenige Schrotkörner in den kleinen Kugeln unterbrachten: Die

Geschosse hatten zwar große Durchschlagskraft, aber geringe Streubreite. Sie entschieden sich für Schrot Nr. 2, der breit genug streute, um mehrere Männer auf einmal auszuschalten, gleichzeitig aber auch genügend Durchschlagskraft besaß, um die Windschutzscheibe eines Verfolgerwagens zu zerschmettern.

Für den Extremfall sollte jeder aus dem Team eine Walther PPK im Halfter bei sich tragen. Merv Stauffer beauftragte Bob Snyder, den Werkschutzleiter bei EDS – ein Mann, der wußte, wann man besser keine Fragen stellte –, die Schußwaffen bei Ray Sporting Goods in Dallas zu besorgen. Wie sie in den Iran geschmuggelt werden konnten, sollte Schwebach herausfinden.

Stauffer recherchierte, auf welchen amerikanischen Flughäfen das Fluggepäck *nicht* durchleuchtet wurde: am Kennedy-Flughafen, zum Beispiel.

Schwebach kaufte zwei Vuitton-Koffer, die besonders tief und deren Ecken und Seitenteile verstärkt waren. Zusammen mit Coburn, Davis und Jackson werkelte er in Perots Hobbykeller in Dallas, wo sie verschiedene Möglichkeiten ausprobierten, die Koffer mit doppelten Böden zu versehen.

Schwebach freute sich schon darauf, zehn Revolver in einem präparierten Koffer an den iranischen Zöllnern vorbeizutragen. »Wenn du weißt, wie die beim Zoll arbeiten, dann halten sie dich auch nicht an«, behauptete er. Seine Zuversicht wurde allerdings von den anderen nicht geteilt. Sollte doch etwas schiefgehen und die Waffen gefunden werden, mußten sie einen Reserveplan parat haben. Er würde vorgeben, daß der Koffer ihm nicht gehörte. Er würde zur Gepäckausgabe zurückkehren und dort natürlich einen zweiten Vuitton-Koffer vorfinden, der sich in nichts von dem ersten unterschied, außer daß er keine Waffen, sondern nur persönliches Gepäck enthielt.

War das Team erst einmal in Teheran, würden sie sich mit Dallas telefonisch verständigen müssen. Coburn war ziemlich sicher, daß die Iraner die Telefonleitungen anzapften, und so entwickelten sie einen simplen Code: GR hieß A, GS hieß B, GT hieß C, und so weiter bis GZ, das für I stand; dann kam HA für J, HB für K, HR für Z. Die Ziffern von eins bis neun hießen IA bis II, Null war IJ.

Sie würden das Militäralphabet benutzen, in dem A Alpha genannt wird, B Bravo, C Charlie und so weiter.

Um nicht zu viel Zeit zu verlieren, sollten nur Schlüsselwörter codiert werden. Der Satz »Er ist bei EDS« würde also lauten: »Er ist bei Golf Victor Golf Uniform Hotel Kilo.«

Von dem Codeschlüssel wurden lediglich drei Kopien gemacht. Eine gab Simons Merv Stauffer, der als Kontaktmann des Teams in Dallas fungieren sollte, die beiden übrigen erhielten Jay Coburn und Pat Sculley, die sich, ohne daß es ausdrücklich gesagt worden wäre, zu Simons »Adjutanten« gemausert hatten.

Der Code würde sie davor bewahren, daß beim Abhören ihres Telefons zufällig etwas durchsickerte. Allerdings konnte ein Experte – das wußten sie als Computerfachleute besser als jeder andere – einen so einfachen Buchstaben- und Zahlencode in Minutenschnelle knacken. Daher erhielten die wichtigsten Wörter vorsichtshalber eine eigene Chiffrierung: Paul wurde zu AG, Bill zu AH, die amerikanische Botschaft zu GC, Teheran zu AU. Perot war der »Große Vorsitzende«, Gewehre hießen »Bänder«, das Gefängnis die »Datenbank«, Kuwait »Ölstadt«, Istanbul »Sommerfrische«, und der Angriff aufs Gefängnis »Plan A«. Diesen Sondercode mußte jeder auswendig lernen.

Sollte ihnen jemand Fragen darüber stellen, so würden sie behaupten, es seien Abkürzungen für ihren Fernschreibverkehr.

Das Codewort für die gesamte Aktion lautete *Operation Hotfoot* – ein Akronym, das sich Ron Davis ausgedacht hatte: *Help Our Two Friends Out Of Tehran* (»Helft unseren beiden Freunden aus Teheran heraus«). Simons war höchst angetan davon und meinte: »*Hotfoot* ist schon so häufig für irgendwelche Missionen verwendet worden, aber dies ist das erste Mal, daß es wirklich zutrifft.«

Den Sturm auf das Gefängnis probten sie mindestens hundertmal.

Auf dem Grundstück am See nagelten Schwebach und Davis eine Planke in etwa vier Meter Höhe zwischen zwei Bäume, die als das Eisengitter vor dem Gefängnis fungierte. Merv Stauffer brachte ihnen einen Lieferwagen, den er beim EDS-Werkschutz ausgeborgt hatte.

Immer und immer wieder ging Simons zu diesem »Zaun« und gab sein Handzeichen: Poché fuhr mit dem Lieferwagen vor; Boulware stürmte aus der Hintertür; Davis hangelte sich aufs Dach und sprang über das Gitter, Coburn hinterher; Boulware stieg aufs Dach und ließ die Leiter in den »Hof« hinab; »Paul« und »Bill« – dargestellt von Schwebach und Sculley, die ihre Rollen als Flankenschutz nicht zu proben brauchten – erklommen die Leiter und stiegen, gefolgt von Coburn und Davis, über den Zaun; alle quetschten sich in den Lieferwagen und Poché fuhr mit Vollgas los.

Manchmal tauschten sie die Rollen, so daß jeder von ihnen sämtliche Aufgaben beherrsche. Sie einigten sich darauf, wer, sollte einer verwundet werden oder aus anderen Gründen ausfallen, jeweils für ihn einspringen sollte. Schwebach und Sculley als Paul und Bill taten einige Male so, als seien sie krank, und ließen sich die Leiter hinauf und über den »Zaun« tragen.

Im Lauf der Proben machte sich der Vorteil körperlicher Fitneß deutlich bemerkbar. Davis schaffte es in eineinhalb Sekunden zurück über das Gitter und berührte dabei die Leiter nur zweimal; kein anderer aus dem Team war auch nur annähernd so schnell.

Simons stoppte die Zeit für die Befreiung vom Moment, in dem der Lieferwagen am Zaun hielt, bis zu dem Augenblick, wo er mit allen Insassen wieder davonfuhr.

Nach langem Training schafften sie es in nicht einmal dreißig Sekunden.

Auf dem öffentlichen Schießstand von Garland machten sie Schießübungen mit ihren Walthers. Dem dortigen Verwalter erzählten sie, sie seien Werkschutzleute, die sich aus allen Teilen des Landes zu einem Kurs in Dallas getroffen hätten, und bevor sie wieder heimfahren dürften, müßten sie noch Zielschießen üben. Er glaubte ihnen nicht – besonders, nachdem T. J. Marquez wie ein für den Film ausstaffierter Mafiaboß in schwarzem Mantel und schwarzem Hut aufgetaucht war und zehn Walthers und fünftausend Schuß Munition aus dem Kofferraum seines schwarzen Lincoln zutage gefördert hatte.

*

Eines Abends zeigte Simons ihnen, wie man einen Mann schnell und ohne unnötigen Lärm tötete.

Er hatte durch Merv Stauffer Messer der Marke Gerber, kurze Stoßwaffen mit einer schmalen, zweischneidigen Klinge, besorgen lassen.

»Sieht ziemlich klein aus«, kommentierte Davis. »Ist das überhaupt lang genug?«

»Auf jeden Fall«, gab Simons zurück, »es sei denn, du willst das Ende, was auf der anderen Seite rausguckt, schärfen.«

An Glenn Jacksons Rücken demonstrierte er ihnen die genaue Lage der Niere. »Ein einziger Stich hier hinein ist tödlich«, sagte er.

»Würde der denn nicht schreien?« fragte Davis.

»Der Schmerz ist so fürchterlich, daß er keinen Ton rausbringt.«

Während Simons noch sprach, war Merv Stauffer hereingekommen und stand jetzt mit offenem Mund und einer Papiertüte von McDonald's in jedem Arm auf der Türschwelle. Simons erblickte ihn und sagte: »Schaut euch den an – keiner hat ihn gepiekst, und doch bringt er keinen Ton mehr raus.«

Merv lachte und verteilte das Essen. »Wißt ihr, was die Bedienung bei McDonald's mich gefragt hat, als ich in dem total leeren Restaurant dreißigmal Hamburger mit Fritten bestellt habe?«

»Nee, was denn?«

»Was sie halt immer fragen: Zum Mitnehmen oder zum Hieressen?«

*

Simons arbeitete gerne für Privatfirmen.

In der Armee hatte ihm die Versorgungsfrage stets die größten Kopfschmerzen bereitet. Sogar bei der Planung des Sturms auf Son Tay, einer Aktion, an der der Präsident höchstpersönlich interessiert war, war es ihm vorgekommen, als müsse er für einen einzigen neuen Bleistift sechs Anforderungsformulare ausfüllen und die Zustimmung von zwölf Generälen einholen. Und wenn er den Papierkrieg endlich hinter sich hatte, stellte sich womöglich heraus, daß die Dinger nicht vorrätig waren, daß die Lieferfrist vier Monate betrug oder – was am schlimmsten war – daß das Zeug, wenn es schließlich kam, einfach nicht funktionierte. Zweiundzwanzig Prozent der bestellten Sprengköpfe erwiesen sich als Blindgänger. Er hatte sich um Nachtvisiere für seine Sturmtruppen bemüht und erfuhr, daß die Armee auf deren Entwicklung siebzehn Jahre verwandt hatte, im Jahre 1970 aber lediglich über sechs handgefertigte Prototypen verfügte. Schließlich entdeckte er ein ausgezeichnetes, in Großbritannien hergestelltes Nachtvisier der Armalite Corporation für 49,50 Dollar das Stück, und damit rüstete er seine Son Tay Raiders für Vietnam aus.

Bei EDS gab es keine Formulare auszufüllen und keine Genehmigung einzuholen, zumindest nicht für Simons. Er brauchte lediglich Merv Stauffer mitzuteilen, was er benötigte, und der besorgte es ihm meistens noch am selben Tag. Er bestellte und erhielt zehn Walther mit zehntausend Schuß Munition; eine Auswahl von Pistolenhalftern sowohl für Rechts- als auch für Linkshänder in unterschiedlichen Ausführungen, so daß sich jeder der Männer dasjenige heraussuchen konnte, was ihm am meisten behagte; Werkzeugsets zur Munitionsumrüstung für die Kaliber zwölf, sechzehn und zwanzig; Winterkleidung für das gesamte Team, bestehend aus Mänteln, Fäustlingen, Hemden, Socken und Wollmützen. Eines Tages bat er um hunderttausend Dollar in bar: zwei Stunden später brachte T. J. Marquez das Geld in einem Umschlag ins Seehaus.

Das war nicht der einzige Unterschied zur Armee. Seine Männer gehörten zu den intelligentesten Nachwuchsmanagern der Vereinigten Staaten. Sie waren keine einfachen Soldaten, die sich von ihm nach Bedarf zusammenstauchen ließen. Von Anfang an war ihm klargewesen, daß er hier nicht einfach das Kommando an sich reißen konnte, sondern sich ihr Vertrauen erst verdienen mußte.

Diese Männer gehorchten einem Befehl nur, wenn sie damit einverstanden waren. Waren sie anderer Meinung, diskutierten sie darüber. In einem Konferenzraum mochte das ja gut und schön sein – auf dem Schlachtfeld war es unmöglich.

Er knöpfte sich jeden einzeln vor. Seine Härte sollte ihnen vor Augen führen, daß er von nun an keine Rücksicht mehr auf ihre Bequemlichkeit nehmen würde. Auch hinter den Schießübungen und der Lektion mit dem Messer stand eine Absicht: Daß bei dieser Aktion Menschen umgebracht würden, war das letzte, was Simons wollte. Aber diese Lektionen erinnerten die Männer daran, daß es um Leben und Tod ging. Das wichtigste Element in seinem psychologischen Feldzug waren die endlosen Proben. Simons war sicher, daß das Gefängnis *nicht* so aussah, wie Coburn es beschrieben hatte, und daß ihr Plan modifiziert werden müßte. Ein Angriff verlief *niemals* nach Plan, das wußte er besser als jeder andere.

Die Proben für den Sturm auf Son Tay hatten sich über Wochen hingezogen. Auf dem Luftwaffenstützpunkt Eglin in Florida war eine vollständige Rekonstruktion des Gefangenenlagers errichtet worden. Das verdammte Ding mußte jeden Morgen vor Tagesanbruch abgebaut und nachts wieder zusammengesetzt werden, weil der sowjetische Aufklärungssatellit Kosmos 355 alle vierundzwanzig Stunden zweimal Florida passierte. Wunderschön war es gewesen, ihr Modell. Jeder gottverdammte Baum und Graben des Lagers Son Tay war nachgebildet worden. Und dann, nach all den vielen Proben, war Simons' Hubschrauber, als es darauf ankam, am falschen Ort gelandet.

Simons würde den Moment, da er den Fehler merkte, nie vergessen. Sein Helikopter, der die Angreifer abgesetzt hatte, startete gerade wieder. Ein aufgeschreckter vietnamesischer Wachposten tauchte aus einem Schützenloch auf, und Simons schoß ihm in die Brust. Eine Schießerei brach aus, ein Lichtsignal ging hoch, und Simons erkannte, daß die Gebäude um ihn herum nicht zum Lager Son Tay gehörten. »Bringt den Scheißhubschrauber wieder her!« brüllte er seinem Funker zu und befahl einem Hauptmann, das Strobolight einzuschalten, um damit die Landezone zu markieren.

Er wußte, wo sie waren: auf einem Gelände ungefähr vierhundert Meter von Son Tay entfernt, das die Geheimdienstkarten als Schule auswiesen. Aber es war alles andere als eine Schule! Überall feindliche Truppen. Es war eine Kaserne, und Simons erkannte schnell, daß der Fehler seines Piloten sich zu ihren Gunsten auswirkte, konnte er jetzt doch einen vorsorglichen Angriff starten und diese Ansammlung feindlicher Truppen, die andernfalls die gesamte Mission in Frage gestellt hätten, vernichten.

In dieser Nacht erschoß er achtzig Mann in Unterhosen.

Nein, solche Aktionen verliefen nie genau nach Plan. Die Beherrschung des Szenarios war es nicht allein, worauf es bei den Proben ankam. Ebenso kam es – und ganz besonders im Fall der EDS-Leute – darauf an, Teamarbeit zu lernen. Ja, als *intellektuelles* Team waren sie schon phantastisch – alles was sie brauchten, waren ein Büro, eine Sekretärin und ein Telefon für jeden, und sie würden die gesamte Welt computerisieren. Aber die unmittelbare, den Einsatz ihrer Hände und ihres Körpers verlangende Zusammenarbeit sah anders aus. Als sie am dritten Januar anfingen, wären sie nicht einmal imstande gewesen, gemeinsam ein Ruderboot zu Wasser zu lassen. Fünf Tage später waren sie perfekt aufeinander eingespielt.

Und das war auch alles, was sie hier in Texas tun konnten.

Jetzt war es an der Zeit, sich das echte Gefängnis anzusehen. Es war Zeit, nach Teheran zu gehen.

Simons teilte Stauffer mit, daß er Perot noch einmal treffen wolle.

*

Während das Team sich auf seinen Einsatz vorbereitete, bot sich Präsident Carter in Washington eine letzte Chance zur Verhinderung einer blutigen Revolution im Iran.

Er verpaßte sie.

Und so war es dazu gekommen:

Botschafter William Sullivan ging am Abend des vierten Januar in seiner Privatwohnung in der weitläufigen, kühlen Residenz auf dem Gelände der Botschaft Ecke Roosevelt- und Takht-e-Jamschid-Allee in Teheran zu Bett.

Sullivans Chef, Außenminister Cyrus Vance, hatte den ganzen November und Dezember über die Verhandlungen in Camp David beansprucht; jetzt war er wieder in

Washington und konzentrierte sich auf den Iran. Und das war überall spürbar. Schluß mit den vagen, wankelmütigen Äußerungen. Die Fernschreiben mit den Instruktionen für Sullivan waren kurz und bündig. Und das Wichtigste war, daß die Vereinigten Staaten im Umgang mit dieser Krise endlich eine Strategie entwickelt hatten: Sie würden mit dem Ayatollah Khomeini verhandeln.

Das war Sullivans Idee gewesen. Er war nun sicher, daß der Schah den Iran bald verlassen und Khomeini im Triumphzug heimkehren würde. Er hielt es für seine Aufgabe, die Beziehungen zum Iran auch über einen Regierungswechsel hinüberzuretten, um das Land als Zentrum amerikanischen Einflusses im Mittleren Osten zu erhalten. Um das zu erreichen, mußte man den iranischen Streitkräften beistehen und jedem neuen Regime amerikanische Militärhilfe zusichern.

Sullivan hatte Vance über die abhörsichere Telefonleitung angerufen und ihm genau dies mitgeteilt. Er hatte darauf gedrängt, daß die USA einen Emissär zum Ayatollah nach Paris entsandten, um ihm mitzuteilen, daß es das Hauptinteresse der USA sei, die territoriale Unverletzlichkeit des Irans aufrechtzuerhalten und sowjetische Einflußnahme abzuwehren; daß eine Verschärfung der Auseinandersetzungen zwischen der Armee und den islamischen Revolutionären nicht im Sinne der Amerikaner lag; und daß die USA ihm, sobald er an der Macht war, im gleichen Umfang militärische Unterstützung und Waffenlieferungen anboten wie zu Zeiten des Schahs.

Es war ein kühner Plan. Gewiß würde es Stimmen geben, die die USA beschuldigten, einen Freund im Stich zu lassen, aber Sullivan war sicher, daß es für die Amerikaner an der Zeit war, den Schah als Verlust abzuschreiben und den Blick nach vorne zu richten.

Zu seiner großen Genugtuung hatte Vance zugestimmt.

Und der Schah ebenfalls. Ein müder, apathischer Schah, nicht länger willens, um den Preis weiteren Blutvergießens an der Macht zu bleiben, hatte nicht das geringste Anzeichen von Widerstand erkennen lassen.

Vance hatte Theodore H. Eliot, einen altgedienten Diplomaten, der schon als Wirtschaftsberater in Teheran tätig gewesen war und fließend Farsi sprach, zum Emissär beim Ayatollah benannt. Sullivan war mehr als zufrieden mit dieser Wahl. Ted Eliot sollte am sechsten Januar, also in zwei Tagen, in Paris eintreffen.

In einem der Gästezimmer der Botschaftsresidenz begab sich derweil auch Luftwaffengeneral Robert »Dutch« Huyser zur Ruhe. Sullivan vermochte nicht die gleiche Begeisterung für Huysers Mission aufzubringen. Dutch Huyser, unter Haig stellvertretender Kommandant der amerikanischen Streitkräfte in Europa, war am Vortag eingetroffen, um die iranischen Generäle dazu zu überreden, die neue Regierung Bakhtiar in Teheran zu unterstützen. Sullivan kannte Huyser. Er war ein guter Soldat, aber kein Diplomat. Er sprach weder Farsi noch kannte er den Iran. Doch selbst, wenn er alle nötigen Qualifikationen besessen hätte: Seine Aufgabe war hoffnungslos. Der Regierung Bakhtiar war es nicht einmal gelungen, sich der Unterstützung der gemäßigten Kräfte zu versichern, und Schahpur Bakhtiar selbst war aus der moderaten Nationalen Front ausgestoßen worden, nur weil er der Aufforderung des Schahs, eine neue Regierung zu bilden, nachgekommen war. In der Zwischenzeit wurde die Armee, die Huyser vergebens versuchte, auf Bakhtiar einzustimmen, durch die Desertion Tausender von Soldaten, die sich den revolutionären Massen anschlossen, immer mehr geschwächt. Das höchste, was sich Huyser erhoffen konnte, war, die Streitkräfte ein wenig länger beisammenzuhalten, während Eliot in Paris die friedliche Rückkehr des Ayatollah vorbereitete.

Sollte sie gelingen, so wäre dies ein großartiger Erfolg für Sullivan gewesen, eine Leistung, auf die jeder Diplomat sein Leben lang mit Stolz würde zurückblicken können: Sein Plan hätte die Stellung seines Landes verbessert und außerdem noch Menschenleben gerettet.

Kurz bevor er einschlief, quälte ihn nur eine einzige Sorge: Die Eliot-Mission, in die er so große Hoffnungen setzte, kam aus dem Außenministerium und wurde in Washington mit Außenminister Vance identifiziert. Die Huyser-Mission entsprang einer Idee von Zbigniew Brzezinski, dem Nationalen Sicherheitsberater. Die Feindschaft zwischen Vance und Brzezinski war schon sprichwörtlich. Und gerade jetzt befand sich Brzezinski, nach dem Gipfeltreffen auf Guadeloupe, mit Präsident Carter in der Karibik beim Hochseefischen. Was würde Brzezinski seinem Präsidenten einflüstern, während ihr Boot über die klare, blaue See glitt?

Das Telefon weckte Sullivan in den frühen Morgenstunden. Am Apparat war der wachhabende Offizier, der aus dem Kommunikationsbunker gleich nebenan anrief. Aus Washington sei ein dringendes Fernschreiben gekommen, ob der Botschafter es sofort lesen wolle?

Sullivan erhob sich und ging voll böser Vorahnungen zum Botschaftsgebäude hinüber.

Das Fernschreiben besagte, Eliots Mission sei abgeblasen worden.

Die Entscheidung kam vom Präsidenten selbst. Auf Sullivans Kommentare zu dieser Änderung der Pläne lege man keinen Wert. Er wurde angewiesen, dem Schah mitzuteilen, daß die Regierung der Vereinigten Staaten von Amerika nicht mehr die Absicht hege, mit dem Ayatollah Khomeini Gespräche zu führen.

Sullivan war zutiefst erschüttert.

Das war das Ende des amerikanischen Einflusses im Iran. Gleichzeitig bedeutete es, daß Sullivan selbst um die Chance gekommen war, sich als Botschafter hervorzutun, indem er einen blutigen Bürgerkrieg verhinderte.

Er sandte eine ärgerliche Nachricht an Vance, in der er ihm mitteilte, daß der Präsident einen groben Fehler begehe und sich die Angelegenheit noch einmal überlegen möge, dann ging er wieder ins Bett, ohne jedoch wieder einschlafen zu können.

Am Vormittag wurde ihm in einem zweiten Fernschreiben mitgeteilt, daß der Präsident zu seiner Entscheidung stehe.

Resigniert machte Sullivan sich auf den Weg hinauf zum Palast.

Der Schah wirkte an diesem Morgen angespannt und erschöpft. Er und Sullivan setzten sich und nahmen die obligatorische Tasse Tee zu sich. Dann teilte Sullivan ihm mit, daß Präsident Carter die Eliot-Mission abgeblasen hatte.

Der Schah war aufgebracht. »Aber warum denn das?« fragte er erregt.

»Ich weiß es nicht«, erwiderte Sullivan.

»Aber wie wollen Sie diese Leute beeinflussen, wenn Sie nicht einmal mit Ihnen reden?«

»Ich weiß es nicht.«

»Und was hat man in Washington nun vor?« fragte der Schah und hob die Arme in einer Geste der Verzweiflung.

»Ich weiß es nicht«, sagte Sullivan.

*

»Ross, das ist total idiotisch«, sagte Tom Luce heftig. »Du machst nicht nur die Firma, sondern auch dich selbst kaputt.«

Perot musterte seinen Rechtsanwalt. Sie saßen in Perots Büro, die Tür war geschlossen.

Luce war nicht der erste, der das sagte. Des öfteren war während der vergangenen Woche, in der sich die Nachricht langsam im sechsten Stock verbreitete, der eine oder andere seiner Topmanager zu Perot gekommen, um ihm zu sagen, daß eine Befreiung leichtsinnig und gefährlich sei und daß er sie sich aus dem Kopf schlagen solle. »Zerbrecht euch nicht den Kopf darüber«, hatte Perot ihnen gesagt. »Kümmert euch lieber um euren eigenen Kram.«

Tom Luce war wie immer sehr laut. Mit drohend gerunzelter Stirn und einem Gebaren, mit dem er vor jedem Gericht Ehre eingelegt hätte, trug er seinen Fall vor, als gehe es ihm darum, Geschworene zu überzeugen.

»Ich kann dich nur juristisch beraten, aber ich muß dir sagen, daß diese Befreiungsaktion noch viel mehr und viel schlimmere Probleme nach sich zieht, als du jetzt schon am Hals hast. Verdammt noch mal, Ross, ich kann dir doch keine Liste aller Gesetze aufstellen, gegen die du dabei verstößt!«

»Versuch's doch«, sagte Perot.

»Du stellst eine Söldnertruppe auf – das ist nicht nur hier, sondern auch im Iran und in jedem anderen Land auf dem Weg dorthin illegal. Ganz egal, wo sie hingehen, überall können sie dafür bestraft werden, und am Ende sitzen womöglich zehn und nicht nur zwei deiner Männer hinter Gittern. Aber das ist noch nicht einmal das Schlimmste: Deine Männer sind in einer viel gefährlicheren Situation als Soldaten in einer Schlacht – die Genfer Konvention und die internationalen Abkommen gelten doch nur für uniformierte Soldaten und nicht für ein solches Rettungskommando. Wenn die Iraner sie erwischen, Ross, dann *erschießen* sie sie einfach! Werden sie in irgendeinem anderen Land erwischt, das mit dem Iran ein Auslieferungsabkommen hat, dann werden sie zurückgeschickt und auch erschossen. Dann hast du statt zweier unschuldiger Mitarbeiter im Gefängnis acht schuldige Mitarbeiter, die tot sind. Und wenn das passiert, dann rücken dir die Hinterbliebenen auf den Pelz – verständlich, denn dann wird die ganze Geschichte nur noch hirnverbrannt aussehen. Die Witwen werden gegen EDS Klagen auf riesige Abfindungen einbringen. Sie können die Firma glatt ruinieren. Denk nur an die zehntausend Menschen, die dann ohne Job dastehen. Und denk einmal an dich selbst, Ross – du kannst sogar selber belangt werden und im Gefängnis landen.«

»Ich weiß deinen Rat zu schätzen«, sagte Perot gelassen.

Luce starrte ihn an. »Aber was ich sage, kommt nicht bei dir an, oder?«

Perot lächelte. »Doch. Aber wenn du dich dein Leben lang ängstlich fragen willst, was alles passieren könnte, dann bist du bald so weit, daß du überhaupt nichts mehr tust.«

*

Was Luce nicht wußte: Ross Perot war einfach ein Glückspilz. Sein Leben lang hatte er immer nur Glück gehabt.

Als Zwölfjähriger hatte er im armen Schwarzenviertel von Texarcana Zeitungen ausgetragen. Die *Texarcana Gazette* kostete damals fünfundzwanzig Cents pro Woche, und sonntags, wenn er das Geld kassierte, hatte er am Ende vierzig oder fünfzig Dollar in Vierteldollarmünzen in seinem Portemonnaie. Und jeden Sonntag versuchte irgendein armer Teufel, der seinen Wochenlohn in der Nacht zuvor in einer Bar auf den Kopf gehauen hatte, dem kleinen Ross irgendwo unterwegs das Geld abzujagen. Das war auch der Grund, warum in dieser Gegend kein anderer die Zeitungen austragen wollte. Aber Ross fürchtete sich nie. Er ritt zu Pferde, die Überfälle wurden nie mit sonderlicher Entschiedenheit ausgeführt, und er hatte Glück. Nicht ein einziges Mal verlor er sein Geld.

Er hatte wiederum Glück, als er an der Marineakademie in Annapolis aufgenommen wurde. Bewerbungen mußten von einem Senator oder einem Kongreßabgeordneten unterstützt werden, und die Familie Perot verfügte nicht über die nötigen Verbindungen. Der junge Ross hatte noch nie in seinem Leben das Meer gesehen – seine weiteste Reise hatte ihn ins zweihundertfünfzig Kilometer entfernte Dallas geführt.

Aber in Texarcana gab es einen jungen Mann namens Josh Morris junior, der in Annapolis gewesen war und viel darüber erzählt hatte, und Ross fraß einen Narren an der Marine, ohne je ein Schiff gesehen zu haben. Also schrieb er unermüdlich an die verschiedensten Senatoren und bemühte sich um deren Unterstützung. Und er hatte Erfolg – wie er auch später noch manches Mal Erfolg haben sollte –, weil er einfach zu dumm war einzusehen, daß er Unmögliches versuchte.

Erst viele Jahre später fand er heraus, wie es passiert war. Eines schönen Tages im Jahre 1949 räumte Senator W. Lee O'Daniel seinen Schreibtisch auf: Seine Amtszeit war zu Ende, und er kandidierte nicht wieder. Einer seiner Mitarbeiter sagte: »Senator, da gibt es noch einen unbesetzten Platz an der Marineakademie.«

»Will ihn jemand haben?« fragte der Senator.

»Nun ja, da ist dieser Junge aus Texarcana, der sich seit Jahren darum bemüht ...«

»Dann geben Sie ihm den Platz«, erwiderte der Senator.

Nach der Version, die Perot von der Geschichte schließlich zu Ohren kam, wurde sein Name während dieses Gesprächs kein einziges Mal erwähnt.

Und Glück hatte er auch, als er für die Gründung von EDS gerade den richtigen Zeitpunkt traf. Als Außendienstmitarbeiter für IBM-Computer fiel ihm auf, daß seine Kunden die Maschinen, die er ihnen verkaufte, nicht immer optimal ausnutzten. Datenverarbeitung war eine neue, höchst spezialisierte Tätigkeit. Die Stärke der Banken lag im Geld- und Kreditwesen, Versicherungsgesellschaften verstanden sich auf Versicherungen, Fabrikanten auf die Herstellung der Geräte – und Computerfachleute auf Datenverarbeitung. Der Kunde war nicht so sehr an der Maschine, als vielmehr an den schnell verfügbaren, preiswerten Informationen interessiert, die sie bot. Dennoch verwendete er noch immer allzuoft allzuviel Zeit auf die Einrichtung seiner EDV-Abteilung und die Bedienung seines Computers, der ihm auf diese Weise oft mehr Ärger und Kosten einbrachte als ersparte. Perot kam auf die Idee, eine komplette Einheit zu verkaufen, eine vollständige Datenverarbeitungsabteilung samt Computern, Software und Personal. Der Kunde brauchte ihm lediglich klipp und klar zu sagen, welche Informationen er haben wollte, und EDS würde ihn damit versorgen. Dann konnte er sich wieder dem zuwenden, was seine eigentliche Aufgabe war – Geldtransfer, Versicherungen oder Produktion.

IBM erteilte Perot eine Abfuhr. Das Konzept war gut, doch der Profit würde sich in engen Grenzen halten. Von jedem einzelnen Dollar, der für die Datenverarbeitung ausgegeben wurde, entfielen achtzig Cent auf die Hardware – die Maschinen – und nur zwanzig Cent auf die Software, auf das, was Perot verkaufen wollte. IBM hatte keine Lust, auf dem Bauche kriechend unter dem Tisch nach Pfennigen zu suchen.

Also hob Perot tausend Dollar von seinem Sparkonto ab und machte sich selbständig. Im Laufe der nächsten zehn Jahre änderten sich die Proportionen dergestalt, daß die Software siebzig Cent jedes für Datenverarbeitung ausgegebenen Dollars ausmachte, und Perot wurde einer der reichsten Selfmademen der Welt.

Der Aufsichtsratsvorsitzende von IBM, Tom Watson, traf Perot eines Tages in einem Restaurant und fragte ihn: »Eins würde ich ja gerne wissen, Ross. Haben Sie damals schon vorausgesehen, daß sich das Verhältnis so ändern würde?«

»Nein«, antwortete Perot. »Die zwanzig Cent kamen mir gut genug vor.«

Ja, er hatte Glück. Doch Glück alleine genügte nicht. Man mußte dem Glück ein Betätigungsfeld bieten. Ängstlich hinter dem Ofen zu sitzen, führte zu nichts. Nur wenn man Risiken auf sich nahm, bot sich einem überhaupt die Chance, Glück zu haben. Und Ross Perot war sein Leben lang Risiken eingegangen.

Das Risiko, mit dem er sich jetzt konfrontiert sah, war nur zufällig das bisher größte.

Merv Stauffer kam herein. »Können wir gehen?« fragte er.

»Ja.«

Perot stand auf, und die beiden Männer verließen das Büro. Sie fuhren mit dem Aufzug hinunter und stiegen in Stauffers Wagen, einen nagelneuen, viertürigen Lincoln Versailles. Im Innern stank es nach Simons' Zigarillos.

»Er wartet schon auf dich«, sagte Stauffer.

»Gut.«

Perots Ölfirma Petrus residierte im Nachbargebäude an der Forest Lane. Merv hatte zuerst Simons dorthin gefahren und holte nun Perot ab. Nach dem Treffen würde er Perot zuerst zu EDS zurückfahren und dann erst Simons abholen. Sinn dieser Übung war, das Treffen geheimzuhalten: Simons und Perot sollten so wenig wie möglich zusammen gesehen werden.

In den vergangenen sechs Tagen, während Simons und die Rettungsmannschaft draußen am Lake Grapevine für ihre eigene Unterhaltung gesorgt hatten, waren die Aussichten auf eine legale Befreiung der beiden Inhaftierten rapide gesunken. Kissinger, der bei Ardeschir Zahedi nichts erreicht hatte, konnte ihnen nicht mehr weiterhelfen. Tom Luce hatte jeden einzelnen der vierundzwanzig texanischen Kongreßabgeordneten angerufen, beide Senatoren des Staates und jedermann in Washington, der ihm zuhören wollte. Alles, was dabei herauskam, war, daß die Politiker im Außenministerium anriefen, um sich dort zu informieren, und alle diese Anrufe landeten bei Henry Precht.

Finanzchef Tom Walter hatte noch immer keine Bank gefunden, die bereit gewesen wäre, ein Akkreditiv in Höhe von 12 750 000 Dollar auszustellen. Nach amerikanischem Recht brauchte eine Einzelperson oder eine Firma einer solchen Zahlungsverpflichtung nicht nachzukommen, wenn der Beweis erbracht wurde, daß das Akkreditiv unter Anwendung illegaler Druckmittel – wie zum Beispiel Erpressung oder Kidnapping – unterzeichnet worden war. Die Banken betrachteten die Festnahme von Paul und Bill als reine Erpressung und waren sich im klaren darüber, daß EDS vor jedem amerikanischen Gericht argumentieren konnte, das Akkreditiv sei ungültig, und die Summe brauche daher nicht ausgezahlt werden. Theoretisch spielte das keine Rolle. Bis dahin wären Paul und Bill ja längst zu Hause, und die amerikanische Bank würde sich ganz einfach – und völlig zu Recht – weigern, das von der iranischen Bank vorgelegte Akkreditiv einzulösen. In der Praxis jedoch sah es so aus, daß die meisten amerikanischen Banken große Außenstände im Iran hatten und befürchteten, die Iraner könnten im Gegenzug die 12 750 000 Dollar einfach von ihren Schulden abziehen. Walter war noch immer auf der Suche nach einer Großbank, die *keine* Geschäfte mit dem Iran tätigte.

Operation Hotfoot blieb also nach wie vor Perots bestes Pferd im Rennen.

Stauffer setzte seinen Chef auf dem Parkplatz ab, und Perot begab sich in das Gebäude der Ölgesellschaft, wo Simons in einem kleinen Büro auf ihn wartete.

Der Oberst mampfte Erdnüsse und hörte Radio. Perot vermutete, daß die Erdnüsse Simons' Mittagessen waren und daß das Kofferradio dazu diente, eventuell im Raum versteckte Wanzen kampfunfähig zu machen.

Sie schüttelten sich die Hand. Perot fiel auf, daß Simons sich einen Bart wachsen ließ. »Wie steht's?« fragte er.

»Bestens«, antwortete Simons. »Die Männer sind allmählich ganz gut aufeinander eingespielt.«

»Es ist Ihnen doch klar«, sagte Perot, »daß Sie jeden, mit dem Sie nicht zufrieden sind, aus dem Team ausschließen können? Sie haben das Kommando und ...«

»Alles in Ordnung«, sagte Simons. »Ich brauche keinen rauszuschmeißen.« Er lachte leise. »Das ist garantiert die intelligenteste Mannschaft, die ich je befehligt habe, und das schafft natürlich Probleme, weil jeder von ihnen glaubt, Befehle müßten diskutiert und nicht befolgt werden. Aber sie gewöhnen sich allmählich dran, ihr Gehirn abzuschalten, wenn's drauf ankommt. Ich habe klargestellt, daß der Punkt kommen wird, wo jede Diskussion endet und nur noch blinder Gehorsam gefragt ist.«

Perot lächelte. »Dann haben Sie in sechs Tagen mehr erreicht als ich in sechzehn Jahren.«

»Mehr können wir hier in Dallas auch nicht tun«, sagte Simons, »die nächste Etappe ist Teheran.«

Perot nickte. Dies war jetzt die letzte Chance, *Operation Hotfoot* noch abzublasen. Hatte das Team Dallas erst einmal verlassen, dann hatte er die Zügel nicht mehr in der Hand. Dann wären die Würfel gefallen.

Ross, das ist total idiotisch. Du machst nicht nur die Firma, sondern auch dich selbst kaputt.

Verdammt nochmal, Ross, ich kann dir doch keine Liste aller Gesetze aufstellen, gegen die du dabei verstößt!

Dann hast du statt zweier unschuldiger Mitarbeiter im Gefängnis acht schuldige Mitarbeiter, die tot sind.

Nun ja, da ist dieser Junge aus Texarcana, der sich seit Jahren darum bemüht ...

»Wann wollen Sie aufbrechen?« fragte Perot Simons.
»Morgen.«
»Viel Glück«, sagte Perot.

5

WÄHREND SIMONS SICH in Dallas mit Perot besprach, versuchte Pat Sculley, der schlechteste Lügner der Welt, in Istanbul vergeblich, einem gerissenen Türken ein X für ein U vorzumachen.

Mr. Fish besaß ein Reisebüro und war während der

Evakuierung im Dezember von Merv Stauffer und T. J. Marquez »entdeckt« worden. Sie hatten ihn dafür angeheuert, die notwendigen Vorkehrungen für den Zwischenaufenthalt der Evakuierten in Istanbul zu arrangieren, und er hatte wahre Wunder vollbracht – zu einer Zeit, da der größte Teil des Hotelpersonals streikte. Später fand T. J. heraus, daß Mrs. Fish die Betten in den Zimmern selbst gemacht hatte. Nachdem die Anschlußflüge gebucht waren, wollte Merv Stauffer jedem eine Kopie mit den entsprechenden Angaben geben, doch der Fotokopierer im Hotel war kaputt: Mr. Fish trieb einen Elektriker auf, der das Gerät an einem Sonntag frühmorgens um fünf reparierte. Bei Mr. Fish war *nichts* unmöglich.

Simons machte sich noch immer Sorgen wegen der Walther-Pistolen, die sie nach Teheran schmuggeln wollten, und als er hörte, wie Mr. Fish das Gepäck der Evakuierten durch den türkischen Zoll gebracht hatte, schlug er vor, ihn mit dem Waffenproblem zu betrauen.

Sculley war am achten Januar nach Istanbul geflogen. Tags darauf traf er sich mit Mr. Fish in der Cafeteria des Sheraton. Mr. Fish war groß und dick, Ende Vierzig, seine Kleidung wenig ansprechend. Er war ein durchtriebener Bursche, und Sculley hatte keine Chance gegen ihn.

EDS, erzählte ihm Sculley, hätte zwei Probleme, bei denen man seine Hilfe benötige. »Zum ersten brauchen wir ein Flugzeug nach Teheran und zurück. Zum zweiten müssen wir ein paar Gepäckstücke durch den Zoll bringen, ohne daß sie kontrolliert werden. Natürlich werden wir Ihnen Ihre Unterstützung entsprechend vergüten.«

Mr. Fish sah ihn zweifelnd an. »Und wozu das Ganze?«

»Nun ja, wir haben da ein paar Magnetbänder für Computer in Teheran«, sagte Sculley, »und wollen keinerlei Risiko damit eingehen. Wir wollen vermeiden, daß sie durchleuchtet werden oder irgend etwas anderes passiert, das sie zerstören könnte; und außerdem wollen wir sie uns nicht von irgendeinem subalternen Zöllner beschlagnahmen lassen.«

»Und dazu brauchen Sie ein ganzes Flugzeug und wollen das Gepäck ungeöffnet durch den Zoll bringen?«

»So ist es.« Sculley merkte, daß Mr. Fish ihm kein Wort glaubte.

Mr. Fish schüttelte den Kopf. »Nein, Mr. Sculley. Ihren Freunden habe ich nur zu gerne geholfen, aber ich leite ein Reisebüro und keinen Schmugglerring. Auf so etwas lasse ich mich nicht ein.«

»Und was ist mit dem Flugzeug – können Sie uns das besorgen?«

Wiederum schüttelte Mr. Fish den Kopf. »Dafür gehen Sie am besten nach Jordanien. Von Amman aus gibt es Charterflüge der Arab Wings nach Teheran. Mehr kann ich Ihnen auch nicht sagen.«

Sculley zuckte mit den Achseln. »Okay.«

Ein paar Minuten später verabschiedete er sich von Mr. Fish und ging auf sein Zimmer, um mit Dallas zu telefonieren.

Mit seiner ersten Aufgabe als Mitglied des Befreiungsteams hatte es nicht geklappt.

Als Simons davon erfuhr, beschloß er, die Walthers in Dallas zu lassen. Er erklärte Coburn seine Gründe dafür: »Wir wollen nicht gleich zu Beginn die ganze Mission aufs Spiel setzen, wenn noch nicht einmal feststeht, ob wir die Waffen überhaupt brauchen. Das ist, zumindest zum jetzigen Zeitpunkt, ein unnötiges Risiko. Gehen wir erst einmal in den Iran und sehen uns an, auf was wir uns da einlassen. Wenn wir die Dinger doch noch brauchen, kann Schwebach ja immer noch nach Dallas fliegen und sie holen.«

Die Waffen wurden zusammen mit dem Werkzeug, das Simons zum Abfeilen der Seriennummern bestellt hatte, im EDS-Tresor deponiert. (Da die Feilerei illegal war, sollte sie bis auf die allerletzte Minute aufgeschoben werden.)

Da es jetzt sinnlos war, über Istanbul zu fliegen, schickte Simons Sculley nach Paris, um dort Hotelzimmer und ihren Weiterflug nach Teheran zu buchen.

Der Rest des Teams brach am zehnten Januar um 11.05 Uhr vom Dallas/Fort Worth Regional Airport auf, flog mit der Braniff-Maschine 341 nach Miami und stieg dort in die National 4 nach Paris um.

Am folgenden Morgen trafen sie sich mit Sculley auf dem Flughafen Orly in der Bildergalerie zwischen Restaurant und Cafeteria.

Coburn merkte sofort, daß Sculley ziemlich fahrig war. Mittlerweile hatten sie sich von Simons' Sicherheitsmanie anstecken lassen, stellte er fest. Auf dem Flug hierher waren sie, obwohl sie alle die gleiche Maschine benutzt hatten, wie Einzelpassagiere gereist, hatten getrennt voneinander gesessen und so getan, als kennten sie sich nicht.

Das Personal im Orly Hilton hatte Sculley nervös gemacht und auf die Idee gebracht, seine Telefongespräche könnten belauscht werden, so daß Simons, der Hotels gegenüber ohnehin mißtrauisch war, entschieden hatte, ihr Gespräch in die Gemäldegalerie zu verlegen.

Sculley hatte auch bei seiner zweiten Aufgabe, der Buchung der Flüge von Paris nach Teheran, versagt: »Die Hälfte der Fluggesellschaften fliegt den Iran wegen der politischen Unruhen und der Streiks auf dem Flughafen nicht mehr an«, berichtete er. »Die paar Flüge die es noch gibt, sind völlig ausgebucht von Iranern, die nach Hause wollen. Das einzige, was ich euch bieten kann, ist ein Gerücht, daß die Swissair von Zürich aus nach Teheran fliegen soll.«

Das Team teilte sich auf: Simons, Coburn, Poché und Boulware flogen nach Zürich und versuchten es dort bei der Swissair; Sculley, Schwebach, Davis und Jackson blieben in Paris.

In Kloten war der Schalter für den Teheran-Flug von

Iranern umlagert, und das Team konnte nur ein einziges Ticket bekommen. Sie entschieden sich für Coburn. Er war der Logistiker und wußte am besten Bescheid über das EDS-Inventar in Teheran: einhundertfünfzig leerstehende Häuser und Wohnungen, sechzig zurückgelassene Personenwagen und Jeeps, zweihundert iranische Angestelle, die nicht alle vertrauenswürdig waren, sowie Nahrungsmittelvorräte und Werkzeuge, die die Evakuierten stehengelassen hatten. Wenn Coburn vorab eintraf, konnte er sich schon um Fahrzeuge, Vorräte und Verstecke kümmern.

Er verabschiedete sich von seinen Freunden, bestieg die Maschine und flog mitten hinein in Chaos, Gewalt und Revolution.

*

Am selben Tag nahm Ross Perot, ohne daß Simons und sein Team etwas ahnten, den Flug 172 der British Airways von New York nach London. Auch sein Ziel hieß Teheran.

*

Coburn verging die Zeit auf dem Flug von Zürich nach Teheran viel zu schnell.

Nervös zählte er in Gedanken auf, was er alles zu erledigen hatte. Eine Liste konnte er nicht schreiben: Simons duldete keine schriftlichen Aufzeichnungen.

Zuerst einmal mußte er mit dem präparierten Koffer durch den Zoll. Er hatte keine Waffen bei sich: Würde der Koffer untersucht und das Geheimfach entdeckt, so wollte er sagen, es sei für den Transport einer hochempfindlichen Fotoausrüstung vorgesehen.

Danach mußte er eine Vorauswahl unter den leerstehenden Häusern und Wohnungen treffen, die Simons als Verstecke in Betracht ziehen konnte. Außerdem mußte er Autos auftreiben und für ausreichende Benzinvorräte sorgen.

Keane Taylor, Rich Gallagher und den iranischen Mitarbeitern von EDS gegenüber wollte er behaupten, er arrangiere die Verschiffung der zurückgebliebenen Habseligkeiten in die Vereinigten Staaten. Er hatte Simons vorgeschlagen, Taylor in das Geheimnis einzuweihen, da dieser eine wertvolle Ergänzung für das Team sein könne. Simons hatte sich vorbehalten, die Entscheidung darüber selbst zu treffen, sobald er Taylor persönlich kennengelernt hatte.

In Teheran lief das gesamte Flughafenpersonal in Armeeuniformen herum. Warum der Flughafen trotz des Streiks offen war, wurde Coburn schnell klar: Das Militär hatte das Kommando übernommen.

Er griff sich den Koffer mit doppeltem Boden und ging durch den Zoll. Niemand hielt ihn auf.

Die Ankunftshalle war das reinste Irrenhaus. Die wartende Menge führte sich undisziplinierter denn je auf. Die Armee mochte zwar das Kommando übernommen haben – militärische Ordnung hatte sie jedoch nicht durchgesetzt.

Auf der Fahrt in die Stadt fiel ihm, vor allem in Flughafennähe, ein großes Aufgebot an Armeefahrzeugen und anderem militärischen Gerät ins Auge. Es waren weitaus mehr Panzer zu sehen als zur Zeit seines Abflugs. Sollte das vielleicht heißen, daß der Schah die Lage noch immer unter Kontrolle hatte? Seinen Äußerungen in der Presse zufolge war dem so. Aber Bakhtiar behauptete das gleiche von sich. Und auch Ayatollah tat, als sei ihm die Macht sicher: Soeben hatte er die Bildung eines Islamischen Revolutionsrats ausgerufen, der die Regierungsgewalt übernehmen sollte – gerade so, als säße er nicht in einer Villa am Stadtrand von Paris neben dem Telefon, sondern hätte die Macht in Teheran schon übernommen. Eigentlich wurde das Land von niemandem regiert. Dies mochte auf der einen Seite die Verhandlungen um die Freilassung der beiden Inhaftierten erschweren, konnte aber andererseits auch dem Rettungsteam zugute kommen.

Das Taxi brachte Coburn ins Bukarest, wo er Keane Taylor antraf. Da Lloyd Briggs zur Zeit in New York war, um die EDS-Anwälte persönlich zu informieren, hatte Taylor die Leitung der iranischen Niederlassung übernommen. In makellosem Anzug samt Weste saß er an Paul Chiapparones Schreibtisch, ganz so, als befände er sich meilenweit entfernt von jeder Unruhe und nicht mitten im Herzen einer Revolution.

Als Coburn eintrat, blickte er erstaunt auf.

»Teufel auch, Jay, seit wann bist du denn hier?«

»Ich bin gerade angekommen.«

»Und was soll der Bart – willst du unbedingt gefeuert werden?«

»Ich dachte, ich sähe damit weniger amerikanisch aus.«

»Hast du schon einmal einen Iraner mit einem rötlichen Bart gesehen?«

»Nein.« Coburn lachte.

»Und was willst du hier?«

»Nun ja, es ist ja wohl klar, daß die EDS-Belegschaft nicht so schnell hierher zurückkommt, und da will ich eben die Sachen von unseren Leuten so weit in Ordnung bringen, daß sie in die Staaten geschickt werden können.«

Taylor sah ihn belustigt an, enthielt sich jedoch jeglichen Kommentars. »Und wo willst du wohnen? Wir sind alle ins Hyatt Crown Regency umgezogen, da ist es sicherer.«

»Wie wär's mit deinem alten Haus?«

»Wie du willst.«

»Und jetzt zu dem anderen Kram. Hast du noch die Umschläge mit den Haus- und Autoschlüsseln und den Anweisungen, was mit den Haushaltsgegenständen geschehen soll?«

»Klar doch, mit denen arbeite ich die ganze Zeit. Alles, was nicht in die Staaten soll, verkaufe ich: Waschmaschinen, Trockner, Kühlschränke – ich habe hier einen regelrechten Flohmarkt aufgezogen.«

»Kann ich die Umschläge haben?«

»Na klar.«

»Wie steht's mit den Autos?«

»Die meisten von ihnen stehen auf einem Schulhof, und ein paar Iraner spielen Parkwächter, wenn sie sie nicht gerade verscheuern.«

»Und wie sieht's mit Benzin aus?«

»Rich hat bei der Air Force vier 200-Liter-Behälter aufgetrieben. Sie sind voll und stehen im Keller.«

»Dachte ich mir doch, daß es nach Benzin riecht, als ich reinkam.«

»Mach ja kein Streichholz da unten im Dunkeln an, sonst fliegen wir alle in die Luft.«

»Und wie kommt ihr an Nachschub ran?«

»Wir nehmen zwei Autos als Tankwagen – einen Buick und einen Chevy, die große, amerikanische Tanks haben. Zwei von unseren Fahrern stehen den ganzen Tag lang an diversen Tankstellen Schlange. Sobald sie ihre Karren voll haben, kommen sie hierher, wir füllen das Benzin in die Behälter um und schicken sie wieder los. Manchmal kann man auch jemandem vorne in der Schlange sein Benzin abkaufen. Man schnappt sich einen, der gerade bedient worden ist, und bietet ihm das Zehnfache von dem, was er gerade bezahlt hat. Um diese Tankstellen herum entsteht gerade ein ganz neuer Wirtschaftszweig ...«

»Wie steht's mit dem Heizöl für die Häuser?«

»Da hab' ich eine Quelle, aber der Typ verlangt das Zehnfache des alten Preises. Ich schmeiße hier mit Geld um mich wie ein Seemann auf Landgang.«

»Ich werde zwölf Autos brauchen.«

»Zwölf Autos, Jay?«

»Richtig.«

»Mein Haus hat einen großen Hof mit Mauern drumrum, da kannst du sie einstellen. Willst du die Autos etwa aufgetankt haben, ohne daß einer von unseren Iranern Wind davon kriegt?«

»Genau.«

»Dann brauchst du bloß einen Wagen mit leerem Tank zum Hyatt zu bringen und ich tausche ihn dir gegen einen vollgetankten aus.«

»Wie viele Iraner beschäftigen wir denn noch?«

»Die zehn besten, dazu vier Fahrer.«

»Mach mir doch eine Namensliste, bitte.«

»Weißt du eigentlich, daß Ross auf dem Weg hierher ist?«

»Nicht möglich!« Coburn war fassungslos.

»Ich habe es gerade erst erfahren. Er bringt Bob Young aus Kuwait mit, der meinen Verwaltungskram übernehmen soll, und John Howell, der sich mit den juristischen Dingen befaßt. Mit John zusammen soll ich mich um die Verhandlungen und die Kaution kümmern.«

»Sieh mal einer an!« Coburn fragte sich, was Perot im Schilde führte. »Okay«, sagte er dann, »ich fahr' jetzt erst einmal zu dir nach Hause.«

»Jay, willst du mir nicht erzählen, was da im Busch ist?« fragte Taylor.

»Da gibt's nichts zu erzählen.«

»Du kannst mich mal, Coburn. Ich will endlich wissen, was hier gespielt wird.«

»Hab' ich dir nicht schon alles gesagt?«

»Du kannst mich gleich noch einmal, Jay. Aber wart's ab, was ich dir für alte Schlitten hinstelle! Du kannst von Glück reden, wenn du an denen wenigstens noch Lenkräder findest ...«

»Tut mir leid.«

»Jay ...«

»Jaa-aa?«

»So 'n komischen Koffer hab' ich überhaupt noch nie gesehen.«

»Möglich, möglich.«

»Ich weiß *genau,* was ihr vorhabt.«
Coburn seufzte. »Geh'n wir ein Stück.«
Sie gingen auf die Straße hinaus, und Coburn informierte Taylor ausführlich über das Team und seine Aufgabe.

*

Am nächsten Tag kümmerten sich Coburn und Taylor um die konspirativen Unterkünfte.

Taylors Haus in der Aftab Street Nr. 2 war geradezu ideal. Nicht nur, daß von dort aus das Hyatt für den Autoaustausch bequem zu erreichen war; es lag außerdem im armenischen Viertel, und wenn es hart auf hart kam, waren dessen Bewohner Amerikanern gegenüber vermutlich weniger feindlich gesonnen, als Iraner. In Taylors Haus gab es ausreichend Heizöl, und auch das Telefon funktionierte noch. Der ummauerte Hof bot Platz für sechs Pkw. Zudem gab es einen Hinterausgang, durch den man, sollte eine Polizeistreife an der Vordertür Einlaß begehren, entwischen konnte. Überdies wohnte der Vermieter nicht im Hause.

Anhand des in Coburns Büro an die Wand gepinnten Stadtplans suchten sie sich drei weitere leerstehende Häuser als Ausweichquartiere heraus.

Im Laufe des Tages fuhr Coburn einen Wagen nach dem anderen zu den vier Häusern, vor denen er jeweils drei Fahrzeuge abstellte.

Da die Familien mit Militärausweisen stets über die beste Verpflegung verfügten, konsultierte er erneut seinen Stadtplan und versuchte, sich daran zu erinnern, welche der Ehefrauen von EDS-Mitarbeitern bei den amerikanischen Streitkräften gearbeitet hatten. Er kam auf acht vielversprechende Adressen. Dort wollte er am nächsten Tag Konserven und Getränke für die konspirativen Wohnungen besorgen.

Am selben Abend noch rief er, allein in Taylors Wohnung, in Dallas an und ließ sich mit Merv Stauffer verbinden.

Stauffer war aufgeräumt wie immer. »Hallo, Jay. Wie geht's, wie steht's?«

»Prima.«

»Fein, daß du anrufst, ich hab' nämlich eine Nachricht für dich. Hast du was zum Schreiben?«

»Klar doch.«

»Also dann: *Honky Keith Goofball Zero Honky Dummy*« –

»Merv«, unterbrach ihn Coburn.

»Jaa-aa?«

»Zum Kuckuck, was quatscht du da eigentlich?«

»Das ist doch der Code, Jay.«

»Und was heißt Honky Keith Goofball?«

»H steht für Honky, K für Keith –«

»Merv, H heißt Hotel, K heißt Kilo ...«

»Ach so!« sagte Stauffer. »Mir ist gar nicht aufgegangen, daß wir ganz bestimmte Wörter benutzen sollen ...«

Coburn lachte. »Hör zu«, sagte er. »Laß dir von irgendwem das Militäralphabet beibringen, bevor du wieder anrufst.«

Stauffer mußte über sich selber lachen. »Mach' ich«, sagte er.

»Für heute müssen wir allerdings mit einer eigenen Version zurechtkommen.«

»Na, dann schieß los.«

Coburn notierte die verschlüsselte Nachricht und gab Stauffer – ebenfalls verschlüsselt – seinen Standort und seine Telefonnummer durch. Nachdem er aufgelegt hatte, dechiffrierte er die Nachricht.

Sie war erfreulich. Simons und Joe Poché sollten am nächsten Tag in Teheran eintreffen.

*

Am elften Januar, dem Tag, an dem Coburn in Teheran ankam und Perot nach London flog, saßen Paul und Bill seit genau zwei Wochen im Gefängnis.

In der ganzen Zeit hatten sie ein einziges Mal duschen können. Wenn die Aufseher erfuhren, daß es heißes Wasser gab, durfte jede Zelle fünf Minuten lang die Dusche benutzen. Wenn sich die Männer in die Kabinen drängten, um für kurze Zeit den Luxus von Wärme und Sauberkeit zu genießen, legten sie sich keine Zurückhaltung auf und wuschen nicht nur sich selbst, sondern gleichzeitig auch alle ihre Kleidungsstücke.

Nach einer Woche war der Gefängnisküche das Propangas ausgegangen. Das Essen, das schon bisher an Gemüsemangel gelitten und nach Stärke geschmeckt hatte, blieb jetzt auch noch kalt. Glücklicherweise erlaubte man ihnen, ihre Speisekarte um Apfelsinen, Äpfel und Nüsse zu erweitern, die von Besuchern mitgebracht wurden.

Fast jeden Abend gab es ein oder zwei Stunden lang keinen Strom, die Gefangenen mußten sich mit Kerzen oder Taschenlampen behelfen. In dem Gefängnis saßen stellvertretende Minister, Geschäftspartner der Regierung und Teheraner Unternehmer. Zwei Höflinge der Kaiserin saßen bei Paul und Bill in Zelle fünf. Der neueste Zugang war Dr. Siazi, der im Gesundheitsministerium unter Dr. Scheik als Leiter der Abteilung für Rehabilitation fungiert hatte. Siazi war Psychologe und nutzte seine Kenntnisse über die menschliche Seele, um seine Mitgefangenen bei Laune zu halten. Ständig dachte er sich neue Spiele und Ablenkungen aus, die das trostlose Einerlei erträglicher machten. Er führte ein Nachtmahl-Ritual ein, nach dem jeder Zellenbewohner erst dann essen durfte, wenn er einen Witz zum besten gegeben hatte.

Zwischen Paul und dem »Vater« ihrer Zelle – das heißt, demjenigen, der am längsten einsaß und einem ungeschriebenen Gesetz zufolge Zellenboß war – entwickelte sich eine seltsam enge Beziehung. Er war ein kleiner, älterer Herr, der sein Möglichstes tat, den Amerikanern zu helfen, indem er sie zum Essen ermunterte und die Wärter bestach, ihnen kleine Sonderwünsche zu erfüllen. Er konnte nur etwa ein Dutzend Worte Englisch und Paul nur wenig Farsi, aber irgendwie brachten sie eine radebrechende Unterhaltung zustande. Paul erfuhr, daß sein Gesprächspartner ein angesehener Geschäftsmann gewesen war und in London eine Baufirma sowie ein Hotel besaß. Paul zeigte ihm Bilder von Karen und Ann Marie, die Taylor mitgebracht hatte, und der alte Mann lernte ihre Namen. Welche Verbrechen er begangen hatte oder welche Vorwürfe man ihm im einzelnen machte, war Paul völlig gleichgültig; er empfand jedoch die Anteilnahme und Wärme, die er den Ausländern gegenüber an den Tag legte, als enorm ermutigend.

Auch die Tapferkeit seiner EDS-Kollegen in Teheran bewegte ihn. Bei jeder ihrer Fahrten ins Gefängnis durch die von Straßenkämpfen erschütterte Stadt hatten Lloyd Briggs, der inzwischen in New York war, Rich Gallagher, der Teheran nie verlassen hatte, und Keane Taylor, der zurückgekehrt war, ihr Leben riskiert. Außerdem bestand jederzeit die Gefahr, daß Dadgar plötzlich auf die Idee kam, sie als zusätzliche Geiseln zu kassieren.

Anfangs hatte Paul sich eingebildet, er könne jede Minute entlassen werden; jetzt redete er sich ein, es könne jeden Tag passieren.

Einer ihrer Zellengenossen *war* entlassen worden: Lucio Randone, ein italienischer Architekt, der bei der Baufirma Condotti d'Acqua angestellt war. Später besuchte Randone sie, brachte zwei große Tafeln italienischer Schokolade mit und erzählte Paul und Bill, daß er mit dem Botschafter seines Landes in Teheran über ihren Fall gesprochen habe. Der Botschafter habe versprochen, seinen amerikanischen Kollegen aufzusuchen und ihm das Geheimnis zu verraten, wie man seine Landsleute aus einem Gefängnis herausbringt. Die meiste Nahrung jedoch erhielt Pauls Optimismus durch Dr. Ahmad Houman, den Rechtsanwalt, den Briggs anstelle der iranischen Berater engagiert hatte, die sie in der Frage der Kaution so schlecht beraten hatten.

Houman hatte Paul und Bill während der ersten Haftwoche besucht und behauptet:

»Dadgar will sich bloß einen Namen machen.«

War das der Grund? Ein übereifriger Ankläger, der bei seinen Vorgesetzten – oder vielleicht bei den Revolutionären – mit seiner anti-amerikanischen Emsigkeit Eindruck schinden wollte?

»Dadgars Amt ist ziemlich einflußreich«, fuhr Houman fort, »aber in diesem Fall hat er sich aufs Glatteis begeben. Er hatte keinerlei Grund, Sie verhaften zu lassen, und die Kautionssumme ist astronomisch hoch.«

Paul begann, auf Houman einige Hoffnungen zu setzen. Der Anwalt schien sich auszukennen und wirkte zuversichtlich.

»Was werden Sie also unternehmen?«

»Ich werde mich für eine Reduzierung der Kautionssumme einsetzen.«

»Und wie wollen Sie das anstellen?«

»Zuerst werde ich mit Dadgar sprechen. Ich hoffe, ihn davon überzeugen zu können, daß die Kaution exorbitant ist. Wenn er keine Einsicht zeigt, werde ich mich direkt an seine Vorgesetzten im Justizministerium wenden und sie veranlassen, ihm den Auftrag zu geben, die Kaution zu reduzieren.«

»Und wie lange werden Sie dafür wohl brauchen?«

»Vielleicht eine Woche.«

Es dauerte länger als eine Woche, aber Houman machte Fortschritte. Wieder kam er ins Gefängnis und berichtete, daß Dadgars Vorgesetzte sich bereit erklärt hätten, die Kaution auf eine Summe zu reduzieren, die von EDS ohne weitere Schwierigkeiten aus gegenwärtig im Iran verfügbaren Geldreserven würde bezahlt werden können.

Voller Verachtung gegen Dadgar und Vertrauen in seine eigenen Fähigkeiten verkündete Houman, die ganze Angelegenheit würde bei einem zweiten Treffen zwischen Paul, Bill und Dadgar am elften Januar endgültig bereinigt werden.

Tatsächlich tauchte Dadgar an jenem Tag wieder im Gefängnis auf und wollte, wie zuvor schon einmal, zunächst Paul alleine sprechen. Paul war sehr zuversichtlich, als er, von einem Aufseher begleitet, den Hof überquerte. Dadgar ist nichts als ein übereifriger Ankläger, der von seinen Vorgesetzten zusammengestaucht worden ist und jetzt zu Kreuze kriechen muß, dachte er.

Dadgar, neben sich die Dolmetscherin, erwartete ihn bereits. Er nickte nur, und Paul setzte sich. Besonders demütig sieht der ja nicht aus, schoß es ihm durch den Kopf.

Dadgar sagte etwas in Farsi und Mrs. Nurbasch übersetzte: »Wir wollen mit Ihnen über die Höhe der Kaution sprechen.«

»Gut«, sagte Paul.

»Mr. Dadgar hat dazu von offizieller Seite einen Brief aus dem Ministerium für Gesundheit und Soziales erhalten.«

Sie fing an, den Brief zu übersetzen.

Die Ministerialbeamten verlangten, die Kaution für die beiden Amerikaner auf dreiundzwanzig Millionen Dollar – also fast das Doppelte – zu erhöhen, und zwar als Ausgleich für die Verluste, die dem Ministerium durch die Abschaltung der EDS-Computer entstanden seien.

Allmählich dämmerte es Paul, daß er an diesem Tag noch *nicht* entlassen werden würde.

Der Brief war Teil eines Komplotts: Dadgar hatte Dr. Houman geschickt ausmanövriert. Das Treffen war eine reine Farce.

Paul war außer sich vor Wut. Nachdem der Brief verlesen worden war, wandte er sich an die Dolmetscherin: »Jetzt rede ich«, sagte er, »und Sie übersetzen gefälligst jedes Wort. Ist das klar?« Auf Höflichkeitsfloskeln gegenüber diesem Halunken kann ich jetzt verzichten, dachte er.

»Selbstverständlich«, antwortete Mrs. Nurbasch.

Paul sprach langsam und deutlich: »Sie halten mich jetzt seit vierzehn Tagen im Gefängnis fest. Ich bin nicht vor Gericht gestellt worden. Es ist keinerlei Anklage gegen mich erhoben worden. Sie haben bisher auch nicht den geringsten Beweis dafür erbracht, daß ich in irgendein Verbrechen verwickelt war. Sie haben noch nicht einmal ausgeführt, welches Verbrechen mir vorgeworfen wird. Sind Sie eigentlich stolz auf die iranische Gerechtigkeit?«

Zu Pauls Überraschung schien das Eis in Dadgars Blick zu schmelzen. »Es tut mir leid«, sagte der Staatsanwalt, »daß Sie für die Fehler Ihrer Firma büßen müssen ...«

»Nein, nein, nein,« erwiderte Paul emphatisch. »Ich *bin* die Firma und *ich* trage die Verantwortung. Wenn die Firma Fehler macht, muß ich dafür geradestehen. Aber wir haben uns nichts zuschulden kommen lassen, sondern in Wirklichkeit sogar viel mehr getan, als wir nach unseren Vereinbarungen hätten tun müssen. Und der Erfolg ist nicht ausgeblieben. Unsere Datenverarbeitungsanlage gibt jetzt Versicherungskarten aus. Sie registriert die Summe der Einlagen auf dem Konto des Gesundheitsministeriums. Jeden Morgen erstellt sie eine Zusammenfassung der am Tag zuvor eingereichten Anträge auf Kostenerstattung. Außerdem druckt sie die Gehaltslisten für das Gesundheits- und Sozialministerium. Warum gehen Sie nicht ins Ministerium und sehen sich die Ausdrucke an?«

Dadgar wollte etwas sagen, aber Paul ließ ihn nicht zu Worte kommen. »Moment noch! Wir können jederzeit beweisen, daß EDS den Vertrag erfüllt hat. Ebenso leicht ist festzustellen, daß das Ministerium seinen Verpflichtungen nicht nachgekommen ist. Es hat sechs Monate lang keine Rechnung bezahlt und schuldet uns inzwischen so um die zehn Millionen Dollar. Und warum ist EDS nicht bezahlt worden? Weil das Ministerium kein Geld hat. Und warum hat es keins? Wir wissen beide, daß das Ministerium seinen gesamten Etat in den ersten sieben Monaten des laufenden Haushaltsjahres ausgegeben hat und die Regierung nicht über die Mittel verfügt, ihn aufzustokken. Ich frage mich, ob in manchen Abteilungen nicht eine gehörige Portion Inkompetenz herrscht. Was tun eigentlich diese Leute, die ihr Budget derartig überziehen? Vielleicht suchen sie nach Ausreden? Vielleicht suchen sie jemanden, dem sie die Schuld an der Misere zuschieben können, einen Sündenbock sozusagen? Und da kommt es ihnen natürlich gerade recht, daß es da EDS gibt, ein kapitalistisches Unternehmen aus Amerika, das bei ihnen im Haus sitzt und direkt mit ihnen zusammenarbeitet. In der gegenwärtigen politischen Atmosphäre gibbern die Leute ja geradezu danach, daß man ihnen Schauermärchen über die Bosheit der Amerikaner erzählt, und sind natürlich sehr schnell bereit zu glauben, daß wir den Iran in jeder Hinsicht hintergehen. Aber Sie, Mr. Dadgar, Sie sind doch angeblich ein Mann, dessen Aufgabe es ist, dem Recht zur Geltung zu verhelfen. Von *Ihnen* erwartet man nicht, so einfach zu glauben, daß die Amerikaner an allem schuld sind – es sei denn Sie haben Beweise. Von *Ihnen* erwartet man vielmehr, daß Sie die Wahrheit herausfinden, falls ich über die Rolle des Untersuchungsrichters richtig informiert bin. Meinen Sie nicht, daß Sie jetzt endlich einmal der Frage nachgehen sollten, *warum* man gegen mich und meine Firma falsche Beschuldigungen in die Welt setzt? Und daß es an der Zeit wäre, endlich auch einmal in diesem verdammten Ministerium Untersuchungen anzustellen?«

Mrs. Nurbasch übersetzte, und Dadgars Miene gefror wieder zu Eis. Er sagte etwas auf Farsi. Die Dolmetscherin wandte sich an Paul: »Er möchte jetzt den anderen sprechen.«

Paul starrte sie an. Ich hätte mir meine Rede sparen

können, dachte er. Ebensogut hätte ich Kinderreime herunterleiern können. Dadgar bleibt unbeugsam.

*

Paul war zutiefst niedergeschlagen. Er lag auf seiner Matratze und betrachtete die Bilder von Karen und Ann Marie, die er an der Unterseite des über ihm befindlichen Bettes befestigt hatte. Sie fehlten ihm. Genauso wie Ruthie.

Er zündete sich eine Zigarette an. Er war erkältet. In diesem Gefängnis fror er ständig. Er konnte sich nicht dazu aufraffen, irgend etwas zu tun; weder wollte er im ›Chattanooga Room‹ Tee trinken, noch wollte er die Nachrichten im Fernsehen sehen. Er verstand das Kauderwelsch ohnehin nicht. Er wollte nicht mit Bill Schach spielen und sich auch kein neues Buch aus der Bibliothek holen. Die ›Dornenvögel‹ von Colleen McCullough hatte er bereits gelesen, sogar dreimal. Auch ›Hawaii‹ von James Mitchener, ›Airport‹ von Arthur Hailey und das ›Guinness Book of Records‹ hatte er gelesen. Jetzt war er so weit, daß er sein ganzes Leben lang kein Buch mehr anrühren wollte.

Manchmal überlegte er, was er tun würde, sobald er hier raus war. Er dachte an sein Boot und ans Angeln, seine beiden Lieblingshobbys. Aber auch dabei überkamen ihn Depressionen.

Bisher hatte er als erwachsener Mensch niemals überlegen müssen, was er wann tun würde. Er hatte immer genug zu tun gehabt. Im Büro war er normalerweise drei Tage mit seiner Arbeit im Rückstand. Nie in seinem Leben hatte er müßig herumgelegen, geraucht und sich darüber den Kopf zerbrochen, wie er sich bei Laune halten könne.

Das Allerschlimmste aber war die Hilflosigkeit. Als Angestellter war er zwar stets von den Entscheidungen seines Chefs abhängig, hatte aber immer in dem Bewußtsein gelebt, jederzeit die Freiheit zu haben, den Krempel hinzuschmeißen. Die Entscheidung darüber hatte in letzter Instanz bei ihm selbst gelegen.

In seiner gegenwärtigen Situation konnte er über sein Leben nicht mehr selbst entscheiden. Während er bei allen anderen Problemen, mit denen er sich bislang konfrontiert gesehen hatte, dieses oder jenes unternehmen konnte, um ihrer ledig zu werden, waren ihm jetzt die Hände gebunden. Er konnte nur noch herumsitzen und Trübsal blasen.

Er merkte, daß er bisher nicht gewußt hatte, was Freiheit bedeutete. Es war ihm erst klar geworden, nachdem er sie verloren hatte.

*

Die Demonstration verlief verhältnismäßig friedlich. Abgesehen von ein paar brennenden Autos gab es keine Anzeichen von Gewalt. Die Demonstranten marschierten mit Khomeini-Bildern hin und her und steckten Blumen in die Panzerluken. Die Soldaten sahen untätig zu.

Der Verkehr war zum Stillstand gekommen.

Es war der vierzehnte Januar, ein Tag nach Simons' und Pochés Ankunft. Boulware war nach Paris zurückgeflogen und wartete dort mit den vier anderen auf einen Flug nach Teheran. Unterdessen fuhren Simons, Coburn und Poché in die Innenstadt, um das Gefängnis auszukundschaften.

Nach kurzer Zeit stellte Poché den Motor ab, blieb schweigend hinter dem Steuer sitzen und ließ wie üblich keinerlei Gefühlsregung erkennen.

Simons, der neben ihm saß, war dagegen geradezu lebhaft. »Das ist Geschichte, was sich da vor unseren Augen abspielt!« sagte er. »Nicht viele Leute bekommen die Chance, eine Revolution aus nächster Nähe zu sehen.«

Für Geschichte hatte Simons ein Faible, und auf Revolutionen war er spezialisiert. Als Simons bei der Ankunft am Flughafen nach seiner Beschäftigung und dem Zweck seines Besuchs gefragt worden war, hatte er geantwortet, er sei Farmer im Ruhestand und dies sei wahrscheinlich die einzige Chance für ihn, jemals eine Revolution mitzuerleben.

Er hatte die Wahrheit gesagt.

Coburn war dagegen alles andere als begeistert von der Situation. Es machte ihm nicht den geringsten Spaß, in einem kleinen R 4 zu hocken, umgeben von leicht erregbaren islamischen Fanatikern. Trotz seines frisch gesprossenen Bartes sah er keineswegs aus wie ein Iraner. Auch von Poché konnte man das nicht sagen. Anders schon Simons: Sein Haar war gewachsen, er hatte einen dunklen Teint und eine große Nase, und der Bart, den er sich hatte stehen lassen, war weiß. Drück ihm eine Gebetskette in die Hand und stell ihn an eine Straßenecke – kein Mensch kommt auf die Idee, er könne Amerikaner sein, dachte Coburn.

Aber die Menge interessierte sich nicht für die Amerikaner, und schließlich fühlte sich Coburn sicher genug, um das Auto zu verlassen und in eine Bäckerei zu gehen. Er kaufte *barbari*-Brot, lange, flache Laibe mit einer knusprigen Kruste, die jeden Tag frisch gebacken wurden und sieben Rial – ungefähr zehn Cent – kosteten. Wie französische Baguetten schmeckte es frisch ganz köstlich, wurde aber rasch altbacken. Man aß es gewöhnlich mit Butter oder Käse. Ohne *barbari* und Tee lief im Iran überhaupt nichts.

Kauend saßen sie im Auto und ließen die Demonstration an sich vorüberziehen, bis der Verkehr endlich wieder in Fluß kam. Poché folgte der Route, die er am Abend zuvor auf dem Stadtplan abgesteckt hatte. Coburn fragte sich, wie das Gefängnis wohl in Wirklichkeit aussah. Auf Simons' Anordnung hin war er bislang kein einziges Mal in der Innenstadt gewesen. Sie erreichten das Justizministerium und bogen in die Khayyam-Straße ein, in der sich der Eingang zum Gefängnis befand.

Poché fuhr langsam, aber nicht zu langsam, an der Haftanstalt vorbei.

»Oh, Scheiße«, sagte Simons.

Das Gefängnis sah völlig anders aus, als sie es sich vorgestellt hatten.

Der Eingang bestand aus zwei etwa vier Meter zwanzig hohen Stahltüren. Auf der einen Seite befand sich ein ebenerdiges Gebäude mit Stacheldraht auf dem Dach; auf der anderen Seite stand ein vierstöckiges, graues Haus.

Weder ein Eisengitter noch ein Hof.

»Und wo bleibt der verfluchte Hof?« fragte Simons.

Poché machte einen kleinen Umweg durch ein paar Nebenstraßen und fuhr dann in entgegengesetzter Richtung wieder die Khayyam-Straße hinunter.

Diesmal entdeckte Coburn einen kleinen Hof mit Gras und Bäumen, der durch ein vier Meter hohes Eisengitter von der Straße abgetrennt war. Aber der hatte ganz offensichtlich nichts mit dem Gefängnis zu tun. Irgendwie war bei seinem Telefongespräch mit Madjid der Gefängnishof mit diesem kleinen Garten verwechselt worden.

Poché fuhr ein drittes Mal um den Block.

Simons dachte voraus. »Da kommen wir schon rein«, sagte er.

»Aber wir müssen wissen, was uns erwartet, wenn wir erst mal über der Mauer sind. Einer muß reingehen und es auskundschaften.«

»Wer?« fragte Coburn.

»Du«, sagte Simons.

*

Coburn ging mit Rich Gallagher und Madjid auf das Gefängnistor zu. Madjid drückte auf die Klingel, und sie warteten.

Coburn war der Verbindungsmann des Teams zur Außenwelt. Er war bereits von iranischen Angestellten im Bukarest gesehen worden, seine Anwesenheit in Teheran also kein Geheimnis mehr. Simons und Poché sollten sich die meiste Zeit in den konspirativen Wohnungen aufhalten und einen großen Bogen um die EDS-Niederlassung machen. Niemand brauchte zu wissen, daß sie in Teheran waren.

In der Tür ging ein Guckloch auf. Madjid sagte ein paar Worte auf Farsi. Die Tür wurde geöffnet, und sie traten ein.

Direkt vor sich sah Coburn einen Hof mit einer kreisförmigen Auffahrt und einer grasbewachsenen Verkehrsinsel. Auf der gegenüberliegenden Seite parkten Autos, dahinter erhob sich ein vierstöckiges Gebäude. Zu Coburns Linken befand sich der Flachbau mit dem Stacheldraht auf dem Dach, den er bereits von der Straße aus gesehen hatte, rechter Hand erblickte er eine weitere Stahltür.

Coburn trug einen langen, unförmigen Steppmantel – Taylor hatte ihn den »Michelin-Männchen-Mantel« getauft –, unter dem sich mit Leichtigkeit ein Gewehr verbergen ließ, aber die Wachen am Tor durchsuchten ihn nicht. Ich hätte acht Knarren hineinschmuggeln können, dachte Coburn. Es war ermutigend: Die Sicherheitsvorkehrungen wurden nur nachlässig gehandhabt.

Er registrierte, daß die Torwache nur mit einer kleinen Pistole bewaffnet war.

Die drei Besucher wurden in das niedrige Gebäude zur Linken geführt. Der Oberst, dem das Gefängnis unterstand, saß mit einem anderen Iraner im Besuchszimmer. Dieser andere, so hatte Gallagher Coburn vorgewarnt, war bei allen Besuchen zugegen und sprach perfekt Englisch: Vermutlich sollte er die Gespräche abhören. Coburn hatte Madjid gesagt, daß er bei seinem Gespräch mit Paul nicht belauscht werden wolle, und Madjid hatte sich bereit erklärt, den Spion in eine Unterhaltung zu verwickeln.

Coburn wurde dem Oberst vorgestellt. In gebrochenem

Englisch drückte der Iraner seine Anteilnahme für Paul und Bill aus sowie die Hoffnung, daß sie bald entlassen würden. Er wirkte aufrichtig. Coburn merkte sich, daß weder der Oberst noch der Spion Waffen trugen.

Die Tür ging auf, und Paul und Bill kamen herein. Beide starrten Coburn überrascht an.

»Was zum Teufel, machst du denn hier?« fragte Bill und grinste über das ganze Gesicht.

Coburn schüttelte beiden herzlich die Hände.

»Junge, Junge«, sagte Paul, »ich kann's kaum glauben.«

»Wie geht's meiner Frau?« fragte Bill.

»Emily geht's gut und Ruthie auch«, erwiderte Coburn.

Madjid begann mit dem Oberst und dem Lauscher eine lautstarke Unterhaltung auf Farsi. Eifrig gestikulierend erzählte er ihnen eine offenbar sehr verwickelte Geschichte. Rich Gallagher unterhielt sich mit Bill, während Coburn sich mit Paul zusammensetzte.

Simons hatte Coburn beauftragt, Paul über die tägliche Routine im Gefängnis auszufragen und sich mit ihm über den Plan zu ihrer Befreiung abzustimmen. Sie hatten sich für Paul entschieden, weil Coburn der Ansicht war, er sei der Beherztere von beiden.

»Falls du es nicht schon erraten hast«, begann Coburn, »wir wollen euch hier rausholen, wenn nötig mit Gewalt.«

»Das hab' ich mir schon gedacht«, sagte Paul. »Ich weiß nicht, ob das eine gute Idee ist.«

»Warum?«

»Es könnte Verletzte geben.«

»Hör zu, Ross hat so ziemlich den besten Mann der Welt dafür gewinnen können, und wir haben *carte blanche* ...«

»Ich weiß trotzdem nicht so recht.«

»Du wirst auch gar nicht um deine Erlaubnis gefragt, Paul.«

Paul lächelte. »Okay«

»Und jetzt brauch' ich ein paar Informationen. Wo dreht ihr eure Runden?«

»Hier im Hof.«
»Wann?«
»Jeden Donnerstag.«
»Wie lange seid ihr immer draußen?«
»Eine Stunde ungefähr.«
»Und zu welcher Tageszeit?«
»Das ist unterschiedlich.«
»Mist.« Coburn gab sich Mühe, einen entspannten Eindruck zu machen, vermied es, seine Stimme auffallend zu senken oder ständig den Kopf zu drehen, als ob er sich vergewissern wolle, daß niemand zuhörte. Die Sache mußte aussehen wie ein ganz normaler Besuch von Freunden.
»Wie viele Aufseher gibt es hier im Gefängnis?«
»Zirka zwanzig.«
»Alle uniformiert und bewaffnet?«
»Alle sind uniformiert, einige aber auch mit Handfeuerwaffen ausgerüstet.«
»Keine Gewehre?«
»Nun ja ... von den hier arbeitenden Wärtern hat keiner ein Gewehr, aber ... Schau, unsere Zelle hat ein Fenster, das direkt auf den Hof hinaus geht, und jeden Morgen taucht da ein Trupp von etwa zwanzig anderen Aufsehern auf, so 'ne Art Elitekorps, sozusagen. Die haben Gewehre und tragen glänzende Helme. Sie halten hier ihren Morgenappell ab und lassen sich für den Rest des Tages nicht mehr blicken – wo sie hingehen, weiß ich nicht.«
»Versuch es herauszufinden.«
»Mach' ich.«
»Wo ist eure Zelle?«
»Wenn du hier rauskommst, stehst du mehr oder weniger direkt gegenüber von unserem Fenster. Wenn du die Fenster von rechts nach links abzählst, ist es das dritte. Aber sie schließen die Läden, wenn Besucher da sind – damit wir keine Frauen reinkommen sehen, sagen sie.«

Coburn nickte und versuchte, sich alles zu merken. »Jetzt habt ihr zweierlei zu tun«, sagte er. »Erstens: eine Übersicht über das Gefängnis mit möglichst genauen Maßangaben. Ich komme wieder und hol' sie mir, damit wir einen Plan zeichnen können. Zweitens: Ihr müßt euch fit halten. Macht jeden Tag irgendwelche Übungen. Ihr müßt in Höchstform sein.«

»Geht in Ordnung.«

»Und jetzt muß ich noch wissen, wie euer Tag abläuft.«

»Um sechs werden wir geweckt«, begann Paul.

In dem Bewußtsein, daß er Simons genauen Bericht zu erstatten hatte, konzentrierte sich Coburn auf jede Einzelheit, wobei ihn ständig der Gedanke quälte: »Wenn wir nicht einmal wissen, zu welcher Tageszeit sie in den Hof geführt werden – wie, zum Teufel, sollen wir dann herausfinden, wann wir über die Mauer sollen?«

*

»Die Lösung heißt Besuchszeit«, sagte Simons.

»Inwiefern?« fragte Coburn.

»Das ist der einzige Zeitpunkt, den wir vorhersehen und bei dem wir sicher sein können, daß sie außerhalb des eigentlichen Gefängnisblocks zu erwischen sind.«

Coburn nickte. Sie saßen in Keane Taylors Wohnzimmer, einem großen Raum mit Perserteppich, und hatten ihre Stühle um einen Kaffeetisch mitten im Zimmer gruppiert. Neben Simons Stuhl sammelte sich Zigarrenasche zu einem unübersehbaren Haufen auf dem Teppich. Taylor würde toben.

Coburn fühlte sich ausgelaugt. Von Simons ausgequetscht zu werden, war viel anstrengender, als er es sich vorgestellt hatte. Wenn er meinte, er hätte nun alles gesagt, fielen Simons noch mehr Fragen ein. Wenn Coburn sich nicht gleich an etwas erinnern konnte, ließ der Oberst ihn nachdenken, bis es ihm wieder einfiel. Simons zog ihm

Informationen aus der Nase, die er gar nicht bewußt registriert hatte – einfach, indem er ihm die richtigen Fragen stellte.

»Der Lieferwagen und die Leiter – das können wir abschreiben«, sagte Simons. »Ihr wunder Punkt sind jetzt die mangelnden Sicherheitsvorkehrungen. Wir können zwei Männer mit Gewehren oder Walthers unter den Mänteln als Besucher reinschicken. Unsere Leute sollten den Oberst und den Lauscher ohne Schwierigkeiten überwältigen können – und vor allem ohne viel Krach, damit die Wachen in der Nähe nicht alarmiert werden. Dann ...«

»Ja, was dann?«

»Da liegt der Hund begraben. Die vier müßten das Gebäude verlassen, den Hof überqueren, zum Tor gelangen, es entweder öffnen oder drübersteigen, auf die Straße gelangen, in ein Auto einsteigen ...«

»Das könnte klappen«, sagte Coburn. »Am Tor steht nur eine einzige Wache ...«

»Da sind aber noch ein paar Dinge, die mir Kopfzerbrechen machen«, sagte Simons. »Erstens: die Fenster in dem hohen Gebäude am Ende des Hofs. Solange unsere Männer im Hof sind, kann sie jeder, der gerade zufällig aus dem Fenster schaut, sehen. Zweitens: diese Elitetruppe mit den glänzenden Helmen und den Gewehren. Auch wenn bis dahin alles klappt – spätestens am Tor müssen wir langsam tun. Und wenn nur ein einziger Aufseher mit Gewehr aus einem dieser hochgelegenen Fenster guckt, dann kann er die vier aufs Korn nehmen und wie Vieh abknallen.«

»Wir sind nicht sicher, ob sich in dem Gebäude Wachen aufhalten.«

»Wir sind aber auch nicht sicher, daß sich dort *keine* aufhalten.«

»Das Risiko scheint mir nicht sehr groß zu sein ...«

»Wir werden überhaupt kein Risiko eingehen, wenn es sich vermeiden läßt. Drittens: Der Verkehr in dieser verdammten Stadt ist die reinste Katastrophe. Einfach in ein Auto springen und davonfahren ist ein Ding der Unmöglichkeit. Fünf Meter weiter könnten wir schon in eine Demonstration geraten. So geht's nicht. Dieser Überfall muß wie geschmiert laufen. Vor allem müssen wir Zeit haben. Der Oberst, dem das Gefängnis unterstellt ist – was ist denn das für ein Mann?«

»Er war ganz freundlich«, sagte Coburn. »Paul und Bill schienen ihm wirklich leid zu tun.«

»Ich frage mich, ob wir ihn uns nicht kaufen können. Wissen wir irgendwas über ihn?«

»Nein.«

»Dann müssen wir es rausfinden.«

»Darauf setze ich Madjid an.«

»Der Oberst könnte dafür sorgen, daß zur Besuchszeit keine Wachen in der Nähe sind. Wir könnten ihn decken, indem wir ihn fesseln oder sogar k. o. schlagen ... Wenn er wirklich bestechlich ist, könnte es klappen.«

»Ich kümmere mich darum«, sagte Coburn.

*

Am dreizehnten Januar startete Ross Perot von Amman aus in einem Lear Jet der Arab Wings, der Chartergesellschaft der Royal Jordanian Airlines, in Richtung Teheran. In der Gepäckablage befand sich ein Netz mit einem halben Dutzend Profilmen, wie sie von Fernsehteams benutzt werden – Perots Tarnung.

Auf ihrem Weg nach Osten deutete der britische Pilot hinunter auf den Zusammenfluß von Euphrat und Tigris. Ein paar Minuten später bekamen sie Ärger mit der Hydraulik und mußten umkehren.

Das war nicht das erste Malheur auf dieser Reise.

In London war Perot mit Anwalt John Howell und EDS-Manager Bob Young zusammengetroffen, die schon seit Tagen versuchten, einen Flug nach Teheran zu bekommen. Schließlich hatte Young herausgefunden, daß Arab Wings die Stadt anflog, und sie waren zu dritt nach Amman aufgebrochen. Die Ankunft dort, mitten in der Nacht, war ein Erlebnis für sich: Perot kam es vor, als nächtigten sämtliche bösen Buben Jordaniens am Flughafen. Sie trieben ein Taxi auf, das sie in ein Hotel brachte. John Howells Zimmer hatte kein Bad, und die sanitären Einrichtungen waren direkt neben dem Bett angebracht. Perot in seinem Zimmer war gezwungen, seine Füße in die Badewanne zu stellen, wenn er auf dem Lokus saß ...

Die Tarnung mit den Magnetbildbändern hatte sich Bob Young ausgedacht. Arab Wings flog regelmäßig Filme für die NBC-Nachrichten nach Teheran und wieder hinaus. Manchmal schickte NBC einen eigenen Boten, manchmal nahm sie auch der Pilot mit. Heute war Perot der NBC-Kurier. Er trug eine Windjacke, eine Schottenmütze und keine Krawatte. Wer immer daran interessiert sein mochte, Ross Perot zu finden, würde ihn nicht in der Person des regulären NBC-Boten vermuten und den unauffälligen Mann mit dem NBC-Netz keines zweiten Blickes würdigen. Arab Wings spielte mit und hatte sogar zugesagt, Perot auf die gleiche Weise wieder auszufliegen.

Nach Amman zurückgekehrt, bestiegen Perot, Howell, Young und der Pilot eine Ersatzmaschine und machten sich wieder auf den Weg.

Es hätte Gründe genug für Ross Perot gegeben, auf die Reise nach Teheran zu verzichten. Würde er dem Mob in die Hände fallen, so konnte es ihm passieren, daß man ihn als Symbol des blutsaugerischen amerikanischen Kapitalismus an Ort und Stelle aufknüpfte. Sollte Dadgar von seiner Anwesenheit erfahren, war durchaus vorstellbar, daß er es darauf anlegen würde, auch ihn zu verhaften. Was hinter der Verhaftung von Paul und Bill steckte, war Perot noch immer nicht ganz klar – sicher war jedoch, daß ein Ross Perot hinter Gittern den mysteriösen Absichten des Untersuchungsrichters durchaus entgegenkommen würde.

Andererseits: Die Verhandlungen um die Freilassung der beiden Inhaftierten hatten einen toten Punkt erreicht, und Perot wollte, bevor Simons und das Team ihr Leben aufs Spiel setzten, noch einen letzten Versuch unternehmen, um zu einer friedlichen Lösung zu gelangen.

Und so saß er nun im Flugzeug mit dem Gefühl, wenn schon nicht das Klügste, so doch wenigstens das Richtige zu tun.

Der Lear Jet ließ die Wüste hinter sich und überflog nun das westiranische Gebirge. Im Gegensatz zu Simons, Coburn und Poché war physische Gefahr für Ross Perot etwas Neues. Für den Zweiten Weltkrieg war er zu jung, für Vietnam zu alt gewesen, und der Koreakrieg war just in dem Moment zu Ende gegangen, als der Rekrut Perot sich an Bord des US-Zerstörers *Sigourney* auf dem Weg dorthin befand. Nur ein einziges Mal war auf ihn geschossen worden – damals, während der Kampagne für die Kriegsgefangenen. Bei der Landung irgendwo in einem laotischen Dschungel hatte er pfeifende Geräusche gehört, aber erst, als die alte DC 3 ausgerollt war, war ihm klargeworden, daß Schüsse sie getroffen hatten. Sein bisher schlimmstes Erlebnis war, als während eines Fluges (ebenfalls über Laos) die direkt rechts neben seinem Sitz befindliche Tür abfiel. Er hatte geschlafen, und als er plötzlich aufwachte, merkte er, daß er mit einem Teil seines Körpers im Freien hing. Zum Glück war er damals angeschnallt gewesen.

Heute saß er nicht neben einer Tür.

Perot sah aus dem Fenster und erblickte unter sich in einem Talkessel die Stadt Teheran – ein riesiger, schmutzigbrauner Fleck, den einige weiße Wolkenkratzer sprenkelten. Das Flugzeug setzte zur Landung an.

Er hatte das Gefühl, unter Hochspannung zu stehen und einen Adrenalinstoß nach dem anderen zu bekommen.

Die Maschine rollte aus. Ein paar Soldaten mit umgehängten Maschinengewehren schlenderten über das Flugfeld.

Perot stieg aus. Der Pilot öffnete die Gepäckablage und händigte ihm das Netz mit den Bändern aus.

Gemeinsam überquerten sie das Rollfeld. Howell und Young folgten mit ihren Koffern.

Sie betraten die Abfertigungshalle. Perot sagte sich, daß das Militär, das den Flugbetrieb aufrechterhielt, und das Justizministerium, für das Dadgar arbeitete, zwei unterschiedliche Behörden und Bürokratien darstellten. Es wäre ein ziemlich einmaliges Ereignis in der Geschichte staatlicher Institutionen gewesen, wenn hier die eine Behörde gewußt hätte, was die andere tat.

Er ging zur Paßkontrolle und zeigte seine Papiere. Sie wurden gestempelt und ihm wieder ausgehändigt.

Er ging weiter. Am Zoll hielt ihn niemand an.

Der Pilot zeigte ihm, wo er das Netz mit den Bändern zu deponieren hatte. Dann verabschiedeten sie sich voneinander. Er drehte sich um und erblickte einen großen, distinguierten Herrn: Keane Taylor.

»Hallo, Ross, alles geklappt?« fragte Taylor.

»Prima«, erwiderte Perot und lächelte. »Keiner hat nach dem häßlichen Amerikaner Ausschau gehalten.«

Sie verließen den Flughafen. »Na, wie gefallen dir deine wichtigen Verwaltungsaufgaben hier?« fragte Perot.

»Ausgezeichnet«, gab Taylor zurück.

Sie stiegen in Taylors Wagen, Howell und Young nahmen im Fond Platz.

Als sie anfuhren, sagte Taylor: »Wir nehmen nicht den direkten Weg, weil wir sonst mitten in die Straßenkämpfe geraten.«

Halbfertige Betonbauten mit hochragenden Baukränen säumten die Straße. Jegliche Arbeit daran schien eingestellt worden zu sein. Bei näherem Hinsehen bemerkte Perot, daß in den Rohbauten Menschen lebten – ein bezeichnendes Symbol für die Hast, mit der der Schah die Modernisierung des Landes vorangetrieben hatte.

Perot fielen die langen Schlangen vor den Tankstellen auf. Unglaublich für ein Land, das selbst Öl fördert. Er entdeckte, daß auch Menschen mit Kanistern in der Hand Schlange standen. »Was haben die denn da verloren?« fragte er. »Wozu brauchen die Benzin, wenn sie kein Auto haben?«

»Sie verkaufen es an den Höchstbietenden«, erklärte Taylor. »Man kann sich auch einen Iraner mieten, der für einen Schlange steht.«

An einer Straßensperre wurden sie vorübergehend aufgehalten, kurz darauf kamen sie an mehreren brennenden Wagen vorbei. Überall standen Zivilisten mit Maschinengewehren herum. Auf den nächsten zwei, drei Kilometern wirkte die Stadt friedlich, dann wieder brennende Autos, noch mehr Maschinengewehre, eine neuerliche Straßensperre. Die Szenerie hätte im Grunde furchterregend wirken müssen, aber irgendwie war das nicht der Fall. Perot hatte den Eindruck, daß es den Leuten Spaß machte, zur Abwechslung mal über die Stränge zu schlagen, nachdem die eiserne Faust des Schahs nicht mehr gar so hart auf ihnen lastete. Soweit Perot es beurteilen konnte, tat das Militär rein gar nichts zur Aufrechterhaltung der Ordnung.

Es war immer etwas unheimlich, gewaltsame Auseinandersetzungen mit den Augen eines Touristen zu beobachten. Aber vielleicht war das immer so im Krieg: Mitten im Schlachtgetümmel mochte es hitzig zugehen, aber schon ein paar Meter weiter schien überhaupt nichts loszusein.

Sie bogen in einen Kreisverkehr ein, in dessen Mitte ein Monument stand, das aussah wie ein Raumschiff aus dem Jahre 2000. Auf vier riesigen, gespreizten Beinen erhob es sich über dem Platz. »Was ist das denn?« fragte Perot.

»Das Schahyad-Monument«, erwiderte Taylor. »Obendrin ist ein Museum.«

Nach wenigen Minuten erreichten sie den Vorplatz des Hyatt Crown Regency. »Das Hotel ist ganz neu«, sagte Taylor. »Die armen Schweine haben es gerade eröffnet. Für uns ist das natürlich ein Vorteil – wunderbares Essen, Wein, und abends im Restaurant Musik ... Wir leben hier wie die Könige, während um uns herum eine ganze Stadt vor die Hunde geht.«

Sie betraten die Halle und gingen zum Aufzug. »Du mußt dich nicht anmelden«, sagte Taylor zu Perot. »Deine Suite läuft auf meinen Namen. Es wäre Unfug, deinen Namen irgendwo schriftlich festzuhalten.«

»Stimmt.«

Im zehnten Stock stiegen sie aus. »Unsere Zimmer sind alle auf dieser Etage«, sagte Taylor. Ganz am Ende des Flurs schloß er eine Tür auf.

Perot trat ein, blickte sich um und lächelte. »Schau dir das mal an.« Der Aufenthaltsraum war riesig, das Schlafzimmer nebenan ebenfalls. Er sah sich das Badezimmer an: Es war groß genug, um darin eine Cocktailparty abzuhalten.

»Zufrieden, mein Herr?« fragte Taylor grinsend.

»Wenn du das Zimmer gesehen hättest, das ich letzte Nacht in Amman hatte, würdest du dir die Frage sparen.«

Taylor überließ ihn für eine Weile sich selbst.

Perot ging zum Fenster und sah hinaus. Seine Suite befand sich auf der Frontseite des Hotels, so daß er unter sich den Haupteingang sehen konnte.

Auf diese Weise werde ich vielleicht gewarnt, wenn Soldaten oder Revolutionäre ins Hotel eindringen und nach mir suchen.

Aber was würde ich in einem solchen Fall tun? Er beschloß sich für den Notfall einen Fluchtweg zu suchen. Er verließ seine Suite und ging langsam im Korridor auf und ab. Eine Reihe von Türen war unverschlossen und führte in leere Zimmer. An beiden Enden des Flurs befanden sich Aufgänge zu den Treppenhäusern. Er ging die Treppe hinunter in das darunterliegende Stockwerk. Wieder leere Zimmer, einige ohne Möbel und jegliche Ausstattung: Wie so viele andere Gebäude in der Stadt, war das Hotel noch nicht fertig.

Ich könnte durch dieses Treppenhaus hinuntergehen, und mich in einem Korridor oder einem leeren Zimmer verstecken, wenn ich sie heraufkommen höre. Auf diese Weise könnte ich mich bis ins Erdgeschoß vorarbeiten.

Er ging die Treppe hinab und sah sich im Erdgeschoß um. Es gab dort ein Labyrinth von Küchenräumen mit einer Vielzahl von Verstecken. Vor allem fielen ihm ein paar leere Lebensmittelcontainer auf, die groß genug waren, um einen kleinen Mann zu verbergen. Durch einen Saal gelangte man in den Fitneßraum auf der Rückseite des Hotels. Angeschlossen waren eine hübsche Sauna und ein Swimmingpool. Er öffnete eine Tür und befand sich auf dem hoteleigenen Parkplatz. Hier würde es ihm möglich sein, ein EDS-Fahrzeug zu nehmen und in der City zu verschwinden. Selbst im Dickicht der halbfertigen Wolkenkratzer, das gleich hinter dem Parkplatz begann, würde er Zuflucht suchen können.

Er ging ins Hotel zurück. Im Aufzug beschloß er, während seines gesamten Teheran-Aufenthaltes legere Kleidung zu tragen. Er hatte Khakihosen und ein paar karierte Flanellhemden sowie eine Jogging-Ausrüstung mitgebracht. Aber mit seinem blassen, glattrasierten Gesicht, seinen blauen Augen und der ultrakurzen Bürstenfrisur würde er immer wie ein Amerikaner aussehen. Immerhin konnte er dafür Sorge tragen, daß er, sollte er gezwungen sein zu fliehen, nicht wie ein *bedeutender* Amerikaner aussah – und schon gar nicht wie ein Multimillionär und der Eigentümer der Electronic Data Systems Corporation.

Er suchte Keane Taylor in seinem Zimmer auf, um sich über den neuesten Stand der Dinge informieren zu lassen. Er wollte hier in Teheran mit Botschafter Sullivan sprechen, die Generäle Huyser und Ghast im Hauptquartier der US-Militärkommission aufsuchen und Taylor und John Howell auf Dadgar hetzen. Er wollte endlich Bewegung in die Sache bringen, endlich etwas *tun,* endlich das Problem lösen. Er wollte Paul und Bill aus dem Gefängnis herausholen, und zwar *schnell.*

6

JOHN HOWELL WAR, wie seine Mutter oft erzählte, in der neunten Minute der neunten Stunde des neunten Tages im neunten Monat des Jahres 1946 auf die Welt gekommen.

Er war ein kleiner, schlanker Mann mit hüpfendem Gang. Sein dünnes, hellbraunes Haar lichtete sich bereits, er schielte leicht und seine Stimme war ein wenig heiser, als ob er ständig erkältet wäre. Er sprach bedächtig und zwinkerte dabei häufig mit den Augen. Mit seinen zweiunddreißig Jahren war er bereits Teilhaber in Tom Luces Kanzlei in Dallas. Seine unermüdliche Ausdauer war seine größte Stärke als Rechtsanwalt. »John gewinnt seine Fälle, indem er die gegnerische Partei an die Wand arbeitet«, pflegte Luce zu sagen.

Howell war wie Perot in Texarcana geboren, und wie Perot war er klein von Statur, aber voller Courage. An diesem Mittag des vierzehnten Januar jedoch hatte er einfach Angst. Heute sollte er zu Dadgar gehen.

Unmittelbar nach seiner Ankunft hatte er sich mit Ahmad Houman getroffen, dem neuen EDS-Anwalt in Teheran. Dr. Houman hatte ihm geraten, Dadgar *nicht* aufzusuchen, zumindest jetzt noch nicht. Es war durchaus möglich, daß Dadgar beabsichtigte, jeden EDS-Mitarbeiter einzusperren, dessen er habhaft werden konnte, und dabei nicht einmal vor einem Anwalt haltmachte.

Houman hatte Howell beeindruckt. Der große, wohlbeleibte Sechziger, der, an iranischen Verhältnissen gemessen, stets vorzüglich gekleidet war, war ehemals Vorsitzender der iranischen Anwaltskammer gewesen. Sein Englisch war zwar nicht besonders gut – seine erste Fremdsprache war Französisch –, dennoch wirkte er zuversichtlich und gut informiert.

Sein Rat entsprach genau Howells Gefühlen. Er war der Ansicht, daß man sich nur gründlichst vorbereitet in die Höhle des Löwen begeben sollte. Sein Credo war die alte Verteidigerweisheit: Stell nur dann eine Frage, wenn du die Antwort darauf bereits kennst.

Houmans Empfehlung erhielt noch Bestätigung durch Bunny Fleischaker. Bunny hatte Jay Coburn bereits im Dezember gewarnt, daß Paul und Bill verhaftet werden sollten, doch damals hatte ihr niemand geglaubt. Die Ereignisse hatten ihr rechtgegeben, und als sie Anfang Januar eines Abends um elf Uhr bei Rich Gallagher zu Hause anrief, nahm man sie sofort ernst.

Die Unterhaltung hatte Gallagher an die Telefongespräche in dem Watergate-Film *All The President's Men* erinnert, in dem aufgeregte Informanten in improvisierten Codes auf Zeitungsreporter einredeten. Bunny begann so: »Wissen Sie, wer dran ist?«

»Ich glaube schon«, sagte Gallagher.

»Sie haben schon von mir gehört.«

»Ja.«

Sie berichtete, daß die Telefone bei EDS angezapft und die Gespräche mitgeschnitten wurden. Außerdem war damit zu rechnen, daß Dadgar weitere EDS-Führungskräfte verhaften lassen würde. Sie empfahl, entweder das Land zu verlassen oder in ein Hotel zu ziehen, in dem es von Zeitungsleuten nur so wimmelte. Lloyd Briggs, der als Pauls Stellvertreter vermutlich ganz oben auf Dadgars Liste stand, hatte das Land inzwischen verlassen. Die anderen, Gallagher und Keane Taylor, waren ins Hyatt gezogen.

Dadgar hatte keine weiteren EDS-Leute verhaften lassen – bisher jedenfalls nicht.

Aber Howell brauchte keine weitere Bestätigung. Er würde Dadgar aus dem Weg gehen, bis er die Spielregeln beherrschte.

Und dann hatte Dadgar, heute morgen um halb neun, das Bukarest gestürmt.

Er war mit einem halben Dutzend Untersuchungsbeamten aufgekreuzt und hatte Einblick in die EDS-Akten verlangt. Howell, der sich in einem Büro in einem anderen Stockwerk verborgen hielt, hatte Houman angerufen, und dieser hatte nach kurzer Diskussion ihm und den anderen EDS-Mitarbeiter geraten, sich Dadgar gegenüber kooperativ zu verhalten. Dadgar wollte zuerst Paul Chiapparones Unterlagen sehen. Der Aktenschrank im Büro von Pauls Sekretärin war verschlossen, und niemand fand den Schlüssel. Das machte Dadgar natürlich noch neugieriger auf die Akten. Keane Taylor hatte das Problem in der ihm eigenen, direkten Art gelöst: Er hatte ein Stemmeisen besorgt und den Schrank aufgebrochen.

Inzwischen stahl sich Howell aus dem Haus, traf Dr. Houman und ging mit ihm gemeinsam zum Justizministerium. Als sie dort eintrafen, demonstrierte vor dem Gebäude eine aufgebrachte Menge für die Freilassung von politischen Gefangenen. Sie mußten sich regelrecht durchkämpfen. Es war furchterregend.

Howell und Houman hatten einen Termin bei Dr. Kian, Dadgars Vorgesetztem, und dieser erklärte ihm, er habe einen seiner Assistenten gebeten, Dadgar anzuweisen, den Fall noch einmal zu überprüfen.

In Howells Ohren klang dies lediglich nach leeren Versprechungen. Er erklärte Kian, er wolle mit ihm über eine Reduzierung der Kaution verhandeln.

Die Unterredung erfolgte in Farsi, und Houman übersetzte. Houman sagte, Kian sei nicht grundsätzlich gegen eine solche Reduzierung, und seiner Meinung nach könnten sie mit einer Halbierung der Summe rechnen.

Kian stellte Howell eine Bescheinigung aus, die ihn berechtigte, Paul und Bill im Gefängnis zu besuchen.

Im Grunde genommen ist das Gespräch für die Katz gewesen, fand Howell im nachhinein, aber wenigstens hat Kian mich nicht verhaften lassen.

Als er ins Bukarest zurückkehrte, stellte er fest, daß Dadgar auch niemanden sonst hatte verhaften lassen.

Sein Gefühl als Anwalt sagte ihm, daß die Zeit für eine Unterredung mit Dadgar noch nicht reif sei, doch lag es im Widerstreit mit einer anderen Seite seiner Persönlichkeit, nämlich seiner Ungeduld. Und die wurde noch durch Ross Perots Anwesenheit in Teheran verstärkt. Perot war jeden Morgen als erster auf den Beinen und drangsalierte sie mit Fragen darüber, was sie gestern erreicht hätten und was sie heute zu erreichen gedächten. Howells Ungeduld gewann die Oberhand über seine Vorsicht, und so entschied er sich, Dadgar direkt gegenüberzutreten.

Und genau deswegen hatte er jetzt Angst.

Er dachte an Angela, seine Frau, und an Michael, ihren neunmonatigen Sohn. Angela machte sich wahrscheinlich noch größere Sorgen als er. Er hatte sie mehrmals angerufen, sowohl aus London als auch aus Teheran. Sie sah im Fernsehen die Berichte über die Unruhen und hatte große Angst um ihn. Hätte sie gewußt, was er in diesem Augenblick vorhatte, wäre ihr Kummer sicher noch größer gewesen.

Er verdrängte den Gedanken an seine Frau und machte sich auf die Suche nach Abolhasan.

*

Abolhasan war der höchstrangige iranische Angestellte von EDS. Als Lloyd Briggs nach New York geflogen war, hatte Abolhasan vorübergehend die Leitung von EDS Iran übernommen. Dann kehrte Keane Taylor zurück, übernahm wieder die Verantwortung, und Abolhasan war pikiert. Taylor war kein Diplomat. Es war zu einem Bruch zwischen den beiden gekommen. Howell indes kam mit Abolhasan, der nicht nur Farsi beherrschte und übersetzen konnte, sondern auch persische Sitten und Gebräuche, sehr gut aus.

Dadgar kannte Abolhasans Vater, einen hochangesehenen Rechtsanwalt, und war während des Verhörs von Paul und Bill auch mit ihm persönlich zusammengetroffen.

An diesem Vormittag war Abolhasan damit beauftragt worden, als Ansprechpartner für Dadgar und seine Fahnder zur Verfügung zu stehen und instruiert worden, ihnen alles zu geben, wonach sie fragten.

»Ich habe mich zu einem Treffen mit Dadgar durchgerungen«, sagte Howell zu Abolhasan. »Was halten Sie davon?«

»Warum nicht«, erwiderte Abholhasan. »Ich glaube, das ist weiter kein Problem.«

»Okay. Gehen wir.«

Abolhasan führte Howell in Paul Chiapparones Besprechungszimmer. Dort saß Dadgar mit seinen Helfern um den runden Tisch herum und ging die finanziellen Unterlagen von EDS durch. Abolhasan bat Dadgar in Pauls Büro nebenan und stellte ihm Howell vor. Sie tauschten einen kurzen Händedruck.

An einem Tisch in einer Ecke des Büros nahmen sie Platz. Dadgar kam Howell keineswegs wie ein Ungeheuer vor; er war ein müder, überarbeiteter, an Haarausfall leidender Mann mittleren Alters.

Howell begann die Unterhaltung, indem er wiederholte, was er schon zu Dr. Kian gesagt hatte: »EDS ist eine angesehene Firma, die sich nichts hat zuschulden kommen lassen, und wir sind gewillt, bei Ihrer Untersuchung mit Ihnen zu kooperieren. Aber wir können es nicht hinnehmen, daß man zwei unserer ranghöchsten Manager festgenommen hat.«

Dadgars Antwort, die von Abolhasan übersetzt wurde, überraschte ihn. »Wenn Sie sich nichts haben zuschulden kommen lassen, warum haben Sie dann die Kaution nicht gezahlt?«

»Diese beiden Dinge haben überhaupt nichts miteinander zu tun«, sagte Howell. »Eine Kaution ist eine Garantie dafür, daß jemand zu einer Gerichtsverhandlung erscheinen wird, und kein Betrag, der verfällt, wenn jemand schuldig gesprochen wird. Sie wird zurückgezahlt, sobald der Beschuldigte vor Gericht erscheint, ganz egal, wie das Urteil lautet.«

Während Abolhasan dolmetschte, fiel Howell ein: Am selben Tag, da Paul und Bill verhaftet worden waren, hatte er mit Abolhasan telefoniert, der ihm berichtete, daß die 12 750 000 Dollar Dadgar zufolge der Gesamtsumme entsprachen, die das Gesundheitsministerium bislang an EDS gezahlt hatte. Dadgar hatte sich auf den Standpunkt gestellt, daß EDS, wenn der Vertrag durch korrupte Machenschaften zustande gekommen war, kein Recht auf das Geld hatte.

In Wirklichkeit hatte EDS weitaus mehr als dreizehn Millionen Dollar erhalten, weshalb die Bemerkung nicht viel Sinn ergeben und Howell ihr wenig Bedeutung zugemessen hatte. Das war vielleicht ein Fehler gewesen: Womöglich konnte Dadgar nicht rechnen.

Abolhasan übersetzte Dadgars Antwort. »Wenn die Männer tatsächlich unschuldig sind, so haben sie auch keinen Grund, nicht vor Gericht zu erscheinen, also würden Sie auch durch die Zahlung der Kaution nichts riskieren.«

»Ein amerikanischer Konzern kann so etwas nicht tun«, sagte Howell.

Und das war nicht einmal eine Lüge, nur eine wohldurchdachte List. »EDS ist eine Aktiengesellschaft und nach amerikanischem Gesetz verpflichtet, ihr Geld nur zum Nutzen der Aktionäre auszugeben. Paul und Bill sind Menschen mit freiem Willen. Die Firma kann nicht garantieren, daß sie zu einer Gerichtsverhandlung erscheinen werden. Infolgedessen können wir auch keine Firmengelder für sie ausgeben.«

Das war die Ausgangsposition für die Verhandlungen, die Howell im voraus formuliert hatte, doch bereits während Abolhasan übersetzte, bemerkte er, daß sie auf Dadgar wenig Eindruck machte.

»Die Kaution wird von den Familien aufgebracht werden müssen«, fuhr er fort. »Zur Zeit versuchen sie, in den Staaten Geld aufzutreiben. Aber dreizehn Millionen Dollar sind fraglos zuviel. Wenn die Kaution jedoch auf eine annehmbare Summe gesenkt würde, wäre es ihnen vielleicht möglich.« Das waren natürlich nichts als Lügen: Ross Perot würde, wenn es nicht anders ging, die Kaution bezahlen, vorausgesetzt, Tom Walter fand eine Möglichkeit, das Geld in den Iran zu schaffen.

Diesmal war Dadgar verblüfft. »Ist es wahr, daß Sie Ihre Männer nicht dazu zwingen können, vor Gericht zu erscheinen?«

»Selbstverständlich ist das wahr«, erwiderte Howell. »Wie stellen Sie sich das vor? Sollen wir sie in Ketten legen? Wir sind doch nicht die Polizei. Sie dagegen halten Privatpersonen für die angeblichen Verbrechen eines *Konzerns* gefangen.«

»Nein«, gab Dadgar zurück, »Sie sitzen im Gefängnis, weil Sie selbst etwas verbrochen haben.«

»Und das wäre?«

»Sie haben sich mittels falscher Arbeitsberichte vom Gesundheitsministerium Geld erschlichen.«

»Auf Bill Gaylord trifft das ganz offensichtlich nicht zu, da das Ministerium seit seiner Ankunft in Teheran keine der vorgelegten Rechnungen mehr bezahlt hat. Wessen wird *er* denn beschuldigt?«

»Er hatte Berichte gefälscht. Aber ich lasse mich von Ihnen nicht ins Kreuzverhör nehmen, Mr. Howell.«

Howell fiel plötzlich wieder ein, daß Dadgar ihn jederzeit verhaften lassen konnte.

»Ich führe eine Ermittlung durch«, fuhr Dadgar fort. »Wenn sie beendet ist, werde ich Ihre Mandanten entweder freilassen oder vor Gericht stellen.«

»Wir sind bereit, sie bei Ihrer Untersuchung zu unterstützen«, sagte Howell. »Aber was können wir in der Zwischenzeit unternehmen, damit Paul und Bill entlassen werden?«

»Die Kaution zahlen.«

»Und wenn sie auf die Kaution hin entlassen werden, dürfen sie dann ausreisen?«

»Nein.«

*

Jay Coburn ging durch die automatischen Glastüren und betrat die Halle des Sheraton. Rechts befand sich die riesige Rezeption, links lagen die Hotelboutiquen. Mitten in der Halle stand eine Couch.

Seinen Instruktionen gemäß erwarb er am Zeitungskiosk eine Ausgabe der Newsweek. Mit dem Gesicht zur Tür, so daß ihm keiner der Eintretenden entging, setzte er sich auf die Couch und tat, als sei er in die Lektüre des Magazins vertieft.

Er kam sich vor wie ein Schauspieler in einem Agentenfilm. Der Befreiungsplan war, solange Madjid seinen Recherchen über den Gefängnisleiter nachging, auf Eis gelegt worden. Coburn führte in der Zwischenzeit einen Auftrag Ross Perots aus.

Er hatte ein Rendezvous mit einem Mann, dem sie den Spitznamen »Deep Throat« gegeben hatten, frei nach dem geheimen Informanten, der dem Reporter Bob Woodward in *All the President's Men* heiße Hintergrundinformationen zuspielt. Beim hiesiegen Deep Throat handelte es sich um einen amerikanischen Unternehmensberater, der für ausländische Konzernmanager Seminare über iranische Geschäftsgebaren abhielt. Schon vor Paul und Bills Verhaftung hatte Lloyd Briggs Deep Throat dafür engagiert, das Ministerium zur Bezahlung der Rechnungen zu veranlassen. Der Mann hatte Briggs erklärt, EDS säße ganz schön in der Patsche, könne aber für eine Summe von zweieinhalb Millionen Dollar reinen Tisch machen. Damals hatte EDS seinen Rat in den Wind geschlagen: Schließlich war es die Regierung, die EDS Geld schuldete, und nicht andersherum, und die Iraner sollten gefälligst selber für klare Verhältnisse sorgen.

Die Verhaftung hatte Deep Throat ebensoviel Glaubwürdigkeit verliehen wie Bunny Fleischaker, und Briggs hatte erneut Kontakt mit ihm aufgenommen. »Nun ja«, hatte er gesagt, »jetzt sind sie schlechter denn je auf euch zu sprechen, und es wird ungeheuer schwierig werden. Aber ich sehe zu, was sich machen läßt.«

Gestern hatte er nun angerufen und behauptet, er könne das Problem lösen. Er hatte verlangt, Ross Perot unter vier Augen zu sprechen.

Taylor, Howell, Young und Gallagher kamen überein, daß es überhaupt nicht in Frage kam, Perot einem solchen Treffen auszusetzen – ja, sie waren geradezu entsetzt, daß Deep Throat von Perots Anwesenheit Wind bekommen hatte. Perot hatte also Simons gefragt, ob er statt seiner Coburn schicken könne, und er hatte zugestimmt.

Coburn rief daraufhin Deep Throat an und teilte ihm mit, *er* würde die Verabredung wahrnehmen.

»Auf gar keinen Fall«, sagte Deep Throat, »Perot muß schon selber kommen.«

»Dann wird nichts aus dem Geschäft«, hatte Coburn geantwortet.

»Schon gut, schon gut.« Deep Throat steckte sofort zurück und gab Coburn Anweisungen für das Treffen.

Coburn sollte sich um acht Uhr abends in einer ganz bestimmten Telefonzelle unweit von Keane Taylors Haus einfinden.

Pünktlich um acht klingelte das Telefon in der Zelle. Deep Throat wies ihn an, zum nahegelegenen Sheraton zu gehen und dort in der Halle Newsweek zu lesen. Dort wollten sie sich treffen und mittels einer Parole erkennen. Deep Throat sollte sagen: »Wissen Sie, wie ich zur Pahlavi-Allee komme?« Die war nur einen Straßenzug weiter, doch Coburn sollte antworten: »Nein, tut mir leid, ich bin hier fremd.«

Auf Simons' Rat hin trug er seinen langen, unförmigen Steppmantel, besagten Michelin-Männchen-Mantel. Sinn der Übung war, herauszufinden, ob Deep Throat ihn durchsuchen würde. Wenn nicht, würde er bei allen zukünftigen Begegnungen ein Aufnahmegerät unter dem Mantel verstecken und ihre Unterhaltung aufzeichnen.

Coburn blätterte in seiner Zeitschrift.

»Wissen Sie, wie ich zur Pahlavi-Allee komme?«

Coburn schaute auf und erblickte einen Mann, der ungefähr seine Statur hatte, Anfang Vierzig war, dunkles glattes Haar hatte und eine Brille trug.

»Nein, tut mir leid, ich bin hier fremd.«

Deep Throat sah sich nervös um. »Gehen wir«, sagte er.

Coburn stand auf und folgte ihm hinter das Hotel. In einem dunklen Durchgang machten sie halt. »Ich muß Sie durchsuchen«, sagte der Mann.

Coburn hob die Arme. »Wovor haben Sie denn Angst?«

Deep Throat lachte verächtlich. »Man kann keinem mehr trauen. In dieser Stadt gibt es keine Gesetze mehr.« Die Durchsuchung war beendet.

»Gehen wir jetzt wieder in die Hotelhalle?«

»Nein. Man könnte mich überwachen, und ich kann es mir nicht leisten, mit Ihnen zusammen gesehen zu werden.«

»Okay. Was haben Sie zu bieten?«

Wieder dieses verächtliche Lächeln. »Ihr Burschen steckt ganz schön in der Klemme«, sagte er. »Ihr habt schon einmal Mist gebaut, weil ihr es abgelehnt habt, auf Leute zu hören, die dieses Land kennen.«

»Inwiefern haben wir Mist gebaut?«

»Ihr glaubt, ihr seid hier in Texas. Dem ist aber nicht so.«

»Aber was war denn nun unser Fehler?«

»Ihr hättet die ganze Sache für zweieinhalb Millionen Dollar vom Hals haben können. Jetzt wird sie euch sechs Millionen kosten.«

»Was kriegen wir dafür?«

»Einen Moment mal. Sie haben mich schon einmal sitzen lassen. Das hier ist Ihre letzte Chance. Diesmal gibt es keinen Rückzieher in letzter Minute.«

Coburn fing an, eine tiefe Abneigung gegen Deep Throat zu entwickeln. Der Mann war ein Besserwisser. Sein ganzes Benehmen drückte aus: *Ihr seid ja solche Idioten. Ich bin viel gescheiter als ihr, und es fällt mir schwer, mich auf euer Niveau herabzulassen.*

»An wen zahlen wir das Geld?« fragte Coburn.

»Auf ein Nummernkonto in der Schweiz.«

»Und woher wissen wir, daß wir auch kriegen, was wir bezahlen?«

Deep Throat lachte. »Hör'n Sie mal zu, so, wie es in diesem Land läuft, gibt man sein Geld nicht aus der Hand, bis man die Ware dafür hat. Anders erreicht man hier nichts.«

»Okay. Und wie soll das ablaufen?«

»Lloyd Briggs trifft mich in der Schweiz, wir eröffnen ein Treuhandkonto und unterschreiben ein Übereinkommen, das bei der Bank hinterlegt wird. Das Geld wird erst vom Konto abgezogen, wenn Chiapparone und Gaylord rauskommen – und das können sie sofort, wenn ihr mir freie Hand laßt.«

»Wer kriegt das Geld?«

Deep Throat schüttelte nur verächtlich den Kopf.

»Na gut, und woher wissen wir, ob sich das für uns überhaupt lohnt?«

»Jetzt hör'n Sie mal zu, ich gebe Ihnen bloß weiter, was ich von Leuten erfahren habe, die der Person, die Ihnen Schwierigkeiten macht, sehr nahestehen.«

»Sie meinen Dadgar?«

»Sie lernen auch nie dazu, was?«

Coburn sollte sich nicht nur über Deep Throats Vorschlag informieren, sondern ihn auch persönlich beurteilen. Sein Urteil stand bereits fest: Deep Throat war ein Scheißkerl.

»Okay«, sagte Coburn. »Sie hören von uns.«

*

Keane Taylor goß ein wenig Rum in ein großes Glas, gab Eiswürfel hinzu und füllte es mit Cola auf – sein Standarddrink.

Als junger Mann war er nicht zu bändigen gewesen, hatte das College vorzeitig und ohne Abschluß verlassen, war in der Marineinfanterie seiner Disziplinlosigkeit wegen seines Rangs als Hauptmann enthoben worden – und noch immer ertrug er Beaufsichtigung nur schwer. Daher zog er es vor, für EDS World zu arbeiten: Im Ausland war die Mutterfirma weit vom Schuß.

Zur Zeit wurde er ständig beaufsichtigt. Nach vier Tagen in Teheran führte sich Ross Perot wie ein Verrückter auf.

Taylor zitterte bei dem Gedanken an die allabendliche Informationsrunde bei seinem Boß. Wenn er und Howell den ganzen Tag lang durch die Stadt gehetzt waren, sich durch den Verkehr, die Demonstrationen und das Dickicht der iranischen Bürokratie gekämpft hatten, sollten sie Perot auch noch ausführlich erklären, warum sie nahezu nichts erreicht hatten.

Dazu kam, daß Perots Aktionsradius auf sein Hotelzimmer beschränkt war. Nur zweimal war er ausgegangen: einmal zur amerikanischen Botschaft, das zweite Mal zum Hauptquartier der US-Streitkräfte. Taylor hatte dafür gesorgt, daß niemand Perot einen Autoschlüssel oder iranische Währung anbot, um jeden eventuellen Wunsch nach einem Spaziergang schon im Keim zu ersticken. Damit erreichte er jedoch nur, daß sich Perot wie ein Tiger im Käfig aufführte, und wenn Taylor abends in die Mangel genommen wurde, schien es ihm, als würde er dem Raubtier zum Fraß vorgeworfen.

Immerhin mußte er jetzt nicht mehr so tun, als habe er von dem Team keine Ahnung. Coburn hatte ihn zu Simons gebracht, und sie hatten sich drei Stunden lang miteinander unterhalten – das heißt, Taylor hatte geredet, Simons hatte Fragen gestellt. Sie saßen im Wohnzimmer seines Hauses, wo Simons Zigarrenasche auf seinem Teppich verstreute, und Taylor hatte ihm erzählt, der Iran sei wie ein Tier, dem man den Kopf abgeschlagen hatte: Der Kopf – die Minister und ihre Beamten – versuchten noch immer, Anweisungen zu geben, während der Körper – das Volk – tat, was ihm paßte. Folglich würden Paul und Bill durch Ausübung politischen Drucks nicht frei kommen: Dies würde allenfalls durch Zahlung der Kaution möglich sein – oder aber mit Hilfe des Teams. Drei Stunden lang hatte Simons weder die Stimme erhoben noch eine Meinung geäußert, noch sich auch nur ein einziges Mal von seinem Stuhl erhoben.

Mit Simons' Eiseskälte ließ sich jedoch leichter fertig werden als mit Perots Höllenfeuer. Jeden Morgen, wenn Taylor sich gerade rasierte, klopfte Perot bei ihm an die Zimmertür. Und jeden Morgen stand Taylor früher auf, um schon fertig zu sein, wenn Perot kam. Aber Perot stand ebenfalls jeden Tag früher auf, und am Ende bildete sich Taylor schließlich ein, Perot stünde die ganze Nacht vor seiner Tür, um ihn in flagranti beim Rasieren zu erwischen. Perot platzte geradezu vor Einfällen, die ihm über Nacht gekommen waren: neue Beweise für Pauls und Bills Unschuld, neue Schachzüge, um die Iraner zur Entlassung der beiden zu bewegen. Taylor und John Howell – der lange und der kurze, ganz so wie Batman und Robin – rasten dann in ihrem Batmobil zum Justiz- oder Gesundheitsministerium, wo die Beamten Perots Geistesblitze in Sekundenschnelle auseinanderpflückten. Perot ging noch immer von einem legalistischen, rationalen, amerikanischen Ansatz aus und mußte nach Taylors Meinung erst noch begreifen, daß die Iraner sich an diese Regeln nicht hielten. Und das war keineswegs alles, was Taylor im Kopf herumging. Seine Frau Mary und die Kinder Mike und Dawn hielten sich bei seinen Eltern in Pittsburgh auf. Seine Eltern waren beide über achtzig und nicht mehr die Gesündesten. Seine Mutter war herzkrank.

Taylor seufzte. Er konnte nicht sämtliche Probleme dieser Welt auf einmal lösen. Er goß sich noch einmal ein, nahm sein Glas, verließ das Zimmer und ging zum allabendlichen Massaker in Perots Suite.

*

Perot tigerte im Wohnzimmer seiner Suite auf und ab und wartete auf das Eintreffen seiner Leute. Er konnte, und das wußte er inzwischen nur zu gut, hier in Teheran nicht viel ausrichten.

Der Empfang in der amerikanischen Botschaft war frostig gewesen. Er war in das Büro von Charles Naas, dem stellvertretenden Botschafter, geführt worden. Naas war zuvorkommend, hatte ihm aber den altbekannten Sermon gehalten: EDS solle sich durch die gesetzlichen Instanzen ackern, um Paul und Bill freizubekommen. Perot hatte darauf bestanden, den Botschafter selbst zu sprechen. Er war um die halbe Welt gereist, um Sullivan zu treffen, und würde nicht eher gehen, bevor er ihn nicht gesehen hatte. Schließlich kam Sullivan herein, schüttelte Perot die Hand und erklärte ihm, es sei höchst unklug gewesen, in den Iran zu kommen. Es war klar, daß Perot ein Problem darstellte, und Sullivan hatte die Nase voll von Problemen. Ohne sich auch nur hinzusetzen, plauderte er eine Weile und ergriff dann die erstbeste Gelegenheit, sich wieder zu verabschieden. Perot war eine solche Behandlung nicht gewöhnt. Unter normalen Umständen hätte ein Diplomat wie Sullivan ihn höflich, wenn nicht sogar ehrerbietig behandelt.

Auch im Hauptquartier der US-Streitkräfte hatte Perot seine Zeit verschwendet. Cathy Gallaghers Chef, Oberst Keith Barlow, Leiter des US Support Activity Command im Iran, hatte ihn und Rich Gallagher in einem kugelsicheren Wagen im Hyatt abholen lassen.

Sie trafen mit Luftwaffengeneral Phillip Gast, dem Chef der U.S. Military Assistance Advisory Group (MAAG) im Iran, und General »Dutch« Huyser zusammen. Perot war Huyser schon einmal begegnet und kannte ihn als starken, dynamischen Mann. Diesmal aber wirkte er erschöpft. Perot wußte aus der Zeit, daß Huyser als Präsident Carters Emissär das iranische Militär überreden sollte, der Regierung Bakhtiar, deren Schicksal im Grunde schon besiegelt war, den Rücken zu stärken, und er vermutete, daß dieser Job Huysers Kräfte überstieg.

Huyser machte keinen Hehl daraus, daß er Paul und Bill zwar gerne helfen wolle, zur Zeit aber nichts bei den Iranern ausrichten könne: Er hatte nichts, was er ihnen im Gegenzug hätte anbieten können. Selbst wenn die beiden das Gefängnis verlassen könnten, sagte Huyser, wären sie hier noch immer in Gefahr. Perot erzählte, dafür sei schon Vorsorge getroffen: Bull Simons sei hier und würde sich um Paul und Bill kümmern. Huyser brach in schallendes Gelächter aus, und dann ging auch Gast der Witz an der Sache auf: Sie hatten von Simons gehört und wußten, daß er mehr im Schilde führte als nur den Babysitter zu spielen.

Gast bot an, Simons mit Treibstoff zu versorgen, aber das war auch schon alles. Anteilnahme beim Militär, Ablehnung bei der Botschaft – und von beiden so gut wie gar keine Hilfe. Und von Howell und Taylor nichts als Ausflüchte.

Den ganzen Tag in seinem Hotelzimmer herumsitzen zu müssen, brachte Perot schier um den Verstand. Heute hatte Cathy Gallagher ihn gebeten, auf ihren Pudel Buffy aufzupassen. Sie hatte es so formuliert, daß es wie eine Ehre klang – so, als sei es der Ausdruck ihrer höchsten Wertschätzung für Perot, und er war so überrascht gewesen, daß er zugesagt hatte. Erst als er jetzt das Tier betrachtete, ging ihm auf, daß das Hüten eines Pudels doch eine etwas seltsame Beschäftigung für den Chef eines großen internationalen Konzerns war, und er fragte sich, wie um alles in der Welt er sich zu so etwas hatte überreden lassen können. Und von Keane Taylor war kein Mitleid zu erwarten, der fand die ganze Geschichte zum Piepen komisch. Nach ein paar Stunden kam Cathy vom Friseur oder woher auch immer zurück und nahm ihren Hund wieder mit; Perots Laune besserte sich jedoch keineswegs.

Es klopfte an der Tür und Taylor kam herein, den obligatorischen Drink in der Hand. John Howell, Rich Gallagher und Bob Young folgten ihm auf dem Fuß. Sie setzten sich.

»Also«, sagte Perot. »Hast du ihnen gesagt, wir übernehmen die Garantie dafür, daß Paul und Bill jederzeit innerhalb der nächsten beiden Jahre – vorausgesetzt, sie werden einen Monat vorher informiert – egal wo in den USA oder in Europa zum Verhör erscheinen?«

»Das interessiert sie nicht«, sagte Howell.

»Was soll das heißen?«

»Ich erzähle dir nur, was sie zu mir gesagt haben.«

»Aber wenn das eine Untersuchung und kein Erpressungsversuch sein soll, brauchen sie doch nichts weiter als die Gewißheit, daß Paul und Bill zum Verhör zur Verfügung stehen.«

»Die Gewißheit haben sie ohnehin schon. Ich nehme an, sie sehen keinen Grund, irgend etwas zu ändern.«

Perot setzte sich. Es war zum Wahnsinnigwerden. Es schien unmöglich, mit den Iranern vernünftig zu verhandeln – sie ließen einfach nicht mit sich reden. »Hast du vorgeschlagen, Paul und Bill in den Gewahrsam der amerikanischen Botschaft überführen zu lassen?«

»Das haben sie ebenfalls abgelehnt.«

»Warum?«

»Das haben sie nicht gesagt.«

»Hast du sie danach gefragt?«

»Ross, die haben gar keine Veranlassung, uns Erklärungen zu geben. Sie haben das Heft in der Hand, und das wissen sie ganz genau.«

»Aber sie sind doch für die Sicherheit ihrer Gefangenen verantwortlich.«

»Das ist eine Verantwortung, die sie nicht sonderlich zu belasten scheint.«

»Ross, die haben hier andere Spielregeln als wir«, schaltete Taylor sich ein. »Zwei Männer ins Gefängnis zu stecken, ist keine weltbewegende Sache für sie. Und Pauls und Bills Sicherheit auch nicht.«

»Und wie lauten ihre Spielregeln? Kannst du mir das verraten?«

Es klopfte, und Coburn in seinem weiten Mantel und mit einer schwarzen Strickmütze auf dem Kopf trat ein. Perot strahlte: Vielleicht brachte der wenigstens eine erfreuliche Nachricht. »Hast du Deep Throat getroffen?«

»Klar«, sagte Coburn, und zog seinen Mantel aus.

»Na, dann schieß los.«

»Er sagt, er kann Paul und Bill für sechs Millionen Dollar freikriegen. Das Geld soll auf einem Treuhandkonto in der Schweiz hinterlegt und erst ausgezahlt werden, wenn Paul und Bill den Iran verlassen.«

»Mann, das klingt gar nicht schlecht«, sagte Perot. »Bei dem kriegen wir's für die Hälfte. Und es wäre nach amerikanischem Recht nicht einmal illegal – es ist einfach ein Lösegeld. Was für ein Typ ist dieser Deep Throat?«

»Ich trau' dem Kerl nicht über den Weg«, sagte Coburn. »Wieso?«

Coburn zuckte die Achseln. »Ich weiß nicht so recht, Ross ... Der ist irgendwie durchtrieben, aalglatt ... Sobald der den Mund aufmacht, kommt Scheiße raus ... Dem würde ich nicht mal sechzig Cents anvertrauen, um mir im nächsten Laden ein Päckchen Zigaretten zu holen.«

»Aber hör mal, was erwartest du eigentlich?« sagte Perot. »Hier geht's um Bestechung – und im allgemeinen haben die Stützen der Gesellschaft mit solchen Sachen nichts zu tun.«

»Du sagst es«, erwiderte Howell. »Es geht um Bestechung.« Seine sonst so bedächtige, kehlige Stimme klang ungewöhnlich erregt. »Und das gefällt mir überhaupt nicht.«

»*Mir* gefällt es auch nicht«, sagte Perot. »Aber wer erzählt mir denn hier andauernd, daß die Iraner andere Spielregeln haben?«

»Ja, schon«, gab Howell heftig zurück. »Aber ich habe mich die ganze Zeit daran geklammert, daß wir uns *nichts haben zuschulden kommen lassen,* und irgendwie wird irgendwann auch irgendwer dahinterkommen, daß das stimmt, und die ganze Geschichte löst sich in Wohlgefallen auf. Ich will auf diesen Strohhalm auf gar keinen Fall verzichten.«

»Weit sind wir damit aber noch nicht gekommen.«

»Ross, ich glaube, daß nur Zeit und Geduld zum Erfolg führen. Und wenn wir uns erst einmal auf Bestechungen einlassen, haben wir das Recht nicht mehr auf unserer Seite!«

Perot wandte sich an Coburn. »Und woher wissen wir, daß Deep Throat bei Dadgar überhaupt etwas erreicht?«

»Wir wissen es nicht«, erwiderte Coburn. »Er meint, da wir ohnehin erst zahlen, wenn er geliefert hat, hätten wir nichts zu verlieren.«

»Und ob«, warf Howell ein. »Wir riskieren dadurch, alles zu verlieren. Ganz unabhängig davon, ob es in den Staaten legal ist oder nicht – *hier im Iran* kann eine solche Sache unser Schicksal besiegeln.«

»Es stinkt«, sagte Taylor, »die ganze Geschichte stinkt.«

Perot überraschten diese Reaktionen. Auch ihm war der Gedanke an Bestechung verhaßt, aber um Paul und Bill freizukriegen, war er bereit, von seinen Prinzipien abzuweichen.

»Unser guter Name hat Paul und Bill bisher nicht viel genützt«, sagte Perot.

»Es geht nicht nur um unseren guten Namen«, beharrte Howell.

»Dadgar dürfte inzwischen längst wissen, daß wir uns keiner Korruption schuldig gemacht haben – würde er uns aber bei einer Bestechungskiste in flagranti ertappen, könnte er sogar sein Gesicht wahren.«

Das war ein Argument, dachte Perot. »Könnte es sich um eine Falle handeln?«

»Ja!«

Es war ziemlich einleuchtend: Unfähig, Beweise gegen Paul und Bill vorzubringen, spielt Dadgar Deep Throat gegenüber den Bestechlichen und verkündet, sobald Perot in die Falle getappt ist, EDS sei eben doch korrupt. Und dann landeten sie alle zusammen bei Paul und Bill im Gefängnis. Und da sie dann wirklich schuldig waren, würden sie dort auch bleiben.

»In Ordnung«, sagte Perot widerwillig. »Ruf Deep Throat an und sag ihm: Nein, danke.«

Coburn erhob sich. »Wird gemacht.«

Schon wieder einen Tag verschwendet, dachte Perot.

Und die Iraner gewannen auf der ganze Linie. Politischen Druck ignorierten sie, Bestechung würde alles nur noch verschlimmern, und selbst, wenn EDS die Kaution zahlte, würden Paul und Bill den Iran noch immer nicht verlassen dürfen.

Simons' Aktien stiegen.

Doch das wollte er den anderen jetzt nicht sagen. »Na gut«, sagte er, »morgen probieren wir es noch mal.«

*

Am siebzehnten Januar versuchten es Keane Taylor und John Howell erneut. Mit Abolhasan als Dolmetscher fuhren sie ins Gesundheitsministerium an der Eisenhower-Avenue zu einem auf zehn Uhr vereinbarten Treffen mit Dadgar. Dadgar erschien in Begleitung mehrerer Beamter des Ministeriums. Howell hatte beschlossen, seine ursprüngliche Verhandlungstaktik – die Behauptung, EDS könne die Kaution aufgrund der amerikanischen Aktiengesetze nicht zahlen – aufzugeben. Gleichermaßen nutzlos war die Forderung nach Offenlegung der Anklagepunkte und des Beweismaterials gegen Paul und Bill: Es wäre ein leichtes für Dadgar gewesen, hier zu mauern; er brauchte bloß zu sagen, die Untersuchung sei noch nicht abgeschlossen.

Eine neue Strategie hatte Howell jedoch auch nicht. Ohne Blatt auf der Hand mußte er pokern. Aber vielleicht würde Dadgar ihm heute ein paar Trümpfe zuspielen.

Dadgar begann die Sitzung mit der Erklärung, das Personal der Sozialversicherung fordere EDS auf, ihm sämtliche Unterlagen über das Datenzentrum 125 auszuhändigen.

Dieser Kleincomputer, erinnerte sich Howell, bearbeitete die Löhne und Pensionen der Angestellten. Diese Kerle wollten also bloß an ihre eigenen Gehälter kommen, und das zu einem Zeitpunkt, wo der Durchschnittsiraner nicht einmal seine Sozialversicherungsleistungen ausgezahlt bekam.

»So einfach ist das nicht«, sagte Keane Taylor. »Eine solche Übergabe ist kein Kinderspiel. Dazu braucht man eine Reihe von Experten, und die sind jetzt natürlich alle in den Staaten.«

»Dann holen Sie sie zurück«, antwortete Dadgar.

»So dämlich bin ich nicht«, sagte Taylor.

Dadgar sagte: »Wenn er so weiterredet, kommt er ins Gefängnis.«

»Genauso wie meine Leute, wenn ich sie zurückhole«, sagte Taylor.

Howell fuhr dazwischen. »Wären Sie in der Lage, uns eine rechtskräftige Garantie dafür zu geben, daß unser Personal, wenn es zurückkehrt, weder verhaftet noch sonstwie belästigt wird?«

»Eine offizielle Garantie könnte ich nicht geben«, antwortete Dadgar, »allenfalls mein Ehrenwort.«

Howell warf Taylor einen beunruhigten Blick zu. Taylor sagte nichts, doch seine Miene drückte deutlich aus, daß er auf Dadgars Ehrenwort pfiff. »Es ließen sich sicherlich Mittel und Wege für eine solche Übergabe finden«, sagte Howell. Dadgar gab ihm endlich etwas Handlungsspielraum, wenn auch nicht viel. »Natürlich brauchen wir Sicherheiten. Sie müßten uns zum Beispiel attestieren, daß die Geräte in gutem Zustand übergeben wurden – aber vielleicht könnten wir dafür unabhängige Sachverständige hinzuziehen ...« Es war eine Art Schattenboxen, auf das sich Howell einließ: Die Übergabe des Datenzentrums hätte seinen Preis – die Freilassung von Paul und Bill.

Diesen Gedankengang machte Dadgar mit seinem nächsten Satz zunichte. »Tag für Tag laufen bei meinen Untersuchungsbeamten neue Beschwerden über Ihre Firma ein, Beschwerden, die eine Anhebung der Kautionssumme rechtfertigen würden. Wenn Sie jedoch bei der Übergabe des Datenzentrums 125 kooperieren, kann ich im Gegenzug die neuen Beschwerden überhören und von einer Erhöhung der Kaution Abstand nehmen.«

»Verdammt noch mal, das ist reine Erpressung«, sagte Taylor.

Howell merkte, daß das Datenzentrum 125 lediglich ein Nebenkriegsschauplatz war. Dadgar hatte die Frage zweifellos auf Drängen seiner Beamten aufgeworfen, doch war sie ihm nicht wichtig genug, um im Gegenzug ernst zu nehmende Konzessionen einzuräumen.

Lucio Randone, der ehemalige Zellengenosse von Paul und Bill, fiel Howell ein. Randones Hilfsangebot war von EDS-Manager Paul Bucha aufgenommen worden. Er war nach Italien gefahren und hatte mit Randones Firma, Condotti d'Acqua, Gespräche geführt. Bucha berichtete, das Unternehmen habe Wohnhäuser in Teheran gebaut und ihre iranischen Geldgeber seien bankrott gegangen. Natürlich stellte die Firma daraufhin die Arbeit ein, doch viele Iraner hatten bereits für ihre noch in Bau befindlichen Wohnungen bezahlt. Bei der gegenwärtigen Stimmungslage war es nicht verwunderlich, daß die Schuld den Ausländern in die Schuhe geschoben wurde: Randone war als Sündenbock ins Gefängnis gewandert. Später hatte Condotti d'Acqua eine neue Geldquelle aufgetan und die Bauarbeiten wieder aufgenommen; Randone wurde freigelassen. Die Verhandlungen, die zu dieser Vereinbarung führten, hatte ein iranischer Anwalt namens Ali Azamayesch geleitet.

Die Italiener hätten im übrigen, so Bucha, mehrmals gesagt ›Denken Sie immer daran, daß der Iran immer der Iran bleiben wird. Da ändert sich nichts.‹ Dies sei wohl ein Hinweis darauf gewesen, daß bei der Vereinbarung Bestechung eine Rolle gespielt haben mußte. Howell wußte, daß ein traditioneller Weg zur Zahlung von Bestechungsgeldern das Anwaltshonorar war – ein Anwalt würde beispielsweise einen Tausenddollarjob erledigen, dabei 10 000 Dollar an Bestechungsgeldern weiterleiten und schließlich seinem Klienten 11 000 Dollar in Rechnung stellen. Obwohl ihn die Anspielung auf Bestechung irritierte, hatte Howell sich mit Azmayesch getroffen, und der hatte zu ihm gesagt: »EDS hat keine juristische, sondern geschäftliche Probleme.« Sollte es EDS gelingen, mit dem Gesundheitsministerium zu einer Übereinkunft zu gelangen, so würde Dadgar zurückstecken. Von Bestechung war bei Azmayesch keine Rede.

Anfangs ist es ein rein kaufmännisches Problem gewesen, dachte Howell: Der Kunde war zahlungsunfähig, und der Lieferant weigerte sich, weiterzuarbeiten. War vielleicht im vorliegenden Fall ein ähnlicher Kompromiß möglich? Etwa dergestalt, daß EDS die Computer wieder anstellte und das Ministerium wenigstens einen Teil der geschuldeten Summe zahlte?

Er beschloß, Dadgar direkt darauf anzusprechen.

»Kämen wir weiter, wenn EDS den Vertrag mit dem Gesundheitsministerium neu aushandeln würde?«

»Das ist durchaus denkbar«, antwortete Dadgar. »Eine juristische Lösung wäre es zwar nicht, aber eine praktische. Es wäre schade, wenn all die Arbeit, die in das Projekt gesteckt worden ist, umsonst gewesen wäre.«

Das ist ja interessant, dachte Howell. Sie wollen entweder ein modernes Sozialversicherungssystem – oder ihr Geld zurück. In dem sie Paul und Bill für dreizehn Millionen Dollar Kaution ins Gefängnis steckten, stellten sie EDS vor diese – und nur diese – Alternative. Zumindest reden wir jetzt nicht mehr um den heißen Brei herum.

Er entschied sich für Offenheit. »Selbstverständlich kommen Neuverhandlungen erst dann in Frage, wenn Chiapparone und Gaylord wieder auf freiem Fuß sind.«

»Wenn Sie sich zu Neuverhandlungen auf Treu und Glauben bereit erklären, wird das Ministerium mich anrufen. Es kann dann gut sein, daß die Vorwürfe gegen Chiapparone und Gaylord modifiziert werden. Und es kann dann durchaus sein, daß die Kaution herabgesetzt wird und daß Chiapparone und Gaylord sogar auf Ehrenwort entlassen werden.«

Klarer hätte er sich nicht ausdrücken können, dachte Howell. Am besten, wir setzen uns sofort mit dem Gesundheitsminister in Verbindung.

Seit der Einstellung der Zahlungen hatten zwei Regierungswechsel stattgefunden. Dr. Scheikholeslamizadeh, der jetzt im Gefängnis saß, war durch einen General ersetzt worden, und dieser dann unter Bakhtiar durch einen neuen Gesundheitsminister. Howell kannte ihn nicht. Bin gespannt, mit wem wir es da zu tun bekommen, dachte er.

*

»Mr. Young von der amerikanischen Firma EDS ist am Telefon, Herr Minister«, sagte die Sekretärin.

Dr. Razmara holte tief Luft. »Sagen Sie dem Herrn, amerikanische Geschäftsleute können nicht mehr einfach zum Telefon greifen und Minister der iranischen Regierung anrufen, und dann auch noch mit uns umspringen, als seien wir ihre Angestellten«, sagte er und hob die Stimme. »Diese Zeiten sind vorbei.«

Dann erbat er sich die EDS-Akte.

Manuchehr Razmara war über Weihnachten in Paris gewesen. Frankreich war seine zweite Heimat, dort war er ausgebildet worden – er war Kardiologe – und hatte eine Französin geheiratet; die französische Sprache beherrschte er perfekt. Er war Mitglied der Nationalen Iranischen Ärztevereinigung und ein Freund Schahpur Bakhtiars. Als dieser Premierminister wurde, hatte er seinen Freund Razmara in Paris angerufen und ihn gebeten, so schnell wie möglich nach Hause zurückzukehren, um das Amt des Gesundheitsministers zu übernehmen.

Dr. Emrani, der stellvertretende Minister und in dieser Eigenschaft auch für die Sozialversicherung zuständig, händigte ihm die EDS-Akte aus. Emrani hatte beide Regierungswechsel unbeschadet überstanden und war schon mit von der Partie gewesen, als die Schwierigkeiten begannen.

Razmara studierte die Akte und wurde zusehends wütender. In seinen Augen war das EDS-Projekt glatter Wahnsinn. Laut Vertrag lag der Grundpreis bei 48 Millionen Dollar und sah Preisangleichungen bis zu einer Gesamthöhe von 90 Millionen Dollar vor. Razmara mußte daran denken, daß im Iran zwölftausend Ärzte eine Bevölkerung von zweiunddreißig Millionen Menschen zu versorgen hatten und daß noch immer vierundsechzigtausend Dörfer nicht an die Wasserversorgung angeschlossen waren. Er kam zu dem Schluß, daß die Unterzeichner des Vertrags mit EDS entweder Idioten oder Verräter oder beides zugleich sein mußten. Wie konnten sie es verantworten, Millionen für Computer aus dem Fenster zu werfen, wenn es dem Volk noch immer an den simpelsten sanitären Grundeinrichtungen – zum Beispiel sauberes Wasser – fehlte? Es gab nur eine Erklärung: Sie waren bestochen worden.

Nun ja, sie würden dafür büßen. Emrani hatte dieses Dossier für das Sondergericht zusammengestellt, das korrupten Beamten den Prozeß machte. Drei von ihnen saßen schon: außer Dr. Scheikholeslamizadeh zwei seiner stellvertretenden Minister, Reza Neghabat und Nili Arame. So gehörte es sich auch. Die Schuld an dem Schlamassel, in dem sie saßen, war wohl in erster Linie bei Iranern zu suchen. Auf der anderen Seite waren aber auch die Amerikaner nicht schuldlos. Die amerikanischen Geschäftsleute und ihre Regierung hatten den Schah in seinen irrsinnigen Plänen noch bestärkt und dabei ihren Profit gemacht; das mußten sie jetzt büßen. Außerdem hatte sich den Unterlagen zufolge EDS als geradezu unglaublich inkompetent erwiesen: Die Computer arbeiteten – nach zweieinhalb Jahren – immer noch nicht, während gleichzeitig Emranis Abteilung durch die Automatisierung so durcheinandergewirbelt war, daß auch das alte System nicht mehr funktionierte. Das Ergebnis war, daß Emrani keinen Überblick mehr über die Ausgaben seiner Abteilung hatte. Und das wiederum, so stellte es das Dossier dar, war einer der Hauptgründe für die Überziehung des Etats.

Razmara las, daß die US-Botschaft mehrmals gegen die Festnahme zweier Amerikaner namens Chiapparone und Gaylord protestiert hatte, weil keine Beweise gegen sie vorlägen. Typisch amerikanisch! Natürlich gab es keine Beweise: Schmiergelder zahlte man schließlich nicht per Scheck. Die Botschaft äußerte außerdem ihre Besorgnis um die Sicherheit der beiden Gefangenen. Razmara fand das lächerlich. Er hatte genug mit seiner eigenen Sicherheit zu tun. Jeden Morgen, wenn er ins Büro ging, fragte er sich, ob er am Abend lebendig nach Hause kommen würde. Weder für EDS noch für deren inhaftierte Manager empfand er Mitgefühl. Und er war sich im klaren darüber, daß er selbst dann, wenn er für die Entlassung der beiden gewesen wäre, dieselbe nicht hätte durchsetzen können. Die antiamerikanische Stimmung im Volk näherte sich dem Siedepunkt. Die Regierung Bakhtiar, der Razmara angehörte, war vom Schah eingesetzt worden und schon deswegen dem weitverbreiteten Verdacht ausgeliefert, proamerikanisch zu sein. Das Land befand sich im Umbruch. Jeder Minister, der sich für das Wohlergehen von ein paar habgierigen Lakaien des amerikanischen Kapitalismus einsetzte, würde gefeuert, wenn nicht gar gelyncht werden – und dies mit vollem Recht.

Razmara wandte sich wichtigeren Dingen zu.

Am nächsten Tag sagte seine Sekretärin zu ihm: »Mr. Young von der amerikanischen Firma EDS ist da und möchte Sie sprechen, Herr Minister.«

Die Arroganz dieser Amerikaner konnte einen rasend machen. »Wiederholen Sie ihm, was ich gestern gesagt habe«, zischte Razmara. »Und geben Sie ihm genau fünf Minuten zum Verschwinden.«

*

Bill Gaylords größtes Problem war die Zeit.

Er war aus anderem Holz geschnitzt als Paul, der – rastlos, aggressiv und willensstark – vor allem an seiner Hilflosigkeit litt. Bill war von eher sanftem Naturell. Er erkannte, daß ihm nichts anderes übrig blieb als zu beten – also betete er. Er tat dies, da er um seine Religiosität nicht viel Aufhebens machte, meist in den Nachtstunden oder frühmorgens, wenn die anderen noch schliefen.

Die quälende Langsamkeit, mit der die Zeit verstrich, zermürbte ihn. Draußen in der Welt verging ein Tag wie im Fluge, da gab es Probleme zu lösen, Entscheidungen zu fällen, Telefonate entgegenzunehmen und Termine einzuhalten. Ein Tag im Gefängnis dagegen wollte und wollte kein Ende nehmen. Bill stellte sogar eine Tabelle zur Umrechnung von Normal- in Gefängniszeit auf:

Normalzeit	*Gefängniszeit*
1 Sekunde	= 1 Minute
1 Minute	= 1 Stunde
1 Stunde	= 1 Tag
1 Woche	= 1 Monat
1 Monat	= 1 Jahr

Er war nicht wie ein überführter Verbrecher zu drei Monaten oder fünf Jahren verurteilt worden, und so konnte er auch keinen Trost darin finden, einen Kalender als Countdown bis zur Freilassung in die Zellenwand zu ritzen. Wie viele Tage vergingen, spielte keine Rolle. Die Dauer seiner Haftzeit war nicht absehbar und daher endlos.

Seine persischen Zellengenossen schienen nicht so zu empfinden. Darin offenbarte sich der kulturelle Gegensatz: Die Amerikaner, zu schnellen Entscheidungen erzogen, quälte die Ungewißheit; die Iraner gaben sich damit zufrieden, auf *farda* zu warten – morgen, nächste Woche, irgendwann – genauso, wie sie auch im Geschäftsleben handelten.

Als jedoch die Macht des Schahs ins Wanken geriet,

vermeinte Bill, bei einigen Anzeichen von Verzweiflung zu entdecken, und er begann, ihnen zu mißtrauen.

Mit der Zeit fühlte er sich wie ein routinierter Knastbruder. Er lernte, den Schmutz und das Ungeziefer zu ignorieren, und er gewöhnte sich an die Kälte und das stärkehaltige, unappetitliche Essen. Er gewöhnte sich sogar an den winzigen, genau abgegrenzten Raum, der ihm in der Zelle zur Verfügung stand – an sein »Revier«.

Irgendwie gelang es ihm, die Zeit totzuschlagen. Er las viel, brachte Paul Schach bei, machte Gymnastik in der Halle, ließ sich von den Iranern erzählen, was in den Radio- und Fernsehnachrichten berichtet worden war, und er betete. Für einen akribisch genauen Plan des Gefängnisses maß er die Zellen und Flure aus und fertigte Skizzen und schließlich Zeichnungen an. Und er führte Tagebuch. Er notierte auch die nebensächlichsten Ereignisse im Gefängnisalltag sowie alle Neuigkeiten, die er von den Leuten, die ihn besuchten, erfuhr. Allerdings schrieb er Namen nicht voll aus, sondern beschränkte sich auf Initialen, und manchmal notierte er auch Vorfälle, die er erfunden hatte, oder abgewandelte Versionen von tatsächlichen Geschehnissen, um die Aufsichtbehörden für den Fall, daß sie das Tagebuch konfiszieren und lesen sollten, zu verwirren.

Auf Besuche freute er sich, wie alle Gefangenen auf der Welt, wie ein Kind auf Weihnachten. Die Kollegen von EDS brachten anständiges Essen, warme Kleidung, Bücher und Post von zu Hause mit. Einmal hatte Keane Taylor auch ein Foto dabei, das Christopher, Bills sechsjährigen Sohn, vor dem Weihnachtsbaum zeigte. Das Bild des Kleinen gab Bill Kraft; es war eine nachhaltige Erinnerung an das, worauf er all seine Hoffnungen konzentrieren mußte, und bestärkte ihn in seiner Entschlossenheit, durchzuhalten und nicht zu verzweifeln.

Bill schrieb Briefe an Emily und gab sie Keane, der sie ihr telefonisch übermittelte. Bill kannte Keane Taylor seit zehn Jahren, und sie standen einander recht nahe. Bill wußte, daß Keane längst nicht so unsensibel war, wie man seinem Ruf nach vermuten mußte. Dennoch berührte es ihn peinlich, wenn er in seinen Briefen »Ich liebe Dich« schrieb und dabei daran dachte, daß Keane es lesen würde. Er überwand diesen Moment jedoch, da der Wunsch, Emily und die Kinder seiner Liebe zu versichern, sehr stark war und er nicht wußte, ob er je wieder dazu in der Lage sein würde, es ihnen persönlich zu sagen. Seine Briefe erinnerten an diejenigen eines Piloten am Vorabend einer gefährlichen Mission.

Das schönste Geschenk, das ihm die Besucher mitbringen konnten, waren neue Nachrichten. Die immer viel zu kurzen Treffen in dem flachen Gebäude auf der anderen Seite des Hofes vergingen über Gesprächen, die sich um die verschiedenen Bemühungen drehten, die im Gange waren, um Paul und ihn freizubekommen. Es schien Bill, als sei ein entscheidender Faktor die Zeit. Früher oder später *mußte* einer der Vorstöße zum Erfolg führen. Unglücklicherweise war es jedoch so, daß es mit dem Iran von Tag zu Tag weiter bergab ging. Die revolutionären Kräfte gewannen mehr und mehr Einfluß. Die Frage war, ob es EDS gelingen würde, sie herauszuholen, bevor das ganze Land in Flammen stand. Für die Kollegen wurde es zunehmend gefährlicher, in den südlichen Teil der Stadt zu fahren, in dem das Gefängnis lag. Paul und Bill wußten nie, wann der nächste Besucher kommen oder ob es überhaupt einen nächsten Besucher geben würde. Es konnte ja sein, daß man die EDS-Männer gegen ihren Willen zwang, das Land zu verlassen, um ihr eigenes Leben zu retten. Bill entsann sich des amerikanischen Rückzugs aus Vietnam, bei dem die letzten Botschaftsangehörigen auf die Dächer geflüchtet und dort von Hubschraubern aufgenommen worden waren; er konnte sich durchaus vorstellen, daß sich die gleiche Szene in Teheran wiederholte.

Gelegentlich wurde er durch den Besuch eines Botschaftsangehörigen ermutigt. Auch die riskierten mit ihrem Kommen einiges, aber sie kamen nie mit konkreten Nachrichten, und Bill kam zu dem Schluß, das Außenministerium sei einfach unfähig.

Die Besuche von Dr. Houman, ihrem iranischen Anwalt, waren anfangs höchst vielversprechend gewesen, doch dann fand Bill heraus, daß Houman in typisch iranischer Manier viel versprach und wenig hielt.

Der Gedanke an die Kaution war einfach niederschmetternd. Kein Mensch auf der Welt hatte jemals ein derart hohes Lösegeld gezahlt. Kein Mensch würde es für ihn und Paul bezahlen. Zu den Erfahrungen, die Bill Gaylord während der Haft machte, gehörte auch eine Art Lektion über die Grundwerte des Lebens. Bill erkannte, daß er durchaus ohne sein schönes Haus, seine Autos, ohne lukullische Genüsse und saubere Kleidung existieren konnte. Und es wurde ihm klar, daß das einzig Wichtige in seinem Leben seine Familie war. Coburns Besuch hatte ihn ein wenig aufgemuntert. Aber am Tag darauf, es war der sechzehnte Januar, gab es eine schlechte Nachricht: Der Schah verließ den Iran.

Ausnahmsweise war der Fernseher in der Halle schon am Nachmittag eingeschaltet, und Paul und Bill verfolgten gemeinsam mit den anderen Gefangenen das kurze Zeremoniell im kaiserlichen Pavillon auf dem Flughafen Mehrabad. Da war der Schah mit seiner Frau, drei ihrer vier Kinder, seine Schwiegermutter und zahlreichen Höflingen. Zum Abschied waren Premierminister Schahpur Bakhtiar und viele Generäle erschienen. Bakhtiar küßte dem Schah die Hand, und die kaiserliche Gesellschaft begab sich zum Flugzeug.

Die verhafteten Minister und Ministerialbeamten bliesen Trübsal: Die meisten von ihnen waren auf die eine oder andere Weise mit der kaiserlichen Familie oder ihrer unmittelbaren Umgebung befreundet gewesen. Nun wurden sie von ihrem Schutzherrn verlassen, und das bedeutete, daß sie sich zumindest auf einen langen Gefängnisaufenthalt gefaßt machen mußten. Bill hatte das Gefühl, daß mit dem Schah auch die letzte Chance auf eine proamerikanische Lösung im Iran schwand. Jetzt würden das Chaos und die Gefahr für die Amerikaner im Lande noch wachsen, und für Paul und Bill sanken die Chancen auf eine schnelle Entlassung.

Kurz nachdem das Fernsehen gezeigt hatte, wie sich die Maschine des Schahs in die Lüfte erhob, vernahm Bill von außerhalb des Gefängnisses Geräusche, die von einer entfernten Menschenmenge zu kommen schienen. Der Lärm schwoll rasch zu einer Kakophonie aus Schreien, Hochrufen und Autohupen an. Dann zeigte das Fernsehen, wo der Krach herkam: von Hunderttausenden von Iranern, die durch die Straßen wogten und immer wieder schrieen: »*Shah raft!*« –

»Der Schah ist weg!« Paul meinte, es erinnere ihn an die Neujahrsparade in Philadelphia. Alle Autos fuhren mit aufgeblendetem Licht, die meisten hupten ununterbrochen. Viele Fahrer hatten ihre Scheibenwischer nach vorne geklappt, Lappen daran gehängt und sie eingeschaltet, so daß sie sich ununterbrochen von einer Seite auf die andere bewegten, wie automatische Fahnenschwenker. Ganze Lastwagen voller siegestrunkener Jugendlicher karriolten durch die Straßen, und überall in der Stadt wurden Schahdenkmäler von den Menschenmassen niedergerissen und zerschmettert. Bill fragte sich, was als nächstes geschehen würde. Was würde der Mob, was würden die Aufseher und die Mitgefangenen jetzt tun? War es nicht denkbar, daß nun, nachdem sich die lange aufgestauten Emotionen der Iraner in einer Massenhysterie entluden, die Amerikaner zur Zielscheibe des Volkszorns würden?

Den Rest des Tages verbrachten er und Paul in der Zelle und versuchten, möglichst nicht aufzufallen. Sie lagen in ihren Kojen und sprachen über Belanglosigkeiten. Paul rauchte. Bill versuchte, nicht an die schreckenerregenden Fernsehbilder zu denken, doch das Gebrüll der an kein Gesetz mehr gebundenen Masse, der kollektive Schrei revolutionären Triumphs, drang durch die Gefängnismauern und vibrierte in seinen Ohren wie das betäubende Krachen und Grollen des Donners unmittelbar nach dem Blitzschlag.

Am Morgen des achtzehnten Januar, zwei Tage später also, kam ein Aufseher in die Zelle Nr. 5 und sagte etwas auf Farsi zu Reza Neghabat, dem ehemaligen stellvertretenden Minister.

Neghabat übersetzte: »Sie sollen Ihre Sachen zusammensuchen. Sie werden verlegt.«

»Wohin?« fragte Paul.

»In ein anderes Gefängnis.«

Bill befürchtete sofort das Schlimmste. In was für ein Gefängnis sollten sie kommen? Womöglich in eins, wo man gefoltert und umgebracht wurde? Würde EDS erfahren, wohin sie gebracht wurden? Oder sollten er und Paul einfach verschwinden? Das Gefängnis, in dem sie saßen, war zwar kein Paradies, aber immerhin eine Hölle, in der sie sich schon auskannten.

Der Wächter sagte wieder etwas, und Neghabat dolmetschte: »Er meint, Sie sollten sich keine Sorgen machen; es geschieht nur zu Ihrem eigenen Besten.«

Ihre Zahnbürsten, ihren Rasierapparat und ihre paar Kleidungsstücke hatten sie in wenigen Minuten zusammengepackt. Dann setzten sie sich wieder hin und warteten – drei Stunden lang. Es war nervenaufreibend. Paul bat Neghabat, den Versuch zu machen, EDS von ihrer Verlegung in Kenntnis zu setzen, wenn nötig durch Bestechung des Gefängnisleiters.

Der Zellenvater, der sich so besorgt um ihr Wohlergehen gezeigt hatte, war aufgebracht. Traurig sah er zu, wie Paul die Bilder von Karen und Ann Marie abnahm. Paul schenkte sie ihm spontan, und der alte Mann, sichtlich gerührt, bedankte sich überschwenglich.

Endlich wurden sie in den Hof geführt und zusammen mit sechs Gefangenen aus anderen Abteilungen in einen Minibus gepfercht. Bill sah sich um und versuchte herauszufinden, was sie gemeinsam hatten. Einer der Häftlinge war Franzose. Wurden etwa alle Ausländer aus Sicherheitsgründen in ein besonderes Gefängnis gebracht? Nein, es war auch ein dicker Iraner unter ihnen, der Boss jener Kellerzelle, in der sie die erste Nacht verbracht hatten.

Als der Bus aus dem Hof fuhr, wandte sich Bill an den Franzosen. »Wissen Sie, wo es hingeht?«

»Ich werde entlassen«, antwortete er.

Vor Freude schlug Bills Herz höher. Wenn das keine gute Nachricht war! Vielleicht sollten sie alle freigelassen werden? Er konzentrierte sich nun auf das Geschehen auf der Straße. Zum erstenmal seit drei Wochen bekam er die Außenwelt zu Gesicht. Die Regierungsgebäude in der Umgebung des Justizministeriums waren beschädigt. Überall sah man ausgebrannte Autowracks und zerbrochene Fensterscheiben. Die Straßen waren voller Panzer und Soldaten, die sich jedoch tatenlos verhielten. Sie kümmerten sich weder um die Wiederherstellung der öffentlichen Ordnung, noch regelten sie den Verkehr. Der Sturz der schwachen Regierung Bakthiar schien nur mehr eine Frage der Zeit zu sein.

Was war aus den Kollegen, aus Taylor, Howell, Young, Gallagher und Coburn, geworden? Seit der Abreise des Schahs hatten sie sich nicht mehr im Gefängnis blicken lassen. Bill hoffte, daß die Verlegung von ihnen veranlaßt worden war. Vielleicht würde der Bus sie nicht in ein anderes Gefängnis, sondern auf Umwegen zum US-Luftwaffenstützpunkt bringen? Je mehr er darüber nachdachte, desto mehr glaubte er daran, daß auf irgendeine Weise ihre Entlassung arrangiert worden war. Zweifellos hatte die amerikanische Botschaft gemerkt, daß Paul und

Bill nach der Abreise des Schahs ernsthaft gefährdet waren, und endlich die diplomatischen Muskeln spielen lassen. Die Busfahrt war ein Täuschungsmanöver, um sie, ohne den Verdacht feindseliger Beamter wie Dadgar zu erregen, aus dem Untersuchungsgefängnis herauszukommen.

Der Bus fuhr nach Norden, durch Stadtteile, die Bill vertraut waren. Als sie den aufrührerischen Süden hinter sich ließen, begann er sich sicherer zu fühlen.

Außerdem lag der amerikanische Stützpunkt im Norden.

Der Bus bog nun auf einen Platz ein, der von einem riesigen festungsähnlichen Gebäude beherrscht wurde. Bill betrachtete es neugierig. Die Mauern waren an die sieben Meter fünfzig hoch und mit Wachtürmen und Geschützständen für Maschinengewehre bestückt. Der Platz war voller iranischer Frauen im Tschador, die einen Höllenlärm veranstalteten. War es ein Palast oder eine Moschee? Oder womöglich ein Militärstützpunkt?

Der Bus näherte sich der Festung und bremste.

Genau in der Mitte der Mauer befand sich ein großes, stählernes Flügeltor. Zu Bills Entsetzen fuhr der Bus dort vor und hielt, mit der Front zur Einfahrt, an.

Dieser furchterregende Ort war das neue Gefängnis, der neue Alptraum.

Das Tor wurde geöffnet, und der Bus fuhr durch, hielt wieder an. Hinter ihnen schloß sich das Stahltor und vor ihnen ging ein zweites Tor auf. Der Bus fuhr hindurch und hielt auf einem weitläufigen Gelände, auf dem vereinzelt Gebäude standen. Ein Wachmann sagte etwas auf Farsi, und sämtliche Gefangene erhoben sich und stiegen aus.

Bill fühlte sich wie ein enttäuschtes Kind. Das Leben ist beschissen, dachte er. Womit habe ich das verdient?

*

»Fahr nicht so schnell«, sagte Simons.
»Fahr ich unvorsichtig?« fragte Joe Poché.
»Nein, aber ich will nicht, daß du gegen die Verkehrsregeln verstößt.«
»Gegen welche Verkehrsregeln?«
»Sei einfach vorsichtig.«
Coburn unterbrach sie. »Wir sind da.«
Poché brachte den Wagen zum Stehen.
Über den Köpfen der unheimlichen Frauen in Schwarz erhob sich vor ihren Augen die riesenhafte Festung des Gasr-Gefängnisses.
»Jesusmaria«, sagte Simons. In seiner tiefen, rauhen Stimme klang ein Hauch von Ehrfurcht mit. »Seht euch bloß diesen Kasten an!«
Sie starrten auf die hohen Mauern, die riesigen Tore, die Wachtürme und die MG-Stellungen.
»Das Ding ist schlimmer als Fort Alamo«, sagte Simons.
Langsam kam Coburn zu Bewußtsein, daß das kleine Team diese Festung nicht stürmen konnte, jedenfalls nicht ohne Hilfe der gesamten US-Armee. Ihr Rettungsplan, den sie so sorgfältig ausgearbeitet und so oft geprobt hatten, war jetzt gänzlich nutzlos. Es würde keine Änderungen, keine Verbesserungen des Plans, keine neuen Szenarios mehr geben – die ganze Idee war gestorben.
Eine Weile lang blieben sie im Auto sitzen. Jeder war mit seinen eigenen Gedanken beschäftigt.
»Was sind das für Frauen?« fragte Coburn laut.
»Sie haben Verwandte im Gefängnis«, erklärte Poché.
Coburn vernahm ein eigentümliches Geräusch. »Hört mal«, sagte er. »Was ist das?«
»Die Frauen«, sagte Poché. »Sie wehklagen.«

*

Zu einer uneinnehmbaren Festung emporzusehen, war Oberst Simons nichts Neues.

Damals war er noch Hauptmann gewesen, und seine Freunde nannten ihn Art, nicht Bull.

Es war im Oktober 1944. Art Simons, sechsundzwanzig Jahre alt, war Kommandant der Kompanie B des Sechsten Ranger-Infanteriebataillons. Die Amerikaner standen im Begriff, den Krieg im Pazifik zu gewinnen, und wollten die Philippinen angreifen. Die »Sechsten Rangers« bildeten die Vorhut für die Invasion der US-Streitkräfte und sollten hinter den feindlichen Linien für Sabotageakte und Überfälle sorgen.

Kompanie B landete auf der Insel Homonhon im Golf von Leyte und fand dort keine Japaner vor. Vor zweihundert friedlichen und neugierigen Eingeborenen hißte Simons das Sternenbanner auf einer Kokospalme.

Am selben Tag kam die Meldung, daß die Japaner in ihrer Garnison auf der nahegelegenen Insel Suluan ein Massaker unter der Zivilbevölkerung anrichteten. Simons bat um die Erlaubnis, Suluan einzunehmen. Sie wurde ihm verweigert. Ein paar Tage später wiederholte er seine Bitte. Man teilte ihm mit, es stünde kein Schiff zur Verfügung. Simons bat, einheimische Transportmittel einsetzen zu dürfen, und diesmal bekam er grünes Licht.

Simons requirierte von den Einheimischen drei Segelboote sowie elf Kanus und ernannte sich selbst zum Flottenadmiral. Um zwei Uhr morgens stach er mit achtzig Mann in See. Ein Sturm kam auf, sieben Kanus kenterten, und Simons Seestreitkräfte kehrten größtenteils schwimmend zurück.

Am nächsten Tag starteten sie einen neuen Versuch und landeten auf Suluan. Simons kundschaftete sofort die japanische Garnison aus.

Die Japaner waren am Südende der Insel in einem Leuchtturm auf der Spitze eines hundert Meter hohen Korallenriffs stationiert.

Damals hatte Simons zum erstenmal zu einer uneinnehmbaren Festung emporgesehen.

Aber es gab immer Mittel und Wege.

Simons beschloß, vom Osten her anzugreifen, indem sie das Riff erklommen.

Der Angriff begann am zweiten November um ein Uhr morgens.

Der Aufstieg dauerte eine ganze Stunde.

Simons kam als erster oben an, seine Männer folgten ihm auf das Plateau. Die Attacke sollte beginnen, sobald sie das Maschinengewehr aufgestellt hatten.

Gerade als sie das Gewehr über die Kante des Riffs hievten, kam ein schlaftrunkener japanischer Soldat in Sicht, der zur Latrine wollte. Simons gab seinem Scharfschützen ein Zeichen, und dieser erschoß den Japaner. Das Gefecht begann.

Zwanzig Minuten später war alles vorbei. Fünfzehn Japaner fielen, von Simons' Leuten wurden zwei verwundet, keiner davon lebensgefährlich. Und die »uneinnehmbare« Festung war genommen worden.

Es gab immer Mittel und Wege.

7

DER VOLKSWAGENBUS DER amerikanischen Botschaft bahnte sich seinen Weg durch den Teheraner Verkehr zum Gasr-Platz. In ihm saß Ross Perot. Es war der neunzehnte Januar, der Tag nach Pauls und Bills Verlegung, und Perot wollte sie in ihrem neuen Gefängnis besuchen. Alle hatten sich jede erdenkliche Mühe gegeben, ihn in Teheran möglichst verborgen zu halten, doch hier war er und fuhr aus freien Stücken und mit seinem eigenen Paß in der Tasche zum Gefängnis.

Allerdings hatte er Sicherheitsvorkehrungen getroffen. Sie würden als Gruppe hineingehen – Rich Gallagher, Jay

Coburn und ein paar Botschaftsangestellte saßen mit ihm im Bus –, und außerdem war er unauffällig gekleidet und trug einen Pappkarton mit Lebensmitteln, Büchern und warmen Sachen für Paul und Bill bei sich.

Im Gefängnis war sein Gesicht unbekannt. Er würde beim Hineingehen seinen Namen angeben müssen, aber es war kaum vorstellbar, daß ihn ein subalterner Beamter oder ein Gefängniswärter erkannte. Sein Name mochte vielleicht auf Listen am Flughafen, bei der Polizei und in Hotels verzeichnet sein. Das Gefängnis aber war wohl der letzte Ort, an dem Dadgar ihn vermuten würde.

Wie dem auch sei, er war entschlossen, das Risiko auf sich zu nehmen. Er wollte Paul und Bill Mut machen und ihnen zeigen, daß er bereit war, für sie seinen Kopf hinzuhalten. Nachdem all seine Anstrengungen, die Verhandlungen voranzutreiben, gescheitert waren, war dies jetzt der einzige Sinn seiner Reise.

Der Bus bog auf den Gasr-Platz, und Perot wurde zum erstenmal des neuen Gefängnisses ansichtig. Der Eindruck war überwältigend. Er konnte sich nicht vorstellen, wie Simons und sein kleines Team damit fertig werden wollten.

Der Platz war dicht bevölkert, hauptsächlich von Frauen im Tschador, die einen ungeheuren Lärm veranstalteten. Der Bus hielt in der Nähe des riesigen Stahltors. Alle stiegen aus. Perot entdeckte eine Fernsehkamera am Gefängnistor.

Fast blieb ihm das Herz stehen.

Es war ein *amerikanisches* Fernsehteam.

Was, zum Teufel, hatten die hier zu suchen?

Mit gesenktem Kopf, den Pappkarton im Arm, drängte er sich durch die Menge. Ein Wachmann sah aus einem Fensterchen in der Backsteinmauer neben dem Tor. Das Fernsehteam schien keine Notiz von Perot zu nehmen. Kurz darauf ging eine kleine Tür in einem der Torflügel auf, und die Besucher traten ein.

Hinter ihnen fiel die Tür ins Schloß.

Jetzt gab es für Perot kein Zurück mehr.

Er ging weiter durch ein zweites Stahltor und betrat das Gefängnisgelände. Es war riesig. Zwischen den einzelnen Gebäuden gab es regelrechte Straßen, Hühner und Truthähne liefen frei herum.

Er folgte den anderen durch einen Gang in den Empfangsraum und legte seinen Paß vor. Der Beamte deutete auf die Besucherliste. Perot nahm seinen Kugelschreiber und unterschrieb mehr oder weniger leserlich mit seinem eigenen Namen.

Der Beamte händigte ihm seinen Paß aus und winkte ihn durch.

Niemand hier hatte je von Ross Perot gehört.

Er gelangte in einen Warteraum und blieb wie angewurzelt stehen. Ins Gespräch mit einem Iraner in Generalsuniform vertieft, stand dort jemand, der sehr genau wußte, wer Ross Perot war.

Dieser Jemand war niemand anders als Ramsey Clark, ein Anwalt aus Dallas, der unter Präsident Lyndon B. Johnson Justizminister der Vereinigten Staaten gewesen war. Perot war ihm mehrmals begegnet und kannte Clarks Schwester Mimi recht gut.

Einen Moment lang stand Perot wie festgefroren. Seinetwegen ist also das Fernsehen hier, dachte er, und faßte dann blitzschnell seinen Entschluß. Er ging zu Clark hinüber, streckte die Hand aus und sagte:

»Hallo, Ramsey, was tun Sie denn hier im Gefängnis?«

Clark sah auf ihn herab – er war einsneunzig groß – und lachte.

Sie schüttelten sich die Hand.

»Wie geht's Mimi?« fragte Perot schnell, um Clark keine Gelegenheit zu geben, ihn vorzustellen.

Der General sprach in Farsi mit einem Untergebenen.

»Mimi geht's ausgezeichnet«, sagte Clark.

»Schön, Sie hier getroffen zu haben«, sagte Perot und ging weiter.

Paul war krank. Die Erkältung, die er sich im ersten Gefängnis geholt hatte, war hartnäckig. Er hustete ununterbrochen und hatte Schmerzen in der Brust. Weder in diesem noch in dem alten Gefängnis war ihm jemals richtig warm geworden. Er fror nun schon drei Wochen lang. Er hatte seine Besucher von EDS um warme Unterwäsche gebeten, aber aus irgendeinem Grund hatten sie ihm keine gebracht.

General Mohari, der das Gefängnis leitete, hatte Paul und Bill erklärt, ihm unterstünden sämtliche Gefängnisse in Teheran, und er hätte ihre Verlegung hierher um ihrer eigenen Sicherheit willen veranlaßt.

Das Gasr-Gefängnis gehörte zu einem großen Gebäudekomplex des Militärs. Im Westen lag der alte Gasr-Ghazar-Palast, in dem der Vater des Schahs eine Polizeischule eingerichtet hatte. Das Gefängnisgelände war einst der Palastgarten gewesen. Im Norden befand sich ein Armeekrankenhaus, im Osten ein Truppenübungsplatz, wo den ganzen Tag über Helikopter landeten und wieder aufstiegen.

Das Gelände selbst war von einer siebeneinhalb bis neun Meter hohen Innenmauer umgeben, die Außenmauer war etwa vier Meter hoch.

Im Innern gab es fünfzehn oder zwanzig verschiedene Gebäude, zu denen eine Bäckerei, eine Moschee und sechs Zellentrakte gehörten, von denen einer für Frauen reserviert war.

Paul und Bill waren im Gebäude Nummer acht untergebracht. Das war ein einstöckiger Block in einem Hof, der von einem hohen Eisengitter umgeben war.

Für ein Gefängnis war die Umgebung nicht schlecht: in der Mitte des Hofes ein Brunnen, rundherum Rosenbüsche und zehn oder fünfzehn Kiefern. Tagsüber durften sich die Gefangenen draußen aufhalten und Volleyball oder Tischtennis spielen. Den Hof, dessen Tor von einem Posten bewacht wurde, durften sie nicht verlassen.

Im Erdgeschoß befand sich eine kleine Krankenstation mit ungefähr zwanzig Patienten, vorwiegend psychisch Kranke, die viel schrieen. Paul und Bill waren mit einer Handvoll weiterer Gefangener im ersten Stock untergebracht. Sie teilten sich ihre relativ geräumige, etwa sechs mal neun Meter große Zelle mit nur einem weiteren Gefangenen, einem iranischen Anwalt in den Fünfzigern, der außer Farsi auch fließend Englisch und Französisch sprach. Er hatte ihnen Bilder von seiner Villa in Frankreich gezeigt. In der Zelle stand ein Fernsehgerät.

Die Mahlzeiten wurden von ein paar Gefangenen, die dafür von den anderen bezahlt wurden, zubereitet und in einem separaten Speiseraum eingenommen. Das Essen war besser als im alten Gefängnis; man konnte sich kleine Vergünstigungen erkaufen, und einer der Insassen, offenbar ein Krösus, verfügte über ein Privatgemach und ließ sich das Essen von draußen kommen. Die Hausregeln wurden locker gehandhabt: Man mußte nicht zu bestimmten Zeiten aufstehen und zu Bett gehen.

Trotz alledem war Paul zutiefst deprimiert. Ein bißchen mehr Bequemlichkeit bedeutete ihm wenig. Er wollte seine Freiheit wiederhaben. Als man ihm am Morgen des neunzehnten Januar mitteilte, daß Besucher eingetroffen seien, heiterte ihn das auch nicht sonderlich auf.

Im Erdgeschoß des Gebäudes Nummer acht gab es einen Besuchsraum, doch heute wurden sie ohne Angabe von Gründen aus dem Haus und über die Straße geführt.

Paul bemerkte, daß sie sich auf die sogenannte Offiziersmesse zubewegten, die inmitten eines kleinen tropischen Gartens lag, in dem sich Enten und Pfaue tummelten.

Als sie sich dem Palast näherten, kamen ihm die Besucher bereits entgegen.

Er traute seinen Augen nicht.

»Mein Gott!« sagte er, freudig überrascht. »Das ist ja Ross!« Er vergaß, wo er war, drehte sich um und wollte auf Perot zurennen. Die Wache riß ihn zurück.

»Ich kann's nicht fassen«, sagte er zu Bill. »Perot ist da!«

Der Wachmann drängte sie durch den Garten. Paul sah sich unentwegt nach Perot um und mochte seinen Augen noch immer nicht trauen. Sie gelangten in einen großen, kreisrunden Raum, an dessen mit Dreiecken aus Spiegelglas verkleideten Wänden lange Tische aufgereiht waren. Er wirkte wie ein kleiner Ballsaal. Sekunden später kam Perot mit Gallagher, Coburn und ein paar anderen Leuten im Gefolge herein.

Perot grinste über das ganze Gesicht. Paul gab ihm die Hand, dann umarmte er ihn.

Es war ein bewegender Augenblick.

Perot und Bill umarmten sich ebenfalls und schüttelten sich die Hände. »Ross«, sagte Bill, »was in aller Welt tust du denn hier? Willst du mich heimholen?«

»Es ist noch nicht soweit«, sagte Perot. »Noch nicht.«

Die Wachleute versammelten sich am anderen Ende des Raums zum Teetrinken. Das Botschaftspersonal, das mit Perot gekommen war, setzte sich an einen Tisch und sprach mit einer Gefangenen.

Perot stellte seinen Karton auf den Tisch. »Da drin sind lange Unterhosen für dich«, sagte er zu Paul. »Wir konnten keine kriegen, also haben wir meine mitgebracht. Ich möchte sie aber zurückhaben, verstanden?«

»Klar doch.« Paul grinste.

»Wir haben euch auch Bücher mitgebracht und Lebensmittel – Erdnußbutter und Thunfisch und Fruchtsaft und ich weiß nicht, was sonst noch alles.« Er zog einen Stapel Umschläge aus seiner Tasche. »Und Eure Post.«

Paul warf einen Blick auf seine Briefe. Einer war von Ruthie. Er steckte sie ein, um sie später zu lesen, und fragte: »Wie geht's meiner Frau?«

»Es geht ihr gut«, sagte Perot. »Ich habe mit ihr telefoniert. Sie ist in Dallas und sieht sich nach einem Haus um.«

Er wandte sich an Bill. »Emily ist zu ihrer Schwester

nach North Carolina gefahren. Sie brauchte mal Tapetenwechsel ...«

Perot berichtete in kurzen Zügen, was alles getan worden war, um ihre baldige Befreiung zu erreichen.

»Wenn alles schiefgehen sollte«, sagte er, »dann haben wir immer noch ein zweites Team in der Stadt, das euch auf andere Weise rauskriegen wird. Von diesem Team kennt ihr alle bis auf den Anführer, einen älteren Mann.«

»Ich bin nicht ganz damit einverstanden«, sagte Paul. »Warum muß ein Haufen Leute für uns beide den Kopf hinhalten?«

Bill fragte sich, was sie im Schilde führten. Sollte ein Hubschrauber auf dem Gefängnisgelände landen und sie aufnehmen? Oder würde die US-Armee das Gefängnis stürmen? Eigentlich kaum vorstellbar – aber bei Perot war alles möglich.

Coburn sagte zu Paul: »Und du sperrst Augen und Ohren auf und merkst dir alle Einzelheiten über das Gefängnis und den Tagesablauf hier, ganz wie gehabt.«

Die Wachleute kamen und verkündeten, die Besuchszeit sei vorüber.

»Wir haben keine Ahnung, ob wir euch sofort oder später rauskriegen. Stellt euch lieber drauf ein, daß es noch ein bißchen dauert. Wenn ihr jeden Morgen mit dem Gedanken aufwacht ›Heute ist es soweit!‹ , dann verliert ihr mit der Zeit den Mut. Am besten ihr macht euch auf einen längeren Aufenthalt hier gefaßt, dann erlebt ihr irgendwann eine angenehme Überraschung. Aber auf eins könnt ihr euch verlassen: Raus kriegen wir euch auf jeden Fall.«

Sie schüttelten sich der Reihe nach die Hand. »Ich weiß gar nicht, wie ich dir für dein Kommen danken soll, Ross«, sagte Paul.

Perot lächelte. »Indem du mein Unterzeug hier nicht liegenläßt.«

Sie verließen das Gebäude, gingen quer über das Gelände auf das Gefängnistor zu, und Paul und Bill sahen ihnen nach. Langsam verschwanden sie aus Bills Gesichtskreis. Er sehnte sich danach, einfach mit ihnen gehen zu können.

Perot fragte sich, ob er ungeschoren davonkommen würde.

Ramsey Clark hatte eine volle Stunde Zeit gehabt, um die Katze aus dem Sack zu lassen. Was hatte er dem General erzählt? Wartete womöglich im Verwaltungsgebäude am Eingang schon ein Empfangskomitee auf ihn?

Als er den Warteraum betrat, beschleunigte sich sein Herzschlag. Weit und breit keine Spur von Clark und seinem Gesprächspartner. Er ging zur Empfangshalle durch. Niemand achtete auf ihn.

Mit Coburn und Gallagher im Kielwasser schritt er durch das erste Stahltor. Niemand hielt ihn auf.

Er überquerte den kleinen Hof und wartete vor dem großen Tor.

Die Tür in einem der Flügel tat sich auf, und Perot verließ das Gefängnis.

Die Fernsehkameras waren immer noch da.

Jetzt fehlt nur noch, dachte er, daß die amerikanischen Fernsehanstalten mein Bild bringen ...

Er schob sich durch die Menge und stieg in den Bus der Botschaft.

Coburn und Gallagher folgten ihm, nur die Botschaftsangehörigen ließen noch auf sich warten.

Perot saß im Bus und blickte hinaus. Die Menge auf dem Platz wirkte bedrohlich. Sie skandierten etwas auf Farsi. Perot hatte keinen Schimmer, was es bedeuten mochte.

»Wo bleiben denn diese Burschen?« sagte er gereizt. »Ich dachte, wir würden alle rauskommen, in den Bus steigen und sofort abhauen.«

Eine Minute später öffnete sich die Gefängnistür erneut, und die Männer von der Botschaft traten heraus und stiegen ein. Der Fahrer ließ den Motor an und fuhr über den Gasr-Platz davon. Perot atmete auf.

Seine Sorgen waren ziemlich unbegründet gewesen. Ramsey Clark, der auf Einladung iranischer Menschenrechtsorganisationen ins Gefängnis gekommen war, hatte kein sonderlich gutes Gedächtnis. Perots Gesicht war ihm zwar irgendwie bekannt vorgekommen, aber er hatte ihn für Oberst Frank Borman, den Präsidenten der Fluggesellschaft Eastern Airlines, gehalten.

*

Emily Gaylord hielt sich bei ihren Eltern in Washington auf. Es war ein Tag wie jeder andere, ein Tag ohnmächtiger Verzweiflung. Sie hatte Vicki zur High School und danach Jackie, Jenny und Chris zur Grundschule gefahren. Sie hatte kurz bei ihrer Schwester hereingeschaut und sich mit Dorothy und ihrem Mann Tim Reardon unterhalten.

Der Gedanke an Dadgar, diesen mysteriösen Kerl, der die Macht hatte, ihren Mann im Gefängnis festzuhalten, ließ Emily keine Ruhe mehr. Am liebsten hätte sie ihn selbst zur Rede gestellt und ihn gefragt, warum er ihr das antat. Sie hatte Tim sogar gebeten, ihr einen Diplomatenpaß zu besorgen, damit sie in den Iran fliegen und bei Dadgar anklopfen konnte. Tim hielt das für ziemlich verrückt, und sie wußte, daß er recht hatte. Aber sie war dermaßen verzweifelt, daß sie unbedingt von sich aus irgend etwas unternehmen wollte, um Bill zurückzubekommen.

Jetzt wartete sie auf den täglichen Anruf aus Dallas. Normalerweise rief Ross, T. J. Marquez oder Jim Nyfeler an. Danach würde sie die Kinder abholen und ihnen bei den Schulaufgaben helfen. Und dann galt es, eine weitere einsame Nacht zu überstehen.

Das Telefon klingelte und sie stürzte darauf zu. »Hallo?«

»Emily? Jim Nyfeler hier.«

»Hallo, Jim, was gibt's Neues?«

»Nichts, außer daß sie in ein anderes Gefängnis gebracht worden sind.«

Gab es denn überhaupt *nie* eine gute Nachricht?

»Kein Grund zur Besorgnis«, sagte Jim. »Eigentlich ist es sogar gut. Das erste Gefängnis war im Süden der Stadt, wo dauernd Straßenkämpfe stattfinden. Das neue jetzt ist weiter im Norden, wo nicht soviel los ist – dort werden sie sicherer sein.«

Emily verlor die Beherrschung. »Aber Jim«, schrie sie, »jetzt erzählst du mir schon seit drei Wochen, daß sie im Gefängnis völlig sicher sind, und nun sagst du plötzlich, sie sind in ein neues Gefängnis gebracht worden und wären erst jetzt sicher!«

»Emily ...«

»Komm schon, lüg mich nicht an!«

»Emily ...«

»Sag einfach, was los ist und red nicht um den heißen Brei herum!«

»Emily, ich glaube nicht, daß sie bisher in Gefahr waren. Die Iraner treffen nur eine Vorsichtsmaßnahme, verstehst du?«

Emily schämte sich, daß sie sich so hatte gehen lassen. »Tut mir leid, Jim.«

»Schon gut.«

Sie wechselten noch ein paar nichtssagende Worte, dann legte Emily auf und beschäftigte sich mit ihrer Stickerei. Ich dreh' langsam durch, dachte sie. Ich lebe wie in Trance, bringe die Kinder zur Schule, rede mit Dallas, geh' abends ins Bett, steh' morgens auf ...

Der kurze Besuch bei ihrer Schwester Vicki hatte ihr gutgetan, aber es war nicht Tapetenwechsel, was sie brauchte. Was ihr wirklich fehlte, war Bill.

Es fiel ihr schwer, die Hoffnung nicht aufzugeben. Sie fing schon an, darüber nachzudenken, wie ein Leben ohne

Bill aussehen könnte. Sie hatte eine Tante, die im Kaufhaus Wooy in Washington arbeitete. Vielleicht konnte sie dort auch einen Job bekommen. Oder sie könnte mit ihrem Vater über eine Stelle als Sekretärin sprechen. Sie fragte sich, ob sie sich jemals wieder verlieben würde, sollte Bill in Teheran ums Leben kommen. Sie konnte es sich nicht vorstellen.

Sie wollte Bill wiederhaben. Mehr brauchte sie nicht, um glücklich zu sein.

*

Karen Chiapparone fragte: »Mami, warum ruft Papi nicht an? Er ruft doch immer an, wenn er weg ist.«

»Er hat heute angerufen«, log Ruthie. »Es geht ihm gut.«

»Warum hat er angerufen, als ich in der Schule war? Ich möchte auch mit ihm reden.«

»Liebling, es ist so schwierig, von Teheran aus durchzukommen, die Leitungen sind überbelastet, da muß er eben anrufen, wenn es gerade geht.«

»Ach so.«

Karen stellte den Fernsehapparat an, und Ruthie setzte sich nieder. Draußen wurde es langsam dunkel. Sie fand es zunehmend schwieriger, jedermann Lügen über Paul zu erzählen. Aus diesem Grund war sie auch von Chicago nach Dallas gezogen. Es war unmöglich geworden, noch länger bei ihren Eltern zu wohnen und das Geheimnis vor ihnen zu verbergen.

Ihre Mutter fragte dauernd: »Warum rufen Ross und die anderen EDS-Leute immer bei dir an?«

»Sie wollen bloß wissen, ob es uns gutgeht, weißt du«, antwortete Ruthie und rang sich ein Lächeln ab.

»Das ist aber nett von Ross.«

Hier in Dallas konnte sie wenigstens mit den EDS-Leuten offen reden. Außerdem stand jetzt fest, daß die Niederlassung im Iran geschlossen werden und Paul am

Stammsitz der Firma arbeiten sollte. Zumindest eine Zeitlang würden sie also in Dallas wohnen, und Karen und Ann Marie müßten ohnehin die Schule wechseln.

Sie waren bei Jim und Cathy Nyfeler untergekommen. Cathy war ihr eine große Hilfe. Sie sorgte dafür, daß Ruthie ständig beschäftigt war und nicht die Fassung verlor. Sie hatte Karen in der Schule angemeldet und für Ann Marie einen Platz im Kindergarten gefunden. Mit Cathy und anderen Frauen von EDS-Mitarbeitern ging sie zum Essen aus – mit Mary Boulware, Liz Coburn, Mary Sculley, Marva Davis und Toni Dvoranchik. Sie schrieb heitere, zuversichtliche Briefe an Paul und hörte sich seine heiteren, zuversichtlichen Antworten an, die ihr von Keane Taylor durchs Telefon vorgelesen wurden. Sie ging einkaufen und nahm Einladungen zu Dinner-Partys an. Eine Menge Zeit hatte sie auch auf der Suche nach einem Haus totgeschlagen.

Nach außen hin hielt Ruthie Chiapparone sich tapfer, aber innerlich ging sie langsam zugrunde.

Draußen fuhr ein Wagen vor. Das mußte Jim sein, der von der Arbeit kam; vielleicht brachte er Neuigkeiten mit.

Kurz darauf trat er ein. »Hallo, Ruthie. Cathy nicht da?«

»Sie ist beim Friseur. Gibt's was Neues?«

»Nun ja ...«

Sie las ihm vom Gesicht ab, daß er nichts Gutes zu berichten hatte und nach passenden Worten suchte.

»Nun, sie hatten ein Treffen vereinbart, um über die Kaution zu reden, aber die Iraner sind gar nicht erst erschienen. Morgen ...«

»Aber *wieso*?« Ruthie kämpfte gegen die in ihr aufsteigende Panik an. »Wieso kreuzen die nicht auf, wenn sie schon solche Treffen vereinbaren?«

»Ach, weißt du, manchmal gibt's einen Streik, und manchmal kommen sie einfach nicht durch die Stadt, weil ... wegen der Demonstrationen und so weiter ...«

Es kam ihr vor, als höre sie seit Wochen immer die glei-

che Leier: Verzögerungen, Vertagungen, Enttäuschungen.
»Aber, Jim ...«, fing sie an, dann kamen ihr die Tränen.
Sie konnte sie nicht zurückhalten. »Jim ...« Ihre Kehle war
wie zugeschnürt, und sie brachte kein Wort mehr heraus.
Ich will doch nur meinen Mann wiederhaben, dachte sie.
Jim stand hilflos und verlegen daneben. Sie rannte aus
dem Zimmer. In ihrem Schlafzimmer warf sie sich aufs
Bett und schluchzte herzzerreißend.

*

Liz Coburn nippte an ihrem Drink. Ihr gegenüber saßen
Mary Sculley und Toni Dvoranchik, die ebenfalls zu den
Evakuierten gehört hatten. Sie waren bei *Recipe's,* einem
Restaurant in der Greenville Avenue in Dallas, und tranken Erdbeer-Daiquiris.

Liz Coburn wußte nur, daß Pat Sculley ebenso wie Jay
sich irgendwo in Europa aufhielt, und jetzt redete Mary
Sculley, als ob ihr Mann nicht in Europa, sondern im Iran
sei.

»Ist Pat in Teheran?« fragte Liz.

»Ich glaube, sie sind alle in Teheran«, sagte Mary.

Liz war entsetzt. »Jay in Teheran ...« Ihr Mann hatte
stets behauptet, er sei in Paris. Warum konnte er ihr nicht
die Wahrheit sagen? Pat Sculley hatte Mary doch auch
die Wahrheit gesagt. Aber Jay war nicht wie andere Männer. Wenn andere Männer ein paar Stunden lang Poker
spielten, mußte Jay die ganze Nacht hindurch und den
ganzen nächsten Tag auch noch Poker spielen. Andere
Männer hatten auch verantwortungsvolle Jobs, aber Jay
mußte für EDS schuften. Schon in der Armee, als sie beide im Grunde noch Kinder gewesen waren, hatte Jay sich
freiwillig für die gefährlichsten Helikoptereinsatze gemeldet. Und jetzt war er nach Teheran gegangen, mitten hinein in diese Revolution. Immer das gleiche dachte sie: Er
ist nicht da, er belügt mich, und er ist in Gefahr. Plötzlich

wurde ihr eiskalt, als hätte sie einen Schock bekommen. Er wird nicht zurückkommen, dachte sie benommen. Lebend kommt er dort nicht raus.

*

Perots Euphorie war bald verflogen. Er hatte Dadgar ausgetrickst, Paul und Bill im Gefängnis besucht und seelisch aufgemöbelt; aber im Endeffekt hatte Dadgar noch immer alle Trümpfe in der Hand. Perot war jetzt sechs Tage in Teheran und verstand allmählich, warum der politische Druck, den er auf Washington ausgeübt hatte, erfolglos geblieben war: Das alte Regime im Iran war machtlos geworden und kämpfte nur noch ums Überleben. Selbst wenn er die Kaution bezahlte – und bevor das geschehen konnte, gab es noch eine Menge Schwierigkeiten zu bewältigen –, so hieß das noch lange nicht, daß Paul und Bill auch ausreisen konnten. Und Simons' Befreiungspläne waren nun, nach der Verlegung der beiden in ein anderes Gefängnis, reine Makulatur. Die Sache schien hoffnungslos. Noch am selben Abend suchte er Simons auf.

Aus Sicherheitsgründen wartete er, bis es dunkel geworden war. Er trug einen Trainingsanzug, Tennisschuhe und einen dunklen Trenchcoat. Keane Taylor chauffierte ihn.

Das Befreiungsteam war mittlerweile umgezogen. Dadgar kannte nun auch Taylor, und da er begonnen hatte, die EDS-Akten zu überprüfen, war es durchaus denkbar, daß er das Haus nach belastenden Unterlagen durchsuchen lassen würde. Zumindest schloß Simons das nicht aus. Er, Coburn und Poché hatten sich daraufhin in der ehemaligen Wohnung von Toni und Bill Dvoranchik einquartiert. Die beiden stämmigen Draufgänger Pat Sculley und Jim Schwebach, die bei dem ursprünglich geplanten und inzwischen hinfälligen Befreiungscoup die Flanken hätten sichern sollen, waren mittlerweile, aus Paris kommend, eingetroffen.

Nach einem in Teheran weitverbreiteten Usus lag die Wohnung der Dvoranchiks im Erdgeschoß eines Hauses, dessen Besitzer den ersten Stock bewohnte. Taylor und das Team ließen Perot mit Simons allein. Perot sah sich angewidert im Wohnzimmer um. Zu Toni Dvoranchiks Zeiten war die Wohnung vielleicht blitzsauber gewesen, jetzt aber, da fünf Männer darin hausten, von denen keiner etwas für den Haushalt übrig hatte, war sie schmutzig und heruntergekommen und stank nach Simons' Zigarillo.

Der Oberst hatte seine massige Gestalt in einen Sessel sinken lassen. Er hatte einen weißen, dichten Schnurrbart und bereits recht lange Haare. Wie üblich rauchte er Kette, zog kräftig an seinem Zigarillo und inhalierte voller Behagen.

»Sie haben sich das neue Gefängnis angesehen?« sagte Perot.

»Jaa ...«, brummte Simons.

»Was halten Sie davon?«

»Über unsere ursprüngliche Absicht, so eine Art Frontalangriff zu starten, brauchen wir nun natürlich kein Wort mehr zu verlieren.«

»Das habe ich mir schon gedacht.«

»Es läßt uns immer noch ein paar andere Möglichkeiten offen.«

Wirklich? dachte Perot.

Simons fuhr fort: »Erstens: Wenn ich richtig informiert bin, werden auf dem Gefängnisgelände Autos geparkt. Vielleicht können wir Paul und Bill im Kofferraum eines Fahrzeugs rausbringen. Vielleicht könnten wir aber auch den General, dem das Gefängnis untersteht, bestechen oder erpressen.«

»Also General Mohari.«

»Genau. Einer von Ihren iranischen Angestellten sammelt schon Informationen über ihn.«

»Gut.«

»Zweitens: das Verhandlungsteam. Gelingt es denen, Paul und Bill mit der Auflage, sie unter Hausarrest oder so was zu stellen, rauszupauken, dann können wir sie uns schnappen. Sagen Sie Taylor und seinen Burschen, sie sollen sich auf das Ding mit dem Hausarrest konzentrieren. Sie sollen auf alle Bedingungen, die diese Iraner sich einfallen lassen, eingehen – Hauptsache, sie kriegen sie aus diesem Gefängnis raus. Wir sind schon dabei, einen neuen Schlachtplan auszutüfteln, der darauf basiert, daß die beiden ihre Wohnungen nicht verlassen dürfen und unter Bewachung stehen.«

Perot fühlte sich schon besser. Dieser wuchtige Mann strahlte Zuversicht aus. Noch vor ein paar Minuten war Perot fast ohne Hoffnung gewesen – und jetzt zählte Simons seelenruhig neue Möglichkeiten auf, gerade so, als wären die Verlegung in das neue Gefängnis, die Probleme mit der Kaution und der Sturz der rechtmäßigen Regierung reine Banalitäten und keine Katastrophen.

»Drittens«, fuhr Simons fort, »findet hier eine Revolution statt. Revolutionen sind berechenbar. Es ist immer das gleiche. Wann es passiert, kann man nicht sagen, nur *daß* es früher oder später passieren wird. Und dazu gehört auch, daß der Mob die Gefängnisse stürmt und die Insassen rausläßt.«

Perot war verblüfft. »Tatsächlich?«

Simons nickte. »Diese drei Möglichkeiten haben wir also. Natürlich läßt sich im Augenblick noch nicht absehen, auf welche wir letztlich zurückgreifen. Wir müssen aber auf jede vorbereitet sein. Was immer geschieht: Wir müssen einen Plan haben, wie wir unsere Leute aus diesem gottverdammten Land herauslotsen, sobald wir sie erst einmal in den Fingern haben.«

»Klar.« Perot machte sich schon Sorgen um seine eigene Abreise, Paul und Bill würden es noch erheblich schwerer haben. »Unsere Militärs haben mir Hilfe zugesagt –«

»Das kann ich mir vorstellen«, sagte Simons. »Ich will nicht behaupten, sie meinten es nicht ehrlich, aber sagen wir mal so: Die haben Wichtigeres zu tun, und ich habe nicht die Absicht, mich auf ihre Versprechungen zu verlassen.«

»Einverstanden.« Simons konnte das besser beurteilen, und Perot überließ ihm die Entscheidung bereitwillig. Im Grunde genommen war er froh, ihm alle Entscheidungen überlassen zu können.

Simons war vermutlich der einzige Mann auf der Welt, der die nötigen Voraussetzungen für diese Aufgabe mitbrachte, und Perot setzte volles Vertrauen in ihn.

»Und was soll ich tun?«

»In die Staaten zurückfliegen. Erstens sind Sie hier in Gefahr, und zweitens brauche ich Sie da drüben. Wir werden ja wohl kaum mit einer Linienmaschine hier rauskommen. Vielleicht fliegen wir überhaupt nicht, und Sie müssen uns irgendwo auflesen – eventuell im Irak oder in Kuwait, in der Türkei oder in Afghanistan. Und so etwas will organisiert sein. Also, fahren Sie heim, und halten Sie sich zur Verfügung.«

»In Ordnung.«

Perot erhob sich. Simons war es gelungen, ihm die Kraft einzuflößen, auch den letzten Meter noch zurückzulegen, obwohl das Rennen schon verloren schien. Die gleiche Taktik hatte er selber schon erfolgreich bei seinen Mitarbeitern angewendet.

»Morgen fliege ich.«

*

Ross Perot buchte den British Airways Flug Nummer 200 von Teheran via Kuwait nach London, der am folgenden Tag, dem zwanzigsten Januar 1979, um 10.20 Uhr starten sollte.

Er rief Margot an und bat sie, ihn in London zu erwarten. Er wollte ein paar Tage allein mit ihr verbringen: War die Befreiungsaktion erst einmal angelaufen, so würden sie kaum noch eine Gelegenheit dazu finden.

Früher hatte es ihnen in London immer gut gefallen. Sie würden ins Theater und ins Konzert gehen und ins *Annabel*, Margots Lieblingscabaret in London.

Ein paar Tage lang wollten sie ihr Leben einfach nur genießen.

Um die Wartezeit am Flughafen auf ein Minimum zu reduzieren, blieb er bis zur letzten Minute im Hotel. Er rief im Flughafen an, um sich zu erkundigen, ob der Flug pünktlich starten würde, was man ihm bestätigte.

Kurz vor zehn erschien er zur Abfertigung.

Rich Gallagher, der mit ihm gekommen war, versuchte währenddessen in Erfahrung zu bringen, ob Schwierigkeiten zu erwarten waren. In solchen Dingen hatte Gallagher Erfahrung. Er nahm Perots Paß und ging zusammen mit einem iranischen Freund, der bei der PanAm arbeitete, zur Paßkontrolle hinüber. Der Iraner erklärte, es handele sich um eine *very important person* und bat, deren Ausweis im voraus zu prüfen. Der Beamte hinter dem Schalter blätterte beflissen in seiner Loseblattsammlung, konsultierte die Liste derjenigen, die nicht ausreisen durften, und meinte schließlich, mit Mr. Perot ginge alles in Ordnung. Mit dieser Auskunft kehrte Gallagher zu Perot zurück.

Perot machte sich dennoch Sorgen. Wenn sie ihn schnappen wollten, waren sie sicher gewieft genug, Gallagher Märchen zu erzählen.

Bill Gayden, der Präsident von EDS World, befand sich inzwischen auf dem Flug nach Teheran, wo er die Leitung des Verhandlungsteams übernehmen sollte. Gayden war schon einmal von Dallas nach Teheran aufgebrochen, hatte in Paris jedoch kehrtgemacht, als er erfuhr, daß Bunny Fleischaker vor neuen Verhaftungen gewarnt hatte. Diesmal war er, ebenso wie Perot, entschlossen, das

Risiko auf sich zu nehmen. Zufällig kam er gerade an, als Perot auf seinen Abflug wartete, so daß sie noch kurz miteinander sprechen konnten.

Gayden führte in seinem Koffer acht amerikanische Pässe von EDS-Managern mit, die entweder Paul oder Bill entfernt ähnelten.

»Wir wollten ihnen doch gefälschte Pässe besorgen«, meinte Perot. »Habt ihr nicht herausgefunden, wie man das anstellt?«

»Doch, schon«, erwiderte Gayden. »Wenn du schnell einen Paß brauchst, bringst du sämtliche Papiere in Dallas zur Stadtverwaltung, die stecken sie dort in einen Umschlag, den du selbst nach New Orleans bringst, wo sie den Paß ausstellen. Ist nur ein simpler Behördenumschlag, den sie mit Tesafilm zukleben. Den machst du dann auf, nimmst die Fotos raus, legst die von Paul und Bill rein, klebst den Umschlag wieder zu, und, ruck, 'zuck, hast du falsche Pässe für Paul und Bill. Ist aber leider illegal.«

»Wie habt ihr's dann gemacht?«

»Ich habe unseren Heimkehrern erzählt, ich bräuchte ihre Pässe für den Rücktransport ihrer in Teheran verbliebenen Sachen. Auf diese Weise habe ich fast zweihundert Ausweise zusammengekriegt und daraus dann die besten acht rausgefischt. Dann hab' ich mir einen Brief von irgendwem in den Staaten an irgendwen hier in Teheran gedichtet, in dem so ungefähr steht: ›Als Anlage erhalten Sie die von Ihnen angeforderten Pässe für Ihre Verhandlungen mit der Einwanderungsbehörde‹. So habe ich was Schriftliches vorzuweisen, wenn mich einer fragt, warum um alles in der Welt ich acht Pässe mit mir herumschleppe.«

»Aber Paul und Bill machen sich doch auch strafbar, wenn sie mit diesen Pässen die Grenze überschreiten.«

»*Wenn* wir überhaupt so weit kommen, dann nehmen wir das eben in Kauf.«

Perot nickte zustimmend. »Klingt ganz vernünftig.«

Sein Flug wurde aufgerufen. Er verabschiedete sich von Gayden und von Taylor, der ihn zum Flughafen gefahren hatte und Gayden nun ins Hyatt mitnahm. Dann machte er sich auf den Weg, um herauszufinden, was es wirklich mit der Sperrliste auf sich hatte.

Zunächst ging er durch einen Ausgang mit dem Vermerk *Passengers Only,* wo seine Bordkarte kontrolliert wurde. Er schritt durch einen langen Gang und kam an einen Schalter, wo er eine kleine Summe, die Flughafensteuer, entrichtete. Dann erblickte er zu seiner Rechten eine ganze Reihe von Paßkontrollschaltern.

Jetzt war der Augenblick der Wahrheit gekommen.

Hinter einem der Schalter saß eine junge Frau, die in ein Taschenbuch vertieft war, und auf diesen Schalter strebte Perot zu. Er reichte ihr seinen Paß und die gelbe Zollerklärung. Sein Name stand ganz oben auf dem Zettel.

Die junge Frau schlug den Paß auf, nahm die Zollerklärung an sich, stempelte den Paß und reichte ihn zurück, ohne Perot auch nur einmal anzusehen. Dann vertiefte sie sich sofort wieder in ihre Lektüre.

Perot betrat die Abflughalle.

Sein Flug hatte Verspätung.

Er ließ sich nieder. Er saß wie auf glühenden Kohlen. Jeden Augenblick konnte es passieren.

Es war immer noch möglich, daß die Frau das Buch, weil es zu Ende war oder sie einfach nur langweilte, beiseite legte und damit begann, die Namen auf den Zollformularen mit denen auf der Sperrliste zu vergleichen. Und dann, so malte Perot sich aus, würden sie ihn holen, die Polizei oder das Militär oder Dadgars Leute, er wanderte ins Gefängnis, und Margot würde es genauso ergehen wie Ruthie und Emily.

Alle paar Sekunden sah er auf die Tafel mit den Abflugzeiten. Nach wie vor hieß es dort: ›Verspätet‹.

Die erste Stunde verbrachte er gleichsam sprungbereit auf der Stuhlkante. Dann fügte er sich in sein Schicksal. Wenn sie hinter ihm her waren, würden sie ihn auf jeden Fall schnappen, und er konnte ohnehin nichts dagegen unternehmen. Schließlich griff er nach einer Zeitschrift. Die nächste Stunde verbrachte er damit, alles zu lesen, was er in seiner Aktentasche vorfand. Dann begann er eine Unterhaltung mit dem Mann neben ihm. Er erfuhr, daß sein Nachbar ein englischer Ingenieur war, der für einen großen britischen Konzern an einem Projekt im Iran gearbeitet hatte. Sie plauderten eine Weile und tauschten dann ihre Zeitschriften aus.

In ein paar Stunden, dachte Perot, bin ich entweder mit Margot in einer komfortablen Hotelsuite – oder allein in einer iranischen Gefängniszelle. Über letztere Möglichkeit dachte er lieber nicht weiter nach.

Die Mittagszeit war schon vorüber, und der Nachmittag zog sich wie Kaugummi. Allmählich begann er, daran zu glauben, daß niemand hinter ihm her war.

Um achtzehn Uhr wurde sein Flug endlich aufgerufen.

Er stand auf, schloß sich der Schlange vor dem Ausgang an, wo eine Sicherheitskontrolle stattfand. Er wurde auf Waffen abgetastet, und man ließ ihn passieren.

Jetzt hab ich's fast geschafft, dachte er, als er die Maschine bestieg. Er saß eingeklemmt zwischen zwei übergewichtigen Mitpassagieren – auf diesem Flug gab es keine erste Klasse. Die Türen wurden geschlossen, und das Flugzeug setzte sich in Bewegung, rollte zur Startbahn, beschleunigte und hob ab.

Er hatte es geschafft.

Er war schon immer ein Glückspilz gewesen.

Seine Gedanken kehrten zu Margot zurück. Sie wurde mit der kritischen Situation ebenso gut fertig wie damals zu Zeiten der Kampagne für die Kriegsgefangenen. Sie zeigte Verständnis für die Pflichtauffassung ihres Mannes und beklagte sich nicht.

Abergläubisch fragte er sich, ob jedem Menschen nur ein bestimmtes Quantum Glück im Leben zustand. Er verglich sein Glück mit dem Sand in einem Stundenglas, das langsam, aber stetig durchrinnt. Was wird passieren, wenn er durchgelaufen ist? dachte er.

Die Maschine setzte zum Landeanflug auf Kuwait an. Er befand sich nicht mehr in iranischem Luftraum – er war entkommen.

Während das Flugzeug aufgetankt wurde, trat er in die offene Tür und atmete tief durch, hörte nicht auf die Stewardeß, die ihn wiederholt aufforderte, zu seinem Sitz zurückzukehren. Über der Rollbahn wehte eine angenehme Brise, und es war eine Erleichterung, den Schwergewichtlern zu seiner Linken und zu seiner Rechten für kurze Zeit entkommen zu sein. Schließlich gab die Stewardess auf und wandte sich anderen Aufgaben zu. Er beobachtete den Sonnenuntergang.

Glück, dachte er. Ich wüßte zu gerne, wieviel mir noch zusteht.

8

DAS RETTUNGSKOMMANDO IN Teheran bestand nun aus Simons, Coburn, Poché, Sculley und Schwebach. Simons beschloß, Boulware, Davis und Jackson nicht nach Teheran kommen zu lassen. Der ursprüngliche Plan war längst gestorben, deshalb brauchte er nicht mehr so viele Leute. Er schickte Glenn Jackson zur Erkundung der südlichen Fluchtroute aus dem Iran nach Kuwait. Boulware und Davis kehrten in die Staaten zurück, um dort weitere Befehle abzuwarten.

Madjid teilte Coburn mit, daß General Mohari, der Leiter des Gasr-Gefängnisses, nicht leicht zu bestechen sei, aber zwei Töchter auf Schulen in den Vereinigten Staaten habe. Das Team beschäftigte sich kurze Zeit mit dem Plan, die Mädchen zu kidnappen, wodurch Mohari gezwungen werden sollte, Paul und Bill bei der Flucht zu helfen, verwarf ihn jedoch wieder. Perot ging später in die Luft, als er hörte, daß sie so etwas auch nur in Erwägung gezogen hatten. Der Plan, Paul und Bill im Kofferraum eines Autos herauszuschmuggeln, wurde erst einmal auf die lange Bank geschoben.

Zwei oder drei Tage lang beschäftigten sie sich hauptsächlich mit der Frage, was zu tun sei, wenn Paul und Bill entlassen und unter Hausarrest gestellt würden. Sie schauten sich die Häuser an, in denen die beiden vor ihrer Verhaftung gewohnt hatten. Solange Dadgar Paul und Bill dort nicht überwachen ließ, wäre es ein leichtes, sie zu entführen. Sie würden zwei Autos brauchen, entschieden sie. Im ersten sollten Paul und Bill, im zweiten Sculley und Schwebach sitzen, deren Aufgabe es gewesen wäre, darauf zu achten, daß sich niemand an ihre Fersen heftete. Wieder einmal wurde den beiden die Dreckarbeit überlassen.

Die beiden Wagen sollten sich über einen Kurzwellensender miteinander verständigen. Coburn rief Merv Stauffer in Dallas an und bestellte die nötige Ausrüstung. Boulware sollte sie nach London bringen, wo Schwebach und Sculley sie übernahmen. Außerdem sollte das tödliche Duo in London versuchen, gute Straßenkarten aufzutreiben, die sie bei der Flucht auf dem Landweg benutzen konnten. In Teheran gab es, wie der Jeep Club schon in glücklicheren Zeiten herausgefunden hatte, keine guten Karten. Gayden meinte, persische Karten erreichten ungefähr das Niveau von Hinweisen wie: »Beim toten Pferd links ab.«

Auch auf die dritte Möglichkeit wollte Simons vorbereitet sein – die Befreiung von Paul und Bill durch den Mob, der das Gefängnis stürmte. Was sollte das Team in diesem Fall unternehmen? Coburn behielt die Lage in der Stadt ständig im Auge, stand ununterbrochen mit seinen Kontaktleuten beim militärischen Aufklärungsdienst der US-Streitkräfte und einigen vertrauenswürdigen iranischen Angestellten in Verbindung. Sollte das Gefängnis gestürmt werden, würde er schnell davon erfahren. Paul und Bill würden erst einmal gefunden und in Sicherheit gebracht werden müssen. Aber ein Haufen Amerikaner, der mitten in einen Aufruhr hineinfuhr, würde nur Unheil heraufbeschwören: Paul und Bill wären sicherer, wenn sie sich unauffällig unter die fliehenden Gefangenen mischten. Simons trug Coburn auf, bei seinem nächsten Besuch im Gefängnis mit Paul über diese Möglichkeit zu sprechen und ihn zu instruieren, sich im Falle eines Falles zum Hyatt-Hotel durchzuschlagen.

Im übrigen lag auch kein Grund vor, warum sich nicht ein Iraner unter die Aufständischen mischen und nach Paul und Bill Ausschau halten sollte. Simons fragte Coburn, ob dafür nicht ein iranischer EDS-Angestellter in Frage käme; er müsse allerdings mit allen Wassern gewaschen sein.

Coburn dachte sofort an Raschid.

Raschid war ein dunkelhäutiger, gutaussehender junger Mann von dreiundzwanzig Jahren aus wohlhabender Teheraner Familie. Er hatte bei EDS einen Lehrgang als Informatiker abgeschlossen, war intelligent und einfallsreich und sprühte nur so vor Charme. Coburn erinnerte sich an eine Begebenheit, bei der Raschids Improvisationstalent voll zum Zuge gekommen war.

Die Mitarbeiter des Gesundheitsministeriums, die sich gerade im Bummelstreik befanden, hatten es abgelehnt, das Programm für die Lohnlisten zu schreiben, woraufhin Raschid die Unterlagen an sich nahm, sie in die Bank Omran trug, dort irgend jemanden überredete, sie zu programmieren. Das fertige Programm ließ er dann selbst über den Ministeriumscomputer laufen. Das Problem mit

Raschid war nur, daß man ihn ständig im Auge behalten mußte, da er niemals fragte, bevor er eine seiner unkonventionellen Ideen in die Tat umsetzte. Seine Handlungsweise damals war einem Streikbruch gleichgekommen und hätte EDS in die größten Schwierigkeiten stürzen können; als Bill davon erfuhr, war er alles andere als begeistert. Raschid war leicht erregbar und impulsiv, und sein Englisch war nicht übermäßig gut. Daher neigte er dazu, ohne vorher auch nur ein Wort zu verlieren, einfach loszuflitzen und seine verrückten Dinger zu drehen – eine Neigung, die seine Vorgesetzten ziemlich nervös machte. Aber er kam immer damit durch. Mit seiner Beredsamkeit brachte er sich manchesmal in Teufels Küche – aber auch wieder heraus. Wenn er jemanden zum Flughafen fuhr oder dort abholte, gelang es ihm jedesmal, sämtliche *Passengers-Only*-Absperrungen zu passieren, ohne eine Bordkarte, einen Flugschein oder einen Paß bei sich zu haben.

Coburn kannte Raschid gut und mochte ihn so gern, daß er ihn schon mehrmals zum Abendessen im Familienkreis eingeladen hatte. Außerdem vertraute er ihm hundertprozentig, besonders, seit er während des Streiks von ihm über feindlich gesonnene iranische Angestellte informiert worden war.

Nur auf Coburns Aussage hin, so viel war klar, würde Simons Raschid nicht vertrauen. Ebenso, wie er darauf bestanden hatte, Keane Taylor kennenzulernen, bevor er ihn in das Geheimnis einweihte, würde er sich sein eigenes Urteil über Raschid bilden wollen.

Coburn vereinbarte ein Treffen zwischen den beiden.

*

Als Raschid acht Jahre alt war, wollte er Präsident der Vereinigten Staaten von Amerika werden.

Mit Dreiundzwanzig wußte er, daß das eine Illusion war,

aber er wollte noch immer nach Amerika, und EDS war seine Eintrittskarte. Er wußte, daß er das Zeug dazu hatte, ein erfolgreicher Geschäftsmann zu werden. Er kannte sich bestens in den Abgründen der menschlichen Seele aus, und er hatte nicht lange gebraucht, um hinter die Denkweise der EDS-Leute zu kommen. Sie forderten Ergebnisse, keine Ausflüchte. Wenn man eine Aufgabe übertragen bekam, war es immer besser, ein bißchen mehr zu tun als sie erwarteten. War die Aufgabe aus irgendeinem Grunde schwierig oder gar unmöglich durchzuführen, so behielt man das am besten für sich. Leute, die über Probleme jammerten, mochten sie nicht. Also sagte er nie: »Ich kann das nicht machen, weil ...« Statt dessen sagte er: »So und so weit bin ich bis jetzt gekommen, und dies oder jenes ist das Problem, an dem ich gerade sitze ...« Daß ihm diese Einstellung sehr zupaß kam, war eher ein Zufall. Er hatte sich bei EDS überaus nützlich gemacht und war sicher, daß die Firma das anerkannte.

Seine größte Leistung hatte er vollbracht, als vor einiger Zeit Computerterminals in Büros aufgestellt wurden, in denen sich das iranische Personal mißtrauisch und feindselig verhielt. Der Widerstand gegen die neuen Maschinen war so stark, daß Pat Sculley es auf nicht mehr als zwei pro Monat brachte; die restlichen achtzehn installierte dann Raschid innerhalb von zwei Monaten. Später hatte er daraus Kapital schlagen wollen und einen Brief an Ross Perot verfaßt, in dem er darum bat, seine Ausbildung in Dallas vervollständigen zu dürfen. Den Brief wollte er von sämtlichen EDS-Managern in Teheran unterschreiben lassen, aber die Ereignisse hatten ihm einen Strich durch die Rechnung gemacht. Die meisten Manager wurden evakuiert. Der Brief war nie abgeschickt worden. Jetzt mußte er sich etwas Neues einfallen lassen.

Ihm fiel immer etwas ein. Für Raschid war nichts unmöglich. Es war ihm sogar gelungen, der Armee zu entkommen. Zu einer Zeit, da Tausende von jungen Iranern aus dem Mittelstand ganze Vermögen an Bestechungsgeldern ausgaben, um sich vor dem Militärdienst zu drücken, hatte Raschid die Ärzte nach ein paar Wochen in Uniform davon überzeugt, daß er unheilbar an einer Zitterkrankheit litt. Seine Kameraden und die Offiziere wußten genau, daß er sich bester Gesundheit erfreute, doch wann immer er eines Doktors ansichtig wurde, verfiel er in krampfhafte Zuckungen. Er wurde vor mehrere Ärztegremien zitiert, vor denen er stundenlang zappelte – eine ungeheuer anstrengende Arbeit, wie er fand. Aber schließlich hatten ihm so viele Doktoren seine Krankheit bescheinigt, daß er seine Entlassungspapiere erhielt. Es mochte verrückt, lächerlich und ganz und gar unmöglich sein – aber Unmögliches zu bewerkstelligen, war Raschids tägliches Brot.

Und er *wußte*, daß er eines Tages nach Amerika gehen würde. Er war spontan, ein Opportunist und verstand sich aufs Improvisieren. Seine Chance würde kommen, und er würde sie sich nicht entgehen lassen.

Mr. Simons interessierte ihn. Er war anders als die EDS-Manager. Simons sagte lediglich: »Gehen wir ein Stück spazieren.«

Sie schlenderten durch die Straßen Teherans. Ehe Raschid sich versah, erzählte er Simons von seiner Familie, seiner Arbeit bei EDS und seinen Ansichten über die Abgründe der menschlichen Seele. Währenddessen hörten sie ständig Gewehrschüsse; in den Straßen drängte sich die Menge, die Leute marschierten und sangen.

Überall waren die Überreste vergangener Straßenschlachten, umgestürzte Autos und niedergebrannte Gebäude zu sehen. »Die Marxisten demolieren die teuren Autos, und die Moslems legen die Spirituosenläden in Schutt und Asche«, erzählte Raschid.

»Wozu das alles?«

»Es ist an der Zeit für die Iraner, sich selbst zu beweisen, ihre Ideen zu verwirklichen und ihre Freiheit zu erlangen.«

Plötzlich standen sie auf dem Gasr-Platz vor dem Gefängnis.

»Viele Iraner sitzen in diesem Gefängnis nur deshalb, weil sie mehr Freiheit forderten«, sagte Raschid.

Simons deutete auf die vielen Frauen im Tschador. »Was machen die denn da?«

»Ihre Männer und Söhne sind unrechtmäßig eingesperrt worden, deshalb versammeln sie sich hier und flehen die Wächter an, die Gefangenen frei zu lassen.«

»Je nun«, sagte Simons, »was Paul und Bill betrifft, habe ich wahrscheinlich die gleichen Gefühle wie diese Frauen für ihre Männer.«

»Ja. Auch ich mache mir Sorgen um Paul und Bill.«

»Ja, aber glaubst du, das hilft ihnen?« fragte Simons.

Raschid war konsterniert. »Ich tue, was ich kann, um meinen amerikanischen Freunden zu helfen«, sagte er. Die Hunde und Katzen fielen ihm ein. Zur Zeit gehörte es zu seinen Aufgaben, für all die von den EDS-Evakuierten hinterlassenen Viecher zu sorgen – unter anderem vier Hunde und zwölf Katzen.

Raschid selbst hatte nie ein Haustier gehabt und wußte nicht, wie man mit großen, angriffslustigen Hunden umging. Jedesmal, wenn er zur Fütterung in die Wohnung kam, in der die Hunde zusammengepfercht waren, mußte er zwei oder drei Männer von der Straße anheuern, die ihm die Biester vom Hals hielten. Zweimal schon hatte er sie in Käfigen zum Flughafen transportiert, weil er gehört hatte, daß es eine Maschine gab, die sie an Bord nehmen würde. Beide Male war der Flug ausgefallen. Er erwog, Simons davon zu erzählen, ahnte jedoch, daß er ihn damit nicht beeindrucken würde.

Simons führte etwas im Schilde, dachte Raschid, und mit Geschäften hat das nichts zu tun. Simons machte den Eindruck eines erfahrenen Mannes – man brauchte ihm bloß ins Gesicht zu sehen, um das zu erkennen. Raschid glaubte nicht an Erfahrung. Er glaubte an rasches Lernen, an Revolution und nicht an Evolution. Er glaubte an die Innenbahn, an Abkürzungen, an beschleunigte Entwicklungen, an Kompressoren. Simons war da anders. Er war ein geduldiger Mann, und Raschid, der versuchte, sein Innenleben zu analysieren, nahm an, daß diese Geduld einem starken Willen entsprang. Wenn er so weit ist, dachte Raschid, wird er mir schon sagen, was er von mir will.

»Weißt du über die Französische Revolution Bescheid?« fragte Simons.

»Ein bißchen.«

»Dieser Ort erinnert mich an die Bastille – ein Symbol der Unterdrückung.«

Ein guter Vergleich, dachte Raschid.

»Die französischen Revolutionäre«, sagte Simons, »stürmten die Bastille und befreiten die Gefangenen.«

»Ich glaube, hier wird das gleiche passieren. Zumindest ist es möglich.«

Simons nickte. »Und wenn es passiert, sollte jemand hier sein und sich um Paul und Bill kümmern.«

»Ja.« Der Jemand bin ich, dachte Raschid.

Sie standen zusammen auf dem Gasr-Platz, betrachteten die hohen Mauern, die riesigen Tore und die klagenden Frauen in ihren schwarzen Tüchern. Raschid rief sich sein Motto ins Gedächtnis: Immer ein bißchen mehr tun, als EDS von dir verlangt. Was passiert, wenn der Mob das Gasr-Gefängnis übersieht? Vielleicht sollte man dafür sorgen, daß das *nicht* passiert.

Nichts war unmöglich.

*

Bis jetzt wußte Coburn noch nichts von Simons Überlegungen. Er war bei dessen Gesprächen mit Perot und Raschid nicht dabeigewesen, und freiwillig gab Simons nicht viel preis. Soweit Coburn es beurteilen konnte, waren die drei Möglichkeiten – der Kofferraumtrick, der Hausarrest-und-Kidnapping-Plan und der Sturm aufs Gefängnis – ziemlich vage. Außerdem tat Simons überhaupt nichts, um die Dinge in Gang zu bringen, sondern schien sich damit zufriedenzugeben, in der Dvoranchik-Wohnung herumzusitzen und immer ausgefeiltere Szenarios zu diskutieren. Aber nichts von alledem beunruhigte Coburn. Er war ohnehin ein Optimist und nahm an, daß es witzlos war, dem größten Befreiungsexperten der Welt auf die Schliche kommen zu wollen.

Während die drei Befreiungsvarianten auf kleiner Flamme weitergekocht wurden, konzentrierte sich Simons auf die möglichen Fluchtrouten.

Coburn suchte nach Mitteln und Wegen, Paul und Bill auszufliegen. Er schnüffelte in den Frachtschuppen am Flughafen herum und spielte mit dem Gedanken, Paul und Bill als Stückgut zu verschicken. Er knüpfte Kontakte zu den Luftfahrtgesellschaften. Schließlich führte er sogar mehrere Gespräche mit dem Sicherheitsbeauftragten von PanAm und erzählte ihm, ohne Pauls und Bills Namen zu erwähnen, alles. Sie erwogen, die beiden Flüchtlinge in Pan-Am-Uniformen bei einem planmäßigen Flug hinauszubringen. Der Sicherheitschef zeigte sich sehr hilfsbereit, aber am Ende erwies sich die Haftpflicht der Fluggesellschaft als unüberwindliches Hindernis. Daraufhin zog Coburn in Erwägung, einen Helikopter zu stehlen. Er kundschaftete einen Landeplatz im Süden der Stadt aus und kam zu dem Schluß, daß ein Diebstahl durchführbar sei. Berücksichtigte man jedoch das Chaos, das in der iranischen Armee herrschte, so war durchaus damit zu rechnen, daß die Maschinen nicht ordnungsgemäß gewartet wurden, und Coburn wußte, daß Ersatzteile knapp waren. Außerdem war nicht auszuschließen, daß bei dem einen oder anderen Hubschrauber der Treibstoff kontaminiert war.

Er erstattete Simons Bericht. Simons mochte Flughäfen ohnehin nicht, und die Haken, die Coburn an der Sache gefunden hatte, bestätigten ihn noch in seinem Vorurteil. Auf Flughäfen mußte man immer mit Polizei und Militär rechnen, und wenn irgend etwas schiefging, gab es keine Fluchtmöglichkeit: Flughäfen sind absichtlich so angelegt, daß niemand herumlaufen kann, wie es ihm paßt, und man ist stets auf andere angewiesen. Hinzu kam, daß die Flüchtenden selber in dieser Situation ihr ärgster Feind sein konnten – sie mußten wirklich sehr cool sein. Coburn glaubte, Paul und Bill hätten den Nerv dafür, aber Simons dies zu sagen, wäre sinnlos gewesen. Simons mußte sich immer sein eigenes Urteil über einen Menschen bilden, und Paul und Bill hatte er nie kennengelernt.

Am Ende konzentrierten sie sich also auf den Fluchtweg über Land.

Es gab sechs verschiedene Routen.

Im Norden lag die Sowjetunion, nicht eben ein gastfreundliches Land. Im Osten lagen Afghanistan, gleichermaßen ungastlich, und Pakistan, dessen Grenze viel zu weit entfernt war; die fast 1600 Kilometer bis dorthin führten größtenteils durch die Wüste. Im Süden lag der Persische Golf, und bis ins befreundete Kuwait waren es nicht mehr als achtzig bis einhundertsechzig Kilometer übers Wasser. Das war vielversprechend. Im Westen grenzte der feindliche Irak an den Iran, im Nordwesten die verbündete Türkei.

Kuwait und die Türkei waren die Favoriten.

Simons trug Coburn auf, einen vertrauenswürdigen iranischen Mitarbeiter die südliche Strecke bis zum Persischen Golf abfahren zu lassen, um zu erkunden, ob die Piste passierbar und die Bevölkerung friedlich war. Coburn beauftragte damit den »Cycle Man«, der seinen Spitznamen dem Umstand verdankte, daß er fast immer auf seinem heißen Ofen durch Teheran unterwegs war. Er war wie Raschid Informatiker in Ausbildung, fünfundzwanzig Jahre alt, von kleinem Wuchs und mit allen Wassern gewaschen. Englisch konnte er von der Schule in Kalifornien her und hatte alle amerikanischen Dialekte auf Lager – Südstaatenakzent, Puertorikanisch, einfach alles. EDS hatte ihn, obwohl er keinen Hochschulabschluß vorweisen konnte, eingestellt, weil er beim Befähigungstest überdurchschnittlich gut abgeschnitten hatte. Als die iranischen Mitarbeiter sich dem Generalstreik angeschlossen und Paul und Coburn den Ausstand zum Thema einer Betriebsversammlung gemacht hatten, setzte der Cycle Man jedermann in Erstaunen, als er sich gegen seine Kollegen und für das Management aussprach. Er machte kein Geheimnis aus seiner proamerikanischen Einstellung, gleichzeitig aber war Coburn davon überzeugt, daß er bei den Revolutionären mitmischte.

Einmal hatte der Cycle Man Keane Taylor um ein Auto gebeten. Taylor gab es ihm. Am darauffolgenden Tag brauchte er wieder eines, und Taylor kam der Bitte wiederum nach. Der Cycle Man war sonst immer auf seinem Motorrad unterwegs, weshalb Taylor und Coburn annahmen, daß die Wagen für die Rebellen gedacht waren.

Als Gegenleistung für erwiesene Gefälligkeiten fuhr der Cycle Man also zum Persischen Golf.

Ein paar Tage später kehrte er zurück und berichtete, daß dort alles möglich sei – vorausgesetzt, man hatte genügend Geld. Der Golf war über Land zu erreichen, und dort konnte man ein Boot kaufen oder mieten.

Was in Kuwait passieren würde, wenn man dort an Land ging, wußte er nicht.

Das fand Glenn Jackson heraus.

*

Glenn Jackson war nicht nur Jäger und Baptist, sondern auch ein Raketenspezialist. Sein erstklassiges Mathematikergehirn und seine Fähigkeit, in Streßsituationen die

Ruhe zu bewahren, hatten ihm den Weg in die Mission Control im Raumfahrtzentrum der NASA in Houston als Flugleiter geebnet. Seine Arbeit hatte darin bestanden, Computerprogramme für die Berechnung von Steuerungsmanövern im Weltraum zu erarbeiten und anzuwenden.

Jacksons Nervenstärke war während der letzten Weltraummission, an der er mitgearbeitet hatte, auf eine harte Probe gestellt worden. Es war zu Weihnachten 1968 bei der Umrundung des Mondes. Als das Raumschiff hinter dem Erdtrabanten hervorkam, hatte der Astronaut Jim Lovell ihm eine Reihe von Zahlen vorgelesen, aus denen Jackson entnehmen konnte, ob sich das Raumschiff auf dem vorausberechneten Kurs befand. Als er die Zahlen auswertete, bekam er einen furchtbaren Schreck; sie wichen nämlich enorm von der zulässigen Fehlermarge ab. Jackson bat das Kontrollzentrum, Lovell die Zahlenreihe noch einmal lesen zu lassen. Und er setzte den Flugleiter darüber in Kenntnis, daß die drei Astronauten bereits so gut wie tot seien, wenn die Zahlen so stimmten, wie Lovell sie verlesen hatte: In diesem Fall hätte nämlich der Treibstoff nicht zur Korrektur der Abweichung ausgereicht.

Schließlich bat er Lovell selber, die Liste ein drittes Mal zu lesen, und zwar besonders sorgfältig.

Wieder die gleichen Zahlen. Dann sagte Lovell plötzlich: »Oh, warten Sie mal, ich habe mich da geirrt ...«

Als die richtigen Zahlen durchkamen, stellte sich heraus, daß das Steuerungsmanöver nahezu perfekt geklappt hatte.

Mit der Erstürmung eines Gefängnisses hatte all dies herzlich wenig zu tun. Allerdings sah es im Augenblick auch gar nicht danach aus, als würde Jackson je die Chance bekommen, ein Gefängnis zu stürmen.

Eine Woche lang hatte er das Pflaster von Paris getreten, bis er schließlich auf dem Umweg über Dallas von Simons nach Kuwait beordert wurde. Er flog nach Kuwait und quartierte sich dort im Haus von Bob Young ein, der zur Unterstützung des Verhandlungsteams nach Teheran gereist war. Seine Frau Kris machte mit ihrem Baby in den Staaten Urlaub. Jackson erzählte Malloy Jones, der in Youngs Abwesenheit die Kuwaiter EDS-Dependence leitete, er sei gekommen, um an den Vorbereitungen eines Jobs für die Kuwaiter Zentralbank mitzuwirken. Um seiner Geschichte Glaubwürdigkeit zu verleihen, kümmerte er sich zunächst ein bißchen um das Geschäft, wandte sich dann aber bald seinen eigentlichen Aufgaben zu. Er verbrachte einige Zeit auf dem Flughafen und beobachtete die Beamten an den Einreiseschaltern. Schnell fand er heraus, daß sie recht penibel waren. Hunderte von Iranern kamen ohne Pässe nach Kuwait; man legte ihnen Handschellen an und setzte sie ins nächste Flugzeug nach Hause. Jackson schloß daraus, daß Paul und Bill ohne Pässe nicht nach Kuwait fliegen konnten.

Und wenn sie mit dem Boot kamen, würden sie dann später ohne Pässe ausreisen dürfen? Jackson ging zum amerikanischen Konsul, erzählte ihm, eines seiner Kinder habe seinen Paß verloren, und fragte, wie die Ausstellung eines Ersatzpasses vonstatten ging. Im Verlauf ihrer langen und weitschweifigen Unterhaltung rückte der Konsul damit heraus, daß die Kuwaitis bei der Ausstellung von Ausreisevisa prüfen konnten, ob die betreffende Person auch legal eingereist war.

Das war zwar ein Hindernis, aber kein unüberwindbares: Waren Paul und Bill erst einmal in Kuwait, so waren sie außerhalb von Dadgars Reichweite, und gewiß würde ihnen die US-Botschaft dann ihre Pässe zurückgeben. Die wichtigste Frage war: Würden die Flüchtlinge überhaupt unbemerkt in Kuwait landen können, ging man einmal davon aus, daß sie die Südküste des Irans erreicht und sich dort eingeschifft hatten? Jackson fuhr die etwa hundert Kilometer lange Küste ab, von der Grenze zum Irak im Norden bis zur südlichen Grenze mit Saudi-Arabien.

Stunden verbrachte er am Strand und suchte dort nach Muscheln. Normalerweise, so hatte man ihm erzählt, gab es nur vereinzelt Küstenpatrouillen. Aber der Exodus aus dem Iran hatte alles verändert. Tausende von Iranern waren ebenso erpicht darauf wie Paul und Bill, ihr Land zu verlassen und auf dem Seeweg über den Persischen Golf nach Kuwait zu entkommen.

Die kuwaitische Küstenwache war auch nicht auf den Kopf gefallen. Wann immer Jackson einen Blick aufs Meer warf, sah er mindestens eines ihrer Patrouillenboote auftauchen. Jedes, auch das kleinste Boot wurde offenbar angehalten.

Die Aussichten waren trübe. Jackson rief Merv Stauffer in Dallas an und teilte ihm mit, Kuwait sei dicht.

Blieb nur noch die Türkei.

Simons war die Türkei von Anfang an lieber gewesen. Der Weg dorthin war kürzer. Außerdem kannte er das Land. In den fünfziger Jahren hatte er dort als amerikanischer Militärberater einheimische Armee-Einheiten ausgebildet. Er sprach sogar ein paar Brocken Türkisch.

Simons schickte Ralph Boulware nach Istanbul.

Während seiner neunjährigen Dienstzeit bei der Luftwaffe war Ralph Boulware niemals zum Kampfeinsatz gekommen. Im großen und ganzen war er froh darüber, was ihn jedoch nicht hinderte, sich manchmal die Frage zu stellen, ob er überhaupt das Zeug dazu hatte. Die Befreiung von Paul und Bill konnte diese Frage für ihn beantworten, hatte er gedacht, aber dann hatte Simons ihn von Paris wieder nach Dallas geschickt. Es sah ganz so aus, als spiele er wieder einmal nur Bodenpersonal – bis ein neuer Befehl kam.

Er kam über Merv Stauffer, Perots rechte Hand, der jetzt die Verbindung zwischen Simons und dem weit verstreuten Rettungsteam aufrechterhielt. Stauffer kaufte sechs Radios mit je fünf Kanälen sowie Sende- und Empfangsfrequenzen, zehn Aufladegeräte, ein ganzes Sortiment von Batterien und eine Vorrichtung für den Betrieb der Geräte über Zigarettenanzünder im Auto. Er übergab Boulware die Ausrüstung und sagte ihm, er solle zunächst Sculley und Schwebach in London aufsuchen und dann nach Istanbul weiterfliegen.

Außerdem gab er ihm vierzigtausend Dollar in bar, von denen sämtliche Ausgaben, Schmiergelder und sonstige Aufwendungen bestritten werden sollten.

Boulware brach am folgenden Tag auf. In London traf er Schwebach und Sculley, ließ fünf der sechs Radioausrüstungen bei ihnen, behielt eine für sich selbst und flog weiter nach Istanbul.

Vom Flughafen aus begab er sich direkt zu Mr. Fishs Reisebüro.

Mr. Fish war nicht allein. Drei oder vier Leute saßen bei ihm im Zimmer.

»Ich bin Ralph Boulware und arbeite für EDS«, begann Boulware. »Ich glaube, Sie kennen meine beiden Töchter, Stacy Elaine und Kecia Nicole.« Die Mädchen hatten bei der Evakuierung während ihres Aufenthaltes in Istanbul mit Mr. Fishs Töchtern gespielt.

Mr. Fish gab sich eher zugeknöpft.

»Ich muß mit Ihnen reden«, sagte Boulware.

»Schön, reden Sie.«

Boulware sah sich um. »Ich möchte unter vier Augen mit Ihnen reden.«

»Warum?«

»Das merken Sie, wenn wir uns unterhalten.«

»Diese Leute hier sind meine Partner. Hier gibt es keine Geheimnisse.«

Mr. Fish ließ Boulware im eigenen Saft schmoren, und Boulware wußte auch, warum. Erstens hatte ihm Don Norsworthy, nach allem, was er während der Evakuierung für sie getan hatte, einhundertfünfzig Dollar Trinkgeld gegeben. In Boulwares Augen war das einfach lächerlich. »Ich wußte nicht, wie ich mich verhalten sollte«, hatte

Norsworthy gesagt. »Der Mann hat uns eine Rechnung über 26 000 Dollar geschrieben. Wieviel Trinkgeld hätte ich ihm geben sollen? Zehn Prozent?«

Und zweitens hatte sich Pat Sculley mit einer höchst durchsichtigen Geschichte über den Schmuggel von Magnetbändern an Mr. Fish herangemacht. Mr. Fish war weder dumm noch kriminell, nahm Boulware an. Und so hatte er es natürlich abgelehnt, sich die Hände mit Sculleys Machenschaften schmutzig zu machen.

Nach allem hielt Mr. Fish die EDS-Leute a) für Geizhälse und b) für geradezu gemeingefährlich amateurhafte Gesetzesbrecher.

Andererseits war Mr. Fish ein Kleinunternehmer. Und Boulware kannte sich mit Kleinunternehmern aus – sein eigener Vater war einer gewesen. Diese Leute verstanden zwei Sprachen: das klare Wort ohne viele Umschweife und klingende Münze. Problem a) konnte durch klingende Münze gelöst werden, Problem b) durch ein offenes Wort.

»Okay, fangen wir ganz von vorne an«, sagte Boulware. »Als EDS hier war, haben Sie diesen Leuten wirklich geholfen, waren nett zu den Kindern und haben eine ganze Menge für uns getan. Als sie wieder gingen, gab es ein Mißverständnis darüber, wie wir Ihnen unsere Anerkennung zeigen sollten. Es ist uns peinlich, daß wir uns so dumm angestellt haben, und ich will die Sache bereinigen.«

»So schlimm war das nun auch wieder nicht ...«

»Es tut uns leid«, sagte Boulware und gab Mr. Fish zehn Hundertdollarnoten.

Es wurde plötzlich sehr still in dem Büro.

»Sie können mich im Sheraton erreichen«, sagte Boulware. »Vielleicht können wir uns später noch miteinander unterhalten.«

»Ich begleite Sie«, sagte Mr. Fish.

Er kümmerte sich persönlich um Boulwares Reservierung und vergewisserte sich, daß er ein gutes Zimmer bekam; dann verabredeten sie sich für denselben Abend zum Dinner in der Cafeteria des Hotels.

Mr. Fish ist ein Schlitzohr der Spitzenklasse, dachte Boulware, während er auspackte. Um in diesem bettelarmen Land so etwas wie ein florierendes Geschäft zu unterhalten, mußte er auch entsprechend clever sein. Die Erfahrungen während der Evakuierung hatten gezeigt, daß er mehr auf die Beine stellen konnte als Flüge und Hotels buchen. Zog man in Betracht, wie er das gesamte Gepäck durch den Zoll gebracht hatte, so mußte er über die richtigen Verbindungen verfügen, um den Amtsschimmel auf Trab zu bringen. Er hatte sogar eine Lösung für das adoptierte iranische Baby ohne Paß gefunden. EDS hatte den Fehler gemacht, ihn *nur* als Schlitzohr einzustufen, und dabei übersehen, daß er eben Spitzenklasse war. Vermutlich hatten sie sich auch durch sein unscheinbares Äußeres täuschen lassen. Boulware ließ es sich eine Lehre sein und glaubte, mit Mr. Fish zurechtkommen zu können.

Beim Abendessen erzählte er ihm, er wollte an der Grenze ein paar Leute abholen, die aus dem Iran kamen.

Mr. Fish war entsetzt. »Sie haben ja keine Ahnung«, sagte er. »Das ist eine *ganz fürchterliche* Gegend. Die Leute dort sind Kurden und Aserbaidschaner – wilde Bergvölker, die sich um keine Regierung scheren. Wissen Sie, von was die da oben leben? Von Schmuggel, Raub und Mord. Ich selbst würde mich dort nicht hintrauen. Wenn Sie, ein Amerikaner, dorthingehen, kommen Sie nie zurück. Nie!«

Boulware hielt das für übertrieben. »Ich muß auf jeden Fall dorthin, auch wenn es gefährlich ist«, sagte er. »Wie ist es, kann ich ein kleines Flugzeug kaufen?«

Mr. Fish schüttelte den Kopf. »In der Türkei ist es Privatpersonen verboten, Flugzeuge zu besitzen.«

»Und Hubschrauber?«

»Dito.«

»Na gut, kann ich ein Flugzeug chartern?«

»Das geht. Wenn es keine Linienflüge gibt, darf man chartern.«

»Gibt es Linienflüge im Grenzgebiet?«

»Nein.«

»Alles klar.«

»Aber Chartern ist hier so unüblich, daß Sie garantiert die Aufmerksamkeit der Behörden auf sich ziehen ...«

»Wir haben nichts Ungesetzliches im Sinn. Trotzdem wollen wir nicht unbedingt mit Nachforschungen geplagt werden. Finden Sie heraus, was angeboten wird und was es uns kosten würde, aber machen Sie noch nichts fest. Ich möchte inzwischen mehr über den Landweg dorthin in Erfahrung bringen. Wenn Sie mich nicht begleiten wollen, einverstanden. Aber vielleicht können Sie jemanden auftreiben, der dazu bereit ist.«

»Ich sehe zu, was sich machen läßt.«

In den folgenden Tagen trafen sie sich mehrmals. Mr. Fishs anfängliche Reserviertheit löste sich in Wohlgefallen auf, und Boulware hatte das Gefühl, daß sie Freunde wurden. Mr. Fish war vif und beredt. Obwohl er kein Krimineller im herkömmlichen Sinn war, so würde er doch – vorausgesetzt, Risiko und Reingewinn hielten sich die Waage – gegen das Gesetz verstoßen. Jedenfalls, soweit Boulware das beurteilen konnte. Er hatte Verständnis für diese Haltung – auch er würde unter gewissen Umständen das Gesetz brechen.

Außerdem verstand sich Mr. Fish darauf, schlaue Fragen zu stellen, und nach und nach erzählte Boulware ihm die ganze Geschichte. Er gab zu, daß Paul und Bill wahrscheinlich keine Pässe hätten; die würden sie aber, waren sie erst einmal in der Türkei, beim nächsten amerikanischen Konsulat bekommen. Paul und Bill würden wohl Schwierigkeiten haben, den Iran zu verlassen, teilte er mit, und er selbst wolle auf die Möglichkeit vorbereitet sein, die Grenze in einer kleinen Maschine zu überfliegen, um sie rauszuholen.

Nichts aber entsetzte Mr. Fish so sehr wie der Gedanke an eine Überlandfahrt durch eine von Räubern und Banditen verunsicherte Gegend.

Dennoch stellte er Boulware ein paar Tage später einen Mann vor, der Verwandte unter den Gebirgsbanditen hatte. Mr. Fish flüsterte Boulware zu, dieser Mann sei ein Verbrecher, und so sah er auch aus: Er hatte eine Narbe im Gesicht und kleine, stechende Augen. Er versprach Boulware sicheren Transfer zur Grenze und zurück; falls nötig, würden ihn seine Verwandten sogar über die Grenze in den Iran bringen.

Boulware rief in Dallas an und erzählte Merv Stauffer von dem Vorhaben. Stauffer übermittelte die Nachricht verschlüsselt an Coburn und dieser gab sie an Simons weiter. Simons war dagegen. Wenn der Mann ein Krimineller ist, so argumentierte er, können wir ihm nicht über den Weg trauen.

Boulware ärgerte sich. Die Vereinbarung hatte ihn ziemlich viel Mühe gekostet – glaubte Simons eigentlich, es sei ein Kinderspiel, an solche Leute heranzukommen? Und wenn man in ein Gebiet, in dem die Räuber lebten, reisen wollte – wer, außer einem Räuber, wäre bereit, einen zu begleiten? Aber Simons war der Boß, und Boulware blieb nichts anderes übrig, als Mr. Fish zu bitten, noch einmal von vorne anzufangen.

In der Zwischenzeit waren Sculley und Schwebach, das tödliche Duo, in Istanbul gelandet.

Die beiden hatten einen Flug von London über Kopenhagen nach Teheran gebucht, doch die Iraner hatten den Flughafen wieder einmal dicht gemacht, und so schlossen sich Sculley und Schwebach Boulware in Istanbul an. Im Hotel eingesperrt und zum Warten verdammt, entwickelten sie unwillkürlich Platzangst. Schwebach griff auf seine Erfahrungen als Green Beret in Asien zurück und versuchte, sie alle in Form zu halten, indem er sie die Hoteltreppen rauf- und runterrennen ließ. Boulware machte einmal mit, dann gab er es auf. Sie verloren die Geduld mit Simons, Coburn und Poché, die anscheinend nichts weiter taten, als tatenlos in Teheran herumzusitzen. Warum sorgten diese Burschen nicht dafür, daß endlich etwas geschah? Dann schickte Simons Sculley und Schwebach wieder in die Staaten. Die Radios ließen sie bei Boulware.

Als Mr. Fish die Radios sah, bekam er einen Wutanfall. Es sei höchst gesetzwidrig in der Türkei, Sender zu besitzen, erklärte er Boulware. Selbst normale Transistorradios müßten von der Regierung genehmigt sein, denn man hatte Angst, ihre Einzelteile könnten von Terroristen zum Bau von Sendern verwendet werden.

»Verstehen Sie eigentlich nicht, wie *verdächtig* Sie sich damit machen?« sagte er. »Sie haben eine Telefonrechnung von tausend Dollar pro Woche, und Sie zahlen *bar*. Sie erwecken nicht den Anschein, als tätigen Sie hier Geschäfte. Die Zimmermädchen haben Ihre Radios garantiert entdeckt und das weitererzählt. Sie stehen bestimmt schon unter Überwachung. Ihre Freunde im Iran können Sie vergessen – *Sie* sind es, der im Gefängnis enden wird.«

Boulware stimmte zu, daß er die Radios loswerden mußte. Jede weitere Verzögerung zog neue Probleme nach sich. Jetzt konnten weder Sculley noch Schwebach in den Iran zurückkehren, und doch verfügte keiner von ihnen über einen Sender. Und Simons sagte zu allen Vorschlägen weiterhin nein.

Mr. Fish wies darauf hin, daß es zwei Grenzübergänge aus dem Iran in die Türkei gab, einen in Sero, den anderen in Barzagan. Simons hatte sich für Sero entschieden. Barzagan war ein größerer, modernerer Ort, dort ging es zivilisierter zu, meinte Mr. Fish, alles sei dort ein wenig sicherer. Simons sagte wiederum nein.

Sie fanden jemand anders, der Boulware zur Grenze begleiten sollte. Mr. Fish hatte einen befreundeten Kollegen, dessen Schwager im türkischen Geheimdienst MIT (Milli Istihbarat Teskilati) arbeitete. Der Agent hieß Ilsman. Seine Empfehlungen würden Boulware im Banditengebiet den Schutz der Armee sichern. Ohne solche Empfehlungen sei der Durchschnittsbürger nicht nur durch die Banditen, sondern auch durch die türkische Armee gefährdet.

Mr. Fish war überaus nervös. Auf dem Weg zum Treffen mit Ilsman scheuchte er Boulware durch ein regelrechtes Räuber-und-Gendarm-Spiel – wechselte die Autos und fuhr eine ganze Strecke mit dem Bus, als wolle er einen Verfolger abschütteln. Boulware sah nicht ein, daß sie all dies auf sich nehmen mußten, um einen aufrechten Bürger zu besuchen, der eben zufällig für den Geheimdienst arbeitete. Aber er war fremd in der Türkei, und es blieb ihm nichts anderes übrig, als Mr. Fish zu folgen und zu vertrauen.

Am Ende kamen sie zu einem großen, heruntergekommenen Wohnblock in einem Boulware unbekannten Teil der Stadt. Der Strom war ausgefallen – genau wie in Teheran –, und Mr. Fish brauchte eine ganze Weile, um im Dunkeln die richtige Wohnung zu finden. Zuerst machte ihnen niemand auf. Mr. Fishs Versuch, die Mission geheimzuhalten, scheiterte jetzt, denn er mußte eine Zeitlang, die ihnen wie eine Ewigkeit vorkam, an die Tür hämmern. Währenddessen konnte jeder Bewohner des Hauses sie genauestens in Augenschein nehmen. Boulware stand dabei und fühlte sich wie ein Weißer in Harlem. Endlich öffnete ihnen eine Frau und sie traten ein.

Die Wohnung war klein und schäbig, mit altmodischen Möbeln ausgestattet und nur unzureichend mit Kerzen beleuchtet. Ilsman war klein und dick und ungefähr in Boulwares Alter, also etwa fünfunddreißig. Seine Füße hatte er gewiß schon seit Jahren nicht mehr gesehen – er war ganz einfach fett. Boulware fühlte sich unwillkürlich an den Klischeepolizisten im Film erinnert: Der Anzug saß viel zu knapp, das Hemd war total verschwitzt, und da, wo der vorhandene Hals sein sollte, ringelte sich eine zerknitterte Krawatte.

Sie setzten sich, und die Frau, die Boulware für Mrs. Ilsman hielt, servierte ihnen Tee. Boulware brachte sein Problem vor. Ilsman war mißtrauisch. Er nahm Boulware über die beiden Flüchtlinge ins Kreuzverhör. Woher wußte Boulware, daß sie wirklich unschuldig waren? Warum hatten sie keine Pässe? Wie würden sie in die Türkei gelangen? Schließlich, offenbar überzeugt, daß Boulware ihm ehrlich Rede und Antwort gestanden hatte, bot er an, Paul und Bill für achttausend Dollar, alles inklusive, von der Grenze nach Istanbul zu bringen.

Boulware fragte sich, ob Ilsman nicht nur ein Strohmann war. Amerikaner ins Land zu schmuggeln, war ein etwas abwegiger Zeitvertreib für einen Geheimdienstagenten. Und wenn Ilsman wirklich beim MIT arbeitete – wen hatte Mr. Fish dann auf der Flucht durch die Stadt verdächtigt, hinter ihnen her zu sein?

Vielleicht war Ilsman nur freier Mitarbeiter des Geheimdienstes. Achttausend Dollar waren in der Türkei eine Menge Geld. Es bestand sogar die Möglichkeit, daß Ilsman seinen Vorgesetzten erzählte, was er vorhatte. Immerhin konnte er sich ausrechnen, daß kein Schaden entstünde, wenn er Boulware half – vorausgesetzt, dessen Geschichte stimmte. Und der beste Weg, ihm, im Falle daß er log, auf die Schliche zu kommen, war, ihn bis zur Grenze zu begleiten.

Wie auch immer, Ilsman schien zur Zeit der beste Mann zu sein, der zu bekommen war. Boulware stimmte dem Preis zu, und Ilsman öffnete zur Feier des Tages eine Flasche Scotch.

*

Während sich die anderen Mitglieder des Befreiungsteams in verschiedenen Teilen der Welt mit diversen Kleinigkeiten herumärgerten, fuhren Simons und Coburn die Strecke von Teheran zur türkischen Grenze ab.

»Erkundung«, hieß Simons' Losungswort. Er wollte mit jedem Zentimeter seines Fluchtwegs vertraut sein, bevor er ihn gemeinsam mit Paul und Bill antrat. Wurde in diesem Teil des Landes gekämpft? Wie stark war die Polizeiüberwachung? Waren die Straßen im Winter passierbar? Waren die Tankstellen geöffnet?

Nach Sero, der Grenzstation, für die er sich entschieden hatte, gab es zwei Routen. Er gab Sero den Vorzug, weil es eine wenig frequentierte Grenzstation in der Nähe eines winzigen Dorfes war, die kaum benutzt und nur oberflächlich bewacht sein würde, wohingegen es in Barzagan – die Alternative, die Mr. Fish nach wie vor empfahl – sicher geschäftiger zuging. Die nächste größere Stadt im Umkreis von Sero war Rezaiyeh. Direkt an der Straße von Teheran nach Rezaiyeh lag der einhundertsechzig Kilometer lange gleichnamige See. Man mußte ihn entweder in nördlicher oder in südlicher Richtung umfahren. Die Nordroute führte, wahrscheinlich über bessere Straßen, durch größere Städte. Daher zog Simons – vorausgesetzt, die Straßen waren passierbar – die Südroute vor. Auf ihrer Erkundungsfahrt, beschloß er, würden sie beide Strecken ausprobieren, die nördliche auf dem Hin-, die südliche auf dem Rückweg.

Das beste Gefährt für eine solche Tour war vermutlich ein britischer Range Rover, eine Kreuzung zwischen Jeep und Kombi. Es gab zur Zeit keinen funktionierenden Gebrauchtwagenhandel in Teheran, weshalb Coburn dem Cycle Man den Auftrag gab, zwei Range Rover aufzutreiben. Die Lösung, die der Cycle Man fand, entsprang dem ihm eigenen Einfallsreichtum. Er ließ Zettel mit seiner Telefonnummer und dem Satz: »Wenn Sie Ihren Range Rover verkaufen wollen, rufen Sie diese Nummer an«, drucken. Dann fuhr er auf seinem Motorrad durch die Gegend und klemmte bei jedem Range Rover, den er fand, einen Zettel hinter die Scheibenwischer. Auf diese Weise erwarb er zwei Rover für je zwanzigtausend Dollar. Außerdem besorgte er Werkzeug und Ersatzteile, mit denen sie sämtliche Reparaturen, von größeren Schadensfällen abgesehen, selbst ausführen konnten.

Simons und Coburn nahmen auf ihrer Fahrt zwei Iraner mit: Madjid und einen seiner Vettern, einen Professor an der landwirtschaftlichen Hochschule in Rezaiyeh. Der Professor hatte seine amerikanische Frau und ihre Kinder nach Teheran gebracht und in ein Flugzeug in die Staaten gesetzt – Simons' vorgeblicher Grund für die Fahrt lautete, er bringe den Professor nach Rezaiyeh zurück.

Frühmorgens verließen sie, eins von Keane Taylors Zweihundert-Liter-Fässern mit Benzin hinten im Auto, Teheran. Die ersten einhundertsechzig Kilometer bis Ghazvin legten sie auf einer modernen Autobahn zurück. Hinter Ghazvin gab es nur noch eine zweispurige Asphaltstraße. Die Hügel ringsum waren schneebedeckt, doch die Straße selbst frei. Wenn es so bis zur Grenze weitergeht, dachte Coburn, könnten wir es in einem Tag schaffen.

In Zanjan, genau in der Mitte der 600-Kilometer-Strecke von Teheran nach Rezaiyeh, hielten sie an und sprachen mit dem örtlichen Polizeichef, einem Verwandten des Professors. Dieser Landesteil sei friedlich, sagte der Mann. Wenn überhaupt, dann war in der Gegend von Täbris mit Schwierigkeiten zu rechnen.

Den ganzen Nachmittag über setzten sie ihre Fahrt auf schmalen, aber guten Landstraßen fort. Nach weiteren hundertsechzig Kilometern kamen sie in Täbris an. Dort wurde gerade demonstriert, aber das war nichts im Vergleich zu den Straßenschlachten, die sie aus Teheran gewohnt waren, und sie fühlten sich sogar sicher genug, um durch den Basar zu schlendern.

Auf der Fahrt hatte sich Simons mit Madjid und dem Professor unterhalten. Es hatte wie unverfängliche Konversation geklungen, doch mittlerweile kannte Coburn

Simons' Methode gut genug, um zu wissen, daß der Oberst den beiden auf den Zahn fühlte, um herauszufinden, ob er ihnen vertrauen konnte. Das Urteil war offenbar günstig ausgefallen, denn Simons begann, Anspielungen auf den wahren Zweck ihrer Reise zu machen.

Der Professor meinte, die Gegend um Täbris stünde treu zum Schah, und so steckte Simons vor der Weiterfahrt eine Fotografie des Schahs hinter die Windschutzscheibe.

Ungemütlich wurde es erstmals ein paar Kilometer nördlich von Täbris, wo sie an einer Straßensperre gestoppt wurden. Irgendwelche Amateure hatten zwei Baumstämme quer über die Straße gelegt, so daß man zwar noch darum herumfahren konnte, aber die Geschwindigkeit reduzieren mußte. An der Sperre schoben mit Äxten und Stöcken bewaffnete Dörfler Wache.

Madjid und der Professor unterhielten sich mit ihnen. Der Professor zeigte seinen Universitätsausweis vor und erklärte, die Amerikaner seien Wissenschaftler, die ihn bei einem Forschungsprojekt unterstützten. Um mit Situationen wie dieser fertig zu werden, dachte Coburn, würde das Team mit Paul und Bill auf jeden Fall Iraner mitnehmen müssen.

Die Dörfler ließen sie passieren. Kurze Zeit später hielt Madjid einen entgegenkommenden Wagen an. Der Professor unterhielt sich kurz mit dem Fahrer und meldete dann, daß Khoy, die nächste Stadt, gegen den Schah eingestellt sei. Simons entfernte das Schahbild von der Windschutzscheibe und tauschte es gegen eines von Ayatollah Khomeini aus. Von nun an stoppten sie in regelmäßigen Abständen entgegenkommende Autos und paßten ihren Bilderschmuck den lokalpolitischen Gegebenheiten an.

Kurz vor Khoy trafen sie wiederum auf eine Straßensperre. Sie wirkte nicht weniger laienhaft als die erste und war mit Zivilisten bemannt. Doch hier trugen die zerlumpten Männer und Knaben hinter den Baumstämmen Gewehre.

Madjid hielt an, und sie stiegen aus.

Zu Coburns Entsetzen legte ein Halbwüchsiger seine Waffe auf ihn an.

Es war eine Neun-Millimeter-Llama-Pistole. Der Junge war sicher nicht älter als sechzehn. Vermutlich hat er zum erstenmal in seinem Leben eine Waffe in der Hand, dachte Coburn. Und nichts war gefährlicher als Amateure, die mit Waffen herumfuchtelten. Der Junge hielt die Pistole so krampfhaft fest, daß seine Knöchel weiß hervortraten.

Coburn hatte Angst. In Vietnam war viele Male auf ihn geschossen worden, doch hier versetzte ihn die Möglichkeit, durch bloßen Zufall ums Leben zu kommen, in Angst und Schrecken.

»Rußki«, sagte der Junge. »Rußki.«

Der hält mich für einen Russen, schoß es Coburn durch den Kopf.

Das mochte an seinem struppigen roten Bart und seiner schwarzen Wollmütze liegen.

»Nein, Amerikaner«, sagte er.

Coburn fixierte die weißen Knöchel und dachte: Hoffentlich muß der Bengel nicht niesen.

Die Dorfbewohner durchsuchten Simons, Madjid und den Professor. Coburn, der den Jungen keine Sekunde aus den Augen ließ, hörte Madjid sagen: »Sie suchen nach Waffen.« Die einzige Waffe, die sie bei sich führten, war ein kurzes Messer, das Coburn in einer Scheide auf dem Rücken unter seinem Hemd trug. Einer der Männer durchsuchte ihn, und endlich senkte der Junge die Pistole.

Coburn wagte, wieder zu atmen.

Die Durchsuchung war oberflächlich und das Messer wurde nicht entdeckt.

Die wachsamen Bürger nahmen ihnen die Geschichte über das Forschungsprojekt ab.

»Sie entschuldigen sich für die Durchsuchung des alten Mannes«, sagte Madjid. Mit dem »alten Mann« war

Simons gemeint, der ohne weiteres als iranischer Bauer durchging.

»Wir können weiterfahren«, fügte Madjid hinzu.

Sie stiegen wieder ins Auto.

Hinter Khoy wandten sie sich nach Süden, folgten der kurvenreichen Straße am oberen Ende des Sees und fuhren am Westufer entlang nach Rezaiyeh.

Der Professor dirigierte sie über abgelegene Straßen in die Stadt, auf denen sie keiner Sperre begegneten. Von Teheran hierher hatten sie zwölf Stunden gebraucht. Vom Grenzübergang Sero waren sie nur mehr eine Fahrstunde entfernt.

Die Nacht verbrachten sie im Haus des Professors, einer einstockigen Villa am Rande der Stadt.

Am nächsten Morgen fuhr Madjid mit dem Professor zur Grenze und wieder zurück: Es gab keine Straßensperren, und die Strecke war ungefährlich. Dann begab sich Madjid in die Stadt, um jemanden ausfindig zu machen, von dem er Waffen kaufen konnte, während diesmal Simons und Coburn zur Grenze fuhren.

Sie fanden eine kleine Grenzstation mit nur zwei Wachposten vor. Es gab ein Zollager, eine Brückenwaage für Lastkraftwagen und ein Wachlokal. Die Straße versperrte eine tiefhängende, zwischen einem Pfosten und der Mauer des Wachlokals gespannte Kette. Dahinter erstreckten sich zweihundert oder dreihundert Meter Niemandsland, dann kam ein weiterer, noch kleinerer Grenzposten auf der türkischen Seite.

Sie stiegen aus und sahen sich um. Die Luft war klar und schneidend kalt. Simons deutete in die hügelige Landschaft. »Siehst du die Fährte dort?«

Coburn blickte in die angegebene Richtung. Gleich hinter der Station zog sich ein schmaler Pfad durch den Schnee, wo sich eine kleine Karawane geradezu unverschämt dicht an den Wachen vorbei über die Grenze gestohlen hatte.

Nun zeigte Simons mit den Fingern in die Luft. »Kein Problem, die Verbindung zu unterbrechen.«

Coburn sah auf und entdeckte eine einfache Telefonleitung, die vom Wachlokal hügelabwärts verlief. Ruck, 'zuck, und die Wachen wären völlig isoliert.

Sie gingen den Abhang hinunter und schlugen über eine Seitenstraße – die kaum mehr war als ein Trampelpfad – den Weg in die Hügel ein. Nach etwa anderthalb Kilometern erreichten sie ein kleines Dorf, eine Ansammlung von zwölf bis fünfzehn Häusern aus Holz und Lehmziegeln. In gebrochenem Türkisch fragte Simons nach dem Dorfältesten. Es erschien ein Mann in mittleren Jahren, der ausgebeulte Hosen, eine Jacke und einen Turban trug. Coburn verstand kein Wort ihrer Unterhaltung. Schließlich gab Simons dem Dorfältesten die Hand.

»Um was ging es denn?« fragte Coburn, als sie sich zum Gehen wandten.

»Ich habe ihm erzählt, daß ich bei Nacht mit einigen Freunden zu Pferde über die Grenze will.«

»Und was hat er gesagt?«

»Daß sich das machen ließe.«

»Und woher wußtest du, daß die Leute hier Schmuggler sind?«

»Sieh dich doch mal um«, sagte Simons.

Coburn nahm die kahlen, schneebedeckten Abhänge in Augenschein.

»Na, was siehst du?« fragte Simons.

»Nichts.«

»Eben. Hier gibt es weder Landwirtschaft noch Industrie. Was glaubst du, wovon die Leute hier leben? Die sind samt und sonders Schmuggler.«

Sie kehrten zu ihrem Range Rover zurück und fuhren wieder nach Rezaiyeh. Am Abend unterbreitete Simons Coburn seinen Plan.

Simons, Coburn, Poché, Paul und Bill sollten in zwei Range Rovern von Teheran nach Rezaiyeh fahren. Madjid und der Professor würden sie als Dolmetscher begleiten. In Rezaiyeh würden sie im Haus des Professors übernachten. Die Villa lag geradezu ideal: Es gab keine Mitbewohner, sie war abgelegen und man gelangte von dort aus auf wenig befahrenen Straßen aus der Stadt.

Coburn würde die Grenze völlig legitim in einem der Range Rover passieren und sich auf der türkischen Seite mit Boulware treffen, der ebenfalls im Auto anreiste. Simons, Poché, Paul und Bill würden, von den Schmugglern geführt, auf Pferden hinüberreiten. Drüben würden sie mit Coburn und Boulware zusammentreffen, alle gemeinsam zum nächstgelegenen amerikanischen Konsulat fahren und dort für Paul und Bill neue Pässe ausstellen lassen.

Der Plan ist gut, dachte Coburn. Jetzt sah er auch ein, warum Simons auf Sero und nicht auf Barzagan gesetzt hatte: Die Grenze in einem zivilisierteren und dicht bevölkerten Gebiet heimlich zu überqueren, wäre sehr viel schwieriger.

Am nächsten Tag kehrten sie nach Teheran zurück. Sie brachen später auf und fuhren vor allem bei Nacht, um sicherzugehen, daß die Ausgangssperre schon aufgehoben war, wenn sie morgens die Stadt erreichten. Diesmal nahmen sie die südliche Route, die sie durch die Kleinstadt Mahabad führte. Die Straße war nur eine einspurige Piste durch die Berge, und das Wetter hätte nicht schlimmer sein können: Schnee, Eis und Sturmböen. Dennoch war der Weg passierbar, und Simons bestimmte, bei der eigentlichen Flucht diese Route statt der nördlichen zu nehmen.

Wenn es überhaupt jemals dazu kam.

*

Eines Abends ging Coburn ins Hyatt hinüber und teilte Keane Taylor mit, er brauche bis zum nächsten Morgen fünfundzwanzigtausend Dollar in iranischen Rial.

Warum, sagte er nicht.

Taylor besorgte sich das Geld bei Gayden in Hundertdollarnoten und rief einen Teppichhändler im Süden der Stadt an, den er von früher kannte und mit dem er sich auf einen Wechselkurs einigte.

Ali, Taylors Chauffeur, weigerte sich zunächst, ihn in die Stadt zu fahren – es war schon nach Einbruch der Dunkelheit –, doch nach einigem Hin und Her willigte er schließlich ein. Taylor betrat den Laden. Er nahm Platz und trank Tee mit dem Teppichhändler. Es erschienen zwei weitere Iraner, von denen einer als der Mann vorgestellt wurde, der Taylor das Geld wechseln würde; der andere war dessen Leibwächter und sah aus wie ein Gangster.

Seit Taylors Anruf, sagte der Teppichhändler, habe sich der Wechselkurs drastisch verändert – zu seinen Gunsten.

»Das ist eine Beleidigung!« fuhr Taylor auf. »Ich weigere mich, mit Leuten wie Ihnen überhaupt irgendwelche Geschäfte zu machen.«

»Einen besseren Wechselkurs bekommen Sie nirgendwo«, erwiderte der Teppichhändler.

»Das wird sich herausstellen!«

»Es ist sehr gefährlich für Sie, in diesem Stadtteil mit so viel Geld in der Tasche herumzulaufen.«

»Ich bin nicht allein«, sagte Taylor. »Draußen warten noch sechs meiner Leute.«

Er trank seinen Tee aus und erhob sich. Langsam verließ er den Laden, dann rannte er zum Wagen. »Weg hier, Ali, aber schnell.«

Sie fuhren nach Norden. Taylor dirigierte Ali zu einem anderen Teppichhändler, einem iranischen Juden mit einem Geschäft in der Nähe des Palastes. Er war gerade dabei, Feierabend zu machen, als Taylor hereinkam.

»Ich möchte ein paar Dollar in Rial umtauschen«, sagte Taylor.

»Kommen Sie morgen wieder«, sagte der Mann.

»Ich brauche sie aber heute abend noch.«

»Wieviel?«

»Fünfundzwanzigtausend Dollar.«

»Ich hab' auch nicht annähernd so viel da.«

»Ich brauche sie aber unbedingt heute abend noch.«

»Wozu?«

»Es hat was mit Paul und Bill zu tun.«

Der Teppichhändler nickte. Er hatte schon mit einigen EDS-Leuten Geschäfte gemacht und wußte, daß Paul und Bill im Gefängnis saßen. »Ich werde sehen, was sich machen läßt.«

Er rief nach seinem Bruder, der sich im hinteren Teil des Ladens aufhielt, und schickte ihn fort. Dann öffnete er seinen Safe und entnahm seinen gesamten Barbestand an Rial. Sie zählten das Geld, der Teppichhändler die Dollars und Taylor die Rial. Wenige Minuten später kam ein Kind, die Hände voll Rial, herein und warf sie auf den Ladentisch. Es verschwand wieder, ohne ein Wort zu sagen. Taylor ging auf, daß der Händler alles Bargeld, dessen er habhaft werden konnte, eintreiben ließ.

Ein junger Mann fuhr auf einem Motorroller vor, parkte vor dem Geschäft und kam mit einer Tasche voll Rial herein. Während er noch im Laden war, stahl jemand seinen Motorroller. Der junge Mann ließ die Tasche mit dem Geld fallen und rannte hinter dem Dieb her, wobei er aus Leibeskräften schrie.

Taylor zählte weiter.

Ein ganz normaler Arbeitstag im revolutionären Teheran.

*

Mit John Howell gingen Veränderungen vor. Mit jedem Tag, der ins Land ging, fühlte er sich weniger als aufrechter, amerikanischer Rechtsanwalt und mehr wie ein verschlagener persischer Unterhändler. Vor allem sah er jetzt Schmiergelder in einem anderen Licht.

Mehdi, der als iranischer Buchhalter gelegentlich für

EDS gearbeitet hatte, erklärte es ihm folgendermaßen: »Im Iran bahnen Freundschaften so manchen Weg. Und es gibt mehrere Wege, um Dadgars Freund zu werden. An Ihrer Stelle würde ich jeden Tag vor seinem Haus sitzen, so lange, bis er das Wort an mich richtet. Oder ich würde ihm zweihunderttausend Dollar schenken, um sein Freund zu werden. Wenn Sie möchten, könnte ich es für sie arrangieren.«

Howell trug den Vorschlag den anderen Mitgliedern des Verhandlungsteams vor. Sie vermuteten, daß sich Mehdi, wie ehemals Deep Throat, als Mittelsmann für eine Bestechung anbot. Dieses Mal lehnte Howell den Gedanken an einen Kuhhandel nicht gleich rundheraus ab.

Sie beschlossen, auf Mehdis Spielchen einzugehen. Vielleicht gelang es ihnen, den Handel aufzudecken und Dadgar in Mißkredit zu bringen. Falls sich das Geschäft als solide erwies, könnten sie sich noch immer entschließen, zu zahlen.

Howell und Keane Taylor trafen sich mehrmals mit Mehdi. Der Buchhalter war ebenso fahrig wie Deep Throat und wollte während der Arbeitszeit in seinem Büro niemanden von EDS empfangen. Er traf sich frühmorgens oder spät abends mit ihnen, in seinem Haus oder in obskuren Seitenstraßen.

Am Ende kam nichts dabei heraus. Mehdi stellte Howell einen Anwalt vor, der behauptete, Dadgar nahezustehen. Der Anwalt verlangte kein Schmiergeld, lediglich die ihm zustehenden Gebühren. EDS versicherte sich seiner Dienste, doch beim nächsten Treffen sagte Dadgar zu ihnen: »Niemand steht mir besonders nahe. Wenn Ihnen jemand etwas anderes erzählt, so glauben Sie ihm nicht.«

Am dreißigsten Januar teilte Dadgar Howell mit, er sei an Abolfath Mahvi, dem iranischen Partner von EDS, interessiert. Howell bereitete ein Dossier über die Kooperation zwischen EDS und Mahvi vor. Howell war inzwischen zu der Überzeugung gelangt, daß Paul und Bill nichts anderes als Wirtschaftsgeiseln waren. Die Iraner wollten entweder das ihnen zugesagte computerisierte Sozialversicherungssystem oder ihr Geld zurück. Ersteres hieß, den Vertrag neu auszuhandeln, aber die neue Regierung war daran nicht interessiert und es war ohnehin unwahrscheinlich, daß sie lange genug im Amt sein würde, um Verhandlungen zum Abschluß zu bringen.

Howell konzentrierte sich also darauf, die dreizehn Millionen Dollar irgendwie aus Dallas nach Teheran zu bekommen.

*

Liz Coburn wurde fast verrückt vor Angst. Sie saß mit Toni und Bill Dvoranchik im Auto und fuhr mit ihnen zum *Royal Tokyo*.

Jay war ihr ein und alles, der Gedanke, ihn zu verlieren, war unerträglich. Sie rief häufig in Teheran an, erreichte ihn jedoch nie. Jeden Tag rief sie bei Merv Stauffer an und fragte: »Wann kommt Jay zurück? Geht es ihm auch gut? Wird er auch lebend dort herauskommen?« Merv versuchte sie zu beruhigen.

Die Dvoranchiks waren ihr eine große Hilfe und bemühten sich, sie von ihren Sorgen abzulenken.

»Was hast du heute gemacht?« fragte Toni.

»Einen Einkaufsbummel«, sagte Liz.

»Und hast du was gekauft?«

»Ja.« Liz brach in Tränen aus. »Ich habe ein schwarzes Kleid gekauft. Weil Jay nicht zurückkommt.«

Am zweiundzwanzigsten Januar meuterten Hunderte von *homafar* – junge Luftwaffenoffiziere – auf den Stützpunkten Dezful, Hamadan, Isfahan und Mashad und erklärten ihre Loyalität zu Ayatollah Khomeini.

Sicherheitsberater Zbigniew Brzezinski ging die Bedeutung dieses Ereignisses nicht auf, da er immer noch damit rechnete, daß die iranische Armee die islamische Revolution niederschlagen würde; auch Premier Schahpur Bakhtiar, der davon sprach, der revolutionären Herausforderung mit einem Minimum an Gewalt zu begegnen, ging sie nicht auf, und schon gar nicht dem Schah, der, statt in die USA zu gehen, in Ägypten blieb und immer noch darauf wartete, in der Stunde der Not in sein Land zurückgerufen zu werden.

Zu den wenigen Leuten, die die Bedeutung dieses Ereignisses richtig einschätzten, gehörten Botschafter William Sullivan und General Abbas Gharabaghi, der iranische Generalstabschef.

Sullivan meldete nach Washington, ein Gegenputsch zugunsten des Schahs sei ein reines Hirngespinst, die Revolution werde siegen und die US-Regierung täte besser daran, sich schon jetzt Gedanken zu machen, wie sie mit den neuen Gegebenheiten zurechtkommen wolle. Aus dem Weißen Haus kam eine barsche Antwort, die sogar andeutete, er verhielte sich dem Präsidenten gegenüber nicht loyal. Sullivan entschloß sich zum Rücktritt, doch seine Frau redete es ihm wieder aus: Er war für Tausende von Amerikanern verantwortlich, die sich noch im Iran aufhielten, und könne sie nicht im Stich lassen.

General Gharabaghi erwog ebenfalls zurückzutreten. Er war in einer unmöglichen Lage. Seinem Eid nach war er weder dem Parlament noch der Regierung des Irans zur Treue verpflichtet, sondern dem Schah persönlich – und der Schah war fort. Unter den gegenwärtigen Umständen stellte sich Gharabaghi auf den Standpunkt, daß die Armee der Verfassung von 1906 zur Treue verpflichtet sei, doch das hatte in der Praxis so gut wie keine Bedeutung. Theoretisch sollte das Militär die Regierung Bakhtiar unterstützen. Schon seit Wochen hatte sich Gharabaghi gefragt, ob er sich darauf verlassen könne, daß seine Soldaten die Befehle befolgen und für Bakhtiar gegen die revolutionären Kräfte kämpfen würden. Die Meuterei der *homafar* bewies, daß dem nicht so war. Er erkannte – anders als Brzezinski –, daß die Armee keine Maschine war, die man nach Belieben ein- und ausschalten konnte, sondern eine Ansammlung von Menschen, die ihre Sehnsüchte, den Zorn und die Wiederbesinnung auf die islamische Tradition mit dem Rest der Bevölkerung teilten. Auch die Soldaten wünschten sich eine Revolution. Gharabaghi schloß daraus, daß er seine Truppen nicht mehr unter Kontrolle hatte und entschied sich für den Rücktritt.

Am selben Tag, da er diese Absicht seinen Generalskollegen eröffnete, wurde Botschafter William Sullivan für sechs Uhr abends ins Büro von Premierminister Bakhtiar zitiert. Sullivan hatte durch US-General Dutch Huyser von Gharabaghis Rücktrittsabsichten gehört und vermutete, daß sich Bakhtiar mit ihm über dieses Thema unterhalten wolle.

Bakhtiar bat Sullivan, Platz zu nehmen, und sagte mit einem rätselhaften Lächeln: »*Nous serons trois.*« Wir werden zu dritt sein. Bakhtiar sprach mit Sullivan stets Französisch.

Ein paar Minuten später kam General Gharabaghi herein. Bakhtiar sprach von den Schwierigkeiten, die der Rücktritt des Generals nach sich ziehen würde. Gharabaghi begann seine Antwort auf Farsi, doch Bakhtiar bat ihn, französisch zu sprechen. Während der General redete, fingerte er in seiner Tasche an etwas herum, das wie ein Briefumschlag aussah: Sullivan vermutete, es handele sich dabei um sein Rücktrittsgesuch.

Bakhtiar wandte sich wiederholt mit der Bitte um Rückenstärkung an den amerikanischen Botschafter. Insgeheim war Sullivan auf Gharabaghis Seite, doch seine Befehle aus dem Weißen Haus lauteten, das Militär zur Unterstützung Bakhtiars anzuhalten. Daher trat er hartnäckig und wider besseres Wissen dafür ein, daß Gharabaghi im Amt bliebe. Nach einer halbstündigen Diskussion ging der General, ohne sein Rücktrittsgesuch abgegeben zu haben. Bakhtiar dankte Sullivan überschwenglich für seine Hilfe. Sullivan wußte, daß dabei nichts Gutes herauskommen würde.

Am vierundzwanzigsten Januar ließ Bakhtiar den Teheraner Flughafen schließen, um Khomeini an der Einreise zu hindern. Es war, als wolle man sich mit einem Regenschirm gegen eine Flutwelle schützen. Am sechsundzwanzigsten Januar töteten Soldaten bei einer Straßenschlacht in Teheran fünfzehn Pro-Khomeini-Demonstranten. Zwei Tage später bot Bakhtiar an, in Paris Gespräche mit dem Ayatollah zu führen. Das Anerbieten eines amtierenden Premierministers, einen exilierten Rebellen zu besuchen, war ein geradezu unglaubliches Eingeständnis von Schwäche. Und so sah es auch Khomeini: Er lehnte ab, mit Bakhtiar zu sprechen, solange dieser nicht zurückgetreten war.

Am neunundzwanzigsten Januar starben fünfunddreißig Menschen bei Kämpfen in Teheran und fünfzig weitere in anderen Teilen des Landes. Gharabaghi überging seinen Premierminister, verständigte sich mit den Aufständischen in Teheran und stimmte der Rückkehr des Ayatollah zu. Am dreißigsten Januar befahl Sullivan die Evakuierung sämtlichen untergeordneten Botschaftspersonals und dessen Angehöriger.

Am ersten Februar kehrte Khomeini zurück.

Der Jumbo der Air France landete um 9.15 Uhr morgens. Zwei Millionen Iraner waren gekommen, um den Ayatollah zu begrüßen. Noch auf dem Flughafen gab er seine erste öffentliche Erklärung ab: »Ich bete zu Gott, daß er allen schlechten Ausländern und ihren Helfern die Hände abhacken möge.«

Simons verfolgte die Ereignisse im Fernsehen und sagte zu Coburn: »Jetzt ist es soweit. Das Volk wird uns die Arbeit abnehmen. Der Mob wird das Gefängnis stürmen.«

9

Am Mittag des fünften Februar sah es so aus, als gelänge es John Howell, Paul und Bill frei zu bekommen.

Dadgar hatte erklärt, er würde die Zahlung der Kaution entweder in bar, als Bankgarantie oder als Anleihe auf verfügbares Eigentum akzeptieren. Bargeld kam überhaupt nicht in Frage: Niemand, der sich mit 12 750 000 Dollar im Koffer ins Chaos von Teheran wagte, würde lebendig in Dadgars Büro ankommen. Tom Walter schlug vor, Falschgeld zu benutzen, aber niemand wußte, woher man es bekam. Außerdem konnte Dadgar das Geld an sich nehmen, aber Paul und Bill trotzdem festhalten, indem er die Kaution entweder erhöhte oder die beiden unter einem neuen Vorwand wieder verhaften ließ.

Es mußte ein Schriftstück geben, das Dadgar das Geld und gleichzeitig Paul und Bill ihre Freiheit zusicherte. Tom Walter hatte in Dallas endlich eine Bank gefunden, die bereit war, ein Akkreditiv für die Kautionssumme auszustellen, aber Howell und Taylor hatten große Schwierigkeiten, eine iranische Bank zu finden, die das Akkreditiv akzeptierte und die von Dadgar geforderte Garantieerklärung ausstellte.

Tom Luce, Howells Chef, hatte sich inzwischen Gedanken über die dritte Möglichkeit, die Verpfändung von Eigentum, gemacht und kam mit einer ganz und gar abstrusen Idee an, die aber Aussicht auf Erfolg haben konnte: die Verpfändung der US-Botschaft in Teheran als Kaution für Paul und Bill.

Im Außenministerium war man zwar etwas zugänglicher geworden, aber so zugänglich nun auch wieder nicht. Aber man war bereit, eine Garantieerklärung der Regierung der Vereinigten Staaten abzugeben. Das allein war schon einzigartig: Die USA verbürgten sich für zwei inhaftierte Männer. Zuerst einmal veranlaßte Tom Walter die Bank, ein Akkreditiv in Höhe von 12 750 000 Dollar zugunsten des Außenministeriums auszustellen. Da dies eine auf die USA beschränkte Transaktion war, beanspruchte sie nur Stunden statt Tage. Sobald das Dokument im Besitz des Außenministeriums in Washington war, würde Botschaftsrat Charles Naas, William Sullivans Stellvertreter, eine diplomatische Note herausgeben, in der er zusicherte, daß sich Paul und Bill nach ihrer Freilassung für weitere Verhöre durch Dadgar zur Verfügung hielten, andernfalls werde die Botschaft die Kaution bezahlen. Dadgar besprach sich gerade mit Lou Goelz, dem Generalkonsul der Botschaft. Howell hatte man zu diesem Treffen nicht eingeladen; die Interessen von EDS vertrat Abolhasan.

Am Vortag hatte Howell ein vorbereitendes Gespräch mit Goelz geführt. Gemeinsam waren sie die Einzelheiten der Garantieerklärung durchgegangen, die Goelz langsam und deutlich vorlas. Goelz hatte sich geändert. Noch vor zwei Monaten hatte seine bürokratische Korrektheit Howell fast zur Weißglut getrieben, war es doch Goelz gewesen, der sich geweigert hatte, Paul und Bill ohne Wissen der iranischen Behörden ihre Pässe zurückzugeben. Jetzt schien er bereit, unkonventionelle Methoden anzuwenden. Vielleicht hatte das Leben inmitten einer Revolution den alten Knaben ein wenig flexibler gemacht.

Goelz hatte Howell mitgeteilt, daß die Entscheidung, Paul und Bill freizulassen, von Premierminister Bakhtiar getroffen würde, die Bedingungen dafür aber zuerst mit Dadgar geklärt werden müßten. Howell hoffte nur, Dadgar würde nicht querschießen, denn Goelz war nicht der Mann, bei Dadgar mit der Faust auf den Tisch zu hauen und ihn zur Räson zu bringen.

Es klopfte an der Tür, und Abolhasan kam herein.

Howell konnte ihm vom Gesicht ablesen, daß er schlechte Nachrichten brachte.

»Was ist passiert?«

»Er hat abgelehnt«, sagte Abolhasan. »Er wird die Garantieerklärung der US-Regierung nicht akzeptieren.«

»Hat er einen Grund dafür genannt?«

»Es gibt kein Gesetz, das ihm erlaubt, eine solche Erklärung als Kaution zu akzeptieren. Er braucht Bargeld, eine Bankgarantie –«

»Oder das Pfandrecht auf Eigentum, ich weiß.« Howell war wie betäubt. »Haben Sie irgend etwas über den Premierminister gesagt?«

»Ja. Goelz teilte ihm mit, wir würden mit unserem Vorschlag zu Bakhtiar gehen.«

»Was hat Dadgar darauf erwidert?«

»Er meinte, das sei typisch amerikanisch. Amerikaner versuchen immer, Lösungen zu finden, indem sie ihren Einfluß auf höchster Ebene geltend machen, ohne sich darum zu scheren, was an der Basis passiert. Außerdem meinte er noch, wenn es seinen Vorgesetzten nicht passe, wie er diesen Fall handhabe, dann könnten sie ihm die Sache entziehen, und darüber wäre er nur zu glücklich, denn sie hänge ihm längst zum Hals raus.«

Howell runzelte die Stirn. Was hatte das zu bedeuten? Erst vor kurzem war er zu dem Schluß gekommen, daß die Iraner im Endeffekt nur auf das Geld auswaren. Jetzt hatten sie es rundweg abgelehnt. Lag es tatsächlich daran, daß das Gesetz nicht ausdrücklich eine Regierungsgarantie als Kaution vorsah – oder war das nur eine Ausrede? Vielleicht stimmte es sogar. Der EDS-Fall war stets auch politisch gefärbt gewesen, und jetzt, da der Ayatollah zurückgekehrt war, konnte es durchaus sein, daß Dadgar davor zurückschreckte, sich auf irgend etwas einzulassen, das ihm als proamerikanisch ausgelegt werden könnte. Das Gesetz so zu interpretieren, als gestatte es eine dermaßen unübliche Kaution, könnte ihn in Schwierigkeiten bringen. Was würde passieren, wenn Howell doch noch mit einer juristisch einwandfreien Kaution durchkam? Hätte Dadgar dann sicheren Boden unter den Füßen? Oder würde er wieder eine neue Ausrede erfinden?

Es gab nur eine einzige Möglichkeit, das festzustellen.

10

IN DERSELBEN WOCHE, in der der Ayatollah in den Iran zurückkehrte, baten Paul und Bill um den Besuch eines Priesters.

Pauls Erkältung schien sich zu einer Bronchitis ausgewachsen zu haben. Er hatte nach dem Gefängnisarzt gefragt. Der Arzt sprach kein Englisch, doch Paul fiel es nicht schwer, seine Beschwerden zu erklären: Er hustete, und der Doktor nickte. Paul bekam Tabletten, wahrscheinlich Penicillin, und eine Flasche Hustensaft. Der Geschmack kam ihm erstaunlich bekannt vor, und er erinnerte sich plötzlich lebhaft an seine Kindheit: Er sah seine Mutter, wie sie ihm mit einem Löffel klebrigen Sirup aus einer altmodischen Flasche verabreichte. Dieses Zeug hier war genau das gleiche. Es linderte den Husten, aber seine Bronchien waren bereits angegriffen, und jedesmal, wenn er tief einatmete, durchfuhr ihn ein stechender Schmerz.

Er hatte einen Brief von Ruthie bekommen, den er immer wieder las. Es war ein ganz normaler Brief voller Neuigkeiten. Karen ging in eine neue Schule und hatte Anpassungsschwierigkeiten. Das kannte er schon. Bei jedem Schulwechsel hatte sie ein paar Tage lang Bauchweh. Ann Marie, seine jüngste Tochter, nahm alles viel leichter. Ruthie erzählte ihrer Mutter immer noch, Paul käme in vierzehn Tagen nach Hause, aber allmählich wurde die Geschichte unglaubwürdig, denn aus den zwei Wochen waren inzwischen zwei Monate geworden. Ruthie war ferner im Begriff, ein Haus zu kaufen, und Tom Walter half ihr bei den juristischen Einzelheiten. Wenn Ruthie seelisch litt, so schrieb sie jedenfalls nichts davon.

Keane Taylor war der häufigste Besucher im Gefängnis. Jedesmal gab er Paul ein Päckchen Zigaretten, in das er fünfzig oder hundert Dollar gestopft hatte. Paul und Bill benutzten das Geld, um sich Privilegien, wie zum Beispiel ein Bad, damit zu kaufen. Während eines Besuchs hatte der Wachmann für kurze Zeit den Raum verlassen, und Taylor händigte ihnen viertausend Dollar aus.

Bei einem anderen Besuch brachte Taylor Pater Williams mit. Williams war achtzig Jahre alt, und seine Oberen hatten ihm die Erlaubnis gegeben, Teheran der gefährlichen Lage wegen zu verlassen. Er hatte es vorgezogen, auf seinem Posten in der Katholischen Mission zu bleiben. Er erzählte Paul und Bill, die Situation sei nicht neu für ihn: Im Zweiten Weltkrieg sei er Missionar in China gewesen und habe die japanische Invasion und später die Revolution miterlebt, die Mao Tsetung an die Macht brachte. Er hatte selbst im Gefängnis gesessen und verstand daher, was Paul und Bill durchmachten.

Pater Williams' Besuch gab ihnen ebensoviel Auftrieb wie der von Ross Perot. Dies galt besonders für Bill, der religiöser war als Paul und sich hinterher stark genug fühlte, um die Ungewißheit zu ertragen. Bevor Pater Williams ging, erteilte er ihnen die Absolution. Bill wußte nicht, ob er lebend aus dem Gefängnis kommen würde. Jetzt aber fühlte er sich sogar imstande, dem Tod ins Auge zu sehen.

Am Freitag, dem neunten Februar 1979, kam es im Iran zur revolutionären Explosion.

In wenig mehr als einer Woche hatte Khomeini zerstört, was von der rechtmäßigen Regierung noch übriggeblieben war. Er hatte das Militär zur Meuterei und die Parlamentsmitglieder zum Rücktritt aufgefordert. Trotz der Tatsache, daß Bakhtiar noch offiziell Premierminister war, hatte er eine Übergangsregierung ernannt.

Seine Anhänger, die in Revolutionskomitees organisiert waren, hatten die Verantwortung für die Aufrechterhaltung von Recht, Ordnung und Müllabfuhr übernommen und über hundert islamische Genossenschaftsläden in Teheran eröffnet. Am achten Februar demonstrierten in der Stadt mindestens eine Million Menschen für den Ayatollah. Die Straßenschlachten zwischen versprengten Einheiten regierungstreuer Soldaten und Banden von Khomeini-Anhängern tobten ununterbrochen weiter.

Am neunten Februar schossen Formationen von *homafar* und Kadetten auf zwei Teheraner Luftwaffenstützpunkten – Doschen Toppeh und Farahabad – Salut für Khomeini. Das brachte die Djawidan-Brigade, die ehemalige Leibwache des Schahs, dermaßen in Rage, daß sie beide Stützpunkte angriff. Die *homafar* verbarrikadierten sich und schlugen die regierungstreuen Truppen zurück, wobei sie von Massen bewaffneter Revolutionäre unterstützt wurden, die sich innerhalb und in der Nähe der Stützpunkte aufhielten.

Einheiten der marxistischen Fedajin und der islamischen Modjahedin eilten nach Doschen Toppeh. Sie erbrachen das Arsenal und verteilten die Waffen wahllos an Soldaten, Guerillas, Revolutionäre, Demonstranten und Passanten.

Nachts um elf kehrte die Djawidan-Brigade in voller Stärke zurück. Khomeini-Anhänger im Militär warnten die Rebellen von Doschen Toppeh vor der anrückenden Brigade, und die Rebellen gingen zum Gegenangriff über, noch bevor die Brigade den Stützpunkt erreichte. Mehrere ranghohe Offiziere unter den Loyalisten fielen gleich zu Anfang der Schlacht. Die Kämpfe hielten die ganze Nacht über an und weiteten sich immer mehr aus.

Bis zum Mittag des folgenden Tages war fast die gesamte Stadt zum Schlachtfeld geworden.

*

An diesem Tag fuhren John Howell und Keane Taylor zu einem Treffen in die Stadt.

Howell war davon überzeugt, daß sie Paul und Bill nun innerhalb weniger Stunden freibekommen würden. Sie hatten die Zahlung der Kaution in die Wege geleitet.

Tom Walter hatte eine texanische Bank gefunden, die bereit war, ein Akkreditiv über 12 750 000 Dollar auf die New Yorker Zweigstelle der Bank Melli auszustellen. Es war geplant gewesen, daß die Teheraner Niederlassung der Bank Melli daraufhin eine Bankgarantie für das Justizministerium ausstellte. In Wirklichkeit war es ein bißchen anders gelaufen. Der stellvertretende Bankdirektor bei Melli, Haschemi-Sadr, hatte, wie vor ihm schon alle anderen Bankiers, erkannt, daß Paul und Bill Wirtschaftsgeiseln waren und daß EDS, befanden sich die beiden erst einmal auf freiem Fuße, vor jedem amerikanischen Gericht einwenden konnte, es handelte sich um Erpressungsgeld. Erpreßtes Geld aber brauchte nicht ausgezahlt zu werden. Wenn dies geschah, konnte die Bank Melli in New York das Akkreditiv nicht zur Zahlung vorlegen – doch Melli in Teheran würde das Geld an das iranische Justizministerium auszahlen müssen. Haschemi-Sadr sagte, er würde seine Meinung erst dann ändern, wenn ihm seine New Yorker Anwälte mitteilten, daß es EDS unmöglich wäre, die Auszahlung des Akkreditivs zu blockieren. Howell wußte ganz genau, daß kein vernünftiger amerikanischer Anwalt etwas Derartiges äußern würde.

Dann fiel Keane Taylor die Bank Omran ein. Er traf sich mit Farhad Bakhtiar, der nicht nur einer ihrer Topmanager, sondern gleichzeitig ein Verwandter von Premierminister Schahpur Bakhtiar war. Es stand außer Frage, daß der Premierminister jeden Tag gestürzt werden konnte, und Farhad hatte die Absicht, das Land zu verlassen. Das mochte der Grund dafür sein, daß er sich darüber, daß die 12 750 000 Dollar möglicherweise niemals ausgezahlt würden, weniger Sorgen machte als Haschemi-Sadr. Er hatte jedenfalls, aus welchem Grund auch immer, seine Unterstützung zugesagt.

Die Bank Omran hatte in den Staaten keine Niederlassung. Wie sollte EDS das Geld dann zahlen? Es wurde vereinbart, daß die Bank in Dallas ihr Akkreditiv bei der Bank-Omran-Niederlassung in Dubai hinterlegen solle, und zwar mittels eines Verfahrens, das »beglaubigtes Telex« genannt wurde. Dubai würde dann in Teheran anrufen und den Empfang des Akkreditivs bestätigen, worauf die Bank Omran in Teheran die Garantieerklärung für das Justizministerium ausstellen sollte.

Die Sache zog sich in die Länge. Jede Einzelheit der Vereinbarung mußte vom Aufsichtsrat und den Anwälten der Bank Omran abgesegnet werden, und jeder, der einen Blick darauf geworfen hatte, schlug kleine Veränderungen im Wortlaut vor. Diese Korrekturen mußten – auf Englisch und Farsi – nach Dubai und Dallas durchgegeben werden, dann wurde ein neues beglaubigtes Telex von Dallas nach Dubai gesandt, und Teheran erhielt eine telefonische Empfangsbestätigung.

Da das iranische Wochenende auf Donnerstag und Freitag fiel, blieben nur drei Arbeitstage, an denen beide Banken geöffnet hatten, und da Teheran Dallas um neuneinhalb Stunden voraus war, wurde zu keiner Tageszeit in beiden Banken gleichzeitig gearbeitet. Darüber hinaus wurde in den iranischen Banken häufig gestreikt. Die Folge war, daß die Korrektur von nur zwei Worten mitunter eine ganze Woche in Anspruch nahm.

Zuletzt mußte die Vereinbarung noch durch die iranische Zentralbank genehmigt werden. Und um diese Genehmigung zu bekommen, hatten sich Howell und Taylor am Samstag, dem zehnten Februar, auf den Weg gemacht.

Als sie morgens um 8.30 Uhr zur Bank Omran fuhren, war es relativ ruhig in der Stadt. Sie suchten Farhad Bakhtiar auf, der zu ihrem Erstaunen sagte, das Genehmigungsgesuch befände sich bereits bei der Zentralbank. Howell war hocherfreut: Zum erstenmal, seit er im Iran war, wurde etwas *vor* dem zugesagten Termin erledigt! Er übergab Farhad einige Papiere, darunter auch eine bereits unterschriebene Vereinbarung, und fuhr mit Taylor weiter zur Zentralbank.

Die Stadt erwachte jetzt zum Leben, und der Straßenverkehr war noch mörderischer als sonst. Doch die lebensgefährliche Fahrerei war eine von Taylors Stärken: Er raste durch die Straßen, wechselte ständig die Fahrspur, schnitt andere beim Überholen, wendete mitten auf Schnellstraßen und schlug so die iranischen Autofahrer mit ihren eigenen Waffen.

In der Zentralbank mußten sie lange auf einen Mr. Farhang warten, der die Genehmigung erteilen sollte. Endlich streckte er den Kopf aus seiner Bürotür und sagte, die Genehmigung sei bereits gegeben und an die Bank Omran weitergeleitet worden.

Großartig!

Sie setzten sich wieder ins Auto und fuhren zur Bank Omran zurück. Jetzt merkten sie, daß in einigen Teilen der Stadt erbittert gekämpft wurde. Ununterbrochen knallten Schüsse, und von brennenden Gebäuden stiegen Rauchfahnen auf. Die Bank lag einem Krankenhaus gegenüber, in das die Toten und Verwundeten aus den umkämpften Gebieten gebracht wurden – in Personenwagen, Lieferwagen und Bussen, an deren Antennen weiße Tücher geknüpft waren, um den Notfall zu signalisieren. Die Fahrer hupten ohne Unterlaß. Die Straße war schwarz von Menschen, die Blut spenden, Verwundete besuchen oder Tote identifizieren wollten.

Das Kautionsproblem war keine Sekunde zu früh gelöst worden. Jetzt waren nicht nur Paul und Bill, sondern auch Howell, Taylor und alle anderen in höchster Gefahr. Sie mußten schnellstens aus dem Iran verschwinden.

Howell und Taylor betraten die Bank und suchten Farhad auf. »Die Zentralbank hat dem Vertrag zugestimmt«, sagte Howell zu ihm.

»Ich weiß.«

»Ist die schriftliche Genehmigung in Ordnung?«

»Alles klar.«

»Dann geben Sie uns bitte die Garantieerklärung der Bank, damit wir sie sofort ins Justizministerium bringen können.«

»Heute nicht mehr.«

»Warum nicht?«

»Unser Anwalt, Dr. Emami, hat sich das Akkreditiv noch einmal angesehen und wünscht, einige geringfügige Änderungen vorzunehmen.«

»Das darf doch nicht wahr sein«, murmelte Taylor.

Farhad sagte: »Ich muß für eine Woche nach Genf.«

Für immer hätte glaubhafter geklungen.

»Meine Kollegen werden sich um Sie kümmern, und wenn Probleme auftauchen, rufen Sie mich einfach in der Schweiz an.«

Howell schluckte seinen Ärger hinunter. Farhad wußte ganz genau, daß die Dinge so einfach nicht lagen: War er erst einmal fort, würde alles noch viel schwieriger. Aber ein Zornesausbruch half ihnen jetzt auch nicht weiter, daher fragte Howell lediglich: »Um was für Änderungen geht es?« Farhad ließ Dr. Emami rufen.

»Ich brauche auch noch die Unterschriften zweier weiterer Bankdirektoren«, sagte Farhad. »Die kann ich morgen nach der Aufsichtsratssitzung bekommen. Und ich muß die Referenzen der National Bank of Commerce in Dallas überprüfen.«

»Und wie lange wird das dauern?«

»Nicht lange. Meine Assistenten werden das während meiner Abwesenheit erledigen.«

Dr. Emami zeigte Howell, welche Änderungen er im Wortlaut des Kreditbriefs vorgeschlagen hatte. Howell stimmte ihnen ohne Zögern zu, aber das neu ausgestellte

Akkreditiv würde wiederum die zeitraubende Prozedur der Übertragung von Dallas nach Dubai und von Dubai nach Teheran durchlaufen müssen.

»Hören Sie«, sagte Howell. »Versuchen wir doch, das alles *heute noch* zu erledigen. Sie können die Referenzen der Bank in Dallas *jetzt gleich* nachprüfen. Wir können zu diesen beiden Bankdirektoren gehen – egal, wo sie gerade zu finden sind – und ihre Unterschriften *noch heute nachmittag* bekommen. Wir können in Dallas anrufen, die Wortlautänderungen durchgeben und das Fernschreiben *sofort* aufgeben lassen. Dubai könnte es Ihnen schon *heute nachmittag* bestätigen ...«

»In Dubai ist heute Feiertag«, sagte Farhad.

»Na gut, dann bestätigt Dubai eben morgen früh ...«

»Morgen wird gestreikt. Morgen ist niemand hier.«

»Gut, am Montag ...«

Das Gespräch wurde von Sirenengeheul unterbrochen. Eine Sekretärin schaute herein und sagte etwas auf Farsi. »Heute fängt die Ausgangssperre früher an«, übersetzte Farhad.

»Wir müssen jetzt alle gehen.«

Howell und Taylor sahen sich sprachlos an. Zwei Minuten später waren sie allein im Zimmer. Es hatte wieder nicht geklappt.

*

An diesem Abend sagte Simons zu Coburn: »Morgen ist es soweit.«

Jetzt spinnt er total, dachte Coburn.

*

Am Morgen des elften Februar, einem Sonntag, traf sich das Verhandlungsteam wie üblich in den EDS-Büros im Bukarest. John Howell und Abolhasan gingen pünktlich zu einem für elf Uhr im Gesundheitsministerium anberaumten Treffen mit Dadgar. Die anderen – Keane Taylor, Bill Gayden, Bob Young und Rich Gallagher – beobachteten vom Dach aus die brennende Stadt.

Das Bukarest war kein besonders hohes Gebäude, aber da es an einem Abhang der im Norden Teherans gelegenen Hügelkette stand, sah man vom Dach aus die Stadt wie auf einem ausgebreiteten Tischtuch vor sich liegen. Im Süden und Osten, wo sich erst kürzlich errichtete Wolkenkratzer über die niedrigen Villen und Elendsviertel erhoben, stiegen riesige Rauchwolken in den Dunst, und Kampfhubschrauber schwirrten dröhnend über den Brandherden wie Wespen um ein Honigglas. Einer der iranischen EDS-Chauffeure brachte ihnen ein Transistorradio aufs Dach und stellte einen Sender ein, der von den Revolutionären übernommen worden war. Anhand der von dem Fahrer übersetzten Nachrichten versuchten sie, die brennenden Gebäude zu identifizieren.

Keane Taylor, der heute nicht einen seiner eleganten dreiteiligen Anzüge, sondern Jeans und Cowboystiefel trug, ging hinunter, um einen Anruf entgegenzunehmen. Es war der Cycle Man.

»Sie müssen sofort weg«, sagte der Cycle Man zu Taylor. »Verlassen Sie das Land so schnell wie möglich.«

»Sie wissen, daß das nicht geht«, erwiderte Taylor. »Ohne Paul und Bill können wir hier nicht weg.«

»Dann wird es brandgefährlich für Sie.«

Taylor hörte, daß am anderen Ende der Leitung eine Schlacht tobte. »Wo, zum Teufel, sind Sie überhaupt?«

»Am Basar«, sagte der Cycle Man. »Ich mache hier Molotowcocktails. Heute morgen haben sie Hubschrauber geschickt, und jetzt haben wir rausgefunden, wie wir sie abschießen können. Wir haben schon vier Panzer in Brand gesteckt.«

Die Verbindung wurde unterbrochen.

Unglaublich, dachte Taylor und legte den Hörer auf.

Mitten in einer Schlacht fallen ihm seine amerikanischen Freunde ein, und er warnt sie per Telefon. Diese Iraner sind doch immer wieder für Überraschungen gut.

Er kehrte aufs Dach zurück.

»Schau dir das an«, sagte Bill Gayden zu ihm. Gayden war ebenfalls auf Freizeitkleidung umgestiegen: Sie taten nicht einmal mehr so, als würden sie arbeiten. Er deutete auf eine Rauchsäule im Osten. »Wenn das nicht das Gasr-Gefängnis ist, was da brennt, dann isses verdammt nah dran.«

Taylor kniff die Augen zusammen. »Schwer zu sagen.«

»Ruf bei Dadgar im Gesundheitsministerium an«, sagte Gayden zu ihm. »Howell müßte inzwischen schon dort sein. Sag ihm, Dadgar soll Paul und Bill sicherheitshalber in die Obhut der Botschaft überführen lassen. Wenn wir sie dort nicht rauskriegen, verbrennen sie noch.«

*

John Howell hatte eigentlich nicht damit gerechnet, daß Dadgar die Verabredung einhalten würde. Teheran war ein einziges Schlachtfeld, und die Untersuchung eines Korruptionsfalls aus der Schahzeit kam ihm jetzt höchst akademisch vor. Aber Dadgar saß tatsächlich in seinem Büro und erwartete ihn. Was, zum Teufel, motiviert den eigentlich? fragte Howell sich. Besessenheit? Haß auf die Amerikaner? Furcht vor der künftigen Revolutionsregierung?

Dadgar hatte Howell Fragen zur Zusammenarbeit zwischen EDS und Mahvi gestellt, und Howell hatte ihm ein vollständiges Dossier versprochen. Dadgar, der das Dokument für seine mysteriösen Zwecke dringend benötigte, hatte die Unterlagen ein paar Tage später bei Howell angemahnt und gesagt: »Ich kann die Leute auch hier verhören, um mir die Informationen zu besorgen, die ich brauche.« Für Howell klang das wie die Drohung, weitere EDS-Manager zu verhaften.

Howell hatte einen zwölfseitigen Bericht auf englisch zusammengestellt und einen Begleitbrief in Farsi dazugelegt, den Dadgar gerade las. Abolhasan übersetzte, was er dazu sagte: »Die Kooperationsbereitschaft Ihrer Firma bereitet den Boden für einen Wandel in meiner Einstellung zum Fall Chiapparone/Gaylord. Unsere Gesetzbücher sehen mildernde Umstände für diejenigen vor, die bereitwillig aussagen.«

Es war die reinste Farce. Sie konnten innerhalb der nächsten Stunden allesamt ums Leben kommen – und dieser Dadgar saß da und quatschte seelenruhig über eventuell anwendbare Bestimmungen des Gesetzes!

Abolhasan begann mit der mündlichen Übersetzung des Dossiers. Howell wußte sehr wohl, daß es nicht gerade einer der klügsten Schachzüge von EDS gewesen war, Mahvi als iranischen Partner zu wählen: Mahvi hatte der Firma zwar ihren ersten kleinen Auftrag im Iran verschafft, war dann jedoch vom Schah auf die schwarze Liste gesetzt worden und hatte bei dem Vertrag mit dem Gesundheitsministerium nichts als Schwierigkeiten gemacht. Wie dem auch war, EDS hatte nichts zu verbergen. Tom Luce, Howells Chef, hatte sogar – eifrig darauf bedacht, EDS von jeglichem Verdacht zu befreien – Einzelheiten aus der Verbindung mit Mahvi an die American Securities Exchange Commission weitergegeben, so daß vieles aus dem Dossier ohnehin schon kein Geheimnis mehr war.

Das Telefon klingelte, und Abolhasan unterbrach seine Übersetzung. Dadgar nahm ab, reichte dann den Hörer an Abolhasan weiter, und der sagte einen Augenblick später: »Es ist Keane Taylor.«

Kurze Zeit später legte er auf und wandte sich an Howell.

»Keane ist im Bukarest aufs Dach gestiegen. Er sagt, daß es in der Nähe des Gasr-Gefängnisses brennt. Wenn der Mob das Gefängnis angreift, könnte Paul und Bill etwas zustoßen. Er schlägt vor, Dadgar zu fragen, ob sie nicht in der amerikanischen Botschaft besser aufgehoben wären.«

»In Ordnung«, sagte Howell. »Fragen Sie ihn.«

Er wartete ab, während Abolhasan und Dadgar sich besprachen.

Schließlich sagte Abolhasan: »Unsere Gesetze schreiben vor, daß sie in einem iranischen Gefängnis bleiben müssen. Und die amerikanische Botschaft ist nun mal kein iranisches Gefängnis.«

Es wurde immer verrückter. Das Land stand kurz vor dem Zusammenbruch, und Dadgar blätterte immer noch in seinen Gesetzbüchern. »Fragen Sie ihn«, sagte Howell, »wie er sich dann für die Sicherheit zweier amerikanischer Staatsbürger verbürgen kann, die keines Verbrechens beschuldigt worden sind.«

»Kümmern Sie sich nicht drum«, war Dadgars Antwort. »Das schlimmste, was passieren kann, ist, daß das Gefängnis gestürmt wird.«

»Und was passiert, wenn es dem Mob einfällt, Amerikaner anzugreifen?«

»Chiapparone wird wohl nichts zustoßen – er könnte jederzeit als Iraner durchgehen.«

»Na großartig«, sagte Howell. »Und Gaylord?«

Dadgar zuckte die Achseln.

*

An diesem Morgen ging Raschid sehr früh aus dem Haus.

Seine Eltern und Geschwister hatten vor, heute keinen Fuß vor die Tür zu setzen, und drängten darauf, daß er ebenfalls zu Hause blieb. Er hörte nicht auf sie. Er wußte, daß es auf den Straßen gefährlich war, aber er konnte sich doch nicht verkriechen, während seine Landsleute Geschichte machten! Außerdem hatte er das Gespräch mit Simons keinesfalls vergessen.

Er war eben impulsiv: Am Freitag war er auf dem Luftwaffenstützpunkt Farahabad in einen Zusammenstoß zwischen den *homafar* und der loyalen Djawidan-Brigade geraten. Spontan war er in die Waffenkammer gegangen und hatte Gewehre verteilt. Nach einer halben Stunde fand er es langweilig und verschwand einfach wieder.

Am selben Tag hatte er zum erstenmal einen Toten gesehen. Er hielt sich gerade in einer Moschee auf, als ein von Soldaten erschossener Busfahrer hereingetragen wurde. Ohne nachzudenken, hatte er das Tuch über dem Gesicht des Toten zurückgeschlagen. Der Kopf war zertrümmert, eine einzige Mischung aus Blut und Hirnmasse. Es war scheußlich und kam ihm wie eine Warnung vor, aber Raschid war nicht in der Stimmung, darauf zu achten. Die Ereignisse spielten sich auf den Straßen ab, und er mußte unbedingt dabeisein.

An diesem Morgen schien die Atmosphäre elektrisch geladen. Überall kam es zu Menschenansammlungen. Unzählige Männer und Halbwüchsige schleppten Repetiergewehre mit sich herum. Raschid, der eine flache Mütze und ein Polohemd trug, mischte sich unter sie, spürte die Erregung der Masse. An einem solchen Tag war einfach alles möglich.

Seine Generalrichtung war der Weg zum Bukarest. Dort wartete Arbeit auf ihn: die Verhandlungen mit zwei Reedereien, die die Habseligkeiten der evakuierten EDS-Angehörigen in die Staaten verschiffen sollten, und die zurückgelassenen Hunde und Katzen, die gefüttert werden mußten. Die Vorgänge auf der Straße ließen ihn seine Meinung ändern. Es ging das Gerücht, gestern abend sei das Evin-Gefängnis gestürmt worden; heute konnte das Gasr-Gefängnis an der Reihe sein.

Raschid wünschte, er hätte ebenfalls ein Gewehr.

Er kam an einem Militärgebäude vorbei, das aussah, als hätte der Mob darin gehaust. Es war ein fünfstöckiger Kasten mit einem Waffenlager und einem Rekrutierungsbüro. Dort arbeitete Malek, ein Freund von ihm. Raschid kam der Gedanke, Malek könnte in Schwierigkeiten sein. Wenn er heute früh zur Arbeit erschienen war, trug er gewiß seine Uniform – und das war inzwischen schon Grund genug, ihn umzulegen. Ich könnte ihm mein Hemd borgen, dachte Raschid und betrat spontan das Gebäude.

Er bahnte sich einen Weg durch die Menschenmenge im Erdgeschoß und gelangte zur Treppe. Ansonsten schien das Haus leer zu sein. Während er die Treppe hinaufging, fiel ihm ein, die Soldaten könnten sich in den oberen Stockwerken verbergen; dann würden sie auf jeden schießen, der heraufkam. Trotzdem ging er weiter. Unangefochten erreichte er die oberste Etage. Malek war nicht da. Es war überhaupt niemand da. Die Armee hatte vor dem Mob kapituliert.

Raschid ging wieder hinunter. Die Menge drängte sich um den Eingang zum Waffenarsenal im Kellergeschoß, aber keiner traute sich hinein. Raschid fragte: »Ist die Tür abgeschlossen?«

»Sie ist vielleicht mit einer Sprengladung gesichert«, gab einer zu bedenken.

»Das glaube ich nicht«, sagte Raschid und öffnete die Tür.

Er ging die Treppe hinunter.

Das Kellergeschoß war in zwei Räume aufgeteilt, die durch einen Bogengang verbunden waren. Direkt unter der Decke, auf gleicher Höhe mit der Straße, befanden sich schmale Luken, durch die spärliches Licht drang. Der Fußboden war mit schwarzen Mosaikfliesen gekachelt. In dem einen Raum standen offene Kisten voller Munition herum, im anderen lagerten Maschinengewehre vom Typ G3.

Nun trauten sich auch die Leute hinter ihm in den Keller hinunter.

Raschid griff sich drei Maschinengewehre und einen Beutel Patronen und verschwand. Kaum war er auf der

Straße, wurde er von allen Seiten um Waffen bestürmt. Er gab zwei Gewehre und einen Teil der Munition ab.

Dann machte er sich auf den Weg zum Gasr-Platz. Ein Teil der Menge folgte ihm.

Unterwegs kamen sie an einer Kaserne vorbei, die noch umkämpft wurde. Eine Stahltür in der hohen Backsteinmauer, die das Gelände umgab, war niedergewalzt worden. Es sah aus, als sei dort ein Panzer durchgebrochen; das Mauerwerk war auf beiden Seiten eingestürzt. Quer zur Einfahrt stand ein brennendes Auto.

Raschid ging um den Wagen herum und betrat das Gelände. Er gelangte auf einen großen Kasernenhof, umgeben von einigen Männern, die mehr recht als schlecht auf ein mehrere hundert Meter entferntes Gebäude ballerten. Raschid ging hinter einer Mauer in Deckung. Die Männer, die ihm gefolgt waren, beteiligten sich sofort an der Schießerei. Er selbst bewahrte seine Munition für später auf. Keiner der Schützen zielte richtig. Sie versuchten lediglich, den Soldaten Angst einzujagen. Irgendwie wirkte die Schlacht direkt komisch. So hatte Raschid sich die Revolution nicht vorgestellt: Eine bunt zusammengewürfelte Menschenmenge mit Gewehren, die sie kaum zu bedienen wußte, spazierte an einem Sonntagmorgen durch die Gegend, ballerte auf irgendwelche Mauern und traf lediglich auf halbherzigen Widerstand unsichtbarer Truppen. Urplötzlich fiel ein Mann neben ihm tot zu Boden.

Das ging so schnell, daß Raschid nicht einmal sah, wie er umfiel. Gerade eben hatte er noch einen Meter neben Raschid gestanden und aus seinem Gewehr gefeuert – im nächsten Moment lag er schon mit zerschossenem Schädel am Boden.

Sie trugen die Leiche aus dem Hof. Irgend jemand organisierte einen Jeep. Sie legten den Toten hinein, der Wagen fuhr mit unbekanntem Ziel davon. Raschid wandte sich wieder dem Kampfgeschehen zu.

Ohne ersichtlichen Grund wurde zehn Minuten später

aus einem der Fenster des beschossenen Gebäudes ein Stück Holz mit einem daran festgeknoteten weißen Unterhemd geschwenkt. Die Soldaten ergaben sich.

Einfach so.

Plötzlich war die Spannung weg.

Das ist meine Chance, dachte Raschid.

War man erst einmal mit der Psyche der Menschen vertraut, dann war es leicht, sie zu manipulieren. Man brauchte sie nur zu beobachten, sich in ihre Lage zu versetzen und dann auf ihre Wünsche zu schließen. Diese Leute hier, entschied Raschid, wollen Abenteuer und Aufregung. Zum erstenmal in ihrem Leben haben sie ein Gewehr in der Hand, jetzt brauchen sie nur noch ein Ziel, irgendein Symbol für das Regime des Schahs.

Im Augenblick standen sie unschlüssig herum und wußten nicht weiter.

»Hört mal zu!« brüllte Raschid.

Alle hörten zu – sie hatten ohnehin nichts Besseres zu tun.

»Ich gehe jetzt zum Gasr-Gefängnis!«

Irgendwer johlte.

»Die, die dort drinsitzen, sind Gefangene des Regimes – und wenn wir gegen das Regime sind, dann müssen wir sie befreien!«

Zustimmende Rufe aus der Menge.

Raschid setzte sich in Bewegung.

Und sie folgten ihm.

Mit dieser Einstellung, dachte Raschid, laufen sie jedem nach, der tut, als wüßte er, wo's langgeht.

Anfangs bestand seine Gefolgschaft aus zwölf bis fünfzehn Männern und Knaben, unterwegs gesellten sich immer mehr dazu: Wer immer kein eigenes Ziel hatte, schloß sich ihnen automatisch an.

Raschid war ein Revolutionsführer geworden.

Nichts war unmöglich.

Kurz vor dem Gasr-Platz machte er halt und hielt eine

Ansprache an seine Truppen. »Die Gefängnisse müssen in die Hände des Volkes übergehen, ebenso wie die Kasernen und Polizeiwachen. Und dafür sind wir zuständig. Im Gasr-Gefängnis gibt es Leute, die sich nichts haben zuschulden kommen lassen. Sie sind genauso unschuldig wie wir – es sind unsere Brüder und Vettern. Und genauso wie wir wollen sie nichts als ihre Freiheit. Und sie waren mutiger als wir, denn sie haben ihre Freiheit vom Schahregime gefordert und sind deswegen eingelocht worden. Jetzt werden wir sie befreien!«

Die Menge war begeistert.

Ein Satz von Simons fiel ihm ein: »Das Gasr-Gefängnis ist unsere Bastille!«

Die Begeisterung kannte keine Grenzen mehr.

Raschid drehte sich um und rannte über den Platz.

An der Straßenecke gegenüber dem riesigen Gefängnistor ging er in Deckung. Er sah, daß sich auf dem Platz bereits eine ansehnliche Menschenmenge versammelt hatte; vermutlich würde das Gefängnis heute ohnehin gestürmt, ob nun mit ihm oder ohne ihn. Aber es kam darauf an, Paul und Bill zu helfen.

Er hob sein Gewehr und gab einen Schuß in die Luft ab. Die Menschen liefen auseinander, das Gefecht begann.

Auch diesmal war der Widerstand nur halbherzig. Lediglich ein paar Wachen hinter den Schießscharten oben in der Mauer und an den Fenstern neben dem Tor erwiderten das Feuer. Soweit Raschid es beurteilen konnte, gab es weder auf der einen noch auf der anderen Seite Opfer. Wie schon zuvor endete auch dieses Scharmützel nicht schlagartig, sondern verlief ganz einfach im Sand: Die Wachposten verschwanden, und die Schießerei hörte auf.

Raschid wartete sicherheitshalber ein paar Minuten, dann rannte er quer über den Platz zum Gefängnistor.

Es war verschlossen.

Die Menge versammelte sich um ihn. Irgendeiner feuerte eine Salve auf das Tor ab, wollte das Schloß aufschießen. Raschid dachte: Der hat wohl zu viele Cowboyfilme gesehen. Ein anderer brachte irgendwoher eine Brechstange an, aber es erwies sich als unmöglich, das Tor aufzustemmen. Wir müßten mit Dynamit ran, dachte Raschid.

Neben dem Tor war ein kleines, vergittertes Fenster in die Backsteinmauer eingelassen, das es den Wachen ermöglichte, nachzusehen, wer draußen stand. Raschid schlug das Fenster mit seinem Gewehrkolben ein und machte sich daran, die Gitterstäbe aus dem Mauerwerk zu brechen. Der Mann mit dem Stemmeisen half ihm dabei, dann drängten sich noch drei oder vier andere dazu, versuchten, die Stäbe mit ihren bloßen Händen, ihren Gewehrkolben und allem, dessen sie habhaft werden konnten, zu lockern. Es dauerte nicht lange, und die Stäbe polterten zu Boden.

Raschid zwängte sich durch die Fensteröffnung.

Er befand sich in einem kleinen Wachraum. Die Aufseher waren nicht zu sehen. Er streckte seinen Kopf durch die Tür. Niemand. Er überlegte, wo die Schlüssel zu den Zellentrakten sein könnten, verließ das Zimmer und fand auf der anderen Seite des Tores einen zweiten Wachraum. Dort lag ein großer Schlüsselbund.

Er kehrte zum Tor zurück. In einen der Flügel war eine kleinere Tür eingelassen, die durch einen einfachen Riegel gesichert war. Raschid schob ihn beiseite und öffnete die Tür.

Der Mob drängte herein.

Raschid trat zur Seite. Er drückte jedem, der wollte, einen Schlüssel in die Hand und sagte: »Schließt die Zellen auf und laßt alle heraus.«

Sie drängten sich an ihm vorbei. Seine Karriere als Revolutionsführer war beendet. Er hatte sein Ziel erreicht. Er, Raschid, hatte den Sturm auf das Gasr-Gefängnis angeführt! Wieder einmal war ihm das Unmögliche gelungen.

Jetzt mußte er nur noch Paul und Bill unter den elftausendachthundert Gefängnisinsassen ausfindig machen.

*

Bill erwachte um sechs Uhr. Alles war ruhig.
 Überrascht stellte er fest, daß er gut geschlafen hatte. Eigentlich hatte er nicht geglaubt, überhaupt schlafen zu können. Das letzte, an das er sich erinnern konnte, waren Geräusche von draußen, die sich nach einer regelrechten Schlacht anhörten. Wenn man nur müde genug ist, dachte er, kann man wahrscheinlich überall schlafen. Soldaten schlafen sogar in Schützenlöchern. Man gewöhnt sich an alles. Egal, wieviel Angst man hat – am Ende fordert der Körper sein Recht, und man nickt ein.
 Er betete einen Rosenkranz.
 Er wusch und rasierte sich, putzte die Zähne und zog sich an. Dann setzte er sich ans Fenster, wartete auf das Frühstück und fragte sich, was EDS wohl heute vorhatte.
 Paul wachte gegen sieben Uhr auf. Er sah zu Bill hinüber und sagte: »Konntest wohl nicht schlafen?«
 »Freilich hab' ich geschlafen«, sagte Bill. »Ich bin erst seit ungefähr einer Stunde auf.«
 »Ich hab' nicht gut geschlafen. Die Schießerei ging fast die ganze Nacht durch.« Paul stand auf und ging ins Badezimmer.
 Wenig später kam das Frühstück: Brot und Tee. Bill öffnete eine Dose Orangensaft, die Keane Taylor ihnen mitgebracht hatte.
 Gegen acht fing die Knallerei wieder an.
 Die Gefängnisinsassen stellten Spekulationen darüber an, was draußen wohl vor sich ging, doch keiner wußte etwas Genaues. Alles, was sie sehen konnten, waren Helikopter, die durch die Luft schwirrten und offensichtlich die Stellungen der Revolutionäre beschossen. Jedesmal, wenn einer von ihnen über das Gefängnis flog, hielt Bill

nach einer Strickleiter Ausschau, die aus dem Himmel in den Hof des Gefängnistrakts Nr. 8 hinabgelassen wurde. Ein ständig wiederkehrender Tagtraum. Manchmal malte er sich auch aus, wie eine kleine Gruppe von EDS-Leuten, angeführt von Coburn und einem älteren Mann, mit Strickleitern über die Gefängnismauer kamen; oder wie eine starke Einheit der amerikanischen Armee in letzter Minute mit Dynamit ein riesiges Loch in die Mauer sprengte.

Aber er hatte mehr vollbracht, als nur vor sich hin zu träumen. In seiner ruhigen, unverfänglichen Art hatte er jeden Zentimeter des Gebäudes und des Hofes inspiziert und den schnellsten Fluchtweg unter allen erdenklichen Begleitumständen abgeschätzt. Er wußte, wie viele Wachmänner es gab und wie viele Gewehre sie hatten. Was immer auch passieren mochte, er war bereit.

Es schien fast so, als sei heute der Tag X.

Die Wärter hielten sich nicht an den regulären Tagesablauf, der in einem Gefängnis alles bestimmt. Ein Gefangener, der ohnehin nichts anderes zu tun hatte, brauchte nur wenig Beobachtungsgabe, um rasch mit der Tageseinteilung vertraut zu werden. Und heute war eben alles anders. Die Wächter wirkten nervös, standen flüsternd in Ecken herum und hasteten ziellos umher. Das Schlachtgetöse von draußen nahm zu. Konnte ein solcher Tag enden wie jeder andere auch? Vielleicht können wir fliehen, dachte Bill, vielleicht werden wir aber auch getötet – aber eins tun wir heute abend bestimmt nicht: einfach den Fernseher abdrehen und uns in unsere Kojen verkriechen. Gegen halb elf sah er, wie die meisten Offiziere über das Gefängnisgelände gen Norden gingen, als wollten sie zu einem Treffen. Eine halbe Stunde später kamen sie zurückgehastet. Der Major, dem Gebäude Nummer acht unterstand, begab sich in sein Büro. Ein paar Minuten später tauchte er wieder auf – in Zivil! Er trug ein unförmiges Paket – seine Uniform? – und verließ das

Gebäude. Bill beobachtete durch das Fenster, wie er das Paket im Kofferraum seines BMW verstaute, der außerhalb des Hofs vor dem Zaun geparkt war, dann einstieg und davonfuhr.

Was hatte das zu bedeuten? Würden sich womöglich alle Offiziere aus dem Staub machen?

Das Mittagessen kam schon vor zwölf Uhr. Paul aß mit Appetit, Bill hatte keinen Hunger. Die Schüsse schienen nun ganz in der Nähe zu fallen, und von den Straßen drangen Geschrei und Gesang zu ihnen herauf.

Drei der Aufseher von Trakt Nummer acht trugen plötzlich Zivil.

Das *mußte* das Ende sein.

Paul und Bill gingen in den Hof hinunter. Die Insassen der psychiatrischen Abteilung schrieen wie am Spieß. Jetzt feuerten die Wächter von den Türmen auf die Straße hinunter. Das Gefängnis wurde offenbar angegriffen.

Ist das nun gut oder schlecht für uns? fragte sich Bill. Wußte EDS, was hier vorging? Gehörte es vielleicht sogar zu Coburns Plänen? Zwei Tage lang hatten sie keinen Besuch gehabt. Waren die anderen alle in die Staaten zurückgeflogen? Lebten sie überhaupt noch?

Der Posten, der sonst immer am Hoftor Wache schob, war weg und das Tor stand offen!

Wollten die Wärter vielleicht, daß die Gefangenen sich aus dem Staub machten?

Auch in anderen Zellentrakten mußten die Türen offenstehen, denn jetzt hatten sich zu den auf dem Gelände herumlaufenden Aufsehern auch Gefangene gesellt. Kugeln pfiffen durch die Bäume und prallten an den Hausmauern ab.

Eine Patronenhülse landete direkt vor Pauls Füßen.

Sie erstarrten.

Jetzt feuerten die Wachen von den Türmen auf das Gefängnisgelände.

Paul und Bill machten kehrt und rannten ins Gebäude

Nummer acht zurück. Dort stellten sie sich ans Fenster und beobachteten das wachsende Chaos auf dem Gelände. Es war der reinste Witz: Wochenlang hatten sie nichts anderes als ihre Freiheit im Sinn gehabt, und jetzt, da sie zum Greifen nahe war, zögerten sie.

»Was meinst du, was wir tun sollen?« fragte Paul.

»Ich weiß nicht. Wo ist es gefährlicher – hier drin oder da draußen?«

Paul zuckte mit den Schultern.

»Guck mal, da kommt unser Milliardär.« Sie sahen, wie der reiche Häftling aus ihrem Trakt – der mit dem Privatzimmer, der sich die Mahlzeiten von draußen bringen ließ – mit zweien seiner Diener das Gelände überquerte. Er hatte seinen üppigen Kaiser-Wilhelm-Schnurrbart abrasiert. Statt seines nerzverbrämten Kamelhaarmantels trug er nur Hemd und Hose: Er hatte abgetakelt, reiste mit leichtem Gepäck, wollte schnell vorankommen. Er wandte sich nach Norden. Hieß das, es gab noch einen Hinterausgang?

Die Wachen aus Gebäude Nummer acht überquerten, alle in Zivil, den kleinen Hof und gingen durchs Tor.

Jedermann verdrückte sich, nur Paul und Bill zögerten noch immer.

»Siehst du das Motorrad dort?« fragte Paul.

»Ja.«

»Damit könnten wir abhauen. Ich hab' früher mal eines gefahren.«

»Und wie bringen wir's über die Mauer?«

»Ach so.« Paul lachte über seine eigene Torheit.

Ihr Zellengenosse hatte ein paar große Taschen gefunden und fing an zu packen. Bill wollte auch weg, einfach raus hier, egal, ob das nun zum EDS-Plan gehörte oder nicht. Die Freiheit war nahe, aber draußen flogen Kugeln durch die Luft, und der Mob, der das Gefängnis stürmte, konnte Amerikanern gegenüber durchaus feindlich eingestellt sein. Andererseits war es möglich, daß Paul und

Bill ihre letzte Fluchtmöglichkeit vertaten, falls die da oben die Kontrolle wieder an sich rissen.

»Ich möchte zu gern wissen, wo Gayden jetzt ist, dieser Schweinehund«, sagte Paul. »Bloß, weil der mich in den Iran geschickt hat, sitze ich hier.«

Bill sah Paul an und merkte, daß es nicht ernst gemeint war. Die Patienten aus dem Erdgeschoß schwärmten auf den Hof. Irgendwer mußte ihre Türen aufgeschlossen haben. Aus dem Frauentrakt auf der anderen Seite der Straße vernahm Bill einen ungeheuren Tumult, ein vielstimmiges Geheul. Immer mehr Menschen rannten über das Gelände, drängten zum Gefängnisausgang. Bill folgte ihnen mit den Augen und entdeckte Rauch. Paul sah ihn im selben Moment.

Bill sagte: »Wenn die jetzt hier Feuer legen ...«

»Wir machen uns besser aus dem Staub.«

Das Feuer gab den Ausschlag. Ihre Entscheidung war gefallen. Bill sah sich in der Zelle um. Sie hatten nur wenige Habseligkeiten hier. Bill dachte an das Tagebuch, das er die vergangenen dreiundvierzig Tage über getreulich geführt hatte. Paul hatte Listen von Dingen erstellt, die er tun wollte, wenn er in die Staaten zurückkam, und sich auf einem Blatt Papier ausgerechnet, wie das neue Haus, das Ruthie kaufte, finanziert werden sollte. Und beide hatten kostbare Briefe, die sie immer und immer wieder gelesen hatten.

»Es ist gescheiter, wir nehmen nichts mit, was uns als Amerikaner ausweist«, sagte Paul.

Bill hatte schon nach seinem Tagebuch gegriffen. Jetzt ließ er es wieder fallen. »Du hast recht«, sagte er wenig begeistert.

Sie zogen ihre Mäntel über, Paul seinen blauen Trenchcoat aus London, Bill seinen Wintermantel mit Pelzkragen.

Jeder von ihnen besaß noch etwa zweitausend Dollar von dem Geld, das Keane Taylor ihnen gebracht hatte.

Paul hatte noch ein paar Zigaretten. Sonst nahmen sie nichts mit.

Sie verließen das Gebäude, überquerten den kleinen Hof und blieben zögernd am Tor stehen. Die Straße schien jetzt ein einziges Menschenmeer, das sich mehr oder minder schnell auf die Tore zudrängte – wie das Publikum beim Verlassen eines Fußballstadions.

Paul streckte die Hand aus. »Viel Glück, Bill.«

Bill ergriff sie. »Dir auch viel Glück.«

Womöglich erwischt es uns beide schon in den nächsten Minuten, dachte Bill. Wahrscheinlich erledigt uns eine verirrte Kugel. Ich werde meine Kinder niemals aufwachsen sehen, dachte er traurig. Und Emily wird alles alleine bewältigen müssen.

Erstaunlicherweise hatte er keine Angst.

Sie traten durch die Tür, und dann blieb ihnen keine Zeit mehr zum Grübeln.

Wie Zweige in einem reißenden Strom wurden sie von dem Gedränge mitgerissen. Bill gab acht, daß er nicht von Paul getrennt wurde und auf den Füßen blieb, um nicht zertrampelt zu werden. Es wurde noch immer viel geschossen. Ein einsamer Wachmann war auf dem Posten geblieben und schien von seinem Turm aus in die Menge zu feuern. Zwei oder drei Menschen fielen um. Es war nicht auszumachen, ob sie von Schüssen getroffen oder nur gestolpert waren. Ich will noch nicht sterben, dachte Bill. Ich hab' noch so viel vor, mit meiner Familie, in meinem Beruf. Nicht hier und nicht jetzt ...

Sie kamen an der Offiziersmesse vorbei, wo sie erst vor drei Wochen mit Perot zusammengetroffen waren – es kam ihnen vor, als seien Jahre seitdem vergangen. Rachsüchtige Häftlinge führten sich dort wie die Vandalen auf und demolierten die Autos der Offiziere. Was sollte das alles für einen Sinn haben? Einen Moment lang schien die ganze Szenerie unwirklich, wie ein Alptraum.

Am Haupttor war das Chaos noch größer. Paul und Bill

hielten sich etwas abseits, lösten sich aus Furcht, totgedrückt zu werden, aus der Menge. Bill fiel ein, daß manche Häftlinge hier schon seit fünfundzwanzig Jahren einsaßen: Kein Wunder, daß sie sich wie die Berserker aufführten, als sie endlich Freiheit witterten.

Anscheinend waren die Gefängnistore noch immer verschlossen, denn eine Menge Leute versuchte, die hohe Außenmauer zu überwinden. Ein paar von ihnen standen auf Autodächern oder Lastwagen, die vor die Mauer geschoben worden waren. Andere kletterten auf Bäume und schoben sich wagemutig auf überhängenden Ästen entlang. Die meisten hatten Planken gegen die Backsteinmauer gelehnt und versuchten, sich daran hochzuhangeln. Ein paar Leuten war es auf die eine oder andere Weise schon gelungen, die Mauer zu erklimmen, und sie ließen Seile und Tücher herab, die aber nicht lang genug waren.

Paul und Bill sahen zu und fragten sich, was sie tun sollten. Zu ihnen gesellten sich andere Ausländer aus ihrem Trakt. Einer von ihnen, ein Neuseeländer, verhaftet wegen Rauschgiftschmuggels, grinste übers ganze Gesicht, als amüsiere er sich königlich. Eine Art hysterische Hochstimmung breitete sich aus, und Bill ließ sich davon anstecken. Irgendwie, dachte er, werden wir es schon schaffen.

Er sah sich um. Die Gebäude rechts vom Tor brannten. Links sah er in einiger Entfernung einen iranischen Häftling, der winkte, als wolle er sagen: Hier entlang! An diesem Teil der Mauer gab es eine Baustelle – auf der anderen Seite der Mauer wurde ein Gebäude hochgezogen –, zu der eine Stahltür den Zugang ermöglichte. Bei näherem Hinsehen entdeckte Bill, daß der winkende Iraner die Tür geöffnet hatte.

»He – schau mal da rüber«, sagte Bill.
»Gehen wir«, sagte Paul.
Sie rannten hin. Mehrere Häftlinge folgten ihnen. Sie traten durch die Tür und fanden sich in einer Art Zelle

ohne Türen und Fenster wieder. Es roch nach frischem Zement. Die Bauarbeiter hatten ihre Werkzeuge liegengelassen. Irgendwer griff sich einen Pickel und hackte auf die Mauer ein. Der frische Beton gab schnell nach. Zwei oder drei weitere Häftlinge machten mit, hackten mit irgendwelchen Gegenständen drauflos. Schon bald war das Loch groß genug. Sie ließen ihre Werkzeuge fallen und krochen hindurch.

Jetzt befanden sie sich zwischen den beiden Gefängnismauern. Die innere, die hinter ihnen lag, war die höhere – neun bis zehn Meter hoch. Die äußere, die zwischen ihnen und der Freiheit stand, erreichte nur etwa drei bis vier Meter Höhe.

Einem athletisch gebauten Häftling gelang es, die Mauer zu ersteigen. Ein zweiter Mann stellte sich davor und winkte den anderen. Ein dritter Gefangener trat vor. Der Mann am Boden hob ihn hoch, der auf der Mauer zog, und der Häftling gelangte hinüber.

Alles ging sehr schnell.

Paul nahm Anlauf. Bill folgte ihm auf dem Fuße und vergaß alles um sich herum. Er rannte nur. Er fühlte, wie er hochgehoben und gezogen wurde; dann war er oben, sprang und landete auf dem Pflaster.

Er rappelte sich auf.

Paul war direkt neben ihm.

Frei, dachte Bill, wir sind frei!

Am liebsten hätte er einen Freudentanz aufgeführt.

*

Coburn legte den Hörer auf und sagte: »Das war Madjid. Der Mob hat das Gefängnis gestürmt.«

»Gut«, sagte Simons. Am Morgen hatte er zu Coburn gesagt, er solle Madjid zum Gasr-Platz schicken.

Simons hat die Ruhe weg, dachte Coburn. Heute war es soweit – heute war der große Tag! Jetzt konnten sie endlich aus der Wohnung raus, sich auf den Weg machen, ihre Pläne für den Tag X in die Tat umsetzen. Doch Simons zeigte keinerlei Zeichen von Erregung.

»Was tun wir jetzt?« fragte Coburn.

»Nichts. Madjid ist dort, Raschid auch. Wenn die beiden nicht imstande sind, Paul und Bill zu finden, schaffen wir es erst recht nicht. Wenn Paul und Bill bis zum Einbruch der Dunkelheit nicht aufgekreuzt sind, geht's weiter wie besprochen: Du fährst mit Madjid auf dem Motorrad los und suchst sie.«

»Und bis dahin?«

»Halten wir uns an den Plan. Wir rühren uns nicht von der Stelle. Wir warten.«

*

In der US-Botschaft war die Hölle los.

Botschafter William Sullivan war von General Gast, dem Leiter der Military Assistance Advisory Group, telefonisch um Hilfe gebeten worden: Das MAAG-Hauptquartier war von Revolutionären umzingelt. Vor dem Gebäude waren Panzer aufgefahren, und es kam zu einem Schußwechsel. Gast saß mit seinen Offizieren und einem Großteil des iranischen Generalstabs in einem Bunker im Keller des Gebäudes. Sullivan ließ jeden, der einer solchen Aufgabe gewachsen schien, nach Revolutionsführern herumtelefonieren, die eventuell über die Autorität verfügten, den Mob zurückzupfeifen. Das Telefon auf seinem Schreibtisch klingelte pausenlos. Zu allem Überfluß rief auch noch Staatssekretär Newsom aus Washington an.

Newsom befand sich im Lagebesprechungsraum des Weißen Hauses, wo Zbigniew Brzezinski eine Sitzung über die Situation im Iran leitete. Er bat um Sullivans Einschätzung der Lage. Sullivan fertigte ihn kurz ab und teilte ihm mit, daß er im Augenblick Wichtigeres zu tun habe, nämlich dem ranghöchsten amerikanischen Armeeoffizier im Iran das Leben zu retten.

Ein paar Minuten später bekam Sullivan den Anruf eines Botschaftsangehörigen, dem es gelungen war, zu Ibrahim Yazdi, einem Helfershelfer von Khomeini, vorzudringen. Er berichtete, er könne möglicherweise helfen, doch da wurde die Leitung unterbrochen, und Newsom meldete sich erneut.

Er sagte: »Der Nationale Sicherheitsberater bittet um Ihre Meinung über die Aussicht für einen Putsch des iranischen Militärs gegen die Regierung Bakhtiar, die ganz offensichtlich auf schwachen Füßen steht.«

Die Anfrage war dermaßen lächerlich, daß Sullivan auf gute Umgangsformen pfiff und sagte: »Sagen Sie Brzezinski, er kann mich am Arsch lecken.«

»Das ist kein sonderlich nützlicher Kommentar«, meinte Newsom.

»Wollen Sie ihn ans Polnische übersetzt haben?« gab Sullivan zurück und legte auf.

*

Vom Dach des Bukarest aus beobachtete das Verhandlungsteam, wie sich die Brandherde nach Norden hin ausbreiteten. Auch die Schüsse schienen immer näher zu rücken.

John Howell und Abolhasan kehrten von ihrem Treffen mit Dadgar zurück.

»Na?« sagte Gayden zu Howell. »Was hat der Kerl gesagt?«

»Daß er sie nicht freilassen will.«

»Scheißkerl.«

Kurze Zeit später vernahmen sie alle ein Geräusch, das haargenau wie eine vorbeipfeifende Kugel klang. Unmittelbar darauf hörten sie das gleiche Geräusch noch einmal. Sie beschlossen, das Dach zu räumen, gingen in die

Büros hinunter und guckten aus den Fenstern. Unten auf der Straße kamen Knaben und junge Männer mit Gewehren in Sicht. Es schien, als hätte der Mob ein nahegelegenes Waffenarsenal erbrochen. Allmählich wurde es ungemütlich: Es wurde Zeit, dem Bukarest den Rücken zu kehren und sich ins Hyatt zu verziehen, das weiter im Norden lag.

Sie verließen das Gebäude, rannten zu den beiden Wagen hinüber und rasten den Schahanschahi-Expressway entlang. Die Straßen waren voll, und es herrschte Karnevalsstimmung. Leute lehnten sich aus den Fenstern und schrieen »*Allahu akbar!* – Allah ist groß!« Die meisten Fahrzeuge waren auf dem Weg in die Stadt, dorthin, wo die Kämpfe tobten. Taylor preschte durch drei Straßensperren, aber keiner kümmerte sich darum: Alle tanzten.

Sie erreichten das Hyatt und versammelten sich im Aufenthaltsraum der Ecksuite im elften Stock, die Gayden von Perot übernommen hatte. Rich Gallaghers Frau Cathy gesellte sich mit Buffy, ihrem weißen Pudel, zu ihnen.

Gayden hatte die gesamten Alkoholvorräte aller von EDS-Angehörigen verlassenen Wohnungen in der Suite zusammengetragen und verfügte über die bestausgestattete Bar in Teheran, aber niemand hatte so recht Lust, etwas zu trinken.

»Was tun wir jetzt?« fragte Gayden.

Keiner machte einen Vorschlag.

Gayden griff zum Telefon und rief in Dallas an. Dort war es sechs Uhr morgens. Er erreichte Tom Walter und erzählte von den Bränden, den Kämpfen und den Kindern, die mit automatischen Gewehren auf der Straße herumliefen.

»Das ist soweit alles«, schloß er seinen Bericht.

»Also alles in allem ein ruhiger Tag, was?« meinte Walter.

Sie besprachen, was zu tun sei, wenn das Telefonnetz zusammenbrach. Gayden wollte dann versuchen, ihre Berichte mit Hilfe der US-Armee zu übermitteln: Cathy Gallagher arbeitete dort und glaubte, es arrangieren zu können.

Keane Taylor ging ins Schlafzimmer hinüber und legte sich hin. Er war gerade im Begriff einzuschlafen, als das Telefon klingelte. Er streckte den Arm aus und griff nach dem Hörer.

»Hallo?« sagte er schläfrig.

Atemlos sagte eine Stimme mit iranischem Akzent: »Sind Paul und Bill da?«

»Was?« erwiderte Taylor. »Raschid – sind Sie das?«

»Sind Paul und Bill da?« wiederholte Raschid.

»Nein. Wieso?«

»Okay. Ich komme, ich komme.«

Raschid legte auf.

Taylor erhob sich und ging in den Tagesraum hinüber.

»Raschid hat gerade angerufen«, teilte er den anderen mit. »Er hat gefragt, ob Paul und Bill hier seien.«

»Was meint er denn damit?« fragte Gayden. »Von wo hat er angerufen?«

»Ich konnte nichts weiter aus ihm herausbringen. Er war wahnsinnig aufgeregt, und du weißt, wie schlecht sein Englisch ist, wenn er erst einmal in Fahrt kommt.«

»Sonst hat er nichts gesagt?«

»Er sagte: Ich komme, dann hat er aufgelegt.«

»So'n Mist.« Gayden wandte sich an Howell. »Gib mir mal das Telefon.«

Howell saß wortlos da, den Hörer am Ohr, um die Verbindung mit Dallas aufrechtzuerhalten. Am anderen Ende der Leitung wartete eine Telefonistin bei EDS darauf, daß jemand etwas sagte. »Geben Sie mir doch jetzt noch einmal Tom Walter, bitte«, sagte Gayden.

Wenige Minuten später stürmte Raschid ins Zimmer, schmutzig und nach Pulver riechend; Patronenstreifen mit

G3-Munition fielen aus seinen Taschen, und er redete wie ein Maschinengewehr, so daß niemand auch nur ein Wort verstand. Taylor beruhigte ihn. Schließlich sagte er: »Wir sind ins Gefängnis reingekommen. Paul und Bill waren schon weg.«

*

Paul und Bill standen am Fuße der Gefängnismauer und sahen sich um.

Das Treiben auf der Straße kam Paul vor wie eine Parade in New York. In den Wohnhäusern gegenüber des Gefängnisses lehnten sich die Leute aus den Fenstern, jubelten und beklatschten den Ausbruch der Gefangenen. An der Straßenecke stand ein Händler, der Obst feilbot. In der Nähe wurde geschossen, aber in ihrer unmittelbaren Umgebung war die Luft rein. Plötzlich – als ob Paul und Bill daran gemahnt werden sollten, daß sie noch längst nicht in Sicherheit waren – raste ein Auto mit Revolutionären vorbei, deren Gewehre aus den Fenstern ragten.

»Laß uns abhauen«, sagte Paul.

»Wohin? Zur amerikanischen Botschaft? Zur französischen Botschaft?«

»Zum Hyatt.«

Paul schlug den Weg nach Norden ein. Bill ging ein paar Schritte hinter ihm her, den Mantelkragen hochgeschlagen und mit gesenktem Kopf, um sein blasses amerikanisches Gesicht zu verbergen. Sie gelangten an eine Straßenkreuzung, die vollkommen verlassen dalag: keine Autos, keine Menschen. Sie traten auf die Straße. Ein Schuß bellte.

Sie duckten sich und rannten in die Richtung zurück, aus der sie gekommen waren.

Es würde nicht leicht sein.

»Wie steht's mit dir?« fragte Paul.

»Ich lebe noch.«

Sie gingen zurück und am Gefängnis vorbei. Die Szene war unverändert; zumindest hatte sich die Obrigkeit noch nicht aufgerafft und begonnen, die Ausbrecher wieder zusammenzutreiben.

Paul ging abwechselnd in südliche und östliche Richtung und hoffte, sich in einem großen Bogen wieder nach Norden durchschlagen zu können. Überall waren Jungen, manche höchstens dreizehn bis vierzehn Jahre alt, mit automatischen Gewehren unterwegs. An jeder Ecke gab es mit Sandsäcken gesicherte Unterstände, als seien die Straßen in Stammesgebiete unterteilt. Ein Stück weiter mußten sie sich ihren Weg durch eine johlende, singende beinahe hysterische Menschenmenge bahnen. Paul vermied es sorgfältig, irgendjemandem in die Augen zu sehen, weil er nicht auffallen und schon gar nicht angesprochen werden wollte.

Gekämpft wurde nur noch vereinzelt. Es war wie in New York: Man brauchte nur ein paar Schritte zu gehen und um eine Ecke zu biegen, und schon hatte der Stadtteil ein vollkommen anderes Gesicht. Fast einen Kilometer weit kamen sie durch ruhige Straßen, dann stießen sie wiederum auf Kampfgetümmel. Eine Barrikade aus umgestürzten Autos war quer über die Straße gezogen worden, und eine Bande von Halbwüchsigen beschoß ein Gebäude, das aussah wie eine militärische Einrichtung. Aus Angst, eine verirrte Kugel könne sie erwischen, bog Paul sofort ab.

Jedesmal, wenn er sich nach Norden wenden wollte, stieß er auf ein neues Hindernis. Sie waren inzwischen weiter vom Hyatt entfernt als zu Beginn ihrer Odyssee. Sie gingen nach Süden, wo von jeher die heftigsten Kämpfe stattfanden.

Vor einem halbfertigen Bau blieben sie stehen. »Da drin könnten wir uns verkriechen und die Nacht abwarten«, sagte Paul.

»Wenn's erst mal dunkel ist, merkt keiner, daß du Amerikaner bist.«

»Aber wir könnten erschossen werden, wenn wir nach der Ausgangssperre wieder unterwegs sind.«

»Glaubst du, die gibt's nicht?«

Bill zuckte mit den Schultern.

»Bis jetzt ist doch alles ganz gutgegangen«, sagte Paul. »Gehen wir noch ein Stückchen weiter.«

Sie machten sich wieder auf die Socken.

Zwei Stunden vergingen – zwei Stunden Menschenmassen, Straßenkämpfe, Heckenschützen –, bevor sie sich endlich nach Norden wenden konnten. Sofort änderte sich die Situation. Es wurde weniger geschossen, und sie kamen durch ein relativ wohlhabendes Gebiet mit hübschen Villen. Sie begegneten einem Kind auf einem Fahrrad, das ein T-Shirt trug, auf dem irgend etwas über Südkalifornien stand.

Paul war müde. Fünfundvierzig Tage hatte er im Gefängnis verbracht, und fast die ganze Zeit war er krank gewesen. Für stundenlange Märsche war er nicht mehr kräftig genug.

»Was meinst du, sollen wir trampen?« fragte Bill.

»Versuchen wir's mal.«

Paul stand am Straßenrand und winkte dem nächstbesten Auto. Gerade noch rechtzeitig fiel ihm ein, nicht wie in Amerika den Daumen hochzurecken – im Iran galt das als obszöne Geste. Das Auto hielt an. Zwei Iraner saßen darin. Paul und Bill stiegen in den Fond.

Paul beschloß, den Namen des Hotels nicht zu verraten.

»Wir wollen nach Tadjrisch«, sagte er. Das war in der Umgebung des Basars im Norden der Stadt.

»Wir können euch ein Stück mitnehmen«, sagte der Fahrer.

»Danke.« Paul bot ihnen Zigaretten an, lehnte sich zufrieden zurück und zündete sich selbst eine an.

Die Iraner setzten sie in Kurosch-e-Kabir, ein paar Kilometer südlich von Tadjrisch ab, ganz in der Nähe von Pauls ehemaligem Haus. Sie befanden sich auf einer verkehrsreichen Hauptstraße. Paul entschied, daß es hier viel zu auffällig war, zu trampen.

»Wir könnten in der Katholischen Mission Zuflucht suchen«, schlug Bill vor.

Paul dachte darüber nach. Die Behörden wußten vermutlich, daß Pater Williams sie erst vor zwei Tagen im Gasr-Gefängnis besucht hatte. »In der Mission sucht Dadgar wahrscheinlich zuerst nach uns.«

»Vielleicht.«

»Wir schlagen uns besser zum Hyatt durch.«

»Vielleicht sind die Kollegen gar nicht mehr dort.«

»Aber es gibt dort ein Telefon, und man kann irgendwie an Flugtickets kommen ...«

»Und es gibt eine heiße Dusche.«

»Genau.«

Sie bogen in eine ruhigere Straße ein, und versuchten erneut zu trampen. Paul stellte sich auf die Straße und winkte, während Bill auf dem Gehsteig blieb, damit die Autofahrer glaubten, nur einer, und zwar ein Iraner, wolle mitgenommen werden.

Ein junges Pärchen hielt an. Paul stieg ein, und Bill quetschte sich schnell hinter ihm ins Auto.

»Wir wollen in den Norden«, sagte Paul.

Die Frau sah ihren Mann an. Der Mann sagte: »Wir können euch bis zum Niavaran-Palast mitnehmen.«

»Danke.« Das Auto fuhr los.

Neuerlicher Szenenwechsel. Sie hörten wesentlich mehr Schüsse, der Verkehr wurde stärker und wüster, und sämtliche Autos hupten ununterbrochen. Sie sahen Pressefotografen und Fernsehteams, die auf Autodächern standen und Aufnahmen machten. In der Gegend, wo Bill gewohnt hatte, steckte der Mob die Polizeiwachen in Brand. Während sich der Wagen im Schrittempo vorwärtsschob, wurde das iranische Pärchen zusehends nervöser: Zwei Amerikaner im Wagen konnten sie in dieser Situation in größte Schwierigkeiten bringen.

Langsam wurde es dunkel.
Bill beugte sich vor. »Mann, allmählich wird's ganz schön spät«, sagte er. »Es wäre unheimlich nett, wenn ihr uns bis zum Hyatt-Hotel bringen könntet. Für uns wär's eine große Erleichterung, und wir werden uns gerne erkenntlich zeigen.«
»Geht in Ordnung«, sagte der Fahrer.
Er fragte nicht, *wie* erkenntlich sie sich zeigen wollten.
Sie kamen zum Niavaran-Palast, der Winterresidenz des Schahs. Wie gewöhnlich standen Panzer davor, doch jetzt hingen weiße Fähnchen an ihren Antennen: Man hatte vor der Revolution kapituliert.
Das Auto fuhr weiter. Sie kamen an zerstörten und brennenden Häusern vorbei, machten ein paarmal kehrt, um Straßensperren zu umgehen.
Schließlich erblickten sie das Hyatt.
»O Mann«, sagte Paul bewegt. »Ein amerikanisches Hotel.«
Paul war so dankbar, daß er dem iranischen Paar zweihundert Dollar in die Hand drückte.
Paul wünschte sich plötzlich, einen EDS-konformen Anzug und ein weißes Hemd statt seiner Arbeitshosen aus dem Gefängnis und seines schmutzigen Wettermantels zu tragen. Die luxuriöse Empfangshalle lag verlassen da.
Sie gingen zur Rezeption.
Kurz darauf kam jemand aus einem der Büros. Paul fragte nach Bill Gaydens Zimmernummer.
Der Angestellte schaute nach und teilte ihm mit, daß unter diesem Namen niemand im Hotel abgestiegen war.
»Und wie ist es mit Bob Young?«
»Auch nicht.«
»Rich Gallagher?«
»Nein.«
»Jay Coburn?«
»Nein.«

Ich bin im falschen Hotel, dachte Paul. Wie konnte ich mich nur so vertun?

Der Rechtsanwalt fiel ihm ein. »Haben Sie einen John Howell?«

»Ja«, sagte der Angestellte endlich und nannte ihnen eine Zimmernummer im elften Stock.

Sie nahmen den Aufzug, fanden Howells Zimmer und klopften an. Keine Antwort.

»Und was machen wir jetzt?« fragte Bill.

»Ich besorg' mir ein Zimmer hier«, sagte Paul. »Ich bin hundemüde. Warum bleiben wir nicht einfach und essen etwas? Wir rufen in den Staaten an, sagen ihnen, daß wir nicht mehr im Gefängnis sind, und alles andere wird sich finden.«

»Einverstanden.«

Sie gingen zum Aufzug zurück.

*

Stück für Stück holte Keane Taylor aus Raschid heraus, was sich ereignet hatte.

Er hatte etwa eine Stunde lang zwischen den beiden Gefängnistoren gewartet. Es war das reinste Schlachtfeld. Elftausend Leute versuchten, sich durch einen schmalen Gang zu schieben, und in der entstehenden Panik wurden Frauen und alte Männer niedergetrampelt. Raschid hatte gewartet und sich überlegt, was er zu Paul und Bill sagen sollte, wenn er sie sah. Nach einer Stunde wurde die Flut von Menschen zu einem dünnen Rinnsal, und er kam zu dem Schluß, daß die meisten draußen sein mußten. Er fing an, sich durchzufragen: »Habt ihr Amerikaner hier gesehen?« Irgend jemand erzählte ihm, daß alle Ausländer in Gebäude Nummer acht untergebracht gewesen seien. Er ging hinein und fand es leer. Er durchsuchte jedes Gebäude auf dem Gelände. Dann kehrte er auf dem Weg, den Paul und Bill höchstwahrscheinlich einschlagen würden, zum Hyatt zurück. Mal zu Fuß, mal trampend hatte er auf der ganzen Strecke nach ihnen Ausschau gehalten.

Während Raschid noch erzählte, erschien Coburn, bereit, sofort auf Madjids Motorrad die Suche nach Paul und Bill aufzunehmen. Er trug einen Sturzhelm mit Sonnenblende, um sein weißes Gesicht zu verbergen.

Raschid erbot sich, einen Wagen von EDS zu nehmen und die Strecke zwischen Hotel und Gefängnis abzufahren – sozusagen ein letzter Versuch, bevor Coburn in dem Tumult sein Leben riskierte. Taylor gab ihm einen Autoschlüssel. Gayden griff nach dem Telefon, um die neuesten Nachrichten nach Dallas zu melden. Raschid und Taylor verließen die Suite und gingen den Korridor entlang.

Plötzlich schrie Raschid: »Ich dachte, Sie wären tot!« und rannte los. Dann erblickte auch Taylor Paul und Bill.

Raschid umarmte sie alle beide und rief: »Ich konnte Sie nicht finden! Ich konnte Sie einfach nicht finden!«

Nun kam auch Taylor angerannt und umarmte Paul und Bill ebenfalls. »Gott sei Dank!« sagte er.

Raschid stürmte in Gaydens Suite zurück und schrie: »Paul und Bill sind da! Paul und Bill sind da!«

Gleich darauf traten Paul und Bill ein, und die Hölle brach los.

10

ES WAR EIN unvergeßlicher Augenblick.

Alle schrien durcheinander, niemand hörte richtig zu, alle wollten Paul und Bill gleichzeitig umarmen.

Gayden brüllte in die Sprechmuschel: »Wir haben die beiden! Wir haben die beiden! Phantastisch! Kamen einfach zur Tür rein! Phantastisch!«

Irgendeiner rief: »Wir haben's ihnen gezeigt! Wir haben es diesen Hurensöhnen gezeigt!«

»Wir haben's geschafft!«

»Schreib's dir hinter die Ohren, Dadgar!«

Buffy bellte wie verrückt.

Paul sah seine Freunde an und begriff, daß sie mitten in einer Revolution ausgeharrt hatten, um ihm zu helfen, und er rang nach Worten.

Gayden ließ den Hörer fallen, kam herüber und schüttelte ihnen die Hände. Paul sagte mit Tränen in den Augen: »Gayden, ich hab dir zwölfeinhalb Millionen Dollar gespart – du könntest mir schon einen Drink spendieren.«

Gayden goß ihm einen Scotch pur ein.

Nach sechs Wochen trank Paul zum erstenmal wieder Alkohol.

»Da ist jemand, der gerne mit dir sprechen möchte«, sagte Gayden ins Telefon und reichte Paul den Hörer.

Paul sagte: »Hallo.«

Tom Walter war am anderen Ende. »Hallo, alter Knabe!«

»Großer Gott«, sagte Paul, erschöpft und erleichtert zugleich.

»Wir haben uns schon gefragt, wo ihr zwei steckt!«

»Ich mich auch, und das drei Stunden lang.«

»Wie seid ihr zum Hotel gekommen, Paul?«

Paul brachte nicht mehr die Kraft auf, Walter die ganze Geschichte zu erzählen. »Glücklicherweise hat Keane mir eines Tages einen Haufen Geld gegeben.«

»Phantastisch. Menschenskind, Paul! Wie geht es Bill?«

»Er ist ein bißchen durcheinander, aber sonst geht's ihm prima.«

»Wir sind *alle* ein bißchen durcheinander. O Mann! Ist das schön, deine Stimme zu hören!«

»Paul?« meldete sich jemand. »Hier ist Mitch.« Mitch Hart war ein ehemaliger Präsident von EDS. »Ich hab' mir gedacht, so 'n alter italienischer Straßenkämpfer wie du schafft das schon.«

»Wie geht's Ruthie?« fragte Paul.

Tom Walter antwortete ihm. Wahrscheinlich benutzten sie die Konferenzschaltung. »Es geht ihr großartig, Paul. Ich hab' gerade mit ihr telefoniert.«

»Mit den Kindern alles in Ordnung?«

»Ja, ja. Alles wunderbar. Junge, Junge, die wird sich über die Neuigkeit freuen!«

»Na, dann geb' ich dir jetzt mal mein alter ego.« Paul übergab an Bill.

Während er noch telefoniert hatte, war Gholam, ein iranischer Angestellter, eingetroffen. Er hatte von dem Sturm aufs Gefängnis gehört und die Gegend nach Paul und Bill abgegrast.

Gholams Erscheinen beunruhigte Jay Coburn. Ein paar Minuten lang war er viel zu froh gewesen, um an irgend etwas anderes zu denken. Jetzt fiel ihm seine Verantwortung als Simons' Adjutant wieder ein. Er stahl sich aus der Suite, fand eine offenstehende Tür, betrat das Zimmer und rief in der Wohnung der Dvoranchiks an.

Simons nahm ab.

»Jay hier. Sie sind da.«

»Gut.«

»Von Sicherheitsvorkehrungen kann hier keine Rede mehr sein. Am Telefon werden die richtigen Namen genannt, alle latschen sie durch die Gegend, dann kommen auch noch iranische Angestellte hereingeschneit ...«

»Mietet zwei Zimmer in einem anderen Stockwerk. Wir kommen sofort rüber.«

»Okay.« Coburn legte auf.

Er begab sich zur Rezeption hinunter und fragte nach einer Suite mit zwei Schlafzimmern im elften Stock. Es klappte reibungslos: im Hotel standen Hunderte von Zimmern leer. Er gab einen falschen Namen an. Niemand verlangte seinen Paß.

Er kehrte in Gaydens Suite zurück.

Kurz darauf marschierte Simons herein und sagte: »Leg diesen gottverdammten Hörer auf.«

Bob Young, der die Verbindung nach Dallas aufrechterhielt, kam dem Befehl sofort nach.

Joe Poché kam hinter Simons ins Zimmer und machte sich daran, die Vorhänge zuzuziehen.

Es war unglaublich. Plötzlich hatte Simons das Kommando übernommen. Gayden, der Präsident von EDS World, war der Ranghöchste hier, und noch vor einer Stunde hatte er zu Tom Walter gesagt, die »Sunshine Boys« – Simons, Coburn und Poché – erschienen ihm nutzlos und uneffektiv; trotzdem beugte er sich jetzt ohne zu überlegen Simons' Autorität.

»Sieh dich um, Joe«, sagte Simons zu Poché. Coburn wußte, was das hieß. Das Team hatte in den langen Wochen des Wartens das Hotel und das Grundstück, auf dem es stand, gründlich erforscht, und jetzt ging Poché nachsehen, ob irgendwelche Veränderungen vorgenommen worden waren.

Das Telefon klingelte. John Howell nahm ab. »Abolhasan ist dran«, sagte er zu den anderen. Er hörte ein paar Minuten zu, dann sagte er: »Bleiben Sie bitte am Apparat.« Er bedeckte die Sprechmuschel mit der Hand und wandte sich an Simons. »Das ist ein iranischer Angestellter, der bei meinen Treffen mit Dadgar für mich gedolmetscht hat. Sein Vater ist mit Dadgar befreundet. Abolhasan ist zur Zeit bei seinem Vater und hat soeben einen Anruf von Dadgar erhalten.«

Es wurde mucksmäuschenstill im Zimmer.

»Dadgar hat ihn gefragt: ›Weißt du, daß die Amerikaner nicht mehr im Gefängnis sind?‹ Und Abolhasan hat geantwortet: ›Das ist mir neu.‹ Darauf Dadgar: ›Melde dich bei EDS und sag ihnen, daß sie Chiapparone und Gaylord abliefern sollen, sobald sie sie finden; ich bin jetzt bereit, noch einmal über die Kaution zu verhandeln und mich mit ihnen auf eine angemessenere Summe zu einigen.‹«

»Dieses Arschloch«, brummte Gayden.

»In Ordnung«, sagte Simons. »Sag Abolhasan, er soll Dadgar folgendes ausrichten: Wir sind auf der Suche nach Paul und Bill, und solange wir sie nicht finden, machen wir Dadgar persönlich für ihre Sicherheit verantwortlich.«

Howell nickte lächelnd und sprach wieder mit Abolhasan.

Simons wandte sich an Gaydan. »Ruf die amerikanische Botschaft an. Mach ein bißchen Rabatz. Schließlich sind die dran schuld, daß Paul und Bill im Gefängnis gelandet sind. Jetzt ist es gestürmt worden, und wir haben keine Ahnung, wo sie sich befinden, aber wir machen die Botschaft für ihre Sicherheit verantwortlich. Du mußt es überzeugend bringen. Die haben garantiert iranische Spione in der Botschaft, und du kannst Gift drauf nehmen, daß Dadgar in Minutenschnelle von deinem Anruf erfährt.«

Gayden verließ das Zimmer, um von einem anderen Apparat aus zu telefonieren.

Simons, Coburn und Poché zogen mit Paul und Bill in die von Coburn gemietete Suite ein Stockwerk höher.

Coburn bestellte zweimal Steak für Paul und Bill. Er ließ das Essen vom Zimmerkellner in Gaydens Suite bringen. In den neuen Zimmern sollte es kein unnötiges Hin und Her geben. Paul nahm ein heißes Bad. Sechs Wochen lang hatte er sich danach gesehnt. Er genoß das saubere, weiße Badezimmer, das heiß aus der Leitung laufende Wasser, das frische Stück Seife ... Nie wieder würde er solche Dinge als Selbstverständlichkeit betrachten. Er wusch sich das Gasr-Gefängnis aus dem Haar. Dann zog er frische Kleidung an. Irgend jemand hatte seinen Koffer aus dem Hilton geholt, wo er bis zu seiner Verhaftung gewohnt hatte.

Bill duschte. Seine Euphorie war verflogen. Als er Gaydens Suite betrat, hatte er geglaubt, der Alptraum sei endlich vorüber. Doch allmählich dämmerte ihm, daß er noch immer in Gefahr war, daß keine Maschine der US-Luftwaffe bereitstand, um ihn mit doppelter Schallgeschwindigkeit nach Hause zu fliegen. Abolhasans Nachricht, das Auftauchen von Simons und die neuen Vorsichtsmaßnahmen – diese Suite, Poché, der die Vorhänge zuzog, das Theater um das Essen –, all das machte ihm deutlich, daß die Flucht gerade erst begonnen hatte.

Trotzdem ließ er sich sein Steak schmecken.

Simons war noch immer beunruhigt. Das Hyatt lag in unmittelbarer Nähe des Evin-Hotels, in dem das US-Militär wohnte; es bot sich als Angriffsziel für die Revolutionäre geradezu an. Dadgars Anruf war auch nicht eben beruhigend. Eine Menge Iraner wußten, daß die EDS-Leute im Hyatt abgestiegen waren.

Noch während sich Simons, Coburn und Bill im Wohnzimmer der Suite besprachen, klingelte das Telefon.

Simons starrte auf den Apparat.

Es klingelte wieder.

»Wer, in drei Teufels Namen, weiß, daß wir hier sind?« fluchte Simons.

Coburn zuckte die Achseln.

Simons nahm ab und sagte: »Hallo?«

Pause.

»Hallo?«

Er legte auf. »Niemand dran.«

In diesem Moment kam Paul im Pyjama herein. Simons sagte: »Zieh dich um, wir hauen hier ab.«

»Wieso das denn?« protestierte Paul.

Simons wiederholte nur: »Zieh dich um, wir hauen ab.«

Paul zuckte mit der Schulter und ging wieder in sein Schlafzimmer.

Bill konnte es nicht fassen. Schon wieder auf der Flucht! Irgendwie brachte Dadgar es fertig, bei all den gewaltsamen Vorgängen und mitten im revolutionären Chaos seine Machtposition zu bewahren.

Wer arbeitete ihm zu? Die Wachen hatten die Gefängnisse Hals über Kopf verlassen, die Polizeireviere waren niedergebrannt worden, die Armee hatte kapituliert – *wen* gab es eigentlich noch, um Dadgars Befehle auszuführen?

Den Teufel und seine Höllenhunde, dachte Bill.

Während Paul sich anzog, ging Simons in Gaydens Suite hinunter. Er manövrierte Gayden und Taylor in eine Ecke. »Schafft diese Bekloppten hier raus«, sagte er leise. »Erzählt ihnen, Paul und Bill liegen schon im Bett. Morgen früh versammeln wir uns alle in meinem Domizil. Aufbruch um sieben Uhr, als ob ihr ins Büro gehen wolltet. Packt nichts zusammen, meldet euch nicht ab, zahlt keine Rechnung. Joe Poché wird draußen auf euch warten und euch sicher zum Haus fahren. Ich nehme Paul und Bill jetzt gleich mit – aber vor morgen früh kein Wort davon zu den anderen.«

»In Ordnung«, sagte Gayden.

Simons ging ein Stockwerk höher. Paul und Bill waren fertig und warteten mit Coburn und Poché. Gemeinsam gingen die fünf zum Aufzug.

Beim Hinunterfahren sagte Simons: »Wir spazieren jetzt hier raus, als sei es das Natürlichste von der Welt.«

Sie kamen im Parterre an. Sie durchquerten die riesige Empfangshalle und gelangten auf den Vorhof, wo die beiden Range Rover parkten.

Als sie über den Hof gingen, fuhr ein großes schwarzes Auto vor. Vier oder fünf zerlumpte Gestalten mit Maschinengewehren sprangen heraus.

»Scheiße«, murmelte Coburn.

Die Revolutionäre rannten auf den Portier zu.

Poché riß die Türen des ersten Range Rovers auf. Paul und Bill sprangen hinein. Poché ließ den Motor an und brauste davon. Simons und Coburn folgten ihnen im zweiten Wagen. Die Revolutionäre betraten das Hotel.

Poché nahm den Vanak-Highway, der sowohl am Hyatt als auch am Hilton vorbeiführte. Ununterbrochenes Maschinengewehrfeuer übertönte das Motorengeräusch. Nach anderthalb Kilometern stießen sie in der Nähe des Hilton auf der Kreuzung mit der Pahlavi-Allee auf eine Straßensperre.

Poché hielt an. Bill sah sich um. Vor ein paar Stunden war er mit Paul und dem jungen Paar hier vorbeigekommen, die Straßensperre war noch nicht dagewesen, nur ein einzelnes, ausgebranntes Autowrack. Jetzt gab es hier eine ganze Reihe brennender Autos, eine Barrikade und einen Haufen Revolutionäre, die mit einem Sammelsurium militärischer Feuerwaffen ausgerüstet waren.

Einer von ihnen kam auf ihren Wagen zu, und Joe Poché ließ das Seitenfenster hinunter.

»Wohin fahren Sie?« fragte der Revolutionär in einwandfreiem Englisch.

»Ich fahre zum Haus meiner Schwiegermutter in Abbas Abad«, erwiderte Poché.

Mein Gott, was Dümmeres hätte dem auch nicht einfallen können, dachte Bill.

Paul sah weg, um sein Gesicht zu verbergen.

Ein weiterer Revolutionär näherte sich ihnen; er sprach Farsi. Der erste sagte: »Haben Sie Zigaretten?«

»Nein, ich bin Nichtraucher«, sagte Poché.

»Okay, fahren Sie zu.«

Poché fuhr weiter auf den Schahanschani-Expressway.

Coburn im zweiten Wagen zog bis zu den Revolutionären vor.

»Gehören Sie dazu?« fragte man ihn.

»Ja.«

»Haben Sie Zigaretten?«

»Ja.« Coburn zog ein Päckchen aus seiner Tasche und versuchte, eine Zigarette herauszuschnippen. Seine Hände zitterten so, daß es ihm nicht gelang.

Simons sagte: »Jay ...«

»Ja?«
»Gib ihm das verdammte Päckchen.«
Coburn reichte dem Revolutionär die ganze Schachtel, und der Mann winkte sie durch.

*

Ruthie Chiapparone lag im Haus der Nyfelers wach im Bett, als das Telefon klingelte.

Sie hörte Schritte auf dem Flur. Das Klingeln hörte auf, und sie hörte Jim Nyfeler sagen: »Hallo? ... Sie schläft schon.«

»Ich bin wach!« rief Ruthie. Sie stand auf, schlüpfte in einen Morgenmantel und ging in den Flur.

»Es ist Jean, Tom Walters Frau«, sagte Jim und gab ihr den Hörer.

»Hallo, Jean«, sagte Ruthie.

»Gute Nachrichten für dich, Ruth. Die beiden sind frei. Sie sind aus dem Gefängnis entkommen.«

»Oh, Gott sei Dank!« sagte Ruthie.

Wie Paul aus dem Iran kommen wollte, fragte sie sich erst später.

*

Als Emily Gaylord aus der Kirche nach Hause kam, sagte ihre Mutter: »Tom Walter hat aus Dallas angerufen. Ich hab' ihm gesagt, du rufst zurück.«

Emily griff nach dem Telefon, wählte die EDS-Nummer und ließ sich mit Walter verbinden.

»Hallo, Em'ly«, begrüßte Walter sie in seinem gedehnten Alabama-Akzent. »Paul und Bill sind aus dem Gefängnis raus.«

»Das ist ja wundervoll, Tom!«

»Das Gefängnis ist gestürmt worden. Sie befinden sich in Sicherheit und in guten Händen.«

»Wann kommen sie nach Hause?«

»Das wissen wir selbst noch nicht, aber wir halten dich auf dem laufenden.«

»Danke, Tom«, sagte Emily. »Vielen Dank!«

*

Ross Perot lag neben seiner Frau Margot im Bett. Das Klingeln des Telefons weckte sie beide. Perot streckte die Hand aus und nahm den Hörer ab. »Ja?«

»Ross, Tom Walter hier. Paul und Bill sind frei.«

Perot war sofort hellwach. Er setzte sich auf. »Das ist ja großartig.«

»Sind sie draußen?« fragte Margot verschlafen.

»Ja.«

Sie lächelte. »Wie fein.«

Tom Walter sagte: »Das Gefängnis ist von den Revolutionären gestürmt worden, und Paul und Bill sind einfach weggegangen.«

Perots Hirn fing an zu arbeiten. »Wo sind sie jetzt?«

»Im Hotel.«

»Das ist zu gefährlich, Tom. Ist Simons auch dort?«

»Ähm ... Als ich mit ihnen sprach, war er nicht da.«

»Sag ihnen, sie sollen ihn anrufen. Taylor hat die Nummer. Und schafft sie aus diesem Hotel fort.«

»Yes, Sir.«

»Und bestell alle sofort ins Büro. Ich bin in ein paar Minuten dort.«

»Yes, Sir.«

Perot legte auf. Er stand auf, warf sich in seine Kleider, küßte Margot und rannte die Treppe hinunter. Er entschied sich für Margots Jaguar, setzte sich ans Steuer und raste die Auffahrt hinunter zum Tor.

Sechs Wochen lang hatte er sich wie Mais in einem Popcornröster gefühlt. Er hatte Himmel und Hölle in Bewegung gesetzt, doch nichts wollte funktionieren; von allen Seiten war er mit Hiobsbotschaften bombardiert worden und keinen Schritt von der Stelle gekommen. Jetzt endlich kam die Sache ins Rollen.

Er raste die Forest Lane hinunter, fuhr bei Rot durch und scherte sich nicht um die Geschwindigkeitsbegrenzung. Paul und Bill aus dem Gefängnis zu kriegen, war noch das leichteste, überlegte er; jetzt müssen wir sie aus dem Iran bringen. Das Schwierigste steht uns noch bevor.

Innerhalb der nächsten Minuten fand sich das gesamte Team im EDS-Stammsitz an der Forest Lane ein: Tom Walter, T. J. Marquez, Merv Stauffer, Perots Sekretärin Sally Walther, Rechtsanwalt Tom Luce und Mitch Hart, der, obwohl er nicht mehr bei EDS arbeitete, seine Verbindungen zu den Demokraten hatte spielen lassen, um Paul und Bill zu helfen.

Bisher war die Verbindung zum Verhandlungsteam in Teheran von Bill Gaydens Büro im vierten Stock aus aufrechterhalten worden, während im sechsten Stock Merv Stauffer in aller Stille die Unterstützung und Kommunikation mit dem illegalen Befreiungsteam betrieb und nur chiffrierte Telefongespräche führte. Jetzt wurde ihnen allen bewußt, daß Simons von nun an die Hauptrolle in Teheran spielte und daß alles, was dort vor sich ging, wahrscheinlich ungesetzlich war; daher zogen sie sich in Mervs Büro zurück, in dem sie zudem ungestörter arbeiten konnten.

»Ich fliege sofort nach Washington«, teilte Perot ihnen mit. »Eine Air Force-Maschine, die sie aus Teheran ausfliegt, ist immer noch unsere größte Hoffnung.«

Stauffer sagte: »Ich weiß nicht, ob sonntags überhaupt Flüge von Dallas/Fort Worth nach Washington gehen –«

»Charter mir ein Flugzeug«, sagte Perot.

Stauffer griff zum Telefon.

»In den nächsten Tagen brauchen wir hier Sekretärinnen rund um die Uhr«, fuhr Perot fort.

»Darum kümmere ich mich«, sagte T. J.

»Hört zu, das Militär hat uns seine Unterstützung zugesagt, aber darauf können wir uns nicht verlassen – die haben jetzt vermutlich Wichtigeres um die Ohren. Das Team wird in diesem Falle höchstwahrscheinlich auf dem Landweg in die Türkei wollen. Der Plan sieht vor, daß wir sie an der Grenze erwarten oder, wenn nötig, in den Nordwesten des Irans fliegen, um sie rauszuholen. Wir müssen also das türkische Rettungsteam zusammentrommeln. Boulware ist bereits in Istanbul. Schwebach, Sculley und Davis sind hier in den Staaten – einer soll sie anrufen und ihnen sagen, daß sie sich mit mir in Washington treffen sollen. Außerdem brauchen wir vielleicht einen Hubschrauberpiloten und einen weiteren Piloten für eine kleine Sportmaschine. Sally, du rufst Margot an und bittest sie, einen Koffer für mich zu packen – ich brauche unauffällige Kleidung, eine Taschenlampe, Gummistiefel, Skiunterwäsche, einen Schlafsack und ein Zelt.«

»*Yes, Sir.*« Sally ging aus dem Zimmer.

»Ich halte das für keine gute Idee, Ross«, sagte T. J. »Margot könnte es mit der Angst zu tun bekommen.«

Perot unterdrückte einen Seufzer: Typisch T. J., jetzt eine Diskussion vom Zaun zu brechen. Aber er hatte recht.

»Okay, ich fahre heim und mach's selber. Du kommst mit, dann können wir miteinander reden, während ich packe.«

»*Sure.*«

Stauffer legte den Hörer auf und sagte: »Auf dem Flughafen Love Field steht eine Lear für dich bereit.«

»Sehr gut.«

Perot und T. J. gingen hinunter und stiegen in ihre Wagen. Sie verließen das EDS-Gelände und bogen nach rechts in die Forest Lane ein. Ein paar Sekunden später warf T. J. einen Blick auf seinen Tacho und merkte, daß er 120 fuhr – und den Anschluß an Perot in Margots Jaguar bereits verloren hatte.

*

Am Page-Terminal in Washington lief Perot zwei alten Freunden über den Weg: Bill Clements, Gouverneur von Texas und ehemaliger stellvertretender Verteidigungsminister, und seiner Frau Rita.

»Hallo, Ross!« sagte Clements. »Was, zum Kuckuck, hast du denn am Sonntagnachmittag in Washington verloren?«

»Ich bin geschäftlich hier«, antwortete Perot.

»Na komm schon, was hast du hier vor?« fragte Clements grinsend.

»Hast du ein paar Minuten Zeit?«

Clements hatte Zeit. Die drei setzten sich, und Perot erzählte ihnen Pauls und Bills Geschichte.

Als er geendet hatte, sagte Clements: »Da kenn' ich einen Burschen, mit dem mußt du reden. Ich schreib' dir seinen Namen auf.«

»Und wie soll ich den am Sonntagnachmittag erreichen?«

»Quatsch, das mach' ich selber.«

Die beiden Männer gingen zu einer Telefonkabine. Clements steckte eine Münze in den Apparat, rief die Telefonzentrale des Pentagon an und gab sich zu erkennen. Er bat, mit der Wohnung eines der ranghöchsten Offiziere des Landes verbunden zu werden. Dann sagte er: »Ich habe Ross Perot aus Texas hier. Er ist ein Freund von mir und ein guter Freund des Militärs. Ich möchte, daß Sie ihm helfen.« Dann reichte er Perot den Hörer und ging seiner Wege.

Eine halbe Stunde später befand sich Perot in einem Stabsraum im Kellergeschoß des Pentagon, umgeben von Computer-Terminals, und sprach mit einem halben Dutzend Generälen.

Keinen davon hatte er je zuvor gesehen, aber er hatte das Gefühl, unter Freunden zu sein: Sie wußten alle von seiner Kampagne zugunsten der amerikanischen Kriegsgefangenen in Nordvietnam.

»Ich möchte zwei Männer aus Teheran rauskriegen«, sagte Perot zu ihnen. »Können Sie sie ausfliegen lassen?«

»Nein«, antwortete einer der Generäle. »In Teheran kriegen wir keine Maschine mehr vom Boden. Unser Luftwaffenstützpunkt Doschen Toppeh ist den Revolutionären in die Hände gefallen. General Gast sitzt im Bunker im Keller des MAAG-Hauptquartiers, umzingelt vom Mob. Und wir haben keinerlei Verbindung zu ihm, weil die Telefonleitungen gekappt sind.«

»Na gut«, sagte Perot. Er hatte schon fast mit dieser Antwort gerechnet. »Dann muß ich's eben allein versuchen.«

»Der Iran liegt auf der anderen Seite des Erdballs«, sagte ein General, »und das Land befindet sich mitten in einer Revolution. Leicht wird es nicht sein.«

Perot lächelte. »Ich hab' Bull Simons drüben.«

Sie lachten schallend. »Verdammt, Perot!« sagte einer. »Sie lassen den Iranern auch nicht die geringste Chance!«

»Ganz recht.« Perot grinste. »Vielleicht muß ich selber rüberfliegen. Können Sie mir eine Liste sämtlicher Landeplätze zwischen Teheran und der türkischen Grenze geben?«

»Gewiß.«

»Können Sie herausfinden, wo die Landebahnen blokkiert sind?«

»Wir brauchen uns nur die Satellitenfotos anzugucken.«

»Und wie ist es mit der Radarüberwachung? Kann man irgendwie reinfliegen, ohne auf den iranischen Radarschirmen zu erscheinen?«

»Sicher doch. Wir verschaffen Ihnen eine Radar-Übersichtskarte für eine Flughöhe von 200 Metern.«

»Prima!«

»Sonst noch was?«

Mann, dachte Perot, hier wird man ja bedient wie bei McDonald's! »Danke, das wär's erst mal«, sagte er.

*

T. J. Marquez nahm den Hörer ab. Perot war am Telefon.

»Ich hab' Piloten für dich«, berichtete T. J. »Ich habe Larry Joseph angerufen, der früher Leiter von Continental Air Service in Vientiane war – jetzt sitzt er in Washington. Er hat die Burschen aufgetrieben – Dick Douglas und Julian Kanauch. Morgen kommen sie nach Washington.«

»Das klappt ja großartig«, sagte Perot. »Ich war übrigens im Pentagon. Die können unsere Leute nicht ausfliegen, weil in Teheran zur Zeit keine Starts möglich sind. Aber sie haben mir alle möglichen Karten und Material mitgegeben, damit können wir selber reinfliegen. Und jetzt brauch' ich folgendes: einen Jet für die Route über den Atlantik samt Besatzung und ausgestattet mit einem SSB-Funkgerät, wie wir sie in Lao benutzt haben, so daß wir vom Flugzeug aus telefonieren können.«

»Wird sofort erledigt«, sagte T. J.

»Ich bin im Hotel Madison.«

»Verstanden.«

T. J. fing an, herumzutelefonieren. Er setzte sich mit zwei texanischen Chartergesellschaften in Verbindung, doch keine von beiden verfügte über eine Maschine für die Transatlantik-Route. Von der zweiten Firma, Jet Fleet, bekam er die Adresse von Executive Aircraft, die von Columbus/Ohio aus startete. Aber dort konnte man ihm nicht weiterhelfen und ihm nicht einmal eine andere Firma empfehlen.

T. J. versuchte es mit Europa. Er rief Carl Nilsson an, einen EDS-Manager, der ein Angebot für Martinair ausarbeitete. Nilsson rief zurück und teilte mit, daß Martinair den Iran zwar nicht anflog, aber den Namen eines Schweizer Reiseunternehmens genannt hatte.

T. J. rief in der Schweiz an: Mit Wirkung vom heutigen Tage hatte auch diese Firma ihre Flüge in den Iran eingestellt.

T. J. wählte die Nummer von Harry McKillop, einem

Vizepräsidenten von Braniff, der in Paris wohnte. McKillop war nicht zu Hause.

T. J. rief Perot an und berichtete, daß er nichts erreicht hatte. Das brachte Perot auf eine Idee. Er meinte sich erinnern zu können, daß Sol Rogers, der Präsident der Texas State Optical Company in Beaumont, eine BAC 111 oder eine Boeing 727 besaß. Welche Maschine es war, wußte er nicht, noch hatte er Rogers' Telefonnummer.

T. J. rief die Auskunft an. Die Nummer stand nicht im Telefonbuch. Er bekam sie schließlich über Margot, rief Rogers an, doch der hatte sein Flugzeug verkauft.

Rogers kannte eine Firma namens Omni International in Washington, die Flugzeuge auf Leasing-Basis vergab. Er gab T. J. die Privatnummern des Präsidenten und des Vizepräsidenten.

T. J. rief beim Präsidenten an. Er war nicht zu Hause. Er rief beim Vizepräsidenten an. Der war zu Hause. »Haben Sie einen Transatlantik-Jet?« fragte T. J.

»Klar doch. Wir haben sogar zwei von der Sorte.«

T. J. stieß einen Seufzer der Erleichterung aus.

»Wir haben eine 707 und eine 727«, fuhr der Mann fort.

»Wo?«

»Die 707 befindet sich gegenwärtig auf dem Meachem-Flugfeld in Fort Worth ...«

»Mann, das ist ja gleich um die Ecke!« sagte T. J.

»Können Sie mir noch sagen, ob es ein SSB-Funkgerät an Bord hat?«

»Aber selbstverständlich.«

T. J. konnte sein Glück kaum fassen.

»Die Maschine ist ziemlich luxuriös ausgestattet«, sagte der Vizepräsident. »Sie wurde für einen Prinzen aus Kuwait eingerichtet, der den Auftrag dann zurückzog.«

Die Innenausstattung war T. J. vollkommen gleichgültig. Er fragte nach dem Preis.

Der Vize antwortete, die letzte Entscheidung darüber läge beim Präsidenten. Der sei heute abend ausgegangen, aber T. J. könne ihn gleich am nächsten Morgen erreichen.

T. J. ließ die Maschine von Jeff Heller, einem EDS-Vizepräsidenten und ehemaligen Vietnampiloten, und zweien von Hellers Freunden, einem Piloten der American Airlines und einem Flugtechniker, begutachten.

Heller berichtete, das Flugzeug sei, soweit sie das, ohne es geflogen zu haben, beurteilen könnten, in Ordnung. Das Dekor sei ein bißchen schwülstig, meinte er lächelnd.

Am nächsten Morgen holte T. J. den Präsidenten von Omni um halb acht aus der Dusche. Der hatte sich bereits mit seinem Vize besprochen und meinte, sie würden schon zu einer Einigung kommen.

»Gut«, sagte T. J. »Und wie sieht's mit Besatzung, Wartungseinrichtungen und Versicherung ...«

»Wir chartern keine Flugzeuge«, unterbrach ihn der Präsident, »wir leasen sie.«

»Und der Unterschied?«

»Ist der gleiche Unterschied, wie wenn man ein Taxi nimmt oder sich ein Auto mietet. Unsere Flugzeuge werden vermietet.«

»Seh'n Sie, wir sind im Computergeschäft und haben keine Ahnung von Fluglinien«, sagte T. J. »Können Sie eine Ausnahme machen und mit uns einen Vertrag aushandeln, nach dem Sie alle Extras, die Crew und so weiter zur Verfügung stellen? Wir zahlen natürlich dafür.«

»Das wird ganz schön kompliziert. Allein die Versicherung ...«

»Aber Sie machen es?«

»Ja, wir machen es.«

Und es *war* kompliziert, wie T. J. im Laufe des Tages noch erfahren sollte. Die Versicherungsgesellschaften waren von diesem ungewöhnlichen Geschäft nicht gerade angetan, und außerdem haßten sie es, zur Eile angetrieben zu werden. Es war schwer auszutüfteln, welche Bestimmungen EDS erfüllen mußte, da es sich nicht um eine Fluggesellschaft handelte. Omni verlangte die Hinterlegung von sechzigtausend Dollar bei der außeramerikanischen Niederlassung einer US-Bank. Die Schwierigkeiten wurden von EDS-Manager Gary Fernandes in Washington und EDS-Syndikus Claude Chappelear in Dallas aus der Welt geschafft; der Abschluß, der am Ende desselben Tages zustande kam, war ein Leasingvertrag zur Verkaufspräsentation. Omni trieb in Kalifornien eine Besatzung auf und schickte sie nach Dallas, um dort die Maschine zu übernehmen und nach Washington zu überführen.

Am Montag um Mitternacht befanden sich das Flugzeug, die Crew, die Ersatzpiloten und die restlichen Mitglieder des Rettungsteams zusammen mit Ross Perot in Washington.

T. J. hatte ein Wunder vollbracht.

Und Wunder brauchen eben ihre Zeit.

*

Das Verhandlungsteam – Keane Taylor, Bill Gayden, John Howell, Bob Young und Rich Gallagher, verstärkt durch Raschid, Cathy Gallagher und deren Hund Buffy – verbrachte die Nacht auf Montag, den zwölften Februar, im Hyatt. Viel schliefen sie nicht. Ganz in der Nähe stürmte der Mob ein Waffenarsenal. Da bei dem Angriff auch Panzer eingesetzt wurden, hatte sich offenbar ein Teil der Armee der Revolution angeschlossen. Gegen Morgen sprengten sie ein Loch in die Mauer und gelangten hinein. Als es hell wurde, transportierte ein nicht enden wollender Strom von orangefarbenen Taxis die Waffen in die Stadt, in der noch immer heftig gekämpft wurde.

Das Team hielt die ganze Nacht über die Telefonverbindung nach Dallas aufrecht: John Howell lag, den Hörer am Ohr, in Gaydens Wohnzimmer auf der Couch.

Raschid verließ das Hotel frühmorgens. Niemand sagte ihm, wohin die anderen gingen – kein Iraner sollte den genauen Standort des Verstecks erfahren.

Die Amerikaner packten ihre Koffer und ließen sie in den Zimmern stehen, für den Fall, daß sie sie später abholen könnten. Das gehörte zwar nicht zu Simons' Instruktionen, und er hätte es sicher nicht gebilligt, da das Gepäck bewies, daß die EDS-Leute ausgeflogen waren – aber bis zum Morgen waren sie alle zu der Meinung gelangt, daß Simons seine Vorsichtsmaßnahmen übertrieb. Kurz nach dem vereinbarten Termin um sieben Uhr morgens hatten sie sich in Gaydens Wohnzimmer eingefunden. Die Gallaghers hatten mehrere Taschen bei sich und erweckten nicht gerade den Eindruck, als wollten sie ins Büro gehen.

Im Foyer trafen sie den Manager des Hotels. »Wo wollen Sie denn hin?« fragte er ungläubig.

»Ins Büro«, sagte Gayden zu ihm.

»Wissen Sie denn nicht, daß da draußen ein Bürgerkrieg tobt? Die ganze Nacht lang haben wir die Revolutionäre in unserer Küche verköstigt. Sie haben uns gefragt, ob hier Amerikaner wohnten, und ich habe behauptet, es sei überhaupt niemand hier. Sie müssen sofort wieder nach oben gehen und sich versteckt halten.«

»Das Leben muß schließlich weitergehen«, sagte Gayden, und sie marschierten alle hinaus.

Joe Poché wartete im Range Rover auf sie. Innerlich kochte er vor Wut, weil sie eine Viertelstunde zu spät kamen und er von Simons den Befehl hatte, um sieben Uhr fünfundvierzig zurück zu sein, ob mit ihnen oder ohne sie.

Auf dem Weg zu den Autos sah Keane Taylor einen Hotelangestellten hereinfahren und parken. Er ging zu ihm hinüber und sprach ihn an. »Wie sieht's auf den Straßen aus?«

»Überall Sperren«, sagte der Mann. »Eine ist direkt hier am Ende der Auffahrt. Sie bleiben besser hier.«

»Danke«, sagte Taylor.

Sie stiegen alle in ihre Wagen und folgten Pochés Range Rover. Die Wachen am Tor waren damit beschäftigt, ein Magazin für ein Schnellfeuergewehr in eine Maschinenpistole zu stopfen, die diese Munition natürlich nicht akzeptierte. Auf die drei Wagen achteten sie überhaupt nicht.

Die Situation draußen war furchterregend. Viele von den Waffen aus dem Arsenal hatten den Weg in die Hände von Halbwüchsigen gefunden, die sicherlich niemals zuvor mit Waffen zu tun gehabt hatten; die Jungs rannten den Hügel hinunter, stießen Schreie aus und schwenkten ihre Gewehre, sprangen in irgendwelche Autos und rasten über die Schnellstraße davon, wobei sie wild in die Luft ballerten.

Poché hielt sich an die Schahanschahi nach Norden und folgte einer Umgehungsroute, um die Straßensperren zu vermeiden. Auf der Kreuzung mit der Pahlavi-Allee lagen die Überreste einer Barrikade herum – ausgebrannte Autos und Baumstämme –, doch die Besatzung der Sperre feierte, sang und feuerte Schüsse in die Luft, und die drei Wagen fuhren ungehindert durch.

Die Gegend wurde zusehends ruhiger, je näher sie dem Versteck kamen. Sie bogen in ein enges Sträßchen und fuhren, einen halben Straßenzug weiter, durch ein Tor, das in einen ummauerten Garten mit einem leeren Swimmingpool führte. Die Wohnung der Dvoranchiks befand sich im Erdgeschoß eines Zweifamilienhauses. Die Vermieterin wohnte im ersten Stock.

*

Untersuchungsrichter Dadgar setzte im Laufe des Montags seine Fahndung nach Paul und Bill fort.

Bill Gayden rief im Bukarest an, wo ein rudimentärer Stab von vertrauenswürdigen Iranern die Telefone besetzt hielt. Gayden erfuhr, daß Dadgars Leute schon zweimal angerufen, mit zwei verschiedenen Sekretärinnen gesprochen und gefragt hatten, wo Mr. Chiapparone und Mr. Gaylord zu finden seien. Die eine hatte geantwortet, sie kenne die Namen der Amerikaner nicht – eine mutige Lüge, denn sie arbeitete schon seit vier Jahren für EDS und kannte jeden einzelnen. Die andere hatte gesagt: »Da müssen Sie Mr. Lloyd Briggs fragen, den Leiter des Büros.«

»Und wo ist er zu erreichen?«
»Im Ausland.«
»Und wer vertritt ihn?«
»Mr. Keane Taylor.«
»Dann verbinden Sie mich mit ihm.«
»Er ist gerade nicht im Haus.«

Die Mädchen, Gott segne sie, hatten Dadgars Leute an der Nase herumgeführt.

Rich Gallagher hielt den Kontakt zu seinen Freunden beim Militär aufrecht. Er rief im Evin-Hotel an, wo die meisten von ihnen wohnten, und erfuhr, daß »Revolutionäre« sowohl im Evin als auch im Hyatt aufgekreuzt waren und Fotografien von zwei Amerikanern herumgezeigt hatten, nach denen sie fahndeten.

Dadgars Hartnäckigkeit war schier unglaublich.

Simons entschied, daß sie höchstens achtundvierzig Stunden im Haus der Dvoranchiks bleiben konnten.

Der Fluchtplan war auf fünf Männer zugeschnitten gewesen, nun waren sie zu zehnt, dazu eine Frau und ein Hund.

Sie hatten nur zwei Range Rover. Ein normaler Personenwagen würde die Bergstraßen nie schaffen, schon gar nicht, wenn Schnee lag. Sie brauchten einen dritten Range Rover. Coburn rief Madjid an und bat ihn, sich darum zu kümmern. Simons bereitete der Hund Kopfzerbrechen. Rich Gallagher wollte Buffy in einem Rucksack mitnehmen. Mußten sie zu Fuß oder zu Pferde durch die Berge über die Grenze, so konnte ihnen ein einziger Kläffer den

Garaus machen – und Buffy bellte einfach alles an. Simons sagte zu Coburn und Taylor: »Seht zu, daß ihr diesen Scheißköter loswerdet.«

»Einverstanden«, sagte Coburn. »Ich kann ja mit ihm Gassi gehen und ihn dann laufen lassen.«

»Nein«, erwiderte Simons. »Wenn ich sage, loswerden, dann meine ich das auch so.«

Das größte Problem war aber Cathy. Am Abend fühlte sie sich unwohl. »Eine Frauensache«, sagte Rich. Er hoffte, daß sie sich nach einem Tag Bettruhe kräftiger fühlen würde, doch Simons teilte seinen Optimismus nicht. Und außerdem schäumte er vor Wut über die Passivität der Botschaft. »Es gibt tausend Möglichkeiten fürs Außenministerium, jemanden unbeschadet außer Landes zu bringen«, sagte er. »Man braucht die beiden nur in eine Kiste zu packen und als Frachtgut auszufliegen ... wenn die nur wollten, könnten sie es im Handumdrehen bewerkstelligen!«

Die Glocke am Hoftor läutete und alle erstarrten.

»Ab in die Schlafzimmer, aber leise«, befahl Simons.

Coburn trat ans Fenster. Die Vermieterin glaubte noch immer, daß nur zwei Personen – er und Poché – hier lebten; Simons hatte sie nie zu Gesicht bekommen, und weder sie noch sonst jemand konnte wissen, daß jetzt elf Menschen im Haus waren.

Coburn beobachtete, wie sie über den Hof ging und das Tor öffnete. Sie blieb ein paar Minuten stehen und unterhielt sich mit jemandem, den Coburn nicht sehen konnte, dann schloß sie das Tor und kam allein zurück.

Als er die Flurtür im ersten Stock zuschnappen hörte, rief er: »Falscher Alarm.«

Sie trafen ihre Reisevorbereitungen, indem sie erst einmal die Wohnung der Dvoranchiks nach warmer Kleidung ausplünderten. Toni Dvoranchik würde vor Scham in den Boden versinken, wenn sie wüßte, daß ein Haufen Männer ihre Schubladen durchstöbert, dachte Paul. Am Ende hatten sie eine absonderliche Kollektion von schlecht sitzenden Mützen, Mänteln und Pullovern beisammen.

Danach blieb ihnen nichts weiter zu tun, als zu warten: zu warten, bis Madjid einen dritten Range Rover aufgetrieben hatte; zu warten, bis es Cathy besser ging; zu warten, bis Perot das türkische Rettungsteam organisiert hatte.

Sie sahen sich ein paar alte, auf Betamax-Kassetten aufgezeichnete Footballspiele an. Paul spielte mit Gayden Rommé. Der Hund ging allen auf die Nerven, doch Coburn hatte beschlossen, ihm erst in letzter Minute die Kehle durchzuschneiden, falls der Plan doch noch einmal geändert wurde und der Hund gerettet werden konnte. John Howell las *Das Riff* von Peter Benchley; auf dem Herflug hatte er die Verfilmung gesehen, aber das Ende versäumt, weil die Maschine vorher landete, und er hatte nie herausgefunden, wer die Guten und wer die Bösen waren. Simons sagte: »Wer saufen will, kann's ruhig tun, aber wenn wir Hals über Kopf fort müssen, sind wir ohne Alkohol im Blut wesentlich besser dran.«

Trotz seiner Warnung versetzten Gayden und Gallagher ihren Kaffee großzügig mit Drambuie. Die Glocke schrillte noch einmal, alle versteckten sich wie gehabt, aber es war wiederum für die Vermieterin.

Dafür, daß sie so viele waren und nur ein Wohn- und drei Schlafzimmer zur Verfügung hatten, legten sie eine bemerkenswerte Gelassenheit an den Tag. Der einzige, der ab und zu gereizt reagierte, war, wie zu erwarten, Keane Taylor. Er und Paul kochten für die ganze Mannschaft einen Festschmaus und hinterließen einen fast leeren Kühlschrank; doch als Taylor aus der Küche kam, hatten die anderen ihm keinen Bissen übriggelassen. Er beschimpfte sie durch die Bank weg als verfressene Schweine, und wie immer, wenn Taylor wütend wurde, mußten alle lachen.

In der Nacht drehte er wieder durch. Er schlief auf dem

Fußboden neben Coburn, und der schnarchte. Der Lärm war so grausig, daß Taylor nicht einschlafen konnte. Es gelang ihm nicht einmal, Coburn zu wecken, um ihm zu sagen, er solle mit Schnarchen aufhören, und das brachte das Faß endgültig zum Überlaufen.

*

In Washington schneite es in dieser Nacht. Ross Perot war müde und angespannt.

Fast den ganzen Tag über hatte er mit Mitch Hart einen letzten Versuch unternommen, die Regierung dazu zu überreden, seine Leute aus Teheran ausfliegen zu lassen. Er hatte mit David Newsom, Staatssekretär im Außenministerium, gesprochen, mit Thomas V. Beard im Weißen Haus und mit Mark Ginsberg, einem jungen Carter-Gehilfen, der für den Informationsfluß zwischen Weißem Haus und Außenministerium zuständig war. Sie hatten alle Hände voll zu tun, die noch in Teheran lebenden eintausend Amerikaner zu evakuieren, und zeigten sich wenig geneigt, für Ross Perot eine Extrawurst zu braten.

Ross Perot fand sich also damit ab, daß er in die Türkei mußte, und suchte ein Sportwarengeschäft auf, in dem er sich Winterkleidung kaufte. Die gemietete 707 kam aus Dallas, und Pat Sculley rief vom Flughafen Dulles an und meldete, daß auf dem Flug hierher technische Probleme aufgetaucht seien: Eine der Anzeigetafeln und das Trägheitsnavigationssystem funktionierten nicht ordnungsgemäß, das Haupttriebwerk verbrauchte doppelt soviel Öl wie normal, der Sauerstoffvorrat für die Kabine war unzureichend, es gab keine Ersatzreifen, und die Ventile des Wassertanks waren zugefroren.

Während die Mechaniker sich an die Arbeit machten, besprach sich Perot mit Mort Meyerson, einem Vizepräsidenten von EDS, im Hotel Madison. Es ging um Geschäfte, und sie behandelten Punkt für Punkt jedes Projekt, an dem EDS gerade arbeitete. Beide wußten, obgleich es keiner aussprach, daß diese Sitzung vor allem stattfand, weil Perot möglicherweise nicht aus der Türkei zurückkehren würde.

In mancher Hinsicht waren die beiden Männer so unterschiedlich wie Tag und Nacht. Meyersons Großvater war russischer Jude gewesen, der zwei Jahre lang auf eine Eisenbahnkarte von New York nach Texas gespart hatte. Meyersons Interessengebiete reichten vom Sport bis zu den schönen Künsten. Er spielte Handball, hatte gute Kontakte zum Dallas Symphony Orchestra und war selbst ein guter Pianist. In ironischer Umkehrung von Perot und seinen »Adlern« pflegte er von sich und seinem engeren Kollegenkreis als »Meyersons Kröten« zu reden. Doch in anderer Hinsicht ähnelte er Perot – ein schöpferischer, wagemutiger Geschäftsmann, dessen kühne Ideen die konservativeren EDS-Führungskräfte häufig in Angst und Schrecken versetzten. Perot hatte die Anweisung hinterlassen, daß Meyerson, sollte ihm im Laufe der Rettungsaktion etwas zustoßen, das Stimmrecht über sein Aktienpaket zufiele. Das Schicksal von EDS sollte weiterhin in den Händen einer Führerpersönlichkeit und nicht in denen eines Bürokraten liegen.

Während ihrer Besprechung war Perot nach wie vor beunruhigt wegen des Flugzeugs und verfluchte innerlich das Außenministerium, doch seine größte Sorge galt seiner Mutter. Lulu May Perot verfiel zusehends, und Perot verfiel zusehends, und Perot wäre gerne bei ihr gewesen. Sollte sie während seines Türkeiaufenthaltes sterben, so würde er sie nie wiedersehen – und das würde er nicht verwinden.

Meyerson kannte Perots Gedankengänge. Mitten in die Geschäftsbesprechung hinein sagte er: »Ross, soll nicht lieber ich gehen?«

»Was meinst du damit?«

»Soll ich nicht statt deiner in die Türkei gehen? Du hast deine Schuldigkeit getan, du warst im Iran. Und in der Türkei kannst du nichts unternehmen, was ich nicht genausogut erledigen könnte. Außerdem willst du doch bei deiner Mutter bleiben.«

Perot war gerührt. Auch Mort tut mehr als seine Schuldigkeit, dachte er. »Wenn du wirklich willst ...« Die Versuchung war groß. »Darüber muß ich erst mal nachdenken. Laß mir ein bißchen Zeit.«

Er wußte nicht, ob er überhaupt das Recht hatte, Meyerson an seiner Stelle da hineinzuziehen. »Mal hören, was die anderen dazu sagen.« Er rief in Dallas an und sprach mit T. J. Marquez. »Mort hat mir angeboten, für mich in die Türkei zu gehen«, sagte Perot. »Was meinst du dazu?«

»Das ist ja hirnverbrannt«, erwiderte T. J. »Du warst von Anfang an dabei und kannst Mort nicht alles, was er wissen muß, in ein paar Stunden erzählen. Du kennst Simons, du kennst seine Gedankengänge – Mort nicht. Und außerdem, Simons kennt Mort nicht – und du weißt doch, wie mißtrauisch Simons Unbekannten gegenüber ist. Er traut ihnen einfach nicht ...«

»Du hast recht«, sagte Perot. »Reden wir nicht mehr darüber.« Er legte auf. »Mort, vielen Dank für dein Angebot, aber ich gehe selber.«

»Wie du willst.«

Kurz darauf ging Meyerson und kehrte in der gecharterten Lear nach Dallas zurück. Perot rief noch einmal bei EDS an und sprach mit Merv Stauffer. »Ihr solltet ab jetzt Schichtarbeit machen und versuchen, ein bißchen Schlaf zu kriegen«, sagte Perot. »Ich habe keine Lust, lauter Zombies ans Telefon zu kriegen.«

»Yes, Sir!«

Perot befolgte seinen eigenen Rat und legte sich schlafen.

Um zwei Uhr morgens weckte ihn das Telefon. Pat Sculley rief vom Flughafen aus an; die technischen Mängel waren behoben.

Perot nahm sich ein Taxi zum Dulles-Flughafen. Die Fünfzig-Kilometer-Fahrt über vereiste Straßen war haarsträubend.

Das türkische Rettungsteam war jetzt beisammen: Perot; Pat Sculley und Jim Schwebach – das tödliche Duo; der junge Ron Davis; die Besatzung der 707; die beiden Spezialpiloten, Dick Douglas und Julian »Scratch« Kanauch. Aber das Flugzeug war *nicht* in Ordnung. Es fehlte noch ein Ersatzteil, das in Washington nicht zu bekommen war. Gary Fernandes – der EDS-Manager, der den Leasingvertrag für das Flugzeug ausgearbeitet hatte – war mit einem Mann befreundet, der bei einer Luftfahrtgesellschaft auf dem Flughafen La Guardia in New York für die Bodenwartung verantwortlich war. Fernandes rief seinen Freund an, der stand auf, besorgte das Ersatzteil und gab es einer Maschine nach Washington mit. In der Zwischenzeit legte sich Perot auf eine Bank in der Abflughalle und schlief.

Um sechs Uhr morgens gingen sie an Bord. Perot sah sich ungläubig in der Maschine um. Da gab es ein Schlafzimmer mit französischem Bett, drei Bars, eine ultramoderne Stereoanlage, einen Fernseher und ein Büro mit Telefon. Die Teppiche waren luxuriös, die Polster aus Wildleder und die Wände mit Samt verkleidet. »Sieht aus wie in einem persischen Bordell«, sagte Perot, der noch nie in einem persischen Bordell gewesen war.

Die Maschine hob ab. Dick Douglas und Scratch Kanauch rollten sich sofort zusammen und schliefen ein. Perot versuchte, es ihnen nachzutun; vor ihm lagen sechzehn Stunden Untätigkeit. Während das Flugzeug Kurs auf den Atlantik nahm, fragte er sich erneut, ob er das Richtige tat.

Wenn alles schiefging – das hieß, wenn jemand umkam –, würde die Öffentlichkeit die Unternehmung als das tollkühne Abenteuer eines Mannes betrachten, der glaubte, er lebe im Wilden Westen. Er konnte sich schon die Schlagzeilen vorstellen: IRANISCHES RETTUNGS-ABENTEUER VON TEXANISCHEM MILLIONÄR ENDET TÖDLICH ...

Angenommen, Coburn geht dabei drauf, dachte er: Was soll ich dann seiner Frau sagen? Liz dürfte schwerlich Verständnis dafür haben, daß ich für die Freiheit von zwei Männern das Leben von siebzehn anderen aufs Spiel gesetzt habe.

In seinem ganzen Leben hatte er noch nie gegen das Gesetz verstoßen, und jetzt war er in so viele illegale Aktivitäten verwickelt, daß er sie schon gar nicht mehr zählen konnte.

Er schob diese Gedanken von sich. Die Entscheidung war gefallen.

*

Am Dienstag kündigte die US-Botschaft an, die Evakuierungsflüge aus Teheran würden für alle Amerikaner am kommenden Wochenende beginnen.

Simons zog Coburn und Poché in eins der Schlafzimmer der Dvoranchik-Wohnung und schloß die Tür. »Damit lösen sich ein paar Probleme von selber«, sagte er. »Jetzt kann ich die Gruppe aufteilen. Wenn ein paar sich durch die Botschaft evakuieren lassen, bleiben immer noch genügend fähige Leute für die Strecke über Land.«

Coburn und Poché stimmten zu.

»Es ist klar, daß Paul und Bill die Landroute nehmen müssen«, sagte Simons. »Zwei oder drei von uns müssen sie begleiten: einer, um sie durch die Berge zu führen, der zweite, um die Grenze ordnungsgemäß zu überqueren und sich mit Boulware zu treffen. Für jeden der beiden Range Rover brauchen wir einen iranischen Fahrer. Bleiben zwei Sitze übrig. Wer soll noch mitfahren? Cathy nicht – sie wird auf einem von der Botschaft organisierten Flug besser aufgehoben sein.«

»Rich wird sie begleiten wollen«, sagte Coburn.

»Und dieser beschissene Hund hoffentlich auch«, fügte Simons hinzu.

Das rettet Buffy das Leben, dachte Coburn und freute sich.

Simons sagte: »Bleiben noch Keane Taylor, John Howell, Bob Young und Bill Gayden. Und da liegt der Hund begraben: Dadgar wird sich womöglich auf dem Flughafen ein paar Leute schnappen, und dann sind wir genau da, wo wir angefangen haben – bei verhafteten EDS-Leuten. Wer ist am meisten gefährdet?«

»Gayden«, antwortete Coburn. »Als Präsident von EDS World wäre er eine noch bessere Geisel als Paul und Bill. Wir haben uns schon gefragt, ob Dadgar, als er Bill Gay*lord* verhaftete, eigentlich auf Bill Gay*den* aus war, aber einfach die Namen verwechselt hat.«

»Dann kommt Gayden mit auf dem Überlandtrip.«

»John Howell ist nicht bei EDS angestellt – außerdem ist er Rechtsanwalt. Der sollte keine Schwierigkeiten kriegen.«

»Gut, Howell fliegt.«

»Bob Young ist bei EDS in Kuwait, nicht im Iran angestellt. Sollte Dadgar eine Liste von EDS-Angestellten haben, steht Young bestimmt nicht drauf.«

»Young fliegt. Taylor fährt. Dann muß sich einer von uns mit dem ›Sauberen Team‹ evakuieren lassen. Das machst du, Joe. Du hast dich nicht so oft blicken lassen wie Jay. Der war unterwegs und bei Treffen im Hyatt – dich dagegen kennt kein Aas hier.«

»Okay«, sagte Poché.

»Also, das ›Saubere Team‹, das sind die Gallaghers, Bob Young und John Howell, unter Führung von Joe. Das ›Dreckige Team‹ besteht aus mir, Jay, Keane Taylor, Bill Gayden, Paul, Bill und zwei iranischen Fahrern. Sagen wir ihnen gleich Bescheid.«

Sie gingen ins Wohnzimmer hinüber und trommelten alle zusammen. Coburn bewunderte die Art und Weise, wie Simons ihnen seine Entscheidung beibrachte – am Ende glaubten sie, er hätte sie um ihre Meinung gefragt und ihnen nicht einfach gesagt, was sie zu tun hatten.

Es wurde darüber diskutiert, wer zu welchem Team gehören sollte – John Howell und Bob Young hätten lieber beim ›Dreckigen Team‹ mitgemacht, weil sie sich durch Dadgar gefährdet fühlten. Doch am Ende kamen sie zu eben dem Entschluß, den Simons schon vorher gefaßt hatte.

Das ›Saubere Team‹ sollte am besten so schnell wie möglich auf Botschaftsgebiet übersiedeln, sagte Simons. Gayden und Joe Poché machten sich auf die Suche nach Lou Goelz, um mit ihm darüber zu sprechen.

Das ›Dreckige Team‹ sollte am nächsten Morgen aufbrechen. Coburn mußte sich noch um die iranischen Fahrer kümmern. Ursprünglich waren Madjid und sein Vetter, der Professor, dafür vorgesehen, aber letzterer war in Rezaiyeh und konnte nicht nach Teheran kommen. Coburn mußte also einen Ersatz für ihn finden.

Er hatte sich bereits für Seyyed entschieden. Seyyed war, ebenso wie Raschid und der Cycle Man, Informatiker, entstammte jedoch einer sehr viel wohlhabenderen Familie; unter dem Schahregime hatten Verwandte von ihm hohe Posten in Regierung und Armee bekleidet. Seyyed war in England zur Schule gegangen und sprach mit britischem Akzent. Sein größtes Plus in Coburns Augen war, daß er aus dem Nordwesten kam, somit die Gegend kannte und Türkisch sprach.

Coburn rief Seyyed an, und sie trafen sich in dessen Haus. Coburn tischte ihm eine Lügengeschichte auf. »Ich muß ein paar Erkundigungen auf den Straßen zwischen hier und Khoy einholen«, sagte er. »Und ich brauche einen Fahrer. Machen Sie mit?«

»Klar«, sagte Seyyed.

»Dann treffen wir uns heute abend Viertel vor elf am Argentine Square.« Seyyed war einverstanden.

Als Coburn wieder zur Dvoranchik-Wohnung kam, waren Gayden und Poché schon von ihrem Besuch bei Lou Goelz zurückgekehrt.

Sie hatten ihm erzählt, daß ein paar EDS-Leute in Teheran bleiben und Paul und Bill suchen, die anderen aber den ersten Evakuierungsflug wahrnehmen und bis dahin in der Botschaft bleiben wollten. Die Botschaft sei voll belegt, hatte Goelz gesagt, aber sie könnten in seinem Haus wohnen. Das fanden sie alle verdammt nett von Goelz.

Das ›Saubere‹ und das ›Dreckige Team‹ nahmen Abschied und wünschten sich gegenseitig Glück, wobei niemandem klar war, wer es nötiger hatte; dann machte sich das ›Saubere Team‹ auf den Weg.

Es war Abend geworden. Coburn und Keane Taylor gingen zu Madjids Haus, um ihn abzuholen: Er und Seyyed sollten die Nacht in der Dvoranchik-Wohnung verbringen. Außerdem mußten sie das 200-Liter-Faß Benzin holen, das Madjid für sie aufbewahrte.

Madjid war nicht zu Hause.

Verärgert warteten sie auf ihn. Endlich kam er. Er begrüßte sie, hieß sie willkommen, rief nach Tee – das übliche Brimborium. Schließlich sagte Coburn: »Wir fahren morgen früh. Am besten kommen Sie gleich mit.«

Madjid bat Coburn ins Nebenzimmer, und dort sagte er: »Ich kann nicht mitkommen.«

»Wieso nicht?«

»Ich muß Howayda töten.«

»Was?« fragte Coburn ungläubig. »Wen?«

»Amir Abbas Howayda, den ehemaligen Premierminister.«

»Warum müssen Sie den *töten?*«

»Das ist eine lange Geschichte. Unter dem Schah gab es eine Landreform, und Howayda hat versucht, meiner Familie das Stammesland wegzunehmen. Dagegen haben wir uns gewehrt, und Howayda ließ mich ins Gefängnis werfen ... All die Jahre habe ich auf meine Rache gewartet. Ich habe die Waffen, und die Gelegenheit ist günstig. Schon in zwei Tagen kann die Situation ganz anders aussehen.«

Coburn war fassungslos. Er wußte einfach nicht, was er sagen sollte. Es war klar, daß Madjid sich nicht würde umstimmen lassen.

Coburn und Taylor hievten das Benzinfaß in den Fond des Range Rovers und verabschiedeten sich. Madjid wünschte ihnen viel Glück.

In der Dvoranchik-Wohnung angekommen, versuchte Coburn, den Cycle Man zu erreichen, von dem er hoffte, er würde für Madjid einspringen. Der Cycle Man war ebenso viel unterwegs wie Coburn selbst. Normalerweise erreichte man ihn unter einer bestimmten Telefonnummer – der irgendeines Revolutionshauptquartiers, wie Coburn vermutete – zu einer bestimmten Tageszeit. Dieser Zeitpunkt war schon verstrichen – es war schon spät –, dennoch versuchte es Coburn. Der Cycle Man war nicht da. Auch woanders war er nicht zu erreichen.

Wenigstens hatten sie Seyyed.

Um halb elf machte sich Coburn auf, um Seyyed zu treffen. Er ging durch die verdunkelten Straßen die etwa anderthalb Kilometer bis zum Argentine Square, tastete sich durch eine Baustelle bis zu einem leerstehenden Gebäude. Dort wartete er.

Um elf Uhr war Seyyed noch immer nicht aufgetaucht.

Simons hatte Coburn aufgetragen, auf keinen Fall länger als eine Viertelstunde zu warten. Coburn beschloß, noch ein paar Minuten zuzugeben.

Er wartete bis halb zwölf.

Seyyed ließ sich nicht blicken.

Coburn fragte sich, was passiert sein mochte: Bei Seyyeds Herkunft war es gut möglich, daß er den Revolutionären zum Opfer gefallen war.

Das war eine Katastrophe für das ›Dreckige Team‹. Jetzt hatten sie keinen einzigen Iraner, der sie begleitete. Wie, zum Teufel, sollen wir durch die vielen Straßensperren kommen? fragte sich Coburn. Erst fällt der Professor aus, dann Madjid, dann finden wir den Cycle Man nicht, und jetzt fällt auch noch Seyyed aus. Verdammte Scheiße.

Er verließ die Baustelle und machte sich auf den Heimweg. Plötzlich hörte er ein Auto näher kommen. Er sah sich um und erblickte einen Jeep voller bewaffneter Revolutionäre, die den Platz umkreisten. Er duckte sich hinter den nächstbesten Busch. Sie fuhren vorbei.

Er ging weiter, rannte fast, und fragte sich, ob heute nacht wohl Ausgangssperre war. Er war schon beinahe zu Hause, als der Jeep wieder auf ihn zugeschossen kam.

Sie haben mich gesehen, dachte er, und jetzt kommen sie mich holen.

Es war stockfinster. Vielleicht hatten sie ihn doch noch nicht gesichtet. Er machte auf dem Absatz kehrt und rannte zurück. In dieser Straße gab es keine Deckung. Der Jeep röhrte jetzt lauter. Endlich entdeckte Coburn irgendwelches Buschwerk und warf sich hinein. Da lag er nun mit klopfendem Herzen, und der Jeep kam immer näher. Waren sie auf der Suche nach ihm? Hatten sie Seyyed geholt und gefoltert und zu dem Geständnis gebracht, daß er mit einem amerikanischen Kapitalistenschwein um Viertel vor elf am Argentine Square verabredet war ...?

Ohne anzuhalten fuhr der Jeep vorbei.

Coburn rappelte sich auf und rannte schnurstracks zum Dvoranchik-Haus. Dort sagte er Simons, daß sie jetzt überhaupt keinen iranischen Fahrer hätten.

Simons fluchte. »Gibt's irgendeinen anderen Iraner, den wir anrufen können?«

»Nur einen: Raschid.«

Coburn wußte, daß Simons Raschid nicht haben wollte, weil der den Sturm auf das Gefängnis angeführt hatte, und wenn jemand ihn wiedererkannte, noch dazu als Fahrer eines Vehikels voller Amerikaner, könnten sie in die größten Schwierigkeiten kommen. Aber Coburn fiel niemand anders ein.

»Na gut«, sagte Simons. »Ruf ihn an.«

Coburn wählte Raschids Nummer. »Jay Coburn hier. Ich brauche Ihre Hilfe.«

»Gerne.«

Coburn wollte die Adresse ihres Verstecks nicht nennen, denn es konnte sein, daß die Leitung angezapft war. Ihm fiel ein, daß Bill Dvoranchik leicht schielte. Also sagte er: »Erinnern Sie sich an den Burschen mit dem komischen Blick?«

»Mit dem komischen Blick? Ach, ja ...«

»Nennen Sie keinen Namen. Wissen Sie, wo er gewohnt hat?«

»Klar ...«

»Sagen Sie es nicht. Dort bin ich. Kommen Sie hierher.«

»Jay, ich wohne kilometerweit entfernt und habe keine Ahnung, wie ich durch die Stadt kommen soll ...«

»Versuchen Sie's eben«, sagte Coburn. Er kannte Raschids Einfallsreichtum. »Sie werden es schon schaffen.«

»Na gut.«

»Danke.« Coburn legte auf.

Es war Mitternacht.

Paul und Bill hatten sich aus dem Stapel Pässe, den Gayden aus den Staaten mitgebracht hatte, jeweils einen herausgesucht, und Simons trug ihnen auf, die Namen, Geburtsdaten, besonderen Kennzeichen, sowie sämtliche Visa und Einreisestempel auswendig zu lernen. Die Fotografie in Pauls Paß sah ihm mehr oder minder ähnlich, aber mit Bill war es nicht so einfach. Keins von den Fotos paßte richtig, und am Ende wählte er den Paß von Larry Humphreys, einem blonden, ziemlich nordischen Typ, dem Bill jedoch nicht im mindesten ähnelte.

Während die sechs die Einzelheiten der Reise ausarbeiteten, die sie in den nächsten Stunden antreten wollten, stieg die Spannung. Rich Gallaghers Armeeinformanten zufolge wurde in Täbris gekämpft; sie würden sich also an die südliche Route um den See Rezaiyeh halten und durch Mahabad fahren. Die Geschichte, die sie auf Befragen erzählen wollten, sollte der Wahrheit möglichst nahekommen – Simons' bevorzugte Strategie, wenn er lügen mußte. Sie wollten erzählen, sie seien Geschäftsleute auf dem Heimweg zu ihren Familien, der Flughafen sei geschlossen, und sie führen in die Türkei.

Um den guten Eindruck nicht zu verderben, würden sie keine Waffen bei sich führen. Zu dieser Entscheidung rangen sie sich nur schwer durch – wenn sie unbewaffnet und wehrlos mitten ins Revolutionsgetümmel gerieten, würden sie es sicherlich noch bereuen. Aber Simons und Coburn hatten auf ihrer Erkundungsfahrt herausgefunden, daß die Revolutionäre an den Straßensperren stets nach Waffen suchten. Simons' sechster Sinn sagte ihm, sie täten besser daran, sich aus Schwierigkeiten nicht herauszuschießen, sondern herauszureden.

Außerdem ließen sie die Benzinfässer zurück, mit denen sie in ihrer Rolle als Privatleute auf der Heimfahrt allzu professionell und durchorganisiert gewirkt hätten.

Immerhin nahmen sie eine Menge Geld mit. Joe Poché und das ›Saubere Team‹ waren mit fünfzigtausend Dollar abgezogen, aber die Simons-Truppe besaß noch immer ungefähr eine Viertelmillion Dollar, zum Teil in iranischen Rial, Deutschen Mark, Pfund Sterling und in Gold. Fünfzigtausend Dollar verstauten sie in Zellophanbeuteln, beschwerten sie mit Schrotkugeln und versteckten sie in einem Benzinkanister. Weitere Geldsummen wanderten in eine Kleenex-Schachtel und ins Batteriefach einer Taschenlampe. Den Rest des Geldes teilten sie unter sich auf und versteckten es am Körper.

Um ein Uhr war Raschid immer noch nicht eingetroffen. Simons schickte Coburn ans Hoftor, um nach ihm Ausschau zu halten.

*

Er stand in der Dunkelheit, zitterte vor Kälte und hoffte, Raschid würde bald auftauchen. Morgen würden sie fahren, ob nun mit oder ohne ihn; aber ohne ihn kamen sie wahrscheinlich nicht sehr weit. Die Landbevölkerung würde Amerikaner vielleicht nur aus Prinzip festhalten. Trotz aller Bedenken Simons' wäre Raschid der ideale Führer: Der Bursche konnte mit Engelszungen reden.

Coburn dachte an zu Hause. Liz war wütend auf ihn, das stand bereits fest. Sie hatte Merv Stauffer ganz schön getriezt, tagtäglich bei ihm angerufen und gefragt, wo ihr Mann sei, was er täte und wann er endlich heimkäme.

Coburn wußte, daß er eine Entscheidung fällen mußte, wenn er in die Staaten zurückgekehrt war. Er war sich nicht sicher, ob er den Rest seines Lebens mit Liz verbringen wollte, und nach diesem Abenteuer würde Liz vielleicht ähnliche Zweifel haben. Einmal haben wir uns doch geliebt, dachte er. Ist denn gar nichts mehr davon übrig?

Schritte näherten sich. Eine kleine, lockenköpfige Gestalt, die Schultern vor Kälte hochgezogen, kam über den Gehsteig auf ihn zu.

»Raschid!« zischte Coburn.

»Jay?«

»Mann, bin ich froh, dich zu sehen!« Er nahm Raschid am Arm. »Komm rein.«

Sie betraten das Wohnzimmer. Raschid begrüßte einen nach dem anderen, lächelte und zwinkerte mit den Augen, wie immer, wenn er aufgeregt war. Außerdem hatte er einen nervösen Husten. Simons hieß ihn sich setzen und erklärte ihm den Plan. Raschid zwinkerte noch mehr.

Als er kapierte, was man von ihm erwartete, reagierte

er ein wenig wichtigtuerisch. »Ich helfe euch unter einer Bedingung«, sagte er und hustete. »Ich kenne dieses Land und seine Kultur. Bei EDS seid ihr zwar wichtige Leute, aber dies hier ist nicht EDS. Wenn ich euch zur Grenze führen soll, müßt ihr alles tun, was ich euch sage, ohne Fragen zu stellen.«

Coburn hielt den Atem an. Das war nicht der Ton, in dem man mit Colonel Simons redete.

Aber der grinste. »Wie du willst, Raschid.«

Ein paar Minuten später zog Coburn Simons in eine Ecke und fragte leise: »Colonel, haben Sie das ernst gemeint, daß Raschid hier die Führung übernehmen soll?«

»Sicher«, sagte Simons. »Er hat das Kommando, solange er tut, was ich will.«

Coburn wußte besser als Simons, wie schwer Raschid an die Kandare zu nehmen war, selbst dann, wenn von ihm erwartet wurde, daß er sich an Weisungen hielt. Andererseits war Simons der geschickteste Kommandeur, den Coburn jemals kennengelernt hatte. Und wiederum: Raschid war hier zu Hause, während Simons kein Wort Farsi sprach ... Ein Machtkampf zwischen Simons und Raschid war das letzte, was sie auf dieser Fahrt brauchen konnten.

Coburn rief in Dallas an und sprach mit Merv Stauffer. Paul hatte die Beschreibung der Route des ›Dreckigen Teams‹ bis zur Grenze chiffriert, und Coburn gab sie jetzt durch.

Dann besprachen sie, auf welche Weise sie sich von unterwegs aus melden sollten. Wahrscheinlich war es unmöglich, auf dem flachen Land aus Telefonzellen in Dallas anzurufen. Daher beschlossen sie, Nachrichten über Gholam, einen EDS-Angestellten in Teheran, weiterzugeben. Gholam sollte nicht wissen, um was es ging. Coburn würde ihn täglich einmal anrufen. Wenn alles nach Plan verlief, sollte er sagen: »Ich habe eine Botschaft für Jim Nyfeler: Uns geht es gut.« In Rezaiyeh angekommen, würde er hinzufügen: »Wir sind in der Durchgangszone angekommen.« Stauffer hingegen sollte einfach bei Gholam anrufen und fragen, ob irgendwelche Nachrichten für ihn vorlägen. Solange alles gutging, würden sie Gholam über seine Rolle im ungewissen lassen. Wenn es schiefging, sollte das Versteckspiel ein Ende haben: Coburn würde Gholam aufklären, ihm erzählen, was los war, und ihn bitten, in Dallas anzurufen.

Stauffer und Coburn waren inzwischen so vertraut mit dem Code, daß sie ein Gespräch in normalem Englisch, gemischt mit ein paar Buchstabenkombinationen und Schlüsselwörtern, führen konnten, ohne befürchten zu müssen, daß ein Lauscher mitbekam, worum es ging.

Merv erklärte Perots Pläne für den Notfall: Wenn nötig, würde er von der Türkei aus in den Nordwesten des Irans fliegen, um die Gruppe aufzunehmen. Perot wünschte, daß die Range Rover aus der Luft deutlich identifizierbar seien, und schlug vor, auf jedem Dach ein großes X mit Farbe oder schwarzem Isolierband anzubringen. Sollten sie eines der Fahrzeuge stehenlassen müssen – wegen einer Panne, weil sie kein Benzin mehr hatten oder aus sonst einem Grund –, sollten sie aus dem X ein A machen.

Perot hatte noch eine weitere Nachricht für sie. Admiral Moorer hatte ihm mitgeteilt, die Lage in Teheran würde immer bedenklicher, und das Team solle sich so bald wie möglich aus dem Staub machen. Das gab Coburn an Simons weiter. Der antwortete: »Richte Admiral Moorer aus, das einzige Wasser, das wir hier haben, sei im Abwaschbecken – wenn ich aus dem Fenster schaue, sehe ich weit und breit kein Schiff.« Coburn lachte und sagte zu Stauffer: »Wir haben verstanden.«

Jetzt war es fast fünf Uhr. Keine Zeit mehr für Gespräche. Stauffer sagte: »Paß auf dich auf, Jay.« Es klang, als stecke ihm ein Kloß im Hals. »Und zieh den Kopf rechtzeitig ein, hörst du?«

»Klar, mach' ich.«

»Viel Glück.«

»Tschüs, Merv.«

Coburn legte auf.

Bei Tagesanbruch fuhr Raschid mit einem der Range Rover auf Erkundung durch die Straßen. Er sollte einen Weg aus der Stadt finden, auf dem es keine Straßensperren gab. Sollte noch immer heftig gekämpft werden, würde das Team überlegen, ob es den Aufbruch noch einmal um vierundzwanzig Stunden verschob.

Zur selben Zeit machte sich Coburn im zweiten Range Rover zu einem Treffen mit Gholam auf. Er gab ihm genügend Bargeld für den nächsten Zahltag im Bukarest, sagte jedoch kein Wort über seine Vermittlerrolle zwischen ihnen und Dallas. Sinn der Übung war, den Anschein von Normalität aufrechtzuerhalten, so daß ein paar Tage ins Land gehen würden, bevor die zurückgebliebenen iranischen Angestellten dahinterkamen, daß ihre amerikanischen Chefs die Stadt verlassen hatten.

Als Coburn zurückkam, wurde gerade beratschlagt, wer in welchem Wagen fahren sollte. Daß Raschid den ersten Rover lenkte, war klar. Simons, Bill und Keane Taylor sollten bei ihm einsteigen. Coburn, Paul und Gayden würden im zweiten Wagen folgen.

Simons sagte: »Coburn, du läßt Paul nicht aus den Augen, bis wir in Dallas sind. Das gleiche gilt für Bill und dich, Taylor.«

Raschid kam und meldete, in den Straßen sei es erstaunlich ruhig.

»Na gut«, sagte Simons. »Die Vorstellung kann beginnen.«

Keane Taylor und Bill füllten die Tanks der Range Rover aus den Benzinfässern auf. Sie konnten das Benzin nur ablaufen lassen, und um es zum Fließen zu bringen, mußte es angesaugt werden. Dabei schluckte Taylor soviel Benzin, daß er ins Haus rennen und kotzen mußte. Zum erstenmal lachte niemand über ihn.

Auf Simons' Anweisung hatte Coburn Aufputschmittel in einer Teheraner Apotheke gekauft. Er und Simons hatten seit vierundzwanzig Stunden kein Auge zugetan, so daß jetzt jeder eine Tablette nahm, um sich wach zu halten.

Paul stellte die ganze Küche nach unverderblichen Lebensmitteln auf den Kopf. Er fand Crackers, kleine Napfkuchen, Fertigpuddings und Käse. Das war zwar nicht sehr nahrhaft, würde ihnen aber wenigstens die Mägen füllen.

Coburn flüsterte Paul zu: »Sieh zu, daß *wir* die Kassetten kriegen, damit wir wenigstens ein bißchen Musik im Auto haben.«

Bill schaffte Decken, Taschenlampen und Dosenöffner in die Wagen.

Dann waren sie startbereit.

Als sie einsteigen wollten, sagte Raschid: »Paul, du fährst bitte den zweiten Wagen. Du bist dunkel genug, um als Iraner durchzugehen – solange du den Mund nicht aufmachst.«

Paul schielte zu Simons hinüber. Der Colonel nickte kurz. Paul setzte sich hinters Steuer.

Sie verließen den Hof und fuhren auf die Straße.

11

ZUR SELBEN ZEIT stand Ralph Boulware am Flughafen von Istanbul und wartete auf Ross Perot.

Boulwares Gefühle gegenüber Ross Perot waren zwiespältig. Er war als Techniker bei EDS eingetreten und hatte es bis zum Manager gebracht. Er besaß ein schönes, großes Haus in einem »weißen« Vorort von Dallas und hatte ein Einkommen, von dem die meisten schwarzen

Amerikaner nur träumen konnten. Das alles verdankte er EDS und Perots Fähigkeit, Talente zu fördern. Allerdings gab es dies natürlich nicht umsonst. Man lieferte dafür Intelligenz, harte Arbeit und ein Gespür fürs Geschäft. Umsonst bekam man lediglich die Chance zu zeigen, was man zu bieten hatte.

Auf der anderen Seite wurde Boulware nie den Verdacht los, Perot wolle seine Leute mit Leib und Seele besitzen. Deswegen kamen ja auch ehemalige Armeeangehörige bei EDS schnell voran: Sie waren an Disziplin und einen vierundzwanzigstündigen Arbeitstag gewöhnt. Boulware befürchtete, sich eines Tages die Frage stellen zu müssen, ob er noch sich selbst oder aber bereits Perot gehörte.

Daß Perot in den Iran geflogen war, rechnete er ihm hoch an. Ein Mann in seiner Position – reich, zufrieden und behütet –, der sich selbst in die Höhle des Löwen wagte ... dazu gehörte schon eine Portion Mumm. Wahrscheinlich gab es in Amerika keinen zweiten Aufsichtsratsvorsitzenden eines Konzerns, der auch nur im entferntesten auf die Idee eines solchen Rettungsunternehmens gekommen wäre, geschweige denn sich selbst daran beteiligt hätte.

Aber dann waren da wieder die Zweifel, die Boulware sein ganzes Leben lang nicht würde abschütteln können: War einem Weißen *jemals* zu trauen?

Um sechs Uhr morgens setzte Perots gemietete 707 auf. Boulware ging an Bord. Mit einem Blick erfaßte er die luxuriöse Einrichtung, vergaß sie aber gleich wieder: Er hatte es eilig.

Er setzte sich zu Perot. »Ich fliege um sechs Uhr dreißig«, sagte er. »Deshalb müssen wir uns beeilen. Man kann hier weder einen Hubschrauber noch eine Sportmaschine kaufen.«

»Warum nicht?«

»Das ist illegal. Man kann ein Flugzeug chartern, aber nur für vorgegebene Strecken.«

»Wer sagt das?«

»Das Gesetz. Außerdem ist das Chartern hier so unüblich, daß man sofort die Behörde mit unbequemen Fragen auf dem Hals hat. Und das wollen wir doch vermeiden. Und ...«

»Moment mal, Ralph. Nicht so schnell«, sagte Perot. Sein Blick sagte deutlich: Ich bin hier der Boß. »Und wenn wir einen Hubschrauber aus einem anderen Land reinbringen?«

»Ich bin seit einem Monat hier und habe mich sehr gründlich umgehört: Du kannst keinen Hubschrauber mieten und du kannst auch kein Flugzeug mieten. Und jetzt muß ich abhauen und Simons an der Grenze abholen.«

Perot lenkte ein. »Gut. Wie kommst du dorthin?«

»Mr. Fish hat uns einen Bus bis zur Grenze organisiert. Der ist schon unterwegs. Ich wollte erst mitfahren, dann mußte ich aber hierbleiben, um dich zu informieren. Jetzt fliege ich nach Adana, das liegt ungefähr auf der halben Strecke, und steige dort in den Bus um. Ich habe Ilsman bei mir, diesen Geheimdienstburschen, und noch einen weiteren Mann zum Dolmetschen. Wann wollen die anderen an der Grenze sein?«

»Morgen mittag um zwei«, sagte Perot.

»Das wird knapp. Macht's gut, bis später.«

Er spurtete in die Abflughalle zurück und erwischte gerade noch seine Maschine. Ilsman, der fette Geheimpolizist und der Dolmetscher, den Boulware, weil er seinen Namen nicht kannte, Charlie Brown nannte, waren bereits an Bord.

Punkt sechs Uhr dreißig starteten sie.

Sie flogen ostwärts nach Ankara, wo sie mehrere Stunden auf ihren Anschlußflug warten mußten.

Mittags kamen sie in Adana an, in der Nähe der biblischen Stadt Tarsus in der südlichen Zentraltürkei.

Der Bus war nicht da.

Sie warteten eine Stunde lang.

Boulware rechnete inzwischen nicht mehr mit dem Eintreffen des Busses.

Er ging mit Ilsman und Charlie Brown zum Informationsschalter und erkundigte sich nach Flügen von Adana nach Van, einer ungefähr einhundertfünfzig Kilometer vom Grenzübergang entfernten Stadt.

Nach Van gingen von *nirgendwo* Flüge ab.

»Fragen Sie, ob wir eine Maschine chartern können«, trug er Charlie auf.

Charlie fragte.

»Hier gibt es keine Maschine zu chartern.«

»Können wir irgendwo ein Auto kaufen?«

»In dieser Gegend gibt es nur sehr wenige Autos.«

»Gibt's denn keine Autohändler in der Stadt?«

»Wenn es welche gibt, dann haben sie keine Autos zu verkaufen.«

»Gibt es denn gar keine Möglichkeit, von hier aus nach Van zu kommen?«

»Nein.«

Es war wie in dem Witz von dem Touristen, der einen Bauern nach dem Weg nach London fragt, und der Bauer antwortet: »Wenn ich nach London wollte, würde ich nicht von hier aus gehen.«

Sie verließen das Flughafengebäude und stellten sich an die staubige Straße. Es gab keinen Gehsteig. Sie waren wirklich am Arsch der Welt. Boulware war frustriert. Bisher hatte er es leichter gehabt als die meisten anderen Mitglieder des Teams. Nicht einmal in Teheran war er gewesen. Doch jetzt, wo er sich endlich einmal beweisen konnte, sah es ganz so aus, als ginge alles schief. Und er wollte ums Verrecken nicht versagen.

Ein Wagen mit türkischer Beschriftung an den Türen näherte sich. »He«, sagte Boulware. »Ist das etwa ein Taxi?«

»Ja«, erwiderte Charlie.

»Teufel auch, nehmen wir uns doch einfach ein Taxi!«

Charlie winkte den Wagen heran, und sie stiegen ein.
»Sagen Sie ihm, wir wollen nach Van«, sagte Boulware.
Charlie dolmetschte.

Der Fahrer gab Gas. Ein paar Sekunden später stellte er eine Frage auf türkisch, und Charlie übersetzte: »Van wo?«

»Sagen Sie ihm: Van in der Türkei.«

Der Fahrer hielt an.

Charlie übersetzte: »Er fragt, ob Sie überhaupt wissen, wie weit das entfernt ist?«

Boulware war sich nicht ganz sicher, wußte jedoch, daß sie durch die halbe Türkei mußten. »Sagen Sie ja.«

Nach einem weiteren Wortwechsel berichtete Charlie: »Er will uns nicht hinbringen.«

»Kennt er einen, der's tun würde?«

Der Fahrer gab seiner Unwissenheit gestenreich Ausdruck. Charlie übersetzte: »Er will uns mit zum Taxenstandplatz nehmen, dort können wir uns umhören.«

»Einverstanden.«

Sie fuhren in die Stadt. Der Taxenstand war lediglich ein Stück staubiger Straße mit ein paar geparkten Autos, keines davon neu. Ilsman unterhielt sich mit den Fahrern. Boulware und Charlie entdeckten unterdessen einen kleinen Laden und erstanden einen Beutel hartgekochter Eier.

Als sie das Geschäft verließen, hatte Ilsman einen Fahrer ausfindig gemacht und schon mit ihm über den Preis verhandelt. Stolz wies ihr künftiger Chauffeur auf sein Gefährt. Boulware betrachtete es skeptisch. Es war ein Chevrolet, mindestens fünfundzwanzig Jahre alt, der ganz den Anschein erweckte, als sei er noch mit den Originalreifen ausgestattet.

»Er meint, wir brauchen Proviant«, sagte Charlie.

»Ich hab' ein paar Eier gekauft.«

»Das wird vielleicht nicht reichen.«

Boulware kehrte in den Laden zurück und kaufte noch drei Dutzend Apfelsinen.

Sie setzten sich in den Chevrolet und fuhren zu einer Tankstelle.

Der Fahrer erwarb einen Reservekanister voll Benzin und brachte ihn im Kofferraum unter. Boulware studierte die Landkarte. Ihre Fahrt führte sie fast achthundert Kilometer durch gebirgiges Terrain. »Hören Sie«, sagte er. »Mit diesem Wagen kommen wir nie bis morgen mittag um zwei an die Grenze.«

»Das sehen Sie falsch«, erwiderte Charlie. »Dies hier ist ein *türkischer* Fahrer.«

»Ach du meine Güte«, sagte Boulware, lehnte sich zurück und schloß die Augen.

Sie ließen die Stadt hinter sich und erklommen die Gebirgsketten der Zentraltürkei. Die Straße bestand aus Staub und Schotter und riesigen Schlaglöchern, und an manchen Stellen war sie kaum breiter als das Auto. Auf einer Seite beunruhigend steil abfallend, schlängelte sie sich durch die Berge. Es gab nicht einmal eine Leitplanke, die einen unvorsichtigen Fahrer davor bewahrt hätte, über die Kante ins Bodenlose zu stürzen. Aber die Landschaft war großartig und bot atemberaubende Ausblicke über sonnendurchflutete Täler, und Boulware nahm sich vor, eines Tages mit Mary, Stacy und Kecia zurückzukehren und die Fahrt noch einmal in aller Ruhe zu machen.

Bergabwärts näherte sich ihnen ein Laster. Der Taxifahrer bremste und hielt an. Aus dem Laster stiegen zwei Männer in Uniform. »Militärpatrouille«, sagte Charlie Brown.

Der Fahrer drehte seine Scheibe herunter. Ilsman sprach mit den Soldaten. Boulware verstand kein einziges Wort, aber die Auskunft schien die Patrouille zufriedenzustellen. Sie fuhren weiter.

Nach ungefähr einer Stunde wurden sie von einer zweiten Patrouille angehalten, und die Prozedur wiederholte sich.

Bei Einbruch der Nacht entdeckten sie eine Raststätte

und hielten an. Sie war primitiv und total verdreckt. »Hier gibt's nur Bohnen mit Reis«, sagte Charlie entschuldigend, als sie sich setzten.

Boulware lächelte. »Hab' mein Leben lang von Bohnen und Reis gelebt.« Er musterte den Taxifahrer. Der Mann war ungefähr sechzig Jahre alt und sah müde aus. »Ich glaube, ich fahre mal ein Stück«, sagte Boulware.

Charlie dolmetschte, und der Fahrer protestierte energisch.

»Er sagt, Sie seien nicht imstande, dieses Auto zu fahren«, übersetzte Charlie. »Es ist ein amerikanischer Wagen mit einer etwas merkwürdigen Schaltung.«

»Hören Sie zu, ich bin Amerikaner«, meinte Boulware. »Sie können ihm sagen, daß es einen ganzen Haufen schwarze Amerikaner gibt. Und ich weiß verdammt gut, wie man mit einem vierundsechziger Chevy mit Lenkradschaltung umgeht.«

Beim Essen diskutierten die drei Türken weiter darüber. Am Ende erklärte Charlie: »Sie dürfen fahren, vorausgesetzt, Sie versprechen, im Falle eines Unfalls für alle Schäden aufzukommen.«

»Das verspreche ich«, sagte Boulware.

Er bezahlte die Rechnung, und sie gingen zum Wagen. Es fing gerade an zu regnen.

Boulware konnte zwar nicht schnell fahren, aber das große Auto hatte eine gute Straßenlage, und der starke Motor bewältigte die Steigungen mühelos. Ein drittes Mal wurden sie von einer Militärpatrouille angehalten. Boulware präsentierte seinen amerikanischen Paß, und wiederum gelang es Ilsman, sie befriedigt von dannen ziehen zu lassen. Boulware fiel auf, daß die Soldaten diesmal unrasiert waren und ziemlich zerschlissene Uniformen trugen.

Als er weiterfuhr, sagte Ilsman etwas, und Charlie übersetzte: »Versuchen Sie, bei allen weiteren Patrouillen durchzufahren.«

»Warum das?«
»Die könnten uns ausrauben.«
Mahlzeit, dachte Boulware.

In der Nähe der Stadt Maras, hundertsechzig Kilometer von Adana und weitere sechshundertfünfzig von Van entfernt, fiel dichter Regen, der die Staub- und Schotterstraße in eine tückische Piste verwandelte, so daß Boulware noch langsamer fahren mußte.

Kurz nach Maras gab die Kutsche den Geist auf.

Alle Mann stiegen aus und guckten unter die Motorhaube. Boulware konnte nichts entdecken. Der Taxifahrer sagte etwas, und Charlie übersetzte: »Er versteht auch nicht, was los ist – er hat die Zündung erst vor kurzem eigenhändig eingestellt.«

»Vielleicht hat er's nicht richtig gemacht«, sagte Boulware. »Schauen wir mal nach.«

Der Fahrer holte ein paar Werkzeuge und eine Taschenlampe aus dem Kofferraum, und die vier Männer standen im strömenden Regen um den Motor herum und versuchten den Fehler zu finden.

Schließlich entdeckten sie, daß die Zündkontakte nicht richtig saßen. Boulware vermutete, daß entweder der Regen oder die dünne Höhenluft oder beides zusammen die Fehlzündung letztlich ausgelöst hatten. Es nahm geraume Zeit in Anspruch, die Kontakte richtig einzustellen, doch schließlich sprang der Motor wieder an. Verfroren, durchnäßt und hundemüde kletterten die vier Männer wieder in das betagte Vehikel, und Boulware fuhr weiter.

Sie fuhren gen Osten, und die Landschaft wurde immer karger, keine Ortschaft, kein Haus, kein Vieh – rein gar nichts.

Die Straße wurde immer schlechter und erinnerte Boulware an die Viehtrecks in Cowboyfilmen. Bald ging der Regen in Schnee über, und die Straße vereiste. Immer wieder warf Boulware einen Seitenblick auf den steil abfallenden Berghang. Wenn du da runterdonnerst, sagte er sich, wirst du gar nicht erst verletzt – dann bist du sofort hin.

In der Nähe von Bingol, ungefähr auf der Hälfte der Strecke, ließen sie das Unwetter unter sich. Der Himmel war klar und das Mondlicht so strahlend, daß es fast taghell war. Boulware konnte die Schneewolken und die Blitze unter ihnen deutlich erkennen. Die Bergflanken waren reifbedeckt, und auf der Straße fuhr es sich wie auf einer Bobrennbahn.

Boulware dachte: Mann, ich krepier' hier oben, und niemand wird es je erfahren, weil kein Aas weiß, wo ich mich rumtreibe.

Plötzlich bockte das Steuerrad in seinen Händen, und der Wagen verlor an Geschwindigkeit. In der Schrecksekunde dachte Boulware, er habe die Herrschaft über das Fahrzeug verloren, doch dann merkte er, daß sie einen Platten hatten. Behutsam brachte er das Auto zum Stehen.

Wieder stiegen sie aus, und der Taxifahrer öffnete den Kofferraum. Er hievte den Reservekanister heraus, um an den Ersatzreifen zu kommen. Boulware fror erbärmlich: Die Temperatur mußte weit unter dem Gefrierpunkt liegen. Der Taxifahrer lehnte jede Hilfe ab und bestand darauf, den Reifen selbst zu wechseln. Boulware zog seine Handschuhe aus und bot sie ihm an. Der Mann schüttelte nur den Kopf. Das geht ihm wohl gegen die Ehre, dachte Boulware.

Es wurde vier Uhr morgens, bis der neue Reifen montiert war. Boulware sagte zu Charlie: »Fragen Sie ihn, ob er mich ablösen will – ich bin fix und fertig.«

Der Fahrer war einverstanden.

Boulware setzte sich nach hinten. Sie fuhren weiter. Boulware schloß die Augen und versuchte, das Rütteln und Stoßen zu ignorieren. Er fragte sich, ob sie die Grenze wohl rechtzeitig erreichen würden. Verdammt, dachte er, auf jeden Fall kann keiner behaupten, wir hätten es nicht versucht.

Sekunden später war er eingeschlafen.

*

Wie der Wind fegte das ›Dreckige Team‹ aus Teheran hinaus. Die Stadt glich einem verlassenen Schlachtfeld. Denkmäler waren von ihren Sockeln geholt, Autos in Brand gesteckt und Bäume für Straßensperren gefällt worden; diese wiederum waren weggeräumt, die Autowracks beiseite geschoben, die Denkmäler zerschmettert und die Baumstämme verbrannt worden. Die Bäume waren zum Teil fünfzig Jahre lang täglich von Hand gegossen worden.

Nirgends wurde noch gekämpft. Nur wenige Menschen ließen sich blicken, und es herrschte kaum Verkehr. Vielleicht war die Revolution vorüber. Oder die Revolutionäre tranken gerade Tee.

Sie fuhren am Flughafen vorbei und nahmen die Schnellstraße nach Norden, denselben Weg wie Simons und Coburn auf ihrer Erkundungsfahrt. Einige von Simons Plänen hatten sich zerschlagen – dieser nicht. Trotzdem machte sich Coburn Sorgen. Was würde auf sie zukommen? Tobten in den Provinzstädten und Dörfern noch Kämpfe? Oder waren die Dorfbewohner zu ihren Schafen und Pflügen zurückgekehrt?

Bald rollten die beiden Range Rover mit hundert Stundenkilometern am Fuß einer Bergkette entlang. Zu ihrer Linken erstreckte sich eine weite Ebene, zur Rechten ragten schneebedeckte Bergkuppen über grünen Hügeln in den blauen Himmel.

Coburn betrachtete den Wagen vor ihnen und bemerkte, daß Taylor mit seiner Instamatic durch das Rückfenster fotografierte. »Seht euch bloß den an!« sagte er.

»Meint der, wir seien auf einer Vergnügungsfahrt?« sagte Gayden.

Coburn wurde allmählich zuversichtlicher. Bis jetzt hatte es keinen Ärger gegeben. Vielleicht kam das Land langsam zur Ruhe.

Etwa fünfzig Kilometer hinter Teheran trafen sie kurz vor der Stadt Karadj auf die erste Straßensperre. Wie gewöhnlich wurde sie von Männern und jungen Burschen mit Maschinenpistolen bewacht.

Der erste Rover hielt an, und bevor Paul den zweiten zum Stehen bringen konnte, war Raschid schon herausgesprungen, um ganz sicherzugehen, daß er und nicht die Amerikaner den Wortwechsel bestritten. Gestenreich, lautstark und in schnellem Farsi legte er auch sofort los. Paul kurbelte die Seitenscheibe hinunter. Nach allem, was sie von der Unterhaltung mitbekamen, tischte Raschid nicht die verabredete Geschichte, sondern irgend etwas über Journalisten auf.

Nach einer Weile sagte Raschid ihnen, sie müßten die Autos verlassen. »Sie wollen uns nach Waffen durchsuchen.«

Coburn, dem die vielen Leibesvisitationen auf der Erkundungsfahrt noch bestens in Erinnerung waren, hatte sein Messer im Wagen versteckt.

Die Iraner tasteten sie ab und durchsuchten dann pflichtschuldig die beiden Autos. Sie fanden weder Coburns Messer noch das verborgene Geld.

Nach ein paar Minuten sagte Raschid: »Wir können weiterfahren.«

Ungefähr hundert Meter weiter war eine Tankstelle. Sie fuhren vor, denn Simons wollte die Tanks immer so voll wie möglich haben.

Während des Auftankens zauberte Taylor eine Flasche Cognac hervor, und außer Simons, der dagegen war, und Raschid, dessen Glaube Alkoholgenuß verbot, nahmen alle einen kräftigen Schluck. Simons war wütend über Raschid. Statt zu sagen, daß sie Geschäftsleute waren, die nach Hause wollten, hatte er erzählt, sie seien Journa-

listen und wollten über die Kämpfe in Täbris berichten.
»Halt dich gefälligst an die vereinbarte Geschichte«, sagte Simons.

»Aber ja doch«, meinte Raschid.

An der Tankstelle hatte sich inzwischen eine Anzahl von Zuschauern um die Fremden gesammelt. Coburn machten die Leute nervös. Zwar verhielten sie sich nicht gerade feindselig; dennoch wirkten ihre stummen, wachsamen Blicke irgendwie bedrohlich auf ihn.

Raschid kaufte eine Dose Öl, nahm den Kanister, der den größten Teil ihres Geldes in beschwerten Plastikbeuteln enthielt, aus dem Fond und goß das Öl hinein, um ihre Schätze zu verbergen. Keine schlechte Idee, dachte Coburn. Ich an seiner Stelle hätte allerdings Simons vorher informiert.

Er versuchte, die Einstellung der Menge am Gesichtsausdruck einzelner zu erkennen. Hatten sie nichts zu tun und wollten nur ihre Neugier befriedigen? Oder waren sie empört? Mißtrauisch? Böswillig? Er vermochte es nicht zu sagen. Auf jeden Fall wollte er schnellstens wieder weg.

Raschid bezahlte, und die beiden Wagen fuhren langsam aus der Tankstelle heraus.

Auf den nächsten hundert Kilometern stießen sie auf keinerlei Hindernisse. Die Straße, die neue iranische Staatsautobahn, war in gutem Zustand. Sie führte durch ein Tal, an dessen Seite sich eine einspurige Eisenbahnlinie entlangzog. Darüber erhoben sich Berge mit schneebedeckten Gipfeln. Die Sonne schien.

Die zweite Straßensperre kam kurz vor Ghazvin.

Sie war zwar nicht offiziell – ihre Bewacher trugen keine Uniformen –, aber größer und besser organisiert als die erste. Es gab zwei Kontrollpunkte hintereinander und eine Schlange wartender Autos.

Der Wagen vor ihnen wurde gründlich durchsucht. Ein Bewacher öffnete den Kofferraum und nahm etwas heraus, was aussah wie ein zusammengerolltes Hemd. Er nestelte es auseinander und fand ein Gewehr. Er rief etwas und fuchtelte mit der Waffe in der Luft herum.

Mehrere Bewacher eilten herbei. Eine Menschenmenge lief zusammen. Der Fahrer des Wagens wurde ins Verhör genommen. Einer der Bewacher schlug ihn zu Boden.

Raschid scherte aus der Schlange aus.

»Fahr ihm nach!« sagte Coburn zu Paul.

»Was macht der denn?« fragte Gayden.

Raschid schob sich durch die Menge. Die Leute machten ohne weiteres Platz, sobald der Range Rover sie leicht anstieß – sie interessierten sich ausschließlich für den Mann mit dem Gewehr. Paul hielt sich dicht hinter Raschid. Sie passierten den ersten Kontrollpunkt.

»Das gibt garantiert noch Ärger«, sagte Coburn.

Sie näherten sich dem zweiten Kontrollpunkt. Ohne anzuhalten schrie Raschid dem Bewacher etwas durchs geöffnete Fenster zu. Der schrie zurück, und Raschid gab Gas. Paul zog ihm nach.

Erleichtert atmete Coburn auf. Das sah Raschid wieder einmal ähnlich: Impulsiv tat er, ohne an mögliche Konsequenzen zu denken, etwas völlig Unerwartetes, und irgendwie kam er auch immer damit durch. Nur hielt er damit die Menschen in seiner unmittelbaren Umgebung in ständiger Anspannung.

Als sie wieder anhielten, berichtete Raschid, er habe dem Mann lediglich zugerufen, die beiden Range Rover seien schon am ersten Kontrollpunkt abgefertigt worden.

An der nächsten Straßensperre überredete Raschid die Wachposten, mit Markierstift eine Art Passierschein auf ihre Windschutzscheibe zu malen, und so wurden sie an den folgenden drei Sperren ohne Kontrolle durchgewinkt.

Gegen Mittag legten sie eine Pause ein. Sie hielten neben der Straße unweit eines Skilifts und futterten trockene Crackers und Napfkuchen. Zwar lag Schnee auf den Berghängen, aber die Sonne schien, und es war nicht kalt. Taylor holte seine Cognacflasche hervor, die jedoch ausgelaufen und völlig leer war. Coburn verdächtigte Simons, heimlich den Korken gelockert zu haben. Sie tranken Wasser.

Sie kamen durch die kleine, schmucke Stadt Zanjan, wo Coburn und Simons auf ihrer Erkundungsfahrt mit dem örtlichen Polizeichef geplaudert hatten.

Gleich hinter Zanjan endete die Autobahn – ohne jede Vorwarnung. Vom zweiten Wagen aus sah Coburn Raschids Range Rover plötzlich aus ihrem Gesichtsfeld verschwinden. Paul stieg auf die Bremse und sie sprangen heraus, um nach den anderen zu sehen.

Dort, wo die Asphaltdecke aufhörte, war Raschid mit dem Wagen eine steile Böschung ungefähr drei Meter weit hinuntergeschlittert und mit der Kühlerhaube im Schlamm steckengeblieben. Weiter rechts zog sich ihr Weg über eine ungepflasterte Bergstraße.

Raschid startete den abgewürgten Motor, schaltete auf Allradantrieb und legte den Rückwärtsgang ein. Zentimeter um Zentimeter schlich er den Abhang hoch und auf die Straße zurück.

Der Range Rover war über und über mit Schlamm bedeckt. Raschid betätigte die Scheibenwischer und säuberte die Windschutzscheiben. Gleichzeitig mit dem Dreck verschwand auch der aufgemalte Passierschein. Raschid hätte einen neuen anbringen können, aber niemand hatte einen Markierstift.

Sie fuhren nun nach Westen, auf die Südspitze des Sees Rezaiyeh zu. Die Rover waren speziell für schlechte Straßenverhältnisse konstruiert, so daß sie immer noch ein Tempo von siebzig Stundenkilometern halten konnten. Es ging stetig bergauf und wurde ständig kälter; überall lag Schnee, doch die Straße war frei. Coburn war gespannt, ob sie die Grenze schon heute nacht anstatt, wie geplant, erst morgen erreichten.

Gayden, der auf dem Rücksitz saß, lehnte sich vor und sagte: »Kein Mensch wird uns glauben, daß es so einfach war. Am besten denken wir uns ein paar Schauergeschichten aus, damit wir zu Hause was zu erzählen haben.«

Er hatte sich zu früh gefreut.

Bei einbrechender Dunkelheit erreichten sie Mahabad. Am Stadtrand standen vereinzelte Hütten aus Holz und Lehmziegeln zu beiden Seiten der kurvenreichen Straße. Die Range Rover fegten um eine Kurve und mußten scharf bremsen: Ein geparkter Laster, umstanden von einer großen, offenbar jedoch disziplinierten Menschenmenge, versperrte die Straße. Die Männer trugen die traditionellen ausgebeulten Hosen, schwarze Westen, rot-weiß gemusterten Kopftücher und die Schulterriemen kurdischer Stammesangehöriger.

Raschid sprang aus dem Auto und begann mit seiner Vorstellung.

Coburn begutachtete die Bewaffnung der Männer. Es fiel ihm auf, daß sie sowohl russische als auch amerikanische Gewehre trugen.

»Alle Mann aussteigen«, sagte Raschid.

Das waren sie nun schon gewohnt. Einer nach dem anderen wurde durchsucht. Diesmal war die Suche etwas gründlicher, und Keane Taylors kleines Springmesser wurde gefunden; er durfte es jedoch behalten. Weder Coburns Messer noch das Geld wurden entdeckt.

Coburn erwartete, daß Raschid wieder sagen würde: »Wir können fahren.« Diesmal dauerte es jedoch länger als sonst. Raschid stritt sich ein wenig mit den Kurden herum, dann meinte er: »Wir müssen zum Oberhaupt dieser Stadt und mit ihm reden.«

Sie stiegen wieder ein. In beiden Wagen begleitete sie ein bewaffneter Kurde und zeigte ihnen den Weg ins Städtchen. Man befahl ihnen, vor einem weißgetünchten Haus zu halten. Einer ihrer Bewacher ging hinein, kam eine Minute später wieder heraus und setzte sich ohne ein Wort der Erklärung wieder in den Fond.

Sie hielten wieder vor einem Gebäude, offensichtlich vor

einem Krankenhaus. Dort nahmen sie einen weiteren Passagier auf, einen jungen Iraner, der einen Anzug trug.

Coburn fragte sich, was, zum Teufel, eigentlich hier vorging. Schließlich gelangten sie auf eine Nebenstraße und parkten vor einem kleinen Privathaus.

Sie traten ein. Raschid sagte ihnen, sie sollten die Schuhe ausziehen.

Gayden hatte mehrere tausend Dollar in Hunderten in seinen Schuhen versteckt. Während er sie auszog, schob er die Scheine hektisch in die Schuhspitzen.

Sie wurden in einem großen Raum geführt, der bis auf einen wunderschönen Teppich völlig unmöbliert war. Ruhig wies Simons jeden einzelnen an, wohin er sich setzen solle. Er ließ sie im Kreis Platz nehmen, sparte genügend Raum für die Iraner aus und hieß Raschid, sich rechts daneben niederzulassen. Neben Raschid saß Taylor, dann Coburn, schließlich – genau gegenüber der Lücke – Simons selbst. Rechts von Simons saßen Paul und Bill, allerdings etwas hinter der Peripherie des Kreises, so daß sie weniger auffielen; zu Bills Rechter vervollständigte Gayden den Kreis.

Als Taylor sich setzte, bemerkte er, daß einer seiner Socken ein großes Loch am Zeh hatte, aus dem ein paar Hundertdollarnoten herauslugten. Er fluchte in sich hinein und schob das Geld hastig in die Strumpfferse.

Der junge Mann im Anzug kam herein. Er schien gebildet zu sein und sprach gut Englisch. »Sie werden gleich einen Mann kennenlernen, der nach fünfundzwanzigjähriger Haft soeben erst entkommen ist«, sagte er.

Hört, hört, hätte Bill beinahe gesagt, ich bin selber gerade erst entkommen – aber er konnte sich gerade noch rechtzeitig zurückhalten.

»Sie werden vor Gericht gestellt, und dieser Mann wird Ihr Richter sein«, fuhr der junge Iraner fort.

Die Worte »vor Gericht« trafen Paul wie ein Schlag in die Magengrube. Jetzt war alles umsonst, dachte er.

Das ›Saubere Team‹ verbrachte den Mittwoch in Lou Goelz' Haus in Teheran.

In den frühen Morgenstunden kam ein Anruf von Tom Walter aus Dallas. Die Verbindung war schlecht und die Verständigung entsprechend schwierig, aber immerhin konnte Joe Poché berichten, daß die Leute in Sicherheit waren, so schnell wie möglich in die Botschaft ziehen und das Land verlassen würden, sobald die Evakuierungsflüge endgültig organisiert waren. Außerdem erwähnte er, daß es Cathy Gallagher noch nicht besser ging und sie am Abend zuvor ins Krankenhaus gebracht worden war.

John Howell rief bei Abolhasan an, der ihm eine Nachricht von Dadgar übermittelte. Dadgar erklärte sich einverstanden, über eine Herabsetzung der Kautionssumme zu verhandeln. Sollte EDS Paul und Bill finden, müßten die beiden den Behörden übergeben und die niedrigere Kaution entrichtet werden. Die Amerikaner sollten endlich einsehen, daß es ein hoffnungsloses Unterfangen wäre, die beiden auf legalem Wege außer Landes zu bringen, und höchst gefährlich, es auf andere Weise zu versuchen.

Howell interpretierte die Mitteilung so, daß Paul und Bill keine Erlaubnis bekommen würden, das Land mit einem der von der Botschaft organisierten Evakuierungsflüge zu verlassen. Er fragte sich wieder einmal, ob das ›Saubere Team‹ im Endeffekt nicht doch gefährdeter war als das ›Dreckige‹. Bob Young teilte seine Befürchtungen. Während sie noch darüber sprachen, hörten sie Schüsse fallen. Sie schienen aus der Richtung der amerikanischen Botschaft zu kommen.

*

Die Nationale Stimme des Iran, eine Radiostation, die von Baku aus gleich hinter der sowjetischen Grenze sendete, verbreitete seit Tagen »Nachrichten« über geheime amerikanische Pläne zur Anzettelung einer Konterrevolution. Am Mittwoch verkündete die Nationale Stimme, die Akten des SAVAK, der verhaßten Geheimpolizei des Schahs, seien in die US-Botschaft gebracht worden. Die Geschichte war wahrscheinlich erfunden, klang jedoch plausibel: Der CIA hatte den SAVAK gegründet und pflegte enge Kontakte zu ihm, und es war kein Geheimnis, daß es in amerikanischen Botschaften – wie in jeder Botschaft der Welt – nur so von Spionen wimmelte, die dürftig als diplomatische Attachés getarnt waren. Auf jeden Fall glaubten ein paar Revolutionäre in Teheran die Geschichte und beschlossen, ohne einen der Berater des Ayatollah zu konsultieren, die Sache selbst in die Hand zu nehmen.

Im Laufe des Vormittags besetzten sie die hohen Gebäude rings um das Botschaftsgelände und verschanzten sich hinter ihren Maschinengewehren. Um halb elf eröffneten sie das Feuer.

Botschafter William Sullivan befand sich im Vorzimmer seines Büros und telefonierte vom Schreibtisch seiner Sekretärin aus. Er sprach mit dem stellvertretenden Außenminister des Ayatollah. Präsident Carter hatte sich entschlossen, die neue Revolutionsregierung im Iran anzuerkennen, und Sullivan traf die nötigen Vorbereitungen für die Unterbreitung einer offiziellen Verlautbarung.

Als er den Hörer auflegte und sich umdrehte, erblickte er seinen Presseattaché Barry Rosen in Begleitung von zwei amerikanischen Journalisten. Sullivan war wütend, denn das Weiße Haus hatte ausdrücklich Anweisung gegeben, daß die Anerkennung der neuen Regierung in Washington und nicht in Teheran bekanntgegeben werden sollte. Sullivan nahm Rosen mit in sein Büro und las ihm die Leviten.

Rosen erzählte daraufhin, die beiden Journalisten seien gekommen, um die nötigen Vorbereitungen für die Überführung von Joe Alex Morris, dem Korrespondenten der Los Angeles Times, der bei den Kämpfen um Doschen

Toppeh ums Leben gekommen war, zu treffen. Nun kam sich Sullivan dumm vor und wies Rosen an, den Journalisten einzuschärfen, kein Wort von dem, was sie bei seinem Telefongespräch aufgeschnappt hatten, zu veröffentlichen.

Rosen verließ das Büro. Sullivans Telefon klingelte. Er nahm ab. Urplötzlich setzte Gewehrfeuer ein, und ein Kugelhagel zertrümmerte die Fenster. Sullivan warf sich zu Boden.

Er robbte quer durch den Raum ins angrenzende Büro, wo er Nase an Nase mit seinem Stellvertreter Charlie Naas zusammenstieß, der dort eine Besprechung über die Evakuierungsflüge abgehalten hatte. Sullivan hatte zwei Telefonnummern bekommen, mit denen er im Notfall Revolutionsführer erreichen konnte. Eine davon gab er Naas, die andere dem Militärattaché. Immer noch auf dem Boden liegend, angelten die beiden Männer zwei Telefonapparate von einem Schreibtisch und begannen zu wählen.

Sullivan zog sein Walkie-talkie hervor und bat die Marineinfanteristen-Einheit auf dem Botschaftsgelände um Berichterstattung.

Die Maschinengewehrsalven hatten einer Truppe von ungefähr fünfundsiebzig Revolutionären zur Deckung gedient, die inzwischen über die vordere Mauer gestiegen waren und sich der Botschafterresidenz näherten. Glücklicherweise befand sich der größte Teil des Personals bei Sullivan im Kanzleigebäude.

Sullivan befahl den Soldaten, sich im Hintergrund zu halten, keinen Gebrauch von ihren Gewehren zu machen und ihre Pistolen lediglich zur Selbstverteidigung zu benutzen.

Dann kroch er durch die Botschafterbüros auf den Flur.

Während die Angreifer innerhalb der nächsten Stunden die Botschaftsresidenz und das Kantinengebäude einnahmen, gelang es Sullivan, sämtliche Zivilisten in der

Kanzlei des Nachrichtenbunkers in der obersten Etage unterzubringen. Als er hörte, wie die Angreifer das Stahltor des Gebäudes durchbrachen, befahl er auch die Soldaten in den Bunker. Dort ließ er sie ihre Waffen in eine Ecke stapeln und gab die Order aus, jedermann solle sich so schnell wie möglich ergeben.

Schließlich ging auch Sullivan selbst in den Bunker und ließ außer dem Militärattaché nur noch einen Dolmetscher zurück.

Sobald die Angreifer den ersten Stock erreicht hatten, öffnete Sullivan die Tür und trat, die Hände über den Kopf erhoben, heraus.

Alle anderen – ungefähr hundert Leute – folgten ihm.

Sie wurden ins Wartezimmer der Botschafterbüros gedrängt und durchsucht. Ein wirrer Disput zwischen zwei Gruppen von Iranern entbrannte, und Sullivan begriff, daß die Leute des Ayatollah – wahrscheinlich als Antwort auf die Anrufe von Charlie Naas und seinem Militärattaché – eine Ersatztruppe geschickt hatten und daß die Befreier gleichzeitig mit den Angreifern im ersten Stock angekommen waren.

Plötzlich pfiff eine Kugel durchs Fenster.

Alle Amerikaner warfen sich zu Boden. Einer der Iraner schien zu glauben, der Schuß sei im Zimmer abgefeuert worden, und fuchtelte wild mit seiner AK-47 über die Gefangenen hinweg. Barry Rosen, der Presseattache, schrie auf Farsi: »Der Schuß kam von draußen! Der Schuß kam von draußen!« In diesem Moment bemerkte Sullivan, daß er neben den beiden Journalisten lag, die er in seinem Vorzimmer angetroffen hatte. »Ich hoffe, Sie schreiben auch alles schön mit«, sagte er zu ihnen.

Schließlich wurden sie auf den Hof geführt, wo Ibrahim Yazdi, der neue Vizepremier des Ayatollah, sich für den Überfall entschuldigte. Yazdi stellte Sullivan außerdem eine persönliche Leibwache zur Verfügung, eine Gruppe von Studenten, die von nun an für die Sicherheit des amerikanischen Botschafters verantwortlich sein sollten. Ihr Anführer erklärte Sullivan, sie seien bestens für ihre Aufgabe qualifiziert. Sie hätten ihn beobachtet und kennten seinen Tagesablauf in- und auswendig – denn bis vor kurzem habe ihr Auftrag gelautet, ihn zu ermorden.

Am späten Nachmittag rief Cathy Gallagher aus dem Krankenhaus an. Dort hatte man ihr Medikamente verabreicht, die ihr Leiden zumindest vorübergehend linderten, und sie wünschte, wieder zu ihrem Mann und den anderen in Lou Goelz' Haus überzusiedeln.

Joe Poché wollte weder jemanden vom ›Sauberen Team‹ aus dem Haus lassen noch wollte er, daß irgendein Iraner von ihrem Aufenthaltsort erfuhr. Also rief er Gholam an und bat ihn, Cathy im Krankenhaus abzuholen und bis zur Straßenecke zu begleiten, wo ihr Mann auf sie warten würde.

Cathy kam gegen halb acht Uhr abends an. Sie fühlte sich besser, brachte aber eine Horrorgeschichte mit, die ihr Gholam erzählt hatte. »Gestern haben sie eure Hotelzimmer verwüstet«, berichtete sie. Gholam sei ins Hyatt gefahren, um die EDS-Rechnung zu bezahlen und ihr Gepäck abzuholen. Die Räume seien zerstört, alles voller Einschüsse und das Gepäck zerfleddert gewesen.

»Nur unsere Zimmer?« fragte Howell.

»Ja.«

»Hat Gholam herausgefunden, wie es passiert ist?«

Als Gholam die Rechnung bezahlen wollte, hatte ihn der Hotelmanager gefragt: »Wer, zum Teufel, waren diese Leute? Vom CIA?« Offenbar hatten die Revolutionäre am Montagmorgen, kurz nachdem die EDS-Mitarbeiter gegangen waren, das Hotel eingenommen. Sie hatten sämtliche dort wohnende Amerikaner belästigt, ihre Pässe zu sehen verlangt und ihnen Bilder von zwei Männern gezeigt, die sie suchten. Weder der Manager noch sonst jemand hatte die beiden auf den Fotos wiedererkannt.

Howell fragte sich, was die Revolutionäre so erbost haben mochte, daß sie die Zimmer verwüsteten. Vielleicht hatte Gaydens gut bestückte Bar ihr islamisches Gewissen getroffen. Außerdem waren in Gaydens Suite ein Kassettenrecorder, der für Diktate benutzt wurde, ein paar Aufsatzmikrophone zur Aufnahme von Telefongesprächen sowie ein Walkie-talkie für Kinder zurückgeblieben. Die Revolutionäre mochten der Meinung gewesen sein, es handle sich dabei um Überwachungsausrüstung des CIA.

In dieser Nacht kam Lou Goelz nicht nach Hause. Ungenaue und beunruhigende Berichte von den Vorgängen in der Botschaft kamen Howell und dem ›Sauberen Team‹ durch Goelz' Diener zu Ohren, der seine Freunde anrief. Am nächsten Morgen jedoch kam Goelz, um eine Erfahrung reicher, wieder. Er hatte die meiste Zeit in einem Korridor auf seinem umfangreichen Bauche liegend zugebracht. Nachdem der Spuk vorüber war, hatte er sich an seinen Schreibtisch gesetzt und brachte nun gute Neuigkeiten mit: Die Evakuierungsflüge würden am Sonnabend starrten, und das ›Saubere Team‹ war für den allerersten gebucht.

Wenn nur Dadgar nicht querschießt, dachte Howell.

*

In Istanbul beschlich Ross Perot das ungute Gefühl, daß die gesamte Mission allmählich außer Kontrolle geriet. Aus Dallas hörte er, daß die amerikanische Botschaft in Teheran von Revolutionären gestürmt worden war. Außerdem erfuhr er von Tom Walter, der mit Joe Poché telefoniert hatte, daß das ›Saubere Team‹ beabsichtigte, so schnell wie möglich aufs Botschaftsgelände umzuziehen. Doch nach dem Überfall waren fast sämtliche Telefonverbindungen nach Teheran unterbrochen, und die wenigen, die noch bestanden, wurden ausnahmslos vom Weißen Haus beansprucht. Daher war Perot völlig im ungewissen, ob sich das ›Saubere Team‹ zur Zeit des Angriffs in der Botschaft befunden hatte oder ob es in Lou Goelz' Haus – falls es sich noch dort aufhielt – in Gefahr war.

Die unterbrochene Verbindung hatte außerdem zur Folge, daß Merv Stauffer Gholam nicht erreichen konnte, um bei ihm eine Nachricht vom ›Dreckigen Team‹ für Jim Nyfeler entgegenzunehmen, die entweder »Es ist alles in Ordnung« oder »Wir stecken in Schwierigkeiten« lauten mußte. Die gesamte Mannschaft der sechsten Etage in Dallas setzte unentwegt Himmel und Hölle in Bewegung, um eine der verbliebenen Telefonleitungen zu ergattern und mit Gholam sprechen zu können. Tom Walter hatte sich bei A. A. & T. mit Ray Johnson beraten, der das EDS-Telefonkonto betreute – ein nicht unbeträchtliches Konto, da die EDS-Computer in verschiedenen Teilen der USA über Telefon miteinander verbunden waren. Johnson war nur zu bereit gewesen, einem so guten Kunden einen Gefallen zu erweisen.

Er hatte gefragt, ob es bei diesem Anruf nach Teheran um Leben und Tod ginge. Da können Sie Gift drauf nehmen, hatte Tom Walter geantwortet. Johnson versuchte, eine freie Leitung für sie zu kriegen. Zur selben Zeit raspelte T. J. Marquez Süßholz, um eine Telefonistin im Auslandsverkehr dazu zu bewegen, ihre Vorschriften ein wenig großzügig auszulegen.

Außerdem hatte Perot keinerlei Verbindung zu Ralph Boulware, der das ›Dreckige Team‹ auf der türkischen Seite der Grenze in Empfang nehmen sollte. Das letzte Mal hatte er sich von Adana aus gemeldet, fast achthundert Kilometer vom verabredeten Treffpunkt entfernt. Perot vermutete, daß er noch auf dem Weg zu seinem Stelldichein war, aber er hatte keinerlei Anhaltspunkt dafür, wie weit er gekommen war und ob er es rechtzeitig schaffen würde.

Den größten Teil des Tages hatte Perot darauf verwandt,

eine leichte Sportmaschine oder einen Hubschrauber für den Flug in den Iran zu organisieren. Die Boeing 707 war dafür nicht geeignet, denn Perot würde niedrig fliegen, nach den Range Rovern mit einem »X« oder »A« auf dem Dach Ausschau halten und schließlich auf winzigen, aufgegebenen Flugplätzen, womöglich sogar auf einer Straße oder Wiese landen müssen. Bisher aber hatten ihm seine Bemühungen nichts weiter eingebracht als die Bestätigung dessen, was Boulware ihm schon um sechs Uhr morgens erzählt hatte: Es war aussichtslos.

In seiner Verzweiflung hatte Perot einen Freund bei der Behörde zur Bekämpfung des Drogenmißbrauchs angerufen und um die Telefonnummer seines Mitarbeiters in der Türkei gebeten, da er glaubte, daß die Drogenbekämpfer sicherlich wüßten, wie man an ein kleines Flugzeug kam. Der Mitarbeiter war ins Sheraton gekommen, und zwar in Begleitung eines zweiten Mannes, der, wie Perot vermutete, zum CIA gehörte. Wenn die beiden wußten, wo man ein Flugzeug chartern konnte, so erzählten sie es ihm nicht.

Von Dallas aus telefonierte Merv Stauffer in ganz Europa nach einer passenden Maschine herum, die sofort zu kaufen oder zu mieten war und in die Türkei geflogen werden konnte. Aber auch er erreichte nichts.

Am späten Nachmittag sagte Perot zu Pat Sculley: »Ich will mit dem einflußreichsten Amerikaner in Istanbul reden.«

Sculley war zum amerikanischen Konsulat gegangen und dort von Pontius zu Pilatus gelaufen, und jetzt, um halb elf abends, saß ein Konsul bei Perot in seiner Suite im Sheraton.

Perot informierte ihn über die Ereignisse. »Meine Männer sind keine Verbrecher«, schloß er. »Sie sind ganz normale Geschäftsleute, deren Frauen und Kinder sich zu Hause zu Tode grämen. Die Iraner haben sie sechs Wochen im Gefängnis festgehalten, ohne eine Anklage vorzubringen oder auch nur irgendwelche Beweise gegen sie zu finden. Jetzt sind sie frei und versuchen, aus dem Land zu kommen. Wenn sie erwischt werden, können Sie sich vorstellen, wie groß ihre Chancen auf ein gerechtes Urteil sind: gleich null. So wie die Dinge derzeit im Iran liegen, kann es sein, daß meine Leute nicht weiter als bis zur Grenze kommen. Ich möchte selbst hin und sie holen, und dazu brauche ich Ihre Hilfe. Ich muß ein kleines Flugzeug leihen, mieten oder kaufen. Können Sie mir dabei behilflich sein?«

»Nein«, erwiderte der Konsul. »In diesem Land ist Privatpersonen der Besitz von Flugzeugen per Gesetz untersagt. Und da es gesetzwidrig ist, gibt es solche Maschinen hierzulande nicht einmal für Leute, die das Gesetz brechen wollen.«

»Aber *Sie* müssen doch eine Maschine haben.«

»Das Außenministerium hat keine Flugzeuge.«

Perot war der Verzweiflung nahe. War er wieder dazu verdammt, herumzusitzen, ohne seinen Leuten im geringsten helfen zu können?

Der Konsul sagte: »Mr. Perot, wir sind dazu da, amerikanischen Staatsbürgern zu helfen, und ich werde versuchen, Ihnen eine Maschine zu besorgen. Ich werde alle meine Beziehungen spielen lassen. Aber ich kann Ihnen jetzt schon sagen, daß so gut wie gar keine Aussicht auf Erfolg besteht.«

»Ich weiß Ihre Mühe zu schätzen.«

Der Konsul erhob sich, um sich zu verabschieden.

Perot sagte: »Es ist überaus wichtig, daß meine Anwesenheit in der Türkei geheim bleibt. Zur Zeit haben die iranischen Behörden keine Ahnung, wo sich meine Männer befinden. Sollten sie erfahren, daß ich hier bin, können sie sich leicht ausrechnen, auf welchem Wege meine Leute rauswollen, und das wäre eine Katastrophe. Ich wäre Ihnen daher dankbar, wenn Sie die Angelegenheit äußerst vertraulich behandeln würden.«

»Ich verstehe.« Der Konsul ging.

Kurz drauf klingelte das Telefon. Es war T. J. Marquez aus Dallas.

»Perot, du stehst heute in den Schlagzeilen.«

Perot sank das Herz in die Hose: Es war also herausgekommen.

»Der Gouverneur hat dich gerade zum Vorsitzenden der Drogenkommission ernannt«, sagte T. J.

Perot holte tief Luft. »Du hast mir vielleicht einen Schrecken eingejagt, Marquez.«

T. J. lachte.

»So kannst du nicht mit einem alten Mann umspringen«, sagte Perot. »Mann, du hast meine Nerven ganz schön strapaziert.«

»Moment noch, ich hab' Margot am anderen Apparat«, sagte T. J.

»Du kannst ihr ausrichten, daß ich hier vollkommen sicher bin und ständig von zwei Blondinen bewacht werde.«

»Augenblick, ich sag's ihr gleich.« Eine Minute später meldete sich T. J. lachend wieder. »Sie meint, das sei ja interessant, daß du zwei brauchst, um sie zu ersetzen.«

Perot lachte leise. Reingefallen: Er hätte wissen müssen, daß er Margots Schlagfertigkeit nicht gewachsen war. »Sag, bist du nach Teheran durchgekommen?«

»Ja. Die internationale Vermittlung hat uns eine Leitung besorgt, und dann haben wir mit einer falschen Nummer alles versaut. Dann hat uns A. A. & T. eine neue Leitung verschafft, und wir haben Gholam erreicht.«

»Und?«

»Nichts. Sie haben nichts von sich hören lassen.«

Perots gute Laune verflog wieder. »Was hast du ihn gefragt?«

»Wir haben nur gefragt: Gibt's irgendwas Neues? Und er sagte: nein.«

»Verflucht.« Perot wünschte sich beinahe, das ›Dreckige Team‹ hätte angerufen und gemeldet, es stecke in

Schwierigkeiten, denn dann hätte er wenigstens gewußt, *wo* es steckte. Er verabschiedete sich von T. J. und machte sich fertig, zu Bett zu gehen. Er hatte alle aus den Augen verloren. Er hatte es nicht einmal geschafft, ein Flugzeug zu besorgen, mit dem er sie suchen konnte. Die ganze Sache war total verfahren – und er konnte nichts dran ändern.

Die Ungewißheit brachte ihn fast um. In seinem ganzen Leben hatte er noch nie unter solcher Anspannung gestanden. Er hatte Männer unter Streß zusammenbrechen sehen, sich aber nicht in ihre Lage versetzen können, weil es ihm selbst noch nie passiert war. Normalerweise machte ihm Streß nichts aus, im Gegenteil, er lebte dann erst richtig auf. Diesmal war es anders.

Er verstieß gegen seine eigenen Prinzipien und gestattete sich, darüber nachzudenken, welch fürchterliche Konsequenzen ihm erwachsen konnten. Hier stand seine Freiheit auf dem Spiel, denn wenn diese Sache schiefging, würde er im Gefängnis landen. Er hatte eine Söldnergruppe aufgestellt, stillschweigend den Mißbrauch amerikanischer Pässe geduldet, die Fälschung von US-Militärausweisen betrieben und eine Verschwörung zur illegalen Grenzüberschreitung angezettelt. Er hoffte nur, daß er in den USA und nicht in der Türkei ins Gefängnis kam. Das Schlimmste, was ihm passieren konnte, war, an den Iran ausgeliefert und dort für seine Verbrechen vor Gericht gestellt zu werden.

Schlaflos lag er in seinem Hotelbett und sorgte sich um die beiden Teams, um Boulware und um sich selbst. Es blieb ihm nichts anderes übrig als abzuwarten. In Zukunft würde er mehr Verständnis für die Männer aufbringen, die er unter Streß setzte.

Wenn er überhaupt noch eine Zukunft hatte.

*

Gespannt beobachtete Coburn Simons.

Sie saßen im Kreis auf dem Perserteppich und warteten auf ihren »Richter«. Bevor sie Teheran verließen, hatte Simons zu Coburn gesagt: »Behalt mich im Auge und richte dich nach mir.«

Bisher jedoch hatte Simons sich passiv verhalten, das ganze Theater mitgemacht, Raschid reden lassen, nichts gegen ihre Verhaftung unternommen. Aber jeden Augenblick konnte er seine Taktik ändern. Beschloß er, sich auf einen Kampf einzulassen, so würde er es Coburn einen Sekundenbruchteil vorher wissen lassen.

Der Richter trat ein.

Er war um die Fünfzig, trug eine dunkelblaue Jacke, einen beigen Pullover darunter und ein Hemd mit offenem Kragen. Er erweckte den Eindruck, ein gebildeter Mann zu sein, vielleicht Arzt oder Rechtsanwalt. In seinem Gürtel steckte eine 45er.

Raschid erkannte ihn auf Anhieb. Es war Habib Bolurian, ein führender Kommunist.

Bolurian setzte sich auf den Platz, den Simons für ihn vorgesehen hatte. Er sagte etwas auf Farsi, und der junge Mann im Anzug, der sich jetzt als Dolmetscher betätigte, bat um ihre Pässe.

Da haben wir den Salat, dachte Coburn. Jetzt fängt der Ärger erst richtig an. Er wird sich Bills Paß ansehen und sofort erkennen, daß es nicht der richtige ist.

Die Pässe lagen aufgestapelt auf dem Teppich. Bolurian besah sich den obersten. Der Dolmetscher machte sich Notizen. Es entstand einige Verwirrung über die Vor- und Nachnamen – aus irgendeinem Grunde verwechselten die Iraner sie. Raschid reichte Bolurian die Pässe, und Gayden lehnte sich hinüber, um dies und jenes zu erklären; und dann dämmerte es Coburn, daß die beiden sich eifrig darum bemühten, die Verwirrung noch zu vergrößern. Raschid gab Bolurian mehrmals ein und denselben Paß, und Gayden verdeckte bei seinen Erläuterungen das Foto mit der Hand. Coburn bewunderte ihre Kaltschnäuzigkeit. Schließlich wurden die Papiere zurückgegeben, und Coburn kam es vor, als sei Bills Paß nicht einmal aufgeschlagen worden.

Bolurian begann, Raschid auf Farsi zu befragen. Anscheinend erzählte Raschid ihre verabredete Tarngeschichte – daß sie ganz gewöhnliche amerikanische Geschäftsleute auf dem Weg nach Hause seien –, schmückte sie jedoch mit ein paar schwerkranken Familienmitgliedern in den Staaten aus, die am Rande des Grabes stünden.

Schließlich sagte der Dolmetscher auf englisch: »Würden Sie uns bitte genau erklären, was Sie hier tun?«

Raschid sagte: »Nun ja, sehen Sie ...« Da entsicherte der Bewacher hinter ihm sein Maschinengewehr und rammte ihm den Lauf ins Genick. Raschid verstummte. Es wurde klar, daß der Dolmetscher die Amerikaner selbst zu Worte kommen lassen wollte, um zu hören, ob ihre Version mit der Raschids übereinstimmte; das Vorgehen des Wachmanns war eine brutale Erinnerung daran, daß sie sich in der Hand gewalttätiger Revolutionäre befanden.

Gayden in seiner Eigenschaft als ranghöchster anwesender EDS-Manager antwortete dem Dolmetscher. »Wir alle hier arbeiten bei einer Datenverarbeitungsfirma namens PARS Data Systems, kurz PDS«, sagte er. Tatsächlich war PDS die von EDS und Abolfath Mahvi gemeinsam betriebene Firma. EDS erwähnte Gayden deshalb nicht, weil Simons vor ihrer Abfahrt aus Teheran darauf hingewiesen hatte, daß Dadgar eventuell einen Blankohaftbefehl auf jedermann erlassen hatte, der zu EDS gehörte. »Wir hatten einen Vertrag mit der Bank Omran«, fuhr Gayden fort, und das war die Wahrheit, wenn auch keineswegs die ganze. »Wir wurden nicht mehr bezahlt, die Leute schmissen uns mit Steinen die Fenster ein, wir hatten kein Geld mehr, hatten Sehnsucht nach unseren Familien und wollten einfach nach Hause. Der Flughafen war geschlossen, deshalb versuchen wir's über den Landweg.«

»Das stimmt«, sagte der Dolmetscher. »Mir ist das gleiche passiert. Ich wollte nach Europa fliegen, aber der Flughafen war zu.«

Vielleicht haben wir in dem einen Verbündeten, dachte Coburn.

Bolurian stellte eine Frage, die übersetzt wurde: »Hatten Sie einen Vertrag mit ISIRAN?«

Coburn staunte. Für einen, der 25 Jahre im Gefängnis verbracht hatte, war Bolurian ungewöhnlich gut informiert. Hinter ISIRAN – Information Systems Iran – verbarg sich eine Datenverarbeitungsfirma, die einst Abolfath Mahvi gehört hatte und von der Regierung aufgekauft worden war. Der Verdacht, ISIRAN sei eng mit der Geheimpolizei SAVAK verknüpft, war weit verbreitet. Zu allem Übel hatte EDS tatsächlich einen Vertrag mit ISIRAN: Im Jahre 1977 hatten die beiden Firmen gemeinsam ein Dokumentenkontrollsystem für die iranische Marine eingerichtet.

»Mit ISIRAN haben wir überhaupt nichts zu tun«, log Gayden.

»Können Sie uns irgend etwas zeigen, das beweist, für wen Sie arbeiten?«

Das war gar nicht so einfach. Vor ihrem Aufbruch aus Teheran hatten sie auf Simons' Anweisung hin alles vernichtet, was auf ihre Verbindung zu EDS schließen ließ. Jetzt durchwühlten sie ihre Taschen in der Hoffnung, etwas übersehen zu haben.

Keane Taylor fand seinen Krankenversicherungsausweis, auf dem unten der Name »Electronic Data Systems Corp.« eingedruckt war. Er reichte sie dem Übersetzer und sagte: »Electronic Data Systems ist die Muttergesellschaft von PDS.«

Bolurian erhob sich und verließ den Raum.

Der Dolmetscher, die bewaffneten Kurden und ihre Gefangenen warteten schweigend.

Was nun? dachte Coburn. Wußte Bolurian womöglich, daß EDS vor Jahren einen Vertrag mit ISIRAN gehabt hatte? Und wenn, würde er daraus den vorschnellen Schluß ziehen, daß sie mit dem SAVAK unter einer Decke steckten? Oder war seine Frage nach ISIRAN nur ein Schuß ins Blaue gewesen? Und war das der Fall, hatte er ihnen dann ihre Geschichte von den ganz gewöhnlichen Geschäftsleuten auf dem Weg nach Hause abgekauft?

Coburn gegenüber im Kreis saß Bill, den die Ereignisse auf seltsame Weise unberührt ließen. Während der Befragung war er vor Angst fast umgekommen, und jetzt war er einfach nicht mehr imstande, noch irgend etwas zu empfinden. Wir haben unser Bestes getan, dachte er, und wenn sie uns jetzt an die Wand stellen und erschießen, dann sei's drum.

Bolurian kam in den Raum zurück und lud dabei seine Waffe. Coburn sah Simons von der Seite an: Der ließ kein Auge von der Flinte.

Es war ein alter M1-Karabiner, der ganz so aussah, als stamme er noch aus dem Zweiten Weltkrieg.

Mit dem Ding kann er uns nicht alle erschießen, dachte Coburn.

Bolurian reichte dem Dolmetscher das Gewehr und sagte etwas auf Farsi. Coburn saß sprungbereit. Wenn sie in diesem Zimmer das Feuer eröffneten, wäre die Hölle los.

Der Dolmetscher nahm die Waffe und sagte: »Und jetzt sind Sie unsere Gäste und zum Tee eingeladen.«

Bolurian schrieb etwas auf einen Zettel, den er ihm reichte. Coburn ging auf, daß Bolurian dem Dolmetscher die Waffe ausgehändigt und ihm jetzt lediglich die schriftliche Erlaubnis, sie zu tragen, erteilt hatte. »Jesusmaria«, murmelte Coburn, »ich dachte schon, der knallt uns alle ab.«

Simons' Gesicht war ausdruckslos.

Es wurde Tee serviert.

Draußen war es inzwischen dunkel geworden. Raschid fragte, wo die Amerikaner übernachten könnten. »Sie sind unsere Gäste«, sagte der Dolmetscher. »Ich werde mich persönlich um Sie kümmern.« Braucht er dazu das Gewehr? dachte Coburn. Der Dolmetscher fuhr fort: »Morgen früh wird unser Mullah eine Nachricht an den Mullah von Rezaiyeh schreiben und ihn bitten, Sie passieren zu lassen.«

Coburn flüsterte Simons zu: »Was hältst du davon? Sollen wir hier übernachten oder lieber weiterfahren?«

»Ich glaube nicht, daß wir die Wahl haben«, erwiderte Simons. »Daß er uns ›Gäste‹ genannt hat, war nur eine höfliche Umschreibung.«

Sie tranken ihren Tee, und der Dolmetscher sagte: »Jetzt gehen wir zum Abendessen.«

Sie erhoben sich und zogen ihre Schuhe wieder an. Als sie zu den Autos gingen, fiel Coburn auf, daß Gayden humpelte. »Was ist mit deinen Füßen?« fragte er.

»Nicht so laut!« zischte Gayden. »Ich hab' das ganze Geld in die Schuhspitzen gestopft, und jetzt tun mir natürlich die Füße höllisch weh.«

Sie stiegen ein und fuhren in Begleitung der kurdischen Wachen und des Dolmetschers davon. Verstohlen entledigte sich Gayden seiner Schuhe und schichtete das Geld um. An einer Tankstelle hielten sie. Gayden murmelte: »Wenn sie nicht vorhätten, uns laufenzulassen, würden sie uns wohl kaum volltanken lassen ... oder?«

Coburn zuckte mit der Schulter.

Sie fuhren zum einzigen Restaurant der Stadt. Die EDS-Männer nahmen Platz, und ihre Bewacher setzten sich so, daß ihre Tische fast einen Kreis um sie bildeten und sie von den Einheimischen abschirmten.

Ein Fernseher lief, und der Ayatollah hielt eine Rede. Jesusmaria, dachte Paul, ausgerechnet jetzt, wo wir in Schwierigkeiten sind, mußte dieser Kerl an die Macht kommen. Dann erzählte ihm der Dolmetscher, Khomeini sage gerade, Amerikaner sollten nicht belästigt werden, sondern ungehindert den Iran verlassen können, und Paul fühlte sich sofort besser.

Man servierte ihnen Tchelow-Kabab, Lammfleisch mit Reis. Die Wachen, die ihre Gewehre neben die Teller gelegt hatten, langten herzhaft zu.

Keane Taylor aß nur ein bißchen Reis, dann legte er den Löffel weg. Er hatte Kopfschmerzen. Er hatte sich mit Raschid beim Fahren abgewechselt, und jetzt fühlte er sich, als hätte ihm die Sonne den ganzen Tag lang in die Augen gebrannt. Außerdem machte er sich Sorgen, daß Bolurian in der Nacht in Teheran anrufen und EDS überprüfen lassen könnte. Die Wachen bedeuteten ihm mehrfach, zuzugreifen, aber er saß nur da und hielt sich an seiner Cola fest.

Auch Coburn hatte keinen Hunger. Ihm war eingefallen, daß er Gholam hätte anrufen müssen. Es war schon spät, und in Dallas kamen sie sicher bald um vor Sorge. Aber was sollte er Gholam erzählen – daß alles in Ordnung sei oder daß sie Schwierigkeiten hätten?

Nach dem Essen entstanden Unstimmigkeiten darüber, wer die Rechnung übernehmen sollte. Raschid sagte, ihre Bewacher wollten bezahlen. Die Amerikaner waren ängstlich darauf bedacht, ihre angeblichen Gastgeber nicht zu beleidigen, wollten sich aber auf der anderen Seite bei ihnen beliebt machen, indem sie die Rechnung beglichen. Am Ende übernahm Keane Taylor die Bezahlung.

Als sie das Restaurant verließen, sagte Coburn zu ihrem Dolmetscher: »Ich würde eigentlich gerne in Teheran anrufen, um unsere Leute wissen zu lassen, daß es uns gutgeht.«

»Okay«, sagte der junge Mann.

Sie fuhren zum Postamt. Coburn ging mit dem Dolmetscher hinein. Eine ganze Menge Leute wartete darauf, in den drei oder vier Zellen telefonieren zu können. Der Dolmetscher sprach mit einem der Schalterbeamten, dann sagte er zu Coburn: »Alle Leitungen nach Teheran sind belegt, es ist äußerst schwierig, durchzukommen.«

»Können wir es später noch einmal versuchen?«

»Okay.«

In der Dunkelheit fuhren sie aus der Stadt hinaus. Kurz darauf hielten sie an einem Tor. Im Mondlicht konnte man in der Ferne Konturen sehen, die wie die eines Damms aussahen.

Es dauerte eine ganze Weile, bis sich die Schlüssel zum Tor gefunden hatten, dann fuhren sie hindurch. Sie befanden sich in einem kleinen Park, der ein modernes, reich verziertes, einstöckiges Gebäude aus weißem Granit umgab. »Dies ist einer der Paläste des Schahs«, erklärte der Dolmetscher. »Er hat nur einmal darin gewohnt, als er das Kraftwerk eröffnete. Heute übernachten wir hier.«

Sie gingen hinein. Drinnen war es angenehm warm. »Die Heizung ist drei Jahre lang ununterbrochen gelaufen, nur für den Fall, daß der Schah sich einmal blicken ließe«, sagte der Dolmetscher verächtlich.

Sie begaben sich in den ersten Stock und nahmen ihr Quartier in Augenschein. Es gab eine luxuriöse kaiserliche Suite mit einem riesigen, prunkvollen Badezimmer und zu beiden Seiten des Korridors eine Anzahl von kleineren Räumen, jeweils mit zwei Einzelbetten und einem Bad ausgestattet, vermutlich für die Leibwächter des Schahs. Unter jedem Bett stand ein Paar Hausschuhe.

Die Amerikaner bezogen die kleineren Zimmer, die revolutionären Kurden übernahmen die Suite des Schahs. Einer von ihnen nahm ein Bad, und die Amerikaner hörten ihn herumplätschern, johlen und juchzen. Nach einer Weile kam er heraus. Er war der größte und dickste von allen und hatte sich in einen der prächtigen Bademäntel des Schahs geworfen. Geziert trippelte er den Korridor entlang, und seine Kameraden bogen sich vor Lachen. Er trat auf Gayden zu und sagte mit schwerem Akzent auf englisch: »Totaler Gentleman.« Gayden erstickte fast vor Lachen.

Coburn fragte Simons: »Wie sieht der Plan für morgen aus?«

»Sie wollen uns nach Rezaiyeh eskortieren und uns dem dortigen Anführer übergeben«, sagte Simons. »Ihre Begleitung wird uns sicher zustatten kommen, wenn wir auf weitere Straßensperren stoßen. Aber wenn wir erst einmal in Rezaiyeh sind, können wir sie hoffentlich dazu überreden, uns zum Haus des Professors und nicht zu ihrem Anführer zu bringen.«

Coburn nickte. »Einverstanden.«

Raschid wirkte beunruhigt. »Das sind schlechte Leute«, flüsterte er. »Traut ihnen nicht. Wir müssen hier weg.«

Coburn fand die Kurden auch nicht sonderlich vertrauenerweckend, aber er war sich ganz sicher, daß sie in die größten Schwierigkeiten kämen, wenn sie jetzt versuchten, sich davonzumachen.

Ihm fiel auf, daß einer ihrer Bewacher eine G3 trug. »He, das ist ja mal 'ne feine Waffe«, sagte er.

Der Mann schien ihn zu verstehen und lächelte.

»So eine habe ich noch nie gesehen«, sagte Coburn. »Wie wird sie geladen?«

»Laden ... so«, sagte der Bewacher und zeigte es ihm.

Sie setzten sich und der Mann erklärte ihm das Gewehr. Er sprach genug Englisch, um sich mit ein paar zusätzlichen Gesten verständlich zu machen.

Erst nach einer ganzen Weile bemerkte Coburn, daß er die Waffe längst selber in Händen hielt.

Langsam wurde ihm wohler.

Die anderen wollten duschen, aber Gayden, der als erster ins Bad ging, verbrauchte das gesamte heiße Wasser. Paul duschte kalt – schließlich hatte er sich im Lauf der letzten Wochen daran gewöhnt.

Sie lernten ihren Dolmetscher ein wenig besser kennen. Er studierte in Europa und war gerade zu Hause auf

Urlaub, als er von der Revolution überrascht und an der Rückkehr gehindert wurde; daher hatte er auch gewußt, daß der Flughafen geschlossen war.

Um Mitternacht fragte Coburn ihn: »Können wir es noch mal mit Telefonieren versuchen?«

»Okay.«

Einer der Bewacher begleitete Coburn in die Stadt. Das Postamt war noch immer geöffnet. Aber es gab keine Verbindung nach Teheran.

Coburn wartete bis zwei Uhr morgens, dann gab er es auf.

Als er in den Palast am Damm zurückkam, lagen alle in tiefem Schlaf. Er ging zu Bett. Wenigstens waren sie noch am Leben. Grund genug, dankbar zu sein. Niemand wußte, was ihnen bis zur Grenze noch bevorstand. Aber darüber konnte er sich morgen noch Gedanken machen.

12

»WACH AUF, COBURN! Mach schon, wir wollen endlich los!«

Simons' polternde Stimme drang in seinen Schlaf, und er öffnete die Augen. Sein erster Gedanke war: Wo bin ich eigentlich?

Im Schahpalast in Mahabad.

Oh, Scheiße.

Er stand auf.

Simons scheuchte seine Mannschaft zum Aufbruch. Von ihren Bewachern jedoch, die anscheinend noch schliefen, ließ sich keiner blicken. Also veranstalteten sie einen ungeheuren Krach, und allmählich tauchten die Kurden aus der kaiserlichen Suite auf.

»Sag ihnen«, befahl Simons Raschid, »wir müssen fahren. Wir haben es eilig, weil unsere Freunde an der Grenze auf uns warten.«

Raschid sprach mit den Kurden und sagte dann: »Wir müssen noch warten.«

Das wollte Simons überhaupt nicht gefallen. »Wieso das?«

»Sie wollen erst noch alle duschen.«

Keane Taylor meinte: »Ich seh' dafür keine Notwendigkeit – die meisten von denen haben jahrelang nicht geduscht und können gut und gerne noch einen Tag länger warten.«

Simons bezähmte seine Ungeduld eine halbe Stunde lang, dann bat er Raschid, den Kurden noch einmal zu sagen, sie hätten es eilig.

»Wir müssen uns erst noch das Badezimmer des Schahs ansehen«, sagte Raschid.

»Verdammt noch mal, das haben wir schon gesehen«, erwiderte Simons. »Was wollen die denn jetzt noch?«

Sie trotteten einer nach dem anderen in die kaiserliche Suite und gaben pflichtschuldigst ihrer Empörung über den schandbaren Luxus eines unbewohnten Palastes Ausdruck. Die Kurden trafen noch immer keine Anstalten, das Gebäude zu verlassen.

Coburn fragte sich, was los war. Hatten sie ihren Entschluß, die Amerikaner in die nächste Stadt zu begleiten, geändert? Hatte Bolurian über Nacht Auskünfte über EDS eingeholt? Simons würde sich hier nicht mehr lange festhalten lassen.

Schließlich tauchte der junge Dolmetscher auf, und es stellte sich heraus, daß die anderen auf ihn gewartet hatten. Es blieb dabei. Ein paar Kurden würden die Amerikaner auf der nächsten Etappe ihrer Reise begleiten.

Simons sagte: »Wir haben Freunde in Rezaiyeh und würden lieber zu ihnen gehen als zu Ihrem Anführer in der Stadt.«

»Da sind Sie nicht sicher«, erwiderte der Dolmetscher.

»Nördlich von hier toben schwere Kämpfe. Täbris ist noch immer in den Händen der Anhänger des Schahs. Ich muß Sie zu Leuten bringen, die Sie schützen können.«

»In Ordnung, aber können wir jetzt endlich aufbrechen?«

»Gewiß.«

Sie verließen den Palast, fuhren in die Stadt und mußten vor einem Privathaus anhalten. Der Dolmetscher ging hinein. Alle warteten auf ihn.

Irgend jemand kaufte Brot und Quark zum Frühstück. Coburn stieg aus seinem Wagen und ging zu Simons. »Was ist jetzt wieder los?«

»Das ist das Haus des Mullah«, erklärte Raschid. »Er schreibt einen Brief an den Mullah von Rezaiyeh für uns.«

Es dauerte ungefähr eine Stunde, bis der Dolmetscher mit dem versprochenen Brief wieder erschien.

Danach fuhren sie zum Polizeirevier, wo sie ihr Begleitfahrzeug erblickten: einen großen weißen Krankenwagen mit rotem Blinklicht auf dem Dach, die Fenster zertrümmert, auf einer Seite eine Beschriftung in Farsi, mit rotem Markierstift aufgemalt, die vermutlich »Revolutionskomitee Mahabad« oder so ähnlich lautete. Der Wagen war bis unters Dach mit schwerbewaffneten Kurden besetzt.

Und sie hatten kein Aufsehen erregen wollen ...

Endlich erreichten sie im Schlepptau des Krankenwagens die Landstraße.

Simons machte sich Sorgen wegen Dadgar. In Mahabad war offensichtlich niemand auf Pauls und Bills Spur gesetzt worden, aber Rezaiyeh war eine wesentlich größere Stadt. Simons wußte nicht, ob sich Dadgars Autorität auch aufs offene Land erstreckte, er wußte lediglich, daß es Dadgar bisher noch stets gelungen war, jedermann mit seiner Pflichtbesessenheit und seinem Stehvermögen, unter welcher Regierung auch immer, zu überraschen. Simons wünschte, es bliebe dem Team erspart, den Behörden in Rezaiyeh vorgeführt zu werden.

»Wir haben gute Freunde in Rezaiyeh«, teilte er dem jungen Dolmetscher mit. »Wenn Sie uns zu ihnen bringen könnten, wären wir dort völlig sicher.«

»Oh, nein«, erwiderte der Dolmetscher. »Wenn ich meine Befehle nicht ausführe und Ihnen etwas zustößt, dann macht man mir die Hölle heiß.«

Simons gab es auf. Es war klar, daß sie ebensosehr die Gefangenen wie die Gäste dieser Kurden waren. Die Revolution in Mahabad zeichnete sich eher durch kommunistische Disziplin als durch islamische Anarchie aus, und die einzige Möglichkeit, sich der Eskorte zu entledigen, war Gewaltanwendung. Und Simons war noch nicht bereit, es auf einen Kampf ankommen zu lassen.

Gleich hinter der Stadt fuhr der Krankenwagen an den Straßenrand und hielt vor einem kleinen Café.

»Warum halten wir hier?« fragte Simons.

»Frühstück«, erwiderte der Dolmetscher.

»Wir brauchen kein Frühstück«, sagte Simons mit Nachdruck.

»Aber ...«

»Wir brauchen kein Frühstück!«

Der Dolmetscher zuckte die Achseln und rief den Kurden, die gerade aus dem Krankenwagen ausstiegen, etwas zu. Sie stiegen wieder ein, und der Konvoi setzte sich wieder in Bewegung.

Am späten Vormittag erreichten sie den Stadtrand von Rezaiyeh.

Wieder eine der unvermeidlichen Straßensperren. Diese hier war eine professionelle, militärisch aufgezogene Sache mit abgestellten Autos, Sandsäcken und Stacheldraht. Die Kolonne verlangsamte ihre Fahrt, und ein bewaffneter Posten winkte sie von der Straße weg auf den Vorplatz einer Tankstelle, die in einen Kommandoposten umfunktioniert worden war. Die Zufahrt war durch Maschinengewehre in der Tankstelle bestens gesichert.

Der Krankenwagen kam nicht rechtzeitig zum Stehen und fuhr direkt in den Stacheldrahtzaun.

Die beiden Range Rovers fuhren ordentlich vor.

Der Krankenwagen war sogleich von Wachen umringt, und eine heftige Debatte entspann sich. Raschid und der Dolmetscher gingen hinüber, um sich daran zu beteiligen. Die Revolutionäre von Rezaiyeh gingen nicht automatisch davon aus, daß die Revolutionäre von Mahabad auf ihrer Seite standen. Die Männer aus Rezaiyeh waren keine Kurden, sondern Aserbaidschaner, und der Streit wurde sowohl auf Türkisch als auch auf Farsi ausgetragen.

Es schien, als würde den Kurden befohlen, ihre Waffen abzuliefern, und offenbar wehrten sie sich aufgebracht dagegen. Der Dolmetscher präsentierte den Brief des Mullahs aus Mahabad. Von Raschid, der plötzlich zum Außenseiter geworden war, nahm niemand sonderlich Notiz.

Schließlich kam er mit dem Dolmetscher zu den Autos zurück.

»Wir bringen Sie jetzt in ein Hotel«, sagte der letztere. »Dann werde ich den Mullah aufsuchen.«

Der Krankenwagen hatte sich in den Stacheldrahtzaun verfangen und mußte herausgezerrt werden, bevor sie aufbrechen konnten. Posten von der Straßensperre gaben ihnen Geleitschutz in die Stadt.

Gemessen an den sonstigen Verhältnissen in der iranischen Provinz, war die Stadt groß. Es gab viele Beton- und Steinhäuser sowie ein paar gepflasterte Straßen. Der Konvoi hielt in einer der Hauptstraßen. Aus der Ferne war Geschrei zu vernehmen. Raschid und der Dolmetscher betraten ein Gebäude – vermutlich ein Hotel –, die anderen warteten. Coburn war zuversichtlich. Gefangene brachte man nicht erst in einem Hotel unter, bevor man sie erschoß. Hier handelte es sich lediglich um Kompetenzstreitigkeiten.

Das Geschrei in der Ferne wurde lauter, und am Ende der Straße kam eine Menschenmenge in Sicht.

Die Kurden sprangen aus ihrem Krankenwagen, umringten die beiden Range Rover und bildeten einen Keil um den vorderen. Einer von ihnen deutete auf Coburns Tür und drehte die Hand wie beim Zusperren. »Verschließt die Türen«, sagte Coburn zu den anderen.

Die Menge kam näher. Es war eine Art Parade, erkannte Coburn. An der Spitze des Umzugs gingen einige Armee-Offiziere in zerlumpten Uniformen. Einer von ihnen weinte. »Wißt ihr, was ich glaube?« sagte Coburn. »Die Armee hat sich gerade ergeben, und jetzt führen sie die Offiziere auf der Hauptstraße vor.«

Die rachsüchtige Menge wogte um die beiden Wagen, rempelte die kurdischen Posten an und starrte feindselig durch die Scheiben. Die Kurden gaben keinen Zentimeter Boden preis und versuchten, die Menge von den Autos zurückzudrängen. Es sah aus, als würde jeden Augenblick ein Kampf ausbrechen.

»Das wird ganz schön gefährlich«, sagte Gayden. Coburn ließ den vorderen Wagen nicht aus den Augen und fragte sich, was Simons wohl tun würde.

Coburn sah, wie eine Gewehrmündung auf das Seitenfenster neben dem Fahrer angelegt wurde. »Paul, dreh dich nicht um, da zielt gerade einer mit dem Gewehr auf deinen Kopf.«

»Jesusmaria ...«

Plötzlich war alles vorüber. Die besiegten Soldaten waren die Hauptattraktion, und als sie vorbeigezogen waren, folgte ihnen die Menge.

Coburn atmete auf. Paul sagte: »Also, eine Minute lang hab' ich ...«

Raschid kam mit dem Dolmetscher aus dem Hotel und sagte: »Sie wollen nichts davon hören, einen Haufen Amerikaner in ihrem Hotel aufzunehmen; es ist ihnen zu riskant.« Die Gefühlswogen in der Stadt schlugen so hoch, entnahm Coburn dieser Äußerung, daß das Hotel womöglich vom Mob niedergebrannt werden würde, wenn dort Ausländer wohnten. »Wir müssen ins revolutionäre Hauptquartier.«

Sie fuhren weiter. Auf den Straßen herrschte fieberhafte Aktivität. Ganze Kolonnen von Lastwagen aller Art und Größen wurden mit Versorgungsgütern beladen, vermutlich für die Revolutionäre, die noch in Täbris kämpften. Der Konvoi hielt vor einem Gebäude, vielleicht einer Schule. Eine riesige, lärmende Menschenmenge wartete vor dem Hof darauf, eingelassen zu werden. Es gab einen kurzen Wortwechsel, dann hatten die Kurden die Posten am Tor überredet, den Krankenwagen und die beiden Range Rover durchzulassen. Die Menge reagierte unwirsch, als die Ausländer auf den Hof fuhren. Coburn stieß einen Seufzer der Erleichterung aus, als sich das Tor hinter ihnen schloß.

Sie stiegen aus. Der Hof stand voller zerschossener Fahrzeuge. Auf einem Stapel Gewehrkisten stand ein Mullah und veranstaltete mit einem Haufen Männer eine lärmende, feurige Zeremonie. Raschid erklärte: »Er vereidigt gerade frisch ausgehobene Truppen, die in Täbris für die Revolution kämpfen sollen.«

Die Kurden führten die Amerikaner zu der Schule an der Seite des Hofes. Ein Mann kam die Stufen herunter und schrie sie zornig an. »Sie dürfen nur unbewaffnet in das Gebäude«, übersetzte Raschid.

Coburn merkte, daß ihre Bewacher nervös wurden: Sie waren selbst überrascht, hier auf feindlichem Territorium gelandet zu sein. Sie zogen den Brief des Mullahs von Mahabad heraus.

Neuerlicher Wortwechsel.

Schließlich sagte Raschid: »Ihr wartet alle hier. Ich gehe hinein und rede mit dem Anführer des Revolutionskomitees.«

Er ging die Stufen hinauf und verschwand.

Paul und Gayden zündeten sich Zigaretten an. Paul war verängstigt und mutlos. Diese Leute, glaubte er, würden bestimmt in Teheran anrufen und alles über ihn herausfinden. Ins Gefängnis zurückgeschickt zu werden, wäre noch das geringste Übel. Er sagte zu Gayden: »Ich bin dir aufrichtig dankbar für alles, was du für mich getan hast. Aber das wär's dann wohl, so traurig es auch ist.«

Coburns größte Sorge galt dem Mob vor dem Tor. Hier drin wurde wenigstens der Versuch gemacht, eine gewisse Ordnung aufrechtzuerhalten. Da draußen jedoch war die Meute vor der Kette. Und wenn sich nun einer dieser dämlichen Posten dazu überreden ließ, das Tor aufzumachen? Der Mob würde sie alle lynchen. In Teheran war ein Iraner, der den Zorn der Menge auf sich gezogen hatte, buchstäblich zerfetzt worden – die Leute, wahnsinnig und hysterisch, hatten ihm Arme und Beine ausgerissen.

Die Posten bedeuteten den Amerikanern mit ihren Waffen, sie sollten sich auf die eine Seite des Hofes begeben und dort an die Wand stellen. Wehrlos gehorchten sie. Coburn sah vor sich die Mauer; sie war voller Einschüsse. Paul hatte sie ebenfalls entdeckt und wurde leichenblaß.

Raschid stellte die Frage: Wie wird es wohl in der Seele des Anführers dieses Revolutionskomitees aussehen?

Er hat hunderttausend verschiedene Dinge zu tun, dachte Raschid. Er hat die Stadt gerade eingenommen und noch nie vorher Macht ausgeübt. Er muß sich um die Offiziere der besiegten Armee kümmern, er muß die mutmaßlichen SAVAK-Agenten zusammentreiben und verhören, er muß zusehen, daß die Stadt wieder ordentlich verwaltet wird, er muß Vorkehrungen gegen eine Konterrevolution treffen, und er muß Truppen nach Täbris entsenden.

Raschid schloß daraus, daß ihm nichts lieber sein konnte, als wieder einen Punkt auf seiner Liste abzuhaken.

Er hat weder Zeit noch Mitgefühl für amerikanische Flüchtlinge. Wenn er eine Entscheidung treffen muß, schmeißt er uns erst mal ins Gefängnis und beschäftigt sich später mit uns, irgendwann, wenn er gerade Zeit dazu hat. Also muß ich dafür sorgen, daß er keine Entscheidung trifft.

Raschid wurde in ein Klassenzimmer geführt. Der Anführer saß auf dem Fußboden, ein großer, kräftiger Mann, auf dessen Gesicht sich die Freude über den Sieg widerspiegelte; gleichzeitig wirkte er erschöpft, verwirrt und rastlos. Raschids Begleiter sagte: »Dieser Mann kommt aus Mahabad mit einem Brief des dortigen Mullah. Bei ihm sind sechs Amerikaner.«

Raschid fiel ein Film ein, den er gesehen hatte, in dem ein Mann ein bewachtes Gebäude betrat und statt eines Passierscheins seinen Führerschein zückte. Mit genügend Selbstsicherheit konnte man das Mißtrauen anderer unterlaufen. »Nein, ich komme vom Teheraner Revolutionskomitee«, sagte Raschid. »In der Hauptstadt sind fünf- bis sechstausend Amerikaner, und wir haben beschlossen, sie heimzuschicken. Der Flughafen ist geschlossen, deshalb bringen wir sie auf diesem Weg außer Landes. Natürlich müssen wir dies alles erst organisieren und die nötige Routine entwickeln. Deswegen bin ich gekommen. Aber du hast sicher eine Menge um die Ohren; vielleicht berede ich die Einzelheiten besser mit deinen Untergebenen.«

»Ja«, sagte der Anführer und winkte sie hinaus.

Das nannte man die Technik der großen Lüge, und es hatte funktioniert.

»Ich bin sein Stellvertreter«, sagte Raschids Begleiter, als sie den Raum verließen. Sie gelangten in ein weiteres Zimmer, in dem fünf oder sechs Leute gerade Tee tranken.

Raschid sprach mit dem Vize, und zwar so laut, daß die anderen alles mitanhören konnten. »Diese Amerikaner wollen bloß nach Hause zu ihren Familien. Wir sind froh, daß wir sie loswerden, wollen sie aber gut behandeln, damit sie keine Aversionen gegen die neue Regierung entwickeln.«

»Warum hast du denn jetzt Amerikaner mitgenommen?« fragte der Vize.

»Für einen Probelauf. Weißt du, so finden wir am besten heraus, wo die Schwierigkeiten liegen ...«

»Aber du darfst sie doch nicht über die Grenze lassen.«

»Oh, doch. Das sind gute Männer, die unserem Land niemals Schaden zugefügt haben, und zu Hause warten ihre Frauen und Kinder auf sie; einer von ihnen hat ein kleines Kind, das im Krankenhaus liegt und wahrscheinlich sterben muß. Das Revolutionskomitee in Teheran hat mich also beauftragt, sie über die Grenze zu führen ...«

Raschid redete und redete. Von Zeit zu Zeit unterbrach ihn der Vize mit einer Frage. Für wen arbeiteten die Amerikaner? Was hatten sie alles bei sich? Woher wußte Raschid, daß sie keine SAVAK-Agenten waren, die für die Konterrevolutionäre in Täbris spionierten? Auf jede Frage hatte Raschid eine Antwort, und zwar eine sehr ausführliche. Solange er sprach, konnte er die anderen überzeugen; doch sobald er schwieg, hatten sie Zeit, sich Einwände einfallen zu lassen. Ständig gingen Leute ein und aus. Auch der Vize verließ zwischendurch drei- oder viermal den Raum.

Schließlich kam er wieder herein und sagte: »Ich muß das mit Teheran abklären.«

Raschids Mut sank. Natürlich würde kein Mensch in Teheran seine Geschichte bestätigen. Aber es würde ewig dauern, nach Teheran durchzukommen. »Es ist schon alles in der Hauptstadt überprüft worden, und es besteht keine Notwendigkeit, es noch einmal zu überprüfen«, sagte er. »Aber wenn du darauf bestehst, bringe ich diese Amerikaner in ein Hotel, wo sie warten können.« Und er fügte hinzu: »Du gibst uns besser ein paar Wachmänner mit.«

Das hätte der Vize ohnehin getan, aber danach zu fragen, mochte sein Mißtrauen noch weiter abbauen.

»Ich weiß nicht recht«, sagte der Mann.

»Hier können wir sie nicht gut lassen«, sagte Raschid. »Das könnte gefährlich werden. Sie könnten zu Schaden kommen.« Er hielt den Atem an. Hier saßen sie in der Falle. In einem Hotel dagegen hätten sie zumindest die Chance, auszubrechen und sich Richtung Grenze aufzumachen ...

»Einverstanden«, sagte der Vize.

Raschid verbarg seine Erleichterung.

*

Paul war zutiefst dankbar, als er Raschid die Stufen vor der Schule herunterkommen sah. Sie hatten lange warten müssen. Zwar hatte sie niemand mit einem Gewehr bedroht, aber sie waren Zielscheibe einer Menge feindseliger Blicke gewesen.

»Wir können ins Hotel ziehen«, sagte Raschid.

Die Kurden schüttelten ihnen reihum die Hände und fuhren in ihrem Krankenwagen davon. Kurz darauf brachen auch die Amerikaner auf, gefolgt von vier oder fünf bewaffneten Posten in einem weiteren Auto. Sie fuhren zum Hotel. Diesmal gingen sie alle hinein. Es gab einen kurzen Streit zwischen dem Hotelbesitzer und den Wachmännern, den letztere gewannen, und den Amerikanern wurden vier Zimmer im vierten Stock zugewiesen, die nach hinten sahen; man sagte ihnen, sie sollten vorsichtshalber die Vorhänge geschlossen und sich selbst von den Fenstern fern halten, falls ortsansässige Heckenschützen Amerikaner für lohnende Ziele hielten.

Sie versammelten sich in einem der Zimmer. Aus der Ferne waren Schüsse zu hören. Raschid organisierte ein Mittagessen und aß mit ihnen: Grillhähnchen, Reis, Brot und Cola. Dann kehrte er wieder zur Schule zurück.

Die Wachen gingen im Zimmer ein und aus und trugen ihre Waffen mit sich herum. Einer von ihnen machte auf Coburn einen bösartigen Eindruck. Er war jung, kurz und gedrungen, muskulös, mit schwarzem Haar und den Augen einer Schlange. Je länger sich der Nachmittag hinzog, desto mehr schien er sich zu langweilen.

Einmal kam er herein und sagte: »Carter nicht gut.«

Er sah sich um und wartete auf eine Reaktion.

»CIA nicht gut«, sagte er. »Amerika nicht gut.«

Niemand antwortete. Er ging wieder hinaus.

»Dieser Kerl ist auf Zoff aus«, sagte Simons ruhig. »Daß mir ja keiner von euch auf den Köder anbeißt.«

Wenig später versuchte es der Bursche noch einmal. »Ich bin sehr stark«, sagte er. »Ringen. Ringerchampion. Ich war in Rußland.«

Keiner sagte ein Wort.

Er setzte sich und fummelte an seinem Gewehr herum, als ob er nicht wüßte, wie es geladen wurde. Er wandte sich an Coburn: »Du kennst Waffen?«

Coburn schüttelte den Kopf.

Der Posten sah die anderen an. »Ihr kennt Waffen?«

Es war eine M1, mit der sie alle vertraut waren, aber keiner sagte ein Wort.

»Wollt ihr tauschen?« fragte der Wachmann. »Dieses Gewehr gegen einen Rucksack?«

Coburn sagte: »Wir haben keinen Rucksack, und wir brauchen auch kein Gewehr.«

Endlich gab es der Kerl auf und ging wieder auf den Korridor. Simons sagte: »Wo, zum Teufel, bleibt Raschid?«

*

Das Auto fuhr durch ein Schlagloch und rüttelte Ralph Boulware wach. Nach kurzem, unruhigem Schlaf fühlte er sich müde und zerschlagen. Er sah aus dem Fenster. Es war früh am Morgen. Er erblickte einen See, so riesig, daß man das gegenüberliegende Ufer nicht ausmachen konnte.

»Wo sind wir?« fragte er.

»Am See Van«, erwiderte Charlie Brown, der Dolmetscher. Häuser, Dörfer und Autos kamen in Sicht. Sie hatten das wilde Bergland hinter sich gelassen und kehrten nun in ein Gebiet zurück, das in diesem Teil der Welt schon als zivilisiert zu bezeichnen war. Boulware studierte seine Landkarte. Er rechnete sich aus, daß sie noch ungefähr hundertsechzig Kilometer bis zur Grenze hatten.

»Mann, das ist prima!« sagte er.

Er entdeckte eine Tankstelle. Sie waren wirklich in den Schoß der Zivilisation zurückgekehrt. »Tanken wir erst einmal«, sagte er.

An der Tankstelle erstanden sie Brot und Kaffee. Der Kaffee war fast so gut wie eine Dusche, und Boulware fühlte sich wieder topfit. Er wandte sich an Charlie: »Sagen Sie dem alten Mann, daß ich jetzt wieder fahren will.«

Der Taxifahrer hatte fünfzig bis sechzig Kilometer die Stunde geschafft, aber Boulware jagte den antiken Chevrolet auf hundert Stundenkilometer hoch. Es sah ganz so aus, als könne er es doch noch rechtzeitig bis zur Grenze schaffen.

Als sie die Uferstraße entlangfuhren, hörte Boulware plötzlich einen dumpfen Schlag, gefolgt von einem reißenden Geräusch. Das Auto fing an zu bocken und zu hüpfen und dann kreischte Metall auf Stein: Ein Reifen war geplatzt.

Fluchend stieg er auf die Bremse.

Sie stiegen alle aus und betrachteten das Rad: Boulware, der betagte Taxifahrer, Charlie Brown und der dicke Ilsman. Der Reifen war total zerschlissen, die Felge verbogen. Und den Reservereifen hatten sie schon in der Nacht nach dem letzten Platten aufgezogen.

Boulware sah sich den Schaden genauer an. Die Radnabenmuttern waren gebrochen, und selbst, wenn sie einen neuen Ersatzreifen auftrieben, konnten sie das beschädigte Rad nicht entfernen.

Boulware sah sich um. Ein Stück den Berg hinauf stand ein Haus. »Gehen wir dort hinüber«, sagte er. »Dort können wir telefonieren.«

Charlie Brown schüttelte den Kopf. »Hier gibt's kein Telefon.« Nach allem, was er schon durchgemacht hatte, war Boulware nicht bereit, das Handtuch zu werfen: Zu nahe war er am Ziel. »Na gut«, sagte er zu Charlie. »Trampen Sie in die Stadt zurück, durch die wir zuletzt gekommen sind, und holen Sie uns ein anderes Taxi.«

Charlie machte sich auf die Socken. Zwei Autos fuhren an ihm vorbei, dann hielt ein Laster an. Er hatte Heu und eine ganze Schar Kinder geladen. Charlie sprang auf, und der Laster fuhr davon.

Boulware, Ilsman und der Taxifahrer standen herum, schauten auf den See und aßen Apfelsinen.

Eine Stunde später kam ein kleiner europäischer Kombi die Straße entlanggerast und hielt kreischend an. Charlie sprang heraus.

Boulware gab dem Fahrer aus Adana fünfhundert Dollar, dann bestieg er mit Charlie und Ilsman das neue Taxi und fuhr davon. Der Chevrolet blieb neben dem See liegen; er sah aus wie ein gestrandeter Wal.

Der neue Fahrer fuhr wie die Feuerwehr, und mittags kamen sie in Van am Ostufer des Sees an. Es war eine kleine Stadt mit Backsteinbauten im Zentrum und Lehmhütten in den Außenbezirken. Ilsman dirigierte den Fahrer zum Haus eines Vetters von Mr. Fish.

Sie entlohnten den Fahrer und betraten das Haus. Ilsman verwickelte Mr. Fishs Vetter in eine lange Diskussion. Boulware saß währenddessen im Wohnzimmer und hörte zu, ohne ein Wort zu verstehen, unruhig, weil er weiterwollte. Nach einer Stunde sagte er zu Charlie: »Hör'n Sie, suchen wir uns ein anderes Taxi, wir brauchen diesen Vetter nicht.«

»Das ist eine ziemlich unsichere Gegend bis zur Grenze«, erwiderte Charlie. »Wir sind Fremde hier und brauchen Schutz.«

Boulware zwang sich zur Geduld.

Endlich schüttelte Ilsman Mr. Fishs Vetter die Hand, und Charlie sagte: »Seine Söhne bringen uns zur Grenze.«

Es gab zwei Söhne und zwei Autos.

Sie fuhren in die Berge hinein. Boulware konnte nirgends ein Zeichen von den gefährlichen Banditen entdecken, vor denen er beschützt wurde. Er sah nichts als schneebedeckte Felder, magere Ziegen und ein paar zerlumpte Menschen in elenden Hütten.

In dem Dorf Yüksekova, ein paar Kilometer von der Grenze, wurden sie von der Polizei angehalten und in die kleine, weißgetünchte Wache beordert. Ilsman legte seine Papiere vor und man ließ sie sofort wieder ziehen. Boulware war beeindruckt.

Am Donnerstagnachmittag um vier Uhr erreichten sie die Grenze. Sie waren vierundzwanzig Stunden unterwegs gewesen.

Die Grenzstation lag mitten in der Einöde. Sie bestand aus zwei Holzhäusern, und es gab sogar ein Postamt. Boulware fragte sich, wer das hier wohl brauchte. Lastwagenfahrer vielleicht. Zweihundert Meter weiter auf der iranischen Seite befand sich eine größere Ansammlung von Häusern.

Weit und breit keine Spur vom ›Dreckigen Team‹. Boulware ärgerte sich. Er hatte sich schier ein Bein ausgerissen, um hier einigermaßen pünktlich zu erscheinen, und wo, zum Teufel, blieb Simons?

Ein Zöllner kam aus einer der Hütten auf ihn zu und sagte: »Warten Sie auf die Amerikaner?«

Boulware war erstaunt. Die ganze Aktion sollte doch höchst geheim sein. Und nun sah es aus, als seien sämtliche Vorsichtsmaßnahmen für die Katz gewesen. »Ja«, sagte er, »ich warte auf die Amerikaner.«

»Ich hab' ein Telefongespräch für Sie.«

Boulware fiel aus allen Wolken. »Das is ja 'n Ding!« Wenn das kein Timing war! Wer in aller Welt wußte, daß er hier war? Er folgte dem Zöllner in das Häuschen und nahm den Hörer auf. »Ja?«

»Hier ist das amerikanische Konsulat«, sagte eine Stimme. »Ihren Namen bitte?«

»He, was soll denn das?« sagte Boulware vorsichtig.

»Hör'n Sie, sagen Sie mir einfach, was Sie dort tun, ja?«

»Ich habe keine Ahnung, wer Sie sind, und werde Ihnen keineswegs erzählen, was ich hier tue.«

»Na gut, hör'n Sie zu. Ich weiß, wer Sie sind, und ich weiß auch, was Sie machen. Wenn es Probleme gibt, rufen Sie mich einfach an. Haben Sie was zum Schreiben?«

Boulware notierte sich die Nummer, dankte dem Mann und legte, immer noch verblüfft, auf. Noch vor einer Stunde hatte ich keinen Schimmer, ob ich es bis hier schaffen würde, dachte er. Wie können dann andere davon wissen? Und erst das amerikanische Konsulat! Blieb nur noch Ilsman. Vielleicht hielt er den Kontakt zu seinen Bossen beim türkischen Geheimdienst, der seinerseits mit dem CIA in Verbindung stand. Welche wiederum das Konsulat informiert hatte. Vielleicht hatte Ilsman irgendwen gebeten, ihn in Van oder sogar auf der Polizeiwache in Yüksekova anzurufen.

Boulware fragte sich, ob es nun ein Vor- oder ein Nachteil war, daß das Konsulat von dem Unternehmen wußte. Er erinnerte sich nur zu gut an die »Hilfe«, die Paul und Bill von der US-Botschaft in Teheran zuteil geworden war: Hatte man Freunde im Außenministerium, so brauchte man keine Feinde mehr.

Er verdrängte den Gedanken ans Konsulat. Jetzt ging es darum, herauszufinden, wo das ›Dreckige Team‹ steckte.

Er trat wieder hinaus und ließ seinen Blick über das Niemandsland schweifen. Er beschloß, hinüberzugehen und mit den Iranern auf der anderen Seite zu sprechen und forderte Ilsman und Charlie Brown auf, ihn zu begleiten.

Als er sich der iranischen Seite näherte, bemerkte er, daß die Zöllner dort keine Uniform trugen. Vermutlich war die Grenzstation nach dem Sturz der Regierung in die Hände der Revolutionäre übergegangen.

»Fragen Sie«, bat er Charlie, »ob sie irgend etwas über amerikanische Geschäftsleute gehört haben, die mit zwei Jeeps kommen.«

Charlie brauchte die Antwort erst gar nicht zu übersetzen: Die Iraner schüttelten heftig die Köpfe.

Ein neugieriger Einheimischer mit zerschlissenem Stirnband und einer uralten Flinte näherte sich ihnen von der iranischen Seite. Es gab einen längeren Wortwechsel, dann sagte Charlie: »Dieser Mann behauptet, er wisse, wo die Amerikaner sind, und will Sie gegen Bezahlung zu ihnen bringen.«

Boulware wollte wissen, wieviel der Mann verlangte, doch Ilsman wollte um jeden Preis verhindern, daß er das Angebot annahm. Ilsman redete heftig auf Charlie ein, und der übersetzte: »Sie tragen einen Ledermantel, Lederhandschuhe und eine teure Armbanduhr.«

Boulware, der ein Faible für Uhren hatte, trug diejenige, die ihm Mary zur Hochzeit geschenkt hatte. »Und?«

»Mit diesen Sachen denken sie, Sie gehören zum SAVAK. Und da drüben *verabscheuen* sie den SAVAK.«

»Dann werd' ich mich eben umziehen. Ich habe noch einen Mantel im Auto.«

»Nein«, beharrte Charlie. »Verstehen Sie denn nicht, daß die Sie bloß auf die andere Seite locken und dann abknallen wollen!«

»Schon gut«, sagte Boulware.

Sie gingen wieder auf die türkische Seite zurück. Da nun schon ein Postamt zur Verfügung stand, beschloß er, in Istanbul anzurufen und sich mit Ross Perot abzusprechen. Er betrat das Gebäude. Er mußte seine Unterschrift hinterlegen. Es würde einige Zeit dauern, bis die Verbindung zustande kam, erklärte der Schalterbeamte.

Boulware ging wieder hinaus. Charlie erzählte ihm, daß den türkischen Zöllnern allmählich die Galle überlief. Ein paar Iraner waren mit ihnen herübergeschlendert, und die Wachen mochten es nicht, wenn irgendwelche Leute im Niemandsland herumstrolchten: So etwas gehörte sich einfach nicht.

Wenn das so weitergeht, dachte Boulware, krieg' ich nur Unannehmlichkeiten.

Er sagte: »Meinen Sie, diese Burschen hier rufen uns in Yüksekova an, wenn das Team über die Grenze kommt?«

Charlie bat sie darum, und die Zöllner erklärten sich dazu bereit. Sie sagten, im Dorf gebe es ein Hotel, wo sie sich melden würden.

Boulware, Ilsman, Charlie und die beiden Söhne von Mr. Fishs Vetter begaben sich zu den Autos und fuhren nach Yüksekova zurück.

Dort quartierten sie sich im schlechtesten Hotel der Welt ein. Die Fußböden bestanden lediglich aus festgestampfter Erde. Ein Loch im Boden unter der Treppe diente als Klosett. Die Betten standen alle in einem einzigen Raum. Charlie Brown bestellte etwas zu essen, und es wurde ihnen in Zeitungspapier serviert. Boulware war sich nicht sicher, ob er richtig daran getan hatte, die Grenzstation zu verlassen. Es konnte so viel schiefgehen: Vielleicht riefen die Zöllner trotz ihres Versprechens nicht an. Er beschloß, auf das Hilfsangebot des amerikanischen Konsulats zurückzugreifen und dort um die Genehmigung zu ersuchen, an der Grenzstation warten zu dürfen. Vom einzigen Telefon des Hotels aus, einem betagten Apparat mit Kurbelbetrieb, rief er die Nummer an, die er sich notiert hatte. Er kam durch, doch die Verbindung war so schlecht, daß beide Teilnehmer sich kaum miteinander verständigen konnten. Schließlich sprach der Mann am anderen Ende davon zurückzurufen und legte auf. Verärgert stand Boulware vor der Feuerstelle. Nach einiger Zeit verlor er die Geduld und entschloß sich, ohne Genehmigung an die Grenze zurückzukehren.

Auf dem Weg dorthin hatten sie eine Reifenpanne. Während die Söhne das Rad wechselten, standen sie alle auf der Straße herum. Ilsman schien nervös zu sein. Charlie erklärte: »Er sagt, die Gegend sei gefährlich. Die Leute hier sind allesamt Mörder und Banditen.«

Boulware war skeptisch. Ilsman hatte seine Begleitung für glatte achttausend Dollar angeboten, und jetzt kam Boulware der Verdacht, der Fettkloß wolle bloß den Preis in die Höhe treiben. »Fragen Sie ihn, wie viele Leute im vergangenen Monat auf dieser Straße umgebracht wurden«, sagte er zu Charlie.

Er beobachtete Ilsmans Ausdruck, als er Antwort gab. »Neununddreißig«, übersetzte Charlie.

Ilsman wirkte sehr ernst. Scheiße, dachte Boulware, der Kerl erzählt tatsächlich die Wahrheit. Er sah sich um. Berge, Schnee ... Ihn fröstelte.

*

In Rezaiyeh nahm Raschid einen der Range Rover und fuhr vom Hotel aus zur Schule zurück, die zum Revolutionshauptquartier umfunktioniert worden war.

Er fragte sich, ob der Vizeanführer inzwischen in Teheran angerufen hatte.

Coburn war es vergangene Nacht nicht gelungen, eine Verbindung zu bekommen. Ob die Führer der Revolution wohl mit dem gleichen Problem zu kämpfen hatten? Wahrscheinlich schon, dachte Raschid. Und was würde der Vize tun, wenn es mit dem Anruf nicht geklappt hatte? Es gab nur zwei Möglichkeiten für ihn: die Amerikaner festzuhalten oder sie ohne Kontrolle laufenzulassen. Der Mann mochte sich dumm vorkommen, wenn er sie einfach so gehenließ und würde eventuell vor Raschid verbergen wollen, daß nicht alles bestens organisiert war. Raschid beschloß also, so zu tun, als sei die Verbindung zustande gekommen und die Überprüfung abgeschlossen.

Er betrat den Hof. Der Vize war da und lehnte an einem Mercedes. Raschid sprach ihn auf die Probleme an, sechstausend Amerikaner auf dem Weg zur Grenze durch die Stadt zu schleusen. Wie viele Menschen konnten über Nacht in Rezaiyeh untergebracht werden? War die Grenzstation Sero darauf eingerichtet, so viele Menschen abzufertigen? Er betonte, daß der Ayatollah Khomeini den Befehl gegeben hatte, die Amerikaner gut zu behandeln, bis sie das Land verließen, da die neue Regierung keinen Streit mit den USA haben wollte. Er brachte das Thema Papiere zur Sprache: Vielleicht konnte das Komitee in Rezaiyeh den Amerikanern Passierscheine für Sero ausstellen. Er, Raschid, würde einen solchen Schein bestimmt heute noch brauchen, um die sechs Amerikaner hinüberzubringen. Er schlug vor, mit dem Vize in die Schule zu gehen und einen Passierschein aufzusetzen.

Der Vize stimmte zu.

Sie begaben sich in die Bibliothek.

Raschid fand Papier und einen Kugelschreiber und reichte beides dem Vize. »Was sollen wir schreiben?« fragte er. »Sagen wir: Der Überbringer dieses Briefes ist bevollmächtigt, mit sechs Amerikanern durch Sero zu reisen. Nein, sagen wir: Bazargan oder Sero, falls Sero geschlossen ist.« Der Vize schrieb.

»Vielleicht sollten wir noch hinzufügen, ähm: Es wird von allen Wachposten erwartet, nach besten Kräften zu kooperieren und Hilfe zu leisten, die Reisenden sind kontrolliert und ihre Identität ist überprüft worden. Wenn nötig, sollen sie eskortiert werden.«

Der Vize schrieb es nieder.

Dann unterschrieb er mit seinem Namen.

Raschid sagte: »Vielleicht sollten wir noch: Befehlskomitee der Islamischen Revolution daruntersetzen.«

Der Vize tat, wie ihm geheißen.

Raschid besah sich das Dokument. Es wirkte irgendwie unvollständig und improvisiert. Irgend etwas fehlte, das ihm einen offiziellen Anstrich verlieh. Raschid fand Stempel und Stempelkissen und stempelte den Brief. Dann las er, was er gestempelt hatte: »Bibliothek der Religionsschule Rezaiyeh, gegründet 1344.«

Raschid steckte das Dokument in die Tasche.

»Am besten drucken wir sechstausend Stück davon, dann brauchen sie nur noch unterschrieben zu werden«, sagte er. Der Vize nickte.

»Wir können uns morgen noch einmal über die Vorbereitungen unterhalten«, fuhr Raschid fort. »Ich würde jetzt gerne nach Sero fahren, um die Angelegenheit mit den Grenzbehörden zu besprechen.«

»Einverstanden.«

Raschid spazierte von dannen. Nichts war unmöglich.

Er setzte sich in den Range Rover. Eigentlich war es eine gute Idee, an die Grenze zu fahren, dachte er. So konnte er, bevor er mit den Amerikanern nach Sero aufbrach, feststellen, mit welchen Schwierigkeiten sie zu rechnen hatten.

Am Rande von Rezaiyeh war eine Straßensperre, die von Halbwüchsigen mit Gewehren bewacht wurde. Sie ließen Raschid anstandslos passieren, aber er machte sich Sorgen, wie sie wohl auf sechs Amerikaner reagieren würden. Den Bürschchen juckte es ganz offensichtlich in den Fingern, ihre Waffen einzusetzen.

Danach war die Straße frei. Es war eine Staubstraße, aber sehr eben, und er kam gut voran. Er nahm einen Tramper mit und erkundigte sich bei ihm, ob man die Grenze zu Pferde überqueren konnte. Kein Problem, sagte der Tramper. Es war durchaus machbar, und wie der Zufall so spielte: Sein Bruder besaß Pferde ...

Raschid legte die sechzig Kilometer in etwas über einer Stunde zurück. Er fuhr an der Grenzstation in seinem Range Rover vor. Die Zöllner waren mißtrauisch. Er wies den Paß vor, den ihm der stellvertretende Anführer ausgestellt hatte. Die Posten riefen in Rezaiyeh an und sprachen – wie sie sagten – mit dem Vize, der für ihn bürgte.

Er stand da und schaute in die Türkei hinüber. Es war ein hübscher Anblick. Sie hatten alle eine Menge Ängste ausgestanden, bloß um dort rüberzukommen. Für Paul und Bill verhieß die Türkei Freiheit, Heimreise und Familie. Für alle anderen EDS-Leute bedeutete sie das Ende eines Alptraums. Für Raschid war sie das Tor zu Amerika.

Er verstand die Denkweise der EDS-Manager. Sie besaßen ein stark ausgeprägtes Ehrgefühl. Wenn man ihnen half, ließen sie sich nicht lumpen, schon, um die Bilanz wieder auszugleichen. Er wußte, er brauchte sie nur zu fragen, und sie würden ihn in das Land seiner Träume mitnehmen.

Die Grenzstation lag im Einzugsbereich des Dorfes Sero, nicht einmal einen Kilometer den Bergpfad hinunter. Raschid beschloß, hinzufahren und mit dem Dorfoberhaupt zu sprechen, freundliche Beziehungen anzuknüpfen und für später alle Wege zu ebnen.

Er war schon im Begriff sich abzuwenden, als auf der türkischen Seite zwei Autos vorfuhren. Ein großer Schwarzer im Ledermantel stieg aus dem ersten Wagen und trat an die Kette zur Grenze zum Niemandsland.

Raschids Herz tat einen Sprung. Diesen Mann kannte er. Er fing an zu winken und schrie: »Ralph! Ralph Boulware! Hallo, Ralph!«

*

Am Donnerstagmorgen befand sich Glenn Jackson in einem gecharterten Jet am Himmel über Teheran.

Er war in Kuwait geblieben, nachdem er über die Möglichkeiten für Paul und Bill, den Iran auf dieser Route zu verlassen, Bericht erstattet hatte. Am Sonntag, dem Tag, da Paul und Bill aus dem Gefängnis kamen, hatte Simons über Merv Stauffer den Befehl gegeben, Jackson solle nach Amman gehen und dort versuchen, ein Flugzeug zu chartern, um in den Iran zu fliegen.

Am Montag war Jackson in Amman angekommen und hatte sich sofort an die Arbeit gemacht. Er wußte, daß Perot in einem gecharterten Arab-Wings-Jet von Amman aus nach Teheran geflogen war. Er wußte außerdem, daß der Präsident von Arab Wings, Akel Biltadji, sehr hilfsbereit gewesen war und Perot erlaubt hatte, mit den NBC-Fernsehmagnetbändern als Tarnung in den Iran zu fliegen. Jetzt setzte sich Jackson mit Biltadji in Verbindung und bat erneut um seine Unterstützung.

Er erzählte Biltadji, daß EDS zwei Männer im Iran hatte, die herausgebracht werden mußten. Dazu erfand er falsche Namen für Paul und Bill. Jackson wollte, obwohl der Teheraner Flughafen geschlossen war, einfliegen und versuchen zu landen. Biltadji erklärte sich bereit, es zu riskieren.

Am Mittwoch jedoch gab Stauffer auf Simons' Anweisung hin Jackson neue Befehle. Sein Auftrag lautete nun, sich um das ›Saubere Team‹ zu kümmern. Das ›Dreckige Team‹ war, soweit Dallas informiert war, nicht mehr in Teheran.

Am Donnerstag startete Jackson in Amman und flog nach Osten.

Als sie sich dem Bergkessel näherten, in dem Teheran liegt, hoben zwei Maschinen vom Stadtgebiet ab.

Die Flugzeuge kamen näher, und Jackson erkannte, daß es Düsenjäger der iranischen Luftwaffe waren.

Das Funkgerät seines Piloten ging an, der Sender war aber so gestört, daß nur ein Schwall undefinierbarer Geräusche herauskam. Während die Düsenjäger sie umkreisten, sprach der Pilot: Jackson verstand kein Wort, aber er war froh, daß die Iraner redeten statt zu schießen.

Die Diskussion zog sich hin. Der Pilot schien sich auf einen Streit eingelassen zu haben. Schließlich drehte er sich um und sagte zu Jackson: »Wir müssen zurück. Sie lassen uns nicht landen.«

»Was werden sie tun, wenn wir trotzdem landen?«

»Uns abschießen.«

»Na gut«, sagte Jackson. »Versuchen wir's heute nachmittag noch einmal.«

*

Am Donnerstagmorgen wurde Perot in seiner Suite im Sheraton Istanbul eine englischsprachige Zeitung gebracht.

Er nahm sie entgegen und las aufmerksam die Titelgeschichte über den gestrigen Überfall auf die amerikanische Botschaft in Teheran. Erleichtert stellte er fest, daß keiner aus dem ›Sauberen Team‹ namentlich erwähnt wurde. Der einzige Verwundete war ein Feldwebel des Marineinfanteriekorps namens Kenneth Krause. Dem Bericht zufolge wurde Krause jedoch nicht die nötige medizinische Betreuung zuteil.

Perot rief John Carlen, den Flugkapitän der Boeing 707, an und bat ihn zu sich. Er zeigte ihm die Zeitung und sagte: »Was halten Sie davon, heute nacht nach Teheran zu fliegen und den verwundeten Feldwebel aufzunehmen?«

Carlen, ein nonchalanter, sonnengebräunter Kalifornier mit silbernem Haar, sagte cool: »Können wir machen.«

Perot war überrascht, daß Carlen keine Sekunde zögerte. Er würde bei Nacht ohne Kontrollturmanweisungen durch die Berge fliegen und auf einem geschlossenen Flughafen landen müssen. »Wollen Sie denn nicht erst Ihre Crew fragen?« sagte Perot.

»Nein, die denken genauso wie ich. Bloß die Leute, denen das Flugzeug gehört, werden uns für bescheuert halten.«

»Erzählen Sie ihnen nichts davon. Die Verantwortung übernehme ich.«

»Dazu muß ich genau wissen, wo ich den Feldwebel finde«, fuhr Carlen fort. »Die Botschaft muß ihn zum Flughafen schaffen. Dort kenne ich eine Menge Leute – wenn ich mit denen rede und die Vorschriften großzügig auslege, komme ich schon rein. Und raus komme ich entweder auf die gleiche Weise oder indem ich einfach abhebe.«

Perot dachte: Und das ›Saubere Team‹ trägt die Krankenbahre.

Er rief in Dallas an und sprach mit seiner Sekretärin Sally Walther. Er bat sie, ihm ein Gespräch mit General Wilson vom Marineinfanteriecorps zu vermitteln. Wilson war ein Freund von ihm.

Wilson meldete sich.

»Ich bin geschäftlich in der Türkei«, sagte Perot zu ihm, »und habe gerade über den Feldwebel Krause gelesen. Ich hab' hier ein Flugzeug zur Verfügung. Wenn die Botschaft Krause zum Flughafen bringt, kann ich heute nacht hinfliegen, ihn aufnehmen und dafür sorgen, daß er ärztlich betreut wird.«

»In Ordnung«, sagte Wilson. »Wenn er im Sterben liegt, bin ich einverstanden. Wenn nicht, will ich nicht, daß Sie das Leben Ihrer Crew aufs Spiel setzen. Ich rufe Sie zurück.«

Perot hatte wieder Sally am Apparat. Es gab noch mehr schlechte Nachrichten. Ein Pressesprecher des iranischen Krisenstabs im Außenministerium hatte mit Robert Dudney, dem Washingtoner Korrespondenten des Dallas Times Herald gesprochen und ausgeplaudert, daß Paul und Bill auf dem Landweg den Iran verließen.

Perot verfluchte wieder einmal das Außenministerium. Wenn Dudney die Geschichte veröffentlichte und sie in

Teheran publik wurde, würde Dadgar garantiert die Grenzkontrollen verschärfen.

In Dallas machten die Leute im sechsten Stock Perot dafür verantwortlich. Er hatte offen mit dem Konsul, der ihn am Abend zuvor besucht hatte, gesprochen, und sie glaubten, daß die Geschichte über ihn durchgesickert war. Sie versuchten gerade verzweifelt, die Veröffentlichung zu verhindern, aber die Zeitung gab ihnen keine Zusage.

General Wilson rief wieder an. Feldwebel Krause lag nicht im Sterben, und Perots Hilfe wurde nicht benötigt.

Perot vergaß Krause und konzentrierte sich auf seine eigenen Probleme.

Der Konsul rief ihn an. Er hatte sein Möglichstes getan, konnte Perot jedoch nicht helfen, ein kleines Flugzeug zu kaufen oder zu mieten. Es war möglich, eine Maschine zu chartern, um innerhalb der Türkei von einem Flugplatz zum anderen zu fliegen, aber das war auch schon alles.

Perot verlor kein Wort über die Presseindiskretion.

Er ließ Dick Douglas und Julian »Scrath« Kanauch zu sich kommen, die beiden zusätzlichen Piloten, die er mitgebracht hatte, um ein kleines Flugzeug in den Iran zu fliegen, und teilte ihnen mit, daß er keines auftreiben konnte.

»Machen Sie sich keine Sorgen«, sagte Douglas. »Wir kriegen schon eins.«

»Wie?«

»Stellen Sie keine Fragen.«

»Ich will aber wissen, wie.«

»Ich bin schon in der Osttürkei geflogen und weiß, wo es Maschinen gibt. Wenn Sie eine brauchen, stehlen wir eine.«

»Haben Sie sich das auch gut überlegt?« fragte Perot.

»Überlegen *Sie sich* das mal gut«, erwiderte Douglas. »Wenn wir über dem Iran abgeschossen werden, was macht es dann noch aus, ob wir das Flugzeug gestohlen haben oder nicht? Werden wir nicht abgeschossen, so können wir es wieder dorthin zurückbringen, wo wir es geholt haben. Und selbst, wenn das Ding ein paar Löcher abgekriegt hat, sind wir längst über alle Berge, bevor es jemand merkt. Was gibt's also noch zu überlegen?«

»Gar nichts«, sagte Perot. »So machen wir's.« Er schickte John Carlen und Ron Davis zum Flughafen, um einen Flug nach Van, dem nächstgelegenen Flugplatz an der Grenze, anzumelden. Davis rief zurück und meldete, die 707 könne nicht in Van landen, da dort türkisch gesprochen wurde und deswegen keinerlei ausländische Maschinen, mit Ausnahme von US-Militärflugzeugen, die einen Dolmetscher an Bord hatten, landen dürften.

Perot rief Mr. Fish an und bat ihn, die nötigen Vorkehrungen für den Flug nach Van zu treffen. Ein paar Minuten später meldete sich Mr. Fish wieder und sagte, es sei alles erledigt. Er selbst würde das Team als Führer begleiten. Perot war überrascht, hatte sich doch Mr. Fish bisher dagegen gewehrt, in die Osttürkei zu reisen. Vielleicht war er von ihrem Abenteuergeist angesteckt worden.

Perot allerdings würde zurückbleiben müssen, er hielt die Fäden in der Hand, mußte die Telefonverbindung mit der Außenwelt aufrechterhalten, die Berichte von Boulware, aus Dallas, vom ›Sauberen‹ und vom ›Dreckigen Team‹ entgegennehmen.

Er schickte Pat Sculley, Jim Schwebach, Ron Davis und Mr. Fish mit den Piloten Dick Douglas und Julian Kanauch nach Van. Pat Sculley ernannte er zum Leiter des türkischen Rettungsteams.

Als sie gegangen waren, fühlte er sich wieder wie ein Fisch auf dem Trockenen. Wieder einmal hatte er einen Trupp Leute mit gefährlichen Aufgaben in ein gefährliches Gebiet geschickt. Er selbst konnte nur herumsitzen und auf Nachrichten warten.

Das Telefon schrillte.

Er meldete sich: »Ross Perot.«
»Ralph Boulware hier.«
»Hallo, Ralph, wo bist du?«
»Ich bin an der Grenze.«
»Fein.«
»Ich hab' gerade Raschid gesehen.«
Perots Herz schlug höher. »Großartig. Was hat er gesagt? Wie geht es unseren Leuten?«
»Sie sind in Sicherheit.«
»Gott sei Dank!«
»Sie sind in einem Hotel, fünfzig oder sechzig Kilometer von der Grenze entfernt. Raschid hat lediglich das Terrain im voraus sondiert. Er ist schon wieder zurückgefahren. Er meint, sie kämen wahrscheinlich morgen herüber, aber das ist auf seinem Mist gewachsen, Simons wird vielleicht anders darüber denken. Wenn sie schon so weit sind, kann ich mir nicht vorstellen, daß Simons bis morgen wartet.«
»Richtig. Hör zu, Pat Sculley ist mit Mr. Fish und den anderen Burschen auf dem Weg zu dir. Sie fliegen nach Van, dort mieten sie sich einen Bus. Wo können sie dich finden?«
»Ich hab mich in einem Dorf namens Yüksekova einquartiert, dem nächstgelegenen Ort an der Grenze. Ich bin in einem Hotel, dem einzigen in der ganzen Gegend hier.«
»Ich sag' Sculley Bescheid.«
»Okay.«
Perot legte auf. Oh, Mann, dachte er, endlich kommt der Stein ins Rollen.

*

Pat Sculley hatte von Perot den Auftrag erhalten, zur Grenze zu gehen, dafür zu sorgen, daß das ›Dreckige Team‹ sie sicher überquerte und es dann nach Istanbul zu bringen. Sollte das ›Dreckige Team‹ nicht zur Grenze gelangen, so sollte er in den Iran fliegen und es suchen, am besten in einem von Dick Douglas geklauten Flugzeug. Wenn das nicht klappte, sollte er es auf dem Landweg versuchen.

Sculley und das türkische Team flogen mit einer Linienmaschine von Istanbul nach Ankara, wo sie ein gecharterter Jet erwartete. Die Maschine würde sie ausschließlich nach Van und zurück bringen, eine Kursänderung war nicht möglich. Wollten sie den Piloten dazu bringen, den Iran anzufliegen, so würden sie das Flugzeug entführen müssen.

In Van schien die Landung eines Jets ein großes Ereignis zu sein. Als sie ausstiegen, wurden sie von einer Abordnung der Polizei erwartet, die ganz den Eindruck erweckte, als wollte sie sie in die Zange nehmen. Aber Mr. Fish tuschelte mit dem Polichef und kam lächelnd zurück.

»Hören Sie«, sagte Mr. Fish. »Wir werden uns jetzt im besten Hotel der Stadt einmieten, aber ich sage Ihnen gleich, daß es kein Sheraton ist, also bitte keine Klagen.«

Sie fuhren in zwei Taxis davon.

Das Hotel hatte eine große Halle in der Mitte und drei Stockwerke mit Gästezimmern, zu denen man über Galerien gelangte, so daß jede Zimmertür von der Halle aus gesehen werden konnte. Als die Amerikaner hereinkamen, war sie voll von Türken, die Bier tranken und auf einem Schwarzweiß-Bildschirm ein Fußballspiel verfolgten, wobei sie schrieen und johlten. Sobald die Türken die Fremden bemerkten, wurde es immer ruhiger in dem Raum, bis absolutes Stillschweigen herrschte.

Sie bekamen ihre Zimmer. Jedes hatte zwei Feldbetten und ein Loch in der Ecke, das als Toilette diente und mit einem Duschvorhang abgetrennt war. Es gab Bretterböden und fensterlose, weißgetünchte Wände. In sämtlichen Zimmern wimmelte es von Kakerlaken. Auf jedem Stockwerk gab es ein Badezimmer.

Sculley und Mr. Fish gingen einen Bus mieten, der sie alle zur Grenze bringen sollte. Vor dem Hotel erwartete sie ein Mercedes und brachte sie zu einer Art Elektrogeschäft, in dessen Schaufenstern ein paar altmodische Fernsehapparate standen. Der Laden war geschlossen – es war inzwischen Abend geworden –, doch Mr. Fish hämmerte an das Eisengitter vor den Fenstern, und schließlich ließ sich jemand blicken. Sie wurden in ein Hinterzimmer geführt und setzten sich unter einer einsamen Glühbirne an einen Tisch. Sculley konnte der Unterhaltung nicht folgen, doch am Ende hatte Mr. Fish einen Bus samt Fahrer erhandelt. Mit dem Bus kehrten sie ins Hotel zurück.

Der Rest des Teams hatte sich in Sculleys Zimmer versammelt. Keiner von ihnen wollte auf diesen Betten sitzen, geschweige denn darin schlafen. Sie wollten alle sofort zur Grenze aufbrechen, doch Mr. Fish zögerte. »Es ist zwei Uhr morgens«, sagte er, »und die Polizei hat das Hotel unter Beobachtung gestellt.«

»Macht das was aus?« fragte Sculley.

»Das bedeutet noch mehr Fragen und noch mehr Schwierigkeiten.«

»Versuchen wir's wenigstens.«

Im Gänsemarsch gingen sie hinunter. Der Hotelmanager tauchte mit ängstlicher Miene auf und fing an, Mr. Fish mit Fragen zu bombardieren. Und dann kamen natürlich noch zwei Polizisten herein und beteiligten sich an der Diskussion. Mr. Fish wandte sich an Sculley: »Sie wollen nicht, daß wir fahren.«

»Warum nicht?«

»Wir sehen ziemlich verdächtig aus, ist Ihnen das nicht klar?«

»Hör'n Sie, ist es etwa illegal, wenn wir fahren?«

»Nein, aber ...«

»Also fahren wir. Sagen Sie es ihnen.«

Eine neuerliche Debatte. Dann schienen die Polizisten

und der Hotelmanager nachzugeben, und das Team bestieg den Bus. Sie verließen die Stadt. Während sie auf die schneebedeckten Hügel zufuhren, sank die Temperatur rapide. Sie hatten alle warme Mäntel und Decken in ihren Rucksäcken, die sie jetzt gut gebrauchen konnten.

Mr. Fish saß neben Sculley. Er sagte: »Hier fangen die Schwierigkeiten an. Mit der Polizei werde ich fertig, weil ich da meine Verbindungen habe, aber ich mach' mir Sorgen wegen der Banditen und Soldaten – zu denen habe ich keine Beziehungen.«

»Was sollen wir also tun?«

»Ich glaube, ich kann uns aus brenzligen Situationen herausreden, vorausgesetzt, keiner von Ihnen trägt eine Waffe.«

Sculley dachte darüber nach. Außer Davis war ohnehin niemand bewaffnet, denn Simons hatte stets befürchtet, daß ihnen Waffen mehr Schwierigkeiten bereiten als ersparen würden. Die Walthers hatten Dallas nie verlassen. »Einverstanden«, sagte Sculley.

Ron Davis schmiß seine Achtunddreißiger aus dem Fenster in den Schnee.

Kurz darauf erschien ein uniformierter Soldat im Kegel der Scheinwerfer. Er stand mitten auf der Straße und winkte. Der Busfahrer fuhr ungerührt weiter, als wolle er den Mann über den Haufen fahren, doch Mr. Fish brüllte ihn an, und so bremste er.

Sculley sah aus dem Fenster und erblickte einen Zug Soldaten, mit schwerkalibrigen Gewehren ausgestattet, am Berghang. Die hätten uns glatt niedergemäht, dachte er, wenn wir nicht angehalten hätten.

Ein Feldwebel und ein Unteroffizier stiegen in den Bus. Sie überprüften sämtliche Pässe. Mr. Fish bot ihnen Zigaretten an. Eine Weile lang standen sie schwatzend und rauchend mit ihm herum, dann winkten sie und entfernten sich.

Ein paar Kilometer weiter wurde der Bus wiederum angehalten, und das Zeremoniell wiederholte sich.

Beim drittenmal trugen die Männer, die in den Bus stiegen, keine Uniformen.

Mr. Fish wurde sehr nervös. »Benehmen Sie sich ganz unauffällig«, zischte er den Amerikanern zu. »Lesen Sie Bücher, tun Sie sonstwas, bloß schauen Sie diese Kerle nicht an.« Fast eine halbe Stunde lang redete er auf die Türken ein, und als der Bus schließlich seinen Weg fortsetzen durfte, blieben zwei von ihnen an Bord. »Beschützer«, sagte Mr. Fish mit undurchdringlicher Miene und zuckte die Achseln.

Nominell trug zwar Sculley die Verantwortung, aber hier konnte er kaum etwas anderes tun, als Mr. Fishs Anweisungen Folge zu leisten. Weder kannte er das Land noch die Landessprache, und die meiste Zeit über hatte er keinen Schimmer, was eigentlich los war. Unter solchen Umständen war es schwierig, die Zügel in der Hand zu behalten. Am besten ließ er Mr. Fish gewähren. Wenn der die Nerven zu verlieren drohte, konnte er ihm immer noch unter die Arme greifen.

Um vier Uhr morgens erreichten sie Yüksekova, das Dorf, das in unmittelbarer Nähe zur Grenzstation lag. Hier sollten sie, nach Auskunft von Mr. Fishs Vetter in Van, Ralph Boulware finden.

Sculley und Mr. Fish betraten das Hotel. Drinnen war es finster wie in einem Kellerloch und stank wie im Männerklo eines Fußballstadions. Sie mußten ein paarmal rufen, bis endlich ein Junge mit einer Kerze auftauchte. Mr. Fish sprach mit ihm und sagte dann: »Boulware ist nicht da. Er ist schon vor Stunden weggegangen. Wohin, wissen sie nicht.«

IM HOTEL IN Rezaiyeh überkam Jay Coburn wieder jenes elende Gefühl von Hilflosigkeit wie schon früher in Mahabad und später im Hof vor dem Schulhaus: das Gefühl, keinen Einfluß auf sein eigenes Schicksal zu haben, da es in den Händen anderer lag – in diesem Fall in den Händen von Raschid.

Wo, zum Teufel, steckte der Bursche nur?

Coburn fragte die Wachposten, ob er das Telefon benutzen dürfe. Sie führten ihn in die Halle hinunter. Er wählte die Nummer von Madjids Vetter, dem Professor aus Rezaiyeh, aber niemand meldete sich.

Aufs Geratewohl wählte er dann Gholams Nummer in Teheran. Zu seiner eigenen Überraschung kam er durch.

»Ich habe eine Nachricht für Jim Nyfeler«, sagte er. »Wir sind in der Durchgangszone.«

»Aber wo genau sind Sie?« fragte Gholam.

»In Teheran«, log Coburn.

»Ich muß Sie sprechen.«

Coburn mußte die Geschichte weiterspinnen. »Na gut, dann sehen wir uns morgen früh.«

»Wo?«

»Im Bukarest.«

»Okay.«

Coburn ging wieder hinauf. Simons zog ihn und Keane Taylor in ein anderes Zimmer. »Wenn Raschid bis neun Uhr nicht zurück ist, hauen wir ab«, sagte Simons.

Sofort fühlte Coburn sich besser.

Simons fuhr fort: »Die Wachposten fangen an, sich zu langweilen. Ihre Aufmerksamkeit läßt nach. Entweder schleichen wir uns an ihnen vorbei oder wir werden mit ihnen auf eine andere Art und Weise fertig.«

»Wir haben nur einen Wagen«, wandte Coburn ein.

»Und den lassen wir ihnen hier, um sie im Ungewissen

zu halten. Wir gehen zu Fuß zur Grenze. Teufel auch, das sind bloß fünfzig oder sechzig Kilometer. Wir können querfeldein gehen. Wenn wir die Straßen meiden, dann bleiben uns auch die verdammten Sperren erspart.«

Coburn nickte. So hatte er es sich vorgestellt. Endlich ergriffen sie wieder die Initiative.

»Laßt uns mal das Geld zusammentragen«, sagte Simons zu Taylor. »Bitte die Wachen, daß sie dich zum Auto begleiten. Bring die Kleenexschachtel und die Taschenlampen herauf und hol das Geld heraus.«

Taylor verschwand.

»Eigentlich könnten wir zuerst was essen«, meinte Simons. »Das wird ein ganz schön langer Spaziergang.«

Taylor ging in ein leeres Zimmer und leerte das Geld aus der Kleenexschachtel und der Warnblinklampe auf dem Boden aus.

Plötzlich flog die Tür auf.

Taylor blieb schier das Herz stehen.

Er sah auf und erblickte Gayden, der von einem Ohr zum anderen grinste. »Hab' ich dich erwischt«, sagte Gayden. Taylor war fuchsteufelswild. »Du Scheißkerl, Gayden«, sagte er. »Deinetwegen hätte ich fast einen Herzklaps bekommen.«

Gayden lachte sich halbtot.

Ihre Bewacher führten sie in den Speisesaal hinunter. Die Amerikaner setzten sich um einen großen, runden Tisch, die Wachen nahmen am anderen Ende des Raumes Platz. Es gab Lammfleisch mit Reis, dazu Tee. Die Stimmung war gedrückt. Sie machten sich alle Sorgen um Raschid, wußten nicht, wo er war und wie sie ohne ihn zurechtkommen sollten.

Ein Fernseher lief, und Paul starrte wie gebannt auf den Bildschirm. Jede Minute rechnete er damit, sein Gesicht dort wie auf einem Fahndungsplakat auftauchen zu sehen. Wo, zum Teufel, blieb Raschid?

Nur noch eine Stunde trennte sie von der Grenze, aber sie saßen in der Falle, und noch immer war die Gefahr, nach Teheran und ins Gefängnis zurückgeschickt zu werden, nicht gebannt.

Plötzlich sagte einer: »He, schaut mal, wer da kommt!«

Raschid schlenderte herein.

Er hatte seine wichtige Miene aufgesetzt und trat an ihren Tisch. »Gentlemen«, sagte er, »dies ist Ihre letzte Mahlzeit.« Voller Entsetzen starrten sie ihn an.

»Im Iran, meine ich«, ergänzte er hastig. »Wir können aufbrechen.«

Sie brachen in Jubel aus.

»Ich habe einen Brief vom Revolutionskomitee«, fuhr er fort. »Ich bin zur Grenze gefahren, um alles zu testen. Auf dem Weg gibt es ein paar Straßensperren, aber ich habe alles für uns arrangiert. Ich weiß, wo wir Pferde bekommen, um durch die Berge zu reiten – aber ich glaube, wir brauchen sie nicht. An der Grenzstation gibt es keine Regierungsleute, sie ist in der Hand der Dorfbewohner. Ich habe mit dem Dorfoberhaupt gesprochen, und wir werden die Grenze anstandslos passieren können. Außerdem ist Ralph Boulware dort. Ich habe mit ihm geredet.«

Simons stand auf. »Los geht's«, sagte er. »Beeilt euch.«

Sie ließen das Essen stehen. Raschid sprach mit den Wachposten und zeigte ihnen den Brief des Vize. Keane Taylor beglich die Hotelrechnung. Raschid hatte einen Stapel Khomeinibilder gekauft und gab sie Bill, damit er sie an den Rovern befestigte.

Innerhalb weniger Minuten waren sie alle draußen.

Bill hatte seine Sache gut gemacht. Von welcher Seite aus man auch die Range Rover betrachtete, von überall starrte einem das grimmige, weißbärtige Gesicht des Ayatollahs entgegen.

Sie fuhren los, Raschid am Steuer des ersten Wagens. Auf der Straße, die aus der Straße hinausführte, bremste Raschid urplötzlich, lehnte sich aus dem Fenster und winkte aufgeregt einem entgegenkommenden Taxi.

Simons knurrte: »Verdammte Scheiße, was machst du da?« Ohne zu antworten, sprang Raschid aus dem Auto und rannte zu dem Taxi hinüber, unterhielt sich kurz mit dem Taxifahrer. Dann fuhr er weiter und erklärte: »Ich habe ihn gebeten, mir zu sagen, wie man auf Nebenstraßen aus der Stadt kommt. Da gibt es eine Straßensperre, die ich umgehen will, weil sie von lauter Halbwüchsigen mit Gewehren bewacht wird und man nie wissen kann, wie die sich verhalten. Der Taxifahrer hat schon einen Fahrgast, aber er kommt zurück. Wir warten hier auf ihn.«

»Aber nicht lange, das schwör' ich dir«, sagte Simons.

Zehn Minuten später kam das Taxi zurück. Sie folgten ihm durch unbeleuchtete, ungepflasterte Straßen, bis sie auf eine Hauptstraße stießen. Das Taxi bog nach rechts, Raschid wie der Blitz hinterher. Zur Linken, nur ein paar Meter weiter, war die Straßensperre, die er hatte umgehen wollen, und die Jungen feuerten mit ihren Gewehren in die Luft. Das Taxi und die beiden Range Rover gaben Gas und entfernten sich so schnell, daß die Halbwüchsigen viel zu spät von ihrem Umgehungsmanöver Notiz nahmen.

Fünfzig Meter weiter hielt Raschid an einer Tankstelle. »Wieso, zum Teufel, hältst du denn hier?« fragte Keane Taylor.

»Wir brauchen Benzin.«

»Wir haben den Tank dreiviertel voll, das reicht dicke, um über die Grenze zu kommen – laß uns endlich hier verschwinden.«

»Vielleicht gibt's nicht gleich Benzin in der Türkei.«

Simons sagte: »Raschid, wir fahren weiter.«

Raschid sprang aus dem Wagen.

Als die Tanks aufgefüllt waren, feilschte Raschid immer noch mit dem Taxifahrer und bot ihm hundert Rial – etwas mehr als einen Dollar – für seine Führung an.

Taylor sagte: »Mensch, Raschid, gib ihm eine Handvoll Geld und laß uns endlich fahren.«

»Er verlangt zuviel«, sagte Raschid.

»Oh, mein Gott«, sagte Taylor.

Raschid einigte sich mit dem Taxifahrer auf zweihundert Rial und stieg wieder ein. »Er wäre mißtrauisch geworden, wenn ich ihn nicht runtergehandelt hätte«, sagte er.

Sie ließen die Stadt hinter sich und folgten einer kurvenreichen Straße, die ins Gebirge führte. Sie war verhältnismäßig gut, und sie kamen schnell voran. Nach einiger Zeit verlief die Straße über einen Bergkamm mit tiefen, bewaldeten Einschnitten zu beiden Seiten. »Heute nachmittag war hier irgendwo ein Kontrollpunkt«, sagte Raschid. »Vielleicht sind sie heimgegangen.«

Das Scheinwerferlicht erfaßte zwei Männer, die am Straßenrand standen und ihnen bedeuteten, anzuhalten. Eine Absperrung gab es nicht. Raschid fuhr weiter.

»Wir halten besser an«, sagte Simons.

Raschid fuhr ungerührt an den beiden Männern vorbei.

»Ich habe Halten gesagt!« bellte Simons.

Raschid hielt.

Bill starrte durch die Windschutzscheibe und sagte: »Seht euch das mal an.«

Ein paar Meter weiter führte eine Brücke über eine Schlucht. Zu beiden Seiten der Brücke stiegen Einheimische herauf. Es wurden immer mehr – dreißig, vierzig, fünfzig, alle bis an die Zähne bewaffnet.

Es sah ganz wie ein Hinterhalt aus. Hätten die beiden Wagen den Kontrollpunkt überfahren, so wären sie von Schüssen durchsiebt worden.

»Gott sei Dank haben wir gehalten«, sagte Bill voller Inbrunst.

Raschid sprang aus dem Wagen und fing an zu reden. Die Männer spannten eine Kette quer über die Brücke und umringten die Autos. Es wurde rasch klar, daß es sich hier um die finstersten Gesellen handelte, mit denen es das Team bisher zu tun gehabt hatte. Sie standen um die Autos herum, glotzten hinein und hielten ihre Gewehre im Anschlag, wobei zwei oder drei von ihnen auf Raschid einschrieen.

Es ist zum Verrücktwerden, dachte Bill. Jetzt waren sie so weit gekommen, hatten so viele Gefahren und Unbill überstanden, bloß, um von einem Haufen Bauerntölpel aufgehalten zu werden. Die sind bestimmt hinter den beiden Range Rovern und unserem Geld her, dachte er. Und wenn wir dabei draufgehen, wird es nie jemand erfahren.

Die Kerle wurden zusehends bösartiger. Sie fingen an, Raschid anzurempeln und herumzustoßen. Es wird nicht lange dauern, dann schießen sie, dachte Bill.

»Keiner rührt sich«, sagte Simons. »Ihr bleibt im Wagen und laßt Raschid machen.«

Bill fand, daß Raschid Hilfe brauchte. Er faßte nach seinem Rosenkranz in der Tasche und fing an zu beten. Er sprach jedes Gebet, das er kannte. Jetzt sind wir in Gottes Hände gegeben, dachte er, und es muß schon ein Wunder passieren, um uns hier alle heil rauszubringen.

Im zweiten Wagen saß Coburn wie erstarrt, während einer der Männer draußen mit einem Gewehrlauf direkt auf seinen Kopf zielte.

Auf dem Rücksitz wurde Gayden von einem Einfall gepackt, den er ums liebe Leben nicht für sich behalten konnte. »Jay!« wisperte er. »Warum verriegelst du nicht einfach die Tür?« Coburn wäre beinahe in einen hysterischen Lachkrampf verfallen.

Raschid glaubte, er müsse jeden Moment über die Klinge springen.

Diese Einheimischen waren nichts als Banditen, die einen für den Mantel, den man auf dem Leib trug, umlegten: Denen war alles egal. Die Revolution bedeutete ihnen nichts. Gleichgültig, wer gerade an der Macht war – sie erkannten keine Regierung an und beugten sich keinem Gesetz. Sie sprachen nicht einmal Farsi, die iranische Landessprache, sondern Türkisch.

Sie stießen ihn herum und schrieen ihn auf türkisch an. Er schrie auf Farsi zurück. Es führte zu nichts. Die putschen sich auf, dachte er, damit sie uns nachher alle erschießen können. Er hörte, wie sich ein Auto näherte. Aus der Richtung von Rezaiyeh tauchten zwei Scheinwerfer auf. Ein Landrover fuhr vor, und drei Männer stiegen aus. Einer von ihnen trug einen langen schwarzen Mantel. Die Stammesangehörigen schienen sich seiner Autorität zu beugen. Er wandte sich an Raschid. »Ich möchte die Pässe sehen, bitte.«

»Gewiß«, sagte Raschid. Er führte den Mann zum zweiten Range Rover. Im ersten saß Bill, und Raschid wollte, daß der Mann im Mantel die Pässe satt hatte, bevor er den von Bill in die Hand bekam. Raschid klopfte an die Seitenscheibe, und Paul ließ sie hinunter. »Die Pässe.«

Der Mann schien Erfahrung mit Ausweispapieren zu haben. Er kontrollierte jedes einzelne sorgfältig und verglich das Foto mit dem Gesicht des jeweiligen Inhabers. Dann stellte er ihnen in perfektem Englisch Fragen: Wo sind Sie geboren? Wo wohnen Sie? Wann sind Sie geboren? Glücklicherweise hatte Simons Paul und Bill dazu angehalten, jede einzelne Angabe in ihren falschen Pässen auswendig zu lernen, so daß Paul in der Lage war, die Fragen des Mannes im Mantel ohne Zögern zu beantworten.

Widerstrebend führte Raschid den Mann zum ersten Range Rover. Bill und Keane Taylor hatten die Plätze getauscht, so daß Bill jetzt auf der anderen Seite im Dunkeln saß. Der Mann spulte seine Prozedur noch einmal ab. Bills Paß sah er sich zuletzt an. Dann sagte er: »Das Bild gehört nicht zu diesem Mann.«

»Doch natürlich«, sagte Raschid heftig. »Er war schwer krank. Er hat abgenommen und seine Gesichtsfarbe ist jetzt anders – verstehen Sie nicht, daß er todkrank ist? Er muß so schnell wie möglich nach Amerika zurück, damit er dort richtig behandelt werden kann, und Sie halten ihn auf. Wollen Sie, daß er sterben muß, nur weil das iranische Volk kein Mitleid mit einem Kranken hat? Ist das eine Art und Weise, die Ehre unseres Landes hochzuhalten? Ist ...«

»Das sind Amerikaner«, sagte der Mann. »Folgen Sie mir.« Er drehte sich um und betrat eine Backsteinhütte neben der Brücke.

Raschid folgte ihm. »Sie haben kein Recht, uns aufzuhalten«, sagte er. »Ich habe Anweisung von der Kommandozentrale der Islamischen Revolution in Rezaiyeh, diese Leute zur Grenze zu begleiten, und daß Sie uns aufhalten, ist ein konterrevolutionäres Verbrechen gegen das iranische Volk.« Mit großartiger Gebärde produzierte er den vom Vizeanführer geschriebenen und mit dem Bibliotheksstempel versehenen Brief.

Der Mann sah ihn sich an. »Trotzdem, dieser eine Amerikaner sieht seinem Paßbild nicht ähnlich.«

»Ich habe Ihnen doch schon gesagt, daß er krank ist!« schrie Raschid. »Das Revolutionskomitee hat ihnen freie Fahrt bis zur Grenze erteilt! Jetzt schaffen Sie mir diese Banditen vom Hals!«

»Wir haben hier unser eigenes Revolutionskomitee«, sagte der Mann. »Sie werden alle mit in unser Hauptquartier kommen.«

Raschid blieb keine Wahl.

*

Jay Coburn beobachtete, wie Raschid mit dem Mann in dem langen schwarzen Mantel aus der Hütte trat. Er sah mitgenommen aus.

»Wir müssen in ihr Dorf zur Überprüfung«, sagte Raschid. »Wir müssen in ihren Autos mitfahren.«

Das sieht gar nicht gut aus, dachte Coburn. Bei allen anderen Verhaftungen war ihnen gestattet worden, in ihren Range Rovern zu bleiben, und dabei hatten sie sich nicht so sehr wie Gefangene gefühlt. Die Wagen zu verlassen, kam ihnen vor, als verlören sie den Boden unter den Füßen.

Außerdem hatte Raschid noch nie so verängstigt ausgesehen. Sie stiegen in die Fahrzeuge der Stammesangehörigen um, einen Laster und einen zerbeulten kleinen Kombi. Es ging über einen unebenen Pfad durch die Berge. Die Range Rover folgten, chauffiert von Einheimischen. Das kurvenreiche Sträßchen führte ins dunkle Nichts.

Verdammte Scheiße, dachte Coburn. Das wär's also. Kein Mensch wird je wieder von uns hören.

Nach fünf bis sechs Kilometern erreichten sie das Dorf, das aus einem Backsteinhaus mit Hof und mehreren strohbedeckten Lehmhütten bestand. Im Hof jedoch standen sechs oder sieben fast neue Jeeps. »Jesusmaria«, sagte Coburn. »Diese Leute leben vom Autoklau.« Und die Range Rover wären eine schöne Ergänzung ihrer Kollektion.

Die beiden Vehikel mit den Amerikanern wurden im Hof abgestellt, dahinter die Range Rover und schließlich zwei weitere Jeeps, die die Ausfahrt blockierten und somit eine schnelle Flucht ausschlossen.

Sie stiegen alle aus.

Der Mann im Mantel sagte: »Sie brauchen keine Angst zu haben. Wir müssen uns nur ein Weilchen mit Ihnen unterhalten, dann können Sie weiterfahren.« Er betrat das Gebäude.

»Er lügt!« zischte Raschid.

Sie wurden ins Haus geschoben und mußten ihre Schuhe ausziehen. Die Stammesangehörigen waren fasziniert von Keane Taylors Cowboystiefeln. Einer von ihnen hob sie hoch, untersuchte sie und reichte sie dann reihum, damit jeder sie begutachten konnte.

Die Amerikaner wurden in einen großen, kahlen Raum

geführt. Auf dem Boden lag ein Perserteppich, an der Wand standen mehrere Bündel mit aufgerolltem Bettzeug. Der Raum wurde nur spärlich von einer Art Laterne erhellt. Sie setzten sich im Kreis nieder, umringt von den Stammesangehörigen mit ihren Gewehren.

Wieder einmal ein Verhör, genau wie in Mahabad, dachte Coburn.

Er ließ Simons nicht aus den Augen.

Der größte und häßlichste Mullah, den sie je gesehen hatten, trat ein, und die Befragung fing von vorne an.

Raschid bestritt das Gespräch allein, in einer Mischung aus Farsi, Türkisch und Englisch. Wiederum produzierte er den Brief aus der Bibliothek und gab den Namen des Vizeanführers an. Einer ging hinaus, um beim Komitee in Rezaiyeh nachzufragen. Coburn fragte sich, wie sie das wohl bewerkstelligen wollten: Die Öllampe deutete darauf hin, daß es hier keine Elektrizität gab, wieso sollten sie also ein Telefon haben? Sämtliche Pässe wurden erneut kontrolliert. Ständig gingen Leute ein und aus.

Und wenn sie doch ein Telefon haben? dachte Coburn. Vielleicht sind wir besser dran, wenn wir wirklich überprüft werden; auf diese Weise erfährt wenigstens irgend jemand, wo wir sind. So wie es jetzt aussieht, können sie uns einfach umlegen, unsere Leichen spurlos im Schnee verschwinden lassen, und kein Mensch wird je erfahren, daß wir überhaupt hier gewesen sind. Ein Mann kam herein, gab Raschid den Brief zurück und sprach mit dem Mullah.

»Es ist alles in Ordnung«, sagte Raschid. »Sie glauben uns.« Mit einem Male schlug die Stimmung um.

Der häßliche Mullah verwandelte sich in einen gutmütigen Riesen und schüttelte jedem die Hände. »Er heißt euch in seinem Dorf willkommen«, übersetzte Raschid. Tee wurde serviert. Raschid sagte: »Wir werden gebeten, für heute nacht Gäste des Dorfes zu sein.«

»Sag ihm, das geht auf gar keinen Fall«, erwiderte Simons. »Unsere Freunde warten an der Grenze auf uns.«

Ein kleiner Junge von ungefähr zehn Jahren erschien. In seinem Bemühen, die frisch geschlossene Freundschaft zu festigen, holte Keane Taylor die Fotografie seines elfjährigen Sohnes Michael heraus und zeigte sie herum. Die Stammesangehörigen waren begeistert. Raschid sagte: »Sie wollen auch fotografiert werden.«

»Keane, hol deinen Apparat«, sagte Gayden.

»Ich hab' keinen Film mehr«, sagte Taylor.

»Mensch, Keane, hol deine Scheißkamera!«

Taylor holte seinen Apparat. In Wirklichkeit waren noch drei Bilder auf dem Film, aber er hatte kein Blitzlicht und würde eine wesentlich bessere Kamera als seine Instamatik brauchen, um bei dem Laternenlicht fotografieren zu können. Doch die Stammesangehörigen stellten sich auf, schwenkten ihre Flinten, und Taylor blieb nichts anderes übrig, als sie zu knipsen. Es war unglaublich. Vor fünf Minuten noch hatten die Leute den Eindruck erweckt, als wollten sie die Amerikaner ermorden. Jetzt trieben sie allen möglichen Schabernack, juchzten und johlten und amüsierten sich königlich.

Die Stimmung konnte ebenso rasch wieder umschlagen. Taylors Humor gewann die Oberhand, und er fing an, eine Schau abzuziehen, tat wie ein Pressefotograf, befahl den Stammesangehörigen zu lächeln oder näher zusammenzurücken, damit sie alle aufs Bild paßten, und »schoß« Dutzende von Fotos.

Es wurde frischer Tee serviert. Coburn stöhnte innerlich. In den letzten Tagen hatte er so viel Tee getrunken, daß er das Gefühl hatte, aus nichts anderem mehr zu bestehen. Verstohlen goß er ihn aus und hinterließ einen häßlichen braunen Fleck auf dem prachtvollen Teppich.

»Sag ihnen, wir müssen gehen«, befahl Simons Raschid.

Nach einem kurzen Wortwechsel erklärte Raschid: »Wir müssen noch ein Glas Tee trinken.«

»Nein«, sagte Simons entschieden und erhob sich. »Wir gehen.« Er lächelte freundlich, nickte den Einheimischen zu und verbeugte sich vor ihnen, gab dabei jedoch klare Befehle in einem Tonfall, der sein höfliches Gebaren Lügen strafte: »Alles aufgestanden! Zieht eure Schuhe an. Kommt schon, raus hier, wir müssen weiter.«

Jeder Dorfbewohner wollte jedem einzelnen Besucher die Hand schütteln. Simons drängte sie unterdessen zur Tür. Unter vielen Verbeugungen und weiterem Händeschütteln fanden sie ihre Schuhe und stiegen hinein. Endlich gelangten sie nach draußen und kletterten in die Range Rover. Wieder mußten sie warten, bis die Einheimischen die beiden Jeeps, die die Ausfahrt blockierten, beiseite gefahren hatten. Schließlich setzten sie sich in Bewegung und folgten den beiden Jeeps den Bergpfad hinunter.

Sie waren noch immer am Leben, noch immer frei, noch immer unterwegs.

Die Stammesangehörigen brachten sie bis zur Brücke, wo sie sich von ihnen verabschiedeten.

Raschid fragte: »Eskortiert ihr uns denn nicht bis zur Grenze?«

»Nein«, gab einer zur Antwort. »Unser Territorium endet an der Brücke. Die andere Seite gehört schon zu Sero.«

Der Mann in dem langen schwarzen Mantel gab jedem einzelnen in den beiden Range Rovern die Hand. »Vergessen Sie nicht, uns die Bilder zu schicken«, sagte er zu Taylor.

»Da können Sie Gift drauf nehmen«, sagte Taylor, ohne seine Miene zu verziehen.

Die Kette auf der Brücke war herabgelassen worden. Die beiden Range Rover fuhren hinüber und beschleunigten ihre Fahrt, sobald sie die Straße erreicht hatten.

»Ich hoffe, im nächsten Dorf haben wir nicht die gleichen Schwierigkeiten«, sagte Raschid. »Ich war heute nachmittag beim Dorfoberhaupt und habe alles mit ihm abgesprochen.« Der Range Rover wurde immer schneller.

»Fahr langsamer«, sagte Simons.

»Nein, wir müssen uns beeilen.«

Sie waren keine zwei Kilometer mehr von der Grenze entfernt.

»Du sollst, verdammt noch mal, langsamer fahren«, sagte Simons. »Ich hab' keine Lust, so kurz vorm Ziel noch hopszugehen.«

Sie fuhren an einer Art Tankstelle vorbei, einer kleinen Hütte, in der Licht brannte. Plötzlich schrie Taylor: »Halt! Halt!«

Simons sagte: »Raschid ...«

Im zweiten Wagen hupte Paul und blendete auf und ab. Aus dem Augenwinkel sah Raschid zwei Männer aus der Tankstelle rennen, die im vollen Lauf ihre Gewehre luden und entsicherten.

Er stieg auf die Bremse.

Der Wagen kam kreischend zum Stehen. Paul hatte bereits direkt vor der Tankstelle angehalten. Raschid fuhr im Rückwärtsgang hin und sprang aus dem Auto.

Die beiden Männer richteten ihre Waffen auf ihn. Das hatten wir doch schon mal, dachte er.

Er begann, seine Geschichte zu erzählen, aber sie hörten ihm gar nicht zu. Jeder bestieg einen der beiden Wagen. Raschid setzte sich wieder hinters Steuer.

»Fahr weiter«, wurde ihm befohlen.

Eine Minute später waren sie am Fuß des Hügels angelangt, der zur Grenze führte. Oben leuchteten ihnen die Lichter der Grenzstation entgegen. »Rechts abbiegen«, sagte Raschids Entführer.

»Nein«, gab Raschid zurück. »Wir haben Passiererlaubnis bis zur Grenze und ...«

Der Mann hob sein Gewehr und fingerte am Sicherheitsschloß herum.

Raschid hielt an. »Hör mal, ich war heute nachmittag in deinem Dorf und habe mir die Passiergenehmigung geholt ...«

»Fahr dort runter.«

Keine achthundert Meter trennten sie von der türkischen Grenze, von der Freiheit. Sieben Mann vom ›Dreckigen Team‹ gegen nur zwei Wachposten. Es war verführerisch ... Von der Grenze her raste ein Jeep den Hügel herab und kam vor dem Range Rover schlitternd zum Stehen. Ein aufgeregter junger Mann sprang heraus und rannte, eine Pistole in der Hand zu Raschid hinüber.

Raschid drehte das Seitenfenster herunter und sagte: »Ich habe Befehl von der Kommandozentrale der Islamischen Revolution ...«

Der aufgeregte junge Mann richtete seine Pistole auf Raschids Kopf. »Fahr den Weg hinunter!« schrie er.

Raschid gab nach.

Sie folgten dem Pfad, der noch enger war als der vorige. Das Dorf war nur etwa einen Kilometer entfernt. Dort angekommen, stieg Raschid aus dem Wagen und sagte: »Bleibt sitzen – ich erledige das.«

Mehrere Männer traten aus den Hütten, um zu sehen, was vorging. Sie wirkten noch gefährlicher als die Einwohner des letzten Dorfes. Laut sagte Raschid: »Wo ist euer Oberhaupt?«

»Nicht da«, antwortete einer.

»Dann holt ihn: Ich habe heute nachmittag mit ihm gesprochen. Ich bin ein Freund von ihm. Er hat mir die Genehmigung erteilt, mit diesen Amerikanern die Grenze zu überqueren.«

»Warum hast du Amerikaner bei dir?« fragte jemand.

»Ich habe Befehl der Kommandozentrale der Islamischen Revolution ...«

Urplötzlich, wie aus dem Nichts, tauchte das Dorfoberhaupt auf, der Mann, mit dem Raschid am Nachmittag gesprochen hatte. Er trat heran und küßte Raschid auf beide Wangen.

Im zweiten Range Rover sagte Gayden: »Mensch, das sieht gut aus!«

»Gott sei's gedankt«, seufzte Coburn. »Ich hätte keinen

einzigen Schluck Tee mehr runtergebracht, nicht einmal, um mein Leben zu retten.«

Der Mann, der Raschid geküßt hatte, kam herüber. Er trug einen schweren Afghanenmantel. Er lehnte sich durch das Autofenster und gab jedem die Hand. Raschid und die beiden Wachposten stiegen wieder in die Wagen.

Kurz darauf fuhren sie den Hügel zur Grenzstation hinauf. Paul, am Steuer des zweiten Wagens, mußte plötzlich an Dadgar denken. Noch vor vier Stunden in Rezaiyeh war es ihm vernünftig erschienen, den Gedanken an eine Grenzüberquerung zu Pferde unter Umgehung der Straße und der Station fallenzulassen. Jetzt war er sich nicht mehr so sicher. Womöglich hatte Dadgar Bilder von ihm und Bill in jedem Flughafen, in jedem Hafen und an jedem Grenzübergang aushängen lassen. Selbst, wenn es hier keine Regierungsleute gab, mochten ihre Fotografien doch an irgendeiner Wand hängen. Den Iranern schien jeder Vorwand recht zu sein, Amerikaner festzuhalten und zu verhören. Und immerhin hatte EDS Dadgar von Anfang an unterschätzt ...

Die Grenzstation lag in hellem Neonlampenlicht. Die beiden Wagen fuhren langsam heran, passierten die Gebäude und hielten vor einer quer über die Straße gespannten Kette, die die Grenze des iranischen Hoheitsgebiets markierte.

Raschid stieg aus.

Er sprach mit den Zöllnern, kam zurück und sagte: »Sie haben keinen Schlüssel, um die Kette abzunehmen.«

Alle stiegen aus.

Simons sagte zu Raschid: »Geh hinüber auf die türkische Seite und sieh nach, ob Boulware dort ist.«

Raschid verschwand.

Simons hob die Kette an. Die Höhe reichte nicht aus, um einen Range Rover darunter durchzulassen.

Einer fand ein paar Planken und lehnte sie über die Kette, um festzustellen, ob die Wagen sie auf den Planken überqueren konnten. Simons schüttelte den Kopf: Das würde nicht klappen.

Er wandte sich an Coburn: »Haben wir eine Eisensäge im Werkzeugkasten?«

Coburn ging zum Auto.

Paul und Gayden zündeten sich Zigaretten an. »Du solltest dich entscheiden«, sagte Gayden, »was du mit dem Paß anfangen willst.«

»Wie meinst du das?«

»Nach amerikanischem Recht stehen auf Benutzung eines falschen Passes zehntausend Dollar Geldbuße und Gefängnis. Die Geldstrafe würde ich bezahlen, aber den Knast mußt du schon selber absitzen.«

Paul dachte nach. Bisher hatte er noch nicht gegen das Gesetz verstoßen. Zwar hatte er seinen falschen Paß vorgezeigt, aber lediglich bei Banditen und Revolutionären, die ohnehin kein Recht hatten, Ausweise zu verlangen.

»Ganz recht«, sagte Simons. »Sobald wir aus diesem gottverdammten Land raus sind, wird kein einziges Gesetz gebrochen. Ich habe keine Lust, euch aus einem türkischen Gefängnis rauszuholen.

Paul gab seinen Paß Gayden, und Bill folgte seinem Beispiel. Gayden reichte die Pässe an Taylor weiter, der sie in seine Cowboystiefel steckte.

Coburn kam mit einer Eisensäge zurück. Simons nahm sie ihm ab und fing an, die Kette durchzusägen.

Die iranischen Zöllner eilten herbei und schrieen ihn an.

Simons hielt inne.

Raschid kehrte von der türkischen Seite zurück, zwei Wachposten und einen Offizier im Schlepptau. Er sprach mit den Iranern, dann sagte er zu Simons: »Du kannst doch die Kette nicht durchsägen. Sie meinen, wir müssen bis zum Morgen warten. Außerdem wollen uns die Türken heute nacht nicht mehr durchlassen.«

Simons murmelte Paul zu: »Dir wird gleich schlecht.«

»Wie bitte?«

»Wenn ich's dir sage, übergibst du dich, verstanden?«

Paul wurde klar, was Simons meinte: Die türkischen Posten wollten schlafen, statt sich die Nacht mit einem Haufen Amerikaner um die Ohren zu schlagen; wenn jedoch einer der Amerikaner dringend ins Krankenhaus gebracht werden mußte, so konnten sie ihn schlecht zurückweisen.

Die Türken kehrten auf ihre Seite zurück.

»Und was machen wir jetzt?« fragte Coburn.

»Wir warten«, sagte Simons.

Bis auf zwei Posten gingen alle Iraner in ihr Wachhaus. Es war bitter kalt.

»Tut so, als hätten wir uns damit abgefunden, die ganze Nacht hier zu warten«, sagte Simons.

Die beiden Posten schlenderten davon.

»Gayden, Taylor«, befahl Simons. »Geht da rein und bietet den Zöllnern Geld an, wenn sie auf unsere Wagen aufpassen.«

»Auf sie aufpassen?« sagte Taylor ungläubig. »Die werden sie glattweg stehlen!«

»Genau«, sagte Simons. »Das können sie – vorausgesetzt, sie lassen uns ziehen.«

Taylor und Gayden gingen in das Wachhaus.

»Jetzt ist es soweit«, sagte Simons. »Coburn, nimm Paul und Bill mit und geh da rüber.«

»Kommt, Freunde«, sagte Coburn.

Paul und Bill stiegen über die Kette und setzten sich in Marsch. Coburn hielt sich dicht hinter ihnen. »Egal, was passiert, ihr geht weiter«, sagte er zu ihnen. »Wenn ihr Rufe oder Schüsse hört, dann rennt los, aber stehengeblieben oder zurückgegangen wird unter gar keinen Umständen.«

Simons kam hinter ihnen her. »Geht schneller«, sagte er. »Ich will nicht, daß ihr zwei mir hier in diesem verdammten Nirgendwo noch abgeknallt werdet.«

Hinter ihnen auf der iranischen Seite brach ein lautstarker Streit aus.

»Nicht umdrehen«, sagte Coburn. »Einfach weitergehen.«

Auf der iranischen Seite hielt Taylor zwei Zöllnern eine Handvoll Geldscheine unter die Nase. Die beiden Posten sahen unentschieden von den vier Männern, die über die Grenze gingen, zu den beiden Range Rovern, die zusammen mindestens zwanzigtausend Dollar wert waren ...

Raschid sagte: »Wir wissen noch nicht, wann wir die Autos holen kommen – es könnte ziemlich lange dauern.«

Einer der Posten sagte: »Sie sollten doch alle bis zum Morgen hierbleiben ...«

»Die Wagen sind wirklich sehr wertvoll und sollten sorgfältig bewacht werden ...«

Die Zöllner sahen zwischen den Autos und den Grenzgängern hin und her, und dann hatten sie schon zu lange gezögert: Paul und Bill erreichten die türkische Seite und betraten erleichtert das Wachhäuschen.

Bill warf einen Blick auf seine Armbanduhr. Es war 23.45 Uhr am Donnerstag, dem 15. Februar, einen Tag nach Sankt Valentin. Am 15. Februar 1960 hatte er Emily den Verlobungsring übergestreift. Am gleichen Tag, sechs Jahre später, war Jackie auf die Welt gekommen – heute wurde sie dreizehn Jahre alt. Und Bill dachte: Hier kommt dein Geburtstagsgeschenk, Jackie – dein Vater ist noch am Leben.

Coburn folgte ihm ins Wachhäuschen.

Paul legte den Arm um Coburn und sagte. »Jay, du hast uns das Match gewonnen.«

Drüben auf der iranischen Seite bemerkten die Zöllner, daß die Hälfte der Amerikaner schon in der Türkei war; sie beschlossen, es dabei bewenden zu lassen und, solange es noch ging, das Geld und die Autos zu nehmen.

Raschid, Gayden und Taylor gingen auf die Kette zu.

Dort hielt Gayden inne. »Geht voran«, sagte er. »Ich will der letzte sein, der das Land verläßt.«

*

Im Hotel in Yüksekova saßen sie alle um einen qualmenden, bauchigen Bullerofen herum: Ralph Boulware, der fette Geheimagent Ilsman, der Dolmetscher Charlie Brown und die beiden Söhne von Mr. Fishs Vetter. Sie warteten auf einen Anruf von der Grenzstation. Das Abendessen wurde serviert: irgendeine Art Fleisch, vielleicht Lamm, in Zeitungspapier eingewickelt.

Ilsman berichtete, er hätte beobachtet, wie jemand Raschid und Boulware an der Grenze fotografierte. Ilsman fügte hinzu und Charlie übersetzte: »Sollten Sie je Schwierigkeiten wegen dieser Fotos bekommen, so wenden Sie sich an mich.«

Boulware wußte nicht, was damit gemeint war.

Charlie erklärte: »Er hält Sie für einen ehrlichen Mann und findet ihre Handlungsweise edel.«

Boulware kam das Angebot ein wenig unheimlich vor, so etwa, als hätte ihm ein Mafioso erklärt, er sei sein Freund. Es wurde Mitternacht, und noch immer keine Nachricht, weder vom ›Dreckigen Team‹ noch von Pat Sculley und Mr. Fish, die in ihrem Bus auf dem Weg hierher sein sollten. Boulware war gerade im Begriff, zu Bett zu gehen, als ihn ein Junge ans Telefon rief.

»Hallo, Ralph?« Es war Raschid.

»Ja.«

»Wir sind an der Grenze.«

»Bin gleich da.«

Er trommelte die anderen zusammen und zahlte die Hotelrechnung. Die Söhne von Mr. Fishs Vetter chauffierten, und sie folgten der Straße, auf der, wie Ilsman ständig wiederholte, im vergangenen Monat neununddreißig Personen von Banditen getötet worden waren. Unterwegs hatten sie wieder einmal einen Platten. Die Söhne mußten den Reifen im Dunkeln wechseln, weil die Batterien ihrer Taschenlampe leer waren. Boulware wußte nicht so recht, ob er Angst haben sollte, während er auf der Straße stand und wartete. Es war immer noch möglich, daß Ilsman log und sich ihr Vertrauen erschwindelte. Andererseits hatten seine Papiere sie immer wieder vor Unheil bewahrt. Wenn die Qualität des türkischen Geheimdienstes der türkischer Hotels entsprach, Mann, dann war Ilsman wahrscheinlich das türkische Pendant zu James Bond.

Das Rad war gewechselt, und die beiden Autos setzten sich wieder in Bewegung.

Sie fuhren durch die Nacht und erreichten die Grenze. In den Wachhäuschen brannte Licht. Boulware sprang aus dem Auto und lief los.

Freudengeheul brach aus.

Da waren sie alle: Paul und Bill, Coburn, Simons, Taylor, Gayden und Raschid.

Boulware schüttelte Paul und Bill herzlich die Hand.

Sie sammelten ihre Mäntel und Taschen ein. »He, he, Moment mal«, sagte Boulware. »Mr. Fish ist mit einem Bus hierher unterwegs.« Er zog eine Flasche Chivas Regal, die er für diesen Augenblick aufgespart hatte, aus der Tasche. »In der Zwischenzeit trinken wir einen.«

Zur Feier des Tages tranken sie alle, außer Raschid, der keinen Alkohol zu sich nahm. Simons zog Boulware in eine Ecke. »Also, was ist los?«

»Ich habe heute nachmittag mit Ross gesprochen«, erklärte Boulware ihm. »Mr. Fish ist mit Sculley, Schwebach und Davis auf dem Weg hierher. Sie kommen mit einem Bus. Wir könnten natürlich sofort losfahren, irgendwie kämen wir alle zwölf in den beiden Autos unter, aber ich denke, wir warten besser auf den Bus. Erstens sind wir dann alle zusammen und keiner kann mehr verlorengehen, und zweitens ist das hier so eine Art Straße ohne

Wiederkehr, Banditen und so, du verstehst. Ich weiß nicht, ob das eine Übertreibung ist, aber sie weisen immer wieder darauf hin, und langsam glaube ich ihnen. Wenn es hier wirklich gefährlich ist, sind wir sicherer, wenn wir alle zusammenbleiben. Und wenn wir, drittens, nach Yüksekova fahren und dort auf Mr. Fish warten, bleibt uns nichts anderes übrig, als uns im schlechtesten Hotel der Welt einzuquartieren und dort die Aufmerksamkeit und Unannehmlichkeiten einer frischen Garnitur Beamter auf uns zu ziehen.«

»Na gut«, sagte Simons widerwillig. »Warten wir also ein bißchen.«

Er sieht todmüde aus, dachte Boulware, ein alter Mann, der sich nur noch ausruhen will. Und Coburn auch: ausgepumpt, erschöpft, ja, fast gebrochen. Boulware fragte sich, was sie auf dem Weg hierher alles durchgemacht hatten.

Boulware selbst fühlte sich, obwohl er in den letzten achtundvierzig Stunden kaum geschlafen hatte, großartig. Er dachte an die endlose Diskussion mit Mr. Fish über den besten Weg zur Grenze; an das Fiasko in Adana, als der Bus ausblieb, an die Taxifahrt bei Schneesturm durch die Berge – trotz allem hatte er es geschafft.

In dem kleinen Wachhaus war es bitterkalt, und der holzgefeuerte Ofen füllte den Raum lediglich mit Rauch. Alle waren müde und schläfrig vom Whisky. Einer nach dem anderen schliefen sie auf einer Holzbank oder auf dem Fußboden ein. Simons schlief nicht. Raschid beobachtete, wie er wie ein Tiger im Käfig auf und ab ging, ein Zigarillo mit Plastikmundstück nach dem anderen ansteckte. Als der Morgen anbrach, stellte er sich ans Fenster und blickte über das Niemandsland in den Iran.

»Da drüben stehen hundert Mann mit Gewehren«, sagte er zu Raschid und Boulware. »Was glaubt ihr, stellen die an, wenn sie zufällig rausfinden, wen sie sich heute nacht haben durch die Lappen gehen lassen?«

Boulware begann sich ebenfalls zu fragen, ob sein Vorschlag, auf Mr. Fish zu warten, richtig gewesen war.

Raschid starrte aus dem Fenster. Beim Anblick der Range Rover auf der anderen Seite fiel ihm plötzlich etwas ein. »Der Benzinkanister«, sagte er. »Ich hab den Kanister mit dem Geld dortgelassen. Vielleicht brauchen wir's noch.«

Simons sah ihn bloß an.

Ohne nachzudenken verließ Raschid das Wachhaus und machte sich auf den Weg über die Grenze. Es war ein langer Weg.

Er dachte über den Gemütszustand der iranischen Zöllner nach. Die haben uns abgeschrieben, beschloß er. »Wenn sie irgendwelche Zweifel an der Richtigkeit ihrer Handlungsweise in der vergangenen Nacht haben, dann müssen sie die letzten paar Stunden damit verbracht haben, sich Entschuldigungen und Rechtfertigungen zurechtzulegen. Inzwischen haben sie sich eingeredet, sie hätten richtig gehandelt. Bis sie ihre Meinung wieder ändern, braucht es eine ganze Weile.«

Er erreichte die andere Seite und stieg über die Kette.

Er ging zum ersten Range Rover und öffnete die Heckklappe. Zwei Posten kamen aus ihrem Häuschen gerannt.

Raschid hob den Kanister aus dem Auto und schloß die Klappe wieder.

»Wir haben das Öl vergessen«, sagte er und ging wieder auf die Kette zu.

»Wozu braucht ihr das denn?« fragte einer der Posten mißtrauisch. »Ihr habt doch die Wagen gar nicht mehr.«

»Für den Bus«, sagte Raschid und stieg über die Kette. »Den Bus, der uns nach Van bringt.«

Während er weiterging, fühlte er ihre Blicke in seinem Rücken. Er sah sich kein einziges Mal um, bis er wieder im türkischen Wachhäuschen angekommen war.

Minuten später hörten sie alle Motorengeräusch. Sie

stürzten zu den Fenstern. Die Straße herunter kam ein Bus.

Sie brachen zum zweiten Mal in Freudengeheul aus.

Pat Sculley, Jim Schwebach, Ron Davis und Mr. Fish stiegen aus dem Bus und betraten das Wachhaus.

Großes Händeschütteln.

Die Neuankömmlinge hatten eine zweite Flasche Whisky mitgebracht, so daß ein weiterer Umtrunk stattfinden konnte. Mr. Fish flüsterte mit Ilsman und den Zöllern.

Gayden legte den Arm um Pat Sculley und sagte: »Hast du schon gesehen, wen wir mitgebracht haben?« Er deutete in eine Ecke.

Sculley entdeckte den schlafenden Raschid. Er lächelte. In Teheran war er Raschids Vorgesetzter gewesen und hatte sich später – beim ersten Treffen mit Simons im EDS-Konferenzraum – dafür stark gemacht, daß Raschid an der Rettungsaktion teilnahm. Jetzt sah es so aus, als sei Simons zum gleichen Ergebnis gekommen.

Mr. Fish verkündete: »Pat Sculley und ich müssen nach Yüksekova fahren und mit dem dortigen Polizeichef sprechen. Die anderen warten bitte hier auf uns.«

»Moment mal«, sagte Simons. »Erst haben wir auf Boulware gewartet, dann auf Sie. Worauf sollen wir denn jetzt noch warten?«

»Wenn wir die Angelegenheit nicht im voraus klären«, sagte Mr. Fish, »dann kriegen wir Schwierigkeiten, weil Paul und Bill keine Pässe haben.«

Simons wandte sich an Boulware. »Ich dachte, dein Ilsman hätte dieses Problem aus der Welt geschafft«, sagte er wütend.

»Das dachte ich auch«, erwiderte Boulware. »Ich habe geglaubt, er hätte sie geschmiert.«

»Und was machen wir jetzt?«

»Es ist besser so«, sagte Mr. Fish.

»Beeilen Sie sich gefälligst«, schnauzte Simons.

Sculley und Mr. Fish machten sich auf den Weg.

Die anderen fingen an, Poker zu spielen. Sie hatten Tausende von Dollars in ihren Schuhen versteckt und waren jetzt ein bißchen überdreht. Bei einem Spiel hatte Paul ein volles Haus mit drei Assen, und der Einsatz stieg auf über tausend Dollar. Keane Taylor bot immer höher. Taylor hatte zwei Könige gezeigt, und Paul nahm an, daß er einen dritten auf der Hand, also ein volles Haus mit Königen hatte. Paul behielt recht. Er gewann tausendvierhundert Dollar.

Ein neuer Trupp Zöllner traf zum Schichtwechsel ein, darunter ein Offizier, der vor Wut schäumte, als er sein Wachhaus sah, das mit Zigarettenkippen, Hundertdollarnoten und pokernden Amerikanern, von denen zwei auch noch ohne Pässe eingereist waren, besudelt war.

Der Morgen verstrich, und sie fühlten sich immer unwohler – zuviel Whisky und zuwenig Schlaf. Als die Sonne am Himmel höher stieg, machte auch das Pokern keinen Spaß mehr. Simons wurde nervös. Gayden legte sich mit Boulware an. Boulware fragte sich, was Sculley und Mr. Fish wohl erreicht hatten.

Er war inzwischen davon überzeugt, einen Fehler gemacht zu haben. Sie hätten alle sofort nach ihrer Ankunft nach Yüksekova aufbrechen sollen. Einen zweiten Fehler hatte er gemacht, als er Mr. Fish das Kommando überließ. Irgendwie waren ihm die Zügel entglitten.

Nach vierstündiger Abwesenheit kamen Sculley und Mr. Fish um zehn Uhr zurück.

Mr. Fish teilte dem Offizier mit, daß sie die Genehmigung erhalten hätten, abzufahren.

Der Offizier gab eine scharfe Antwort, schlug wie zufällig seine Jacke zurück und ließ seine Pistole sehen.

Die anderen Posten entfernten sich von den Amerikanern. Mr. Fish erklärte: »Er sagt, wir dürfen erst gehen, wenn er uns die Erlaubnis dazu gibt.«

»Jetzt reicht's mir«, sagte Simons. Er erhob sich und sagte etwas auf türkisch. Alle Türken sahen ihn erstaunt an. Sie hatten nicht gewußt, daß er ihrer Sprache mächtig war.

Simons nahm den Offizier beiseite und ging mit ihm in einen angrenzenden Raum.

Ein paar Minuten später kamen sie wieder heraus. »Wir können gehen«, sagte Simons.

Sie verließen das Wachhaus.

Coburn fragte: »Haben Sie ihn bestochen, Colonel – oder ihm bloß die Hölle heiß gemacht?«

Simons lächelte schwach und gab keine Antwort.

Pat Sculley fragte: »Willst du mit nach Dallas, Raschid?« In den letzten Tagen, überlegte Raschid, hatten sie alle geredet, als würde er sie bis zum Schluß begleiten. Doch dies war das erste Mal, daß ihn jemand ganz unverblümt fragte, ob er sie überhaupt begleiten wolle. Er hatte jetzt die wichtigste Entscheidung seines Lebens zu treffen.

Willst du mit nach Dallas, Raschid? Ein Traum wurde Wirklichkeit. Er dachte daran, was er zurückließ. Er hatte keine Kinder, keine Frau, nicht einmal eine Freundin – er war noch nie verliebt gewesen. Aber er hatte Eltern, eine Schwester und mehrere Brüder. Vielleicht brauchten sie ihn. In Teheran würde das Leben eine Zeitlang noch ziemlich unangenehm sein. Aber welche Hilfe konnte er ihnen dabei sein? Er hätte nur noch für ein paar Tage oder allenfalls Wochen Arbeit, würde das Eigentum der Amerikaner in die Staaten verschiffen, sich um die Hunde und Katzen kümmern – und dann stand er vor dem Nichts. EDS war im Iran erledigt, Computer waren es wahrscheinlich auch, und das auf viele Jahre hinaus. Ohne Arbeit wäre er eine Last für seine Familie, ein hungriges Maul mehr, das es zu stopfen galt. Und das in Notzeiten.

In Amerika dagegen...

In Amerika konnte er seine Ausbildung abschließen. Er konnte seine Fähigkeiten einsetzen, ein erfolgreicher

Geschäftsmann werden, besonders, wenn ihm Leute wie Pat Sculley und Jay Coburn halfen.
Willst du mit nach Dallas, Raschid?
»Ja«, sagte er zu Sculley, »ich will nach Dallas.«
»Worauf wartest du dann noch? Steig in den Bus!«
Sie stiegen alle ein.

Erleichtert machte Paul es sich in seinem Sitz bequem. Der Bus fuhr an, und der Iran entschwand in der Ferne: Wahrscheinlich würde er das Land nie wiedersehen. Es waren Fremde an Bord, ein paar wild aussehende Türken in Phantasieuniformen und zwei Amerikaner, von denen es hieß, sie seien Piloten. Paul war viel zu erschöpft, um nachzufragen. Einer der türkischen Zöllner war ebenfalls zu ihnen gestoßen, wahrscheinlich war das für ihn eine gute Mitfahrgelegenheit. Sie hielten in Yüksekova. Mr. Fish wandte sich an Paul und Bill: »Wir müssen mit dem Polizeichef reden. Er ist hier seit fünfundzwanzig Jahren im Dienst, und dies ist die größte Sache, die sich je in seinem Distrikt ereignet hat. Aber machen Sie sich keine Sorgen, es ist alles nur Routine.«

Paul, Bill und Mr. Fish stiegen aus dem Bus und betraten das kleine Polizeirevier. Paul war seltsamerweise nicht beunruhigt. Er war aus dem Iran heraus, und wenngleich die Türkei kein ausgesprochen westliches Land war, so wurde sie doch wenigstens nicht von einer Revolution erschüttert. Vielleicht war er auch einfach zu müde, um sich noch Sorgen zu machen.

Zwei Stunden lang wurden er und Bill verhört, dann durften sie weiter.

In Yüksekova stiegen weitere sechs Personen zu: eine Frau und ein Kind, die zu dem Zöllner zu gehören schienen, und vier überaus schmutzige Männer – »Leibwächter«, sagte Mr. Fish – die im rückwärtigen Teil des Busses hinter einem Vorhang saßen.

Es ging nach Van, wo eine gecharterte Maschine auf sie wartete. Paul sah hinaus und betrachtete die Landschaft. Sie ist schöner als in der Schweiz, dachte Paul, aber unglaublich arm und karg. Riesige Felsblöcke lagen mitten auf der Straße. Auf den Feldern trampelten Menschen in zerlumpter Kleidung den Schnee nieder, damit ihre Ziegen an das gefrorene Gras darunter gelangen konnten. Es gab Höhlen mit Holzzäunen vor dem Eingang, die ganz so aussahen, als würden diese Menschen darin leben. Sie fuhren an der Ruine einer steinernen Festung vorbei, die aus der Zeit der Kreuzzüge stammen mochte.

Der Busfahrer schien zu glauben, er nähme an einem Rennen teil. Er preschte die gewundene Straße entlang, offensichtlich fest darauf vertrauend, daß Gegenverkehr hier nicht zu erwarten war. Ein Trüppchen Soldaten winkte ihm, anzuhalten, doch er fuhr unverdrossen durch. Mr. Fish schrie ihm zu, er solle bremsen, doch der Fahrer schrie zurück und fuhr weiter.

Ein paar Kilometer weiter wurden sie von einer ganzen Armee erwartet, die vermutlich wußte, daß der Bus den letzten Kontrollpunkt überfahren hatte. Die Soldaten standen mit ihren Gewehren im Anschlag mitten auf der Straße, so daß der Fahrer gezwungen war, anzuhalten.

Ein Feldwebel sprang auf und zerrte ihn heraus, wobei er ihm seinen Pistolenlauf an den Kopf hielt.

Jetzt sitzen wir in der Tinte, dachte Paul.

Das Intermezzo war beinahe komisch. Der Fahrer ließ sich nicht im geringsten einschüchtern: Er schrie die Soldaten ebenso laut und zornig an wie sie ihn.

Mr. Fish, Ilsman und mehrere der geheimnisvollen Passagiere stiegen aus und redeten auf die Soldaten ein, bis diese nachgaben. Der Fahrer wurde buchstäblich in den Bus zurückgeschmissen, aber selbst davon ließ er sich nicht ins Bockshorn jagen, und während er weiterfuhr, schrie er noch immer zum Fenster hinaus und drohte den Soldaten mit der Faust.

Am späten Nachmittag erreichten sie Van.

Sie begaben sich zum Rathaus, wo sie der Ortspolizei übergeben wurden. Die wilden Leibwächter verschwanden wie Schnee in der Sonne. Die Polizisten füllten ein paar Formulare aus und begleiteten sie dann zur Rollbahn.

Als sie an Bord des Flugzeugs gingen, wurde Ilsman von einem Polizisten angehalten. Ilsman hatte eine fünfundvierziger Pistole unter die Achsel geschnallt, und es schien, als sei es selbst in der Türkei verboten, auf einem Flug Waffen bei sich zu führen. Ilsman zückte jedoch wieder einmal seine Papiere, und das Problem löste sich von selbst.

Auch Raschid wurde angehalten. Er trug den Benzinkanister mit dem Geld bei sich, und natürlich waren feuergefährliche Flüssigkeiten an Bord nicht erlaubt. Er erzählte den Polizisten, der Kanister enthielte Sonnenöl für die Frauen der Amerikaner, und sie glaubten ihm.

Endlich waren alle an Bord. Bei Simons und Coburn ließ die Wirkung der Aufputschmittel nach; beide streckten sich aus und waren innerhalb von Sekunden eingeschlafen.

Als die Maschine beschleunigte und abhob, fühlte sich Paul wie auf Wolken, als sei dies sein erster Flug. Er rief sich ins Gedächtnis, wie er sich im Gefängnis in Teheran danach gesehnt hatte, etwas so Alltägliches zu tun wie in ein Flugzeug zu steigen und einfach wegzufliegen. Sich in die Lüfte zu erheben, vermittelte ihm jetzt ein Gefühl, das er schon lange nicht mehr gehabt hatte: das Gefühl, frei zu sein.

*

Den merkwürdigen Luftfahrtbestimmungen der Türkei zufolge durfte die Chartermaschine keine Strecken fliegen, die auch von Linienmaschinen bedient wurden; deshalb konnten sie nicht direkt nach Istanbul, wo Perot auf sie wartete, sondern mußten in Ankara umsteigen.

Während sie auf ihren Anschlußflug warteten, konnten sie ein paar Probleme lösen.

Simons, Sculley, Paul und Bill setzten sich in ein Taxi und fuhren zur amerikanischen Botschaft.

Es war eine lange Fahrt durch die Stadt. Die Luft war bräunlich, und es stank. »Schlechte Luft hier«, sagte Bill.

»Schwefelhaltige Kohle«, sagte Simons, der in den fünfziger Jahren in der Türkei gelebt hatte. »Von Umweltschutz haben die hier noch nie was gehört.«

Das Taxi hielt vor der Botschaft. Bill sah aus dem Fenster und sein Herz tat einen Sprung: Dort stand ein junger, schmucker Marineinfanterist in einer makellosen Uniform.

Ein Stück Amerika.

Sie bezahlten den Taxifahrer.

Beim Hineingehen fragte Simons den Marineinfanteristen:

»Gibt es hier einen Fuhrpark, Soldat?«

»Jawohl, Sir«, antwortete der Mann und beschrieb ihm den Weg.

Paul und Bill betraten das Paßbüro. In der Tasche trugen sie Fotografien von sich selbst in der richtigen Größe, die Boulware ihnen aus den Staaten mitgebracht hatte. Sie traten vor den Schalter, und Paul sagte: »Wir haben unsere Pässe verloren. Wir haben Teheran ziemlich überstürzt verlassen.«

»Ach ja«, sagte der Schalterbeamte, als hätte er sie schon erwartet.

Sie mußten ein paar Formulare ausfüllen. Einer der Botschaftsangehörigen nahm sie mit in sein Privatbüro und bat sie um Rat. Das US-Konsulat in Täbris wurde von Revolutionären angegriffen, und vielleicht mußte das Personal auf dem gleichen Wege wie Paul und Bill flüchten. Sie beschrieben ihm die Strecke, die sie gefahren, und die Schwierigkeiten, auf die sie gestoßen waren. Wenige Minuten später verließen sie die Botschaft, jeder mit einem amerikanischen Paß mit sechzig Tagen Gültigkeitsdauer in der Hand. Paul betrachtete den seinen und sagte: »Hast du in deinem ganzen verdammten Leben schon mal so was Hübsches gesehen?«

*

Simons kippte das Öl aus dem Kanister und schüttelte das Geld in den beschwerten Plastikbeuteln heraus. Es war eine ziemliche Schweinerei. Ein paar Tüten waren aufgeplatzt, die Banknoten öldurchtränkt. Sculley säuberte sie und stapelte das Geld in Zehntausenddollarhäufchen. Es waren insgesamt fünfundsechzigtausend Dollar sowie ungefähr die gleiche Summe in iranischen Rial.

Während er noch damit beschäftigt war, kam ein Marineinfanterist herein. Der Anblick zweier zerzauster, unrasierter Männer, die auf dem Fußboden knieten und ein kleines Vermögen in Hundertdollarnoten zählten, ließ ihn im ersten Moment zurückschrecken.

Sculley sagte zu Simons: »Meinen Sie, ich sollte ihn aufklären, *Colonel?*«

Simons knurrte. »Ihr Kollege am Eingang weiß Bescheid, Soldat.«

Der Marineinfanterist salutierte und ging hinaus.

*

Es war dreiundzwanzig Uhr, als ihr Flug aufgerufen wurde. Sie passierten einer nach dem anderen die letzte Sicherheitskontrolle. Sculley stand direkt vor Simons. Als er sich umdrehte, sah er, daß der Sicherheitsposten Einblick in den Umschlag nehmen wollte, den Simons bei sich trug.

Der Umschlag enthielt das gesamte Geld aus dem Benzinkanister.

Der Soldat entdeckte die fünfundsechzigtausend Dollar sowie vier Millionen Rial, und sofort war die Hölle los. Mehrere Soldaten zogen ihre Pistolen, einer von ihnen rief etwas, und ein paar Offiziere kamen angerannt.

Sculley sah, wie Taylor, der fünfzigtausend Dollar in einer kleinen schwarzen Tasche bei sich hatte, sich durch die Menge um Simons schob und dabei sagte: »Sie gestatten, entschuldigen Sie, Sie gestatten ...«

Paul war noch vor Sculley abgefertigt worden, und Sculley warf ihm seine dreißigtausend Dollar zu. Dann ging er zurück zum Kontrollpunkt.

Die Soldaten führten Simons ab, um ihn zu verhören. Sculley folgte ihnen mit Mr. Fish, Ilsman, Boulware und Jim Schwebach. Simons wurde in einen kleinen Raum gebracht. Einer der Offiziere drehte sich um, sah weitere fünf Männer hereinkommen und fragte auf englisch: »Wer sind Sie denn?«

»Wir gehören alle zusammen«, antwortete Sculley.

Sie nahmen Platz, und Mr. Fish sprach auf die Offiziere ein. Nach einer Weile sagte er: »Sie wollen die Papiere sehen, auf denen Sie bei der Einreise das Geld deklariert haben.«

»Welche Papiere?«

»Sie müssen ausländische Valuta bei der Einreise deklarieren.«

»Zum Teufel, das hat uns keiner gesagt!«

Boulware sagte: »Mr. Fish, erklären Sie diesen Hampelmännern, daß wir über einen kleinen Grenzübergang in die Türkei eingereist sind, wo die Zöllner vermutlich nicht einmal lesen können und uns folglich auch nicht gebeten haben, irgendwelche Formulare auszufüllen. Aber das werden wir jetzt gerne nachholen.«

Mr. Fish stritt sich noch eine Weile mit den Offizieren herum. Schließlich ließen sie Simons mitsamt dem Geld laufen, notierten sich jedoch seinen Namen, die Nummer seines Passes und die Personenbeschreibung.

Als er in Istanbul aus dem Flugzeug stieg, wurde Simons verhaftet.

Um drei Uhr morgens am Samstag, dem siebzehnten Februar 1979, betraten Paul und Bill Ross Perots Suite im Sheraton in Istanbul.

Es war der größte Augenblick in Perots Leben.

Rührung bemächtigte sich seiner, als er sie beide umarmte. Da standen sie, gesund und munter nach so langer Zeit, nach all den Wochen des Wartens, ungewöhnlichen Entscheidungen und schrecklichen Risiken. Er sah in ihre strahlenden Gesichter. Der Alptraum war vorüber.

Hinter ihnen drängte der Rest des Teams ins Zimmer. Ron Davis spielte wie üblich den Clown.

Schließlich kam Sculley herein und sagte: »Simons ist am Flughafen verhaftet worden.«

Perots Jubelstimmung verflog.

»Wieso das denn?« rief er ungehalten aus.

»Er hatte einen Haufen Geld in einem Kuvert bei sich und wurde zufällig durchsucht.«

»Verdammt noch mal, Pat«, sagte Perot wütend, »warum hat ausgerechnet er das Geld getragen?«

»Es war das Geld aus dem Benzinkanister. Schau ...«

Perot unterbrach ihn. »Warum in aller Welt habt ihr Simons, nach allem, was er für uns getan hat, einem vollkommen unnötigen Risiko ausgesetzt? Jetzt hört mir mal zu. Ich fliege um zwölf Uhr ab, und wenn Simons bis dahin nicht frei ist, dann bleibst du in diesem Scheiß-Istanbul, bis er rauskommt.«

*

Sculley und Boulware berieten sich mit Mr. Fish. »Wir müssen Oberst Simons aus dem Gefängnis kriegen«, sagte Boulware.

»Nun ja«, sagte Mr. Fish, »das wird ungefähr zehn Tage dauern ...«

»Quatsch«, sagte Boulware. »Das kauft uns Perot nicht ab. Ich will ihn sofort aus dem Gefängnis haben.«

»Es ist fünf Uhr morgens!« protestierte Mr. Fish.

»Wieviel?« fragte Boulware.

»Ich weiß nicht. Es wissen zu viele Leute davon, sowohl in Ankara als auch hier.«

»Würden fünftausend Dollar reichen?«

»Dafür würden sie ihre eigene Mutter verkaufen.«

»Fein«, sagte Boulware. »Fangen wir an.«

Mr. Fish führte ein Telefongespräch, dann sagte er: »Mein Anwalt wird uns vor dem Gefängnis am Flughafen erwarten.« Boulware stieg mit Mr. Fish in dessen zerbeultes Auto. Sculley, der die Hotelrechnung begleichen sollte, ließen sie zurück.

Sie fuhren zum Gefängnis, wo sie den Anwalt vorfanden. Er stieg zu ihnen ins Auto und sagte: »Ich hab' schon einen Richter bestellt. Mit der Polizei hab' ich auch schon gesprochen. Wo ist das Geld?«

»Das hat der Gefangene«, sagte Boulware.

»Wie meinen Sie das?«

»Gehen Sie da rein«, sagte Boulware, »und bringen Sie den Gefangenen raus, und dann wird *er* Ihnen die fünftausend Dollar geben.«

Das klang verrückt, aber der Anwalt tat es. Er betrat das Gefängnis und kam ein paar Minuten später mit Simons zurück. Sie setzten sich ins Auto.

»Diese Hampelmänner kriegen keinen Pfennig von uns«, sagte Simons. »Ich hab' Sitzfleisch. Die reden sich das Maul fusselig und lassen mich in ein paar Tagen laufen.«

Boulware antwortete: »Bull, bring den Fahrplan nicht durcheinander. Gib mir den Umschlag.«

Simons händigte ihm das Kuvert aus, Boulware nahm fünftausend Dollar heraus, gab sie dem Anwalt und sagte: »Hier haben Sie das Geld. Jetzt tun Sie das Ihrige.«

Eine halbe Stunde später wurden Boulware, Simons und Mr. Fish in einem Streifenwagen zum Flugplatz gebracht. Ein Polizist nahm ihre Pässe an sich und begleitete sie durch Paßkontrolle und Zoll. Als sie auf das Rollfeld hinaustraten, wartete der Streifenwagen auf sie und brachte sie zu der startbereiten Boeing 707.

Sie gingen an Bord. Simons sah sich um, nahm die Samtvorhänge, die Plüschbezüge, die Fernseher und Bars in Augenschein und sagte: »Was ist denn das für'n Scheiß?«

Die Crew hatte sie schon erwartet. Eine Stewardeß kam zu Boulware und fragte: »Darf ich Ihnen etwas zu trinken bringen?«

Boulware lächelte.

*

In Perots Hotelsuite klingelte das Telefon, und zufällig ging Paul an den Apparat.

»Hallo?« sagte eine Stimme.

»Hallo?« gab Paul zurück.

»Wer spricht?« fragte die Stimme.

Mißtrauisch fragte Paul zurück: »Wer spricht dort?«

»Hallo, Paul?«

Paul erkannte, daß die Stimme Merv Stauffer gehörte. »Hallo, Merv!«

»Paul, ich hab hier jemanden, der mit dir reden möchte.« Es gab eine kurze Pause, dann meldete sich eine Frauenstimme: »Paul?«

Es war Ruthie.

»Hallo, Ruthie!«

»Oh, Paul!«

»He! Was machst du denn dort?«

»Was glaubst du denn, was ich mache?« sagte Ruthie mit tränenerstickter Stimme. »Ich warte auf dich!«

*

Das Telefon klingelte. Noch bevor Emily an den Apparat kam, hatte jemand im Kinderzimmer abgenommen.

Gleich darauf hörte sie eine ihrer Töchter kreischen: »Es ist Dad! Es ist Dad!«

Sie rannte hinüber.

Sämtliche Kinder hüpften auf und ab und balgten sich um den Hörer.

Emily sah dem Treiben eine Weile zu, dann nahm sie ihnen den Hörer weg.

»Bill?«

»Hallo, Emily!«

»Mein Gott, ist das schön, dich zu hören. Ich hab' nicht damit gerechnet, daß es so ... Ach, Bill, es ist so schön, deine Stimme zu hören!«

*

In Dallas machte sich Merv Stauffer daran, eine verschlüsselte Botschaft von Perot zu entziffern.

Nimm ... den ...

Er war mittlerweile mit dem Code so vertraut, daß er den Text direkt übertragen konnte.

...Code ... und ...

Er war ein wenig verwirrt, denn Perot hatte ihn in den vergangenen drei Tagen fürchterlich wegen des Codes genervt. Er war viel zu ungeduldig, um alles zu chiffrieren, Stauffer hatte jedoch darauf bestehen müssen und ihm erklärt: »Ross, Simons will es so haben.« Und wieso fing Perot jetzt, da die Gefahr vorüber war, plötzlich an, den Code zu benutzen?

...steck ... ihn ... dir ...

Stauffer konnte sich denken, wie es weiterging, und brach in schallendes Gelächter aus.

*

Ron Davis rief den Zimmerservice an und bestellte für alle Eier mit Speck.

Während sie aßen, rief Dallas wieder an. Stauffer ließ sich Perot geben. »Ross, wir haben gerade den Dallas Times Herald bekommen. Die Schlagzeile lautet: Perot-Leute vermutlich entkommen. Flucht aus dem Iran wahrscheinlich über Land.«

Perot spürte, wie sein Blut zu sieden begann. »Ich dachte, wir hätten diese Geschichte vom Hals!«

»Herrje, Ross, wir haben es ja versucht! Die Besitzer oder Manager dieser Zeitung scheinen nicht imstande zu sein, ihren Chefredakteur zurückzupfeifen.«

Tom Luce meldete sich; er war fuchsteufelswild. »Ross, diese Scheißkerle nehmen in Kauf, daß das Rettungsteam umgebracht, EDS kaputtgemacht und du ins Gefängnis geschmissen wirst, bloß, um bei der Veröffentlichung der Geschichte die ersten zu sein. Wir haben ihnen erklärt, was das für Folgen hat, aber sie scheren sich nicht darum. Mann, wenn alles vorbei ist, sollten wir sie verklagen, egal, wie lang der Prozeß dauert und wieviel er kostet ...«

»Vielleicht«, sagte Perot. »Aber bei Leuten, die Tintefässer und Papier tonnenweise kaufen, ist Vorsicht geboten. Wie stehen denn die Chancen, daß die Meldung nach Teheran durchsickert?«

»Das wissen wir nicht. In Texas leben eine Menge Iraner, und die meisten werden davon hören. Es ist immer noch außergewöhnlich schwierig, eine Telefonverbindung mit Teheran zu bekommen, aber uns ist es ein paarmal gelungen, warum also nicht auch ihnen?«

»Und wenn es ihnen gelingt ...«

»Dann findet Dadgar natürlich heraus, daß ihm Paul und Bill durch die Lappen gegangen sind ...«

»Und er könnte auf die Idee kommen, sich Ersatzgeiseln zu schnappen«, sagte Perot nüchtern. Das Außenministerium, das die Geschichte hatte durchsickern lassen, widerte ihn an, der Dallas Times Herald, der sie druckte, brachte ihn in Rage, aber am meisten regte es ihn auf, daß er nichts dagegen unternehmen konnte. »Und das ›Saubere Team‹ ist immer noch in Teheran«, sagte er.

Der Alptraum war noch nicht zu Ende.

14

AM FREITAG, DEM sechzehnten Februar, rief Lou Goelz mittags bei Joe Poché an und teilte ihm mit, er könne die EDS-Leute um fünf Uhr nachmittags in die US-Botschaft bringen. Ticketausgabe und Gepäckabfertigung würden über Nacht in der Botschaft erledigt, und am Samstagfrüh könnten sie mit einem Pan Am-Evakuierungsflug starten. John Howell war nervös. Von Abolhasan hatte er erfahren, daß Dadgar noch immer nicht aufgegeben hatte. Er wußte nichts über den Verbleib des ›Dreckigen Teams‹. Sollte Dadgar herausfinden, daß Paul und Bill abgehauen waren oder ihre Verfolgung aufgeben und statt dessen zwei andere Geiseln nehmen, so würde es das ›Saubere Team‹ treffen. Und nichts war leichter, als jemanden auf dem Flughafen zu verhaften, wo sich jedermann durch seinen Paß ausweisen mußte.

Er fragte sich, ob es klug war, die erste verfügbare Maschine zu nehmen. Laut Goelz war eine ganze Reihe von Flügen geplant. Vielleicht sollten sie abwarten, wie es dem ersten Schub Evakuierter erging und ob nach EDS-Personal gefahndet wurde. Zumindest wüßten sie dann von vornherein, womit sie zu rechnen hatten.

Aber das wüßten die Iraner dann auch. Der erste Flug hatte den Vorteil, daß wahrscheinlich alles durcheinanderging, und es war denkbar, daß Howell und das ›Saubere Team‹ in dem entstehenden Tohuwabohu unbemerkt würden durchschlüpfen können.

Howell kam zu dem Schluß, daß es das beste war, die erste Maschine zu nehmen, aber wohl fühlte er sich nicht dabei. Bob Young erging es ebenso. Zwar arbeitete er mittlerweile nicht mehr für EDS im Iran, da er in Kuwait stationiert war, doch war er an den ersten Vertragsverhandlungen mit dem Ministerium beteiligt gewesen, hatte Dadgar von Angesicht zu Angesicht gegenübergesessen, und womöglich stand auch sein Name auf einer Liste in Dadgars Akten. Joe Poché stimmte ebenfalls für den ersten Flug, wenngleich er nicht viele Worte darüber verlor. Er sprach ohnehin nicht viel. Howell fand ihn ungesellig.

Rich und Cathy Gallagher hatten sich noch nicht entschieden, ob sie den Iran überhaupt verlassen wollten. Sie erklärten Poché unumwunden, daß er, was immer Oberst Simons auch gesagt haben mochte, ihnen keine Befehle zu erteilen hätte und sie sich ihre eigene Entscheidung vorbehielten. Poché stimmte zu, wies jedoch darauf hin, daß sie, wenn sie sich auf eine Fortsetzung des iranischen Abenteuers einlassen wollten, nicht darauf bauen könnten, daß Perot im Fall ihrer Verhaftung ein zweites Rettungsteam entsenden würde. Am Ende beschlossen die Gallaghers, ebenfalls den ersten Flug zu nehmen.

Am Nachmittag gingen sie alle ihre Papiere durch und vernichteten jeden Hinweis auf Paul und Bill.

Poché händigte jedem zweitausend Dollar aus, steckte selbst fünfhundert in seine Tasche und verbarg den Rest des Geldes, zweimal zehntausend Dollar, in seinen Schuhen. Er hatte sich von Gayden ein paar Schuhe geborgt, die ihm eine Nummer zu groß waren, so daß er das Geld bequem unterbringen konnte. Außerdem hatte er eine Million Rial in der Tasche, die er Lou Goelz für Abolhasan übergeben wollte, damit dieser die letzten Gehälter der iranischen EDS-Angestellten auszahlen konnte. Als sie sich kurz vor fünf von Goelz' Diener verabschiedeten, klingelte das Telefon.

Poché nahm ab. Es war Tom Walter. Er sagte: »Wir *haben* die Leute. Verstehst du? Wir *haben* die Leute.«

»Ich verstehe«, sagte Poché.

Sie stiegen alle ins Auto, Cathy mit ihrem Pudel Buffy auf dem Arm. Poché chauffierte. Er verlor kein Wort über Tom Walters Geheimnachricht.

Sie parkten den Wagen in einer Nebenstraße bei der Botschaft. Dort sollte er stehenbleiben, bis jemand sich entschloß, ihn zu klauen.

Howells Anspannung ließ nicht nach, als er das Botschaftsgelände betrat. Mindestens tausend Amerikaner liefen hier herum, aber auch eine ganze Reihe bewaffneter Revolutionsgarden.

Eigentlich sollte die Botschaft amerikanisches Hoheitsgebiet und unantastbar sein, doch die iranischen Revolutionäre scherten sich offensichtlich nicht um derlei diplomatische Finessen. Das ›Saubere Team‹ mußte sich in eine Schlange einreihen und warten. Damit verbrachten sie den größten Teil der Nacht. Sie mußten anstehen, um Formulare auszufüllen, anstehen, um ihre Pässe abzugeben, und anstehen, um ihr Gepäck abfertigen zu lassen. Sämtliche Gepäckstücke wurden in einer riesigen Halle deponiert, wo die Flüchtlinge ihre Koffer selbst suchen und die Anhänger anbringen mußten. Dann mußten sie noch einmal anstehen, um ihre Taschen zu öffnen und von den Revolutionären durchsuchen zu lassen. Kein einziges Stück ging unkontrolliert durch.

Howell erfuhr, daß zwei Jumbos der PanAm starten würden, einer nach Frankfurt, der andere nach Athen. Die Flüchtlinge wurden, je nach Firmenzugehörigkeit, auf die beiden Flüge verteilt; die EDS-Leute jedoch flogen in

Begleitung des Botschaftspersonals, das den Iran verließ, nach Frankfurt.

Am Samstagmorgen um sieben Uhr bestiegen sie die Busse, die sie zum Flughafen bringen sollten.

Es wurde eine grauenvolle Fahrt.

In jedem Bus fuhren zwei oder drei bewaffnete Revolutionäre mit. Vor dem Tor der Botschaft erwarteten sie ein Haufen Reporter und mehrere Fernseh-Aufnahmeteams: Die Iraner waren zu dem Schluß gekommen, der Abflug der gedemütigten Amerikaner verdiene weltweiten Fernsehruhm.

Der Bus holperte über die Straße zum Flughafen. Neben Poché stand ein etwa fünfzehnjähriger Posten im Gang und schwankte, den Finger am Abzug seines Gewehrs, bei jeder Bewegung des Busses hin und her. Poché sah, daß das Gewehr entsichert war.

Die Straßen waren überfüllt. Jedermann schien zu wissen, daß die Busse voller Amerikaner waren, und der Haß der Iraner war beinahe greifbar. Sie schrieen und schüttelten die Fäuste. Ein Laster setzte sich neben sie, und der Fahrer beugte sich aus dem Fenster und bespuckte den Bus.

Mehrmals wurde der Konvoi angehalten. Die verschiedenen Stadtteile schienen unter Kontrolle verschiedener revolutionärer Gruppen zu stehen, und jede Gruppe wollte ihre Autorität demonstrieren, indem sie die Busse anhielt und ihnen die Erlaubnis zur Weiterfahrt erteilte.

Für die zehn Kilometer bis zum Flughafen brauchten sie zwei Stunden.

Dort ging es zu wie im Tollhaus. Noch mehr Fernsehkameras, noch mehr Reporter, dazu Hunderte von Bewaffneten in abenteuerlichen Teiluniformen, die durch die Gegend rannten. Ein paar von ihnen regelten den Verkehr, alle trugen Verantwortung, und jeder einzelne äußerte seine eigene Meinung darüber, wo die Busse hingeleitet werden sollten.

Es wurde halb zehn, bis die Amerikaner endlich in der Abflughalle angekommen waren.

Das Botschaftspersonal fing an, die Pässe auszuteilen, die in der Nacht eingesammelt worden waren. Vier fehlten: die von Howell, Poché und den Gallaghers.

Nachdem die Botschaft im November Pauls und Bills Pässe in Gewahrsam genommen hatte, hatte sie sich geweigert, sie wieder auszuhändigen, ohne die Polizei davon zu verständigen. Wären sie Verräter genug, ihnen den gleichen Streich noch einmal zu spielen?

Plötzlich drängte sich Poché mit vier Pässen in der Hand durch die Menge. »Ich habe sie auf der Ablage hinter einem der Schalter gefunden«, sagte er. »Wahrscheinlich hat sie dort jemand aus Versehen liegenlassen.«

Bob Young erblickte zwei Amerikaner mit Fotos in der Hand, die sich suchend unter den Wartenden umschauten. Entsetzt bemerkte er, daß sie sich den EDS-Leuten näherten und auf Rich und Cathy Gallagher zugingen.

Die beiden lächelten und sagten, sie hätten noch Gepäckstücke der Gallaghers. Young atmete auf. Freunde der Gallaghers hatten ein paar ihrer Taschen aus dem Hyatt gerettet und diese beiden Amerikaner gebeten, sie zum Flughafen zu bringen. Sie hatten sich dazu bereit erklärt, und da sie die Gallaghers nicht kannten, nahmen sie Fotos von ihnen mit. Es war also falscher Alarm gewesen, der nichtsdestoweniger ihre Nervosität noch erhöhte.

Joe Poché beschloß, ein paar Erkundigungen einzuziehen. Er verließ die Gruppe und trieb einen Mitarbeiter von PanAm auf. »Ich arbeite für EDS«, erzählte er dem Agenten. »Fahnden die Iraner nach irgend jemandem?«

»Ja, sie sind hinter zwei Leuten her«, erwiderte der Mann. »Und sonst niemandem?«

»Nein. Und die Liste mit Ausreiseverbot ist schon ein paar Wochen alt.«

»Danke.«

Poché kehrte zu den anderen zurück und erstattete Bericht. Die Flüchtlinge gelangten allmählich, nachdem sie den Abfertigungsslalom hinter sich gebracht hatten, in den Warteraum. »Ich schlage vor, daß wir uns trennen«, sagte Poché. »Dann sehen wir nicht wie eine Gruppe aus, und wenn einer oder mehrere von uns in Schwierigkeiten geraten, schlüpft der Rest vielleicht noch durch. Ich gehe als letzter, und wenn einer von uns zurückgehalten wird, bleibe ich auch.«

Bob Young besah seinen Koffer und bemerkte, daß auf einem Gepäckanhänger »William D. Gaylord« stand.

Panische Angst überfiel ihn.

Wenn die Iraner das sahen, würden sie ihn für Bill halten und verhaften.

Er wußte, wie er zu dem Anhänger gekommen war. Sein eigener Koffer war den Verwüstungen der Revolutionäre im Hyatt zum Opfer gefallen, und er hatte sich unter den ein oder zwei Gepäckstücken, die noch einigermaßen in Ordnung waren, einen anderen herausgesucht.

Er riß den Anhänger ab und steckte ihn, in der festen Absicht, sich schnellstens seiner zu entledigen, erst einmal in die Tasche. Sie gingen alle durch die Sperre mit der Aufschrift *Passengers Only*.

Als nächstes mußten sie die Flughafensteuer entrichten. Poché amüsierte sich darüber; die Revolutionäre waren offensichtlich zu dem Schluß gekommen, diese Flughafensteuer sei die einzig gute Sache, die der Schah je eingeführt hatte.

Die nächste Schlange bildete sich an der Paßkontrolle.

Es wurde zwölf, bis Howell dort ankam.

Der Posten prüfte sein Ausreisevisum eingehend, bevor er es abstempelte. Dann besah er sich das Paßbild und verglich es mit Howells Gesicht. Schließlich suchte er den im Paß angegebenen Namen auf einer Liste.

Der Posten händigte ihm seinen Paß wieder aus und winkte ihn durch.

Joe Poché passierte die Paßkontrolle als letzter. Der Posten musterte ihn besonders gründlich, verglich mehrmals sein Gesicht mit dem Paßfoto, da Poché sich inzwischen einen roten Bart hatte stehen lassen. Endlich wurde er ebenfalls durchgelassen.

Im Warteraum überkam das ›Saubere Team‹ so etwas wie Ausgelassenheit: Jetzt, da sie die Paßkontrolle hinter sich hatten, sei das Schlimmste vorüber, meinte Howell.

Um zwei Uhr nachmittags ging es weiter. Normalerweise gab es noch einmal eine Sicherheitskontrolle, bevor man an Bord gelassen wurde. Diesmal jedoch suchten die Posten nicht nur nach Waffen, sondern konfiszierten sogar Landkarten, Fotografien von Teheran sowie größere Geldsummen. Vom ›Sauberen Team‹ jedoch ging niemand seines Geldes verlustig; Pochés Schuhe wurden nicht durchsucht.

Hinter der Sperre lagen verschiedene Gepäckstücke auf dem Rollfeld. Die Besitzer wurden aufgefordert, sich zu erkennen zu geben, damit das Gepäck noch einmal durchsucht werden konnte, bevor es an Bord ging. Das ›Saubere Team‹ entging dieser Sonderbehandlung.

Sie bestiegen die Busse, die sie über das Rollfeld zu den beiden Jumbos brachten.

Am Fuß der Gangway gab es eine neuerliche Paßkontrolle. Howell schloß sich der Schlange von fünfhundert Leuten an, die darauf warteten, an Bord der Maschine nach Frankfurt zu gelangen. Seine Besorgnis hatte sich gelegt, es schien, als würde er nicht gesucht.

Er bestieg das Flugzeug und suchte sich einen Platz. Sowohl in den Kabinen als auch im Cockpit tummelten sich bewaffnete Revolutionäre. Konfusion entstand, als einige Fluggäste, die für Athen gebucht waren, bemerkten, daß sie sich in der Frankfurter Maschine befanden.

Allmählich füllten sich die Sitzreihen sowie die für die Crew reservierten Plätze, und noch immer standen Leute herum.

Der Pilot meldete sich über den Lautsprecher und bat um Aufmerksamkeit. Es wurde ruhig im Flugzeug. »Die Passagiere Paul John und William Deming werden gebeten, sich zu erkennen zu geben«, sagte er.

Howell erstarrte.

John war Paul Chiapparones zweiter Vorname.

Deming war Bill Gaylords zweiter Vorname.

Sie hatten die Suche noch immer nicht aufgegeben.

Es ging ganz offensichtlich nicht nur um zwei Namen auf einer Liste im Flughafen. Dadgar hatte hier das Sagen, und seine Leute waren finster entschlossen, Paul und Bill zu finden.

Zehn Minuten später meldete sich der Flugkapitän erneut über Lautsprecher: »*Ladies and Gentlemen,* wir konnten bisher weder Paul John noch William Deming ausfindig machen. Man hat uns mitgeteilt, daß wir erst starten dürfen, wenn die beiden Herren gefunden sind. Sollte jemand an Bord ihren Aufenthaltsort kennen, bitten wir dringend um Mitteilung.«

Den Teufel werd' ich tun, dachte Howell.

Bob Young fiel plötzlich wieder der Gepäckanhänger mit der Aufschrift »William D. Gaylord« in seiner Tasche ein. Er ging zum WC und warf ihn in die Toilette.

Die Revolutionäre kamen noch einmal den Gang entlang und verlangten die Pässe. Sie überprüften jeden einzelnen sorgfältig und verglichen die Bilder mit den Gesichtern der Paßinhaber.

John Howell zog ein Taschenbuch heraus, das er aus dem Haus der Dvoranchiks mitgebracht hatte, und versuchte, in dem Bemühen, sich unbeteiligt zu geben, darin zu lesen. Es handelte sich um »Dubai«, einen Thriller von Robin Moore über Machenschaften im Mittleren Osten. Aber es war ihm unmöglich, sich auf einen Taschenbuchthriller zu konzentrieren; schließlich erlebte er gerade selbst einen. Dadgar muß doch bald kapieren, daß Paul und Bill nicht in dieser Maschine sind, dachte er.

Und was wird er dann unternehmen?

Er war verdammt clever. Dafür sprach schon diese perfekte Methode der Paßkontrolle im Flugzeug, nachdem alle Passagiere bereits Platz genommen hatten und sich nicht mehr verstecken konnten.

Er wird diesen verfluchten Flieger noch höchstpersönlich besteigen, den Gang entlanggehen, und sich jeden angucken. Rich, Cathy und Joe kennt er nicht, aber Bob Young wird er erkennen.

Und mich kennt er am besten von allen.

*

In Dallas erhielt T. J. Marquez einen Anruf von Mark Ginsberg, dem Beamten aus dem Weißen Haus, der sich für Paul und Bill eingesetzt hatte. Ginsberg war jetzt in Washington und überwachte die Lage in Teheran. Er sagte: »Fünf Ihrer Leute sitzen in einer Maschine, die auf der Startbahn des Teheraner Flughafens steht.«

»Gut!« sagte T. J.

»Gar nicht gut. Die Iraner suchen nach Chiapparone und Gaylord und erteilen keine Starterlaubnis, bevor sie die beiden nicht gefunden haben.«

»Scheiße.«

»Über dem Iran gibt es keine Flugüberwachung, deshalb muß die Maschine noch vor Einbruch der Dunkelheit abheben. Wir wissen nicht, wie es weitergeht, und die Zeit ist knapp. Eventuell müssen Ihre Leute wieder aussteigen.«

»Das dürfen Sie nicht zulassen!«

»Ich halte Sie auf dem laufenden.«

T. J. legte auf. Würde EDS nach allem, was Paul, Bill

und das ›Dreckige Team‹ durchgemacht hatten, am Ende mit noch mehr Leuten in einem Teheraner Gefängnis dastehen als zuvor?

In Dallas war es jetzt halb sieben morgens, also vier Uhr nachmittags in Teheran.

Es blieben ihnen noch zwei Stunden Tageslicht.

T. J. griff zum Telefon. »Ich muß Perot sprechen.«

*

»*Ladies and Gentlemen*«, sagte der Pilot, »die Herren Paul John und William Deming konnten noch nicht identifiziert werden. Der zuständige Kontrolleur aus dem Flughafen wird noch einmal eine Paßkontrolle vornehmen.«

Die Passagiere stöhnten.

Howell fragte sich, wer dieser Kontrolleur aus dem Flughafen wohl sein mochte. Vielleicht einer von Dadgars Leuten. Ein paar von ihnen kannten Howell, andere hatten ihn noch nie gesehen.

Er riskierte einen Blick auf den Gang.

Jemand kam an Bord. Howell starrte ihn an. Der Mann trug eine PanAm-Uniform.

Erleichtert lehnte Howell sich zurück.

Der Mann arbeitete sich langsam durch die Maschine, kontrollierte jeden einzelnen der fünfhundert Pässe, verglich Paßbilder mit den dazugehörigen Gesichtern und prüfte die Bilder und Stempel daraufhin, ob an ihnen herumgepfuscht worden war.

»*Ladies and Gentlemen,* hier spricht wieder Ihr Flugkapitän. Man hat beschlossen, das Gepäck im Laderaum noch einmal zu überprüfen. Wenn Ihre Gepäcknummer aufgerufen wird, so bitten wir Sie, sich zu erkennen zu geben.«

Sämtliche Gepäckabschnitte des ›Sauberen Teams‹ befanden sich in Cathys Handtasche. Howell sah, wie sie, als die ersten Nummern aufgerufen wurden, die Abschnitte durchging. Er versuchte, ihre Aufmerksamkeit auf sich zu ziehen, um ihr zu signalisieren, sie solle sich nicht zu erkennen geben. Das Ganze war vielleicht eine Finte.

Weitere Nummern wurden aufgerufen, aber niemand erhob sich. Howell vermutete, daß sämtliche Passagiere lieber in Kauf nehmen wollten, ihr Gepäck zu verlieren, als die Maschine noch einmal verlassen zu müssen.

»*Ladies and Gentlemen,* geben Sie sich bitte zu erkennen, wenn Ihre Nummern aufgerufen werden. Sie brauchen nicht auszusteigen, sondern lediglich Ihre Kofferschlüssel auszuhändigen, damit Ihr Gepäck für die Durchsuchung geöffnet werden kann.«

Auch das beruhigte Howell nicht. Er beobachtete Cathy und versuchte immer noch, ihren Blick auf sich zu ziehen. Weitere Nummern wurden durchgegeben, aber Cathy stand nicht auf. »*Ladies and Gentlemen,* eine gute Nachricht. Wir haben uns mit der europäischen Hauptverwaltung von PanAm in Verbindung gesetzt, und die Erlaubnis erhalten, mit einer Überzahl an Passagieren zu starten.«

Müder Beifall.

Howell sah zu Joe Poché hinüber. Der hatte seinen Paß auf die Brust gelegt und sich mit geschlossenen Augen zurückgelehnt. Anscheinend war er eingeschlafen. Joe muß Nerven wie Seemannstaue haben, dachte Howell.

Je näher der Sonnenuntergang rückte, desto stärker mußte Dadgar unter Druck stehen. Mittlerweile sollte eigentlich feststehen, daß Paul und Bill nicht an Bord waren. Fünfhundert Menschen wieder von Bord zu holen und in die Botschaft zu eskortieren, hieße für die Revolutionsobrigkeit, den ganzen Zirkus morgen noch einmal von vorne aufzuziehen – und irgend jemand von denen da oben würde bestimmt ein entschiedenes Veto einlegen.

Howell war klar, daß er und der Rest des ›Sauberen Teams‹ sich mittlerweile etliches hatten zuschulden kommen lassen. Sie hatten Pauls und Bills Flucht stillschweigend geduldet, und ob die Iraner das nun Konspiration oder Fluchthilfe oder sonstwie nannten – Tatsache blieb, daß es ungesetzlich sein mußte. In Gedanken ging er die Geschichte durch, auf die sie sich im Fall ihrer Verhaftung geeinigt hatten. Sie hätten das Hyatt am Montagmorgen verlassen, wollten sie erzählen, und seien in Keane Taylors Haus gezogen. Howell hatte zuerst wahrheitsgemäß das Haus der Dvoranchiks angeben wollen, aber die anderen hatten ihn darauf aufmerksam gemacht, daß die Vermieterin dann vielleicht in Schwierigkeiten geriete, Taylors Vermieter hingegen nicht, da er nicht in demselben Haus wie seine Mieter wohnte. Montag und Dienstag hätten sie dort verbracht und seien am Dienstagnachmittag zu Lou Goelz gezogen. Von diesem Zeitpunkt an konnten sie bei der Wahrheit bleiben.

Diese Geschichte würde ihnen herzlich wenig nützen. Howell wußte nur zu gut, daß es Dadgar vollkommen gleichgültig war, ob sich seine Geiseln etwas hatten zuschulden kommen lassen oder nicht.

Um sechs Uhr verkündete der Pilot: »*Ladies und Gentlemen,* wir dürfen starten.«

Die Türen wurden zugeschlagen, und binnen Sekunden setzte sich die Maschine in Bewegung. Die Stewardessen forderten die Passagiere ohne Sitzplatz auf, sich auf den Boden zu setzen. Während die Maschine beschleunigte, dachte Howell: Jetzt werden wir bestimmt nicht mehr anhalten, selbst wenn der Befehl dazu käme ...

Kurz darauf meldete sich der Flugkapitän wieder: »*Ladies and Gentlemen,* wir haben soeben den iranischen Luftraum verlassen.«

Von den Passagieren kam müder Beifall.

Wir haben es geschafft, dachte Howell.

Er griff wieder zu seinem Thriller.

Joe Poché verließ seinen Sitz und machte sich auf die Suche nach dem Chefsteward. »Kann der Pilot eine Nachricht in die Staaten übermitteln?« fragte er.

»Ich weiß nicht«, erwiderte der Steward. »Schreiben Sie Ihre Nachricht auf, und ich frage ihn.«

Poché kehrte zu seinem Sitz zurück und griff nach Papier und Kugelschreiber. Er schrieb: *To Merv Stauffer, 7171 Forest Lane, Dallas, Texas.*

Er überlegte, wie er seine Mitteilung formulieren sollte. Dann fiel ihm die Rekrutierungsparole ein. »Adler kommen nicht in Scharen – man muß sie schon einzeln suchen.«

Also schrieb er:
Die Adler sind ausgeflogen.

*

Ross Perot wollte sich mit dem ›Sauberen Team‹ treffen, bevor er in die Staaten zurückkehrte. Er wollte sie alle beisammen haben, sie sehen und anfassen und sich vergewissern, daß sie gesund und munter waren. Bis Freitag jedoch hatte er nicht in Erfahrung bringen können, wo der Evakuierungsflug aus Teheran mit dem ›Sauberen Team‹ an Bord landen würde.

John Carlen, der Pilot der geleasten Boeing 707, wußte Rat. »Diese Evakuierungsflüge müssen über Istanbul gehen«, sagte er. »Wir brauchen uns bloß auf die Rollbahn zu setzen und zu warten, bis sie uns überfliegen, mit ihnen in Funkverbindung treten und sie fragen.«

Am Ende war das gar nicht nötig: Am Samstagmorgen rief Stauffer an und teilte Perot mit, daß das ›Saubere Team‹ an Bord der Maschine nach Frankfurt sei.

Um die Mittagszeit verließen Perot und die anderen das Sheraton und begaben sich zum Flughafen, wo Boulware und Simons bereits an Bord des Flugzeugs auf sie warteten. Am späten Nachmittag hoben sie ab.

Auf dem Flug rief Perot in Dallas an. Dank des SSB-Funkgeräts war es nicht schwieriger, als von New York aus zu sprechen. Er bekam Merv Stauffer an den Apparat.

»Gibt's was Neues vom ›Sauberen Team‹?« fragte Perot.

»Ich habe Nachricht von ihnen. Sie kam aus der europäischen Zentrale von PanAm. Da heißt es lediglich: ›Die Adler sind ausgeflogen.‹«

Perot lächelte. Alles klar.

Er verließ das Cockpit und begab sich in die Kabine. Seine Helden sahen ganz schön mitgenommen aus. Im Istanbuler Flughafen hatte er Taylor in den Duty-Free-Shop geschickt, um für alle einen Imbiß, Zigaretten und Schnaps zu besorgen, und Taylor hatte mehr als tausend Dollar ausgegeben. Sie stießen auf die gelungene Flucht des ›Sauberen Teams‹ an, doch niemand war so recht in Stimmung, und zehn Minuten später saßen sie immer noch mit vollen Gläsern auf den Plüschpolstern herum. Einer fing an, Karten für eine Pokerrunde auszugeben, aber auch die wollte nicht so recht in Gang kommen.

Zur Crew der 707 gehörten zwei hübsche Stewardessen. Perot brachte sie dazu, ihre Arme um Taylor zu legen, und knipste das Trio. Sollte Taylor ihm je das Leben schwermachen, drohte er, so wolle er dieses Bild seiner Frau Mary zeigen.

Die meisten von ihnen waren zu müde zum Schlafen, nur Gayden begab sich in das luxuriöse Schlafzimmer und legte sich auf das französische Bett. Perot rümpfte darüber die Nase: Er war der Meinung, daß das Bett Simons, der älter war und total erschöpft wirkte, zustünde.

Aber Simons unterhielt sich mit Anita Melton, einer der Stewardessen, einer lebhaften, blonden Schwedin zwischen zwanzig und dreißig, die eine wahre Possenreißerin mit einer blühenden Phantasie und einem Hang fürs Exotische war, die personifizierte Fröhlichkeit. Simons erkannte in ihr eine verwandte Seele, einen Menschen, der sich nicht sonderlich darum scherte, was andere über ihn dachten. Kurzum, eine Individualistin. Er mochte sie.

Er wurde sich bewußt, daß er sich zum erstenmal seit Lucilles Tod zu einer Frau hingezogen fühlte.

Er war wieder zum Leben erwacht.

Ron Davis wurde immer schläfriger. Das französische Bett reicht für zwei, dachte er. Also begab er sich ins Schlafzimmer und legte sich neben Gayden.

Gayden schlug die Augen auf. »Davis?« fragte er ungläubig. »Was, zum Teufel, hast du bei mir im Bett zu suchen?«

»Mach dir nicht in die Hosen«, gab Davis zurück. »Jetzt kannst du wenigstens allen deinen Freunden erzählen, du hättest mit einem Neger gepennt.« Er schloß die Augen.

Als sich das Flugzeug Frankfurt näherte, fiel Simons ein, daß er noch immer für Paul und Bill verantwortlich war; sein Kopf fing wieder an zu arbeiten, und er machte sich Gedanken über eventuelle Aktionen des Gegners.

Er wandte sich an Perot: »Hat die Bundesrepublik ein Auslieferungsabkommen mit dem Iran?«

»Das weiß ich nicht«, antwortete Perot und erntete einen der berüchtigten Simons-Blicke. »Ich werde mich erkundigen«, sagte er rasch.

Er rief in Dallas an und ließ sich mit dem Anwalt Tom Luce verbinden. »Tom, haben die Deutschen ein Auslieferungsabkommen mit dem Iran?«

Luce sagte: »Ich bin fast hundertprozentig sicher, daß sie keins haben.«

Perot teilte es Simons mit.

»Ich habe schon Männer sterben sehen«, sagte Simons, »die fühlten sich auch fast hundertprozentig sicher.«

Perot sagte zu Luce: »Laß uns hundertprozentig sicher gehen. Ich ruf' dich in ein paar Minuten wieder an.«

Sie landeten in Frankfurt und mieteten sich im Flughafenhotel ein. Der Deutsche an der Rezeption wirkte neugierig und notierte sorgfältig ihre Paßnummern. Simons' Unbehagen wuchs.

Sie versammelten sich in Perots Zimmer, und Perot rief wieder in Dallas an. Diesmal bekam er T. J. Marquez an den Apparat.

Der erklärte: »Ich habe einen Anwalt für internationales Recht in Washington angerufen, und der meint, es existiere sehr wohl ein Auslieferungsabkommen zwischen dem Iran und der Bundesrepublik Deutschland. Außerdem meint er, daß die Deutschen in solchen Sachen ziemlich genau seien, und wenn sie eine Anfrage wegen Paul und Bill bekommen haben, Mann, dann bringen sie's glatt fertig und schnappen sich die beiden.«

Perot wiederholte die Auskunft wortwörtlich für Simons.

»Okay«, sagte Simons. »So kurz vor dem Ziel werden wir kein Risiko mehr eingehen. In der untersten Ebene des Flughafengebäudes gibt es einen Filmpalast mit drei Kinos. Dort können sich Paul und Bill verbergen ... Wo steckt Bill?«

»Er ist Zahnpasta kaufen gegangen«, sagte jemand.

»Jay, hol ihn.«

Coburn machte sich auf die Socken.

Simons fuhr fort: »Paul geht mit Jay in ein Kino, Bill mit Keane in ein anderes. Pat Sculley steht draußen Schmiere. Er soll sich Eintrittskarten kaufen, damit er jederzeit reingehen und nach den anderen schauen kann.«

Interessant zuzusehen, dachte Perot, wie der Hebel umgelegt wird und alles ins Rollen kommt, sobald Simons sich von einem alten, erholungsbedürftigen Mann im Flugzeug wieder zum Kommandanten mausert.

»Gleich bei den Kinos da unten ist der Eingang zum Bahnhof«, sagte Simons. »Wenn irgendwelche Schwierigkeiten auftauchen, holt Sculley die vier raus, und sie fahren mit der S-Bahn in die Stadt. Dort mieten sie sich ein Auto und fahren nach England. Wenn alles glattgeht, holen wir sie erst kurz vorm Abflug aus den Kinos. Alles klar? Dann fangen wir an.«

Bill befand sich unten auf der Ladenebene. Er hatte etwas Geld gewechselt und Zahnpasta, eine Zahnbürste und einen Kamm gekauft. Dann fiel ihm ein, daß ein frisches Hemd ihm das Gefühl vermitteln könnte, wieder ein Mensch zu sein, daher ging er noch einmal Geld wechseln. Er stand gerade in der Schlange vor dem Wechselschalter an, als Coburn ihm auf die Schulter tippte.

»Ross will dich im Hotel sprechen«, sagte Coburn.

»Weswegen denn?«

»Das kann ich dir jetzt nicht sagen, du mußt schon mit zurückkommen.«

»Du machst wohl 'n Witz.«

»Nun komm schon.«

Sie gingen in Perots Zimmer, wo dieser ihm erklärte, was los war. Bill konnte es kaum fassen. Er war davon überzeugt gewesen, in der fortschrittlichen, zivilisierten Bundesrepublik sicher zu sein. Würde Dadgar ihn denn bis ans Ende der Welt verfolgen und keine Ruhe geben, bis er ihn entweder zurückgeholt oder umgebracht hatte?

Coburn hatte keine Ahnung, ob Paul und Bill hier in Frankfurt Schwierigkeiten bekommen könnten, wußte indes den Wert von Simons' ausgeklügelten Vorsichtsmaßnahmen genau zu schätzen. Viele von Simons' Plänen waren in den vergangenen sieben Wochen Makulatur geworden: der Sturm auf das erste Gefängnis, der Plan, Paul und Bill unter Hausarrest gestellt zu bekommen und dann zu kidnappen, der Fluchtweg über Kuwait. Andererseits aber waren einige der unwahrscheinlichsten Möglichkeiten, die Simons vorausblickend erkannt hatte, Wirklichkeit geworden: Das Gasr-Gefängnis war gestürmt worden, und Raschid war pünktlich zur Stelle gewesen; die Route nach Sero, die Simons mit

Coburn ausgekundschaftet hatte, wurde ihr Fluchtweg. Und daß Simons Paul und Bill dazu angehalten hatte, sämtliche Details aus den falschen Pässen auswendig zu lernen, hatte bei ihrem Verhör durch den Mann im langen schwarzen Mantel den Ausschlag zu ihren Gunsten gegeben. Coburn mußte nicht erst überzeugt werden: Was immer Simons anordnete, fand seine Zustimmung.

Sie gingen zum Filmpalast hinunter. Es gab drei Vorstellungen, zwei Pornoflime und »Der weiße Hai II«. Bill und Taylor erwischten den letzteren, Paul und Coburn machten es sich bequem und bekamen nackte Südseemädchen zu sehen.

Paul saß da, starrte auf die Leinwand, müde und gelangweilt. Plötzlich vernahm er lautes Schnarchen. Er blickte zu Coburn hinüber. Coburn war fest eingeschlafen und schnarchte.

Als John Howell und die anderen Mitglieder des ›Sauberen Teams‹ in Frankfurt landeten, hatte Simons schon alles für einen raschen Szenenwechsel vorbereitet.

Ron Davis erwartete sie bei der Ankunft; er sollte das ›Saubere Team‹ von der Masse der Ankommenden trennen und zu einem anderen Flugsteig dirigieren, wo die Boeing 707 abgestellt war. Ralph Boulware hatte in einiger Entfernung Posten bezogen. Sobald er das erste Mitglied des ›Sauberen Teams‹ erblickte, würde er in den Filmpalast gehen und Sculley sagen, er solle die Kinogänger zusammensuchen. Jim Schwebach befand sich in einem für die Presse reservierten, durch ein Seil abgetrennten Bereich, wo Reporter auf die Ankunft der evakuierten Amerikaner warteten. Er saß neben dem Autor Pierre Salinger, der keine Ahnung hatte, wie dicht er an einer *wirklich* guten Geschichte dran war, und tat so, als studiere er die Möbelreklame in einer deutschen Zeitung. Schwebachs Aufgabe bestand darin, beim Transfer des ›Sauberen Teams‹ von einem Flugsteig zum anderen die Nachhut zu bilden und sicherzugehen, daß ihnen niemand folgte. Sollte es Schwierigkeiten geben, würden Schwebach und Davis ein Durcheinander inszenieren. Ihnen konnte es egal sein, ob die Deutschen sie verhafteten.

Der Plan verlief wie am Schnürchen. Es gab nur einen Haken: Rich und Cathy Gallagher wollten nicht nach Dallas. Dort hatten sie weder Freunde noch Verwandte, noch waren sie sich über ihre Zukunft im klaren. Sie hatten keine Ahnung, ob ihrem Hund Buffy die Einreise in die USA erlaubt würde, und keine Lust, schon wieder in ein Flugzeug zu steigen. So verabschiedeten sie sich und gingen ihrer Wege.

Der Rest des ›Sauberen Teams‹, John Howell, Bob Young und Joe Poché folgte Ron Davis in die Boeing 707. Jim Schwebach bildete das Schlußlicht. Ralph Boulware trommelte die anderen zusammen, und sie bestiegen das Flugzeug für die Heimreise.

Merv Stauffer hatte von Dallas aus am Frankfurter Flughafen angerufen und Proviant für den Flug bestellt. Er hatte dreißig Luxusmenüs mit Fisch-, Geflügel- und Fleischgängen geordert, dazu sechsmal Meeresfrüchte mit Sauce, Meerrettich und Zitrone, mehrere Vorspeisenfolgen, belegte Brote mit Schinken und Käse, Roastbeef, Truthahn und Schweizer Käse, Rohkostplatten mit Roquefort- und Vinaigrette-Dressing, weitere drei Käseplatten mit verschiedenen Brotsorten und Crackers, vier Patisserie-Platten und frisches Obst. An Getränken: vier Flaschen Cognac, zwanzigmal Seven-Up und Ginger Ale, zehnmal Soda und zehnmal Tonic, zehn Liter Orangensaft und Milch sowie sechzehn Liter frisch aufgebrühten Kaffee in Thermosflaschen. Hinzu kamen einhundert Päckchen Besteck, sechs Dutzend Pappteller in zwei verschiedenen Größen, sechs Dutzend Plastikbecher und ebenso viele -tassen sowie je zwei Stangen Zigaretten von vier verschiedenen Marken und zwei Kartons Schokolade.

Aufgrund eines Mißverständnisses hatte die Flughafenkantine die Bestellung gleich zweimal geliefert.

Der Start verzögerte sich. Urplötzlich war ein Schneesturm aufgezogen, und die Boeing 707 war die letzte, die enteist wurde, da Linienmaschinen Vorrang hatten. Bill fing an, sich Sorgen zu machen. Um Mitternacht würde der Flughafen geschlossen, dann mußten sie womöglich wieder aussteigen und ins Hotel zurückkehren. Er hatte keine Lust, die Nacht in Deutschland zu verbringen. Er wollte endlich wieder amerikanischen Boden unter den Füßen haben.

John Howell, Joe Poché und Bob Young berichteten von ihrem Abflug aus Teheran. Sowohl Paul als auch Bill lief es kalt den Rücken hinunter, als sie hörten, wie unerbittlich Dadgar ihre Ausreise hatte verhindern wollen.

Schließlich wurde die Maschine doch noch enteist, aber nun fiel das Haupttriebwerk aus. Pilot John Carlen fand heraus, daß es am Startventil lag. Flugingenieur Ken Lenz stieg aus und hielt das Ventil mit der Hand auf, während Carlen den Vogel startete.

Perot führte Raschid ins Cockpit. Bis vor vierundzwanzig Stunden war Raschid noch nicht ein einziges Mal geflogen, nun wollte er gerne in der Pilotenkanzel sitzen. Perot sagte zu Carlen: »Na, dann führ uns mal einen Bilderbuchstart vor.«

»Na klar«, sagte Carlen. Die Maschine rollte zur Startbahn. Carlen hielt die Abhebegeschwindigkeit so niedrig wie möglich, damit sie möglichst steil aufstiegen.

In der Kabine lachte Gayden schallend. Er hatte gerade erfahren, daß Paul nach sechswöchigem Gefängnisaufenthalt in ausschließend männlicher Gesellschaft gezwungen worden war, von A bis Z einen Pornofilm abzusitzen.

Perot ließ einen Sektkorken knallen und brachte einen

Toast aus. »Auf die Männer, die einen Entschluß faßten und ihn dann in die Tat umsetzten.«

Ralph Boulware nippte an seinem Champagner und freute sich. Genau, dachte er.

Er hatte noch einen weiteren Grund zur Freude. Am kommenden Montag war Kecias siebter Geburtstag. Bei jedem Anruf zu Hause hatte Mary ihm gesagt: »Sieh zu, daß du rechtzeitig zu Kecias Geburtstag zurück bist.« Und nun hatte es ganz den Anschein, als würde er es schaffen.

Endlich entspannte sich auch Bill. Jetzt liegt nur noch ein Flug zwischen mir und Amerika, Emily und den Kindern, dachte er. Jetzt bin ich in Sicherheit.

Er hatte sich schon mehrmals in Sicherheit gewiegt: als er im Teheraner Hyatt angelangt war, als er die Grenze zur Türkei überschritten hatte, als er von Van abgeflogen und als er in Frankfurt gelandet war. Jedesmal hatte er sich geirrt.

Auch diesmal täuschte er sich.

*

Paul hatten Flugzeuge schon immer fasziniert, und jetzt nahm er die Gelegenheit wahr, in der Pilotenkanzel der Boeing 707 zu sitzen.

Während sie Nordengland überflogen, bemerkte er, daß John Carlen, Bordingenieur Ken Lenz und Copilot Joe Fosnot Schwierigkeiten hatten. Auf automatische Selbststeuerung geschaltet, trudelte die Maschine zuerst nach links und dann nach rechts. Der Kompaß war ausgefallen, und das machte das Trägheitsnavigationssystem unberechenbar.

»Was hat das zu bedeuten?« fragte Paul.

»Das heißt, daß wir den Vogel manuell über den Atlantik steuern müssen«, erwiderte Carlen. »Das läßt sich ohne weiteres machen, ist nur ein bißchen ermüdend.«

Wenige Minuten später wurde es plötzlich sehr kalt,

danach gleich wieder brütend heiß in der Maschine. Das Druckausgleichssystem gab seinen Geist auf.

Carlen ging auf geringere Höhe hinab.

»In dieser Höhe können wir den Atlantik nicht überqueren«, teilte er Paul mit.

»Warum nicht?«

»Wir haben nicht genug Treibstoff – ein Flugzeug verbraucht bei geringer Flughöhe mehr.«

»Und warum können wir nicht höher fliegen?«

»Da oben kriegen wir keine Luft mehr.«

»Aber wir haben Sauerstoffmasken.«

»Aber nicht genug Sauerstoff, um damit über den Atlantik zu kommen. Kein Flugzeug führt so viel Sauerstoff mit sich.«

Carlen und seine Mannschaft hantierten eine Zeitlang an den Instrumenten herum, dann sagte Carlen seufzend: »Würdest du mal Ross herholen, Paul?«

Paul holte Perot.

Carlen sagte: »Mr. Perot, ich glaube, wir sollten mit dieser Kiste so schnell wie möglich landen.« Er erklärte noch einmal, warum sie den Atlantik nicht überqueren konnten.

»John«, sagte Paul, »ich werd' dir mein Leben lang dankbar sein, wenn du nicht in Deutschland runtergehst.«

»Keine Bange«, sagte Carlen, »wir fliegen London Heathrow an.«

Perot begab sich in die Kabine zurück, um den anderen Mitteilung zu machen. Carlen setzte sich mit dem Londoner Kontrollturm in Verbindung. Es war ein Uhr morgens, und Heathrow war geschlossen. Dies sei ein Notfall, erklärte er, woraufhin ihm die Landeerlaubnis erteilt wurde.

Paul konnte es kaum fassen. Nach allem, was sie schon durchgemacht hatten, nun auch noch eine Notlandung!

Ken Lenz fing an, Treibstoff abzulassen, um unter das maximale Aufsetzgewicht zu kommen.

London meldete Carlen, daß Südengland im Nebel läge und die Sichthöhe über Heathrow achthundert Meter betrüge.

Als Ken Lenz die Treibstoffventile schloß, brannte ein rotes Licht weiter, das hätte ausgehen sollen. »Ein Ventilzug hat sich verklemmt«, sagte Lenz.

»Nicht zu fassen«, meinte Paul. Er zündete sich eine Zigarette an.

Carlen fragte: »Paul, gibst du mir bitte auch eine?«

Paul starrte ihn an. »Du hast mir doch erzählt, du hättest schon vor zehn Jahren das Rauchen aufgegeben.«

»Nun gib schon eine her, ja?«

Paul gab ihm eine und sagte: »Jetzt krieg ich's wirklich mit der Angst zu tun.«

Paul ging in die Kabine. Dort hielten die Stewardessen zur Landevorbereitung jedermann dazu an, Tabletts, Flaschen und Gepäck zu verstauen und alles, was nicht niet- und nagelfest war, zu sichern.

Paul ging ins Schlafzimmer. Simons lag auf dem Bett. Er hatte sich mit kaltem Wasser rasiert, und jetzt war sein Gesicht mit Heftpflastern übersät. Er schlief fest.

Paul ging wieder hinaus und fragte Jay Coburn: »Weiß Simons, was los ist?«

»Klar weiß er das«, gab Coburn zurück. »Er sagte, er wisse nicht, wie man ein Flugzeug steuert, und da er ohnehin nichts tun könne, wolle er ein Nickerchen machen.«

Paul schüttelte verwundert den Kopf und kehrte wieder in die Kanzel zurück. Carlen war gelassen wie eh und je, seine Stimme ruhig, seine Hände zitterten nicht.

Zwei Minuten später ging das rote Licht aus. Der Ventilzug funktionierte wieder.

Durch dichte Wolken näherten sie sich Heathrow und verloren stetig an Höhe. Paul behielt den Höhenmesser im Auge. Als er zunächst auf sechshundert und dann bald auf fünfhundert Fuß hinunterging, war draußen noch immer nichts anderes als wirbelnder grauer Nebel zu sehen.

Bei dreihundert Fuß Höhe das gleiche. Dann tauchten sie plötzlich unter der Wolke weg, und direkt vor ihnen lag die Landebahn, hell erleuchtet wie ein Weihnachtsbaum. Paul stieß einen Seufzer der Erleichterung aus.

Sie setzten auf. Heulend rasten Feuerwehr und Krankenwagen über die Rollbahn auf das Flugzeug zu, aber die Landung ging vollkommen glatt vonstatten.

*

Raschid kannte Ross Perot schon seit Jahren vom Hörensagen. Perot war Multimillionär, der Gründer von EDS, in Geschäften ein Hexenmeister, der Mann, der in Dallas saß und Männer wie Coburn und Sculley durch die Welt jagte wie Figuren über ein Schachbrett. Es war also schon ein Erlebnis für Raschid gewesen, Mr. Perot kennenzulernen und dabei festzustellen, daß er wie ein ganz normaler Mensch aussah. Nur ziemlich klein war er und erstaunlich freundlich.

Als Raschid das Hotelzimmer in Istanbul betrat, hatte dieser Zwerg mit dem breiten Lächeln und der schiefen Nase seine Hand ausgestreckt und gesagt: »Hallo, ich bin Ross Perot«, und Raschid hatte die Hand geschüttelt und gesagt: »Hallo, ich bin Raschid Kazemi«, als sei es die natürlichste Sache von der Welt.

Von diesem Moment an hatte er sich stärker denn je zum EDS-Team gehörig gefühlt. Auf dem Flughafen Heathrow wurde er jedoch jäh daran erinnert, daß dem nicht so war.

Sobald die Maschine zum Stehen kam, stieg eine ganze Wagenladung von Flughafenpolizisten, Zöllnern und Beamten der Einwanderungsbehörde an Bord und fing an, Fragen zu stellen. Was sie da sahen, gefiel ihnen gar nicht: ein Haufen dreckiger, abgerissener, übelriechender, unrasierter Männer, die ein Vermögen in unterschiedlichen Währungen bei sich hatten – und das alles an Bord eines geradezu unglaublich luxuriösen Flugzeugs mit einer Kennziffer der Grand-Cayman-Inseln am Heck. Dies sei, so meinten sie in typisch britischem Understatement, höchst ungewöhnlich.

Nach einer einstündigen Befragung jedoch fanden sie keinen Anhaltspunkt dafür, daß die EDS-Männer Rauschgiftschmuggler, Terroristen oder PLO-Angehörige waren. Und da sie im Besitz amerikanischer Pässe waren, brauchten sie weder Visa noch andere Papiere bei der Einreise nach Großbritannien. Nur einer bekam Schwierigkeiten – und das war Raschid.

Perot knöpfte sich den Beamten der Einwanderungsbehörde vor. »Sie werden nicht von mir gehört haben, aber ich heiße Ross Perot, und wenn Sie mich überprüfen lassen, vielleicht bei der US-Zollbehörde, werden Sie sicher zu dem Schluß kommen, daß Sie mir trauen können. Für mich steht viel zuviel auf dem Spiel, als daß ich einen illegalen Einwanderer in Großbritannien einschmuggeln würde. Ich bürge persönlich für diesen jungen Mann. Wir werden England innerhalb von vierundzwanzig Stunden wieder verlassen. In der Frühe melden wir uns bei Ihren Kollegen in Gatwick und nehmen den nächsten Braniff-Flug nach Dallas.«

»Ich fürchte, das geht nicht so einfach, Sir«, sagte der Beamte. »Dieser Herr wird bei uns bleiben müssen, bis wir ihn ins Flugzeug setzen.«

»Wenn er bleibt, bleibe ich auch«, sagte Perot.

Raschid war wie vor den Kopf geschlagen. Ross Perot würde eher die Nacht am Flughafen oder sogar in einer Gefängniszelle verbringen, als ihn, Raschid, im Stich zu lassen! Es war unglaublich. Wenn Pat Sculley ihm das angeboten hätte oder Jay Coburn, wäre Raschid dankbar, aber nicht sonderlich überrascht gewesen. Aber Ross Perot persönlich!

Der Beamte seufzte. »Kennen Sie jemanden in Großbritannien, der für Sie bürgen kann, Sir?«

Perot zermarterte sich das Hirn. Wen kenn' ich denn in Großbritannien? dachte er. »Ich glaube nicht – nein, Moment mal, natürlich!« Er kannte doch einen von Englands großen Helden, einen alten Seebären, der mehrmals bei den Perots in Dallas zu Besuch gewesen war! Auch Perot und Margot waren bei ihm in England zu Gast gewesen, und zwar in einem Ort namens Broadlands. »Der einzige Engländer, den ich kenne, ist Earl Mountbatten of Burma«, sagte er.

»Das muß ich mit meinem Vorgesetzten besprechen«, sagte der Beamte und verließ das Flugzeug.

Er ließ lange auf sich warten.

Perot sagte zu Sculley: »Sobald wir hier rauskommen, besorgst du uns allen Erster-Klasse-Tickets für die Brannif-Maschine, die morgen früh nach Dallas geht.«

»*Yes, Sir*«, sagte Sculley.

Der Beamte der Einwanderungsbehörde kam zurück. »Sie dürfen vierundzwanzig Stunden bleiben«, sagte er zu Raschid.

Raschid sah Perot an. Oh, Mann, dachte er, das ist vielleicht ein Boß!

Sie zogen ins Post House Hotel in der Nähe des Flughafens, und Perot rief Merv Stauffer in Dallas an.

»Merv, wir haben hier jemanden mit iranischem Paß und ohne amerikanisches Visum bei uns – du weißt, wen ich meine.«

»*Yes, Sir.*«

»Er hat mehreren Amerikanern das Leben gerettet, und ich will nicht, daß er bei einer Einreise Schwierigkeiten bekommt.«

»*Yes, Sir.*«

»Du weißt, an wen du dich wenden mußt, ja?«

»*Yes, Sir.*«

Sculley weckte die Mannschaft um sechs Uhr morgens. Coburn mußte er regelrecht aus dem Bett schmeißen: Er litt noch immer unter den Nachwirkungen von Simons' Aufputschtabletten, war erschöpft und schlecht gelaunt, und es war ihm völlig egal, ob er das Flugzeug erwischte oder nicht. Sculley hatte einen Bus organisiert, der sie nach Gatwick bringen sollte, von Heathrow aus eine Fahrt von gut zwei Stunden. Unterwegs hörten sie im Radio, daß China in Nordvietnam eingefallen war. Einer sagte: »Das wird unser nächster Einsatz.«

»Klar«, sagte Simons. »Wir können uns ja zwischen den feindlichen Linien absetzen lassen. Egal, wohin wir schießen – wir treffen immer die Richtigen.«

Als Perot am Flughafen hinter seinen Männern herging, fiel ihm auf, daß andere Leute einen großen Bogen um sie machten, und plötzlich ging ihm auf, wie schrecklich sie alle aussahen. Die meisten von ihnen hatten sich seit Tagen nicht mehr richtig gewaschen oder rasiert und trugen bunt zusammengewürfelte, schlecht sitzende und schmutzstarrende Klamotten. Vermutlich stanken sie auch.

Perot fragte nach dem Fluggastbetreuer von Braniff. Braniff war in Dallas beheimatet und Perot mit der Fluglinie mehrmals nach London geflogen, so daß die meisten vom Personal ihn kannten.

Er fragte den Betreuer: »Kann ich für meine Mannschaft das gesamte obere Deck im Jumbo mieten?«

Der Mann starrte sie nur an. Perot konnte sich gut vorstellen, was er dachte: Normalerweise bestand Mr. Perots Gesellschaft aus wenigen, ruhigen, gutgekleideten Geschäftsleuten, und nun kam er mit Männern daher, die aussahen wie Automechaniker, die an einem ganz besonders verdreckten Motor herumgebastelt hatten.

Der Betreuer sagte: »Die internationalen Flugbestimmungen erlauben uns nicht, das ganze Deck zu vermieten, Sir, aber ich denke, wenn Sie und Ihre Begleiter sich dort niederlassen, so werden unsere andern Passagiere Sie nicht übermäßig stören.«

Perot verstand.

Als Perot an Bord ging, sagte er zu einer Stewardeß: »Ich möchte, daß diesen Männern auf dem Flug jeder Wunsch erfüllt wird.«

Perot ging weiter, und die Stewardeß wandte sich ungläubig an eine Kollegin: »Was ist denn das für'n Kerl?«

Ihre Kollegin klärte sie auf.

An Bord sollte »Saturday Night Fever« gezeigt werden, aber der Projektor funktionierte nicht. Boulware war enttäuscht. Er kannte den Film bereits und hatte sich darauf gefreut, ihn noch einmal zu sehen. Nun setzte er sich neben Paul und plauderte mit ihm.

Die meisten anderen gingen aufs Oberdeck. Simons und Coburn streckten alle viere von sich und schliefen.

Mitten auf dem Atlantik kam es Keane Taylor, der seit Wochen eine Viertelmillion Dollar in bar mit sich herumgeschleppt und das Geld mit vollen Händen ausgegeben hatte, plötzlich in den Sinn, Kassensturz zu machen.

Er breitete eine Decke auf dem Boden aus und fing an, Geld zu zählen. Einer nach dem anderen kamen die Teammitglieder herbei, fischten die Banknoten bündelweise aus ihren Hosentaschen, ihren Stiefeln, Hüten und Hemdsärmeln und warfen sie dazu.

Ein oder zwei Erste-Klasse-Passagiere hatten sich vom unappetitlichen Aussehen von Mr. Perots Gesellschaft nicht abschrecken lassen und sich zu ihnen gesetzt; doch nun, da diese übelriechenden, gangsterhaften Kerle mit ihren Bärten, Strickmützen, dreckigen Stiefeln und zerfledderten Mänteln auch noch Hunderttausende von Dollars auf den Boden warfen und anfingen, das Geld zu zählen, verdrückten sie sich.

Kurze Zeit später kam eine Stewardeß herauf und

sprach Perot an: »Ein paar von unseren Passagieren fragen, ob wir nicht die Polizei über Sie und Ihre Leute verständigen sollten«, sagte sie. »Würden Sie wohl herunterkommen und sie besänftigen?«

»Mit Vergnügen.«

Perot ging in die Erster-Klasse-Kabine hinunter und stellte sich den Fluggästen in der ersten Reihe vor. Ein paar hatten schon von ihm gehört. Er begann, ihnen zu erzählen, was Paul und Bill erlebt hatten.

Während er sprach, gesellten sich mehrere Passagiere zu ihnen, um zuzuhören. Die Kabinencrew hörte auf zu arbeiten und stellte sich dazu, dann kamen noch ein paar Besatzungsmitglieder aus der Zweiten Klasse. Binnen kurzem hatte sich eine ganze Menschenmenge versammelt.

Langsam ging Perot auf, daß diese Geschichte in der ganzen Welt Zuhörer finden würde.

Währenddessen spielte das Team auf dem Oberdeck Keane Taylor einen letzten Streich.

Beim Geldzählen hatte Taylor drei Bündel mit je zehntausend Dollar fallen lassen, die Bill in seiner eigenen Tasche verschwinden ließ.

Nun stimmte natürlich die Endabrechnung nicht. Wie die Indianer saßen sie alle im Kreis auf dem Boden und verkniffen sich das Lachen, während Taylor sich noch einmal ans Zählen machte.

»Wie können mir bloß dreißigtausend Dollar fehlen?« fragte Taylor ärgerlich. »Verdammt noch mal, ich komme nicht auf mehr! Kann ich vielleicht schon nicht mehr richtig denken? Verflucht, was ist nur los mit mir?«

In diesem Moment kam Bill herauf und sagte: »Stimmt was nicht, Keane?«

»Herrgott, uns fehlen dreißigtausend Dollar, und ich habe keine Ahnung, wo sie geblieben sind!«

Bill zog die drei Bündel aus seiner Tasche und fragte: »Hast du die gesucht?«

Alle lachten.

»Gib schon her!« sagte Taylor böse. »Zur Hölle mit dir, Gaylord, hätte ich dich nur im Knast versauern lassen!«
Erneut brachen alle in Gelächter aus.

*

Die Maschine setzte zum Landeanflug auf Dallas an.
Perot saß neben Raschid und nannte ihm die Namen der Orte, die sie überflogen. Raschid sah aus dem Fenster, betrachtete das flache braune Land und die breiten Überlandstraßen, die sich Meile um Meile dahinzogen. Amerika.
Joe Poché fühlte sich prima. Genauso hatte er sich als Kapitän seiner Rugby-Mannschaft in Minnesota gefühlt, wenn sie nach einem ermüdenden Spiel den Sieg davongetragen hatten. Mit dem gleichen Gefühl war er auch aus Vietnam heimgekehrt. Er hatte zu einem guten Team gehört, er hatte überlebt, er hatte eine Menge gelernt, und er war daran gewachsen.
Alles, was ihm zu seinem Glück noch fehlte, war saubere Unterwäsche.
Ron Davis saß neben Jay Coburn. »He, Jay, womit sollen wir in Zukunft unsere Kohle verdienen?«
Coburn lächelte. »Weiß nicht.«
Ganz schön komisches Gefühl, wieder hinter einem Schreibtisch sitzen zu müssen, dachte Davis. Ob mir das noch Spaß machen wird?
Plötzlich fiel ihm ein, daß Marva im dritten Monat schwanger war. Langsam würde man es sehen. Wie sie wohl mit ihrem runden Bauch aussehen würde?
Ich weiß, was ich jetzt brauche, dachte er. Eine Cola. Aus der Dose. Aus einem Automaten. An einer Tankstelle. Und Kentucky Fried Chicken.
Pat Sculley dachte nur: Nie wieder orangefarbene Taxis.
Sculley saß neben Jim Schwebach. Das »tödliche Duo«

von der kleinen Gestalt war wieder beisammen und hatte während des ganzen Abenteuers keinen einzigen Schuß abgegeben. Sie hatten darüber geredet, welche Lehre EDS aus der Rettungsaktion würde ziehen können. Die Firma hatte weitere Projekte in Ländern des Mittleren Ostens und drängte sogar auf den fernöstlichen Markt. Sollte es ein ständiges Rettungsteam geben, eine Gruppe von Ausputzern, die durchtrainiert, fit, bewaffnet und gewillt waren, in fernab vom Schuß gelegenen Ländern Geheimaktionen durchzuführen? Nein, beschlossen sie: Hier hatte es sich um eine außergewöhnliche Situation gehandelt. Sculley wurde klar, daß er keine Lust mehr auf rückständige Länder hatte. Schon in Teheran hatte er die allmorgendliche Geduldsprobe gehaßt, sich zu zwei oder drei mürrischen Leuten in ein orangefarbenes Taxi zu zwängen, während aus dem Autoradio persische Musik quäkte und sich zum Schluß unvermeidlich mit dem Fahrer ein Streit über das Fahrgeld ergab. Wo immer ich in Zukunft arbeite, dachte er, und was immer ich tue: Ins Büro fahre ich selber, in meinem eigenen Auto, in einem großen, breiten amerikanischen Schlitten mit Klimaanlage und Säuselmusik. Und wenn ich auf den Pott muß, dann hock ich mich nicht über ein Loch im Fußboden, sondern benutze eine saubere weiße amerikanische Toilette.

Als die Maschine aufsetzte, sagte Perot zu ihm: »Pat, du gehst als letzter raus. Sieh zu, daß alle die Formalitäten glatt hinter sich bringen und ohne Schwierigkeiten durchgelassen werden.«

»Klar.«

Die Maschine kam zum Stehen. Die Tür wurde geöffnet, und eine Frau kam an Bord. »Wo ist der Mann?« fragte sie.

»Hier«, sagte Perot und deutete auf Raschid.

Raschid verließ das Flugzeug als erster.

Merv Stauffer hat sich um *alles* gekümmert, dachte Perot.

Die anderen gingen die Gangway hinunter und durch den Zoll.

Der erste, den Coburn auf der anderen Seite der Absperrung sah, war der dickliche, bebrillte Merv Stauffer, der von einem Ohr zum anderen grinste. Coburn umarmte und drückte ihn. Stauffer griff in die Tasche und zog Coburns Ehering heraus. Coburn war gerührt. Er hatte Stauffer den Ring zur Aufbewahrung gegeben. Seit damals war Stauffer der Dreh- und Angelpunkt der gesamten Operation gewesen, hatte mit dem Telefonhörer am Ohr in Dallas gesessen und alles in die Wege geleitet. Coburn hatte fast täglich mit ihm gesprochen, ihm Simons' Befehle und Wünsche übermittelt und im Austausch Informationen und Ratschläge entgegengenommen. Coburn wußte besser als jeder andere, wie wichtig Stauffer für sie gewesen war und wie sie sich bei jeder Kleinigkeit hatten auf ihn verlassen können. Und trotz all der Arbeit hatte Stauffer jetzt an seinen Ehering gedacht!

Coburn streifte ihn über den Finger. Während des untätigen Herumsitzens in Teheran hatte er viel über seine Ehe nachgedacht. Jetzt schob er das alles beiseite und freute sich nur darauf Liz wiederzusehen.

Merv forderte ihn auf, in einen vor dem Flughafengelände wartenden Bus zu steigen. Coburn tat, wie ihm geheißen. Im Bus traf er Margot Perot. Er lächelte und schüttelte ihr die Hand. Dann ertönten plötzlich Freudenschreie, und vier sich wie toll gebärdende Kinder stürmten auf ihn: Kim, Kristi, Scott und Kelly. Coburn lachte laut heraus und versuchte, sie alle auf einmal zu umarmen. Hinter den Kindern stand Liz. Vorsichtig löste er sich von ihnen. Seine Augen füllten sich mit Tränen. Er legte die Arme um seine Frau, brachte kein Wort heraus.

Als Keane Taylor den Bus bestieg, erkannte seine Frau ihn nicht. Ihr normalerweise so elegant gekleideter Mann trug einen dreckstarrenden orangefarbenen Anorak und eine Wollmütze. Er hatte sich seit einer Woche nicht rasiert und fünfzehn Pfund abgenommen. Er stand etliche Sekunden vor ihr, bis Liz Coburn sagte: »Mary, willst du Keane nicht begrüßen?« Dann stürzten sich seine Kinder Mike und Dawn auf ihn.

Taylor hatte heute Geburtstag. Er wurde einundvierzig Jahre alt. Es war der schönste Geburtstag seines Lebens.

John Howell sah seine Frau Angela vorne im Bus gleich hinter dem Fahrer sitzen, den elf Monate alten Michael auf dem Schoß. Der Kleine trug Blue Jeans und ein gestreiftes Rugby-Hemd. Howell hob ihn hoch und sagte: »He, Michael, erkennst du deinen Daddy wieder?«

Er setzte sich neben Angie und legte den Arm um sie. Dabei fühlte er sich hier im Bus ein bißchen komisch, denn für solche öffentlichen Liebesbezeugungen war er normalerweise zu scheu. Jetzt aber hielt er sie einfach in seinen Armen. Es tat so gut.

Ralph Boulware wurde von Mary und ihren Töchtern Stacy und Kecia erwartet. Er hob Kecia hoch und sagte: »Herzlichen Glückwunsch zum Geburtstag!« Es ist alles, wie es sein soll, dachte er, während er seine Familie umarmte. Er hatte seine Aufgabe erledigt, seine Familie war hier. Er hatte das Gefühl, etwas bewiesen zu haben, und sei es auch nur vor sich selbst. Während seiner Zeit bei der Luftwaffe, als er entweder mit irgendwelchen Apparaturen herumhantiert oder in einem Flugzeug gesessen und zugeschaut hatte, wie die Bomben ausgeklinkt wurden, hatte er nie das Gefühl gehabt, sein Mut würde auf die Probe gestellt. Seine Bekannten besaßen Orden für ihre Bodeneinsätze, ihn jedoch verließ nie das ungute Gefühl, daß ihm der leichtere Teil zugefallen war. Es war wie in den Kriegsfilmen, wo irgendein Kerl Essen auf die Teller derjenigen häuft, die als echte Soldaten in den Kampf ziehen. Immer schon hatte er sich gefragt, ob er genug Mumm hätte. Jetzt dachte er an die Türkei, dachte daran, wie er in Adana steckengeblieben war, an die Fahrt durch den Schneesturm in dem gottverdammten vierundsechziger Chevy, an den Reifenwechsel mit den Söhnen von Mr. Fishs Vetter in der Banditengegend. Perots Trinkspruch auf die Männer, die sich etwas vorgenommen und erledigt hatten, fiel ihm ein, und nun wußte er auch die Antwort auf seine eigene Frage: O ja, er hatte den nötigen Mumm.

Pauls Töchter Karen und Ann Marie trugen gleichgemusterte Faltenröcke. Ann Marie, die kleinste, erreichte ihn zuerst, und er nahm sie in seine Arme und drückte sie fest an sich. Hinter den beiden stand Ruthie, sein größtes kleines Mädchen, in einem Kleid in Beige- und Goldtönen. Er küßte sie lang und innig, sah sie an und lächelte. Selbst, wenn er es gewollt hätte, hätte er nicht aufhören können, zu lächeln. Er fühlte sich weich und abgeklärt; noch nie war es ihm so gutgegangen.

Emily sah Bill an, als könne sie nicht glauben, daß er wirklich vor ihr stünde. »Herrje«, sagte sie unbeholfen, »wie schön, dich wiederzusehen, Liebling.« Es wurde ziemlich still im Bus, als er sie küßte. Rachel Schwebach fing an zu weinen.

Bill küßte seine Töchter Vicki, Jackie und Jenny, dann sah er seinen Sohn an. Chris wirkte in seinem blauen Anzug, den er zu Weihnachten bekommen hatte, schon recht erwachsen. Bill kannte den Anzug von einer Fotografie her, die Chris vor dem Weihnachtsbaum zeigte: Diese Fotografie hatte über Bills Koje gesteckt, in einer Gefängniszelle, vor langer Zeit, in einem fernen Land ...

Emily berührte ihn immer wieder, als wolle sie sich vergewissern, daß sie ihn tatsächlich wiederhatte: »Du siehst wunderbar aus.«

Bill wußte, daß er absolut gräßlich aussah. »Ich liebe

dich«, sagte er. Ross Perot stieg in den Bus und sagte: »Sind alle Mann an Bord?«

»Mein Dad nicht!« piepste eine traurige Stimme. Das war Sean Sculley.

»Nur keine Bange«, sagte Perot. »Er kommt sofort.«

Pat Sculley war von einem Zollbeamten angehalten und gebeten worden, seinen Koffer zu öffnen. Er trug das viele Geld bei sich, und natürlich hatte der Beamte es gesehen. Weitere Zöllner wurden herbeigerufen, und Sculley wurde zum Verhör in ein Büro gebracht. Die Beamten zogen etliche Formulare hervor. Sculley setzte zu einer Erklärung an, aber sie wollten nichts hören, nur ihre Formulare ausgefüllt haben.

»Gehört das Geld Ihnen?«

»Nein, es gehört EDS.«

»Wann und wie sind Sie aus den Staaten ausgereist?«

»Vor einer Woche an Bord einer privaten 707.«

»Wohin sind Sie geflogen?«

»Nach Istanbul und von dort aus zur iranischen Grenze.«

Ein weiterer Beamter kam in das Büro und fragte: »Sind Sie Mr. Sculley?«

»Ja.«

»Es tut mir außerordentlich leid, daß man Ihnen solche Schwierigkeiten gemacht hat. Mr. Perot erwartet Sie draußen.« Er wandte sich an die Zöllner. »Die Formulare können Sie zerreißen.«

Sculley lächelte und ging. Hier war er nicht mehr im Mittleren Osten. Hier war er in Dallas, und hier war Perot Perot. Sculley bestieg den Bus und erblickte Mary, Sean und Jennifer. Er umarmte und küßte sie alle, dann fiel das Stichwort: »Und nun?«

»Nun gibt's einen kleinen Empfang für euch«, sagte Mary.

Der Bus fuhr los, hielt jedoch dann ein paar Meter weiter vor einem anderen Tor, und sie wurden alle in den

Flughafen zurück und zu einer Tür mit der Aufschrift *Concorde Room* geführt. Bei ihrem Eintritt erhoben sich, jubelnd und klatschend, ungefähr tausend Leute. Irgendwer hatte ein riesiges Tuch aufgehängt, auf dem zu lesen stand:

JOHN HOWELL
NO. 1
DADDY

Jay Coburn war von der Menschenmenge und ihrer Reaktion völlig überwältigt. Es war eine gute Idee gewesen, den Männern Gelegenheit zu geben, erst ihre Familien zu begrüßen, bevor sie hierher kamen. Und wer hatte dafür gesorgt? Merv Stauffer natürlich.

Coburn ging durch den Saal nach vorne, und aus der Menge streckten sich ihm Hände entgegen, Wildfremde sagten »Schön, Sie zu sehen!« und »Willkommen zu Hause« zu ihm. Er lächelte und schüttelte eine Hand nach der anderen – irgendwo tauchten die Gesichter von David Behne und Dick Morrison auf – die Gesichter verschwammen, und die Worte verschmolzen zu einem einzigen warmen Hallo. Als Paul und Bill mit ihren Frauen und Kindern eintraten, ging der Jubel erst richtig los. Ross Perot, der vorne stand, traten Tränen in die Augen. Er war erschöpfter als je zuvor in seinem Leben, fühlte sich jedoch auch zufriedener denn je. All die glücklichen Umstände, die die Rettungsaktion ermöglicht hatten, gingen ihm durch den Kopf: Daß er Simons kannte, daß dieser mitmachte, daß EDS Vietnamveteranen beschäftigte, die ebenfalls sofort zugestimmt hatten, daß die Belegschaft im sechsten Stock an der Forest Lane wußte, wie man die Dinge in Bewegung brachte, daß der Mob das Gasr-Gefängnis gestürmt hatte ...

Und er dachte daran, was alles hätte schiefgehen können. Ein Sprichwort fiel ihm ein: Der Erfolg hat viele

Väter, der Mißerfolg ist ein Waisenkind. In ein paar Minuten würde er da vorne stehen und den Anwesenden erzählen, was passiert war und wie sie Paul und Bill heimgebracht hatten. Es würde nicht einfach werden, die Risiken, die sie alle auf sich genommen hatten, in angemessene Worte zu kleiden, und erst recht nicht die Konsequenzen eines Fehlschlags, der sie alle als Angeklagte vor Gericht gebracht hätte. Er erinnerte sich an seinen Abflug aus Teheran, als er sein Glück wie Sand durch ein Stundenglas hatte rinnen sehen. Plötzlich sah er das Stundenglas wieder vor sich, und der Sand war durchgelaufen. Er nahm das imaginäre Glas in die Hand und drehte es einfach um. Simons beugte sich zu Perot hinunter und flüsterte ihm ins Ohr: »Weißt du noch, daß du mich bezahlen wolltest?«

Das würde Perot nie vergessen – diesen berühmten Simons-Blick, bei dem einem das Blut in den Adern gefror. »Natürlich weiß ich es noch.«

»Siehst du das dort?« sagte Simons und deutete mit dem Kopf.

Paul kam auf sie zu. Er trug Ann Marie auf den Armen und schritt durch die Beifall klatschende Menge. »Ja, seh ich«, erwiderte Perot.

»Damit bin ich bezahlt«, sagte Simons und zog an seinem Zigarillo.

Endlich wurde es ruhig im Raum, und Perot begann mit seiner Ansprache. Er rief nach Raschid und legte seinen Arm um die Schultern des jungen Mannes. »Ich möchte Ihnen allen eines unserer wichtigsten Teammitglieder vorstellen«, sagte er. »Wie Colonel Simons es ausdrückt: Raschid wiegt zwar nur hundertfünfundzwanzig Pfund, verfügt aber über mindestens fünfhundert Pfund Mut.«

Alle lachten und klatschten. Raschid sah sich um. Viele, unzählige Male hatte er daran gedacht, nach Amerika zu gehen, aber selbst in seinen wildesten Träumen hatte er sich den Empfang nicht so vorgestellt.

Perot begann mit seiner Geschichte. Beim Zuhören kam sich Paul merkwürdig klein vor. Er war gar kein Held – die anderen waren die Helden. Er hatte lediglich das Privileg, die wunderbarsten Menschen der Welt zu Freunden zu haben.

Bill sah sich in der Menge um und erblickte Ron Sperberg, einen guten Freund und langjährigen Kollegen. Sperberg trug einen riesigen Cowboyhut. Wir sind wieder in Texas, dachte Bill. Dies ist das Herz der USA und der sicherste Platz auf Erden; hier schnappen sie uns nicht. Diesmal ist der Alptraum wirklich vorüber. Wir sind zurückgekommen, wir sind in Sicherheit.

Wir sind zu Hause.

EPILOG

JAY UND LIZ Coburn ließen sich scheiden. Ihre zweite Tochter Kristi, die emotionelle, entschied sich dafür, beim Vater zu leben. Coburn wurde zum Personalchef von EDS Federal ernannt. Im September 1982 waren er und Ross Perot junior die ersten Menschen, die in einem Hubschrauber die Welt umrundeten. Die Maschine, die sie dabei benutzten, steht jetzt im *National Air and Space Museum* in Washington, D.C. Sie heißt *Spirit of Texas*.

Paul wurde Rechnungsprüfer von EDS und Bill Marketing Direktor in der Gesundheitsfürsorge.

Joe Poché, Pat Sculley, Jim Schwebach, Ron Davis und Raschid blieben bei EDS und arbeiten in verschiedenen Teilen der Welt. Davis' Frau Marva gebar am achtzehnten Juli 1979 ihren Sohn Benjamin.

Keyne Taylor wurde Country Manager für EDS Niederlande, wohin ihm Glenn Jackson folgte. Gayden blieb Präsident von EDS World und somit Taylors Chef.

John Howell wurde in Tom Luces Kanzlei Hughes and Hill gleichberechtigter Teilhaber. Am neunzehnten Juni 1980 bekam Angela Howell Sarah, ihr zweites Kind.

Rich Gallagher verließ EDS am ersten Juli 1979. Als Mann von der Ostküste hatte er sich der Firma nie so recht zugehörig gefühlt. Lloyd Briggs und Paul Bucha, zwei weitere Männer von der Ostküste, kündigten ungefähr zur gleichen Zeit. Ralph Boulware trennte sich ebenfalls von EDS, und zwar nach einem erbitterten Streit mit Ross Perot, der beide traurig machte und verletzte.

Lulu May Perot, Ross Perots Mutter, starb am dritten April 1979.

Ross Perot junior absolvierte das College und fing im Herbst 1981 an, bei seinem Vater zu arbeiten. Ein Jahr später folgte Nancy Perot seinem Beispiel.

Ross Perot selbst wurde immer reicher. Sein Grundbesitz nahm an Wert zu, seine Ölfirma fand neue Quellen, und EDS zog immer mehr und immer größere Verträge an Land. Die EDS-Aktien, die zum Zeitpunkt von Pauls und Bills Verhaftung achtzehn Dollar wert waren, wurden vier Jahre später bereits für achtundvierzig Dollar gehandelt.

Oberst Simons starb nach mehreren Herzinfarkten am einundzwanzigsten Mai 1979. Anita Melton, die humorvolle Stewardeß der Boeing 707, war die Lebensgefährtin seiner letzten Wochen. Ihre Beziehung war seltsam und tragisch: Körperliche Liebe blieb ihnen versagt, aber sie waren ineinander verliebt. Sie lebten zusammen im Gästebungalow auf Perots Anwesen in Dallas. Sie brachte ihm das Kochen bei, und er brachte sie zum Joggen, wobei er mit der Stoppuhr in der Hand die Zeit nahm. Ständig hielten sie Händchen. Nach Simons' Tod bekamen sein Sohn Henry und dessen Frau Shawn einen kleinen Jungen, den sie Arthur Simons junior nannten.

*

Am vierten November 1979 wurde die US-Botschaft in Teheran erneut von militanten Iranern gestürmt. Diesmal nahmen sie Geiseln. Zweiundfünfzig Amerikaner wurden über ein Jahr lang gefangengehalten. Eine von Präsident Carter initiierte Rettungsaktion fand in der zentraliranischen Wüste ein unrühmliches Ende.

Aber schließlich hatte Carter keinen Bull Simons.

ANHANG

VERHANDLUNG VOR DEM BEZIRKSGERICHT DER VEREINIGTEN STAATEN VON AMERIKA FÜR NORDTEXAS IN DALLAS

ELECTRONIC DATA SYSTEMS CORP. IRAN
GEGEN
SOZIALVERSICHERUNGSBEHÖRDE DER REGIERUNG DES IRANS,
DAS MINISTERIUM FÜR GESUNDHEIT UND SOZIALES DER REGIERUNG DES IRANS,
DIE REGIERUNG DES IRANS
AZ CA3-79-218-F

Auszüge aus der Urteilsfindung
Weder EDSCI noch irgend jemand in ihrem Namen hat sich den Vertrag auf ungesetzliche Weise verschafft. Es liegt kein Anhaltspunkt dafür vor, daß zum Zwecke der Vertragssicherung ein Beamter oder Angestellter der Beklagten bestochen wurde, noch läßt die Beweisaufnahme den Schluß zu, daß im Laufe der Vertragsverhandlungen der Tatbestand des Betrugs oder der Korruption erfüllt wurde ...

Der im Vertrag festgelegte Preis war nicht überhöht; vielmehr ergaben die Beweise, daß der Preis angemessen war und in Übereinklang mit von EDS für vergleichbare Dienstleistungen berechneten Summen stand. Ein Preisvergleich mit den Dienstleistungen anderer im Gesundheitswesen tätiger Firmen fiel nicht zu ungunsten von EDS aus ...

Das Versäumnis der Sozialversicherungsbehörde und des Ministeriums, die Nichtanerkennung der unbezahlt gebliebenen Rechnungen schriftlich vorzulegen, war unentschuldbar und stellte folglich einen Vertragsbruch dar. Die Ernennung von Dr. Towliati zum Stellvertretenden Direktor der Sozialversicherungsbehörde konnte nicht als Entschuldigung gelten. Mir liegt kein Anhaltspunkt dafür vor, daß die Arbeit von Dr. Towliati die Anerkennung von Rechnungen beeinflußt hätte, noch finde ich einen Hinweis darauf, daß Dr. Towliati bei seiner Kontrolle der Vertragserfüllung in unzulässiger Weise vorgegangen wäre. Hingegen ist erwiesen, daß das Ministerium und die Sozialversicherungsbehörde zu jeder Zeit und in vollem Umfang Gelegenheit hatten, die Leistungen von EDSCI zu überwachen. Darüber hinaus finde ich keinen glaubhaften Hinweis auf Betrügereien oder darauf, daß EDSCI sich mit Hilfe Dritter die ungerechtfertigte Anerkennung ihrer Rechnungen erschlichen oder den Beklagten die faire Möglichkeit verwehrt hätte, die vertraglich vereinbarten Leistungen von EDSCI zu beurteilen ...

EDSCI hat sich keines erheblichen Bruchs seiner vertraglichen Leistungsverpflichtungen schuldig gemacht; vielmehr hat EDSCI im wesentlichen die in der Beschreibung und im Zeitplan vorgesehenen Leistungen in jeder einzelnen Phase erbracht, und zwar bis zum 16. Januar 1978, dem Datum des Vertragsablaufs ...

Regreßforderungen nach dem Vertrag stehen den Ansprüchen der Beklagten nicht entgegen, unbeschadet dessen, ob EDSCI sich den Vertrag durch Betrug, Bestechung oder Staatskorruption gesichert hat. Insbesondere liegt kein Beweis dafür vor, daß die Beziehungen von EDS zur Mahvi-Gruppe ungesetzlich waren. Die Ausführung der vertraglich festgelegten Leistungen durch EDSCI verstieß gegen kein iranisches Gesetz ...

Die Klägerin unterbreitete eine Fülle von Beweisen für die Vertragseinhaltung und die daraus resultierenden

Leistungen: Zeugenaussagen jener, die das Datenverarbeitungssystem managten und einrichteten: Fotografien, die verschiedene Aspekte der entwickelten Dateneingabefunktionen belegen; sowie von EDSCI und dem Ministerium gemeinsam ausgearbeitete Berichte über die durch den Vertrag realisierten Vorteile. Glaubwürdige Anhaltspunkte für eine Ablehnung des genannten Beweismaterials wurden nicht erbracht ...

Auszug aus dem Endurteil
ES WIRD ANGEORDNET, BESCHLOSSEN UND VERKÜNDET, daß der Klägerin, Electronic Data Systems Corporation Iran, von den Beklagten, der Regierung des Irans, der Sozialversicherungsbehörde der Regierung des Irans und dem Ministerium für Gesundheit und Soziales der Regierung des Irans als Gesamtschuldner die Summe von fünfzehn Millionen, einhundertundsiebenundsiebzigtausend, vierhundertundvier Dollar (15 177 404 Dollar) zusteht, zuzüglich eines Prozeßkostenvorschusses von zwei Millionen achthundertzwölftausend zweihunderteinundfünfzig Dollar (2 812 251 Dollar), zuzüglich einer Million neunundsiebzigtausend achthundertfünfundsiebzig Dollar (1 079 875 Dollar) an Anwaltsgebühren, zuzüglich einer Verzinsung sämtlicher Einzelsummen zum Zinssatz von neun Prozent (9 %) per annum mit Wirkung vom heutigen Tage, zuzüglich aller Folgekosten ...

DANKSAGUNG

BEI DER ARBEIT an diesem Buch haben mir viele Menschen durch stundenlange Gespräche, die Beantwortung meiner Briefe sowie durch das Lesen und Redigieren meiner Entwürfe geholfen. Für ihre Geduld, Offenheit und bereitwillige Kooperation bedanke ich mich besonders bei:
Paul und Ruthie Chiapparone, Bill und Emily Gaylord, Jay und Liz Coburn, Joe Poché, Pat und Mary Sculley, Ralph und Mary Boulware, Jim Schwebach, Ron Davis, Glenn Jackson, Bill Gayden, Keane Taylor, Rich und Cathy Gallagher, Paul Bucha, Bob Young, John Howell, »Raschid«, Kathy Marketos, T. J. Marquez, Tom Walter, Tom Luce;
bei Merv Stauffer, der keine Mühe scheute, sowie bei Margot Perot, Bette Perot, John Carlen, Anita Melton, Henry Kissinger, Zbigniew Brzezinski, Ramsey Clark, Bob Strauss, William Sullivan, Charles Naas, Lou Goelz, Henry Precht, John Stempel. Dr. Manuchehr Razmara, Stanley Simons, Bruce Simons, Harry Simons, Oberstleutnant Charles Krohn im Pentagon, Major Dick Meadows, Generalmajor Robert McKinnon, Dr. Walter Stewart und Dr. Harold Kimmerling.

Für Recherchen sorgten wie stets und unermüdlich Dan Starer in New York und Caren Meyer in London.

Weitere Unterstützung erhielt ich durch das fleißige Personal der EDS-Telefonzentrale in Dallas.

Über hundert Stunden mitgeschnittener Interviews

wurden übertragen, im wesentlichen von Sally Walther, Claire Woodward, Linda Huff, Cheryl Hibbitts und Bekky DeLuna.

Zu guter Letzt bedanke ich mich bei Ross Perot, ohne dessen erstaunliche Energie und Entschlossenheit nicht nur dieses Buch, sondern auch das Abenteuer, auf dem es basiert, nicht zustande gekommen wäre.

BIBLIOGRAPHIE

Beny, Roloff: Persia, Bridge of Turquoise. London 1975.
Carter, Jimmy: Keeping Faith: Memoirs of a President. New York 1982.
Forbis, William H.: Fall of the Peacock Throne. Scranton 1980.
Ghirshman, R.: Iran. New York 1978.
Graham, Robert: Iran: Illusion of Power. New York 1979.
Helms, Cynthia: An Ambassador's Wife in Iran. New York 1981.
Keedie, Nikki R./Richard Yann: Roots of Revolution. An interpretive History of modern Iran. New Haven 1981.
Ledeen, Michael Arthur/William Lewis: Debacle: the American Vailure in Iran. New York 1981.
Maheu, René: Iran: Rebirth of a Timeless Empire. Paris 1977.
Pahlavi, Mohammed Reza: Answer to History. New York 1981.
Roosevelt, Kermit: Countercoup: Struggle for the Control of Iran. New York 1979.
Schemmer, Benjamin F.: Thei Raid. New York 1976.
Stempel, John D.: Inside the Iranian Revolution. Bloomington 1981.
Sullivan, William H.: Mission to Iran. New York 1981.

Bildnachweis

Skeeter Hagler: Bild Nr. 1, 3, 7, 8, 9, 10, 11, 12, 13, 14, 15, 16, 17
UPI: Bild Nr. 2, 20
Familie Perot: Bild Nr. 6
Familie Simons: Bild Nr. 4, 5,
Carl Covington: Bild Nr. 18, 19
Mitglieder des Rettungsteams: Bild Nr. 21, 22, 23, 24, 25, 26, 27, 31
Dale Walter: Bild Nr. 28, 29, 30

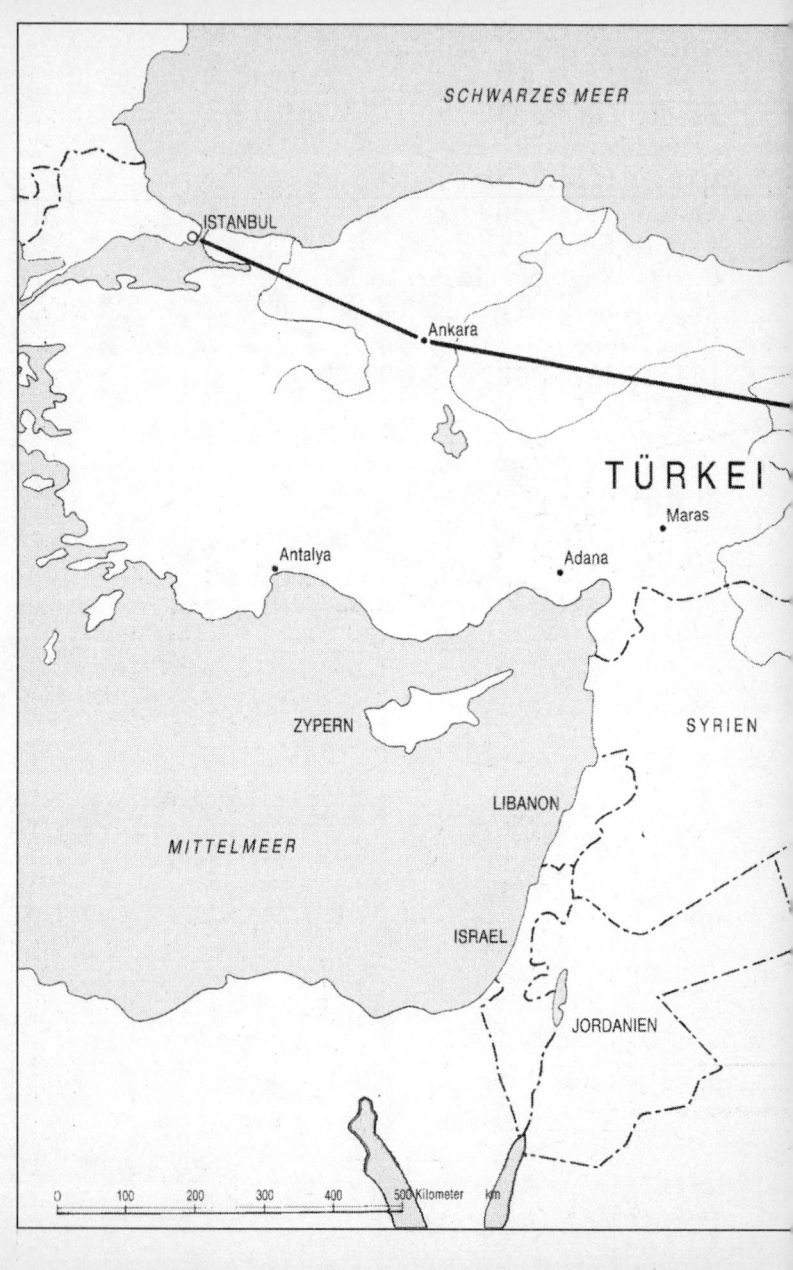

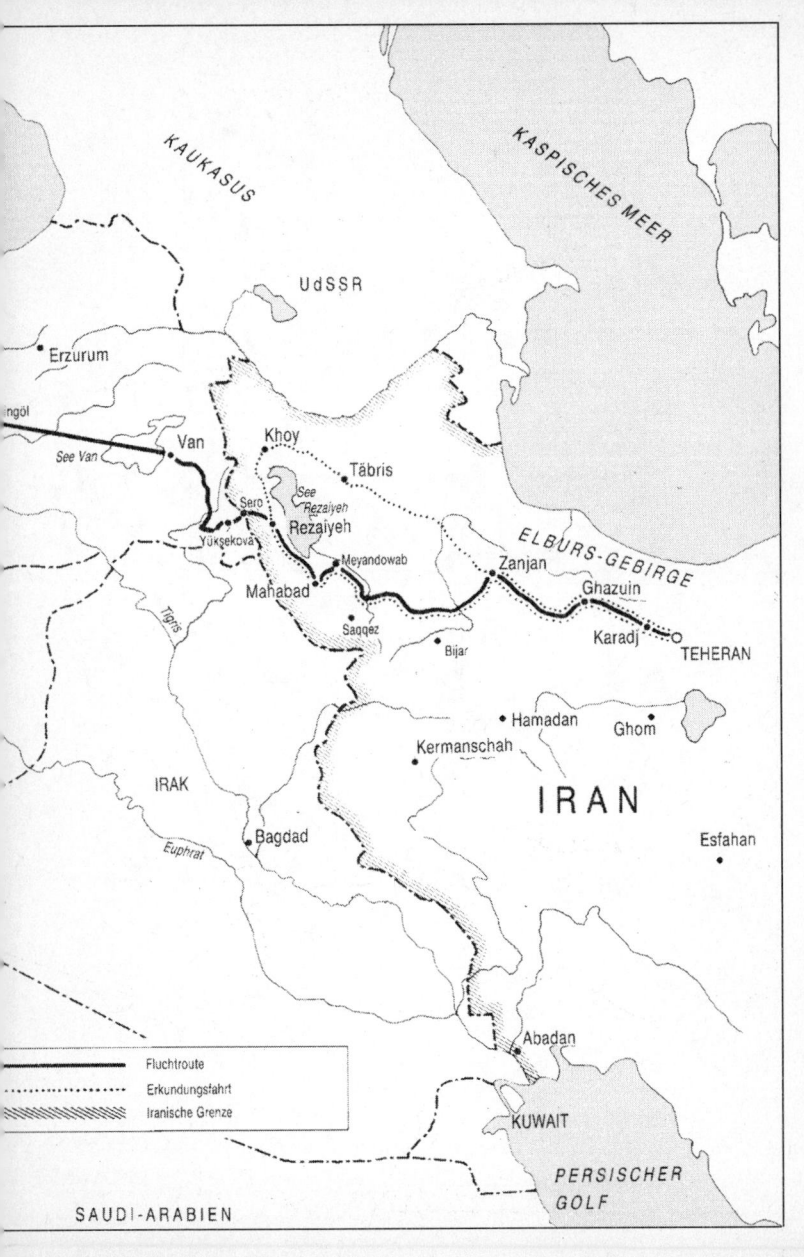

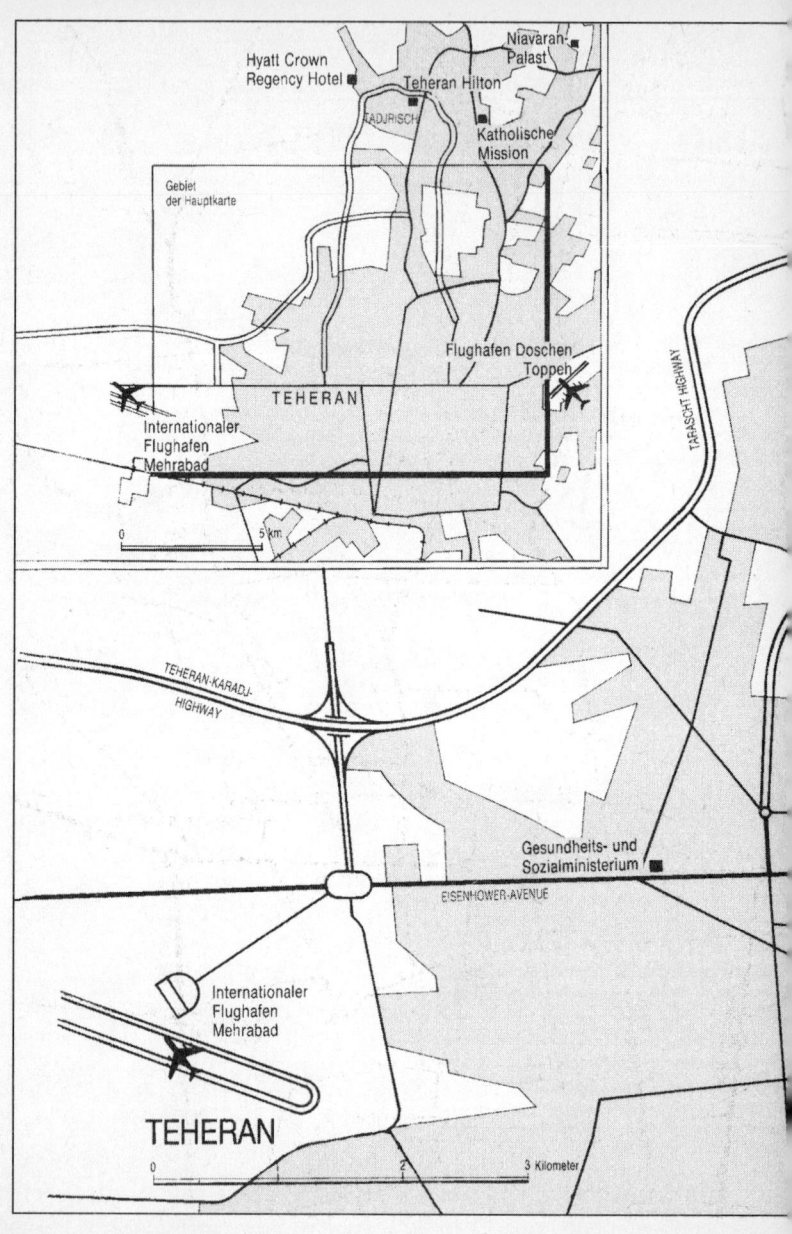

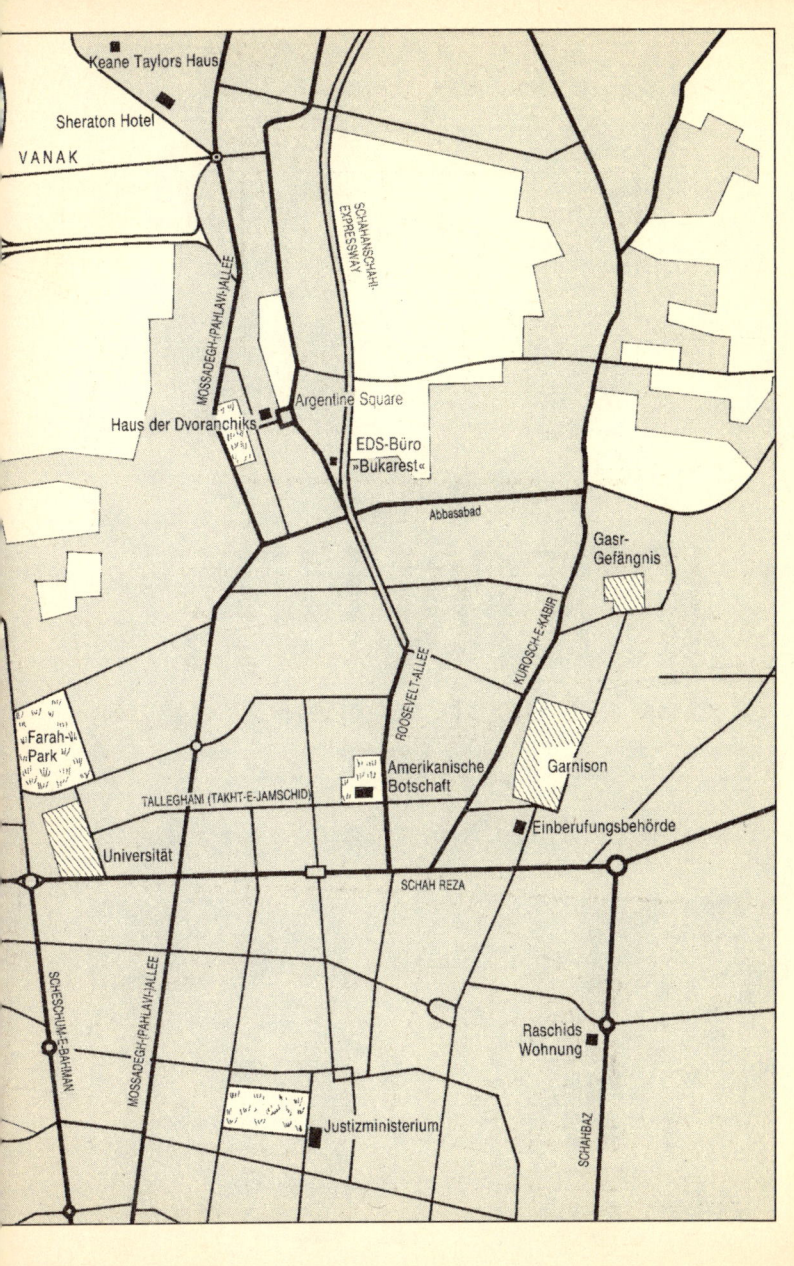

**Der Schlüssel zu Rebecca
Dreifach**
Best.: 25358
15,--DM

**Der Mann aus St. Petersburg
Die Löwen**
Best.: 25359
15,--DM

20 Jahre
KEN FOLLETT
in der Unternehmensgruppe
LÜBBE
Einmalige Jubiläums-Sonderausgabe !

**Der Modigliani-Skandal
Auf den Schwingen des Adlers**
Best.: 25360
15,--DM

**Nacht über den Wassern
Die Spur der Füchse**
Best.: 25361
15,--DM